Douglas Boyd

Die französische Fremdenlegion

Sans honneur? Ah, passons. Et sans foi? Qu'est-ce à dire?
Que fallait-il de plus et qu'aurait-on voulu?
N'avez-vous pas tenu, tenu jusqu'au martyre
La parole donnée et le marché conclu?

Sie sagen, ihr seid ohne Ehre oder Glaube.
Aber was hätten sie mehr verlangt?
Habt ihr nicht bis zum Tod erfüllt
Die geschworene Pflicht, die Euch auferlegt wurde?

Hauptmann der Legion Borelli über seine Legionäre,
die 1885 bei der Belagerung von Thuyen Quang starben.

Douglas Boyd

Die französische Fremdenlegion

Seit 1789

Verlag E.S. Mittler & Sohn
Hamburg · Berlin · Bonn

Schutzumschlagfoto: Sammlung des Autors

Ein Gesamtverzeichnis der lieferbaren Titel der Verlagsgruppe Koehler/Mittler schicken wir Ihnen gerne zu.
Senden Sie bitte eine E-Mail mit Ihrer Adresse an: vertrieb@koehler-mittler.de.
Sie finden uns auch im Internet unter: www.koehler-mittler.de

Bibliografische Information der Deutschen Nationalbibliothek
Die Deutsche Nationalbibliothek verzeichnet diese Publikation in der Deutschen Nationalbibliografie; detaillierte bibliografische Daten sind im Internet über http://dnb.d-nb.de abrufbar.

ISBN 978-3-8132-0873-3

Druck: DZA Druckerei zu Altenburg GmbH
Printed in Germany

Titel der Originalausgabe: The French Foreign Legion
Sutton Publishing

Aus dem Englischen übersetzt von Jürgen Rohweder

Inhaltsverzeichnis

Vorwort

Brigadier Anthony Hunter-Choat, OBE

Seit König Louis-Philippe 1831 die französische Fremdenlegion gegründet hat, sind über diese mysteriöse, von Mythen umwobene Körperschaft von Männern, die seitdem fast ununterbrochen in Afrika, Asien, Europa und Amerika gekämpft hat, Tausende von Büchern und Artikeln geschrieben und zahllose Filme gedreht worden. Legionäre – ich war selbst einer – haben immer den Kampf geliebt, Mann gegen Mann, Gruppe gegen Gruppe, Kompanie gegen Kompanie. Das andere Merkmal, das sie zu guten Soldaten macht, ist ihr Verlangen nach Zufriedenheit mit der erfüllten Pflicht und den ausgeführten Befehlen.

Ihr Motto *Legio patria nostra* bedeutet »Die Legion ist unser Land«, und zehntausende Legionäre haben für diese Wahlheimat gekämpft und sich dabei weltweit Respekt und Bewunderung erworben. Viele starben bei heldenhaften Einsätzen und noch mehr wurden verwundet, doch bis jetzt ist über die sozialen und geopolitischen Umstände, unter denen all das geschah, wenig bekannt.

Douglas Boyd, der in Frankreich lebt und französisch wie ein Franzose spricht, ist seit langem von der Fremdenlegion fasziniert und hat das Thema bereits in früheren Schriften untersucht. Er versteht die Motivation der Franzosen und auch die Motivation der Legion. Das ist nicht immer dasselbe. Das vorliegende Werk verknüpft die französische politische Kette mit dem Schussfaden der Fremdenlegion, und liefert so ein umfangreiches, dichtes und faszinierendes Stück Geschichte. Boyds Kenntnisse der französischen Politik besonders in Indochina und Nordafrika über eine Zeitspanne von fast zwei Jahrhunderten geben ihm den klaren Blick auf die Aktivitäten der Fremdenlegion und erhellen die Gründe ihrer Erfolge und Misserfolge und ihrer manchmal widerspenstigen Haltung.

In der meisten Zeit ihres Bestehens wurde die Legion von der französischen Regierung für Operationen in Übersee, die zu Hause auf wenig Unterstützung oder Interesse stießen und an denen der Durchschnittsfranzose keinen Gefallen fand, schamlos benutzt. Legionäre haben dies akzeptiert, solange die Abmachung fair und ehrlich war. Obwohl Frankreich die Legion mittlerweile ausgezeichnet behandelt – vielleicht weil Paris endlich begriffen hat, dass sie ein Aktivposten ist, der nicht verschwendet oder verunglimpft werden darf –, waren die Abmachungen in der Vergangenheit leider oft weit davon entfernt, fair und ehrlich zu sein. Trotzdem haben Legionäre ihre Aufträge ausgeführt, koste es, was es wolle. Wenn man die Darstellungen der Schlachten von Camerone, der Fernstraße Vier und Dien Bien Phu liest, wird man merken, wie hoch der Preis gewesen ist.

Als ehemaliger Legionär freue ich mich auf dieses Buch, sowohl wegen seiner Tiefe als auch wegen seiner Klarheit. Es wird den ohnehin schon ausgezeichneten Ruf der Legion weiter aufwerten.

Tony Hunter-Choat
(vormals 116798 Feldwebel Choat des 1 REP)
Hereford,
September 2005

Danksagung

Die französische Fremdenlegion ist kein Regiment, sondern eine außerordentliche Armee. Es wäre unmöglich, alle Einsätze, an denen sie teilgenommen hat und bei denen sie Blut für Frankreich vergossen hat, in ein Buch einzubeziehen. Um Lesern, die vielleicht selbst nicht in Uniform gedient haben, ein *Gefühl* dafür zu geben, wie es war, als Soldat der Legion in den vergangenen siebzehn Jahrzehnten gedient zu haben, sind hier viele persönliche Erlebnisse verarbeitet. Getreu der Tradition, die Anonymität eines Menschen zu Lebzeiten zu respektieren, habe ich nur wenige lebende Personen namentlich genannt, ausgenommen öffentliche Persönlichkeiten und solche, die selbst publiziert haben. Für die anderen, ist es *ni vu, ni connu.*

Dafür ist es mir ein Vergnügen, dem kommandierenden General der Fremdenlegion für das Privileg zu danken, dass ich die ausgezeichneten Forschungseinrichtungen des Hauptquartiers in Aubagne benutzen durfte und insbesondere für seine freundliche Erlaubnis, Objekte in dem faszinierenden Museum der Legion fotografieren zu dürfen. Der Präsident von Les Amis du Musée de la Légion Etrangère, General Bruno Le Flem, hieß mich herzlich willkommen und gewährte mir wertvolle Einblicke; Kommandant Guyot vom 1 RE offenbarte das enzyklopädische Wissen der Archive der Legion; und Major Michon vom Centre de Documentation war stets geduldig und hilfsbereit.

Danken möchte ich auch dem Personal der Bibliothèque Nationale de France, der British Library, der Bibliothèque Municipale de Bordeaux sowie der Service Historique de l'Armée de Terre an Vincennes. Jeder Historiker steht in der Schuld der Forschungsergebnisse seiner Vorgänger. In meinem Fall geht ein besonderer Dank an Tony Geraghty und an Douglas Porch für sein monumentales Werk. Major Len Chaganis, RE, tilgte Fehler des Autoren, dessen eigene Dienstzeit längst hinter ihm liegt. Der ehemalige Legionär Brigadier Hunter-Choat, OBE, fand nicht nur die Zeit, das Vorwort zu schreiben, er gab darüber hinaus auch zahlreiche konstruktive Anmerkungen zu der Endfassung, die das Buch in vielen Bereichen verbessert haben.

Mein vertrauensvoller Agent Mandy Little brachte mich zunächst zu Sutton Publishing, wo mich die unermüdliche Begeisterung des Militär- und Luftfahrtredakteurs Jonathan Falconer auf meinem langen Forschungsweg stützte, die Redakteurin für Sonderprojekte Jane Hutchings zauberte aus einem Stapel Papier ein Buch und Bow Watkinson steuerte seine kartographischen Fähigkeiten bei, um die manchmal unerforschten Flecken, die die Legion betreten hat, näher zu bestimmen. Die Irrtümer, die nach all dieser Hilfe bleiben, sind allein meine, genau wie irgendwelche Schlussfolgerungen, die ich gezogen habe.

Einleitung

Der berühmteste Franzose aller Zeit war ein Soldat, der nicht einmal in Frankreich geboren wurde, sondern auf Korsika, als italienisch die Muttersprache der Insel war. Die beiden bekanntesten französischen Präsidenten des zwanzigsten Jahrhunderts waren Soldaten. Marschall Philippe Pétain war der Held von Verdun im Ersten Weltkrieg und wurde im Zweiten Weltkrieg der Verräter von Vichy, woraufhin sein ehemaliger Protégé und Kriegsfeind General Charles de Gaulle den senilen Ex-Patron zum Tod verurteilte und die Strafe umwandelte, bevor er Frankreich von dem »kranken Mann Europas« in eine unabhängige nukleare Supermacht umwandelte.

In einem Land, in dem Politik und Militär so eng miteinander verwoben sind, ist es keine Überraschung, dass ein Zweig der Streitkräfte viele Generäle, Marschälle und hochrangige Politiker bis hin zum Premier gestellt hat. Dass dies die *Fremden*legion ist, gibt zu denken.

Was die Legion – abgesehen von ihrer beispiellosen Mischung der Rassen – von jeder anderen Berufsarmee unterscheidet, ist, dass sie Männer aus allen sozialen und Bildungsschichten in ihren Reihen zählt: Musiker wie Cole Porter aus den USA, Philosophen wie den in Ungarn geborenen Arthur Koestler, Schriftsteller wie den Schweizer Blaise Cendras und den Grandseigneur der deutschen Literatur, Ernst Jünger. Dichter, Maler und Berufssportler haben neben mit Orden geehrten Veteranen gedient, die bereit waren, sich vom niedrigsten Rang in Legionsuniform wieder hochzuarbeiten.

Seit 175 Jahren haben arbeitslose, obdachlose und ungeliebte Männer einen Sinn darin gefunden, trotz aller Strapazen und Risiken in der ältesten Söldnerarmee der Welt zu dienen, aber auch viele, die in Palästen geboren wurden. Zu den königlichen Legionären zählen unter anderem König Peter I. von Serbien, Prinz Louis II. von Monaco, Kronprinz Sisowath Monireth von Kambodscha und die Prinzen Aage von Dänemark und Amilakvari von Georgien. Etwas weniger hochgeboren war Prinz Napoleon, Sohn von Prinzessin Clementine von Belgien und Urenkel des Gründers der

Legion, König Louise-Philippe. Der Prinz diente als Legionär Blanchard, Nr. 94707. Sein hochmütigerer Cousin, der Graf von Paris, trat als *engagé volontaire* D'Orliac, Nr. 10681, ein. Maxim Gorkys adoptierter Sohn stieg vom gemeinen Soldaten zu Generalssternen auf, wollte jedoch unter einem Stein mit der einfachen Inschrift »Legionnaire Zinovi Pechkoff« begraben werden.

Im 21. Jahrhundert ist es eher unwahrscheinlich, dass Rekruten sich von der Romantik eines Schlagers von Edith Piaf über ihren Legionärsliebhaber motivieren lassen, dessen Haut »herrlich nach heißem Wüstensand roch«.[1] Noch weniger von ihnen werden die Beau-Geste-Romane gelesen oder Hollywood-Schwarzweißfilme aus den 1930er Jahren gesehen haben, in denen Alkoholiker, die in entlegenen Lehmforts in der Sahara an Schnaps und Langeweile zugrunde gehen, sich gerade noch rechtzeitig zusammenreißen, um reiche und glamouröse Touristinnen vor den raubgierigen und verschleierten Kriegern des Wüstensandes zu retten.

Was ist es also, dass Männer, die noch nicht geboren waren, als sich die USA von dem Vietnam-Konflikt befreit hatte, dazu bewegt, die strenge Disziplin dieser legendären Söldnerarmee mit einem Ehrenkodex, der wie ein Pfadfinder-Gelöbnis klingt, zu akzeptieren? *Jeder Legionär ist Dein Bruder. Im Kampf handle ohne Leidenschaft oder Hass sondern mit Respekt für Deinen besiegten Feind. Verlasse niemals deine Toten, deine Verwundeten oder Waffen ...*

Einige treten der Legion bei und suchen Abenteuer, die man im zivilen Leben nicht finden kann. Für andere ist es ein Neuanfang nach Arbeitslosigkeit, Vorstrafen, Ärger mit der Familie oder einem Mädchen. Osteuropäer erhalten zur Belohnung am Ende ihrer Dienstzeit die französische Staatsangehörigkeit, mit der sie all die Freiheiten der europäischen Gemeinschaft genießen können. Nach den Worten des Legionsdichters Pascal Bonetti aus dem Jahr 1920 werden sie Söhne Frankreichs, nicht weil sie französisches Blut erben, sondern weil sie ihr Blut für Frankreich vergießen.[2] Was auch immer der Grund ist, der Legion beizutreten, jeder Legionär weiß, dass er sich für den Rest seines Lebens nicht mehr unter kämpfenden Männern beweisen muss. Das weiße Käppi getragen zu haben, ist Beweis genug, dass er so zäh ist, wie man es sich überhaupt nur vorstellen kann.

Streng genommen bedeutet das Wort »Legionär« gewöhnlicher Soldat, nicht Unteroffizier oder Offizier. Aber alle Dienstgrade schwören, dass ihre Mission heilig ist, egal wie hart sie auch sein möge. Im Jahr 1881 sagte General De Négrier seinen Männern die berühmten Worte: »Ihr Legionäre seid Soldaten geworden, um zu sterben, und ich schicke euch dorthin, wo Menschen sterben.«[3]

Ein Harvard-Absolvent, der im katastrophalen Juli des Jahres 1916 direkt an der Autobahn A1 in der Picardie in Belloy-en-Santerre starb – der Legionär Alan Seeger – schrieb das Gedicht, das an den Wänden der Ehrenhalle am Hauptquartier in Aubagne geschrieben steht. Es gedenkt der 35.000 Männer aus vielen Ländern, die, wie er, in Uniform starben und deren charakteristischstes Merkmal das weiße Käppi war.

»Ich habe ein Rendezvous mit dem Tod«, schrieb Seeger, »an einer umkämpften Barrikade, wenn der Frühling mit seinen raschelnden Schatten zurückkehrt und Apfelblüten die Luft füllen … Ich bleibe meinem Versprechen treu. Ich werde das Rendezvous nicht verpassen.«

Seeger war ein romantischer Dichter auf der Suche nach einem heroischen Tod. Als Dr. Jean Robaglia und Major Paul Chavigny die hohe Sterblichkeitsrate der Legionäre im frühen zwanzigsten Jahrhundert erforschten, setzten sie den Wunsch, in die Legion einzutreten, mit dem Wunsch zu sterben gleich, wobei strenge Disziplin und harte Strafen für diejenigen als Schule der Buße dienten, die die Last ihrer Schuld im zivilen Leben nicht tragen konnten.

Psychogeschwätz oder Wahrheit? Auf dem Schlachtfeld von heute ist ein Soldat mit Todeswunsch eine Gefahr für sich und viele andere Menschen, so dass inzwischen diejenigen, die einen heroischen Tod suchen, gleich zu Anfang in den psychologischen Tests aussortiert werden. Ein scharfes Verhör in der Muttersprache stellt außerdem sicher, dass entgegen populärem Glauben ein gewalttätiger oder erklärter Krimineller noch nicht einmal bis zum rigorosen Auswahlverfahren durchkommt, auch wenn kleinere Konflikte mit den Hütern von Gesetz und Ordnung in der eigenen Heimat als Zeichen für männlichen Kampfgeist angesehen werden.

Die *engagés volontaires* von heute sind durchschnittlich 23 Jahre alt und verfügen über eine überdurchschnittliche Intelligenz. Die Legion hat ihre eigene Ausbildung und ist weniger an akademischer Vorbildung interessiert als an einem scharfen Verstand und einem gesunden Körper. Das erste, was sie ihre Rekruten lehrt, sind Grundkenntnisse der französischen Sprache – der Befehlssprache. Das zweite ist ein Gewerbe oder Handwerk: Ohne Fallschirm aus einem fliegenden Hubschrauber zu springen, einen Computer zu benutzen, um Artillerie abzufeuern, oder etwas Nützliches im zivilen Leben wie Kochen oder die Wartung von Motoren.

Das französische Verteidigungsministerium ordnete 1960 an, dass Frauen in jede Teilstreitkraft eintreten können, für die sie sich aufgrund ihrer Intelligenz und ihres Körperbaus eignen. Dies war zum Teil der political correctness geschuldet und zugleich die Lösung der Rekrutierungskrise in den meisten westlichen Berufsarmeen. Aber die Legion hat kein Problem, männliche Rekruten zu gewinnen: Fünf von sechs werden immer noch abgelehnt. Bisher hat es nur eine Frau geschafft, in die Legion einzudringen. Die außergewöhnliche britische Krankenschwester Susan Travers wurde Oberstabsfeldwebel, nachdem sie von ihrem Liebhaber, General Pierre Koenig, beim Nordafrika-Feldzug 1942 zu seiner persönlichen Fahrerin bestimmt wurde.

In dieser sonst ausschließlichen Männerwelt bekommt jeder Mann die Chance, sein Leben noch einmal neu zu beginnen, etwa als Bill Gates oder Mickey Mouse beizutreten, wenn er dies wünscht, und entsprechende Papiere für seine neue Persona zu erhalten. Während die Legion darauf besteht, seine wahre Identität zu kennen, respektiert sie für immer seine Anonymität gegenüber der Außenwelt, und dies kann die Forschung erschweren. Eine weitere große Schwierigkeit, eine Geschichte dieser einzigartigen Armee zu schreiben, ist der Konflikt zwischen den anerkannten Quellen und dem Image ihrer gemeinsamen Vergangenheit, die viele Legionäre als heilig betrachten. Männer, die eine neue Identität bekommen haben, können dazu tendieren, die Realität abzuschütteln, der sie entkommen sind, und in einer Fantasiewelt zu leben, in der alles möglich ist, aber das ist der objektiven Geschichtsschreibung nicht förderlich.

Es gibt eine Reihe von Grundwahrheiten: Eine ist, dass die Legion außerhalb des französischen Territoriums *nicht* rekrutiert. Jeder, der für Geld etwas anderes vortäuscht, ist, wie die Website der französischen Botschaft in Chile warnt, »ein Gauner«. Und es gibt auch keine Fonds, aus denen die Reisekosten von Möchtegern-Legionären bezahlt werden, die ein Rekrutierungs-Büro auf französischem Boden aus eigener Kraft erreichen wollen. Die meisten kaufen einfach ein Flugticket, aber ein Armenier, Anfang zwanzig, den ich vor der Grenzpolizei in Hendaye rettete, war vom Kaukasus bis zum Atlantik zu Fuß gegangen, um in die Legion einzutreten. Er schlich nachts über die Grenzen und schlief mit anderen Einwanderern, die von den weggeworfenen Resten der Schnellimbisse und Märkte lebten, im Freien.

Wenn er die Auslese und die Grundausbildung geschafft hat, wird er sich in einer Welt wiederfinden, in der das Leben hart und die Strafen streng sind. Nur einmal im Jahr entspannt sich die Legion und der Schleier des Geheimnisses um diese anonyme Armee darf gelüftet werden. Am 30. April, dem Jubiläum ihrer großen Niederlage in der Schlacht von Camarón, öffnet die Legion die Tore ihrer Stützpunkte und lädt die örtliche Bevölkerung ein, den Tag als ihre Gäste zu verbringen. Es gibt ein attraktives Programm für Kinder und die Möglichkeit, auf die betriebsbereiten Fahrzeuge zu klettern, die, abhängig vom jeweiligen Operationsgebiet, grün und braun getarnt sind, mit grauen Zickzacklinien für die städtische Kriegsführung oder bemalt mit Wüstensandfarbe. Hübsche Mädchen beäugen die adretten jungen Soldaten mit exotischem Akzent. Die Mütter schätzen die Galanterie der tadellos uniformierten Offiziere. Die Väter probieren unter Aufsicht ein FAMAS-Sturmgewehr aus.

Die Menge, die am 14. Juli, dem Jahrestag der Stürmung der Bastille, in Paris den Stolz der Streitkräfte Frankreichs beobachtet, wie er die Champs Elysées entlang marschiert, bejubelt die Männer in den weißen Käppis am lautesten. Aber in den von Beamten und Politikern bewohnten Palästen und Ministerien herrscht ein immerwährendes Misstrauen gegenüber dieser eigenständigen Armee von hoch ausgebildeten Männern, die ihren Unteroffizieren und Offizieren zur Hölle und zurück folgen. Während der Kolonialzeit war Frankreich ein No-Go-Gebiet für die Legion, die ein Imperium kontrollierte, das sich von der Karibik über den Indischen Ozean, Indochina und den Pazifik ausdehnte. Nur in den düsteren Tagen der drei deutschen Invasionen 1870, 1914 und 1939 wurde sie nach Frankreich gerufen.

Die einzelnen Bestandteile der Legion sind seit 1962 in Frankreich stationiert und über das ganze Land verstreut, wobei die Fallschirmjäger auf die Insel Korsika beschränkt sind – so weit weg von Paris, wie man auf französischem Boden nur sein kann – weil sie einmal beinahe in der Hauptstadt gelandet wären und die Regierung gestürzt hätten.

In einer Bar am Hafen von Calvi, ein paar Kilometer von ihrem Stützpunkt am Lager Raffalli, hörte ich zufällig, wie ein beängstigend kräftiger Gefreiter und ein

Feldwebel darüber stritten, welches Team an diesem Morgen bei einem Schießwettbewerb hätte gewinnen sollen. Der Schiedsrichter, soviel war klar, war blind, dumm und wahrscheinlich auch taub gewesen. Jedes zweite Wort begann mit *Sch...*, aber es waren keine Französisch-Kenntnisse erforderlich, um die munteren Scherze zu verfolgen, weil der Gefreite ein Geordie und der Feldwebel ein Cockney war. Beide zählten zu Frankreichs Elitesoldaten, obwohl ihre Loyalität nicht der Regierung oder dem Präsidenten im weit entfernten Paris galt, sondern ihren eigenen Offizieren. Ihr Motto *Legio patria nostra*, das bedeutet »Die Legion ist unser Land«, sagt alles.

Es ist ein Paradoxon, dass die meisten Menschen so lange wie möglich leben wollen, während Berufssoldaten das ultimative Glücksspiel suchen, indem sie einen Vertrag unterzeichen, mit dem sie ihr Leben riskieren. Männer haben das schon immer getan, um ihre Frauen und Kinder zu beschützen. Was aber motiviert die Männer der Fremdenlegion, einem Land dienen zu wollen und wenn nötig auch für ein Land zu sterben, das nicht ihres ist, dessen Sprache viele von ihnen kaum sprechen und das sich nicht entscheiden kann, ob sie großartige Helden oder gefährliche Schläger sind?

Ich hoffe, diese Geschichte von Frankreichs mysteriösen Söldnern gibt Antworten auf einige der Fragen.

Douglas Boyd
Gironde, Südwestfrankreich, Dezember 2005

TEIL I

Das Ende eines Imperiums

1

Eine Kugel für meinen Kumpel

VIETNAM, 1949–53

Es gibt wenige Schlachten, die ein so klassisches Beispiel für *alle* Fehler sind, die ein General während einer Operation machen kann, dass Militärhistoriker und Dozenten an Generalstabsakademien auf der ganzen Welt sie zitieren. Dien Bien Phu ist eine davon.

Der amerikanische Steuerzahler trug seit Mai 1950 bis zu 80 Prozent der Kosten für die Franzosen in Vietnam. Nachdem die US-Streitkräfte die volle Verantwortung für den Krieg übernommen hatten, der Dien Bien Phu folgte, ignorierte das Pentagon jedoch die Lehren der französischen Niederlage und produzierte im Jahr 1976 eine identische Kopie. Nur der Entsatz von Khe Sanh nach siebenundsiebzig sinnlosen Tagen ermöglichte General Westmoreland, von einem Erfolg zu sprechen.

Die Idee war jeweils, dass konventionelle westliche Truppen den *gleichen* unbesiegbaren Führer Gen Vo Nguyen Giap überlisten sollten, so dass er alle seine Ressourcen in eine offene Feldschlacht gegen eine uneinnehmbare feste Stellung einsetzen würde, wo sie dann ausradiert werden würden. Wie aber die Landser früher sagten: »Geht nie.«

Dien Bien Phu ist aber mehr als ein Bilderbuch-GAU. Es ist ein außergewöhnliches Beispiel dafür, wie Männer in Uniform sich dafür *entscheiden*, eher miteinander zu sterben, als ihre Pflicht gegenüber ihren Kameraden zu verletzen. Dieses waren keine legendären Helden aus dem Bronze-Zeitalter oder gar Apostel blinden Gehorsams wie im neunzehnten Jahrhundert, sondern im Fall der beteiligten Einheiten der Fremdenlegion zynische, durch Feldzüge abgehärtete Veteranen des Zweiten Weltkrieges. Die meisten von ihnen waren nicht einmal Franzosen.

Der Anfang vom Ende der französischen Herrschaft in Vietnam kann auf den 25. Juli datiert werden, als das nationale Verteidigungskomitee in Paris einen streng geheimen Bericht von Stabschef General Georges Revers akzeptierte, nach dem der kommunistische Sieg am Ende des chinesischen Bürgerkriegs die Posten entlang der Fernstraße Vier militärisch unhaltbar mache.[1]

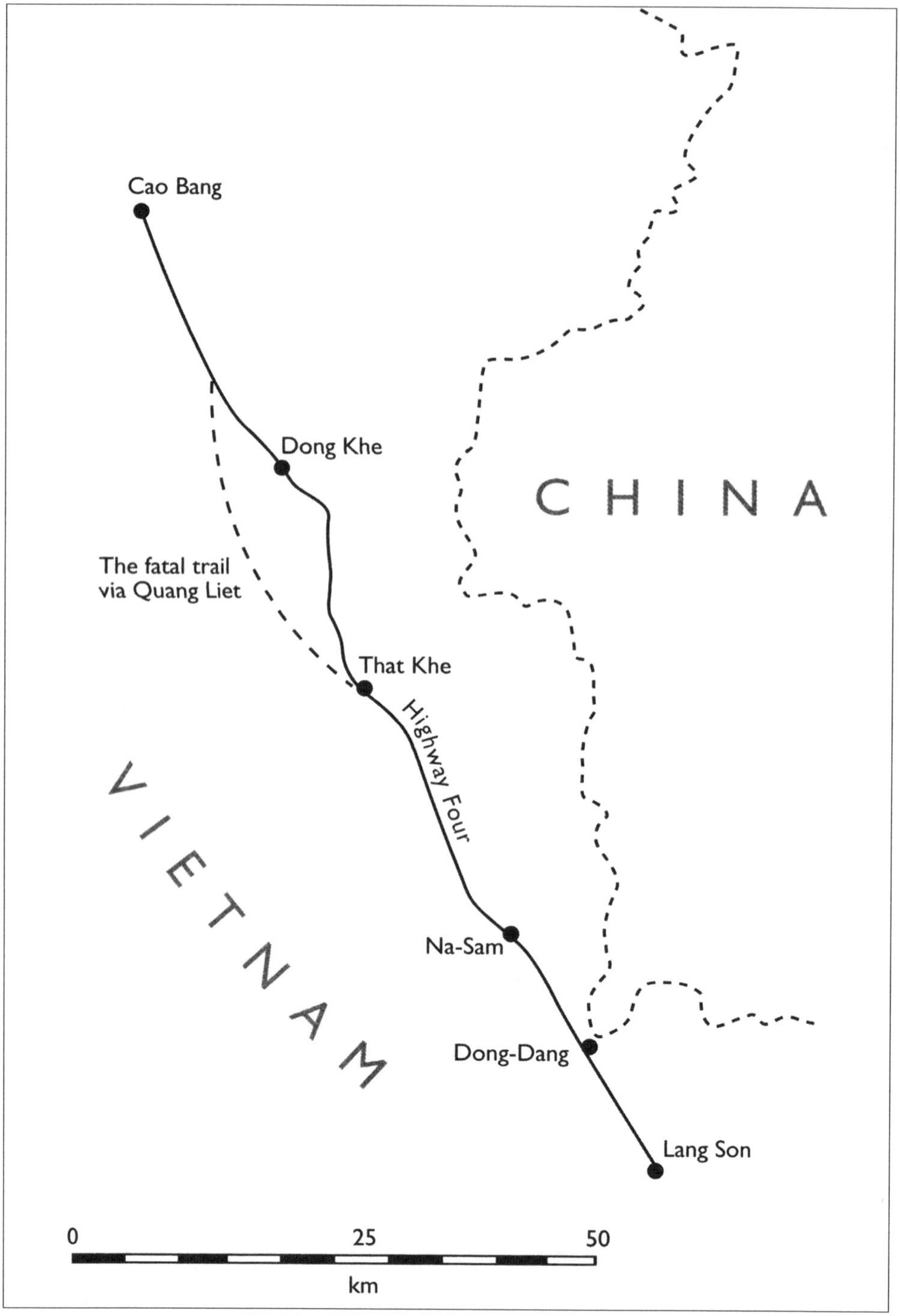

Der schicksalhafte Pfad via Quang Liet Vietnam: Die strategische Fernstraße Vier, 1949

Dies war die strategische Straße, die sich in Nordostvietnam 116 Kilometer lang durch die Hügel entlang der chinesischen Grenze schlängelte. Von Lang Son waren es 15 Kilometer bis Dong Dang, wo ein Spaßvogel den Wegweiser veränderte: »Paris 12.672 km, Peking 2.971 km«. Bei Kilometer 33 lag Na Sam und an Kilometer 63 That Khe. Dong Khe war an Kilometer 88, Nam-Nang an Kilometer 101 und so weiter bis nach Cao Bang an Kilometer 116. Angesichts der Nähe zur Grenze, an vielen Stellen der Straße nur ein kleiner Spaziergang nach Osten, und angesichts der Tatsache, dass die Fernstraße Vier mehrere historische Invasionsrouten aus China kreuzt, empfahl Revers, dass die Posten rasch evakuiert werden sollten, ebenso die etwa dreißig Wegstationen dazwischen.

Der Bericht wurde peinlicherweise öffentlich bekannt, als ein ehemaliger spanischer Legionär namens Tomás Pérez verhaftet wurde, weil er in einem Pariser Bus zwei Studenten angegriffen hatte, die am Weltjugendkongress der Kommunisten Front in Budapest teilgenommen hatten. Die Polizei, die den Vorfall untersuchte, »fand zufällig« in ihrem Besitz Kopien des Revers-Berichts, was weitere Untersuchungen rechtfertigte, bei denen Dutzende Kopien des Berichts bei linken vietnamesischen Studenten gefunden wurden. Weil Pérez behauptete, dass er von dem französischen Geheimdienst bezahlt worden war, um auf der Top-Ebene in Ministerien undichte Stellen zu enthüllen, durfte er, der wichtige Zeuge, verschwinden. Womöglich hat er sich wieder der Legion verpflichtet, bevor die Fälle vor Gericht kamen.

Unter allen Garnisonen auf der Fernstraße Vier, die Revers zur Evakuierung empfohlen hatte, war Dong Khe die merkwürdigste. Gelegen am Anfang der 28 Kilometer langen Strecke nach Dong Khe, die als die Straße des Vergossenen Bluts bekannt war, wurde sie eine Zeitlang von zwei Kompanien des 3. Régiment Etranger d'Infanterie der Legion, genannt 3 REI, gehalten, dessen Kommandant Major De Lambert ein verrückter Hund war, aber ohne einen Knochen zwischen den Zähnen – mit anderen Worten: ein erstklassiger Soldat, vollkommen frustriert weil ihm ausreichend Truppen fehlten, um etwas gegen die riesige Anzahl der Minh zu unternehmen, die aus China kamen und sich überall um ihn herum bewegten.

Seine Auftrag war, zu bleiben und Dong Khe als sicheren nächtlichen Zwischenstopp für Konvois zu halten, die in Richtung Norden auf der Fernstraße Vier fuhren, bevor sie die tödliche letzte Etappe ihrer Reise begannen. Er benutzte deshalb all seine beträchtliche Energie, um Dong Khe zu einem guten Ort für Männer zu machen, die ihre letzte Nacht auf Erden verbrachten.

Er baute ein Nachtclub-Casino mit einer Besonderheit: Es wurde aus den Felsen innerhalb des Stützpunkts gehauen und Le Hublot – das Bullauge – genannt. Da die Männer, die durch seine Türen traten, wussten, dass sie das Geld in ihren Taschen vielleicht niemals mehr irgendwo anders würden ausgeben können, waren die Wetteinsätze hoch und der Bank-Anteil, der innerhalb der Garnison verteilt wurde, entsprechend.

Poker, chemin de fer, Bakkarat, *backuan* – das alles konnte man spielen, ein paar Pfeifen rauchen, sinnlos betrunken werden oder ein Dutzend Frauen haben, eine nach der anderen. Es gab nur zwei Verbote. Ein Schild an der Tür, das von Lambert unterzeichnet war, lautete: *Nach dem Tod des Gefreiten Négrier und dem Tod von [hier folgten die Namen von sechs Legionären] sind die Spiele Buffalo und Cuckoo fortan in diesem Etablissement verboten.*

Und das waren die Spiele, die von denen gespielt wurden, die den allergrößten Kick haben wollten: Bei Buffalo gab es zwei »Spieler«. Auf die Theke wurden zwei Litergläser und zwei Flaschen Aperitif, normalweise Cinzano oder Dubonnet, gestellt. Jeder Mann trank ein ganzes Glas des Gifts und dann griffen die beiden einander an. Sie senkten die Köpfe, hielten die Hände hinter ihre Rücken wie zwei Büffel und stießen ihre Köpfe mit voller Geschwindigkeit zusammen. Falls keiner von der Kollision bewusstlos wurde, tranken sie beide noch einen Liter Aperitif, bevor sie den Angriff wiederholten. Manchmal waren Spieler dafür bekannt, dass sie jeweils zwei Flaschen Aperitif leerten, bevor einer mit schwerer Gehirnerschütterung ins Lazarett gebracht wurde. Bei anderen Gelegenheiten reichte eine Kollision, um den Schädel eines Mannes zu knacken.

Cuckoo war, wenn das überhaupt möglich ist, noch verrückter. In einem unmöblierten Kellerraum bekamen zwei Männer automatische Colts mit vollen Magazinen. Die Lichter wurden ausgeschaltet und einer rief »Cuckoo«, was bedeutet, »Ist jemand da?« Er sprang dann so flink, wie es ein sehr betrunkener Mann eben kann, zu einer Seite, damit die Kugel des anderen Spielers ihn verfehlt. Wenn sie ihn verfehlte, rief der andere »Cuckoo«, und dies ging so lange weiter, bis beide Magazine leer waren – theoretisch. In der Praxis kam kaum jemand so weit, weshalb De Lambert schließlich die zwei beliebtesten Spiele in Le Hublot verbot.

Ein Legionär, der Dong Khe um diese Zeit kannte, sagte, »So, wir waren verrückt? Sonst wären wir doch nicht dort gewesen, oder?«[2]

Man musste schon verrückt sein. Die Forts und Zwischenstationen entlang der Fernstraße Vier waren Stolperdrähte; es gab sie nicht, um den Feind anzugreifen oder aufzuhalten, sondern nur, um durch irgendeinen wichtigen Einfall des Feindes einfach ausradiert zu werden und damit seine Anwesenheit zu signalisieren. Es mangelte auf beiden Seiten an Vernunft. Die betonverstärkten Zwischenstationen wurden von den Viets als Ausbildungsstätten benutzt, um die Wirkung verschiedener Sprengstoffe auf Beton zu testen und um mit unterschiedlichen Methoden zu experimentieren, sich mit menschlichen Selbstmordtorpedos und mit Plastik-Sprengstoff vollgestopften Bambusröhren einen Weg durch den Draht zu sprengen.

Experimentieren? Den surrealistischsten Angriff erlebte eine Zwischenstation nahe Dong Khe, bekannt nur durch den Hügel, auf dem sie stand. Anfang 1950 wurde die Garnison, die aus sechs Legionären und acht Anti-Viet-Guerillas bestand und von Oberstabsfeldwebel Gianno aus Italien kommandiert wurde, um Mitternacht von den Wachposten geweckt, als etwas, das wie eine funkensprühende selbstgebaute Bombe aussah, in hohem Bogen über die Mauer flog und im Hof landete. Es war eine mit Benzin getränkte Katze mit einem an ihrem Schwanz gebundenen Bündel glimmenden Zunders. Bevor die erste Katze in einem Feuerball explodierte, landete eine zweite im Hof, gefolgt von noch einer und noch einer, bis der Hinterhof voller verrückter, brennender Katzen war.

Die Viets hofften, dass eines oder mehrere der verzweifelten Tiere in die Munitionslager laufen und den ganzen Ort in die Luft jagen würden, was dann auch geschah. Der einzige Überlebende der Explosion, der es schaffte, durch den Dschungel nach Dong Khe zu kriechen, war ein Holländer namens Strast. Als er seine Geschichte am nächsten Morgen erzählte, hatte er kaum erwarten können, dass man ihm irgendwo anders glauben würde. Entlang der Fernstraße Vier war alles möglich. Diese Angriffsmethode wurde nie wieder genutzt, vermutlich weil das Fangen und die Präparierung der Katzen härtere Arbeit war als das Werfen selbstgebauter Bomben über die Mauer.

Bevor das 3 REI Dong Khe übernahm, erwachte die Garnison der marokkanischen Kolonial-Infanterie mit französischen Offizieren am 27. Mai 1950 um 06.45 Uhr von dem Geräusch explodierender Granaten aus fünf gut getarnten 75 mm Geschützen, die heimlich auf die Hügel über ihnen geschleppt worden waren. Achtundvierzig Stunden später stürmte General Giaps 308. Elite-Brigade den Ort, wurde aber innerhalb von Stunden durch die Landung eines Bataillons von Kolonial-Fallschirmjägern vertrieben. Dessen Erfolg weckte innerhalb des französischen Kommandos falsches Vertrauen, etwa nach dem Motto »Eine Bataillon unserer Jungs ist eine Brigade der Viets wert«.

Am 24. Juni überfiel das kommunistische Nordkorea mit chinesischer Unterstützung Südkorea, und die geringe Aufmerksamkeit, die die internationale Presse dem französischen Krieg in Vietnam gewidmet hatte, nahm noch mehr ab. In der Annahme, dass Giap nun alles tun würde, um seinen Krieg zu gewinnen, indem er im Gleichschritt mit Nordkorea marschierte, setzte sich der neue Oberbefehlshaber für Vietnam, General Marcel Carpentier, über General Revers hinweg und entschied, dass die Grenzposten entlang der Fernstraße Vier um jeden Preis gehalten werden mussten, um die Versorgung der Viets mit Verstärkung und Gütern aus China zu unterbinden.[3] Die Ereignisse überschlugen sich. Keine drei Monate später plante Carpentier, einen von ihnen vor Mitte Oktober zu evakuieren.

Cao Bang war eine Bergbau-Stadt, in der Zinn abgebaut wurde, die von Viet Minh Gebiet umgeben war. Sie lag am Knotenpunkt, wo sich die Fernstraße Drei von der nördlichen Hauptstadt Hanoi kommend mit der Fernstraße Vier kreuzte, die von der Küste nordwärts lief. Sie lag auch genau auf einer historischen chinesischen Invasionsroute nur 24 Kilometer von der Grenze zur Provinz Guangxi Zhuang entfernt. Die Garnison der Stadt bestand aus zwei Legions-Kompanien vom 3. Régiment Etranger d'Infanterie unter dem 40-jährigen Oberst Pierre Charton, einem drahtigen kleinen Mann, der so gerade stand, dass er groß erschien, und dessen Ruf als »Soldat aller Soldaten« weit über das Regiment hinaus verbreitet war.

Die einzige Möglichkeit, Cao Bang vom Boden aus zu evakuieren, lief über die Fernstraße Vier durch Dong Khe, wo nun die 5. und die 6. Kompanie des 3 REI stationiert war. Wie auch immer, um 07.00 Uhr am 16. September wiederholte Giap die frühere Methode. Nach zwei Tagen Bombardement durch versteckte Artillerie wurde die Stellung mit so vielen Verlusten wieder überrannt, dass es nur neun Legionäre durch den Dschungel zur benachbarten Stellung bei That Khe schafften, wo sie mit zerfetzten Uniformen und fast verhungert und verdurstet ankamen.

Als Cao Bang isolierter war als je zuvor, verstärkte Carpentier seine Garnison aus der Luft mit einem Bataillon marokkanischer Infanterie. Oberstleutnant Marcel Lepage wurde befohlen, von Lang Son aus südlich der Fernstraße Vier Dong Khe wieder einzunehmen und es zu halten, bis die Garnison Cao Bang sich mit ihm dort treffen konnte – anschließend würden die vereinten Kräfte dann sicher in Richtung Süden marschieren können. Das war der Plan, aber Charton durfte ihn nicht kennen, damit er nicht durchsickerte und die Information zu den Viet Minh geriet. Um Chartons Verdacht zu zerstreuen, stattete Carpentier Cao Bang einen Blitzbesuch per Luft ab, um ihm zu versichern, dass alles unter Kontrolle sei. Zwei Tage später kam General Alessandri, der Oberbefehlshaber für Nordvietnam, in der gleichen Angelegenheit, zog Charton aber ins Vertrauen. Dieser wurde wütend, weil er wusste, dass es keine Möglichkeit gab, dass die entlang der Fernstraße Vier postierten Viets ihn und die Garnison einfach ziehen lassen würden; selbst dann nicht, wenn sie mit der Zerstörung des Lagers nach dem Prinzip der verbrannten Erde bis zur letzten Minute warteten, um den Feind nicht vorzuwarnen.

Zwei Wochen vergingen, bevor Lepage am 30. September von That Khe aus aufbrach, nachdem das 1. Bataillon Etranger de Parachutistes der Legion, abgekürzt 1 BEP, gelandet war, um seine Truppe, das 8. Marokkanische Infanterie-Regiment, zu verstärken, so dass insgesamt 3.500 Mann in der Stellung waren. Ihre Aufgabe war, Dong Khe bis 12.00 Uhr am 2. Oktober wieder einzunehmen. In Cao Bang schäumte Charton über den Funkbefehl, die Festung um 00.01 Uhr am 4. Oktober zu verlassen – diese Uhrzeit wurde gewählt, um die Viets zu verwirren.

»Eine exakte Zeit für eine Operation wie diese anzusetzen, ist verrückt«, schimpfte er. »Wer weiß, wie das Wetter sein sein wird? Ohne Deckung aus der Luft haben wir keine Chance.«[4]

Der Befehl war unumstößlich. Laut Hanoi, per Funk von Lang Son weitergeleitet, stieß Lepage vor, und Dong Khe würde in Stunden erledigt sein. Warum also machte sich Charton Sorgen?

»In dem Fall legen Sie den Treffpunkt näher an mich heran«, erwiderte er schroff, weil der Empfang so schlecht war. »Setzen Sie ihn bei Kilometer 22 an und nicht bei Kilometer 28. Ich komme wegen unserer Verwundeten, der kranken Zivilisten, schwangeren Frauen und Kinder, sowie der an Malaria in allen Stadien und an der Ruhr erkrankten Menschen nur langsam vorwärts.«

Er hatte der Bevölkerung schon gesagt, dass sie entweder gehen und sich den Viets anschließen, bleiben und sehen, was nach dem französischen Rückzug passieren würde, oder mit ihm kommen könnten. Nung, Meo und andere Einheimische der Minderheitsrasse hatten guten Grund, nach dem französischen Rückzug einen Genozid der Vietnamesen zu befürchten, und die Huren der Stadt konnten das gleiche

Schicksal aus moralischen Gründen befürchten. Infolgedessen würden bei dem Rückzug 1.500 Zivilisten mitkommen.

Charton wurde tatsächlich unterstellt, dass er seine Nerven verloren hatte. Wie könne er sich vorstellen, dass ein paar lausige Viet-Guerillas es wagen würden, die vereinten Kräfte seiner Garnison *und* der Kolonne von Lepage anzugreifen? Vom sicheren Hanoi aus betrachtet war das undenkbar.

Und so wurde der Plan ausgeführt. Südlich von Cao Bang in einer von bewaldeten Hügeln umgebenen Mulde wurden die zwei Kompanien des 1 BEP unter Hauptmann Pierre Jeanpierre und Oberleutnant Roger Faulques beauftragt, die offensichtlich verlassene Zitadelle Dong Khe am Morgen des 2. Oktobers wieder einzunehmen. Das war eine Falle. Heckenschützen, Mörser und schwere Artillerie auf den umliegenden Hügeln forderten schwere Verluste, ehe schließlich nach rund 30 Prozent Verlusten die Entscheidung zum Rückzug fiel.

In Cao Bang folgte Charton mittags seinen Befehlen; er befahl seiner Garnison, die Sprengsätze, die bereits unter die Magazine gelegt worden waren, zu zünden und zu beginnen, die Vorräte zu zerstören, alles zu verbrennen, was nicht bewegt werden konnte und gleichzeitig alles Essbare und Trinkbare in ihrem Marschgepäck zu verstauen. Bevor sie diese Zerstörungsorgie beendet hatten, erreichte die sich zurückziehende Kolonne von Lepage um etwa 14.00 Uhr eine verlassene Zwischenstation namens Na Pa. Plötzlich landeten massenhaft Mörser- und großkalibrige Artilleriegranaten auf den über 2.000 Mann, die im Tal in der Falle saßen. Lepage wurde von den Fallschirmjägern des 1 BEP höhnisch »der Kanonier« genannt, aber als Artillerist wusste er, dass die Feuerkraft, die von den Streitkräften der Viets kam, um ein Vielfaches größer war als es jede Vorhersage durch den Geheimdienst angekündigt hatte. Es war unmöglich, sich entlang der Fernstraße Vier vor oder zurück zu bewegen, doch wenn er blieb, wo er war, konnte die ganze Kolonne in ein paar Stunden ausradiert werden.

Es scheint, dass Lepage erst zu diesem Zeitpunkt von Lang Son per Funk informiert wurde, dass es der Zweck seines Einsatzes war, sich mit den ausbrechenden Truppen von Cao Bang zu verbinden.[5] Da ein weiterer Angriff auf Dong Khe außer Frage stand, solange die Wolken so niedrig hingen, dass die Kampfflugzeuge keine Deckung geben konnten – was zu dieser Jahreszeit Tage dauern konnte – erwiderte er, dass Charton Cao Bang auf keinem Fall verlassen dürfe.[6] Dies war mehr oder weniger das, was Charton in den vergangenen zwei Wochen in das Mikrofon geschrieen hatte.

Lang Son stimmte nicht zu. Nach der Landkarte schien es möglich, dass Lepage auf einem Pfad durch die Gegend fahren konnte, der als gepunktete Linie nach Quang Liet angezeigt war. Dadurch konnte er sich mit Charton westlich von Dong Khe im Coc Xa Tal vereinigen. Lepage befahl deshalb dem 1 BEP, den Feind bei Na Pa aufzuhalten, während er die Marokkaner den gepunkteten Pfad entlangführte, wie von Lang Son befohlen. Niemand hatte bis dahin begriffen, dass ihre Chancen höchstens eins zu zehn standen. Das änderte sich, als Jeanpierre bei Na Pa durch ein Fernglas beobachtete, wie eine Kompanie Marokkaner von einem ganzen Regiment Viets ausradiert wurde, bevor sie die Deckung der Bäume erreichen konnte. Ein einziger Überlebender schaffte es nach Na Pa zurück.

In diesem Moment verstand Jeanpierre, dass das 1 BEP deshalb nicht heftiger angegriffen wurde, weil das Hauptkontingent der Viets auf Lepage losgegangen war, der im Dschungel auf einem überwachsenen Pfad in der Falle saß. Seine einzige Hoffnung schien darin zu bestehen, dass das 1 BEP die Viets ablenken würde. Deshalb griff das 1 BEP gegen 22.00 Uhr an und nahm den Kamm zwischen Na Pa und Lepage, irgendwo im Dschungel unter ihnen. Inzwischen war das 1 BEP auf 350–400 Mann geschrumpft, die seit zwei Tagen und Nächten nicht geschlafen und weder Essen noch Wasser hatten. Sie schliefen im Stehen ein, als sie sich mit einem unzuverlässigen Kompass einen Weg dorthin bahnten, wo sie Lepage vermuteten.

Um Mitternacht rückte Chartons Kolonne bestehend aus 1.000 Mann vom 3 RET und 600 Marokkanern genau wie befohlen aus den rauchenden Ruinen von Cao Bang aus und schleppte einen langen Schwanz von Flüchtlingen mit sich. Um 17.00 Uhr am 3. Oktober gelang es Lepage, Lang Son per Funk zu erreichen, um einen Lagebericht zu geben. Aber zu seinem Entsetzen erfuhr er, dass Charton Cao Bang verlassen hatte und viel zu weit entlang der Fernstraße Vier gegangen war, um sich wieder zurückziehen zu können.

Bis zur Abenddämmerung hatte Chartons Kolonne ohne größere Zwischenfälle 16 Kilometer in neunzehn Stunden geschafft. Die Geschütze auf den Kämmen der Hügel feuerten ein paar Granaten auf sie ab, aber Charton war nicht davon überzeugt, dass die Viets in unmittelbarer Nähe keine nennenswerte Infantrie hatten, obwohl sie keinen Bodenangriff folgen ließen. Er beschränkte sich darauf, sein Unbehagen seinem Stellvertreter, Major Forget mitzuteilen, der sechs Legionäre unter Feldwebel Kress abkommandierte, um isoliert von der Vorhut die Nachhut zu bilden, ausgestattet mit einem Walkie-Talkie mit höchstens fünf Kilometern Reichweite.

Die Männer brachen recht fröhlich auf, obwohl Kress ihnen verboten hatte, die vielen Flaschen Spirituosen auch nur zu probieren, die ihnen die Flüchtlinge angeboten hatten, um ihren Beschützern ihre Dankbarkeit zu zeigen.[7] Nachdem sie am hinteren Teil der Kolonne ankamen, baten zwei Legionäre um Erlaubnis *tirer leur coups* mit den Prostituierten, die direkt vor ihnen standen. Kress gab die Erlaubnis – für dreißig Minuten. Während einer späteren örtlichen Funküberprüfung gab Funker Snolaerts für einige Zeit vor, dass Kress die beiden Legionäre auf eine kurze Erkundung geschickt hatte, aber sie kamen schneller als erwartet zurück. Die chinesischen Mädchen waren bereit gewesen, schnell in die Büsche zu springen, aber die nordafrikanische Madam verbot es ihnen mit der Begründung, dass sie ihre Energie sparen sollten, damit sie am folgenden Tag gehen konnten. Wenn die Männer Sex wollten, so sagte sie in der unmissverständlichen Sprache ihres Gewerbes, sollten sie sich gegenseitig benutzen.[8]

Gegen 05.00 Uhr patrouillierte ein Jeep die Kolonne der Länge nach mit dem Befehl, dass sich alle wieder in Bewegung setzen sollten. Um 10.00 Uhr funkte Charton der Nachhut, dass er Lang Son endlich erreicht habe und dass ihm befohlen worden sei, die Fernstraße zu verlassen und dem Pfad auf der Karte nach Quang Liet und zum neuen Treffpunkt zu folgen, weil Dong Khe immer noch in den Händen der Viets war. Das Problem war, dass seine Landkarte nicht der Topografie entsprach. Kress erhielt den Befehl, die Einheimischen zu fragen, ob jemand wisse, wo der Pfad sei. Dank einer chinesischen Prostituierten, die französisch und die örtlichen Sprachen sprach, entdeckten sie einen alten Mann, der sagte, dass er sie führen könnte. Sie fuhren ihn an die Spitze der Kolonne, wo alle Fahrzeuge ausgebrannt waren und die Feldartillerie, die Charton gegen seine Befehle mitgebracht hatte, unschädlich gemacht worden war.

Es stellte sich heraus, das der Pfad seit vielen Jahren unbenutzt war, so dass die vorangehenden Männer ihre Gewehre an Kameraden übergeben mussten, um mit *coupe-coupe* Dschungelmessern einen Weg durch den wuchernden Dschungel zu schlagen. Kress erhielt den Befehl, sicherzustellen, dass die Nachhut die Kolonne eng beieinander hielt, wobei Nachzügler ihrem Schicksal überlassen wurden, obwohl sie von den Viets getötet werden würden, weil sie an der Seite der Franzosen standen.

Kress war ein zäher Veteran des Zweiten Weltkrieges, aber trotzdem protestierte er, »Was ist mit den Kindern und den schwangeren Frauen?«

»Vergiss sie«, befahl ihm Charton.[9]

Die Nachhut missachtete den Befehl. Zuerst nahm ein Legionär ein Kind, das auf dem Rücken seiner schwangeren Mutter getragen wurde, dann tat ein anderer das gleiche, bis sie alle mindestens ein Kind trugen. Für die Alten und Kranken konnten sie nichts tun. Die Nachzügler sammelten sich in kleinen Gruppen, um wenigstens den Trost zu haben, nicht allein sterben zu müssen. Einige schnitten sich ihre Pulsadern auf, um zu verbluten, bevor die Viets sie kriegen würden.

Aus dem Süden konnten sie sporadisches Geschützfeuer hören, als Giaps Artillerie Lepages Kolonne angriff, die sich ihren Weg zu dem neuen Treffpunkt freikämpfte. Die Überlebenden des 1 BEP erreichten sie ebenfalls gegen Einbruch der Nacht, nur um festzustellen, dass sie sich an der Spitze einer 300 Meter hohen Klippe befanden. Nachdem mehrere Männer in den Tod gestürzt waren, weil sie in der Dunkelheit versucht hatten, einen Weg nach unten finden, wurde entschieden, die Nacht an der Spitze zu verbringen.

Bei Tagesanbruch gefiel Jeanpierre und Faulques uberhaupt nicht, was sie sahen. Coc Xa war in der Mitte von einer engen Schlucht geteilt. Alles was die Viets tun mussten, war abzuwarten, bis Lepages Kolonne an dem einen Ende hineinging und Chartons an dem anderen – und sie auszuradieren, bevor sie ihre Kräfte zusammenlegen konnten. Damals wusste weder Jeanpierre noch sonst jemand, wie viele Bataillone der Viet Minh sie einkesselten. Anhaltende Angriffe im Laufe des weiteren Tages reduzierten das 1 BEP auf weniger als 300 Mann. Die Verwundeten, die nicht mehr gehen konnten, bekamen von ihren Kameraden als letzten Gefallen eine französische Kugel in ihre Schädel. Unterdessen warteten die Viets den richtigen Augenblick ab und bauten ihre Stärke auf noch nie dagewesene 20.000–30.000 Mann mit Feld- als auch mit schwerer Artillerie aus, die auf Chartons Ankunft warteten.

In der Nacht empfing Lepage den ersten direkten Funkspruch von Charton, mit der Nachricht, dass er hoffe, Coc Xa am nächsten Abend oder spätestens am 6. Oktober bis Sonnenaufgang zu erreichen. Aus Lepages Reaktion erkannten Jeanpierre und Faulques, dass »der Kanonier« hoffte, von den Menschen, die er retten sollte, selbst gerettet zu werden. Wiederholt mussten ihre Männer Lepages Marokkaner verstärken, wo immer diese unter höchstem Druck standen. Als sie sich nachts im Gänsemarsch auf einem engen Pfad im dichten Dschungel bewegten, wurden mehr als dreißig Fallschirmjäger zermürbend einer nach dem anderen gepackt und ihnen in absoluter Stille die Kehlen durchgeschnitten.

Nachdem die Verluste in der Morgendämmerung gezählt worden waren, erhielt das 1 BEP den Befehl, die Spitze eines Durchbruchs zu bilden, um sich mit Charton zu vereinigen. Ohne Luftdeckung wurden sie von gut aufgestellten Mörsern und Maschinengewehren niedergemäht. Ihre Munition ging aus und sie mussten auf Handgranaten und Bajonette zurückgreifen. Schließlich stießen sie auf Legionäre des 3 REI auf Chartons Vorhut. Nachdem die Panik von Lepages Marokkanern ihre Landsleute in Chartons Kolonne angesteckt hatte, waren die einzigen Truppen, die immer noch effektiv unter Kontrolle standen, das 3 REI und das 1 BEP. Obwohl sie, wie es für die Legion schon zur Tradition geworden war, gegen eine gewaltige Übermacht kämpften, reichte ihre Tapferkeit nicht aus, um das Durcheinander und die Metzelei im Coc Xa Tal zu stoppen.

Etwa 6.600 Mann wurden getötet oder gefangen genommen. Niemand zählte die toten Zivilisten. Etwa zwölf Offiziere und 475 Mann schafften es am 8. Oktober, sicher nach That Khe zu kommen, darunter drei Offiziere, drei Unteroffiziere und 23 Mann vom 1 BEP – einschließlich Jeanpierre und Faulques, beide verwundet. Die Größenordnung des Desasters von Coc Xa wurde am selben Tag von einem Morane-Erkundungsflugzeug beobachtet. Der Pilot flog mutig durch die Wolken in das Tal hinunter und fand Signaltafeln sinnlos unter den Trümmern verstreut, von denen aus bereits lange Gefangenen-Kolonnen durch den Dschungel in die Gefangenenlager der Viets gebracht wurden.

Die zähesten Offiziere und Männer, die gefangen genommen wurden, würden dort vier Jahre lang bleiben. In denen konnten sie sehen, wie die Anzahl ihrer weniger robusten Kameraden von Woche zu Woche durch unbehandelte Krankheiten und Gewaltmärsche von einem Lager zum nächsten, auf denen sie außer Reis-Rationen und politischer Indoktrination nicht viel bekamen, immer geringer wurde. Einer der wenigen »Glücklichen« von Coc Xa war Feldwebel Zurell. Er wurde im Dschungel so schwer verwundet gefunden, dass er zum Sterben verdammt schien und von den Viets ausgetauscht wurde. Er wurde nach Algerien repatriiert und wollte leben. Irgendwie erholte er sich wieder und meldete sich dann freiwillig ein zweites Mal für Vietnam.

Gemeinsam mit dem Massaker im Coc Xa Tal startete Giap Angriffe entlang der gesamten Fernstraße Vier, wie Revers es vorausgesehen hatte. Zwei Kompanien Legionäre wurden beauftragt, That Khe als Stützpunkt für Überlebende der zwei Kolonnen zu halten, aber es wurde ihnen verboten, sie unter welchem Vorwand auch immer zu retten. Am 18. Oktober befahl Carpentier die militärische und zivile Evakuierung der Fernstraße Vier von Lang Son aus bis südlich zur Küste. Das war schiere Panik. Obwohl es kein unmittelbares Risiko gab, wurden in manchen Fällen Magazine und Artillerieteile nicht einmal gesprengt oder unbrauchbar gemacht, und die Viet Minh, bei denen Medizin immer knapp war, bekamen 150 Tonnen medizinisches und chirurgisches Material geschenkt.[10]

Seit der Ankunft der Flüchtlinge in Hanoi sprachen Leute in den Terrassencafés offen darüber, die Kolonie zu verlassen. In Paris wurden Giap und sein politischer Vorgesetzter Ho Chi Minh wegen ihrer kommunistischen Referenzen zu Helden des linken Flügels, der Blockaden organisierte, um Krankenwagen mit den heimgebrachten Verwundeten anzuhalten, und Blutspender dazu aufzufordern, ihr Blut nicht an Soldaten zu spenden. Da die Regierung befürchtete, dass Wehrpflichtige sich massenhaft weigern würden, sich für den Militärdienst zu melden, verabschiedete sie ein Gesetz, das verbot, Wehrpflichtige in eine Kriegszone zu entsenden[11] – ein Gesetz, das bequemerweise wieder vergessen wurde, als 1954 der Konflikt in Algerien ausbrach.

Ein starker Mann war offensichtlich nötig, um die Panik in Vietnam aufzuhalten. Er wurde in der Person des überall beliebten »King John« gefunden, bekannt als General Jean De Lattre De Tassigny, der ranghöchste Vichy-Offizier, der de Gaulle im Zweiten Weltkrieg unterstützt hatte. Um der Ankündigung der Viet Minh, Hanoi bis zum 19. Dezember einzunehmen, entgegenzutreten, und um der Bevölkerung zu zeigen, wer das Sagen hatte, wurde an diesem Abend in Hanoi seine Ankunft und die von Staatsminister Letourneau mit einer Parade von 5.000 Soldaten begangen. Da die VIPs nicht vom Flughafen in die Stadt fahren konnten, ohne dass die Route vom 2 BEP gesichert wurde, war dies ein strittiger Punkt. Die Legionäre hatten so wenig Zeit, sich auf die Parade vorzubereiten, dass sie in Kampfausrüstung kamen und ihre Käppis erst im letzten Moment für die Zeremonie aufsetzten, die von den Scheinwerfern der um den Paradeplatz geparkten Lkws beleuchtet wurde.

Das war PR, um die Zivilbevölkerung zu beruhigen. Auch die Persönlichkeit von De Lattre beruhigte die Truppen. »Ich bin gekommen«, sagte er den Hauptleuten und Oberleutnants, deren Vorgesetzte diskret am hinteren Ende des Empfangs blieben, »damit Sie von jetzt an einen Kommandeur haben, der kommandiert.«[12] Seine Haltung und seine Worte taten viel, um die kämpfenden Soldaten zu beruhigen, die keinen Respekt vor den REMFs hatten, die den Rückzug von der Fernstraße Vier befohlen hatten. Sie akzeptierten auch De Lattres Rezept, die Viet Minh durch die Errichtung von schnell zu bauenden »Igel«-Stellungen tief in Viet Minh Gebiet zu bekämpfen, die Giap angreifen und so schwere Verluste erleiden würde, dass er ganz und gar ausblute. Die Igelstellungen waren nicht durch Straßen miteinander verknüpft, weil es keine Zeit gab, sie zu bauen, und die Viets sie sowieso unterbrochen hätten. Daher sollten Nachschub und Verstärkungen über die Luft erfolgen. Vielleicht waren die wahren Helden die Piloten, die täglich ihr Leben riskierten und Junker-Flugzeuge aus dem Zweiten Weltkrieg zwischen Wolken und Gebirgen in Gebieten jonglierten, in denen die Landkarten oft wenig Ähnlichkeit mit dem hatten, was sie von dem Terrain sehen konnten. Sie brachten Versorgungsgüter zu den

Außenposten sowie Männer und Munition zu Stellungen, die vom Feind angegriffen wurden. Sie warfen auch Napalm ab, das De Lattre in Vietnam einführte.

Eine Zeit lang schien das zu funktionieren, außer bei den Planern, auf deren »Pockenkarte« die roten Flecken für die von Viet Minh kontrollierten Gebiete Woche für Woche wuchsen. Die Bitten von De Lattre um mehr Männer wurden nie erfüllt, und er musste die Nachhut auflösen, um bei dieser aggressiven Kriegsführung jeden Mann an der Front einzusetzen. Auf diese Weise verlor die 13. Demi-Brigade de la Légion Etrangère, kurz 13 DBLE, drei ihrer vier Bataillone, die im Norden eingesetzt wurden.

Giap änderte die Taktik und ging in den schlecht zu verteidigenden Städten zu terroristischen Gräueltaten über. Die Notwendigkeit, die Zivilisten in den Städten zu schützen, so dass die Geschäfte weitergehen konnten – dies war schließlich der Grund, warum sie überhaupt da waren, besonders die Kautschukplantagen, die so wichtig für den großen Michelin-Konzern waren – bedeutete aber, dass viele der neuen Stützpunke aufgegeben werden mussten. Giap gewann deshalb diese Runde.

Die Kräfte, die gegen ihn eingesetzt wurden, waren zahlenmäßig beeindruckend. Auf ihrem Höhepunkt zählte die Expeditionstruppe 235.721 Offiziere und Soldaten, darunter Kolonialtruppen unter französischen Offizieren aus Vietnam, Laos, Kambodscha und Nordafrika. Von den 18.710 Mann der Regimenter der Legion waren etwa 60 Prozent Deutsche. In vielen Einheiten mussten Anweisungen und Befehle ins Deutsche übersetzt oder direkt auf Deutsch gegeben werden. Eine Politik der Regierung, ehemalige SS-Männer auszuschließen, wäre unmöglich durchzusetzen gewesen, da viele ihre Blutgruppentätowierung am Unterarm entfernt hatten – obwohl es nicht etwa so war, dass sich die Legion allzu viele Sorgen über die Regierungspolitik gemacht hätte.

Weniger als 25 Prozent der französischen Bevölkerung befürworteten den Konflikt, den *Le Monde* schon »diesen schmutzigen Krieg« nannte[13] und der Frankreich den Gegenwert der gesamten Marshall-Hilfe kostete, die das Land bekam, mit dem Resultat, dass es sich nach dem Krieg langsamer erholte als jeder andere europäische Staat. Washington hatte deutlich erklärt, dass es nur dann mehr Hilfe leisten würde, wenn Frankreich zustimmte, Vietnam die völlige Unabhängigkeit zu geben.

Zu Weihnachten erhielten die Legionäre vom 2 BEP Überraschungsbesuch. De Lattre kam persönlich, nicht um ihnen Frieden und alles Gute zu wünschen, sondern um ihnen zu versichern, dass er sich um sie kümmere. Sein Besuch war besonders wirkungsvoll, weil er nicht mit einer Gruppe hoher Offiziere kam, sondern nur von zwei Flügeladjutanten begleitet wurde. Keiner der Männer, die er so ermutigte, wusste, dass ihr Oberbefehlshaber an Krebs sterben und 1952 durch General Raoul Salan ersetzt werden würde.

Jedenfalls war das 2 BEP nicht in Vietnam, als Salan ankam, sondern in Nordafrika, wo der künftige Präsident Tunesiens, Habib Bourguiba, von den Franzosen ein weiteres Mal verhaftet worden war. Es wurde von Major Albert Brothier befehligt, der seine Karriere 1940 in der Legion im 22. Régiment de Volontaires Etrangers begonnen hatte und nach seiner Befreiung aus einem deutschen Kriegsgefangenenlager de Gaulles berühmter 13 DBLE beitrat. Das Bataillon beschäftigte sich nicht mit Fallschirmspringen, sondern sorgte für Ordnung unter der Bevölkerung, die die Franzosen aus dem Land jagen wollte. Die Kompanie von Oberleutnant Bernard Cabiro, die in dem geschäftigten Hafen Sfax stationiert war, hatte mehr Ärger mit Deserteuren als mit randalierenden Einheimischen. Insbesondere die italienischen Legionäre wurden von zivilen Landsleuten angesprochen, die ihnen anboten, sie an Bord heimkehrender Schiffe zu schmuggeln.

Die Langeweile hielt an, nachdem sie nach Sétif in Ostalgerien zurückkommandiert wurden. Da sie unbedingt etwas Action erleben wollten, gingen sie im August an Bord einiger US C-119 Frachtflugzeuge, die in Annaba[14] landeten, um Übungssprünge zu machen. Zu seiner großen Erleichterung wurde Cabiro zum 1 BEP in Vietnam abkommandiert, wo General Salan im Mai 1953 aus politischen Gründen durch General Henri Navarre ersetzt worden war.

Navarres brillante Karriere im Geheimdienst und in der Gegenspionage hatte ihn nicht auf den Job vorbereitet. Kommandeure sollten ein »besseres Konzept« als ihre Vorgänger haben, die ihre Aufgabe nicht erfüllt hatten. Navarres Plan war so einfach, dass seine Vorgesetzten in Paris keine Schwierigkeiten hatten, ihn zu begreifen. Er erklärte, de Lattre habe zwar richtig gehandelt, aber in zu kleinem Maßstab. Statt der zahlreichen »Igelstellungen«, die so viele Menschen erforderten, plante Navarre, in einer strategisch wichtigen Ecke Nordwestvietnams eine riesige Superfestung zu bauen, um zum benachbarten Laos »die Tür zu schließen«, wohin im Frühling zwei Offensiven zurückgeschlagen worden waren.

Der Reiz seines Masterplans, zumindest auf einem Pariser Konferenztisch war, dass er sehr »modern« klang, indem er die Luftüberlegenheit, den Transport und den Einsatz von Truppen aus der Luft sowie Fallschirmjäger kombinieren wollte. Aber Offiziere, die das Land kannten, trauten ihren Ohren nicht, denn sie wussten, dass die Viets wie Ameisen dazu fähig waren, einen Weg um jedes Hindernis zu finden. Navarre hörte nicht zu. Er war davon überzeugt, dass Giap die Superfestung nicht umfahren könne und sie deshalb immer wieder angreifen würde, bis er keine Männer mehr hatte. In einer vielsagenden Metapher erklärte er bei jeder Einsatzbesprechung, dass seine Superfestung ein Amboss sein würde, so groß, dass er den Viet Minh-Hammer für immer zerbrechen würde. Und der Ort, wo dies geschenen sollte, hieß Muong Thanh, ging aber in die Geschichte ein als Dien Bien Phu – eine Übersetzung aus dem Französischen für »Administratives Zentrum der Grenzregion«.

Navarre wurde ausdrücklich dazu eingesetzt, »die Bedingungen für eine Lösung des Vietnam-Konflikts zu schaffen«. Das Vertrauen seiner politischen Vorgesetzten in ihn und seine Fähigkeit, die versammelten Stabschefs in Washington[15] zu beeindrucken, spiegelte sich in seinem Porträt als Mann der Stunde auf dem Titelblatt der Zeitschrift »Time« am 28. September 1953 wider. Als er die Lösung des Konflikts beschleunigte, geschah dies auf eine Weise, die das Gegenteil von dem erreichte, was sie sich erhofft hatten.

Für das Kommando der Superfestung nahm Navarre einen angesehenen Kommandeur mit nach Vietnam, der sein »Goldjunge« genannt wurde. Oberst Christian Marie Ferdinand de la Croix de Castries war jedoch eine merkwürdige Wahl – ein 51-jähriger Kavallerist, dessen Stärken nicht in der Verteidigung fester Stellungen lagen. Diese Tatsache wurde bei Dien Bien Phu offensichtlich, als er schrie »Dies ist eine offensive Operation«, als das schon lange unmöglich geworden war.

Der Ort, den Navarre für seinen Amboss wählte, war weniger als ein Tagesspaziergang von der Grenze zu Laos entfernt und lag in einem flachen Tal, das an allen Seiten von hohen Bergen beherrscht wurde. Der Bau eines Stützpunktes in einem Tal, das von dem hohen Terrain ringsumher überblickt werden kann, widersprach einer Grundregel der Kriegsführung, aber der heitere, selbstbewusste Artillerist Oberst Charles Piroth versicherte dem neuen Oberbefehlshaber, dass Giap wegen der 600 Kilometer Gebirge und Dschungel, die zwischen Dien Bien Phu und den gewöhnlichen Versorgungsquellen von Giap in China lagen, unmöglich seine schwere Artillerie hierher bringen konnte. Also würde der Amboss den Hammer sicher brechen, oder doch nicht?

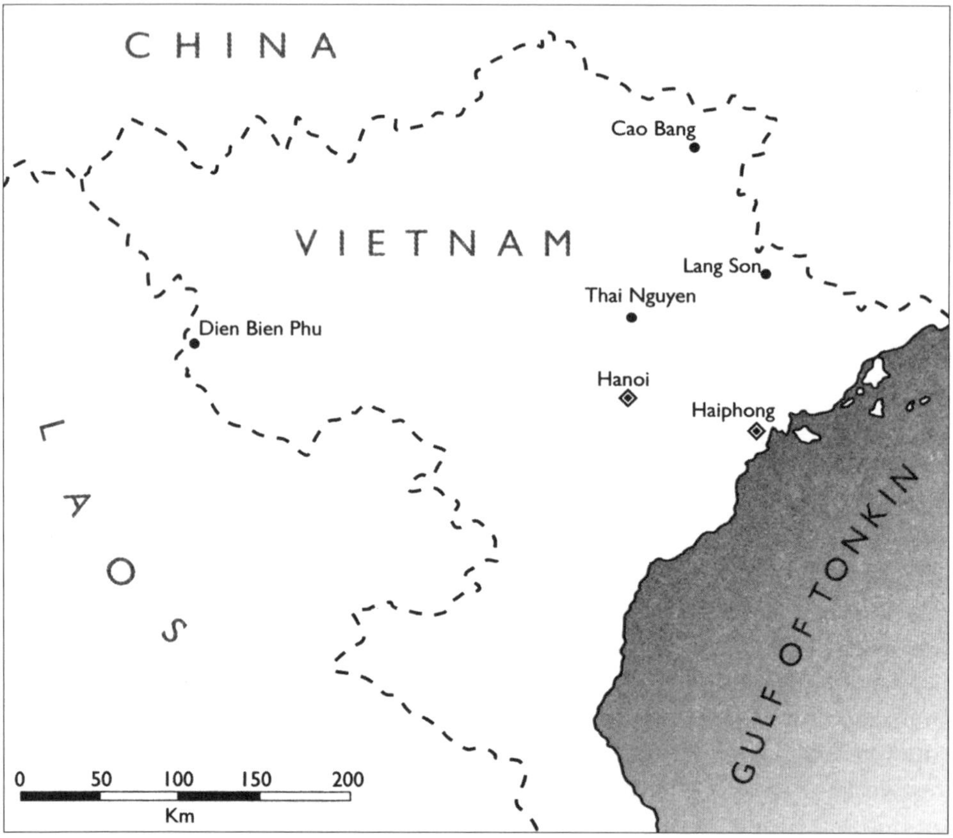

Provinz Tonkin/Nordvietnam

Das Tal hatte eine verlassene Start- und Landebahn, die zuletzt während der japanischen Besatzung benutzt worden war. Aber es lag 300 Kilometer von Hanoi entfernt und 400 Kilometer vom Marineluftstützpunkt Cat Bi nahe Haiphong – und damit am Limit dessen, was die Dakotas und C-119, die »Fliegende Güterwagen«, die den Nachschub transportierten, leisten konnten ohne zwischendurch aufzutanken. Von deren Lieferungen an Munition, Waffen, Lebensmitteln und sauberem Trinkwasser war die Garnison jedoch abhängig. Angesichts der Versicherung Piroths über die Artillerie erwartete niemand viel von der Flugabwehr der Viets, aber Oberst Nicot, der für den Lufttransport in Vietnam verantwortlich war, warnte Navarre davor, dass der bald einsetzende Monsun die Versorgungsflüge für die Garnison auf viel weniger als das unbedingt Notwendige reduzieren werde.

Das Kardinalprinzip jeder Operation ist, dass der Kommandeur eine klare Zielvorstellung hat. Die von de Castries schien von Anfang an unklar gewesen zu sein. War er da, um die örtliche Minderheitsrasse, die Anti-Viet Minh-Guerilla, zu verstärken? Sie wurde trotzdem fallen gelassen, wie später von den Amerikanern. Wenn er aber dort war, um das Tal langfristig zu verteidigen, um die Angriffe der Viet Minh auf das von Frankreich gehaltene Laos aufzuhalten, würde er dafür nach Schätzungen nicht die dreizehn Bataillone, die unter seinem Kommando standen, brauchen, sondern ungefähr fünfzig Bataillone.[16]

Die Schlacht begann mit der Operation Castor, die um 10.30 Uhr am 20. November 1953 begann, als fünfundsechzig DC3 und C47 ihre menschlichen Ladungen in zwei Zonen nahe des Dorfes Muong Thanh abwarfen. Der Sprung aus 200 Metern war reichlich kurz. Aber die Fallschirmjäger trugen nicht nur ihre eigenen Waffen sondern auch noch schwerere Ausrüstung wie Mörser-Teile und Munitions-Säcke. Sie watschelten in den überladenen Flugzeugen, die in der aufsteigenden Morgenhitze bockten, vorwärts und kamen nur langsam aus den Seitentüren der Dakotas. Deren Mindestfluggeschwindigkeit von 170 km/h bedeutete, dass die vierundzwanzig Mann einer Gruppe bei ihrer Landung über eine Fläche von drei Kilometern verteilt wurden.

Es scheint so, dass Navarre in seinem Büro in Hanoi *exakt zu dieser Zeit* von Konteradmiral Georges Cabanier, dem Assistenten des Generalsekretärs des Komitees der Nationalen Verteidigung, der gerade extra aus Paris eingeflogen war, darüber informiert wurde, dass die Regierung diplomatische Verhandlungen in Genf über die Beendigung des Krieges erwartete, die im folgenden Monat anfangen sollten.[17] Navarre solle deshalb nichts unternehmen, was die Expeditionstruppe einem unnötigen Risiko aussetzen würde.

Irgendwie überzeugte Navarre Cabanier und Paris erfuhr nicht, dass Castor bis 16.30 Uhr vietnamesischer Zeit angelaufen war. Warum stoppte Navarre diese Operation nicht und befahl den Männern, die schon am Boden waren, über Laos wieder rauszumarschieren? Glaubte er, dass er fähig war, den ganzen Vietnam-Konflikt eigenhändig zu lösen, Cabaniers Nachricht aus Paris zum Trotz? Oder befand er sich in einer »No-Win« Situation, unter dem Druck, irgendwie Einfluss auf die Gespräche auszuüben, ohne dabei Risiken einzugehen? War das der Grund, warum er eine große Operation mit Codenamen »Atlante« im südlichen Zentralvietnam und andere kleinere Operationen – alle gleichzeitig – initiierte und sich damit um jegliche Reserven für Dien Bien Phu brachte?

Danach war seine Reaktion auf jeden Rückschlag, dasselbe wieder zu befehlen, bis er und General Cogny, der das militärische Gebiet kommandierte, in dem sich Dien Bien Phu befand, nicht mehr höflich miteinander sprachen. Einmal sagte Cogny Navarre, dass das einzige, was ihn davon abhielt, seinen Vorgesetzten ins Gesicht zu schlagen, der Respekt vor den Sternen sei, die dieser trug.

Was immer auch Navarres Gründe waren, seine Unterschätzung des Feindes sollte tausende Menschenleben kosten. Die Bühne für die Tragödie wurde vorbereitet, aber am 26. November gab es eine Chance, sie zu vermeiden, als Ho Chi Minh einem Journalisten von der schwedischen Zeitung *Expressen* erzählte, dass er bereit sei, den Konflikt zu beenden, vorausgesetzt, dass die Franzosen über die Unabhängigkeit *diskutieren* würden. Seit sie – wenn auch unaufrichtig – ihrem korrupten Marionettenkaiser Bao Dai bereits die Unabhängigkeit versprochen hatten,[18] gab es gute Gründe, sich hinzusetzen und miteinander zu reden. Aber sie taten es nicht – und die Tragödie wurde unvermeidbar.

2

Irgendwann musst Du sterben

DIEN BIEN PHU, NOVEMBER 1953–APRIL 1954

Seit sie dazu benutzt wurde, französisches Leben zu retten, zog die Legion oft den Kürzeren, aber bei Dien Bien Phu gab es nur Kürzere zu ziehen. Verluste gab es schon, bevor die erste Gruppe Fallschirmjäger den Boden erreicht hatte. Was aus der Luft ausgesehen hatte wie schwarz gekleidete Bauern, die ihre Felder beackerten, waren in Wirklichkeit Viet Minh *bo-doi* Soldaten bei der Ausbildung mit chinesischen AK 47, amerikanischen Maschinengewehren und Mörsern aus Vorräten, die an die Truppen des Kuomintang von Chiang Kai-shek in China geliefert worden waren oder die von koreanischen Schlachtfeldern geborgen worden waren. Zusammen mit ihren Ausbildern opferten sie sich, so dass der Stab des Hauptquartiers von Giaps 148. Regiment entkommen konnte. Als das Geschützfeuer endete, fiel das Tal in eine seltsame Stille.

Navarre hatte nicht de Castries sondern den Brigadier Jean Gilles, den ehemaligen Kommandanten einer von de Lattres »Igelstellungen« bei Na Son, damit beauftragt, das Lager zu errichten. Er kam am Tag Zwei in Dien Bien Phu mit dem Fallschirm an und sein Herz war in schlechter Verfassung, die durch ständige Überarbeitung noch verschlimmert wurde, weil er einen Job erledigen musste, den er nicht gewollt hatte. Auf dem Papier war es schon schlimm genug. Einmal auf der Erde sagte Gilles seinem Chef Cogny gleich bei dessen ersten Besuch, dass er gern schnell ersetzt werden möchte, je schneller desto besser. Da er sechs Monate hauptsächlich unterirdisch in dem Führungsbunker der »Igelstellung« Na Son verbrachte, wusste er, wovon er sprach.

Na Son war eine konventionelle Festung gewesen mit Artillerie, Minenfeldern und festen Stützpunkten, die alle innerhalb eines Umkreises lagen, der verteidigt werden konnte, aber Dien Bien Phu war ein Chaos. Der Plan in Gilles' Hand zeigte eine Reihe *einzelner* Stützpunkte auf den verschiedenen Hügeln, die im Tal verstreut lagen. Alle trugen die Namen von Frauen, die im Leben von Navarre wichtig gewesen waren. Um die Hauptstart- und Landebahn wurden Claudine, Dominique und Huguette gruppiert. Nordwestlich von Huguette lag Anne-Marie, ein Komplex aus Verteidigungspositionen bemannt mit Weißen Thai der Kolonialtruppen. Gabrielle und Béatrice sollten mit 450 Legionären der 3/13 DBLE bemannt werden. Sechs Kilometer südlich der Hauptstellungen, die die zweite Start- und Landebahn schützten, sollten in Isabelle noch mehr Legionäre unter Oberst André Lalande, einem Veteranen des Zweiten Weltkrieges von der 13 DBLE, sein. Obwohl alle Stellungen theoretisch einander überlappende Feuerfelder hatten, konnte jede einzeln umzingelt werden.

Am Tag Acht landeten 675 Fallschirmjäger vom 1 BEP unter Major Guiraud, um ihre unterschiedlichen Fähigkeiten beim Räumen der Start- und Landebahn und dem Sichern des Tals beizutragen. Angesichts der dicht bewaldeten Hügel rings umher war ihre erste Reaktion negativ. Zurell, jetzt Feldwebel in der 4. Kompanie, wurde an Dong Khe erinnert, wo er jeden dritten Kameraden verloren hatte. Sein dunkelhäutiger Kompanieführer, Hauptmann Bernard Cabiro, stand, nachdem er seinen Fallschirm aufgesammelt hatte, einen Moment still und schaute nach Westen. »Da«, kündigte er seinen Männern an, »ist der einzige Weg aus diesem Drecksloch – zu Fuß, über Laos.«

Die Schwarzen Thais, die in Muong Thanh lebten, einer malerischen Ansammlung strohbedeckter Langhäuser auf Stelzen am Nam Youm Fluss, kehrten nach der ersten Schlacht in das Tal zurück, wobei die Frauen und Kinder zuerst kamen. Die Männer waren vorsichtiger, sie misstrauten Besatzern, ob Viet oder französisch. Wie Truppen in der ganzen Welt händigten die Fallschirmjäger Süßigkeiten und Schokolade an die Kinder mit ihren weit aufgerissen Augen aus, gekleidet ganz in schwarz wie ihre Eltern – daher der Name »Schwarze Thais«. Die vietnamesischen Fallschirmjäger von Oberst Marcel Bigeards 6. Bataillon der Kolonial-Fallschirmjäger waren mit mehreren Kilogramm Meersalz in ihrem Marschgepäck gelandet. Hier in dem Hochland war das eine Ware, die ihr eigenes Gewicht in Opium wert war, und Muong Thanh war der größte Opiummarkt in Vietnam.

In den ersten Wochen war in den umliegenden Hügeln alles relativ ruhig. Die Viets waren da, keine Frage. Die sondierenden Patrouillen vom 1 BEP fanden viele Beweise: frisch ausgehobene Gräben und Bunker, offensichtlich gut frequentierte Pfade und das endlose Geräusch entfernten Hackens, wenn sich Giaps Männer neue Pfade schlugen. Ihre Tarnung und die Ausnutzung der Baumdeckung war so wirkungsvoll, dass keiner im Tal eine Ahnung davon hatte, dass Giap 260.000 Zivilisten als Kulis mobilisierte und 20.000 Fahrräder anforderte, jedes beladen mit bis zu 250 Kilogramm, für die sonst mindestens fünf Träger nötig gewesen wären. Auf diese Weise brachte er mehr als 200 Stück Artillerie, in Teile auseinandergebaut und größer als 57 mm, sowie mehrere Batterien sowjetischer Katjuscha-Raketenwerfer nach Dien Bien Phu.[1] Dem hatte Oberst Piroth sechs Batterien von sechs 105 mm Geschützen und eine einzige Batterie von vier 155 mm Haubitzen sowie drei schwere Mörserkompanien entgegenzusetzen. Für Aufklärungszwecke gab es zwei Cricket-Leichtflugzeuge, unterstützt von einer Handvoll Bearcat-Kampfflugzeugen, um die örtliche Luftüberlegenheit zu sichern.

Dank der von den C-119 abgeworfenen Bulldozer – einer, der seine Fallschirme auf dem Weg nach unten verlor, bohrte sich zur Belustigung aller unwiederbringlich tief in ein Reisfeld ein – war die Start- und Landebahn aus ineinander greifenden Metallstreifen am 25. November betriebsfähig, drei Tage schneller als geplant. Am gleichen Tag bemerkte eine Patrouille der Legion die Verstärkung des Widerstandes der Viets, und die Thais von Muong Thanh brachen mit ihrem Missionar, Vater Guidon, auf, um ein neues Dorf mehrere Kilometer weiter südlich zu bauen, wo die Sanitäter vormittags eine kostenlose Klinik mit Impfungen und einfacher medizinischer Versorgung betrieben.

Die Weißen Thai der Anti-Viet-Guerillas in den Außenposten um das Tal herum waren die ersten, die angegriffen wurden. Am 10. Dezember bat eine ihrer Kompanien unter Feldwebel Blanc in Muong Pon, einem Dorf nördlich von DBP, per Funk um Hilfe. Hauptmann Erwan Bergot kommandierte die Hauptentsatzkolonne, die schließlich um 18.00 Uhr am folgenden Tag gestoppt wurde, nachdem sie sich ihren Weg durch elf Kilometer voller Hinterhalte gekämpft hatte und gezwungen worden war, die Straße zu verlassen und querfeldein durch den hügeligen Dschungel zu gehen, der kreuz und quer von größtenteils ausgetrockneten Wasserläufen durchzogen war. Muong Pon war immer noch zehn Kilometer entfernt – zehn Kilometer, die sechsunddreißig kostbare Stunden dauern würden – als ein Piper-Aufklärungsflugzeug von oben eine bedeutende Viet-Konzentration vor ihnen signalisierte. Feldwebel Blanc funkte, dass die Garnison nur sechs Schuss Munition pro Mann übrig hatte. Von Dien Bien Phu wurde ihm ein Munitionsabwurf bei Morgendämmerung versprochen. Bergot entschied, den letzten Vorstoß um 04.00 Uhr zu machen und hoffte, die Viets aus dem Gleichgewicht zu bringen, indem er mehrere Überläufer der Viet Minh an die Spitze seiner Kolonne stellte, um den Gegner in der Dunkelheit zu verwirren.

In der Morgendämmerung des 13. Dezember schlafwandelten sie vor purer Erschöpfung, als der Lärm schwerer Geschosse sie warnte, dass der letzte Angriff stattfand. Um 11.00 Uhr hatten sie immer noch einen Kilometer zu gehen, als die Viets verschwanden. Am Mittag betraten Bergots Männer schließlich das Dorf, das sie leer vorfanden, außer einem Haufen Patronenhülsen, dreckigem Verbandsmaterial und blutgetränkten Verbänden. Es gab keine Spur von Feldwebel Blanc oder den Weißen Thais, lebendig oder tot.

Erschüttert von der vertrauten Szene sagte Feldwebel Zurell: »So hat alles in Dong Khe angefangen.«[2]

Als der Abbruch vorhandener Gebäude und die Ausgrabung der Bunker im Haupttal vorangingen, kamen die Besucher in Scharen, was Oberstleutnant Gaucher von der 13 DBLE zum Fluchen brachte: »Ich bin ein verdammter Touristenführer. Ich weiß, was sie alle sagen werden. Die Minister fragen, ob wir durchhalten. Die Wählerstimmen sammelnden Politiker murmeln: ›Frankreich zählt auf Sie.‹ Was die Amis betrifft, stechen die einen Stock in die Dächer der Unterstände, um die Dicke der Erde zu messen, und sehen dann besorgt aus.«[3] Da er den Job zu Ende bringen und weggehen wollte, fuhr Gilles am 8. Dezember ab, und der Strom der VIP-Besucher, die

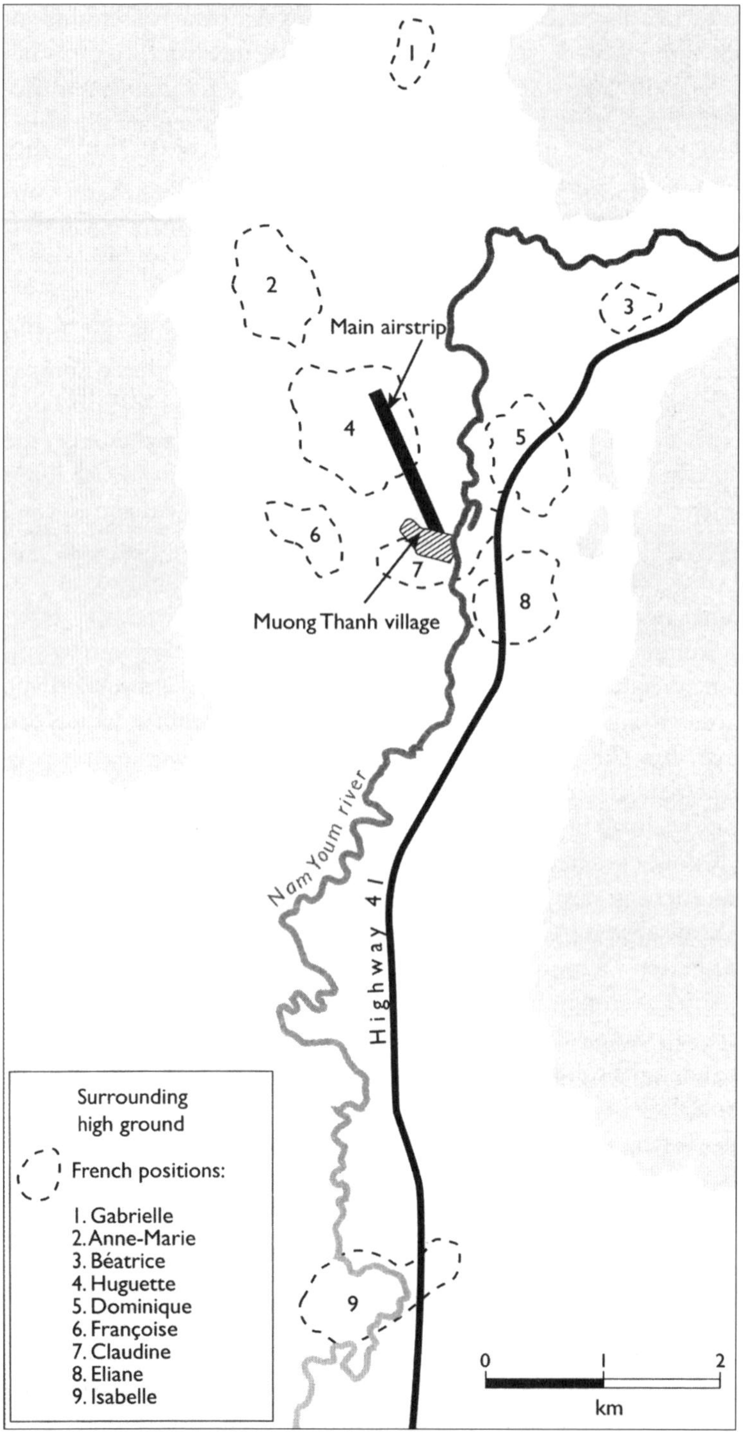

Französische Stellungen in Dien Bien Phu, November 1953–Mai 1954

de Castries herumzeigte, setzte sich fort. Diejenigen, die nicht so wichtig waren, wurden seinen Obersten zugeteilt.

Am 24. Dezember gab es keinen einzigen Fallschirmjäger im Tal. Die Männer des 1 BEP und der Rest befanden sich jenseits der Grenze in Laos bei der Operation Regattas, einer Anschlussoperation mit einer laotischen Kolonne aus Luang Prabang. Die Viets waren den Fallschirmjägern dicht auf den Fersen und gaben ihnen nur Zeit, den Laoten die Hand zu geben, bevor sie sie auf dem ganzen Weg durch das Land nach Hause drangsalierten, jeder Pfad war vermint und ein Hinterhalt. Das war die letzte reguläre offensive Patrouille.[4] Von da an war Dien Bien Phu ein verschanztes Lager, das um sein Leben kämpfte.

Navarres Weihnachtsgeschenk waren drei Chaffee M-24 Panzer mit 75 mm Geschützen, die am 28. Dezember als Ersatzteile eingeflogen und binnen vierundzwanzig Stunden von Mechanikern von der 13 DBLE in unterirdischen Werkstätten wieder zusammengebaut wurden. Weitere sieben M-24 sollten folgen. Die meisten Legionäre waren Deutsche. Ihr verspätetes Weihnachten wurde mit geschmückten Zweigen, hausgemachten Krippen und kleinen Geschenken gefeiert – ihr Gesang von *Lili Marlen*, *Deutschland über Alles* und *Stille Nacht, Heilige Nacht* klang über das Tal zum gottlosen Feind. Als Gegenleistung hallten aus den vordersten Schützengräben der Viets zur psychologischen Kriegsführung von Lautsprechern verstärkt die Stimmen von Deserteuren mit der Weihnachtsbotschaft in französisch, deutsch, arabisch und all den anderen Sprachen der Truppen: »Kameraden, warum kämpft Ihr weiter? Wollt Ihr für Michelin sterben?« Kautschuk von den Michelin-Plantagen war das wichtigste Exportgut des Landes.

Als Beleg dafür, dass auch Soldaten eine persönliche Tragödie erleiden können, hatte Major Pégot vom 3/13ten seine Frau verloren. Sie wurde im Frühjahr von dem Schiff, das sie nach Vietnam bringen sollte, über Bord gespült. Gaucher leistete ihm an seinem ersten Silvesterabend als Witwer Gesellschaft und besprach mit ihm den Bericht von Oberstabsfeldwebel Fels von der 11. Kompanie, der gerade von einer Nachtaufklärung mit drei anderen LURPs zurückkehrt war. Sie hatten nur acht Kilometer von Dien Bien Phu entfernt beobachtet, wie sich nicht nur ein paar Träger mit schweren Lasten den Pfad entlangkämpften, sondern auch Lkw-Konvois, die mit voll aufgeblendeten Scheinwerfern durch die Dunkelheit fuhren.[5]

Am 27. Januar waren die französischen Stellungen vollständig umzingelt und konnten nur noch aus der Luft Nachschub bekommen. Aber 31. Januar war VIP-Tag. Der für die Kolonien zuständige Minister Marc Jacquet flog mit Botschafter Maurice Dejean und Navarre selbst ein. Sogar der stellvertretende Kriegsminister Chevigné kam, um zu gaffen. Ihm wurde wie allen anderen auch geraten, vor 16.00 Uhr zu gehen; denn pünktlich wie eine Kirchenturmuhr feuerte immer ein einzelnes Geschütz in den Hügeln ein paar Schüsse ab. Die Verteidiger nannten es »den einsamen Japsen«, weil sie es für ein einzelnes Relikt aus dem Zweiten Weltkrieg hielten, das in die Hände der Viets gefallen war.

Giap hatte es nicht eilig, seine Karten aufzudecken. Er brauchte Zeit, um Vorräte anzulegen und seine Truppen auszubilden. Ein Netzwerk von Pfaden unter der Dschungeldecke musste gebaut werden. Während er auf den Beginn des Monsuns wartete – in der sechsmonatigen Regenzeit nahm das Tal mehr als 1,5 *Meter* Regen auf –, war am wichtigsten, dass die niedrigen Wolken und schweren Regengüsse an den meisten Tagen die Luftunterstützung und den Nachschub unmöglich machten. Bis zur zweiten Märzwoche, während Giap immer noch Gespräche anbot,[6] hatten die Viets mehr als 100 Kilometer Schützengräben um die nördlichen Stützpunkte von Anne-Marie, Béatrice und Gabrielle gezogen. Zu diesem Zeitpunkt besaß de Castries 13.000 Mann – einen Mix aus algerischer, schwarzer senegalesischer und vietnamesischer Infanterie, drei Infanteriebataillone der Legion sowie das 1 BEP, das 2 BEP und andere französische und Kolonial-Fallschirmjäger – alle umzingelt von vier Divisionen der Viets.

Der »Komfort der Soldaten« bestand aus kaum mehr als einem Stapel alter, zerlesener französischer Zeitschriften bis zu der Ankunft des BMC, des *bordel mobile de campagne*, des mobilen Kompaniebordells. Die Pioniere hatten ein unterirdisches Bordell mit Kabinen gebaut. Die hübschen Mädchen in *ao-dais* kamen mit ihrer Madam an, einer eleganten Dame, deren goldene Sandalen bald von dem allgegenwärtigen Staub beschmutzt waren, worüber sie mit einer Hand grazil die Falten ihrer pinkfarbenen Samt *kai hao* legte, während sie mit der anderen einen großen schwarzen Regenschirm hielt, um ihr Gesicht vor der Sonne zu schützen. Sie wurden von dem Sanitätsoffizier vom 1/2 REI begrüßt, der nun auch die obligatorischen Untersuchungen auf Geschlechtskrankheiten bei ihnen und ihren Freiern durchführen sollte. Nachdem alles aufgebaut war, wurde die Aufteilung der Stunden für die verschiedenen Einheiten und Ränge in Befehlen genau geregelt.[7] Als ein Legionär sah, wie die Mädchen auf ihren hohen Absätzen die Stufen ihrer DC3 heruntertorkelten, bemerkte er, dass dem Lager jetzt nur noch ein Garnisonskino fehle.

Cabiro wurde bei einem kleineren Unternehmen am 5. März verwundet und verlor das Bewusstsein, als er sah, dass sein rechter Fuß offensichtlich nur noch durch einen Muskelstrang mit dem Bein verbunden war. Sein Bewusstsein erlangte er in einem Krankenhausbett in Hanoi zurück. Dort schreckte ihn die Vorstellung, dass er lebenslang ein Krüppel sein würde, zu sehr, um einen Krankenpfleger zu bitten, die Bettlaken zurückzuziehen und ihm den Schaden zu zeigen. Ein gutes Beispiel für den Soldatenhumor zeigte sich, als der Orthopäde seinen Rundgang machte und dem Patienten zeigte, wie aus jedem Fuß einige Zehen aus dem Pflaster herausragten. Cabiro fragte, ob das bedeute, dass er immer noch einen rechten Fuß habe und bekam zu hören, dass das Personal immer einige Ersatzzehen in die Pflaster steckte, um amputierte Patienten nicht zu traumatisieren.

Die Anästhesistin bei seiner ersten Operation war die Verlobte von Roger Faulques, der am Krankenbett auftauchte und seine bevorstehende Rückkehr nach Dien Bien Phu ankündigte. Der normalweise positive Cabiro erwiderte: »Gehen Sie nicht. Das ist eine große Scheiße.« Faulques landete am nächsten Tag mitten in einem Feuergefecht im Lager.

Am Nachmittag des 13. März begann Giaps Verbündeter, der Monsun. Die Luftfeuchtigkeit verwandelte sich in einen klebrigen Nieselregen, der schwirrende Schwärme blauer Fliegen aus dem Dreck herbeizauberte, die das Festessen, das sie erwartete, zu erahnen schienen. In den französischen Stellungen landete alle sechs Sekunden eine Granate aus den 105 Millimeter- und 75 Millimeter-Haubitzen, die in die gegenüberliegenden Abhänge der umliegenden Hügel eingegraben worden waren. Sobald die französische Artillerie neutralisiert war, würden sie auf die Vorseite der Abhänge vorrücken und nach unten schießen. Danach würden sie innerhalb der französischen Stellungen sein.

In der Stellung Béatrice, die von der 3/13 DBLE gehalten wurde, beobachteten Oberstleutnant Gaucher und Major Pégot, wie die Schützengräben der Viets sie wie in einem Zangenangriff einkesselten. Es war das letzte, was sie sahen. Sie und das meiste Personal des Hauptquartiers wurden getötet, als der Gefechtsstand einen Volltreffer bekam. Die Verluste stiegen auf 36 Tote und Verwundete an; die Ruinen der Stellung bildeten einen Schrottplatz voller Stahlfragmente in knietiefem Schlamm, wobei die Luft nach Cordit und dem verdampften Inhalt der Eingeweide toter Männer stank.

Gleichzeitig warf Giap zwischen 5.000 und 6.000 *bo-dois* in Wellen gegen die Stellung Gabrielle, deren außen liegendes Blockhaus eingenommen, von einem Bataillon Legionäre wieder genommen und dann wieder verloren wurde. Das nächste Ziel war Gabrielle selbst. Statt menschlicher Wellen benutzte Giap diesmal Artillerie und Infiltration. Ein Volltreffer auf dem Kommandoposten von einem schwenkbaren mobilen 75 mm Bazooka-Geschütz, das bis auf 150 Meter herangeschleppt worden war, tötete die gesamte Mannschaft. Dann fiel Anne-Marie. Bis 16.00 Uhr wurde die Start- und Landebahn für den Verkehr gesperrt, der Kontrollturm und die Funkbake wurden zerstört. Die Bearcat-Kampfflugzeuge waren am Boden von der Artillerie der Viets zerstört worden; lediglich zwei der leichten Aufklärungsflugzeuge konnten starten und nach Hanoi zurückfliegen.

Es stellte sich heraus, das der »einsame Japse« ein Geschütz jeder Batterie der Viets war, das der Reihe nach seine zugewiesenen Ziele in dem Tal markierte. Die daraus resultierende Genauigkeit verursachte fürchterliche Verluste unter den Besatzungen der französischen Geschützstellungen, die von Sandsäcken als Schutz gegen Mörser umgeben, aber weder eingegraben noch bedeckt waren. Nachdem er zwei 105 mm Geschütze, ein Viertel seiner 75 mm Geschütze und ein Drittel der 120 mm Mörser verloren hatte, ging Oberst Piroth, der nur einen Arm hatte, von Geschützdeckung zu Geschützdeckung. Er entschuldigte sich bei den Überlebenden – und ging dann er zu seiner Unterkunft zurück, wo er mit seinen Zähnen den Stift aus einer Handgranate zog und sie an seinen Magen hielt.

Am 14. März 1954, dem zweiten Tag der Vietoffensive, geriet de Castries dermaßen außer Kontrolle, dass er nicht mehr zum Kommandeur taugte, sondern sich in seinem Bunker isolierte, vom Familienporzellan speiste und in einer Traumwelt die Wirklichkeit ignorierte. Statt ihn zu feuern und einen Ersatz per Fallschirm einzufliegen, beförderte Navarre ihn zum Brigadier. Der energische Fallschirmjäger Oberstleutnant Pierre Langlais wurde de facto der Kommandeur. Als er nachher kritisiert wurde, war seine Antwort typisch für einen Fallschirmjäger: Die hohen Tiere in Hanoi hätten jederzeit einen anderen Kommandeur einfliegen lassen können, wenn sie nicht mochten, was er tat![8] Es ist größtenteils sein Verdienst, dass das Tal trotz der überwältigenden feindlichen Überlegenheit 54 Tage gehalten wurde.

Am 15. März wurde die Verbindung zu den Legionären in Béatrice unterbrochen, als ein Funkgerät nach dem anderen unter Verlusten von 326 Mann abgeschaltet wurde. Der letzte Ruf kam von einem Funker der 9. Kompanie, der Feuer auf sich selber anforderte, als die Viets die ganze Stellung überrannten. Es ist nicht übertrieben zu sagen, dass dies von der ganzen Garnison als Omen gesehen wurde: Wenn die Legion nicht standhalten konnte, welche Hoffnung konnte es für den Rest von ihnen geben? Bis zum Abend waren Anne-Marie und Gabrielle, von algerischen *tirailleurs* verteidigt, ebenfalls überrannt worden.

Innerhalb von Tagen war die Hauptstart- und Landebahn wegen des präzisen Beschusses jedes landenden Flugzeuges tagsüber unbrauchbar. Die Evakuierungen der Verwundeten setzten sich bei Nacht fort, dank einer Handvoll Piloten und einem Team spezialisierter und sehr mutiger Krankenschwestern – eine von ihnen sollte die Heldin von Dien Bien Phu werden. Bis zum 23. März war die Straße, die die französischen Stellungen verband und auf der alle Versorgungsgüter transportiert werden mussten, auch bei Tageslicht unbrauchbar geworden, sogar für die freiwilligen Krankenwagen-Fahrer von der 13 DBLE.

Der ehemalige Widerstandsheld Oberst Bigeard, dessen vietnamesische Fallschirmjäger am 20. November eingeflogen und Ende Dezember zurückgezogen worden waren, schneite zum zweiten Mal herein. Am 10. April lag Cabiro auf einer Krankenbahre im Luftstützpunkt Bach Mai. Er wartete darauf, nach Saigon und weiter nach Frankreich geflogen zu werden, als mehrere ehemalige Kameraden vom 2 BEP aus der Reihe traten und mit dem sonderbaren Enten-Gang, der aus dem Tragen von zwei Fallschirmen und der sperrigen Ausrüstung resultierte, zu ihm hinüberwatschelten, um ihm die Hand zu schütteln. Kurz danach waren sie in der Luft Richtung Dien Bien Phu, um ihre Kameraden vom 1 BEP zu unterstützen, die aufgerieben worden waren, weil sie vom Tag ihrer Landung an als bewegliche Reserve benutzt wurden.

Sie waren nicht die letzten Legionäre, die mit dem Fallschirm in das belagerte Lager kamen. Ein einzigartiger, unregelmäßiger Strom Freiwilliger kam aus den seltsamsten Quellen, darunter 120 Mann der 1. Kompanie vom 3 REI und 207 Offiziere und Mann vom 5 REI, die keine Fallschirmausbildung hatten. Seltsamerweise war die Verlustrate bei ihrer Landung nicht höher als bei regulären Fallschirmjägern. Der Zustrom freiwilliger Verstärkungstruppen hielt bis zum 6. Mai an, obwohl die spät ankommenden Freiwilligen wussten, dass sie nur eine Hinfahrkarte gelöst hatten. Ihr Motto war »*Crever pour crever, autant crever avec les copains*« – Du musst irgendwann sterben, dann kann es genauso gut mit deinen Kumpels sein.

In einem Militär-Krankenhaus in Saigon traf Cabiro die elegante Frau von General Gambiez, dessen eigener Sohn getötet worden war, als ein Evasan-Hubschrauber, in dem er evakuiert wurde, nachdem er bei Dien Bien Phu verwundet worden war, von einer Viet-Granate aus der Luft geblasen wurde. In der Tradition der Ehefrauen von Angehörigen der Streitkräfte hatte Madame Gambiez ihren eigenen Kummer beiseite geschoben, um den Piloten zu trösten, der ein Bein verloren hatte und im Zimmer neben Cabiro lag.

Es war nur eine Frage der Zeit, bis sogar die medizinischen Evakuierungen aus Dien Bien Phu unmöglich wurden. Am 26. März konnte das letzte Flugzeug mit schwer verwundeten Männern an Bord starten. Der nächste Evasan-Flug war nicht so glücklich. Die *Convoyeuse* Krankenschwester, die 28-jährige Geneviève de Galard, hätte mit den Verwundeten nach Hanoi zurückfliegen sollen, aber ein Volltreffer verhinderte den Start ihrer Dakota. Sie meldete sich bei Chirurg Major Paul Grauwin zum Dienst, der dreiundzwanzig von vierundzwanzig Stunden im knöcheltiefen Schlamm und nackt bis zur Taille in der erdrückenden feuchten Hitze des unterirdischen Operationssaals operierte. Ruhig betreute sie die Haupt-Chirurgie-Station mit vierzig Betten, in der es häufig Stromausfälle gab und in der Medikamente und sogar Verbände knapp waren. Als sie die am schwersten verwundeten Männer persönlich pflegte, wurde sie ständig von Erblindeten und mehrfach Amputierten, die früher gesunde, junge Männer gewesen waren, gefragt: »*Vais-je vivre, mademoiselle?*« (Werde ich leben, Fräulein?). »Mam'zelle« wurde ihr Spitzname. Und Grauwin, der Chefchirurg auf dem Posten, der nie fragte, ob der Körper auf dem Tisch vor ihm ein französischer oder der eines Viets war, erhielt von seinen kambodschanischen Patienten den Spitznamen »*bac-si kim*« – der Arzt, der näht.
Über diese Zeit schrieb er:

> Blut, Erbrochenes und Kot gemischt mit Schlamm ergab ein schreckliches Gemisch, das in dicken Schichten an den Stiefeln klebte. Ich werde nie das Martyrium der Männer vergessen, die am Thorax verwundet waren und vergeblich versuchten, in ihre Lungen Luft und Sauerstoff zu bekommen, von denen ihr Leben abhing; und meine Sauerstoffbehälter wurden in einem irren Tempo geleert. Ich musste diese Patienten in die entferntesten Schutzräume des Luft-Kommandos bringen, wo der Hauptgang nicht überdeckt wurde. Als ich sie wieder sah, brachte ein Pleuraerguss ihnen sanft den Tod.[9]
>
> Ich sah eine lange Reihe schlammiger Statuen – aber sie bewegten sich und ertasteten sich ihren Weg entlang der Wände. Unter ihren Schlammschichten waren sie komplett nackt. Einer von ihnen hatte ein Bein verloren. Wie hatte er es geschafft, hierher zu kommen? Ein anderer hatte nur ein Auge. Dann gab es Männer mit Pflastern auf ihren Schultern, ihrem Thorax, ihren Beinen. Schlamm überdeckte alles, Verbände und Pflaster.[10]
>
> Nach der letzten Operation taumelte ich halb bewusstlos zu dem Rechteck grauen Lichts unten am Ende des Gangs. Dann hörte ich eine zarte Stimme, die irgendwo

hinter mir flüsterte: »Oh, ich möchte einschlafen und nie, nie wieder aufwachen.« Ich drehte mich um und sah Geneviève, die sich an die Wand hinter mir lehnte und still weinte.[11]

Seit der Nacht von Genevièves Ankunft wurden täglich etwa zwölf Tonnen Versorgungsgüter, ein Fünftel des Minimalbedarfs, aus der Luft abgeworfen. Sintflutartige Regenfälle und die niedrige Wolkendecke zwangen die Flugzeuge, in geringer Höhe einzufliegen, wo sie leichte Beute für die Flugabwehrbatterien war. Bis zum Ende der Schlacht gingen 62 Flugzeuge verloren und weitere 167 wurden beschädigt. Maschinen und Männer waren so knapp, dass Besatzungen von der US-betriebenen Civil Air Transport Company angeheuert wurden, deren Piloten sagten, die Intensität der Flugabwehr über der Einflugschneise zum Tal wäre schlimmer gewesen, als sie das aus Korea oder vom Zweiten Weltkrieg über Deutschland kannten.

Gegen einige der Flugabwehrstellungen in den Hügeln nahe Claudine wurde ein Gegenangriff mit Panzern und Infanterie, darunter Männer von der 13 DBLE, unternommen. Fünf 20 mm Geschütze und verschiedene Maschinengewehre wurden zerstört und 300 Feinde getötet, aber das machte keinen Unterschied. Und als Claudine aufgegeben wurde, sagte einer der letzten Männer von der 13 DBLE, die die Stellung verließen: »Wir töteten Massen, aber es kamen immer mehr, sie sprangen über die Leichen der anderen.«[12]

Die Viet Minh-Pioniere standen knietief im Wasser, rutschten im Schlamm und schoben ihre Gräben immer näher an Dominique und Eliane heran. Als die letzte menschliche Welle am 30. März kam, senkten die Kolonial-Artilleristen die Rohre ihrer Geschütze ab, um horizontal zu schießen. Dieses und das mähende Feuer von den »Vier-Fünfzigern« – einer Verbindung von vier Kaliber 50-Maschinengewehren aus dem Zweiten Weltkrieg mit synchronisiertem Vorschub – zwangen die Viets, sich blind in ein neu angelegtes Minenfeld zurückzuziehen. Es gelang Überlebenden der 2 BEP, des 8. Angriffsregiments und der 6. Kolonial-Fallschirmjäger, den so genannten Eliane 2 Hügel auf Kosten mehrerer hundert Toter wieder einzunehmen. Das wäre nicht nötig gewesen. Unter dem Schutz eines Mörserbombardements nahmen die Viets ihn sowieso wieder ein.

Vom Westen war Huguette das nächste Angriffsziel. Dort wurde die Chirurgie-Station mit mehr als 1.000 pflegebedürftigen Männern überwältigt. Der Gestank der nicht begrabenen Leichen, der verfaulenden Körperteile, die bei Operationen entfernt worden waren, der Maden, die sich aus Mangel an Antibiotika an den Wunden weideten sowie der Exkremente überall unter den Füßen war so schlimm, dass viele gehfähige Verwundete es vorzogen, zu ihren Kompanien zurückzukehren, wo sie zumindest die Luft atmen konnten.

2.000 bis 3.000 thailändische, algerische, marokkanische, vietnamesische und europäische Soldaten desertierten. Da die Nordafrikaner und Europäer nicht hoffen konnten, die Linien passieren zu können, gruben sie Löcher an den Ufern des Flusses, wo die Wahrscheinlichkeit, von Granaten beschossen zu werden, geringer war. Sie lebten von Lebensmitteln, die sie von den täglichen Abwürfen abstaubten und wurden als die Ratten von Nam Youm bekannt. Sie organisierten sogar ein Bordell für nicht-europäische Truppen und wurden nicht daran gehindert, weil niemand die Energie oder Zeit hatte, den Bereich zu kontrollieren. Die Legion hatte auch ihre Deserteure: Die 13 DBLE registrierte 77 während der Belagerung. Wenn sie sich in Sicherheit bringen konnten, ohne angeschossen oder in Stücke gesprengt zu werden, hatten die Deutschen unter ihnen gute Chancen, in das kommunistische Ostdeutschland repatriiert zu werden.

Da der Nachschub schon stark unter dem kritischen Level lag, erfolgten die Abwürfe wegen des Rings der Flugabwehrbatterien aus einer Höhe von 8.500 Fuß, so dass Männer, Munition und Lebensmittel häufig hinter den Linien der Viets landeten. Auf diese Weise erhielten die viele der 105 mm Granaten, die in dem Tal landeten. C-119 Flying Boxcars warfen sechs Tonnen Napalm auf die Schützengräben der Viets ab. Wäre es Trockenzeit gewesen, wären die Hügel voller Geräusche knisternden Fleisches gewesen, aber unter den Bedingungen des Monsuns gab es nur lokale Schäden, so wie Giap es vorhergesehen hatte.

Am 23. April machte das 2 BEP den letzten Gegenangriff. Da vernahm der Berater des Innenministeriums, Douglas MacArthur II., in Paris die Bitte, dass US-Marine-Flugzeuge mit französischen Farben bemalt und ihre Piloten vorübergehend in die Legion einberufen werden sollten, um die Viet-Stellungen rund um Dien Bien Phu zwei oder drei Tage lang zu bombardieren, ohne dass die USA offiziell beteiligt gewesen wären.[13] Das Pentagon erarbeitete als Antwort auf die französische Bitte um Hilfe auch die Operation Vulture, die die Operation Arclight mit achtzig B-29 einschloss, die von den Philippinen starten würden, um konventionelle, hoch explosive Bomben und auch Nuklearwaffen abzuwerfen – das stand jedoch angesichts der durcheinander gemischten französischen und Viet-Stellungen zu diesem Zeitpunkt außer Frage. Keiner der Pläne wurde realisiert.

In der Nacht, als Huguette 1 überwältigt wurde, befahl de Castries dem 2 BEP einen Gegenangriff anzuführen und die offen liegende Hauptstart- und Landebahn in kleinen Gruppen zu überqueren. Wegen eines »Schlamassels«, der Battailonskommandeur hatte sein Radio auf die falsche Frequenz geschaltet, konnten die Legionäre ein Bombardement durch eigene Kräfte nicht »abschalten«, bei dem sie 150 Mann verloren. Die Überlebenden wurden später mit dem 1 BEP verschmolzen.

Am 29. April wurde Geneviève de Galard befohlen, sich bei de Castries zu melden, der ihr persönlich die Légion d'Honneur und das Croix de Guerre verlieh. Die Belobigung beschreibt sie als »pure Verkörperung der heldenhaften Tugenden französischer Krankenpflege«.[15] Am folgenden Tag machte die Legion sie und Oberst Bigeard zu Ehren-Legionären erster Klasse. *Paris Match* nannte Geneviève die einzige Frau in Dien Bien Phu, wobei die Zeitschrift allerdings nicht die zahlreichen vietnamesischen Prostituierten von dem BMC erwähnte, die ebenfalls die Verwundeten pflegten.[16]

Einen Tag später, als der Monsun mit voller, durchnässender Wucht tobte, waren die französischen Positionen auf Teile von Huguette, Dominique und zwei erhöhte

Stellen von Eliane reduziert worden. Es gab weniger als 2.000 aktive Kämpfer, die meisten von ihnen mindestens einmal verwundet. In Huguette befehligte Guiraud, nun Oberst, 500 Legionäre vom 1 BEP und 2 BEP, sowie 140 Marokkaner. Eine noch seltsamere Mischung fand sich im Außenposten Juno an den Ufern des Nam Youm: 150 Weiße Thais und 20 Mitglieder des Flugpersonals, die dort festsaßen, seit ihre Flugzeuge auf der Start- und Landebahn von Viet-Geschützen zerstört worden waren.

Die französische Artillerie hatte nur noch Granaten für vierundzwanzig Stunden übrig. Unterernährung und Ruhr forderten ihren Tribut. Ein Panzer war immer noch kampfbereit und ein paar Geschütze schossen immer noch. Bei Isabelle, dem südlichen Stützpunkt, verteidigten weitere 1.000 Mann in ähnlichem Zustand eine viertel Quadratmeile. De Castries murmelte ständig, dass bei einer zwölfstündigen Pause eine Entsatzkolonne geschickt werden könnte, die sie auch erreichen würde.

Am Abend waren die Funker der Viets, die die französischen Frequenzen überwachten, überrascht, keine knappen Befehle und Bitten um Unterstützung oder Munition in Codeform oder dem Slang der Legionäre, den man als Code bezeichnen könnte, zu hören, sondern eine Nachricht in grammatisch klarem Französisch, abgegeben in dem gemessenen Ton von Oberst Lemeunier. Er sprach in ein 300er Militär-Funkgerät und las eine Geschichte vor, die alle hören sollten: »Die französische Armee belagerte Puebla in Mexiko. Der Legion wurde befohlen, zu patrouillieren und zwanzig Kilometer Straßen zu sichern, die von Versorgungskonvois benutzt wurden ...«

Alle Legionäre, die zuhörten, kannten diese Geschichte einer Schlacht bei Camarón in Mexiko auswendig. Sie endete so: »Kaiser Napoleon III. entschied, dass der Name Camarone auf die Flagge des Auslands-Regiments eingraviert werden sollte und dass außerdem die Namen von Danjou, Vilain und Maudet in Gold in die Wände des Invalidendoms in Paris gemeißelt werden sollten«.

Zum ersten Mal seit Wochen frisch rasiert stießen die Legionäre, die die Botschaft hören konnten, auf die Legion mit allem an, was noch trinkbar war. Wären alle ihre Schicksals-Kameraden Legionäre gewesen, wären viele versucht gewesen, *faire Camerone* kämpfend zu sterben, wie ihre Vorgänger in Mexiko. Aber das hätte auch all die anderen Männer in französischer Uniform zum Tode verurteilt. Viele fragten sich, ob sich die Viets, in deren Gewalt sie bald sein würden, als ebenso galant erweisen würden wie die mexikanischen Obersten bei Camarón.

Sie erfuhren es nicht, aber die Belagerung hatte nur deshalb so lange gedauert, weil Giap auch seine Probleme hatte: Ihm gingen sogar unausgebildete Wehrpflichtige und die Munition für die Artillerie aus. Die riesigen Verluste von Menschen und Material machten Ho und dem Zentralkomitee der Partei Sorgen. Um die Moral zu heben, hielten Kommissare erbauliche Vorträge über die Landreform, wobei sie versprachen, dass jeder Bauer Herr seines eigenes Landes sein werde, nachdem die Franzosen vertrieben worden seien.

Der internationale kommunistische Feiertag am 1. Mai war der Tag, der von Giap gewählt wurde, um den letzten Vorstoß zu machen. Nach schwerem Bombardement mit Katjuscha-Raketenwerfern und Geschützen, die mittlerweile weit innerhalb der ehemaligen französischen Stellungen positioniert waren, warfen sich Freiwillige selbstmörderisch auf den Draht, um eine menschliche Brücke für die folgenden Männer zu bilden. Welle um Welle von Viets rückte unnachgiebig in das schrumpfende Lager. Zu spät überlegte Navarre, die Operation Albatross umzusetzen. Die sah einen letzten verzweifelten Ausbruch vor, der bedeutet hätte, die Verwundeten und medizinisches Personal zurückzulassen, damit die Unverletzten durch die Linien der Viets entkommen konnten. Aber ostwärts stand das außer Frage und kürzlich hatte Giap die Tiefe der Belagerungslinien im Westen zwischen Dien Bien Phu und dem befreundeten Laos extra vergrößert.

Am 4. Mai wurden die zusammengefassten Fallschirmjäger der Legion, die bei den Resten von Huguette blieben, von einer letzten menschlichen Angriffswelle von Giaps so genannter Eiserner Division, die Dong Khe erobert hatte, überwältigt. Am Abend des 6. Mai, als die Franzosen nur noch einen Teil des Zentralbereichs und Isabelle hielten, begann der letzte Angriff, als fünf Dakotas mit den letzten 100 Mann, die sich freiwillig für Dien Bien Phu gemeldet hatten, zurückkehrten, weil sie durch die Flugabwehr nicht durchkommen konnten.

Dominique und Eliane fielen am 7. Mai. Als die Viets bis auf Handgranaten-Wurfweite an de Castries Hauptquartier herangerückt waren, befahl er schließlich, das Feuer um 17.30 Uhr einzustellen und dies wurde Giap mitgeteilt. Diejenigen, die es noch konnten, zerstörten brauchbare Waffen und Munition, wobei sie Teile wie Auflageplatten für Mörser, die nicht zerstört werden konnten, vergruben. Das Öl des letzten betriebsfähigen Panzers wurde ausgeschüttet und der Motor laufen gelassen, bis er sich festfraß. Eine ungewöhnliche Stille peinigte die Ohren. Männer krochen aus Löchern und zusammengestürzten Bunkern, um die vergessenen Annehmlichkeiten wie das Stehen ohne Kopfbedeckung oder das Urinieren im Freien zu genießen. Andere weigerten sich, herauszukommen, bis einer laut ausgerufenen Warnung eine Salve aus automatischen Waffen in das Loch folgte, das ihr Zufluchtsort war. Obwohl Tausende bewaffneter männlicher und weiblicher Viet Minh-Soldaten sie umzingelten, waren einige Soldaten so tief in der Realitätsverweigerung gefangen, dass ein Feldjäger drohte, eine Nam Youm-Ratte anzuklagen, die er als einen derjenigen erkannte, der nach einem Abwurf medizinische Güter geklaut hatte – bis er gewaltsam von einem französisch sprechenden *can-bo* Kommissar daran erinnert wurde, dass er von jetzt an keine Autorität über irgendjemanden, einschließlich sich selbst, habe.

Eine relativ kleine Anzahl Gefangener wurden erschossen, mit dem Bajonett erstochen oder erschlagen, einige, weil sie ihre Fänger bedrohten, andere wegen sprachlicher Missverständnisse oder einer bedrohlichen Geste. Angesichts der Bitterkeit des Kampfes und der Größenordnung der Verluste, die die Viet Minh erlitten hatten, ist es ihrer Disziplin zu verdanken, dass nicht mehr Gefangene kurzerhand hingerichtet wurden. Vietnamesische Gefangene der Kolonial-Regimenter wurden zwecks Umerziehung sofort aussortiert.[17] Diejenigen von den französischen Regimentern wurden als Franzosen behandelt. Die meisten der Huren, wenn nicht alle, die Geneviève geholfen hatten, die Verwundeten zu pflegen, wurden getötet. Einige, das ist wahr, hatten am Ende Waffen getragen, aber sie wurden getötet, weil sie Frauen waren und daher die natürliche – sexuelle – Zielscheibe für böse Männer mit Waffen in ihren Händen bildeten.

Nur Isabelle hielt am 8. Mai bis 08.00 Uhr aus, um einer Gruppe vom 3. Bataillon des 3 REI die Möglichkeit zu geben, in der Dunkelheit durch die Linien zu entkommen. Etwa 600 Mann konnten fliehen, aber der Preis war hoch: Viele der Verwundeten, die Waffen trugen, um ihr Entkommen zu sichern, wurden später erschossen, weil sie gegen das Waffenstillstandsabkommen verstoßen hatten. An diesem Tag befahl Oberst Paul Gardy im Hauptquartier der Legion im Viertel Viénot von Sidi bel-Abbès jedem Mann, die Waffen zu Ehren der verlorenen Farben zu präsentieren: dem 2. und 3. Bataillon der 13 DBLE, dem 2. und 3. Bataillon des 3 REI, dem 1. Bataillon des 2 REI, dem 1 und 2 BEP. Dies war nicht die vollständige Liste, weil die Freiwilligen von vielen anderen Einheiten gekommen waren, aber es reichte.

Ho und Giap hatten alles unternommen, um die Belagerung bis zum 8. Mai zu beenden. Sie wussten, dass dies der neunte Jahrestag des »VE Day« war, des alliierten Sieges über Nazi-Deutschland, und dass eine große französische Niederlage an einem solchen Datum in Asien und vielen anderen Teilen der Welt als Zeichen dafür gesehen werden würde, dass die Tage des europäischen Kolonialismus zu Ende waren.

Dakotas des Roten Kreuzes evakuierten 858 schwer verwundete Männer aus Dien Bien Phu und brachten auch medizinische Güter. Als die langen Kolonnen der Kriegsgefangenen aus dem Tal getrieben wurden, mussten sogar die mit Bein- und Fußwunden den Nam Youm durchwaten, weil die noch intakte Bailey-Brücke über dem Fluss ein Drehort war. Eine osteuropäische Filmcrew zeichnete eine dramatisierte Nachstellung des letzten Angriffs auf. Als ihnen Zigaretten angeboten wurden, um sich selbst zu spielen, lehnten die Gefangenen die Offerte ab – obwohl sie später die Szene aus Gründen nachstellen würden, die man erraten kann, wobei sie weiße Fahnen schwenkten, als sie in der Nähe ihrer Gefangenenlager an Kameras vorbeitorkelten. Als sie Dien Bien Phu verließen, waren einige Männer nicht vollständig bekleidet oder hatten keine Kopfbedeckung und Schuhe; andere hatten umsichtig Lebensmittel und Toilettenartikel und frische Unterwäsche in Seesäcke verpackt. Eine überraschende Strafe war, dass das Rasieren verboten war, weil ihre vietnamesischen Fänger dies in einem Land, in dem die Einheimischen keine Gesichtshaare hatten, als Zeichen nahmen, dass man beabsichtigte zu entkommen.

Eine kleine Gruppe Legionäre erkämpfte sich ihren Weg von Isabelle aus und ging zu Fuß durch den Dschungel in das befreundete Laos, bloß um festzustellen, dass es gar nicht so freundlich war. Am ersten französischen Posten, dem sie begegneten, wurden ihnen von einem Deuxième Bureau Major vorgeworfen, Deserteure zu sein, weil sie, nachdem ihre Kleidung und das Schuhwerk auf dem Weg zerrissen worden waren, nicht korrekt in Uniform gekleidet waren und keine sauberen Waffen trugen. Sie waren erschüttert, dass sie hinter Gitter kamen, nach allem, was sie erlebt hatten.

Sie erfuhren, dass der wahre Grund, warum er sie aus dem Weg haben wollte, war, dass er befürchtete, sie hätten zuviel von einem Drogenkartell gesehen, das er betrieb. Sie töteten ihre Wachen mit bloßen Händen, packten ihre konfiszierten Waffen und gingen zu Fuß zurück nach Vietnam.

Geneviève de Galard lehnte sowohl Indoktrinations- als auch Repatriierungsangebote ab und sagte, dass sie lieber bleiben und die Verwundeten pflegen wolle. Gegen ihren Willen wurde sie am 24. Mai befreit. Als sie, gekleidet in Fallschirmjäger-Dress mit Sandalen an ihren nackten Füßen, die Treppen der Dakota des Roten Kreuzes bei Luang Prabang in Laos hinunterstieg, zeigte sie über ihre Entlassung weniger Bewegung als drei ihrer Mitkrankenschwestern, die gekommen waren, um sie zu begrüßen. Sie wurde mit astronomischen Angeboten französischer und amerikanischer Presseagenturen für ihre Exklusiv-Geschichte überschüttet, aber das lehnte sie ab. Sie sagte, es sei ihr Job, Männer zu pflegen und nicht, Geld aus ihren Leiden zu machen.

Ein ganz persönlicher Eins-zu-Eins-Krieg war immer noch aktuell. Im Alter von zehn Jahren war Eliahu Itzkowitz der einzige Überlebende, als seine Familie und 53.000 andere Juden von Kishinew in Rumänien nach der deutschen Besatzung Moldawiens 1941 massakriert worden waren. 1945, immer noch nicht erwachsen, fand und tötete Itzkowitz den Sohn des Mannes, den er für schuldig hielt, einen Eisernen Gardisten namens Stanescu. Nach fünf Jahren im Gefängnis wanderte Itzkowitz nach Israel aus und ging zu den Fallschirmjägern. Von einem französischen Einwanderer, der in der Legion gedient hatte, erfuhr er von einem rumänischen Unteroffizier, der der Beschreibung von Stanescu entsprach. Itzkowitz beantragte eine Überstellung zur israelischen Marine, ging in Genua von Bord und machte sich auf den Weg nach Marseille, um in die Legion einzutreten.

Er bekam seine Gelegenheit, denn er wollte nicht noch mehr Zeit im Gefängnis verbringen, als er im Juni 1954 im 3 REI auf Patrouille an der Fernstraße Drei nordöstlich von Hanoi war und ein Hinterhalt die Patrouille zwang, in Deckung zu gehen. Als er mit seinem Gefreiten allein war, fragte Itzkowitz ihn während einer Feuerpause in rumänisch: »Sie sind Stanescu, nicht wahr?«

Überrascht, gab der Gefreite zu, dass er es war, und fragte, »Wer sind Sie?«
»Ich bin einer der Juden, die Sie verfehlt haben.«

Keiner merkte, dass die Verwundungen, die Stanescu töteten, von einer französischen Waffe gekommen waren. Itzkowitz beendete seinen Dienst mit einem Zertifikat für gute Führung und kehrte nach Israel zurück.

Die Niederlage in Dien Bien Phu führte am 12. Juni zum Ende der Regierung von Joseph Laniel. Pierre Mendès-France wurde Premier mit dem Mandat, den Krieg zu beenden und die Kriegsgefangenen nach Hause zu bringen, koste es, was es wolle. Mittlerweile wollten nur noch wenige Wähler etwas mit Vietnam zu tun haben. Ein Produzent, der einen Film über Genevièves Geschichte mit Leslie Caron in der Hauptrolle drehen wollte, bekam die gleiche Absage, wie sie die Illustrierten erhalten hatten, aber der Druck der Regierung zwang sie, an einer Konfettiparade am 26. Juli in New York teilzunehmen und dem Weißen Haus einen Besuch abzustatten, um zu versuchen, die verlöschende Glut der amerikanischen Unterstützung wieder neu zu entfachen.

Man nennt es die Kunst des Möglichen. Premier Pierre Mendès-France befahl dem französischen Sprecher in Genf, keine Probleme mit dem Versuch zu schaffen, die nicht-französischen Anti-Viet Guerillas und ethnischen Minderheiten zu schützen, die Frankreich unterstützt hatten. Sie mussten abgeschrieben werden, genauso, wie niemand die Delegation der Viet Minh fragte, warum sie, wenn am 8. Mai 11.721 Gefangene gemacht hatten, im August nur 3.290 Mann zurückbrachten.

Was ist mit den anderen 8.431 passiert? Ein Kamerad von Cabiro, der nach dem Debakel an der Fernstraße Vier vier Jahre in den Lagern gewesen war, wurde im September nur zurückgebracht, weil Mitoffiziere die französische Waffenstillstands-Kommission mit konkreten Anfragen nach ihm bombardierten. Einzelne, unglaublich zähe Personen kamen im Laufe der Zeit vereinzelt nach Frankreich zurück mit Geschichten ihres Leidens, die keiner hören wollte. Andere kehrten zurück, verunglimpft mit dem Stigma, indoktriniert worden zu sein, ob aus politischer Überzeugung oder in der Hoffnung auf bessere Rationen oder andere Vorzugsbehandlung. Außenstehende, die erwarteten, dass die Männer, die in den Lagern unter diesen Verrätern gelitten hatten, sie physisch oder schriftlich angreifen würden, wurden enttäuscht. Sie sagten einfach, »Wir sind die einzigen, die sie beurteilen können, und wir werden es nicht tun.« Kein Außenstehender hatte auch nur eine Ahnung von dem Druck in diesem Krieg, der die Leben so vieler Legionärc gefordert hatte.

Erwan Bergot, der die schwere Mörserkompanie des zusammengelegten BEP kommandierte, war vergleichsweise glücklich dran. Er wurde am 8. Mai gefangen genommen und in eine »Konvoi 42« genannte Kriegsgefangenen-Kolonne gesteckt, die Dien Bien Phu mit einer Stärke von 400 Mann verließ. Während des 700 Kilometer langen Marsches zum Umerziehungslager 42 starben 83 Männer an ihren Verletzungen und an Krankheiten. Weitere 250 erlagen der Malaria, der Ruhr und der Unterernährung in dem Lager. Er und 72 andere überlebten und konnten befreit werden.[18]

3

Terrorismus und Folter

ALGERIEN, 1954–57

Viele Legionäre, die in Kriegsgefangenenlagern in Vietnam festgehalten wurden, erinnern sich daran, wie die politischen *can-bo* Offiziere während des obligatorischen »Bildungs«-Unterrichts ankündigten, dass das Banner weltweiter anti-kolonialer Revolution als nächstes in Algerien hochgehalten werden würde. Wie vieles von dem, was sie hören mussten, schien die Idee absurd: Tunesien und Marokko waren Protektorate mit zunehmender interner Autonomie, aber Algerien war verwaltungstechnisch französisches Gebiet, ebenso wie es die Heimat der Legion war. Es war unvorstellbar, dass ein Aufstand die Herrschaft über die drei *départements* Oran, Algier und Constantine beenden könnte, die dreißig Jahre länger als Savoie auf dem Festland ein Teil von Frankreich gewesen waren – und anders als Elsass und Lothringen von 1871 bis 1919 niemals von einem Nachbarn annektiert worden waren.

Das alles so blutig geschah, lag zum Teil daran, dass Algerien vor der französischen Eroberung, bei der die traditionellen Autoritäten ausradiert worden waren, keine homogene Nation gewesen war, wohingegen Marschall Louis Lyautey Marokko wie die Römer mit Hilfe der vorhandenen Machtstruktur regiert hatte. Die Generation politischer Aktivisten, deren Gewalt sich zwischen 1954 und 1962 nicht nur gegen die Europäer sondern auch gegen andere Splittergruppen im revolutionären Lager richtete, kannte daher keine Hemmschwellen.

Um genau zu sein, begann die Gewalt am 8. Mai 1945, als die Siegesparade zum Kriegsende in Europa[1] in Sétif, einem Marktstädtchen im östlichen Algerien, von einer Demonstration junger Araber, die Unabhängigkeitsbanner schwenkten, gestört wurde. Die heftige Reaktion der Gendarmerie, bei der mehrere Demonstranten erschossen wurden, führte zu zweitägigen Unruhen, Vergewaltigungen und Brandstiftungen, mit dem Ergebnis, dass 100 Europäer getötet und viele mehr verwundet worden waren. Bevor Abteilungen der Legionäre und anderer militärischer Einheiten drei Wochen später die Ordnung wieder völlig herstellen konnten, waren mindestens 1.500 Araber getötet worden.[2]

Obwohl der Militär-Gouverneur General Duval die europäischen Betonköpfe hinterher davor warnte, dass sie ihre Einstellungen ändern müssten, schien es, dass er nach mehreren Jahren sporadischer Gewalt pessimistisch war – bis die Gewalt nur ein paar Monate nach den Warnungen der *can-bos* eskalierte. Am 1. November 1954 machten zwischen Mitternacht und 2 Uhr in der Früh dreißig synchronisierte Terroristenanschläge auf Polizei und militärische Anlagen den Menschen in ganz Algerien bewusst, dass sie in einer Kriegszone lebten. Die Front de Libération Nationale (FLN) übernahm die Verantwortung.

Bei einer Bevölkerung von neun Millionen waren die meisten der 20.000 Mitglieder der FLN gegenüber ihrer extremistischen Führung zögerlich. An diesem Tag wurden ein paar französische Lehrer von einer arabischen Schule aus einem Bus in das Aurès-Gebirge verschleppt und mit Maschinengewehren getötet, zusammen mit dem *caïd*, dem örtlichen Beamten, mit dem sie zusammengesessen hatten. Eine Frau überlebte ihre Verwundungen, nachdem sie mehrere Stunden lang neben ihrem toten Mann am Berghang gelegen hatte.

Die Vorstellung von zwei willkürlich ermordeten europäischen Zivilisten ließ die Menschen erschauern. Bei nur 37.000 Soldaten in Algerien – bis zum Ende des Notstands würden eine halbe Million dorthin geschickt oder bereitgestellt werden – spielte Paris die Ereignisse von Allerheiligen herunter, so dass sie nur in zwei Spalten in der *Le Monde* und noch kleiner im *L'Express* erwähnt wurden. Am 12. November erklärte Premier Pierre Mendès-France kategorisch, dass die Forderungen der FLN nicht praktikabel seien, dass man aber Reformen einführen werde, um die Lebensbedingungen und die politischen Bedingungen der arabischen Algerier zu verbessern. Zu diesem Zweck war der neue liberale Gouverneur Jacques Soustelle bereit, mit allen Teilen der Bevölkerung zu reden. Aber weniger als zwei Monate nach seiner Ankunft im Februar wurde am 31. März 1955 der Notstand ausgerufen. Das Aurès-Gebirge wurde unter Kriegsrecht gestellt und die Armee autorisiert, Dörfer zu zerstören und die Bewohner in »Umsiedlungsgebiete« zu transportieren.[3]

Die Antwort der Armée de Libération Nationale – die ALN war der bewaffnete Flügel der FLN – erfolgte am 20. August mit Anschlägen im gesamten östlichen Algerien, die das Leben von 71 Europäern und 52 arabischen »Kollaborateuren« forderten. Wie im Mai 1945 reagierten die Ordnungskräfte unterstützt von Bürgerwehren bewaffneter Siedler schnell und grausam. Zum Schluss gab es so viele Leichen, dass niemand ernsthaft den Behauptungen der FLN von 12.000 toten Arabern widersprechen konnte.[4] Am 24. August begann die Regierung, Tausende Reservisten einzuberufen. Der Krieg hatte begonnen.

Wo war die Legion währenddessen?

Um zu vermeiden, dass Reporter sie für Interviews aufspüren konnten, wurden Kriegsgefangene, die in Vietnam entlassen wurden, diskret in Flugzeugen, die vom SDECE, dem französischen Geheimdienst, gechartert wurden, nach Nordafrika zurückgeflogen. Nur wenige waren für leichte Tätigkeiten fit genug, vom Patrouillieren ganz zu schweigen. Einige waren nach vier Jahren Haft seit dem Fiasko auf der Fernstraße Vier wandelnde Skelette. Die Entdeckung, dass der Essenssatz von ihrem rückständigen Lohn mit der Begründung abgezogen geworden war, dass die Viets sie gratis verpflegt hatten, war kaum dazu geeignet, die Disziplin und Moral bei ihnen oder den Männern wieder herzustellen, die den Albtraum von Dien Bien Phu überlebt und drei Monate lang nur Reis gegessen hatten.

Unter dem Vorwand, sie nach tropischen Infektionen zu untersuchen, wurden sie in den Kasernen eingesperrt und erhielten Vorträge, wie man sich in Nordafrika verhalten sollte, falls sie von dem unbeschwerten Lebensstil mit Frauen und Kindern während ihrer Jahre in Vietnam infiziert worden waren. Diejenigen, die zu früh auf Einsätze geschickt wurden, brachen einfach zusammen. Nur das 1 REI war im November 1954 kampffähig. Es sollte vom 3 REI nach dessen Rückkehr von Indochina ergänzt werden. Im Mai 1955 kehrte die 13 DBLE zurück; das 2 REI wurde in dem Jahr nach Tunis zurückgeschickt, dann aber nach Marokko abkommandiert, wo es blieb, bis das Land unabhängig wurde. Das neu gebildete 4 REI kam erst 1957 in Algerien an.[5]

Im Dezember 1955 vergrößerten sich die Fallschirmjäger-Bataillone und wurden mit der Bezeichnung 1 REP und 2 REP zu Regimentern. Man hatte erwogen, das 3 BEP zum 3 REP zu machen; stattdessen wurden ihre Offiziere und Männer in das 1 REP übernommen, das von Pierre Jeanpierre – jetzt Oberst – kommandiert wurde. Nachdem er mit dem 5 REI in Syrien gegen die Alliierten gekämpft hatte, war er nach Frankreich repatriiert worden. Als Mitglied der Résistance wurde er gefangen genommen und in das Konzentrationslager Mauthausen geschickt. Nach dem Krieg kehrte er zur Armee zurück und diente zweimal in Vietnam mit Auszeichnung. In Algerien rieb er sich und seine Männer bis zu seinem frühzeitigen Tod in dem ständigen Bemühen auf, die Guerillas in ihrem eigenen Spiel zu schlagen. Seine Geschichte verkörpert die des 1 REP während der nächsten sechs Jahre, obwohl er nicht mehr am Leben war, um ihre endgültige Schande zu teilen.

Nachdem Marokko im November 1955 und Tunesien im März 1956 unabhängig geworden waren, unterteilte der neue kompromisslose Minister vor Ort, Robert Lacoste, Algerien in »befriedete Gebiete«, in denen die Armee die Zivilbevölkerung *schützen* sollte, in »Operationsgebiete«, wo sie freie Hand hatte, die als *fells*[6] bekannten Rebellen zu vernichten – und in »verbotene Gebiete«, deren Bevölkerung zwangsweise anderswohin umsiedelt wurde, und die in Zonen verwandelt wurden, in denen ohne Warnung auf jedes Lebewesen geschossen werden durfte.

Vier Tage später, am 16. März, erschütterte die erste Serie von Explosionen Algier selbst. Da die ALN-Bombenleger ihre versteckten Sprengstoff-Vorräte und Schlupf-löcher in dem *casbah*, dem Viertel der Einheimischen hatten, fand dort vom 27. bis 28. Mai die erste *ratissage* oder Menschenjagd statt, bei der Truppen und Polizei jede Straße durchsuchten. Viele Gebäude waren Jahrhunderte alt und mit Gängen und Tunneln miteinander verbunden, so dass ein massiver Personaleinsatz erforderlich war.

Die Antwort der ALN war eine Mordwelle. Falls sich jemand fragte, warum Frankreich so fest entschlossen war, Algerien zu halten, nachdem es seine Nachbarn befreit hatte, trat am 26 Juni unter dem Sand von Hassi Messaoud zum ersten Mal ein Grund zu Tage. Einige Einheiten, darunter das 1 REI, wurden damit beauftragt, mit Schnelleingreiftruppen auf GMC-Lkws entlang der Pipeline zur Küste zu patrouillieren. Am 10. August gab es die erste Gräueltat der künftigen geheimen Armee der Siedler, eine »anti-terroristische« Bombe, die in der Rue de Thèbes zahlreiche Araber tötete und viele mehr verstümmelte. Am 30. September begann die FLN mit einer Welle von Bombenanschlägen. Darauf antworteten die französischen Geheimdienstoffiziere des SDECE, indem sie mit Kampfflugzeugen ein marokkanisches Flugzeug zwangen, auf algerischem Gebiet zu landen. An Bord waren Ahmed Ben Bella und andere FLN-Führer, die nach einer Konferenz in Marokko mit ALN-Führern zu ihrem Stützpunkt in Kairo zurückkehren wollten. Paris sperrte sie trotz internationaler Proteste sechs Jahre im Gefängnis ein.

Dass Thierry und Geneviève Delannoy, ein Junge von zwölf Jahren und ein Mädchen von zehn Jahren, in einer dieser Gewaltnächte mit ihrem Onkel aufblieben und das Schießen hörten, das immer näher zu ihrem Haus kam, gibt eine Vorstellung davon, wie das Leben für Zivilisten war. Ihr Vater, ein Armeeoffizier, war bei seiner Einheit. Ihre Mutter besuchte einen kranken Verwandten in Frankreich. Und der Onkel war mehr als ein Babysitter. Ihm war nicht nur der geladene Dienstrevolver seines Bruders anvertraut worden, er hatte sich auch geschworen, seinem Neffen und seiner Nichte in den Kopf zu schießen, falls *les fells* in sein Haus einbrechen würden.[7]

In Biskra verabschiedete sich an einem Freitagnachmittag der Teenager Hélène Auclair von einem Jungen in ihrer Klasse. 48 Stunden später wurde sie in einem Konvoi zu dem Bauernhof gefahren, auf dem er und sein Vater ermordet worden waren, als sie ihre Felder beackerten. Im Angesicht der verbrannten Körper wurde ihren Klassenkameraden gesagt: »Dies ist die Arbeit der ALN. Das wollen sie mit uns allen so machen.«[8]

Europäer waren nicht die einzigen Opfer der Terrorkampagne der ALN. Arabische Lehrer und Beamte, die mit den französischen Behörden arbeiteten, wurden ebenso behandelt. Dolmetschern wurden ihre Zungen und Oberlippen routinemäßig abgehackt, während die *harki* Dolmetscher, die das französische Militär bei Operationen begleiteten, sexuelle Verstümmelungen erlitten, wenn sie gefangen wurden, angeblich als Strafe für die Vergewaltigungen von Frauen in einsamen *mechta* Bauernhöfen, deren Männer weg- oder gefangen genommen worden waren. Der Terror eskalierte, bis die brutalen, aber legalen *ratissages* zur Lynchjustiz wurden mit *ratonnades*, Rattenjagden, auf denen bewaffnete weiße Zivilisten Araber bei bloßem Verdacht töteten.

Die politische und finanzielle Unterstützung, die die ALN von der ägyptischen Regierung bekam und die anti-französischen Sendungen der Radiostation »Stimme der Araber« in Kairo waren die Hauptgründe für die französische Teilnahme an der Suez-Invasion im November 1956. Die gemeinsame britisch-französisch-israelische Operation wurde von Premierminister Sir Anthony Eden nicht als Krieg, sondern lediglich als bewaffneter Konflikt bezeichnet.[9] Am 6. November landete das 1 REP mit dem 2. Geschwader des 2 REC in AMX-13-Panzern bei Port Fuad, um bis zum Rückzug an Operationen entlang der Kanal-Zone teilzunehmen. Nach dem Ende der Kämpfe wurde ein junger Oberleutnant der Fallschirmjäger namens Jean-Marie Le Pen, der später als der Führer von Frankreichs Partei Front National bekannt wurde, damit beauftragt, ägyptische Tote zu begraben. Dies tat er mit Respekt, und er bestand darauf, dass alle Körper mit den Köpfen in Richtung Mekka beigesetzt werden sollten.

Was auch immer die Hoffnungen des französischen Geheimdienstes waren, die Suez-Invasion trug nicht dazu bei, die Situation in Algerien zu beruhigen. Um den städtischen Terror auszuradieren, erhielt am 7. Januar 1957 General Jacques Massu von Lacoste den Befehl, die Ordnung in Algier mit der 10. Fallschirmjäger-Division, die das 1 REP einschloss, wieder herzustellen. Fallschirmjäger-Patrouillen in voller Kampfausrüstung wurden ein Teil des alltäglichen städtischen Lebens. Am 26. Januar töteten drei ALN-Bomben in der Innenstadt von Algier 20 Menschen und verstümmelten noch viele mehr. Dies galt als Warnung, den Anweisungen der FLN für einen Generalstreik in zwei Tagen Folge zu leisten. Indem sie Geschäfte mit Brecheisen öffneten, in Klassenzimmern saßen, um sicherzustellen, dass die Lehrer auch unterrichteten und Busfahrern mit Waffengewalt befahlen, sich entweder hinter das Steuer zu setzen, oder »zu einem Gespräch mitzukommen«, brachen die Fallschirmjäger den Streik nach drei Tagen.

Massu führte ein Programm *quadrillage intensif* ein: Er unterteilte die *casbah* in Planquadrate, über jede Person in jedem Planquadrat gab es Akten, und Familienvorstände sowie Vermieter wurden für die Taten der Personen in ihren Haushalten verantwortlich gemacht. Die Akten wurden benutzt, jeden arbeitslosen Maurer durch *interrogations poussées* zu überprüfen – mit anderen Worten durch Folter – bis einer von ihnen zugab, dass er die geheime Bombenfabrik gebaut hatte. So wurde sie gefunden und am 19. Februar zerstört.

Weil sie französische Leben rettete, nannte Armeekaplan Delarue vom 1 REP die Folter in Algerien ein so notwendiges Übel, wie die alliierten Terrorbombardements im Zweiten Weltkrieg.[10] Am anderen Ende der moralischen Skala behauptet General Paul Aussarès, eine undurchsichtige Gestalt in dem universell gefürchteten Action Service, ihm sei zu Beginn des Notstands von Francois Mitterand, der als Innenminister für Algerien verantwortlich war, explizit befohlen worden, jedes *legale und illegale* Mittel zu nutzen, um Informationen von Verdächtigen der ALN und FLN zu bekommen.[11]

In Kolonial-Vietnam war akzeptiert worden, dass Folter angewendet wurde, um Informationen von Gefangenen zu bekommen, aber Offiziere des Deuxième Bureau nahmen davon Abstand, indem sie behaupteten, dass sie in ihrer Abwesenheit von ihren Dolmetschern angewendet wurde. In Algerien wurde Folter normale Praxis. Da sie mit den Gräueltaten des FLN-Terrors konfrontiert wurden, protestierten auf französischer Seite nur wenige. Am 28. März 1957 trat General Jacques Pâris de Bollardière, Veteran von Narvik und während des gesamten Zweiten Weltkrieges sowie in Vietnam bei der 13 DBLE, zurück, um Folter nicht mehr bewilligen zu müssen. Er bekam 60 Tage Gefängnis, weil er Behauptungen über dieses Thema, die sein ehemaliger Untergebener Jean-Jacques Servan-Schreiber als Redakteur des *L'Express*[12] gemacht hatte, unterstützte. Im September des gleichen Jahres trat Paul Teitgen zurück, ein katholischer Widerstandsheld, der zum Generalsekretär der Polizei von Algier ernannt worden war, nachdem ihn der Anblick von Gefangenen schockierte, die offensichtlich »die gleiche Folter erfuhren, die ich in den Kellern der Gestapo bei Nancy erlitten hatte.«[13]

Es ist unmöglich festzustellen, welche Seite zuerst begann, ihre Gefangenen zu foltern, aber es wurde eine so »normale« Methode, Informationen zu erzwingen, dass die französische Armee einen Codex für Folter von Menschen herausgab. Es müsse »vernünftige Gründe« für einen Verdacht geben; aber was sind vernünftige Gründe, um einen anderen Menschen zu foltern? Oft wurden Menschen gefoltert, von denen bekannt war, dass sie persönlich unschuldig waren und keine Gewalttat begangen hatten. Und das nur, weil sie möglicherweise nützliche Informationen haben konnten, die man nur durch eine Angst aus ihnen herausquetschen konnte, die größer sein musste als die Angst davor, als Verräter durch *les fells* ermordet zu werden. Andere Vorschriften besagten, dass Kinder nicht gefoltert werden durften und dass bei jeder Sitzung ein Offizier anwesend sein musste, um die Folter zu stoppen, sobald die Verdächtigen zu reden anfingen.

Ob sie von einer besonderen Einheit oder nicht ausgeübt wurde, hing anscheinend von dem kommandierenden Offizier ab. Vernünftige Legionäre, die früh gelernt hatten, ihre Nasen nicht in die Angelegenheiten anderer Menschen zu stecken, fragten nicht, was mit den Gefangenen passierte, die zum Verhör an die Offiziere des Deuxième Bureau und ihre *harki* Dolmetscher übergeben wurden.[14] Die Praxis war so weit bekannt, dass der Journalist Henri Alleg im Januar 1958 ein Buch mit dem einfachen Titel *La Question* veröffentlichte, wobei jeder die Frage, auf die er hinwies, kannte. 60.000 Exemplare wurden verkauft, bevor das Buch auf Druck der Regierung aus dem Verkehr gezogen wurde.

Der neunzehnjährige Fallschirmjäger Pascal Chauvin nahm an so vielen Folterungen teil, dass er keine Ahnung mehr hatte, wie viele es waren. Die Methode war einfach. Nach einer *ratissage* wurde eine gemischte Gruppe von »Verdächtigten«, darunter Männer, die einfach nur das Pech hatten, zur falschen Zeit am falschen Ort zu sein, zur MT-Sektion hinter der Kaserne gebracht. Dort gab es einen großen Arbeitstisch aus Metall, der wegen der Nachmittagssonne so heiß war, dass er bei der Berührung die Hand verbrannte. Die »Verdächtigten« wurden komplett ausgezogen, in Handschellen gelegt und die Körper wurden auf das glühend heiße Metall geworfen. Ein Moment der Erleichterung kam von dem kalten Wasser, mit dem sie abgespritzt wurde – um den elektrischen Kontakt zu verbessern, wie Chauvin erklärte. Dann wurden die Elektroden mit Krokodilklemmen an der feuchten Haut des Skrotums und Lippen befestigt und der Fallschirmjäger, der die Aufgabe hatte, den *gégène* Feldgenerator zu betreiben, nahm ihn in Betrieb. Wenn der Strom floss, lösten sich die Schließmuskeln und noch mehr Wasser wurde über die sich windenden Körper gespritzt, bis jemand es nicht mehr ertragen konnte.

Als er vom Autor dreißig Jahre später gefragt wurde: »Was haben Sie gefühlt, als Sie das taten?« zuckte Chauvin nicht mit der Wimper. »*Fallait qu'ils parlent*«, zuckte er mit den Schultern. Wir mussten sie zwingen zu reden.[15]

Jean-Marie Le Pen verbrachte 1957 als Oberleutnant der Reserve einige Monate mit dem 1 REP in Algier. Als ihm von der *Libération* im Oktober 1984 vorgeworfen wurde, dass er Terror-Verdächtigte gefoltert habe, wurde er in der Berufung freigesprochen; das Gericht akzeptierte, dass er niemanden persönlich gefoltert hatte. Dies entsprach der Behauptung eines jungen Offiziers aus Massus Stab, dass Elektroschocks und die Wasser-»Behandlung« nicht von Offizieren verabreicht wurden, sondern in ihrer Anwesenheit von *harkis* und ehemaligen *fellouzes*, die selbst unter Folter zusammengebrochen waren und die Seiten gewechselt hatten.

Ob wahr oder nicht, die Opfer der Fallschirmjäger waren nicht nur Araber. Besondere Böswilligkeit wurde für *les porteurs de valises* reserviert, die linken europäischen Sympathisanten der FLN, die die freiwilligen Beiträge, das Erpressungs- und Schutzgeld, das von Aktivisten auf dem französischen Festland in bar gesammelt wurde, nahmen und es in ihrem persönlichen Gepäck nach Nordafrika brachten und dabei hofften, dass sie nicht durchsucht wurden. Einige transportierten in Algerien für die ALN auch Waffen und Sprengstoff und glaubten, sie könnten sich durch Ausreden ihren Weg durch Polizei und militärische Kordons bahnen. Als diese Männer und Frauen gefangen wurden, bedeuteten der Sadismus, die sexuellen Misshandlungen und Massenvergewaltigungen, die sie erlitten, dass ihnen nicht erlaubt werden konnte, sich frei zu bewegen und darüber zu reden. Wie Maurice Audin, ein kommunistischer Dozent an der Universität Algier, der am 11. Juni in seinem Haus von Fallschirmjägern des 1 RCP verhaftet wurde, verschwanden sie von der Erdoberfläche, ihre Leichen wurden nie gefunden.

Im April 1957 schnitt Oberbefehlshaber General Salan die Versorgungsrouten der ALN von den Ausbildungsbasen in Tunesien ab, indem er La Ligne Morice errichtete. Diese Barriere, die nach einem Verteidigungsminister benannt wurde, bestand aus Stacheldraht-Reihen mit 5.000 Volt und 12.000 Volt Strom entlang der Grenze, die von einem Gewirr aus Draht, Minenfeldern und Bodenüberwachungsradar ergänzt wurden, das mit einer Batterie ferngesteuerter Artillerie verbunden war. Die Sperre konnte theoretisch jede grenzüberschreitende Gruppe ausradieren, ohne das Leben eines einzigen Soldaten zu riskieren. Sie sicherte zwar nicht gegen Eindringlinge, aber jeder, der die Leitung durchschneiden wollte, riskierte es, von einem Stromschlag getötet zu werden und löste außerdem ein Signal an die schnellen Eingreiftruppen des 2 REP, Abteilungen des 3 REI und Panzer des 1 REC aus. Sie verfolgten die Verstärkungstruppen, die von den Ausbildungslagern jenseits der Grenze kamen und forderten Luftangriffe auf sie an, bevor sie weit kommen konnten.

Bei einer typischen Operation glaubte der britische Legionär James Worden, dass seine Kompanie vom 3. Bataillon des 3 REI die einzige Einheit sei, die eine Einheit von *fells* verfolgte. Ohne wie gewöhnlich eine klare Vorstellung davon zu haben, wo er war, sah er eine Gruppe Männer, anscheinend in den Tarn-Kampfanzügen der Legion, die in einem düsteren und felsigen Tal unter ihm lief. Einer von ihnen trug ein AA 52, ein leichtes Maschinengewehr, der Rest hatte Gewehre und Maschinenpistolen. Doch als die drei Männer mit dem Maschinengewehr von einem Feldwebel, der ihnen den Weg abgeschnitten hatte, niedergemäht wurden, begriff Worden, dass es der Feind war.

Andere Legionäre erschienen am Horizont und begannen, in das Tal einzudringen. Worden war so aufgeschreckt, dass er, als dreißig Fuß von ihm entfernt ein ALN-Offizier mit Sternen auf seinen Schulterklappen aus einem Busch auftauchte und seinen Karabiner in einer Geste der Kapitulation über seinen Kopf hielt, den Mann erschossen hätte, wenn sein Hauptmann den Lauf seiner Maschinenpistole nicht rechtzeitig nach unten gedrückt hätte.

Nachdem die Körper der toten *fells* aufgereiht worden waren, damit sie von Offizieren des Deuxième Bureau fotografiert werden konnten, bemerkte Worden, dass ihre Uniformen und Stiefel nagelneu waren. Er fand fabrikfrische Munition in ihren Beuteln, die Seife und Zahnpasta in ihrem Marschgepäck waren ungeöffnet, was bewies, dass ihre Einheit nicht weit gekommen war, bevor sie ausradiert wurde.[16]

Als er zu den Lkws zurückkam, erlitt er einen weiteren Schock, als er mehrere *tausend* Mann von regulären Regimentern fand, die als Sperrtruppen an der Operation beteiligt waren. Bis zum frühen Nachmittag war er zurück im Lager und aß sein Mittagessen, das von dem deutschen Koch siedend heiß gehalten wurde. Wie er sagt, hatte kein Legionär eine Ahnung, welche Rolle er in dem Krieg spielte, oder auch

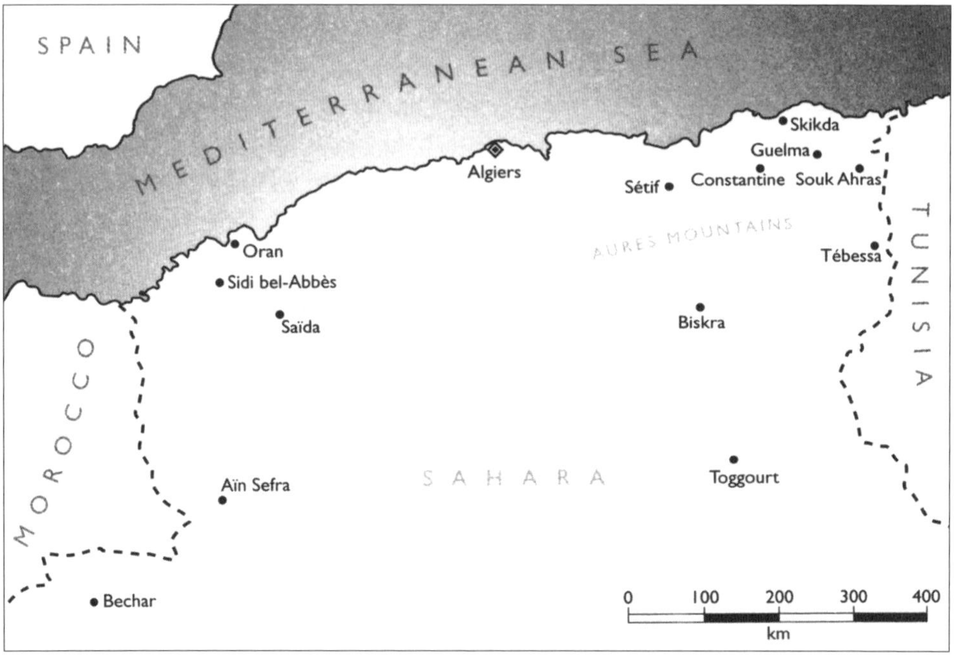

Der algerische Krieg, 1954–62

nur, wie effektiv das 3 REI war. Seine Welt war noch nicht einmal das 3. Bataillon, sondern auf seine 2. Kompanie begrenzt, außerhalb derer er nur eine Handvoll Legionäre in der 5. und 6. Kompanie kannte.

Ohne jegliche Emotion beschrieb er die normale Art und Weise, wie man Gefangene behandelte. Im gebirgigen Land, wo jeder Liter Wasser und jeder Löffel Kaffee auf dem Rücken getragen werden musste, war keiner bereit, seinen sorgfältig gehorteten Proviant zu teilen. Einmal wurde eine Gruppe gefangener *fells* vom Gruppenführer angewiesen zu verschwinden, während seine Männer eine wohlverdiente Kaffeepause genossen. Die Araber schauten verängstigt hinter sich, als sie schleppend weggingen, dann fingen sie nach zwanzig oder dreißig Schritten an zu laufen. Erst dann mähten die Legionäre sie mit automatischen Waffen nieder, wobei sie sich nicht einmal die Mühe machten aufzustehen. Der Bericht über den Vorfall behauptet, sie seien erschossen worden, weil sie zu fliehen versuchten.[17]

Angehörige der Legion wurden gelegentlich ähnlich behandelt. So geschehen, als ein junger Feldwebel nahe der tunesischen Grenze desertierte. Wäre er ohne sein Gewehr gegangen, hätte die Legion wahrscheinlich keine Zeit verschwendet, ihn zu suchen, aber um zu vermeiden, dass es benutzt wurde, um andere Legionäre zu töten, wurde er von seiner eigenen Gruppe zur Strecke gebracht. Dummerweise eröffnete er das Feuer auf sie, als sie sich seinem Versteck näherte, und er wurde erschossen. Sein Gepäck enthielt nicht nur Familienfotos, sondern auch Tafeln Schokolade und eine Ersatz-Wasserflasche, die zeigten, dass seine Desertation nicht das Ergebnis einer augenblicklichen Eingebung war. Die Männer verteilten die Schokolade, nur Worden lehnte seinen Anteil ab.[18]

Ein ernsterer Fall war der eines Legionärs, der von der 12 DBLE desertiert und sechs Monate mit den *fells* als Waffenausbilder verbracht hatte. Er wurde lebendig gefangen genommen und von einem Hauptmann, der als sein Verteidiger und Ankläger auftrat, vor ein Militärgericht gestellt. Der Prozess war in weniger als 30 Minuten vorbei, und das Urteil folgte sofort: Der Hauptmann befahl dem Deserteur, im Dreck zu knien, gab ihm zwei Minuten, seinen Frieden mit Gott zu machen, und feuerte eine Kugel aus seinem Revolver in den Hinterkopf des Mannes. Das einzige Zugeständnis war die Beerdigung des Leichnams; die Leichen toter *fells* wurden dort liegengelassen, wo sie starben, und diese Orte sind jetzt durch Mahnmale in ganz Algerien gekennzeichnet.[19]

Gelegentlich wurde eine weibliche *fell* auf den Schlachtfeldern gefangen. Aus naheliegenden Gründen nennt Worden den Hauptmann nicht, der beteiligt war, als eine ALN-Zahlmeisterin verwundet gefangen genommen wurde. Der Hauptmann befahl dem Kompaniesanitäter, ihre Wunde zu verbinden und ließ sie »zum Verhör« in sein Zelt kommen. Ganz auf sein eigenes Vergnügen bedacht übersah er, was mit den Banknoten in verschiedenen Währungen in ihrem Ranzen passierte, bis es zu spät war. Wordens Anteil war $ 2.000 und £ 800.[20] Sagt er ...

Wie im Osten des Landes, so auch im Westen. Im Jahr 1958 patrouillierten Halbkettenfahrzeuge vom 1 REI 260 Nächte hintereinander an den Minenfeldern und dem drei Meter hohen Drahtwirrwarr entlang der marokkanischen Grenze.

Krieg im Gebirge, Krieg in den Städten. In den engen Vierteln der *casbah* von Algier befanden sich die Fallschirmjäger der Legion in einer fremden Welt, in der jeder ein Feind war. Durch »Informationen, die auf die übliche Weise erhalten wurden«, fingen Legionäre vom 1 REP dort am 23. September 1957 den örtlichen ALN-Kommandanten Yacef Sa'adi und seinen Hauptbombenleger Zohra Drif. Nachdem Oberst Jeanpierre und der ungarische Feldwebel Major Tasnady von einer Handgranate, die von Sa'adi geworfen wurde, verwundet worden waren, stieg er halb erstickt von dem Rauch des brennenden Papiers hinter ihm aus dem Versteck. Die französisch ausgebildete FLN-Führung führte äußerst gewissenhaft Protokolle der Meetings und Mitgliederlisten und Kopien schriftlicher Befehle, die sehr nützlich für die Geheimdienstanalysten waren, als sie unversehrt gefunden wurden.

Am 8. Oktober wurde in einem anderen *casbah* Versteck ein berüchtigter ALN-Mörder mit dem Runyonschen Namen Ali la Pointe zur Strecke gebracht. Er wurde offensichtlich von Tasnady gefunden, der sich als arabische Frau verkleidet hatte. La Pointe weigerte sich, herauszukommen. Seine Waffenbrüder Larbi Ben M'Hidi und All Boumendjel waren von General Paul Aussarès »in den Selbstmord getrieben« worden, angeblich auf Befehl von Francois Mitterand, jetzt Justizminister.[21] Immer noch wegen seiner Handgranaten-Verwundung verbunden und überhaupt nicht bereit, das Leben seiner Männer zu riskieren, befahl Jeanpierre, die benachbarten Liegenschaften zu evakuieren, damit das Versteck gesprengt werden konnte. Oberleutnant Simonot, zwei deutsche Legionäre und Feldwebel Ray Palin aus Liverpool befestigten den Sprengstoff an der falschen Wand, hinter der La Pointe sich versteckte. Sie wussten nicht, dass sich der Plastiksprengstoff-Vorrat des Terroristen an der anderen Seite der Wand befand. Das fanden sie heraus, als der ganze Block zusammen mit ihnen in die Luft flog. Palin bewachte das Dach, als die Explosion geschah und stürzte drei Stockwerke hinunter, wobei er auf dem Weg nach unten ein Auge verlor, aber la Pointe verlor sein Leben, ebenso wie siebzehn Muslime in benachbarten Häusern.

Massu hat sich für die unbeteiligten Toten oder die Folter nie entschuldigt. Stattdessen rechtfertigte er die Handlungen seiner Männer. Er sagte, jeder Verdächtige wäre getötet worden, wenn sie konventionelle Mittel benutzt hätten, um die ALN zu bekämpfen. Dagegen seien die Opfer der Folter auch Jahrzehnte später immer noch am Leben. Die Zahl der getöteten oder gefangen genommenen Opfer des 1 REP in diesem schmutzigen, siebeneinhalb Jahre dauernden Krieg betrug etwa 2.000. Die Verluste des Regiments in dieser Zeit betrugen 123 Tote und 350 Verwundete. Angesichts einer Regimentsstärke von etwa 850–1.000 hervorragend ausgebildeter Soldaten beweisen die Verlustzahlen, dass sie nicht gegen unschuldige Zivilisten gekämpft hatten.

4

Trau Dich, es Verrat zu nennen

ALGERIEN, 1957–62

Jeanpierre, der immer von vorderster Front führte, erfand etwas, das er *le rouleau compresseur* nannte. Diese besondere Dampfwalze minimierte seine eigenen Verluste durch eine Ausbildung der »Bewegung durch Gruppen«. Benutzt wurden dazu die massive Konzentration der Artillerie, Feuer aus automatischen Waffen am Boden und der großzügige Gebrauch von Handgranaten. Nachdem sich das 1 REP am 21. Januar 1959 in der strategisch wichtigen Marktstadt Guelma in einer ALN-»No Go«-Zone nahe der tunesischen Grenze postiert hatte, führte drei Tage später der erste Lauf der Dampfwalze dazu, dass vor dem Frühstück 92 Grenzgänger getötet wurden. Tag für Tag rieben Jeanpierre, der in einer Alouette, seinem persönlichen Führungshubschrauber, umherkreiste, und seine Männer, die mit Shawnee H-21 Flying Bananas Hubschraubern zu Orten transportiert wurden, wo sie am wenigsten erwartet wurden, den Feind auf.

Er war ein moderner Kreuzritter, der den Druck auf sich oder seine Männer nie absinken ließ, und sein Ende war unvermeidbar. Bis zum Camerone-Tag 1958 war sein streng geführtes 1 REP Monate lang fast ohne Unterbrechung im Einsatz gewesen. Die ALN hatte möglicherweise den 1. Mai gewählt, um eine Großoffensive in der Hoffnung zu starten, dass alle Regimenter der Legion nach ihrer jährlichen Camerone-Feier einen Kater haben würden. Jeanpierre war zumindest einen Schritt voraus; er hatte seine Männer per Lkw und Hubschrauber über Nacht nach Souk Ahras gebracht, einen Tagesmarsch von der tunesischen Grenze entfernt, um das 9 RCP unter Oberst Buchoud zu verstärken. Buchoud wurde damit beauftragt, eine große Gruppe Grenzgänger, die sich in dem Netzwerk unterirdischer römischer Zisternen in der Nähe versteckte, zu umzingeln und auszuradieren. Ihre genauen Standorte kannten die Europäer nicht – einmal abgesehen davon, dass nicht allzu viele Europäer in dem Teil Algeriens übrig geblieben waren.

Einige Legionäre hatten trotzdem ziemlich viel getrunken, denn so, wie Pierre Sergent die Schlacht beschrieb, machten sich Jeanpierres Fallschirmjäger nicht die Mühe, in Deckung zu gehen, sondern torkelten in die Schlacht und sangen so laut sie konnten ihr Marschlied »Le Boudin«. Der Frohsinn endete mit Kugeln, Blut und Messern in einem Kampf Mann gegen Mann. Nur acht Gefangene wurden für Verhöre genommen, aber die Beute von sechs deutschen Maschinengewehren – das berühmte MG 42 aus den Zweite-Weltkrieg-Filmen – 37 Maschinenpistolen und 75 Gewehre ist ein guter Hinweis darauf, wie viele getötet wurden.

Wenn man in diesem Tempo lebte, muss ja etwas schief gehen. Am 19. Mai flog Jeanpierre – in seiner üblichen, aber damals revolutionären Art eine Schlacht zu führen – in seiner Alouette über einem Gefecht in gebirgigem Gelände. Am Boden entschied Hauptmann Ysquierdo, dass die beträchtlichen Streitkräfte der *fells*, die sich in Höhlen versteckt hatten, nicht vertrieben werden konnten, ohne Leben zu verschwenden. Nachdem die Artillerie das Innere der Höhlen nicht erreichen konnte, wollte er einen Luftangriff mit Napalm anfordern, um sie zu ersticken.

Jeanpierre wurde Opfer des »Wir schaffen das schon«-Syndroms. Er flog ein weiteres Mal extrem niedrig über die feindlichen Stellungen, wobei sein Urteilsvermögen durch seine Erschöpfung beeinträchtigt wurde. Eine ALN-Kugel durchschlug die Treibstoffzufuhr der Alouette. In der relativ kurzen Stille konnten die Legionäre am Boden die letzten Schüsse des Feuerstoßes hören, das den Schaden angerichtet hatte. Die Alouette verschwand aus dem Sichtfeld hinter einen Kamm, von wo der Lärm des Absturzes kam. Ysquierdo und Oberleutnant Simonot erreichten den Ort und fanden mehrere *fells*, die gerade dabei waren, das Wrack zu plündern. Sie vertrieben sie und fanden ihren Oberst und seinen Piloten tot. Die Nachricht wurde dem Rest der Legion durch Ysquierdos knappe Funknachricht »*Soleil est mort.*« weitergeleitet. Es war fast poetisch: Die Sonne ist tot.

Die gewaltige Beteiligung von 30.000 Menschen an der Beerdigung am 31. Mai in Anwesenheit der Generäle Salan und Massu ehrte nicht nur den Mann in dem schlichten Sarg mit dem Obersten-Käppi mit goldener Borte, sondern auch die in den vier Monaten der Kämpfe um Guelma 111 getöteten und 272 verwundeten Legionäre.[1] Es gab zu viele Beerdigungen, aber der Krieg verlief gut und der Feind verlor weit mehr Männer und Versorgungsgüter, als er es sich leisten konnte.

Im Juli wurde das 1 REP nach Algier abkommandiert, wo Massu selbst zum Ehrengefreiten gemacht wurde und den vorschriftsmäßigen Viertel Liter *pinard* in sich hineinschüttete, bevor er den ganzen »Le Boudin« singen konnte. Salan wurde als Oberbefehlshaber für Algerien durch den liebenswürdigen und Pfeife rauchenden Luftwaffengeneral Maurice Challe ersetzt, der entschied, dass es an der Zeit sei, die ALN im Landesinnern aufzumischen, da 80.000 gut ausgebildete Männer sehr wirkungsvoll die Grenzen blockierten. Eine kompromisslose Offensive, bei der die Fallschirmjäger die Speerspitze bildeten, forderte 1.600 Tote und 460 Gefangene allein in der Region Saïda. Auf der anderen Seite der Medaille trug die Legion auch etwas zur SAS bei. Im Gegensatz zu den britischen Truppen, die durch dieses Akronym bekannt wurden, war die Sections Administratives Spécialisées eine Herzens- und Gemüts-Operation: sie schickte Lehrer, Sanitäter, Hebammen und andere Sozialarbeiter in entlegene Dörfer, die nicht einmal fließendes Wasser hatten. Manchmal misslang dies, zum Beispiel als die Arme von Kindern, die vergeblich geimpft worden waren, von einer ALN-Einheit abgeschnitten wurden. Der Preis war auch für das SAS-Personal hoch: 73 Offiziere, 33 Unteroffiziere, 42 Zivilisten und 612 algerische Wachen wurden während des Notstands getötet.[2]

Laslo Tasnady hatte die Lehren, die er mit der Legion aus dem Vietnam-Einsatz gezogen hatte, in Algerien wirkungsvoll angewendet. Die »Tunnelratten« wurden nicht von den Amerikanern in Vietnam erfunden. Tasnady benutzte einen arabischen Jungen mit dem Spitznamen Ouled, der mit einer Taschenlampe in jedes Loch stieg und »Niemand hier« rief, wenn er Zeichen von Leben fand. Sobald er raus war, blockierten Legionäre den Eingang, nachdem sie eine oder mehrere Chlorgas-Handgranaten hineingeworfen hatten. Hier galt die Genfer Konvention nicht.

Tasnady, ein Scharfschütze, der einmal ganz cool sechs laufende Ziele mit sechs Kugeln getroffen hatte, meldete sich am 14. Mai 1959 freiwillig, um sich kopfüber an einem Seil eine Klippe hinunterzulassen, weil dies die einzige Methode war, ein FLN-Höhlenversteck zu erreichen. In dieses warf er mit Schwung einen Korb Sprengstoff einschließlich einer scharfen Handgranate, die seinen Kameraden oben auf der Klippe maximal sieben Sekunden Zeit gab[3], um ihn vor der Explosion wieder hochzuziehen.

Tasnadys Heldentat war seine letzte. Minuten bevor sie in die Lkws stiegen, die darauf warteten, sie an dem Nachmittag zurück zum Stützpunkt zu bringen, hörten seine Männer einen einzigen Schuss. Eine selbstgemachte Kugel aus einem Schrotgewehr blieb in seinem Halswirbel stecken und der leise sprechende Ungar war tot. Seine Leiche wurde nach bel Abbès zurückgebracht und wurde neben zwei anderen ungarischen Stabsfeldwebeln vom 3 REI und 5 REI aufgebahrt, die in der gleichen Woche gestorben waren.

Alle Regimenter der Legion waren beteiligt. Ob Infanterie, Kavallerie, Fallschirmjäger, die Routine bei Operationen war für alle in etwa die gleiche: lange Tage das Gebirge hinauf- und hinunterkraxeln, wobei alle, einschließlich der Offiziere, schwere Tornister trugen, da man zu weit von einer Straße entfernt war und Kleidung und Schlafsäcke nicht per Lkw transportiert werden konnten.

Als ihm im August 1959 befohlen wurde, sein Kommando über das 1 REP abzugeben, schloss sich Oberst Dufour einem harten Kern von Deserteuren an. Sie planten, de Gaulle während seiner bevorstehenden *tournée des popotes* zu entführen oder zu ermorden. Der plante einen Kurzbesuch bei Offiziermessen in Algerien, um die Armee daran zu erinnern, dass sie existierte um seinen Willen durchzusetzen. Aus dem Mordplan wurde nichts, aber die Feindseligkeit gegenüber dem Präsidenten stieg, als das 1 REP bei Operationen in den Aurès erfuhr, dass die grünen und weißen ALN-Flaggen mit Stern und Halbmond, die sie im Gepäck von toten *fells* fanden, während eines allgemeinen Referendums über die politische Zukunft des Landes öffentlich nach Algier geflogen werden sollten. Das Regiment streikte und weigerte sich, seine Unterkünfte zu verlassen. Der Streik wurde mit dem einfachen aber taktlosen Hilfsmittel, alle höheren Offiziere zu anderen Regimentern abzukommandieren, gebrochen. Dafür desertierten viele.

Am 16. September 1959 redete de Gaulle offen über die Möglichkeit, Algerien die Unabhängigkeit zu geben. Etwa 7.000 ALN-Gefangene wurden entlassen und tauchten prompt wieder unter. Sie hatten keine Wahl, denn dies abzulehnen bedeutete die Hinrichtung durch ihre ehemaligen Kameraden. Viele Wähler in Frankreich hätten Algerien bei der ersten Gelegenheit wegegeben, wenn sie gefragt worden wären, darunter jeder Bauer, der mit den billigen arabischen Arbeitskräften seiner dortigen Mitbewerber nicht konkurrieren konnte. Die Gaullisten-Offiziere des 1 REP waren hingegen sicher, dass ihr Präsident die *pieds-noirs* nie im Stich lassen würde. Hatte er nicht viele Male den Slogan »*Algérie française*« verkündet?

Sie mussten noch lernen, dass de Gaulles Äußerungen wie die der Pythia in Delphi auf viele Weisen interpretiert werden konnten. Weil er einem deutschen Journalisten seine Meinung über die Amnestie sagte, wurde Massu nach Paris berufen und gefeuert. Die europäischen Einwohner von Algier rebellierten, um ihren Mann zu unterstützen, und verbarrikadierten die Stadt in einer Bürgerrevolte. De Gaulle befahl den Ordnungskräften, sie niederzuschlagen, mit dem Ergebnis, dass das 1 REP aus dem Feld geholt und ihm befohlen wurde, die Ordnung in der Hauptstadt wieder herzustellen.

Traditionell war die Armee bei den Siedlern in Nordafrika nicht hoch angesehen. Die Legion hatte alle Ankömmlinge akzeptiert, aber wenige *pieds-noirs* hatten gewollt, dass ihre Tochter einen Legionär heiratete. Aber die Zeiten änderten sich: Von den Siedlern, die gerade eben 14 übereifrige Gendarmen getötet hatten, als Retter begrüßt, verbrüderten sich die Legionäre und nahmen Blumen und Küsse von den hübschen Mädchen an. Unter dem Eindruck der offenkundigen Gutmütigkeit auf den Straßen gaben viele der Offiziere private allerletzte Versprechen, aus denen später die Organisation Armée Secrète geboren wurde.

Der äußerst gaullistische Kommandant des 2 REP, Oberst Darmuzai, war wütend, als das 1 REP am 1. Februar 1960 eine Gruppe von Männern, die an den Barrikaden in Algier verhaftet worden war, zum Lager des 2 REP bei Chefka eskortierte – nicht weil er gegen das Betreiben eines Arbeitslagers für Dissidenten war, sondern weil er glaubte, die Gefangenen könnten seine Offiziere und Männer mit Sympathien für die Partisanen »infizieren«, vor allem die wenigen, die mit heimischen Mädchen verheiratet waren. In der Tat wäre ihr einmonatiger Aufenthalt ohne Zwischenfall vergangen, hätte die Regierung ihr Wort nicht gebrochen, dass Aktivisten keine besondere Strafe bekommen würden. Zehn Tage nach ihrer Ankunft kam der neue Oberst vom 1 REP, Maurice Guiraud, per Hubschrauber an, um zwei von ihnen für einen Prozess abzutransportieren. Sogar die gaullistischeren Offiziere betrachteten dies als Verstoß gegen die Ehre.

Trotz der politischen Manöver im Hintergrund, die die Kehrtwende der Regierung vorbereiteten, ging der Krieg in den Gebirgen weiter, wobei seine Ziele so schwammig wurden wie die Hänge, auf denen die Legionäre den Rest jenes Winters rutschten, schlitterten und starben. Wie der Kaplan vom 1 REP auf einer Beerdigung vor zehn Särgen, von denen jeder ein Käppi trug, sagte: »Wir wissen nicht mehr, wofür wir sterben.«

Auf seiner zweiten *tournée des popotes* im März 1960, bei der de Gaulle offen über *Algérie algérienne* – Algerien für die Algerier – redete, wussten die zuhörenden Offiziere, dass die Unabhängigkeit einen Massenexodus der Siedler oder ein Blutbad mit einer Million europäischer Opfer bedeuten würde. Nur weil er seine Reiseroute ständig änderte, konnte der Präsident vier Mordversuchen innerhalb weniger Tage entkommen. Geheimdienstoffiziere vom SDECE hetzten inzwischen eine ALN-Fraktion gegen eine andere auf. Si Salah, der Kommandant von *willaya* IV, wurde mit zwei seiner Adjutanten von de Gaulle am 9. Juni im Elysée-Palast empfangen, aber die Gespräche führten zu nichts. Dennoch sorgte der SDECE dafür, dass das ALN-Oberkommando von ihnen erfuhr, was dazu führte, dass die Möchtegern-Zwischenhändler von ihren eigenen Kameraden in Algier »entsorgt« wurden.

Major Elie Denoix de St. Marc wurde zum stellvertretenden befehlshabenden Offizier des 1 REP ernannt, nachdem Guiraud krankgeschrieben worden war. Der Hauptgrund dafür war, dass er zu viele seiner Männer in einem Krieg sterben sah, der militärisch zwar so gut wie gewonnen war, aber für eine Regierung geführt wurde, die diese Errungenschaften aus politischen Gründen in eine Niederlage umwandelte. Aber die Militärmaschinerie lief trotzdem weiter. Der britische Legionär Simon Murray trat der Legion im Februar 1960 bei und schrieb glücklicherweise ein Tagebuch über seine täglichen Erfahrungen. Damals gab es wahrscheinlich nicht mehr als fünfzig britische Legionäre, deren »Klub« die »Foot Bar« in bel-Abbès war – wobei »foot« Fußball bedeutete. Dort tranken mehrere von ihnen regelmäßig und nutzten das schwarze Brett, um mit Landsleuten, die anderswo stationiert waren, in Kontakt zu bleiben.

Nach der Fallschirmjägerausbildung wurde Murray im November zum 2 REP bei Skikda,[4] abkommandiert, etwas über 100 Kilometer von der tunesischen Grenze entfernt. Auf den ersten Blick sah das makellos gepflegte Lager am Strand mit seinen Blumenbeeten und Sportanlagen wie ein Ressort des Club Med aus, abgesehen von dem Stacheldraht ringsherum, aber dies war kein Ferienlager. Für ein anscheinendes Bagatelldelikt, oder einfach, weil er einen Unteroffizier auf dem falschen Fuß erwischt hatte, verbrachte ein Mann acht Tage in *taule*, während sein Lohn an die Kompanie ging. Und diese Tage zählten nicht als Dienst, so dass ein häufig Rückfälliger riskierte, dass sein Demobilisierungsdatum immer weiter hinausgeschoben wurde.

Die Köpfe rasiert und Tag und Nacht in den gleichen verschwitzten Drillichanzügen gekleidet, erhielten die Gefangenen für den geringsten Verstoß gegen die drakonischen Regeln im Lager-Gefängnis Liegestütze »mit Musik« mit In-die-Hände-klatschen vor dem Körper beim Kommando »Auf«. Prellungen im Gesicht, die jedes Mal entstanden, wenn es auf den Betonfußboden knallte, ließen das Gerücht aufkommen, dass die Disziplinar-Unteroffiziere die Gefangenen schlugen. Das schlimmste an der Strafe war nicht die physische Härte sondern die Unmöglichkeit, sauber zu bleiben. Sauberkeit wurde jedem Rekrut so sehr eingehämmert, dass eine Woche in den gleichen schmutzigen Kleidern, ohne sich waschen oder auch nur die Zähne putzen zu können, die stärkste Abschreckung war.

Es gab acht Kompanien im 2 REP: vier Kampfkompanien, eine für den Transport, eine Angriffskompanie, die *compagnie d'appui* mit ihren Mörsern sowie die Ausgemusterten und »Blaumacher« in der Lager-Kompanie am Stützpunkt. Als Murray in die 3. Kompanie im Aurès-Gebirge eintrat, war er überrascht, dass die Huren des Kompanie-Bordells unter den Zeltleinwänden es für die gleichen Tarife wie ihre Schwestern am Stützpunkt machten: 1 £ für eine schnelle Nummer oder 5 £ für die Nacht. Auf den Beerdigungen des 2. REP bemerkte Cabiro, dass die Madame des BMC und ihre Mädchen neben den Ehefrauen der Offiziere standen, wobei ihre Anwesenheit niemand störte.[5]

Mit einem ehemaligen SS-Stabsfeldwebel und zwei deutschen Feldwebeln war Murray am nächsten Tag auf Patrouille. Einer dreistündigen Lkw-Fahrt in das Gebirge der Djebel Chélia folgte ein Anstieg von 1.000 Metern für einen Einsatz mit der 1. Kompanie mit Sturzkampfbombern, Artillerie und Hubschraubern. Weihnachten verbrachte er mit der 13 DBLE bei Einsätzen hoch in der Djebel Chélia, die er als so düster und kalt wie Dartmoor im Winter beschrieb. Die deutschen Legionäre sangen »Stille Nacht« und alle betranken sich, um bei Minustemperaturen dem Wind zu trotzen.[6]

Das Neujahr sah ihn genau auf der anderen Seite des Landes, wo er an der Verteidigungsanlage entlang der marokkanischen Grenze patrouillierte. Im März 1961 waren alle vier Kampfkompanien zurück in den Aurès, gemeinsam mit der 13 DBLE und dem 3 REI, als in dem Plebiszit eine überwältigende Mehrheit de Gaulles Pläne für Algerien bestätigte. Dies veranlasste im Februar 1961 die Hardliner unter den Siedlern und Offizieren in Algerien, die Untergrundorganisation Armée Secrète zu bilden, gemeinsam mit Deserteuren aller Ränge aus der Legion, deren Zahl durch Kameraden angeschwollen war, die von regulären Regimentern in Frankreich desertiert und heimlich nach Nordafrika zurückgekehrt waren. Die wichtigsten Rückkehrer waren die Generäle Challe und Zeller, die am Abend des 20. April an Bord eines Flugzeugs der Luftwaffen von Frankreich nach Algerien geschmuggelt wurden.

St. Marcs Zögern, sich der wachsenden Bewegung gegen die Regierung anzuschließen, verschwand am nächsten Morgen, als er sie flankiert von all den desertierten Offizieren des 1 REP in einer Vorortvilla traf. Da er den Verdacht hegte, dass die Zivilisten von der OAS einen Aufstand als Tarnung für persönliche Abrechnungen benutzen würden, machte St. Marc zur Bedingung für seine Unterstützung ihres Coups, dass er unter militärischer Disziplin und nicht als Volksaufstand ausgeführt werden sollte. Man hat behauptet, dass das 1 REP und das 2 REP die »politischsten« Regimenter in Algerien wurden, weil sie nie nach Frankreich zurückrotiert waren wie die regelmäßigen Regimenter, aber der wahre Grund für ihre bedeutende Rolle in dem Putsch liegt in der uneingeschränkten Treue der meisten Legionäre ihren Kommandanten gegenüber. Juristisch könnte auch argumentiert werden, dass die nichtfranzösischen Legionäre nicht des Verrats schuldig waren, da Frankreich nicht ihr Heimatland war.

Wie auch immer die Feinheiten waren, gegen Mitternacht paradierte das 1 REP in dem Stützpunkt, den es für sich aus einem amerikanischen Lager des Zweiten Weltkrieges bei Zeralda an der Küste, 20 Kilometer westlich von Algier, geschaffen hatte, in voller Kampfausrüstung. Offen verbündet mit ihren Offizieren, die drei ganze Monate im Untergrund gewesen waren, verschwanden sie in einem Lkw-Konvoi, um das Zentrum von Algier fast ohne Blutvergießen zu besetzen. Es war der Ausbildung und Disziplin des 1 REP zu verdanken, dass das einzige Opfer ein übereifriger Infanterie-Feldwebel an der Funkstation war. Unter den Gefangenen, die de Gaulle treu blieben, waren Délégué-Général Morin, Polizeipräfekt Jannin und der Oberbefehlshaber General Gambiez. Der militärische Kommandant des Bezirks Algier, General Vézinet, wurde von Oberleutnant Godot vom 1 REP verhaftet, der mit einer Handvoll Männer und einem Bluff ins Hauptquartier eindrang und Vézinets Proteste ignorierte, dass das Protokoll ihm verbiete, seine Handfeuerwaffe einem Oberleutnant zu übergeben. Die Fallschirmjäger waren auf jeden Fall so höflich, dass der Minister für öffentliche Baumaßnahmen Robert Buron in seinem Zimmer im Palais d'Eté eingesperrt wurde, aber das Telefon benutzen durfte und sofort Paris darüber unterrichtete, was geschehen war.

Die Generäle Salan, Challe, Jouhaud und Zeller überzeugten General Gouraud, zwei seiner Kolonial-Fallschirmjäger-Regimenter auf die Seite der Putschisten zu stellen. Am nächsten Morgen waren Legionäre und Männer vom 14 RCP und 18 RCP die Idole jedes Europäers in Algier. Oran wechselte sofort auf ihre Seite, obwohl sich Constantine für de Gaulle ausgesprochen hatte. In Paris verurteilte er die Führer des Putsches im Fernsehen als Quartett pensionierter Generäle, für die die Angelegenheit eine Nummer zu groß sei. Obwohl der Rest der Legion nichts unternommen hatte, blickte er dem Alptraum jeder französischen Regierung seit 1831 ins Gesicht: Dass nämlich die gesamte Söldnerarmee von Louis-Philippe außer Kontrolle geraten war und ihren Offizieren in einer neuen Revolution blind folgen würde.

Auf dem Marinestützpunkt Mers el Kebir außerhalb von Oran war Admiral Querville gegen den Putsch; er stationierte einen Kreuzer vor der Küste, dessen schwere Geschütze auf das Lager Zeralda gerichtet wurden. Auf dem Luftstützpunkt Blida gleich außerhalb Algiers weigerten sich »andere Dienstgrade«, ihren Offizieren zu gehorchen und hissten die Rote Flagge. Zur gleichen Zeit ignorierte das Flugpersonal, das de Gaulle treu war, Appelle ihres ehemaligen Vorgesetzten General Challe und flog zwanzig Noratlas-Transportflugzeuge leer zum Festland, so dass sie nicht requiriert werden konnten. In Frankreich machten Kommandanten mehrerer Kampfflugzeug-Stützpunkte bekannt, dass sie die Fallschirmjäger abschießen würden, sollten sie versuchen, in den verbliebenen Flugzeugen in den französischen Luftraum zu fliegen.

Ein Indiz für die Konfusion unter den Offizieren und Männern der anderen Regimenter der Legion war der Bericht von Cabiro über die hitzigen Debatten am gleichen Tag in der Offiziersmesse des 2 REP im Lager Pehau. Als treuer Gaullist war Oberst

Darmuzai hundertprozentig davon überzeugt, dass der Präsident Algerien nach einem Krieg, der militärisch beinahe gewonnen war, tatsächlich niemals die Unabhängigkeit gewähren würde. Er konnte jedoch seine Untergebenen nicht beruhigen, die sich ihren Bruder-Offizieren vom 1 REP anschließen wollten, solange das Eisen noch heiß war.

Da die Frau von Cabiro gerade eben ihr zweites Kind geboren hatte, wurde ihm erlaubt, Mutter und Tochter aus dem Krankenhaus abzuholen und sie zu ihrer Unterkunft für Verheiratete zurückzubringen. Als er in die Messe zurückkehrte, herrschte Verwirrung, wobei die Mehrheit der anderen Offiziere dafür war, den Coup zu unterstützen. Seine Frau war erleichtert, als er zum Abendessen zurückkehrte, aber um 22.30 Uhr fuhr ein Jeep mit einer Einladung von seinen anderen Offizieren vor ihrer Wohnung vor: die Führung des Regiments zu übernehmen. Sie waren ohne Darmuzais Wissen unterwegs, um sich der Rebellion in Algier anzuschließen.

Cabiro erklärte sich bereit, dies zu tun, nachdem er seine Frau gebeten hatte, seinem Oberst am Morgen zu erzählen, was passiert war und ihm zu versichern, dass er das Regiment immer noch kommandieren dürfe, wenn er sich entscheiden sollte, sich ihnen in Algier anzuschließen. Cabiro strebte nicht danach, die Autorität an sich zu reißen und er war über die anderen Offiziere wütend, als er sie in Sétif einholte, weil sie ihn in diese Lage manövriert hatten. Er hatte nicht den Wunsch zu meutern, aber sie manövrierten im übertragenen Sinn ihre Unteroffiziere und Männer in große Gefahr, und sein Platz war bei ihnen, um die streitlustigeren Offiziere zu beruhigen. Er wurde wegen seiner Loyalität den Männern gegenüber, die er kommandierte, zum Meuterer.[7]

Zu diesem Zeitpunkt hatten normale Legionäre immer noch keine klare Vorstellung davon, was geschah. Sie gehorchten wie gewöhnlich Befehlen. Simon Murray erinnerte sich an die Fahrt des 2 REP am 23. April von Aurès nach Algier in Lkws mit Faltverdecken. Unterwegs jubelte ihnen eine Menge Europäer zu. Noch einmal genossen die Legionäre ihre Beliebtheit. In der Hauptstadt wurden sie von der ekstatischen Bevölkerung in den Straßen als Helden gefeiert, wobei Autohupen ausgelassen zum Rhythmus des Slogans »*Al-gé-rie fran-çaise*« ertönten. Murray und seine Kameraden hatten immer noch keine Ahnung, auf welcher Seite sie stehen sollten, weil ihre Unteroffiziere das Wesentliche in den Überlegungen der Offiziere nicht weitergegeben hatten.

Sein zögernd handelnder Oberst Cabiro ging auf der Suche nach Nachrichten von Büro zu Büro. Jeder begrüßte ihn mit offenen Armen. Alle betrachteten die Ankunft des 2 REP als eine Ankündigung einer umfassenden Unterstützung des Coups. Sie kam nicht. Von Sidi bel Abbès kam kein einziges Signal, das zeigte, was der Rest der Legion tun würde. Im Laufe des Tages wurde es offensichtlich, dass die Fallschirmjäger allein waren. Vergebens telefonierte Challe von seinem vorläufigen Hauptquartier in Algier. Er musste feststellen, dass sich alle Versprechen zur Unterstützung, die er von anderen Regimentern bekommen hatte, in der Stunde der Not auflösten.[8]

Am 24. April wurde dem 2 REP befohlen, den zivilen Flughafen Maison Blanche von gaullistischen Marinesoldaten, die ihn besetzten, zu übernehmen, jedoch ohne Gewalt anzuwenden! Murray erinnerte sich, dass Spitzhackengriffe ausgegeben wurden, mit denen die Marineinfanteristen nicht gerade sanft zusammengetrieben wurden, ohne dass ein einziger Schuss abgegeben wurde. Zu dem Zeitpunkt glaubten er und seine Mitlegionäre, sie seien auf dem Flughafen, weil sie in einer nationalen Revolution auf Paris abgeworfen werden sollten.[9]

Die Verwirrung in der französischen Hauptstadt war derart groß, dass Premierminister Michel Debré in Panik geriet und die Bevölkerung bat, »sobald die Sirenen heulen, zu Fuß oder mit dem Auto«[10] zu den Flughäfen zu gelangen. Was sie dort tun sollten, außer sich hinzulegen und den Boden mit ihren Körpern zu bedecken, um zu verhindern, dass die Fallschirmjäger landen konnten, sagte er nicht. Bedeutender waren Befehle von de Gaulle, die Flughäfen mit gepanzerten Einheiten zu umzingeln. Der Präsident, der seine politische Karriere mit der berühmten Radiosendung von London am 18. Juni 1940 begonnen hatte, als er französische Männer und Frauen aufgefordert hatte, geschlossen gegen die deutschen Invasoren vorzugehen, benutzte nun wieder das Mikrophon, um jedem Bürger zu verbieten, sich mit den Meuterern einzulassen.

Am Dienstag, den 25. April, war alles vorbei. Challe kündigte an, dass er sich de Gaulle ergeben würde. Da er wegen der Konsequenzen für die Männer und die anderen rebellierenden Offiziere, die ihm gefolgt waren, entsetzt war, ging Hauptmann Sergent zur Funkstation und flehte das *gesamte* militärische Personal an, den Befehlen aus Paris zu trotzen und ihrer moralischen Verantwortung und dem Andenken aller Kameraden, die gestorben waren, gemäß zu leben. Niemand hörte zu.

Als Challe sich ergab, zogen Salan und andere Zivilkleidung an, um ein Leben im Geheimen zu führen. Major St. Marc wurde nach Zeralda zurückgebracht, um auf sein Schicksal zu warten. Seine Offiziere stiegen in einen Bus, der zum Gefängnis fuhr. Die Männer warfen ihre Baskenmützen und Käppis als Souvenirs in die Menge und fuhren unter Bewachung auf offenen Lkws weg, wobei sie mit ihren Waffen in die Luft feuerten und Edith Piafs Schlager *Non, je ne regrette rien* – Nein, ich bereue nichts – sangen.

Unter den Einheiten, die beauftragt wurden, diesen Schlamassel zu bereinigen, war das 3 REI. James Worden erinnerte sich, Teil der Einheit gewesen zu sein, die beauftragt wurde, das Bordell des 1 REP zu bewachen. Die erwarteten »Gefälligkeiten« gab es nicht – das war Geschäft und musste bezahlt werden –, aber die Mädchen bügelten die Uniformen der Männer und kochten als persönlichen Gefallen für diejenigen, die sie mochten.[11]

Bis dahin war das 2 REP in seinen Lkws zurück, die zum Lager Skikda fuhren. Cabiro und die anderen Offiziere wurden in das Büro von Darmuzai gerufen, aber ihr Oberst weigerte sich, mit ihnen zu reden. Stattdessen spielte er ihnen eine vorsichtig formulierte, aufgezeichnete Nachricht vor, belehrte sie über ihre Pflicht und forderte sie auf, einen vollständigen Bericht ihrer Handlungen abzugeben.

Nachdem die anderen gegangen waren, wandte er sich Cabiro zu und spuckte ihn an: »Sie werden erschossen! Hören Sie mich? Erschossen! Was hat Sie veranlasst, so etwas zu tun?«

Cabiro erwiderte, »Wenn Sie das nicht verstehen, hat es keinen Zweck, dass ich Ihnen das sage. Ich werde Ihnen einen Brief schreiben, bevor ich erschossen werde.«[12] Zu dem Zeitpunkt schien es fast gewiss, dass man ihn erschießen würde.

Der Camerone-Tag 1961 war ein trauriges Fest. Die Geschichte der Helden der Schlacht von Camarón wurde an jedem Stützpunkt und Lager der Legion vorgelesen, aber nicht mit den gewöhnlichen Feierlichkeiten. Oberst Guiraud vom 1 REP wurde von Verteidigungsminister Pierre Messmer – der selbst ein ehemaliger Hauptmann der Legion war – aus dem Genesungsurlaub zurückgerufen und musste mit ansehen, wie sein politischer Meister den Befehl gab, das Regiment für immer aufzulösen, zusammen mit den beiden anderen Fallschirmjäger-Regimentern, die direkt an der Meuterei beteiligt gewesen waren, dem 14 RCP und dem 18 RCP.

Am 3. Mai wurden Cabiro und vier andere Offiziere vom 2 REP in Skikda verhaftet und nach Paris geflogen. Dort fanden sie im Militärgefängnis von Fort de l'Est den Kern der Offiziere aller rebellischen Fallschirm-Regimenter eingesperrt vor. Als sie hörten und sahen, wie de Gaulle schließlich im Fernsehen ankündigte, dass Algerien bald seine Unabhängigkeit gewährt werden sollte, wurden sie wütend. Nicht wegen der Siedler, die ihre Heime und Existenzen verloren hatten, sondern weil die Offiziere weder sich selbst noch ihre Männer geschont hatten, die sie Tag für Tag, Monat für Monat sterben sahen, weil sie Befehlen eines Präsidenten gehorchten, der nun all das Leiden und die Toten sinnlos gemacht hatte.

Cabiro, der am folgenden Tag in das Santé-Gefängnis gebracht wurde und erwartete, dass er nach seinem Prozess erschossen werden würde, bat um eine Schreibmaschine und ein Handbuch für Maschineschreiben zum Selbststudium, so dass er eine vollständige Erklärung seiner Handlungen für seine Kinder hinterlassen konnte. Seine Verteidigung wurde von dem renommierten Rechtsanwalt Maître Bondoux kostenlos übernommen, einem ehemaligen Kabinettschef von General de Lattre bei der 1. Armee. Das schwierigste für Cabiro waren die Besuche seiner Frau, seines sechsjährigen Sohnes und seiner Tochter im Babyalter. Die Mutter hatte dem Jungen erzählt, dass ihr Vater im Gefängnis war, um an einigen sehr geheimen Papieren zu arbeiten. Angesichts der fast sicheren Gewissheit über die Hinrichtung oder zumindest über eine lange Gefängnisstrafe wegen des »nicht autorisierten Missbrauchs des Kommandos« bat Cabiro sie, die Kinder nicht wieder mitzubringen.

Die erzwungene Inaktivität war hart für die Männer der Tat, die seit Jahren buchstäblich Tag und Nacht gearbeitet hatten. Das Hochgefühl der Rebellion wandelte sich rasch in Depressionen, vergiftet von der Bitterkeit über die Kameraden, die sich »krank gemeldet« hatten, im Urlaub gewesen waren oder ihre Versprechen zur Unterstützung gebrochen hatten, und dann ihre Ärsche in welcher Weise auch immer gerettet hatten. Aber die Disziplin der Offiziere im Gefängnis war so tadellos, dass sie von dem Gefängnispersonal gut behandelt wurden. Sie durften ihre Mahlzeiten zusammen einnehmen und durften einmal ausnahmsweise nicht in Handschellen zu Verhören mit den Untersuchungsrichtern durch Paris reisen.

Als sie am Abend nach ihren Prozessen ins Gefängnis zurückgebracht wurden, klopften Challe und Zeller der Reihe nach an alle Zellentüren, um ihre Strafen von jeweils 16 Jahren zu verkünden. Die Botschaft war: »Wenn sie uns nicht erschießen, werden sie euch auch nicht erschießen.« Andere Strafen reichten von 15 Jahren bis zu fünf Jahren oder weniger. Als Cabiro dran war, stand er mit allen seinen Orden vor dem Hohen Gericht, vor den höchsten Richtern und Generälen des Landes, und starrte aus den Fenstern auf den umwerfenden Anblick der Sainte Chapelle. Er glaubte, seinen Ohren nicht zu trauen, als er das Urteil hörte: eine Bewährungsstrafe von einem Jahr.[13]

Wie zur Ironie, die wenig Lächeln hervorrief, wurden diejenigen, die im Mai 1968 immer noch im Gefängnis waren, dank einer Gesellschaftsschicht entlassen, für die das Militär traditionell wenig Respekt hatte – den linken Studenten unter dem »Roten Danny« Cohn-Bendit. Sie rissen Pflastersteine aus den Pariser Straßen und nutzen sie als Geschosse gegen das Tränengas und die Wasserschläuche der Überfallkommandos der CRS und brachten de Gaulle an den Rand der Vierten Revolution.

Als unmittelbare Folge des misslungenen Algier-Coups, bei dem die OAS 13 »beinahe geglückte« Mordversuche an de Gaulle initiierte, trug jeder Pariser Polizist bei der Verkehrskontrolle eine geladene Maschinenpistole. Touristen bekamen den Rat, sie nicht nach dem Weg zu fragen, um nicht unabsichtlich von den Offizieren angeschossen zu werden, die es nicht gewohnt waren, schwerere Waffen als ihre Dienstpistolen zu tragen. Auf welcher Seite die bewaffneten »*flics*« standen, wurde deutlich, als tausende Nordafrikaner und linke Sympathisanten am 17. Oktober auf die Pariser Straßen gingen. Mehrere hundert Demonstranten wurden von dem CRS und anderen Polizeieinheiten unter dem Präfekten Maurice Papon absichtlich in der Seine ertränkt oder getötet und dann von Brücken und der Uferböschung in den Fluss geworfen. Papon stand später vor Gericht, aber nicht wegen dieser Ereignisse, sondern weil er während des Zweiten Weltkrieges als Generalsekretär des Präfekten von Gironde Juden in den Tod geschickt hatte. In Algerien verübte die OAS Gräueltaten gegen Muslime, aber unter den Opfern waren auch einige miesmacherische Armeeoffiziere.

Für das 2 REP und den Rest der Legion ging der Krieg bis zum allerletzten Tag weiter. Murray erinnerte sich, dass er in jenen letzten Monaten ständig in Zelten lebte, da es dem Regiment verboten war, seine Kaserne in Skikda zu betreten, damit sie sie nicht in die Luft sprengen konnten, wie es die Männer vom 1 REP bei der Feldwebelmesse in Zeralda getan hatten. Im November 1961 befand er sich mit dem 2 REP *innerhalb* tunesischen Territoriums. Sie trieben die Grenzgänger in die Ausbildungslager zurück und töteten sie dort, wo sie früher außer in ein paar seltenen Fällen, die zu internationalen Nachwirkungen führten, sicher vor Verfolgung gewesen waren. Ein frostiges Weihnachten wurde unter Zeltplanen nahe Sétif verbracht. Die deutschen Legionäre bauten Krippen und dekorierten sie mit Pappmaché-Figuren von dem Kindchen, von Maria, Joseph und den Heiligen Drei Königen und sangen Weihnachtslieder, während Verdächtigte anderswo im gleichen Lager gefoltert wurden.[14] Murray bemerkte einen beträchtlichen Anstieg der Desertationsrate bis zum Februar, als immer mehr Offiziere, Unteroffiziere und Männer untertauchten, um die verlorene Sache der Siedler zu unterstützen. Ihre todbringenden militärischen Fähigkeiten wurden von der OAS begrüßt, die androhte, jeden Europäer zu töten, der das Land verließ, und Spione in Reisebüros hatte, um die Abtrünnigen zu schnappen. An einem Tag gab es in Algerien 300 *plasticages*, Bombenangriffe mit Plastiksprengstoff, einige wurden von der ALN verübt, andere von der OAS,[15] deren mörderischste Abteilung die Delta Force war. Diese wurde von Oberleutnant René Degueldre aus Belgien kommandiert, der aus der Legion desertiert war, nachdem er am Sarg von Jeanpierre einen Eid schwur, dass er lieber sterben würde, als der FLN Algerien zu überlassen.

Was auch immer ihre Motivation war, seine Gruppe von etwa 100 hauptsächlich deutschen Mitdeserteuren verübte im Februar 1962 über 300 schmutzige Morde. An einem Tag zielten sie auf Briefträger; am nächsten Tag wurden Reinmachefrauen getötet. Es war eine Kampagne puren Terrors, bei der sie ein Arsenal von Plastiksprengstoff, automatischen Waffen, Granatwerfern und Panzerabwehrgranaten einsetzten, die aus Armeelagern gestohlen worden waren. De Gaulles Antwort war, den Action Service von General Aussarès einzusetzen. Der schickte Teams ebenso rücksichtsloser Mörder, die als *barbouzes* bekannt waren, um sie zu vernichten. Das Ergebnis war ein geheimer Straßenkrieg wie in Chicago in den dreißiger Jahren, bei dem Männer, Frauen und Kinder aus vorbeifahrenden Autos mit Maschinengewehren getötet wurden, oder verstümmelt und durch mit Sprengfallen versehene Pakete, Folter und noch mehr Verrat getötet wurden.

Aus dem Trotz der europäischen Zivilisten wurde Verzweiflung. Pro-OAS-Graffiti an den Wänden wurden nur auf eins reduziert: *La valise ou le cercueil.* Ein Koffer oder ein Sarg war in der Tat die Wahl für die Europäer in Algerien – um genau zu sein, zwei Koffer. Eine Million Zivilisten wurde gezwungen, ins Exil zu gehen und ein Land zu verlassen, das über vier oder fünf Generationen ihre Heimat gewesen war. Dabei ließen sie alles zurück außer dem, was sie in zwei Koffern pro Erwachsenen tragen konnten. Sie reisten ab in Bitterkeit und Hass auf den Präsidenten und die Regierung, die ihre Versprechen gebrochen hatten. Händler zerstörten die Familiengeschäfte, die sie von ihren Großeltern geerbt hatten, und Bauern zündeten ihre Ernte und Häuser an, anstatt sie zu verlassen. Obwohl ihnen ein lächerlicher Ausgleich für ihre Heime und Geschäfte versprochen wurden, bekamen sie ihn nie.

Das Land, von dem sie dachten, es wäre ihres, zerstörte sich weiterhin, bis am 18. März 1962 nach siebeneinhalb Jahren Krieg eine Feuerpause mit Wirkung vom Mittag des folgenden Tages angekündigt wurde. Als die Legion aus ihrem Hauptquartier in Sidi bel Abbès marschierte, verließ sie eine Stadt von 102.000 Einwohnern, die von Architekten und Ingenieuren der Legion komplett angelegt und teilweise gebaut worden war. General Jacques Lefort, der neu bestellte Generalinspekteur der Legion, schloss die Ehrenhalle. Das bronzene Monument aux Morts war schon von Pionieren abgebaut und entfernt worden. Die Banner und Standarten wurden eingeholt und die schwarzen Banner von der Belagerung von Thuyen Quang wurden in Erfüllung des Eids feierlich verbrannt, den Hauptmann Borelli geleistet hatte, der sie

1885 von Vietnam zurückgebracht hatte. Die anderen wertvollen Relikte – die Asche des amerikanischen Legionärs William Moll; die hölzerne Hand von Hauptmann Danjou, Held der Schlacht von Camarón in Mexiko; drei Särge mit den Überresten des Vaters der Legion General Rollet, des Prinzen Aage und des Unbekannten Legionärs – wurden alle mit einem Sonderflug nach Aubagne, dem neuen Hauptquartier der Legion nahe Marseille, transportiert.

Die offizielle Statistik, die von dem Bureau d'Etudes et de Liaison erfasst wurde, beziffert 24.614 Armee- und Polizeitote während des Notstands, gegenüber 141.000 toten *fells*. Offiziell wurden während des Kriegs 3.663 europäische Zivilisten vermisst oder nachweislich getötet und 7.541 schwer verletzt.[16] Schätzungsweise 50.000 algerische Zivilisten wurden übrigens von der ALN aus angeblichen oder reellen politischen Gründen, darunter Kollaboration, ermordet.[17]

Bevor man die Methode beurteilt, mit der die französischen Kräfte einschließlich der Legion in dem Algerien-Krieg kämpften, lohnt es sich, darüber nachzudenken, dass die arabische Befreiungsbewegung sofort nach dem französischen Ausschluss in zwei Teile zerfiel, was für die Anhänger beider Seiten blutige Folgen hatten. Ahmed Ben Bella, der erste Präsident Algeriens, wurde nicht nur von seinem Gegner Houari Boumoudienne verdrängt, sondern auch 15 Jahre lang von ihm eingesperrt. Er wurde 1980 nach dem Tod von Boumoudienne entlassen und lebte danach noch zehn Jahre im Exil in ständiger Angst um sein Leben. Von den anderen Kriegsführern lebten Hocine Aït Ahmed und Mouhammed Boudiat ebenfalls im Exil. Mohammed Khader wurde 1967 in Madrid ermordet und Krim Belkacem 1970 in einem Frankfurter Hotelzimmer erwürgt. Diese Männer und ihre Killer waren der Feind, den die Legion bekämpft hatte.[18]

Wie um das Gleichgewicht des Elends in Balance zu halten und gegen die Tragödie mit einer Million *pieds-noirs* Flüchtlinge zu setzen, die gezwungen worden waren, ihr Eigentum, ihre Heime und Geschäfte nach einem Jahrhundert oder mehr in Nordafrika zu verlassen, löste die französische Abkehr eine durch das ganze Land gehende Welle der Gewalt unter den Nachfahren der einheimischen Algerier aus, die von dem europäischen Zustrom enteignet waren worden. Abgesehen von einer kleinen Minderheit mit Universitätsbildung wie Ärzte, Anwälte, Lehrer und Apotheker wie der revolutionäre Führer Abbas, der nun Präsident der verfassungsgebenden Versammlung war, wurden die Algerier in ihrem eigenen Land zu Bürgern zweiter Klasse.

Fünf Generationen von Hass nährten die Gewalt, die in Nordafrika latent war. Zwischen 12.000 und 15.000 Menschen wurden Opfer der mörderischen Machtkämpfe zwischen mehreren bewaffneten politischen Splittergruppen.[19] Etwa 1.800 Europäer wurden ermordet und etwa 150.000 Algerier wegen Kollaboration von ihren Mitbürgern »hingerichtet«.[20] Bürgermeister, die nicht mehr getan hatten als sich für Straßen und Schulen und Medizin einzusetzen, wurden an vier Traktoren gehängt und vor ihren Familien Glied für Glied auseinander gerissen; Polizisten wurde der Bauch aufgeschlitzt, in die Kniescheibe geschossen, sie wurden geblendet oder ihnen wurden Gliedmaßen amputiert.

Das schlimmste Schicksal erlitten 25.000 *harkis*, die in den algerischen Regimentern oder als Dolmetscher bei der Legion und anderen französischen Truppen im Kampf gegen die ALN gedient hatten. Ob des Folterns von Verdächtigen oder der Vergewaltigung von Frauen und Mädchen, die in ungeschützten *mechtas* lebten, schuldig oder nicht, starben viele, indem sie an ihren Penissen und Hoden erstickten, die ihnen in ihre Münder gestopft wurden. Drei Jahre später zählte das Rote Kreuz 13.500 andere *harkis*, die immer noch in algerischen Gefängnissen schmachteten.

Im Jahr 1964 führten Algerien und Marokko Krieg, wobei jeder behauptete, der andere sei schuld,[21] aber das französische Volk atmete enorm auf, dass ihr Algerien-Krieg vorbei war. Reservisten der regulären Armee, der Marine und Luftwaffe wurden demobilisiert, um die Scherben ihres zerbrochenen Lebens zusammenzukitten. Wehrpflichtige und Berufssoldaten wurden zu Einheiten in Frankreich mit zu wenig Leuten abkommandiert, wo, typischerweise, das 21. Marineregiment nur 700 Männer zählte. Die Frage, die Politiker in Autos, die von Chauffeuren entlang der *quais* der Seine zwischen ihren Ministerien und dem Elysée-Palast hin und her gefahren wurden, debattierten, war, was man mit der Legion tun solle.

De Gaulle war nicht dafür bekannt, gegenüber seinen Feinden Großzügigkeit zu zeigen. Wenn er schon das 1 REP und die anderen Fallschirmjäger-Regimenter, die gegen seine Autorität gemeutert hatten, auflöste, warum sollte er eine einzige Kompanie der größten Söldner-Armee der Welt am Leben halten, deren in Feldzügen abgehärteten Soldaten berühmt dafür waren, ihren Offizieren zur Hölle und zurück zu folgen? Nachdem es sein Imperium außer ein paar verbliebener tropischer Gebiete[22] verloren hatte, warum brauchte Frankreich weiter die Armee von Ausländern, die in seinen Kolonial-Kriegen weltweit 130 Jahre lang gekämpft hatte?

TEIL II

Ein Imperium aufgebaut auf Blut

5

Die Legion der Verlorenen

FRANKREICH, 1813–31

Rom hat die gesamte bekannte Welt dadurch erobert, dass es römisches Blut nicht vergoss, wenn es das Blut anderer vergießen konnte. Die ehrfurchtsgebietende Kriegsmaschine der Legion lief ebenso gut mit spanischem, deutschem, skythischem oder afrikanischem Blut. In der frühen Republik machte die gründliche und brutale Ausbildung aus 3.000 Mann eine zielstrebige Kampfmaschine, die marschierte, Lager aufbaute, kämpfte und hurte wie ein Mann. Zu Caesars Zeiten stieg die Zahl auf 4.800 Mann und erreichte unter Augustus bis zu 5.000 und mehr.

Die Wurzel des Wortes »Legion« ist die gleiche wie die von »Selektion«. Es impliziert, dass die Besten ausgewählt werden. Männer aus jedem Winkel des Imperiums auf der Höhe ihrer physischen Verfassung, von ihren Patrizier-Herren als analphabetische Wilde betrachtet, wurden in anderen Provinzen weit entfernt von dem Land, wo sie rekrutiert worden waren, eingesetzt. Dort kämpften sie für die Macht Roms gegen Menschen, mit denen sie keine Familien- oder Stammesbande – und keine gemeinsame Sprache – hatten.

Nachdem das Imperium den Höhepunkt seiner Expansion erreicht hatte, wurde die 5.000 6.000 Mann starke Infanterie der Augustus-Legion durch Kavallerieeinheiten ergänzt, die erforderlich waren, um die Angriffe berittener barbarischer Eindringlinge abzuwehren. Mit ihren Hilfstruppen, darunter Bogenschützen, Schleuderer und Speerwerfer, bekam die Legion ihre eigene Artillerie, bestehend aus bis zu zehn mobilen Katapulten und 60 *ballistae*, was sie zu einer wahrhaft vollkommenen Armee machte. Der bloße Gedanke ihrer Ankunft schreckte nicht nur den Feind, sondern auch ihre eigenen entfernten Herrscher.

Die meisten im Ausland rekrutierten Legionäre kehrten nie nach Hause zurück. Obwohl den Glücklichen, die 35 Dienstjahre überlebten, die römische Staatsbürgerschaft und ein Stück Land gewährt wurde, das sie ihr eigen nennen konnten, wo auch immer im Imperium sie demobilisiert wurden, sahen wenige jemals Italien. Noch weniger von ihnen hatten eine Ahnung, aus welchem strategischen Grund sie abkommandiert wurden:

von Großbritannien nach Spanien, von Spanien zu den immer unruhigen *limes* (Grenzwällen) im weiten Norden des Imperiums, und von dort vielleicht nach Syrien oder Afrika.

In der ganzen bekannten Welt kämpften und starben sie für regelmäßige Mahlzeiten, kostenlose Kleidung und Unterbringung, medizinische Versorgung und eine mittelmäßige Bezahlung, einschließlich der täglichen Zuteilung Salz, die dem Wort »Salär« seine erste Silbe gab. Sogar ihre Beerdigung wurde vom Bestattungsverein der Legion bezahlt, was die Mahnmale der deutschen Legionäre an Hadrians Mauer, der Spanier an der Donau und der Skythen in Spanien bezeugen. Aus der Legion, in der sie dienten zu desertieren, bedeutete die Todesstrafe. Sie war ihr Land geworden, zu dem sie mit Leib und Seele gehörten. Sie kannten keine andere Treue als die zu ihren Unteroffizieren und Offizieren – weshalb Rom ihnen auf italienischem Boden misstraute. Nur zu den seltenen Gelegenheiten eines Triumphs durften Legionäre durch die Tore der Stadt treten, deren Reichtum dem Imperium, das sie aufgebaut und kontrolliert hatten, entsprang.

Nach dem Zusammenbruch des Römischen Reiches existierte in Europa bis zum frühen Mittelalter keine Infrastruktur der Zivilisation, die erforderlich war, um Söldnerarmeen zu organisieren und zu bezahlen. Dann gaben die Steuererhebungen der Monarchie und der Wandel vom feudalen Ritterdienst zur Scutage den Herrschern das Geld, wieder Berufskrieger anzuheuern, die bis zum Ende ihres Vertrags bleiben und nicht nach 40 Tagen feudalistischer Pflicht nach Hause gehen würden. Im frühen 12. Jahrhundert brachte König Stephan für seinen Bürgerkrieg gegen seine Cousine Kaiserin Matilda Söldner von Brabant nach England. Für seine Feldzüge sowohl nördlich und südlich des Ärmelkanals heuerte Stephans Nachfolger Heinrich II. Söldner aus Wales, Flandern und Navarra an. Sein kriegerischer Sohn Richard Löwenherz ging noch weiter, er heuerte spezialisierte Schleuderer von den Balearischen Inseln und Armbrustschützen aus Genua an.

Solange die Disziplin hart und die Bezahlung regelmäßig war, funktionierte das System, aber Richards Söldner aus Navarra rächten sich, indem sie seine Stadt Bordeaux auf ihrer Heimreise 1176 plünderten, als sie keinen Sold erhielten. Seine auf ähnliche Weise betrogenen Flamen plünderten, brandschatzten und vergewaltigten 1199 auf ihrem Heimweg über Nordfrankreich. Ein paar Jahre später während des Feldzugs seines Bruders John, der das Herzogtum Normandie an Philip August von Frankreich verlor, beraubten und vergewaltigten Johns Söldner unter ihrem Kriegsherren Louvrecaire genau diejenigen, für die sie anscheinend kämpften, und behandelten sie laut Chronistenberichten wie Feinde.[1] Bei Crécy im Jahr 1346 flohen genuesische Armbrustschützen vor der überlegenen Reichweite der englischen Langbögen und wurden anschließend zu den Sündenböcken für die französische Niederlage gemacht. Im gleichen Jahrhundert rächten sich die unbezahlten *almogavar* Söldner von Spanien an ihren byzantinischen Meistern und verwüsteten Thrace und Mazedonien zwei ganze Jahre lang.

Nachdem der Hundertjährige Krieg mit der Schlacht von Castillon 1453 endete, war ein großer Teil Westeuropas der Gnade von Männern ausgeliefert, die dem Meistbietenden die einzige Fähigkeit anboten, die sie hatten: als Soldat zu dienen. Im 15. Jahrhundert blieben die »freie Kompanien« französischer, schweizer, italienischer und deutscher Berufssöldner treu, solange der Sold reichte. Wenn sie nicht bezahlt wurden, desertierten sie am Vorabend der Schlacht oder, noch schlimmer, wechselten die Seiten und verrieten ihre ehemaligen Arbeitgeber. Sie lebten von dem, was das Land hergab und ergänzten ihre unregelmäßigen Einnahmen durch Plünderungen.

Erst im 17. Jahrhundert kehrte ein europäischer Militärführer zum römischen Vorbild einer Legion zurück. Im zweiten englisch-holländischen Krieg, nachdem New Amsterdam von den Engländern erobert und in New York umbenannt worden war, genoss Maurice von Nassau gegen regelmäßige Bezahlung den treuen und effizienten Dienst seiner Söldner. Das Soldatentum wurde wieder respektiert – wie sich an den Schweizer Söldnern zeigte, die von ihren eigenen Kantons-Regierungen an jeden verliehen wurden, der sie bezahlen konnte, und die sich einen guten Ruf erwarben, dass sie heute immer noch damit betraut sind, den Heiligen Stuhl und den Papst zu schützen.

Im Frankreich vor der Revolution rekrutierten die Monarchen des *ancien régime* ein Viertel ihrer Armee aus ausländischen Quellen. Unter den 102 Linien-Infanterieregimentern stammten elf aus der Schweiz. Sie dienten aufgrund langfristiger *capitulation* Verträge mit den Kantons-Regierungen; zwölf andere Regimenter bestanden ebenfalls aus Ausländern. Der Mut und die Treue dieser Einheiten zur Krone veranlassten die Verfassungsgebende Versammlung zur Zeit der Revolution, frühzeitig ausländische Einheiten in der »neuen« französischen Armee zu verbieten. Aber da revolutionäre Anarchie dem, was Soldaten als »gute Ordnung und Disziplin« bezeichnen, schadet, brach die teilweise aus Milizen bestehende französische Armee auseinander und floh gleich mehrmals, als Österreich am 20. April 1792 einmarschierte.

Als Paris im September bedroht wurde, rief die Regierung etwa 4.000 der vertrauenswürdigen Schweizer Söldner zurück, die nur einen Monat zuvor entlassen worden waren. Ihre Zahl wurde durch holländische und belgische Deserteure vergrößert. Sie wurden von dem Slogan »*Liberté, Egalité, Fraternité!*« angelockt, liefen zur französischen Seite über und wurden in der für alle offenen *Légion franche étrangère* und der *Légion germanique* für Deutschsprachige, eingesetzt.

Unter der Regierung des Direktorats 1795–1799 wurde die Rekrutierung von Ausländern fortgesetzt und durch ein neues *capitulation* Abkommen mit den Kantonen gefördert, was zu einem weiteren Zustrom von Schweizer Söldnern führte. Napoleon, der immer hungrig auf frisches Blut war, um die enormen Verluste zu ersetzen, die er mit seiner Armee von über einer halben Million Mann erlitten hatte, rekrutierte ausländische Regimenter aus Lüttig, Irland, Deutschland, Italien, Schweiz, sowie die polnische Vistula-Legion – sogar koptische und griechische Einheiten für den Einsatz bei seiner unglücklichen Ägypten-Expedition 1798–1801. Von 1802 an wurde seine *bataillons étrangers* zu *régiments étrangers* vergrößert, in denen Gefangene und Deserteure aus verschiedenen Ländern absichtlich vermischt wurden, um das Risiko einer Meuterei zu minimieren, sollte ihr kollektives Interesse darin liegen, wieder ihre Treue zu wechseln. Da er jedoch ihren allgemeinen Fähigkeiten misstraute, zog der Kaiser es vor, sie für Garnisons- und Verteidigungseinsätze zu nutzen, so dass französische Regimenter dann die wesentlicheren Rollen übernehmen konnten.

Nach der bourbonischen Restauration im Jahr 1814 setzte sich die Tradition fort, sich auf ausländische Soldaten zu verlassen, die an der französischen Politik unbeteiligt waren. Zum Teil auch, weil die enorme Verlustrate auf Napoleons Feldzügen die französische Geburtenrate zu einer Zeit gesenkt hatte, als die meisten anderen europäischen Nationen expandierten. Neben den überbezahlten Garderegimentern hielten sich der paranoide Bourbonen-König Louis XVIII. und sein Nachfolger Karl X. an der Macht, indem sie sechs Regimenter Schweizer Söldner sowie das Regiment von Hohenlohe einsetzten, das sich aus Ausländern aus vielen Ländern zusammensetzte. Da sie doppelt so viel wie die vergleichbaren Dienstgrade in der französischen Armee verdienten und weit bessere Dienstbedingungen genossen, waren die Schweizer so unbeliebt, dass die Spannungen zwischen ihnen und den 2. Grenadieren im November 1828 mit einem Krieg auf Regimentsebene bei Versailles explodierte.

Zwei Jahre später, nach mehreren Angriffen auf ihre Männer durch Zivilisten, die sich an den Schweizern rächen wollten, weil sie auf den Mob geschossen hatten, während sie Louis XVI. im August 1792 verteidigt hatten, mussten die Obersten der Söldnerregimenter von den provisorischen regionalen Kommandanten sicheres Geleit bekommen und ihre Truppen so schnell wie möglich aus dem Land schaffen. Die Szene war auf die Schaffung einer wahrhaften *Fremdenlegion* vorbereitet, die jedoch möglicherweise nie ins Leben gerufen worden wäre, hätte es nicht eine verwickelte Geschichte gegeben, die als *L'Affaire Bacri* bekannt wurde.

Im Jahr 1796 hatten zwei jüdische Kaufleute aus Algier namens Bacri und Busnach Getreide an das Direktorat geliefert, um das Verhungern des Volkes zu verhindern, weil die Bauern ihre Felder während der Revolution vernachlässigt hatten. Aus Dankbarkeit für das Getreide informierte eine Juniausgabe der *Le Moniteur* die Pariser, dass »Während das ganze Europa gegen ein freies Frankreich steht, Algier in Afrika loyal bleibt, die Republik anerkennt und ihr Freundschaft schwört.«[2]

Schöne Worte, aber Geschäft ist Geschäft. Bacri und sein Partner verkauften die französische Schuld anschließend unter Nennwert an Dey Omar, den türkischen Gouverneur von Algier. Napoleon, der Nordafrika in naher Zukunft zu erobern beabsichtigte, konnte keinen Sinn darin sehen, die Schuld zurückzuzahlen und ging sogar so weit, 1808 einen Pionier-Major namens Boutin zu schicken, um Algier für eine mögliche Invasion zu erkunden. Etwa um diese Zeit wurde Busnach bei einem antijüdischen Aufruhr getötet, der auch das Leben seines Beschützers, Dey Ahmed Khodja, kostete. Nach der Restauration der Bourbonen rechnete Louis XVIII. mit den Erben von Bacri und Busnach ab, aber ihre französischen Geldgeber beschlagnahmten das Geld wegen ihrer Schulden auf dem Kontinent, wobei die algerische Schuld nicht beglichen wurde.

14 der 30 Deys, die Algier zwischen 1710 und 1830 regierten, wurden ermordet. Daher war es keine Überraschung, als 1817 der aktuelle Dey bei einer Palastintrige

erwürgt und durch Ali Khodja ersetzt wurde, der den Spaniern als »Ali Loco« und den übrigen Europäern als »Verrückter Ali« bekannt wurde. Er starb im folgenden Jahr an der Pest und wurde durch Dey Hussein ersetzt – einen Mann, der für die lange Beziehung der Fremdenlegion zu Algerien indirekt verantwortlich war.

Am 29. April 1827, dem Vorabend des muslimischen Festes Id el-Seghir, besuchte Konsul Deval, der die französischen Interessen in Algier vertrat, Dey Hussein in seinem Palast, der die *casbah* überblickte, um den Gruß der französischen Regierung zu entbieten, wie es jedes Jahr Brauch war. Als er von Hussein an die ausstehende Schuld erinnert wurde, antwortete Deval unhöflich und wurde für seine Anmaßung durch einen Hieb von Husseins Fliegenklatsche belohnt. Dies wurde als eine Beleidigung Frankreichs interpretiert, und der Vorfall wurde dazu genutzt, eine Blockade des Hafens durch die französische Marine im Vorfeld einer Invasion zu rechtfertigen.

Angesichts seiner vielen Sorgen zu Hause zögerte Karl X. drei Jahre lang. So dauerte es bis zum 16. Mai 1830, bis sein Kriegsminister Graf Louis de Bourmont 36.450 Mann auf einer Flotte von 675 Schiffen am Hafen von Toulon einschiffte. Nachdem ein Sturm sie in den Hafen zurückgetrieben hatte, landeten sie schließlich am 14. Juni 1830 um 01.00 Uhr bei Sidi Ferruch, 15 Kilometer westlich von Algier. Fünfzig Minuten später feuerte die türkische Artillerie auf den Hügeln, von denen sie die Invasionsstrände überblickten, ihre erste Granate, die einen Matrosen an Bord der BRESLAW tötete, aber nicht verhindern konnte, dass die Franzosen einen Brückenkopf aufbauten, von dem in den folgenden vier Tagen Männer und Ausrüstung an Land gebracht wurden.

Hussein stand eine Armee aus 7.000 türkischen Janitscharen, 13.000 Mann von seinem Verbündeten, dem Bey von Constantine, 6.000 Mann aus Oran und 18.000 Kabylen zur Verfügung – alle in einem Lager in Staoueli, einer strategischen Stellung, die die Straße nach Algier blockierte. Da sie den Brückenkopf an dessen verwundbarster Stelle nicht angriff, weil sie die Kanonen der Kriegsschiffe fürchtete, wartete diese große, aber schlecht koordinierte Armee bis zum Abend des 18. Juni, bevor sie nach Sidi Ferruch marschierte. In diesem Gefecht und dem Gegenangriff auf das Lager Staoueli am nächsten Tag starben auf Seiten der Franzosen 57, weitere 473 wurden verwundet. Sobald der Transport seiner Versorgungsgüter und der Reserve-Munition ihn eingeholt hatte, ging Bourmont ins Inland und folgte dabei dem Plan, der von Napoleons Spion Boutin zweiundzwanzig Jahre zuvor vorbereitet worden war.

Für die Eroberung Algiers hatte er einen festen Termin, aber die Türken und ihre Verbündeten schlugen ihn in blutigem Nahkampf zurück und verkauften jeden Zentimeter so teuer wie möglich. Die blutigsten Gefechte vom 26.–28. Juni führte Bourmonts Truppe auf der Hochebene von El Biar. Das Fort, Bordj Taos genannt und mit 2.000 Janitscharen besetzt, wurde von den verzweifelten Verteidigern gesprengt. Das ermöglichte Bourmont, eine Depesche nach Paris zu schicken, in der er bestätigte, dass er die Stadt zum Jahrestag der Erstürmung der Bastille genommen hatte, obwohl das Kapitulationsdokument erst am folgenden Tag im Palast von Djenane er Raïs unterzeichnet wurde.

In Paris hatte Karl X. im März jenes Jahres bereits die lästige Abgeordnetenkammer aufgelöst. Nachdem er am 9. Juli die gute Nachricht aus Algier erhielt, überschätzte er die Begeisterung seiner Untertanen für die Besitztümer in Übersee. Die Zeitung *Le Globe* fasste das allgemeine Gefühl bezüglich der Invasion Algeriens folgendermaßen zusammen: »Die Motive sind sinnlos, der Zweck suspekt und das Resultat gelinde gesagt ungewiss.«[3]

Karl riskierte Kopf und Kragen, als er knapp zwei Wochen später vier repressive Verordnungen erließ, darunter die Unterdrückung der Pressefreiheit. Das war der Tropfen, der das Fass zum Überlaufen brachte. Die darauf folgende Revolution der drei »Glorreichen Tage« Ende Juli zwang ihn, ins Asyl nach England zu fliehen. Der liberale Herzog Louis-Philippe von Orleans wurde von dem Bürgertum als Ersatzmonarch gewählt, was auch das Totengeläut für die verhassten Wachregimenter bedeutete, die Karl X. an der Macht gehalten hatten. In den sechs Wochen zwischen dem 14. August und Ende September 1830 wurden die Schweizer ausbezahlt. Es blieb nur ein ausländisches Regiment übrig, das aus gemischten Nationalitäten bestand.

Das Regiment von Hohenlohe wurde nahe dem alten Hafen von Marseille im Fort St. Jean stationiert. Außer in der Kapelle Konzerte zu geben, um nachmittags die Stadtbewohner zu unterhalten, hatte sich das Regiment während der Juli-Revolution zurückgehalten. Im Gegenzug erklärte der Kommandant der Marseiller Nationalgarde sie zu eingebürgerten Franzosen, die die Ehre hatten, eine Regiments-Nummer auf ihren Tschakos zu tragen anstelle des »H« für Hohenlohe, das ihren ausländischen Status zeigte.

Die Regierung stimmte dem nicht zu und entschied am 12. Dezember, diese peinlichen Fremden zur französischen Garnison Morea nahe Patras zu entsenden, um die griechischen Unabhängigkeitskämpfer im westlichen Griechenland zu unterstützen. Weniger als einen Monat später änderte die Regierung ihre Meinung und befahl am 5. Januar 1831 die Auflösung des Regiments. Eine kurze Zeit lang beschäftigte Frankreich keine ausländischen Soldaten mehr.

Zur Zeit der Juli-Revolution konnte Paris von sich behaupten, buchstäblich die Stadt des Lichts zu sein, denn mehrere Straßen wurden von Gaslampen beleuchtet. Victor Hugo agitierte gegen die Todesstrafe, nachdem er eine öffentliche Hinrichtung mit der Guillotine, die fürchterlich schief ging, miterlebt hatte. Louis Braille hatte sein Blindenschriftsystem erfunden, das Blinden ermöglichte zu »lesen«. Ein landesweiter, täglicher Postdienst begann. Die Akademie der Wissenschaften spaltete sich in einer hitzigen Debatte über die Theorie des Ursprungs der Arten.

Ein Ausbruch der Cholera in Stains am Stadtrand von Paris forderte 15 Opfer, aber für diejenigen, die Geld hatten, bot die Hauptstadt viele Ablenkungen. Virginie Dejazet, eine Schauspielerin, die sich auf männliche Rollen spezialisiert hatte, spielte vor vollen Häusern Bonaparte. Rossini hatte gerade seine Oper *Wilhelm Tell* in der Peletier Hall produziert und Hector Berlioz besuchte die erste Aufführung seiner *Symphonie Fantastique*, nachdem er während der Juli-Revolution durch die Straßen marschiert war.

Aus allen Ecken und Kanten Europas strömten Deserteure und Dissidenten nach Frankreich, dessen postrevolutionäre Regierungen ein *pays d'accueil* gemacht hatten, indem sie die Auslieferungsverträge mit den Regierungen ihrer Heimatländer, die durch den Wiener Kongress festgelegt wurden, einseitig widerriefen. Da sie mittellos, obdachlos und arbeitslos waren, wirkten die Neuankömmlinge wie Zunder, der auf einen Funken wartete. Unruhen, zerberstendes Glas und brennende Gebäude waren gegen Ende der Regierungszeit von Karl X. alltägliche Szenen gewesen, und der Regierung von Louis-Philippe war nur allzu bewusst, dass die Gewalt wieder ausbrechen konnte.

Napoleons Veteran Marschall Soult wurde zum Kriegsminister ernannt, nachdem er seine Loyalität dem Kaiser gegenüber nach den hundert Tagen im selbstgewählten Exil abgebüßt hatte. Allgemein wird ihm die Idee zugeschrieben, die Fremdenlegion geschaffen zu haben – so gern auch die Engländer es vorzogen, arbeitslose und enteignete Schotten und Iren oder Kolonial-Truppen unter britischen Offizieren anzuheuern, um ihre imperialistischen Kriege zu kämpfen, anstatt ihre eigenen industriellen Arbeitskräfte zu verschwenden. Die Indische Armee rekrutierte seit 1765, und Großbritanniens berühmte Gurkha-Söldner kämpften seit 1817 für die Krone, als die Cuttack-Legion ins Leben gerufen wurde.

Soult war ein Soldat, der eine führende Rolle in dem größten militärischen Wagnis seit Rom gespielt hatte. Angesichts des Wachstums der politischen und militärischen Macht der deutschen Staaten war es aber offensichtlich, dass seine stark reduzierte Armee nicht hoffen konnte, zu seinen Lebzeiten die europäischen Grenzen Frankreichs wieder zu erweitern.

Darüber hinaus hatte die Armee unter Napoleon so viele französische Leben verloren, dass sie seit seinem Sturz verständlicherweise unpopulär war. Demgegenüber hielt die französische Marine, die eine vergleichsweise reine Weste hatte, den Schlüssel zur nächsten Phase der französischen Expansion in der Hand. Das Ministère de la Marine, die Admiralität, kontrollierte die Transportanlagen und verfügte über die Bewaffnung und das Know-how, bedeutende Seehäfen rund um die Welt zu bombardieren und zu erobern, und dann die Marinesoldaten seiner Marine-Regimenter an Land zu bringen, damit sie die eroberten Städte besetzen und so für Frankreich Kolonie um Kolonie gewinnen konnten.

Indem er unter dem Kriegsministerium ein Regiment *ausschließlich für den Einsatz im Ausland* schuf, das aus Ausländern mit Militär-Erfahrung bestehen sollte, gab Soult der Armee in dem einzigen Expansionsbereich, der immer noch für Frankreich offen war, neuen Auftrieb: Der Gewinn eines überseeischen Imperiums, welches das verlorene europäische Imperium Napoleons ersetzen sollte. Mit anderen Worten: Er spielte das alte Spiel der Rivalität zwischen den Waffengattungen und gleichzeitig befreite er die Städte Frankreichs von ihrem gefährlichen Abschaum. Um anti-militärische Gefühle zu umgehen, beschränkte er sich in der Öffentlichkeit darauf, davon zu sprechen, dass eine Ausländer-Legion eine gute Sache sei, um die Dissidenten mit militärischer Erfahrung, die in den Unruhen, in denen Karl X. abgesetzt wurde, so prominent gewesen waren, von den Straßen wegzubekommen und in Uniform zu stecken.

Am 9. März 1831 verabschiedete die Abgeordnetenkammer seinen Gesetzentwurf, und am folgenden Tag unterzeichnete Louis-Philippe die Verordnung, die eine Ausländer-Legion unter französischen Offizieren ins Leben rief. Alle Rekruten mussten zwischen 18 und 40 Jahre alt sein und nicht kleiner als 1,52 Meter. Wie bei den Linien-Infanterie-Regimentern sollte jedes Bataillon acht Kompanien mit je 112 Mann haben. Die Uniform sollte aus einem royalblauen Frack mit roter Paspelierung, einer purpurfarbenen Hose und einem schweren – und sehr heißen – schwarzen Tschako bestehen. Der eisengraue Soldatenmantel sollte aufgerollt in einer Drillich-Hülle oben auf dem Rucksack getragen werden.

Die Bedingung in dem Gesetzentwurf, dass das neue Korps nur außerhalb Frankreichs dienen sollte, ging zwischen dem Schreibtisch von Louis-Philippe und dem Entwurf der Verordnung irgendwie verloren, wurde aber wie gelesen von Anfang an mit aufgenommen – und blieb so, von Notfällen abgesehen, bis 1962 bestehen. Am 18. März 1831 verbot eine ergänzende Verordnung die Anwerbung von Franzosen und verheirateten Männern.

Damals umfasste der Dienst in Übersee die französischen Garnisonen in Griechenland, bei Ancona in Italien und auf den Inseln Guadeloupe und Martinique. Dank Dey Husseins unkluger Geste mit der Fliegenklatsche würde es auch den kleinen Krieg in Algier mit einbeziehen. Aber das erste Zuhause der Fremdenlegion lag in der Champagne bei Langres, in sicheren 300 Kilometern Entfernung von Paris. Dort wurden erwerbslose Ausländer, die schon in Frankreich lebten, und Männer, die ehrenhaft von dem Regiment Hohenlohe ausgemustert worden waren, von dem kommandierenden General der 18. Militärischen Division, in dessen Kompetenz Langres lag, abgelehnt. Er erklärte, die Legion würde nur Einwanderer akzeptieren.

Seine Entscheidung unterstreicht die Ansicht von Historikern, dass die Legion von Soult nur als Senkgrube für Dissidenten gedacht war, genauso wie ein Brief, der drei Jahre später an General Voirol, den Oberbefehlshaber von Algier, geschrieben wurde. Der hatte angedeutet, dass sich die mittelmäßige Leistung der Legionäre in seinem Kompetenzbereich verbessern würde, wenn die Dauer ihrer ersten Verpflichtung von drei auf fünf Jahre erhöht werden würde. Der ehrwürdige Marschall erwiderte knapp: »Da die Fremdenlegion zu dem einzigen Zweck etabliert wurde ... den Ausländern, die nach Frankreich strömen und *die Ärger verursachen könnten*, ein Ziel zu geben, brauchen wir ihren Vorschlag nicht zu berücksichtigen. Die Regierung hatte nicht den Wunsch, Rekruten für diese Legion zu suchen. Dieses Korps ist einfach ein Unglücks-Asyl.«[4] Der Marschall war entweder unaufrichtig oder einfach aufgrund der Leistung der Legion bis dato desillusioniert.

1831 erreichten die Arbeiterunruhen in Frankreich einen gefährlichen Höhepunkt. In Lyon wurden 600 Arbeiter getötet oder schwer verletzt, als ein Mob von 15.000 Menschen der Nationalgarde gegenüberstand. Die Region Ariège wurde von einer Revolution von Bauern und Schäfern heimgesucht. Sie verkleideten sich als Frauen, um ihre Identität zu verbergen, und nannten sich »Les Demoiselles«. Sie attackierten Wildhüter, die ihre Herden wegen illegaler Beweidung konfiszierten. In Paris zertrümmerten Schneider, die Angst vor Arbeitslosigkeit hatten, die neumodischen Nähmaschinen in einer Fabrik für Damenwäsche in der Rue de Sèvres. Sogar Arbeiter, die Arbeit hatten, lebten schlecht; den Bauarbeitern in der Hauptstadt wurden gerade genug bezahlt, um in Schlafsälen mit weniger Betten als Menschen und einem stinkenden Plumpsklo für sechzig Männer zu leben.

Aus allen Grenzstädten, besonders im Nordosten, kamen Warnungen nach Paris, dass die Flut ausländischer Unruhestifter nicht austrocknete sondern zunahm. Warum also wurde der Legion eine Kaserne in Langres zugeteilt, die nur 385 Männer unterbringen konnte, wenn beabsichtigt war, viele tausende potentiell lästige Flüchtlinge aufzusaugen?

Ende März 1831 befahl Soult, dass das Lager für vorwiegend Deutsch sprechende Deserteure, die Frankreich aus Richtung Nordosten betraten, in die heruntergekommene Textilstadt Bar le Duc in Lorraine verlegt werden sollte. Dabei ignorierte er die Proteste des Präfekten des *département*, der im Auftrag der Einheimischen handelte, die nicht wollten, dass ein Zustrom mittelloser Deserteure die wirtschaftlichen Schwierigkeiten in ihrer Stadt verschlimmern würde. Zwei andere Städte mit ähnlichen Problemen waren Auxerre in Burgund, das ein Lager für den Empfang italienischsprachiger Flüchtlinge erdulden musste, sowie Agen, das in der Mitte zwischen Bordeaux und Toulouse lag und der Stützpunkt wurde, zu dem spanische Flüchtlinge geführt wurden.

Bis zum Juli 1832, fünfzehn Monate nachdem es etabliert worden war, hatte das Lager Langres/Bar le Duc Depot insgesamt 1.164 Legionäre[5] angezogen, wie sie dann genannt wurden. Dies scheint kein bedeutender Beitrag zum Flüchtlingsproblem zu sein, aber es waren weit mehr, als in den Kasernen untergebracht werden konnten – was die Wahl des zweiten Zuhauses der Legion noch fraglicher macht. Weil die Mehrheit der Legionäre in Privathäusern in der ungeschützten Stadt einquartiert wurde, war es unmöglich, Disziplin durchzusetzen, und normale Garnisonpflichten waren schwierig zu organisieren. Auf jeden Fall hatten die meisten Männer weder Waffen, mit denen sie trainieren konnten, noch Uniformen, um sie zu reinigen und zu polieren.

1.100 ruhelose Männer mussten beschäftigt werden. Es war vorgesehen, dass die Offiziere und Unteroffiziere der Legion von der regulären Armee genommen würden, die selbst im Umbruch begriffen war. Denunziationen von Offizieren, die der Juli-Monarchie angeblich untreu waren, kamen gewöhnlich von Untergebenen, die deren Jobs wollten. Sie führten zu tausenden von Entlassungen, darunter die Obersten von 44 der 64 Infanterieregimenter und fünf der zwölf Dragoon-Regimenter.[6] Weiter unten auf der Rangordnung wurden im Zuge der revolutionären Demokratie Junior-Offiziere durch Unteroffiziere ersetzt, was wiederum zu einer Verknappung erfahrener Unteroffiziere führte.

Die Lösung der Regierung war der Rückruf der *demi-soldes*, der Offiziere Napoleons, die auf ihren Landsitzen mit halbem Lohn pensioniert worden waren. Wie viele politische Antworten auf militärische Fragen verursachte auch diese Maßnahme so viele Probleme, wie sie löste; die Rückkehr vieler höherer Offiziere nahm den Untergebenen jede Chance auf Beförderung. Darüber hinaus waren die *demi-soldes* nach ihren Jahren im Ruhestand auf ihren Landsitzen eher schlechte Vorgesetzte und hinsichtlich der Drills und Manöver nicht mehr auf dem Laufenden, die inzwischen als Taktik eingeführt waren.

Es war kein Wunder, dass der Dienst in der Mischmaschlegion von Flüchtlingen nur für die Offiziere und Unteroffiziere attraktiv war, die keine Familienbande hatten oder einfach anderswo nicht erwünscht waren. Ihr erster Kommandant, Baron Christophe Antoine Jacques Stoffel, beschwerte sich bald nach dem Umzug nach Bar le Duc: »Von den 26 Offizieren hier sind nur acht kompetent. Die anderen waren eine Zeit lang pensioniert, sind Ausländer oder Kavalleristen. Es ist zwingend erforderlich, dass wir gute *deutsch sprechende* Linienoffiziere bekommen.«[7]

Einer der 26 wurde von einem inspizierenden General als »der schlimmste Offizier in der Armee« abgestempelt. Oberst Stoffels Verwaltungsstab war entweder inkompetent oder korrupt oder beides. Er bereicherte sich am Verkauf von Versorgungsgütern, anstatt sie zu verteilen. Sogar Stoffels beschwerte sich, dass seine Kompanien von zwei Oberleutnants kommandiert wurden, die die Besoldung ihrer Männer stahlen und sie selbst ausgaben. In vielen Fällen verstanden ihre Unteroffiziere kein Französisch, sie konnten die Bücher nicht führen und hatten deshalb keine Ahnung, welche Güter an wen ausgegeben worden waren.

Die Regierung ignorierte den Widerstand des französischen Offizierskorps gegen die Beschäftigung ausländischer Offiziere und macht sich daran, Ausländer zu rekrutieren, die einen besseren Job als Stoffels ursprünglicher Stab machen sollten. Das war nicht einfach. Von den vielen spanischen Offizieren, die nach Frankreich geflohen waren, kamen nur sechs nach Bar le Duc, und sie alle traten innerhalb von Monaten zurück. In den ersten vier Jahren ihres Lebens sah die Legion 107 ausländische Offiziere kommen und gehen – meistens Schweizer, Deutsche und Polen. Der inspizierende General war vom armen Stoffel auch nicht sehr beeindruckt. Mit seinem Hintergrund als Schweizer Stabsoffizier wurde er als ohne militärische Erfahrung und Vertrautheit mit den französischen Armeevorschriften bewertet, obwohl zugegeben wurde, dass er unter seinen Männern beliebt und aufrichtig um ihr Wohlergehen besorgt war.

Stoffels zwei Bataillonskommandanten, Major Clavet Gaubert und Major Salomon de Musis, machten kein Hehl daraus, dass sie eine schlechte Meinung von ihm hatten. Obwohl ihre sarkastischen Bemerkungen von den Männern nicht verstanden wurden – wenige von ihnen konnten französisch – musste die Angewohnheit des Obersts, seine zusammengewürfelte Legion bei Paraden auf dem Exerzierplatz von seiner als Mann verkleideten Mätresse inspizieren zu lassen, ungewöhnlich erschienen sein. Sein General sah das auch so, und forderte ein Ende – was einen später kommandierenden Offizier der Legion nicht daran hinderte, sich einer ähnlichen Gewohnheit hinzugeben.

Es ist eine Binsenweisheit, dass alle Armeen von ihren Feldwebeln angetrieben werden. Der Mangel an erfahrenen Unteroffizieren in der Legion führte deshalb zu der

Entscheidung, die gebildeteren Deutsch sprechenden Flüchtlinge zu befördern, damit sie als Gefreite dienen konnten. Das war eine katastrophale Idee, denn akademische Intelligenz hat wenig zu tun mit der Ausübung von Autorität über mehrere hundert Männer aus unterschiedlichen Ländern und sozialen Milieus. Die gemeinen Soldaten beanstandeten das, was sie sahen, als Allüren der neuen Gefreiten. Deren schwache Autorität wurde von Männern, die in anderen Armeen selbst Unteroffiziere gewesen waren, unterminiert, während es die Mittelklasse-Sensibilitäten der Gefreiten schwierig machten, Schlafsäle mit Analphabeten zu teilen, die gewohnheitsmäßig jeden Bestandteil der Ausrüstung oder Kleidung – ob ihre eigenen oder von einem Kameraden gestohlen – verkauften, um davon Alkohol zu kaufen.

Die gebildeten Männer waren deshalb in zwei Kompanien abgesondert, wo sie sich sammelten. Sie lehnten neue »Beförderungen« in der Hoffung ab, dass ihre bessere Bildung dazu führen würde, dass sie kollektiv als die zwei Elitekompanien von Grenadieren und Scharmützlern nominiert würden, denen ein normales Linien-Bataillon zustand. Da es bis April des folgenden Jahres keine derartige Bestimmung in der Legion gab, mussten ihre vorzeitig hinzugefügten Grenadierszeichen auf ihren Tschakos ausdrücklich verboten werden.

Verhaftungen aufgrund von Schlägereien Betrunkener führten dazu, dass das örtliche Gefängnis bis zu 56 Legionäre pro Gemeindezelle unterbringen musste, wobei eine Kanne als einzige sanitäre Einrichtung diente. Die Gefängnisbehörden hatten keine Mittel, militärische Gefangene zu ernähren, aber der Proviant vom Legions-Kommissariat kam bestenfalls sporadisch, wobei die Quartiermeister der Schuldner oft nicht wussten, dass diese in den Zellen waren.

Bis Mitte Mai 1831 befand sich die Legion in einem Zustand von Meuterei, der so akut war, dass die zwei Bataillons-Kommandanten 100 Mann der Nationalgarde herbeirufen mussten, um die Polizisten, die beauftragt wurden, die Rädelsführer zu verhaften, zu schützen. Sogar dieser Versuch, normale militärische Disziplin einzuführen, geriet zur Farce, weil 20 der verhafteten Männer nicht vor das Kriegsgericht gestellt werden konnten. Da sie nicht formell eingeführt worden waren und keine Einberufungspapiere unterzeichnen mussten, waren sie offiziell Zivilisten und unterstanden deshalb nicht dem Militärgesetz.

Die Entscheidung im November, dieses Zerrbild einer Armee nach Nordafrika zu entsenden, hatte wenig mit ihrem militärischen Wert in dem Feldzug bei Algier zu tun. Stoffels Männer wurden dorthin geschickt, um dort zu sterben. Verständlicherweise sah er die massiven Desertationen beim Marsch nach Toulon zur Einschiffung am 25. November voraus. Die einzigen glücklichen Menschen in Bar le Duc waren die Einwohner, die beobachteten, wie Stoffels schlecht gekleidete, bunt gemischte Armee in Richtung des entfernten Mittelmeers wegtorkelte. In der Tat wurden während des 700 Kilometer langen Marsches wenige Männer vermisst – vielleicht weil sie schon herausgefunden hatten, dass das Leben als mittelloser Deserteur noch schlechter war als das in der Legion mit allen ihren Problemen. Oder vielleicht hatten sie einfach keine Ahnung von der Hölle, die sie südlich des Mittelmeers erwartete.

6

Die Vogelscheuchen-Soldaten

ALGERIEN, 1831–35

Die französische Marine verschwendete ihr einziges prestigeträchtiges Dampfschiff, den Raddampfer SPHYNX, nicht darauf, um mehrere hundert Männer, die sterben würden, über das Mittelmeer zu transportieren. Einen ersten Eindruck von ihrer neuen Heimat bekamen die Landratten von Legionären auf den hölzernen Truppentransportern, die mitten in den Dezemberstürmen entsetzlich stampften und rollten. Dieser Eindruck war nicht tröstlich.

Nach 120 Jahren türkischer Herrschaft war die *casbah* von El Djazai'r[1] – der Name wurde bald europäisiert als »Alger« im Französischen und »Algiers« im Englischen – eine mittelalterliche Stadt mit 15.000 Häusern, die innerhalb seiner imponierenden Mauern zusammengepfercht waren. Sie wurde von einem tiefen, trockenen Wassergraben geschützt. Außerhalb des Bab Azoun, des südlichen Tors, wo Stoffels Männer aufgestellt wurden, um die Einheimischen zu beeindrucken, zeigten Reihen von Haken auf den Mauern, wo bis vor kurzem die Köpfe hingerichteter Männer aufgespießt worden waren. Was die Beeindruckung der Eingeborenen betraf, bemerkte der Autor Camille Rousset, einer der wenigen anwesenden europäischen Zivilisten, »Um diesen Mob zu kleiden, der aus Männern jeden Alters zwischen 16 und 60 und älter bestand, haben wir anscheinend alle Möglichkeiten des Armee-Zubehörs ausgeschöpft und die ältesten Lumpen beschafft. Sie gaben einen bizarren Anblick, der Zirkuszuschauer entzückt hätte. Aber sie marschierten stolz mit aufrechten Köpfen, ihr Banner vor sich her tragend und mit ihren Trommeln den Rhythmus des berühmten Kriegsgesangs *La Parisienne* schlagend durch die engen Straßen der Stadt.«[2]

Das Banner, auf das sich Rousset bezieht, war ein wilder Hahn mit einer Kralle auf einem Globus, die »Frankreich« markierte[3], und sie marschierten in langsamem Tempo 88 Schritte pro Minute, wie sie es von ihren Unteroffizieren vom Regiment Hohenlohe gelernt hatten. Das machen sie auch heute noch so stur – was in einer Parade jeder Einheit hinter ihnen Probleme bereitet. Rousset, der offensichtlich kein Militär war, missverstand das populäre Liedchen, das die Legionäre sangen, als Marschlied, aber seine Bemerkungen zu ihrer Kleidung waren zutreffend: In völliger Missachtung der Verordnung hatten die Quartiermeister praktisch jede abgelegte Uniform, die die Armee loswerden wollte, ausgegeben, darunter 1789er Nationalgarde, Imperialgarde, Königliche Garde, Schweizer Garde, Infanterie, Kavallerie und Artillerie.

Es gab wenig, was europäischen Augen vertraut war in einer eingemauerten Stadt, die von dem Palast des ehemaligen Dey dominiert wurde und von dessen höchstem Turm die Trikolore-Flagge flatterte, die das fleur-de-lys-Banner von Karl X. nach der Julirevolution ersetzt hatte. Die Hauptverkehrsstraße, später als die Rue Bab Azoun bekannt, war gesäumt von Arkaden mit Geschäften und Ständen, von denen aus die Neuankömmlinge dank der Mischung des Blutes aus Jahrhunderten der Sklaverei von allen männlichen Gesichtern Afrikas nördlich des Äquators angestarrt wurden, während verschleierte Frauen von schwarzen Sklaven zu den Bädern und Märkten begleitet wurden. Es gab auch die *koulouglis* mit gemischtem türkischen und algerischen Blut.

Algier wurde von den Phöniziern gegründet, dann von den Karthagern und anschließend von den Römern erobert. Im fünften Jahrhundert war es von den Vandalen zerstört worden und wurde dann im zehnten Jahrhundert als Berber-Dynastie wiederbelebt, lange vor der Ankunft der Türken. Nun waren auch die Türken gegangen, hinausgejagt von diesen hellhäutigen Ausländern, die eines Tages auch gehen würden, so wie sie gekommen waren, in Blut und Feuer und Kummer.

Der Sklavenmarkt erinnerte daran, dass die Verteidigungsanlagen hauptsächlich von christlichen Sklaven der barbarischen Korsaren gebaut worden waren, die einen Zoll auf alle Fahrzeuge erhoben, die das südliche Mittelmeer durchquerten. Statt Bezahlung nahm sie die Schiffe als Prise, verkauften deren Ladungen, versklavten die Besatzungen, erpressten Lösegeld für die Passagiere und verkauften die weiblichen Gefangenen an die Harems in Nordafrika und dem Mittleren Osten. Diese traditionelle Kaperei war 1804 zu weit gegangen. Damals wurde die amerikanische Fregatte PHILADELPHIA als Prise genommen. Der Marineoffizier Stephen Decatur wurde entsandt, um am Korsaren-Hafen Tripolis Vergeltung zu üben und die PHILADELPHIA an ihrem Ankerplatz zu verbrennen. Als er seine Aufgabe erfüllt hatte und unter Beschuss mit nur einem verwundeten Mann entkam, erhielt er das Kapitäns-Patent und ein Ehrenschwert vom Kongress – ein Abenteuer, dessen in der Hymne des US Marine Corps, »Von den Hallen Montezumas an die Küsten von Tripolis« immer noch gedacht wird.

Erleichtert, wieder an Land zu sein, sahen die Legionäre die Narben des Kanonenfeuers von dem neuerlichen französischen Angriff an den Stadtmauern und innerhalb der Mauern am weißen Marmor der römischen Kolonnen mit den Ionischen Säulenköpfen der »Kaserne der Molketrinker«. Bauern lieferten den Städtern frische Milch und trieben Herden von Ziegen oder Eseln durch die Stadttore, um sie an den Türen der Kunden zu melken. Die abstinenten Janitscharen, die kürzlich die Kaserne verlassen hatten, hatten die Angewohnheit, von ihnen jeden Morgen eine zusätzliche inoffizielle Steuer in Form von Sachleistung zu erheben, um sich eine permanente kostenlose Milchversorgung zu sichern.

Alles in allem prahlte die Stadt mit sieben türkischen Kasernen, die 9.722 Janitscharen unterbringen konnten, aber die Legion konnte innerhalb der Stadtmauern überhaupt nicht beherbergt werden. Wie ein politisch unzuverlässiger Verbündeter wurde sie fünf Kilometer entfernt in einem der Paläste des Dey bei Moustafa stationiert. In dieser maurisch/türkischen Extravaganza von Marmorfußböden, Säulen und Fontänen und schönen Einrichtungen und Einbauten, aus denen die Möbel während der Invasion geplündert worden waren, gab es viel Platz für die Legionäre, wo sie ihre Hängematten aufhängen konnten.

Der Maghreb,[4] der nordafrikanische Küstenstrich, ist heute auf die Länder Marokko, Algerien, Tunesien und Libyen verteilt, war aber damals ein kartografisch nicht erfasstes Durcheinander von Stammesgebieten. Der Dey hatte die Kontrolle über Algier und ein paar Städte, aber die umliegenden Gebiete wurden von örtlichen Stammesfürsten beherrscht, deren traditionelle Unabhängigkeit den französischen Kolonisten mit Unterbrechungen für die nächsten 90 Jahre Probleme bereiten würde. Als sei es ein vereinigtes Land nach europäischem Modell schufen die neuen Herrscher von Algier 1839 den Namen »Algerien«, um geographisch und politisch jenen Teil des Küstenstriches, den sie zu kontrollieren versuchten, zu definieren. Die Einwohner wurden höflich »Araber« genannt, trotz der Tatsache, dass die Berber meistens im Atlasgebirge lebten und ihre eigene Sprache und Schrift hatten und eigene Bräuche, wie etwa die Tuareg der Sahara. In Oranais, dem westlichen Drittel der Region, das Französisch-Algerien werden würde, waren die Stämme lose unter einem religiösen Führer vereint, dem Heiligen oder *sidi* Mahdi ed-Din, Imam einer religiösen Schule nahe Mouaskar. Er beschloss, dass er zu alt sei, um militärisch gegen die Franzosen, die in Oran stationiert wurden, vorzugehen, und delegierte diese Aufgabe nicht an seinen ältesten Sohn, sondern an seinen zweiten Sohn, Abd el-Kader. Sowohl wegen seiner Frömmigkeit als auch wegen seines militärischen Könnens bereits renommiert, würde dieser charismatische 24-Jährige ein Dorn im Auge der einander folgenden französischen Generäle werden.

Das ganze Jahr 1832 hindurch beobachteten seine Spione, wie die Besatzungstruppen unter General Pierre Berthezène Algier, Oran und Bejaïa besetzten, und stellten fest, dass deren Qualität extrem unterschiedlich war. Ein halb-militärisches Miliz-Korps, das sich *les Volontaires de la Charte* nannte, aber auch als die Pariser Freiwilligen bekannt wurde, erhielt den Spitznamen »die französischen Beduinen«. Wegen Diebstahls, Mangel an Disziplin und Ausschweifungen überall verhasst, wurde es von Berthezène aufgelöst, wobei die weniger abstoßenden Mitglieder zu den Zouaven abkommandiert wurden. Die unverwechselbar gekleideten Zouaven, die ursprünglich als eingeborene leichte Infanterie gedacht waren, wurden eine europäische Truppe, behielten aber ihre türkisch scheinenden Uniformen. Andere Freiwillige wurden in das 67. Infanterie-Regiment geschickt: Das war die traditionelle militärische Methode, schlechte Einheiten aufzubrechen.

Das 1., 2. und 5. Bataillon der Legion blieben nahe Algier, als das 4. Bataillon nach Oran abkommandiert wurde und die Belgier des 6. Bataillons gen Osten nach Annaba gingen. Das 7. Bataillon wurde ebenfalls in Frankreich aufgestellt, und zwar aus polnischen Einwanderern. Aber als es schließlich in Algerien ankam, fehlten beim ersten Anwesenheitsappell 35 Mann. Zwei Tage später betrank sich eine ganze Kompanie und griff ihre Offiziere an, was dazu führte, dass zwei Rädelsführer vor das Kriegsgericht gestellt wurden.[5]

Der schön klingende Titel des leichten Kavalleriekorps, das als Chasseurs d'Afrique bekannt und im November 1831 kurz vor der Ankunft der Legion geschaffen wurde, verdeckte ein ähnliches Problem, das in seinen ersten drei Jahren zu zwei Meutereien führte. Die endeten mit Hinrichtungen der Rädelsführer und der unehrenhaften Entlassung der Offiziere, die als für verantwortlich gehalten wurden.

Die Unruhe unter den Soldaten spiegelte die Probleme in Frankreich selbst wider. In immer wiederkehrenden Zyklen von Streiks und blutiger Unterdrückung streikten sogar die Lumpensammler von Paris, um gegen die organisierte Müllabfuhr zu protestieren. Ein nationaler Zensus bezifferte die Bevölkerung auf 32.500.000 und ein neues Gesetz verlieh jedem das Wahlrecht, der die Steuer-Freigrenze von jährlich 200 Francs erreichte, was zu einer Verdoppelung der Wählerschaft führte. Das Brandmarken mit heißen Eisen, der Pranger und das Abschneiden der Hand bei Dieben wurden am 28. April abgeschafft, aber die zunehmende Freiheit der Bürger im Mutterland hatte im besetzten Algier wenig Wirkung. Die Bedingungen, unter denen europäische Soldaten dort dienten, waren scheußlich, angefangen beim schlechten Essen und den napoleonischen Uniformen mit hohen, schwarzen Tschakos, die für die Hitze des Maghreb-Sommers völlig ungeeignet waren. Krankheiten waren weit verbreitet, insbesondere Malaria und Ruhr, aber auch in Frankreich forderte die Cholera-Epidemie in einem Monat bis zu 13.000 Leben, wobei schwarzer Tee als das einzige Heilmittel empfohlen wurde.

In den modischen Salons an den Seineufern behandelte der Klatsch keine derart deprimierenden Themen, sondern die erstaunliche Enthüllung der Identität des Autors George Sand. Madame Aurore Dudevant war eine emanzipierte Frau, die sich gelegentlich als Mann verkleidete, ihren eigenen Mann verlassen hatte und ihren Liebhaber offen zur Schau stellte. Dessen Namen hatte sie sich ausgeliehen, um ihren ersten Zeitungsartikel im *Le Figaro* zu veröffentlichen. Ihr erster Roman *Indiana* handelte von ... einer frei denkenden Frau, die ihren Ehemann verließ, um die wahre Liebe zu finden.

Als Napoleons einziger Sohn, bekannt als der Junge Adler,[6] am 22. Juli außerhalb Wiens im Schloss Schönbrunn starb, hatte die Legion längst ihren vandalisierten Palast bei Moustafa verlassen. Die Organisation ihrer Bataillone gemäß »nationaler« Maßstäbe – was die meisten Männer im 6. holländisch-belgischen Bataillon nicht davon abhielt, deutsche Deserteure, die über die belgische Grenze nach Frankreich gekommen waren, zu sein – führte zu Kämpfen unter den Bataillonen. Die waren so gewalttätig, dass der kommandierende General in Algier, Herzog René Savory von Rovigo,[7] die Bataillone in kleine Abteilungen aufteilen musste, um zu vermeiden dass »eine Schlägerei Betrunkener einen Aufstand auslöst«.[8]

Außerhalb der unmittelbaren Umgebung der wenigen Städte, die von den Franzosen besetzt waren, gab es ständig Stammesfehden. Als Abgesandte des Scheichs von Biskra von Erbfeinden getötet wurden, während sie zu Verhandlungen zu ihm unterwegs waren, befahl Rovigo ein Massaker an allen Männern, Frauen und Kindern des dafür verantwortlichen Stammes. Die nachdenklicheren Legionäre, die an europäische Kriegsführung gewöhnt waren, in der solche absichtlichen Gräueltaten nicht mehr verübt wurden, müssen sich gefragt haben, in welche Hölle sie geschickt worden waren.

Nach einem Jahr in Nordafrika, als sie mit der Verleihung ihres ersten Regiments-Banners geehrt wurde, zählte die Legion 3.168 Männer. Der inspizierende General hielt am 1. Dezember 1832 die 94 Schweizer, die überwiegend aus den aufgelösten Bourbon-Garde-Regimentern kamen, für »pflichteifrig«; die 98 Belgier und Holländer für »gute Soldaten«, ebenso wie die 19 Dänen und Schweden und die 85 Polen. Die zehn Engländer waren ihm »wenig bekannt«; die 571 Italiener hielt er für »unnahbar und eifersüchtig«, und die 87 Franzosen waren seiner Meinung nach nur eingetreten, um eine schnellere Beförderung zu bekommen, als sie sie in einer regulären Armeeeinheit erwarten konnten. Die Wurzel des Problems der Legion, schlussfolgerte er, lag in der hohen Anzahl Deutsch sprechender Männer. Diese 2.196 Männer waren, in seinen Worten, »Deserteure oder politische Flüchtlinge, Medizinstudenten, Anwälte oder Notare *mit einer besorgniserregenden Vorstellungskraft*. Sie müssen ständig beobachtet werden.«[9]

Sie konnten vermutlich auch besser rechnen als der General. Aber worüber beschwerte er sich? Abgesehen von den Schweizern und einigen Polen hatten die meisten anderen das militärische Leben nicht *gewählt*. Aus politischen Gründen wagten sie nicht, in ihre Heimatländer zurückzukehren. Angesichts der Tatsache, dass Frankreich nicht genug Arbeit für sein eigenes Volk hatte, war die Legion die einzige Beschäftigungsmöglichkeit, die sie finden konnten.

Es war für Rovigo angenehm zu erklären, das Problem seien »ungefähr hundert schlechte Charaktere, Deserteure aus verschiedenen Armeen, die strenges Beobachten erforderten«.[10] Er glaubte, dass Führer, »die wussten, wie man Männer führt, bald einen Korpsgeist schaffen könnten«,[11] aber welche Offiziere und Unteroffiziere hätten aus derart ungeeignetem Material erstklassige Soldaten machen können?

Bei der Inspektion 1833 bemerkte General Voirol, dass das 6. Bataillon in Annaba reguläre Uniformen besaß, während die anderen immer noch keine hatten. Er geißelte die französischen Offiziere der Legion, weil sie »beleidigende und verächtliche Ausdrucke« benutzten, die »Widerstand und Insubordination« förderten. Regimentsstolz, sagte er, war nicht vorhanden, Betrunkenheit endemisch und die Fluktuation der Truppen zu groß, wobei niemand beabsichtigte, sich erneut zu verpflichten, sobald seine drei Jahre Dienstzeit vorbei waren.[12]

Viele militärische Einheiten mit schlechtem Ruf in Friedenszeiten reißen sich erst unter feindlichem Feuer zusammen. Die Legion konnte so nie Korpsgeist aufbauen, weil sie ständig in kleine Abteilungen aufgeteilt wurde, eingesperrt mit anderen Truppen in Blockhäusern aus Holz, die strategisch um Algier verstreut lagen und als einzige Aussicht die durch enge Schießscharten hatten. Wenn sie überhaupt etwas von Frankreich erfuhren, wurde von einem Land berichtet, das durch weit verbreitete Streiks gespalten wurde, die drohten, die wackelnde Regierung von Louis-Philippe zu stürzen. Die Versammlung war bei vielen Themen regelmäßig gespalten, unter anderem bei der Besetzung von Algier, während sich die französische Bevölkerung im allgemeinen gar nicht um dieses Zerrbild eines Imperiums kümmerte, das nichts zu ihrem Wohlergehen beitrug. Wäre es lohnend gewesen, Algier zu besitzen, schlussfolgerten sie, hätten es sich die Engländer angesichts ihrer anderen Interessen im Mittelmeer vermutlich als erste geschnappt.

Am 1. April 1832 übernahm Oberst Michel Combe das Kommando über dieses unglückliche Regiment. Weniger als eine Woche verging, bis er die Realitäten des Krieges in Afrika herausfand. Als der Stamm El Ouffia, in dessen Gebiet ein Maison Carrée genanntes Blockhaus gebaut worden war, erfuhr, dass viele Legionäre schon aus mindestens einer Armee desertiert waren, hieß er die Deserteure der Legion willkommen. Am 6. April 1832 benachrichtigte Feldwebel Muller vom 3. Bataillon Major de Musis, dass zwei Beduinen ihm und einem Kameraden Asyl angeboten hätten, vermutlich als Gegenleistung für ihre Waffen. Die drei Männer gaben vor, das Angebot anzunehmen, spielten aber eine doppeltes Spiel und führten eine große Gruppe zu dem Lager des Stammes. Als die Finte kurz vor dem Angriff entdeckt wurde, verloren sie beinahe ihre Leben. In dem folgenden Massaker tötete die Legion 68 Mitglieder des El Ouffia-Stammes. Zwei echte Deserteure, die in dem Lager gefunden wurden, starben ebenfalls. Die Beute, angeblich im Wert von 10.000 Francs, wurde gemäß Dienstgrad in der üblichen Art und Weise aufgeteilt.[13]

Am Tag nach dem Massaker wurde ein Racheangriff zurückgeschlagen. Am 3. Mai wurden 27 Legionäre und 25 Chasseurs d'Afrique, die von Major de Musis kommandiert wurden, nahe Maison Carrée in einen Hinterhalt gelockt. Gewehre bekam die Legion erst 1854. Die Vorderladermusketen, die sie 1832 benutzten, funktionierten bis zu einer maximalen Reichweite von 100 Meter einwandfrei. Sie waren nur dann effektiv, wenn sie für das disziplinierte Schießen von Salven von Männern benutzt wurden, die auf der Stelle stehen blieben. Dabei zielte und schoss eine Reihe auf den berittenen Feind, der mit Lanzen und Schildern aus Kamelleder bewaffnet war, während die andere wieder lud.

Dieses Gefecht begann schlecht; de Musis verließ seine Männer und ritt mit der Kavallerie weg, angeblich um Verstärkungstruppen zu holen. Unter dem Kommando eines jungen Schweizer Oberleutnants namens Cham feuerten die Legionäre eine einzige Salve und liefen dann zur Deckung in einen kleinen Wald, der etwas entfernt war. Dies war ein fataler Irrtum, der dazu führte, dass sie überholt und aus den Satteln gestoßen wurden. Die Überlebenden, die gefangen genommen wurden, wurden von ihren Fängern vor die Wahl gestellt, sich zum Islam zu bekehren oder getötet zu werden. Alle außer einem wurden getötet, wobei Cham die zweifelhafte Ehre zukommt, der erste Offizier der Legion zu sein, der im Gefecht starb. Der einzige Konvertit zum Islam, ein Sachse namens Wagner, befand sich zusammen mit fünf Deserteuren von der Legion als Sklave in dem feindlichen Lager. Deren Los war so verzweifelt, dass sie zu entkommen versuchten und dabei getötet wurden.

Es gelang Wagner, zwei Wochen nach seiner Gefangennahme nach Algier zurückzukehren, wo Rovigo Kapital aus der Geschichte schlug, dass die Araber Deserteure zwangen, Briefe an ihre Kameraden zu schreiben, in denen sie sagen, dass sie mit einem Pferd, Geld und Frauen belohnt werden würden, während in Wahrheit die meisten Deserteure, die nicht sofort getötet wurden, von den Beduinen als Sklaven benutzt wurden.[14] De Musis musste in einem Strafinfanterie-Bataillon dienen, wo er zwei Jahre später in einem arabischen Hinterhalt starb. Ironischerweise ereignete sich das Massaker von Maison Carrée nur sechs Wochen nachdem die National-Versammlung ein Gesetz verabschiedet hatte, nach dem Personen, die keine Franzosen waren, nicht in den Streitkräften dienen durften.

Am 9. November 1832 erhielt die Legion einen neuen Kommandeur, Oberstleutnant Joseph Bernelle. Zwei Tage später erschien Abd el Kader an der Spitze von 3.000 Reitern vor den Toren Orans. Legionäre des 4. Bataillons standen in dieser ergebnislosen Schlacht an den Hängen von Djebel Tafaraouini an der französischen linken Flanke. Im März 1833 nahm das 6. Bataillon an dem Vorstoß gegen die Stämme Ouled Yacub und Ouled Attia nahe Algier teil. Im Juni nahmen das 4. und das 5. Bataillon den Hafen Arzew ein, bevor sie die Küstenstadt Mostagenem zwischen Algier und Oran eroberten.

Ihre Verluste im Gefecht waren unbedeutend verglichen mit den Ausfällen wegen Krankheiten. Malaria und Cholera waren die Feinde, die sie mehr fürchteten als die Eingeborenen, und Dehydration durch die Ruhr war die Hauptursache bei Todesfällen. Es ist möglich, das die Legion mehr leiden musste als die regulären Armeeeinheiten, weil sie absichtlich an ungesunde Orte abkommandiert wurde wie die Strafbataillone oder Einheiten, die zur kollektiven Strafe nach Algerien entsendet wurden, wie das 66. Infanterie-Regiment, das sich geweigert hatte, während der November-Unruhen 1831 in Lyon auf streikende Arbeiter zu schießen. Von 40 Legionären, die 1834 nach Maison Carrée abkommandiert wurden, stand vier Wochen später keiner mehr auf seinen Füßen, geschweige denn, er war überhaupt kampffähig.

In den vier Jahren der ersten Abkommandierung der Legion nach Algerien starben etwa 3.200 Mann an Krankheiten oder wurden als ungeeignet für den weiteren Dienst entlassen: eine Verlustrate von einem Viertel. Die Einweisung in ein Krankenhaus war auch keine erstrebenswerte Option. Die Bedingungen im Lazarett waren derart schlecht, dass Galgenhumor es als den Ort bezeichnete, wohin die Legionäre zum Sterben gingen. Es gab keine Krankenpflege oder auch nur ordentliches Bettzeug; die Kranken wurden so schlecht ernährt, dass sie ihre Ausrüstung und Kleidung verkaufen mussten, um Lebensmittel zu kaufen. Jemand, der an der Ruhr litt, bekam eine zweimonatige Gefängnisstrafe, weil er seine Stiefel und Gamaschen verkauft hatte, um Medikamente zu kaufen, ohne die er gestorben wäre.

Die meiste Zeit über wurde die Legion als billige Arbeitskolonne beschäftigt. Die große Tradition des Straßenbaus, des Tunnelbaus und des allgemeinen Hoch- und Tiefbaus, die eine der stolzesten Aspekte ihrer Kolonial-Jahre ist, verdeckt die Tatsache, dass das Trockenlegen malariaverseuchter Sümpfe mit Spitzhacke und Schaufel noch gefährlicher war, als sich dem Feind zu stellen.

Als sie daran verzweifelten, ihre schwer zu fassenden nomadischen Feinde in eine Schlacht zu zwingen, versuchten es die Franzosen mit Diplomatie. Am 26. Februar 1834 gewann Baron Louis Alexis Desmichels, Gouverneur von Oran, Zeit im Kampf gegen Abd el Kader. Er erkannte ihn als den amir oder Kommandanten aller Stämme der Region Oranais an und erhielt als Gegenleistung die Anerkennung der französischen Souveränität durch Abd el Kader. Obwohl keine Seite die Absicht hatte, die Bedingungen des Abkommens einzuhalten, war dies zumindest ein subtilerer Ansatz als der von General Thomas Bugeaud in Paris. Der befahl dort am 14. April dem 35. Linien-Regiment, das Feuer auf eine Demonstration zu eröffnen, die von der Gesellschaft für Menschenrechte organisiert worden war und an deren Ende 20 unbewaffnete Bürger tot waren.

Bugeaud, der Napoleon während der Hundert Tage unterstützt hatte, erkaufte sich seinen Weg zurück in die Gunst von Louis-Philippe, indem er den unbeliebten Posten als Kommandant der Festung Vauban bei Blaye akzeptierte, während eine außergewöhnliche Frau, die Herzogin von Berry, dort eingesperrt war – wie ein Schild an ihrer Unterkunft noch heute bezeugt. Das Porträt ihres Gefängniswärters zeigt einen frisch rasierten Mann mit pockennarbigen Wangen und markanter Nase und Kinn.

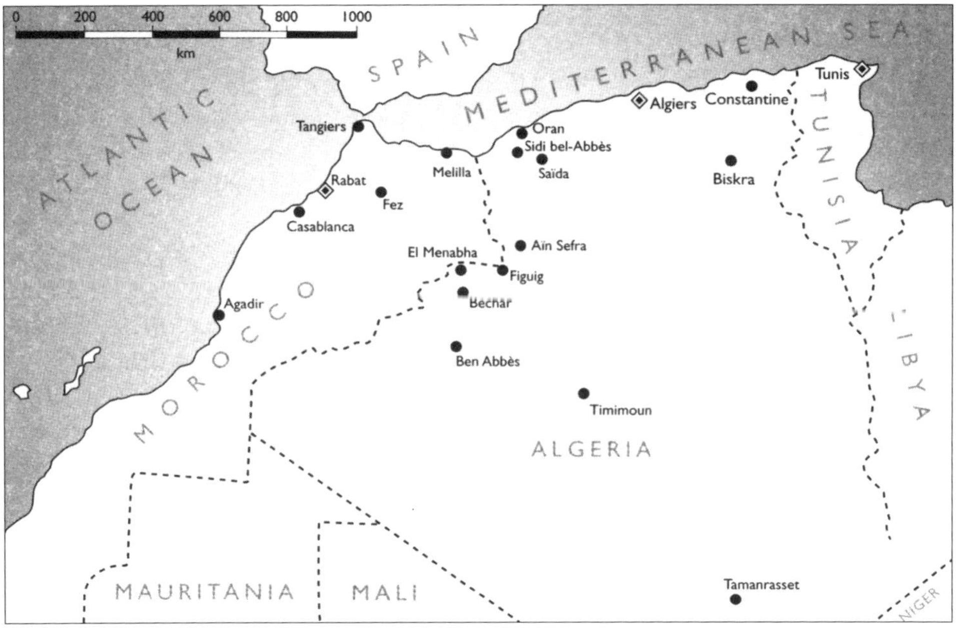

Die Maghreb/Französisches Nordafrika

Vorzeitig kahlköpfig mit einer von weißem Haar umrahmten Tonsur, die ihm unter den Soldaten den Spitznamen »Le Père Bugeaud« oder »Alter Bugeaud« einbrachte, trägt er einen Ausdruck lebensüberdrüssiger Desillusion zur Schau, der über seine Brutalität hinwegtäuschte. In Algerien ertönt immer noch jedes Mal die Warnung arabischer Mütter an ihre unartigen Söhne brav zu sein, »sonst wird dich der Bi-jo kriegen«.

Die Herzogin von Berry, Mutter eines Enkels von Karl X., der als Wunderkind bekannt war, weil er nach der Ermordung ihres Vaters im Jahr 1820 geboren wurde, betrat Frankreich zwölf Jahre später illegal als Waschfrau verkleidet, wobei sie hoffte, den Thron für ihren Sohn zu beanspruchen. Ihre kurze Rebellion in der Vendée endete nach ein paar Wochen mit ihrer Verhaftung in Nantes. Sie wurde bei Blaye eingesperrt, bis sie Bugeaud und seine politischen Meister in Paris damit überraschte, dass sie eine Tochter von einem obskuren italienischen Edelmann gebar, den sie geheiratet hatte, bevor sie nach Frankreich aufbrach. Der Skandal ließ Louis-Philippe ihre Ansprüche auf den Thron zugunsten des Wunderkinds als derart lächerlich erscheinen, dass Bugeaud befohlen wurde, sie zurück nach Palermo in Sizilien zu begleiten. Dort verabschiedete er sich und gab zu, dass er sich fühle, als seien 100 Pfund Gewicht von seinem Herzen gefallen, als er von dieser unehrenhaften Pflicht entbunden wurde.

Während einer Debatte im folgenden Jahr benutzte ein Parlamentarier unklugerweise in Bugeauds Gegenwart seinen Spitznamen »der Gefängniswärter«. Er forderte ihn sofort zum Duell und 24 Stunden später war der Beleidiger nach Bugeauds erstem Schuss mit einer Kugel im Gehirn tot. Der Gewinner jenes Duells wurde hingegen einer der beliebtesten Kommandanten der Legion!

In Algerien spielte Abd el Kader ein Geduldsspiel und nutzte den Vertrag mit Desmichels dazu, seine Autorität auch jenen Stämmen aufzuzwingen, die ihn nicht anerkennen wollten. Es war unvermeidbar, dass der Waffenstillstand gebrochen wurde, diesmal von den Franzosen. Am 26. Juni 1835 um 05.00 Uhr stellte General Camille Trézel, der hoffte, die schlimmste Zeit der Hochsommer-Hitze vermeiden zu können, seine Kolonne von drei Infanterie-Bataillonen und einem großen Versorgungskonvoi in einer groben Quadrat-Formation auf. Abgeschirmt von vier Geschwadern Chasseurs d'Afrique durchquerten sie ein Gebiet voller Unterholz, das Muley Ismaël hieß und nahe der Stadt Oran lag, 400 Kilometer westlich von Algier.

Ein römischer Legionär der 3. Legion von Augustus marschierte in Nordafrika etwa 30 Kilometer pro Tag. Trézel verlangte mindestens das gleiche von seinen Männern, trotz ihrer viel weniger geeigneten dicken, wollenen Uniformen und der Tornister, die über 35 Kilogramm wogen. Jeder Mann trug eine Muskete oder ein Gewehr und ein Bajonett, eine Spitzhacke oder eine Schaufel, 300 Schuss Munition[15] und Feuerholz für die Kochstelle, es sei denn, es war sichergestellt, dass beim Nachtlager Holz frei verfügbar war.

In diesem Gefecht führten Major Ludwig Joseph Conrads drei Kompanien des Polnischen 4. Bataillons der Legion. Conrad war klein, aber breit und trug im Gefecht eine rote Scheitelkappe statt eines Offiziers-Dreispitzes. Er war ein Freibeuter-Soldat, der, nachdem er die militärische Akademie von St. Cyr absolviert hatte, in 30 Jahren voller Tollkühnheit sowohl Auszeichnungen erhalten als auch mehrere Verwundungen erlitten hatte.

Die Italiener des 5. Bataillons und zwei der Kavallerie-Schwadrone standen an der linken Flanke. Während sie in einer engen Schlucht in die Falle tappten, gerieten die Männer des 4. Bataillons unter das Feuer von Arabern, die sich im Gestrüpp versteckt hatten. Als sie sich vorwärts bewegten, um in Linienformation anzugreifen, wurden sie zurückgeschlagen. Das 2. Chasseurs d'Afrique griff dann den versteckten Feind an, aber als Oberst Oudinot an ihrer Spitze erschossen wurde, blies sein in Panik geratender Hornist irrtümlich zum Rückzug. In dem folgenden Chaos ging das 5. Bataillon auf der linken Seite nach vorn. Zusammen mit einem Bataillon der vom Unglück verfolgten 66. Infanterie gelang es ihnen, die Araber von dem Tross wegzutreiben. Sieben Stunden lang tobten Scharmützel, bis es Trézel gelang, sich freizumachen. Zurück blieben 52 Tote und 180 Verwundete, die auf den unbeschädigten Waggons transportiert wurden, die entladen worden waren, um als Krankenwagen benutzt zu werden.

Am Tag nach dem Alptraum von Muley-Ismaël stellte er seine Truppen am Fluss Sig neu auf und versuchte erfolglos, sich mit Abd el Kader zu besprechen. Am Morgen des 28. Juni brach die französische Kolonne in die relative Sicherheit des Hafens Arzew nach Norden auf. Außerhalb der Reichweite der Musketen war eine beträchtliche Anzahl berittener Araber sichtbar, die den Vormarsch der Kolonne verfolgten und den richtigen Augenblick zum Angriff abwarteten. Um 14.00 Uhr, zur heißesten Zeit des Tages, bekamen sie die Gelegenheit, auf die sich jeder General gefreut hätte. Die französische Truppe wurde auf der linken Seite zwischen dem Rand des Waldes von Muley-Ismaël und auf der rechten Seite von den Macta-Sümpfen eingeschlossen. Beides gab den Angreifern Deckung, in der sie das trockene Schilf in Brand steckten, um Rauch und Verwirrung zu verursachen und die Pferde und Maulesel des Trosses zu erschrecken.

Den schutzlosen Polen des 5. Bataillon wurde befohlen, den Feind in Schach zu halten, sich aber nicht vom Rest der Kolonne zu trennen. Conrad jedoch gehorchte dem Befehl nicht und führte seine Männer ungestüm zum Angriff auf den versteckten Feind. Das war ein Fehler. An der Baumgrenze wurden seine Männer mit einem Feuerhagel zurückgetrieben. Das 66. Infanterie Regiment geriet auch in Panik und die linke Flanke der Kolonne wurde weit offengelassen. Conrad versuchte, die Lücke zu schließen und befahl den Italienern vom 4. Bataillon, sich mit ihm hinter einem Hügelchen zu vereinigen, das ihnen zeitweise etwas Deckung gab. Weil sie sich schutzlos fühlten, schnitten die Maultiertreiber die Stränge der Waggons durch und ließen die verwundeten Männer in der Hoffung, sich in Sicherheit zu bringen, im Stich. Sie machten die Verwirrung aber noch schlimmer, weil sie schnell im tiefen Schlamm stecken blieben.

Als er von der Nachhut zurück ritt, fand Trézel die Überbleibsel seiner Kolonne in Unordnung vor. Mit einem persönlich geführten Angriff der zwei Kavallerie-Schwadrone, die nicht geflohen waren, gelang es ihm, die Araber zu vertreiben, die die Verwundeten töteten. Danach setzte er seine kleine Artillerie-Gruppe und einen Teil der Infanterie der Legion sowie Männer des Strafbataillons d'Afrique ein, um ihn zu decken und den Rest der Kolonne zur Sicherheit nach Arzew zu führen. Der Preis dafür? Über 300 überlebten verwundet, 62 waren mit Bestimmtheit tot und 280 wurden im Gefecht vermisst, was fast sicher den Tot durch Verstümmelung und/oder Entmannung bedeutete.

Im nachhinein bekam Conrad die Hauptschuld. Innerhalb der Legion selbst gingen die gegenseitigen Schuldzuweisungen hin und her, wobei die Polen den Italienern Vorwürfe machten und umgekehrt. Um eine Wiederholung zu vermeiden und vielleicht auch, weil die unregelmäßige Ankunft von Rekruten es unmöglich machte, die Stärke national getrennter Bataillone aufrechtzuerhalten, machte der Kommandant der Legion Bernelle einen radikalen Schnitt und mischte die Nationalitäten absichtlich. In diesem Moment, so kann man sagen, wurde die Legion geboren, wie wir sie kennen.

Es war fast eine Fehlgeburt. Noch bevor die Nachricht des Debakels in den Macta-Sümpfen das algerische Abenteuer in Wartestellung setzte, debattierte die Regierung von Louis-Philippe in Paris, was mit diesem ungeratenen Kind der Juli-Revolution geschehen sollte.

7

Kein Sold, keine Kugeln, keine Gnade

SPANIEN, 1835–39

Nach dem Tod von König Fernando VII. tobte in Spanien der Bürgerkrieg zwischen seinem Bruder Don Carlos und der legitimen Erbin, Fernandos Tochter, der Infanta Isabella II., deren Mutter Königin Maria Cristina als Regentin fungierte. Laut dem Viermächtepakt, der am 28. August 1834 unterzeichnet worden war, hatten Frankreich, Großbritannien und Portugal Interventions-Truppen versprochen, um Isabellas liberale Regierung zu unterstützen. Danach war Frankreichs erste Handlung gewesen, 439 spanische Legionäre vom 4. Legions-Bataillon von Algerien nach Spanien zu schicken.

In Paris war Adolphe Thiers, ein ehrgeiziger Journalist, der während der Juli-Revolution in die Politik gegangen war, Innenminister und sollte bald Premierminister werden. Begierig, Frankreich nach den Demütigungen von 1812 in Moskau und 1815 bei Waterloo wieder als internationale Macht zu etablieren, war er entschlossen, mit den portugiesischen und britischen Interventions-Truppen südlich der Pyrenäen gleichzuziehen. Als er vorschlug, *französische* Truppen einzusetzen, warnte Nicolas Soult aus seiner persönlichen Erfahrung in dem Kommando über Napoleons Armee im Spanischen Unabhängigkeitskrieg 1808–13 umsichtig davor, dass Spanien ein Land sei, in dem kleine Armeen geschlagen wurden und große Armeen verhungerten. Der Kern seiner Argumentation war, dass es besser sei, sich herauszuhalten. Als aber Thiers mit Rücktritt drohte, wenn er sich nicht durchsetzen würde, entschied sich Louis-Philippe, ihn auf einer Sitzung des Ministerrats am 6. Juni 1835 zu unterstützen.

Um die Peinlichkeit zu vermeiden, dass französische Truppen möglicherweise in Spanien geschlagen werden könnten oder Verstärkung bräuchten, entschied sich Soult, den Rest der Legion aus Algerien zu holen, so dass Frankreich unterstützungswillig erschien, ohne dass französische Staatsbürger beteiligt waren. Um sicher zu gehen, dass die Geste auch dem überstrapazierten französischen Schatzamt kein Geld kosten würde, wurde vereinbart, dass Isabellas Regierung in Madrid für die Versorgung und Bezahlung der Legion verantwortlich sein sollte, sobald die sich auf spanischem Boden befinden würde. Ein entsprechendes Abkommen wurde in Paris unterzeichnet und am 29. Juni hörte die Legion auf, ein Teil der französischen Streitkräfte zu sein.

Die Nachricht der Übertragung der Legion an die spanische Krone machte ihre Offiziere wütend: Sie wären bereit gewesen, für Frankreich in Spanien zu kämpfen, aber nicht als spanische Soldaten. Um die Wogen zu glätten, wurden zwei Vertreter aus Paris geschickt, um zu erklären, dass französische Offiziere die Wahl hatten, zurückzutreten und in andere Regimenter zu wechseln, obwohl alle Legionäre verpflichtet waren, nach Spanien gehen. Dies galt nicht für die Offiziere, die aus dem zivilen Leben in die Legion eingetreten waren. Wo das der Fall war, mussten sie die Armee verlassen. Ausländische Offiziere, die sich weigerten, nach Spanien geschickt zu werden, landeten wieder auf der Straße. Das war die Peitsche. Das Zuckerbrot war eine Art Bestechung, indem Beförderungen angeboten wurden, um die Rücktritte zu ersetzen, die so zahlreich waren, dass 85 jüngere Offiziere diese Möglichkeit nutzten.[1]

Die militärische Situation in Spanien stellte sich so dar: Die Truppen der Karlisten unter dem baskischen Oberst Tomás Zumalacárregui in den Provinzen, die nördlich an die Pyrenäen angrenzten, waren sehr erfolgreich gewesen, bis ihm von Don Carlos aus strategischen Gründen befohlen wurde, den Hafen Bilbao zu belagern. Da seine Freischärler für dieses Unterfangen schlecht ausgerüstet waren, musste die Belagerung aufgegeben werden. Zuvor führte jedoch die unzureichende Behandlung einer leichten Beinverletzung zum Wundbrand, der Zumalacárregui das Leben kostete.

Am 28. Juli tötete ein korsischer Separatist in Paris beinahe Louis-Philippe; das mehrläufige Geschütz, das er für diesen Zweck erfunden hatte, tötete 40 Mann des königlichen Begleitschutzes. Keiner in der Legion hätte um den Monarchen getrauert, der sie mit ein paar Federstrichen los geworden war. Aber als die inzwischen gemischten Bataillone der Legion am 17. August 1835 bei Tarragona landeten, nachdem sie wegen Cholera auf Mallorca in Quarantäne gehalten worden waren, sangen die Deutschen und Italiener eine extra komponierte Hymne, die die Rolle der Legion bei der Unterdrückung der Tyrannei und für die Freiheit rühmte, wie es sich für die Enkel der Revolution von 1789 ziemte. Der Empfang der sechs Bataillone von Legionären, die von 123 Offizieren geführt wurden, war verhalten. Die Bevölkerung begrüßte die Kolonne marschierender Männer, die von Oberst Joseph Bernelle zu Pferde, gefolgt von seiner Frau und ihrem Dienstmädchen auf einem Maulesel angeführt wurde, mit einigen Rufen »*Viva la libertad!*« und »*Viva la Francia*«, nur wenige Monarchisten wagten, »*Viva la reina!*« auszurufen.

Die Legionäre seufzten erleichtert auf, als sie auf europäischem Boden zurück waren. Sie dachten, nichts könnte schlimmer sein als die Bekämpfung von Guerillas in Algerien und sollten eine böse Überraschung erleben. In Katalonien kämpften sie bei Artesa de Segre, Gerri de la Sal und Pobla de Segur.

Nachdem sie 400 Kilometer ins Inland nach Vitoria marschiert war, war die Legion in der gesamten Bevölkerung verhasst, bei Frauen, alten Männern und Kindern.

Die Männer in wehrpflichtigem Alter waren in den Gebirgen bei den Freischärlern von Don Carlos, während die Truppen der Infanta in den Städten blieben. Die Feindseligkeit gegenüber Männern, die französische Uniformen trugen, wurde so kurz nachdem Napoleons Armeen die Halbinsel verwüstet hatten, von der Politik von Isabellas Premierminister Juan Alvarez Mendizábal verschlimmert, der umfangreiche Liegenschaften der Kirche verkaufte, um den Krieg zu finanzieren. Örtliche Priester sagten ihren Gemeinden, dass die Legionäre revolutionäre Atheisten oder schlimmeres wären.

Die Legionäre in ihren blauen Jacken mit roten, gelben oder grünen Epauletten, roten Hosen – und den hellroten Tschakos, die auf Meilen hin sichtbar waren,[2] bis sie übergroße baskische Berets trugen – waren von der unerträglichen Hitze Algeriens in die kalten, ausgeblichenen Hochländer des Baskenlandes gekommen, als der Herbst zum Winter wurde. Der erste Schnee versilberte die Gebirgsspitzen der Pyrenäen, hinter denen das Land lag, das sie einer Regierung in Madrid überlassen hatte, die weder Proviant noch Bezahlung für ihre eigenen Soldaten, geschweige denn für die Ausländer in ihrem Dienst hatte. Einsätze mussten abgesagt und Gefechte abgebrochen werden, weil Munition nicht ankam und viele Männer ihre nutzlosen Säbel für Lebensmittel verkauft hatten.

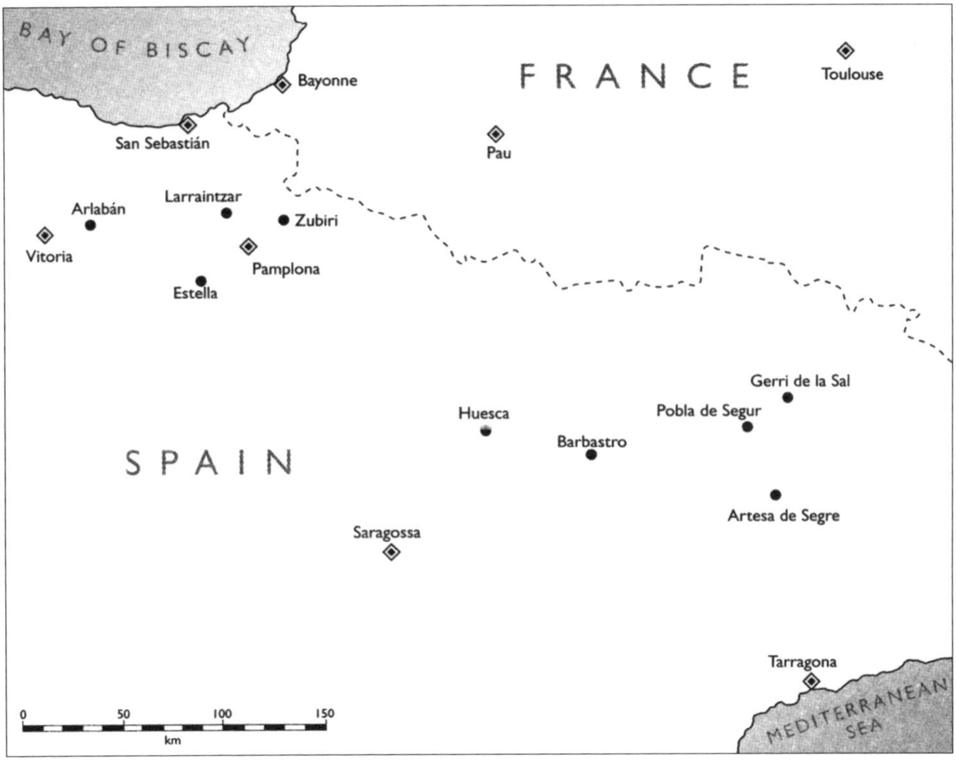

Die Spanische Intervention, 1835–9

Eine britische Legion unter der Führung von George de Lacy Evans, der 1813 bei Vitoria brillant gegen die Franzosen gekämpft hatte, war schon in Vitoria stationiert, als die Fremdenlegion ankam, und besaß natürlich die besten Unterkünfte. Von Maria Cristina mit dem Rang eines Generalleutnants ausgestattet, stand er im Dienstgrad höher als sein ehemaliger Feind im Spanischen Befreiungskrieg. Bernelle, dem am 30. Juni 1835 von der Königin der Höflichkeitstitel *mariscal de campo* oder Brigadier gewährt wurde, befand sich in einer unmöglichen Situation. Obwohl die Regierungstruppen zahlenmäßig mit den Aufständischen gleichzogen, bleiben viel zu viele von ihnen in den sicheren besetzten Städten, als dass sie überhaupt hoffen konnten, die schwer zu fassenden Guerillagruppen ausradieren zu können. Und Evans Männer hatten nicht das Zeug, einen so ungleichen Krieg zu führen.

In England hatte der Herzog von Wellington die Intervention aus Gründen abgelehnt, die denen von Soult ähnelten, und reguläre Armeeoffiziere waren ihm gefolgt. Die 400 Offiziere der britischen Legion waren deshalb zweitklassige Söldner oder rastlose Amateure ohne militärische Erfahrung, die einfach ein Abenteuer erleben wollten. Ihre 6.000 Untergebenen waren nicht viel besser. Die Truppe von Evans war das Spiegelbild der Anfänge der Fremdenlegion in Algerien, wohingegen sich die Offiziere und Männer, die Bernelle kommandierte, in der Zwischenzeit unter Feuer bewährt hatten, und durch Desertation und Disziplin hatte sich die Speu vom Weizen getrennt.

Es gab die üblichen internen Reibereien zwischen militärischen Koalitionen. Sowohl die Franzosen als auch die Briten warfen ihren spanischen Verbündeten vor, dass sie nur redeten anstatt zu kämpfen, und beide litten unter der unregelmäßigen Bezahlung und der unzureichenden Verpflegung. Premierminister Mendizábal wiederum nannte Evans »einen Mann der großen Anmaßungen und kleinen Leistungen«.[3] Es war keine glückliche Allianz.

Auch nachdem Bernelles Legion von Vitoria nach Pamplona, der Hauptstadt von Navarro, abkommandiert worden war, waren die Verluste auf beiden Seiten wegen der Angewohnheit der Karlisten, verwundete Gefangene zu töten, hoch. Der britische Botschafter in Spanien hatte es geschafft, dieses Vorgehen zu beenden und Gefangenenaustausche zu organisieren, aber die Karlisten behaupteten, dass das Abkommen, das sie unterzeichnet hatten, nicht für ausländische Söldner wie die der Legion gelte. Als die Karlisten Leutnant Durmoustier und 30 Legionäre fingen, wurden sie geblendet, nackt und gefesselt von Dorf zu Dorf geschleppt, bevor sie schließlich erschossen wurden. Dann kam die Vergeltung: Als Hauptmann André-Camille Ferrary eine Kompanie der Karlisten gefangen nahm, überlebte keiner. Als ihm von der Regierung in Paris befohlen wurde, davon abzulassen, folgte Bernelle dem Befehl – aber er nahm die schonungslose Kriegsführung wieder auf, als die Karlisten mit ihren Gräueltaten weitermachten.

Bernelle war in den frühen Jahren der Legion der Kommandant mit dem schlimmsten Job überhaupt, er wurde von der Regierung in Paris verleugnet aber zugleich gezügelt. Er war ein gut aussehender Mann mit kräftigen Gesichtszügen, die ein Schnurrbart und gepflegter Spitzbart noch betonten. Er war abgehoben und autokratisch, ein strenger Vorgesetzter sogar nach den damaligen Maßstäben, als in der britischen Armee und Marine das Auspeitschen für kleine Delikte üblich war. Als er entdeckte, dass Stockschläge in der spanischen Armee die normale Strafe waren, führte er sie auch in der Legion ein. Während Offiziere, die Delikte verbrochen hatten, gewöhnlich in Haft genommen wurden, verursachte der häufige Gebrauch von Stockschlägen und das Erschießungskommando unter den gewöhnlichen Soldaten weit verbreitete Verbitterung.

Positiv war, dass seine Mischung der Nationalitäten den Korpsgeist sehr verbesserte. Das Hinzufügen von drei Schwadronen polnischer Lanzenreiter, die angeblich vom spanischen Minister in Paris finanziert wurden, sowie einer Krankenwageneinheit, einer Pioniereinheit und einer Artillerie-Batterie unter Hauptmann Rousselet machte die Legion endlich zur selbstständigen Armee. Um das Geld, das für all dies bezahlt wurde, rankt sich ein Geheimnis. Die Antwort könnte in der Beute liegen, die während der Intervention kassiert wurde sowie in den Behauptungen, dass die Legion gelegentlich Geiseln gegen Lösegeld nahm.

Es war zu der Zeit nicht ungewöhnlich, dass sich Bernelle mit einem Schwarm brillant uniformierter Stabsoffiziere umgab – einige davon waren mit ihm verwandt. Aber es muss für seine Offiziere und Männer ohne Familienleben schwer gewesen sein, mit anzusehen, wie seine Frau Tharsile nicht nur mit ihm in der Unterkunft lebte, sondern auch herumritt, das Halstuch eines Flügeladjutanten trug und Befehle erteilte, als ob sie das Kommando hätte. Aufgrund dieser Tatsachen und ihrer Angewohnheit, ihre persönlich Untergebenen bevorzugt zu behandeln und jeden zu bestrafen, der ihr im Weg war, bekam sie von den Legionären mehrere Spitznamen. Der höflichste davon war »Königin Isabella III.«. Einmal steckte sie einen Mann wegen des Verbrechens, sie informell gekleidet in ihrem Garten gesehen zu haben, 15 Tage ins Gefängnis.[4]

Die Offiziere fanden ihren Helden in Major Conrad, dem von der spanischen Königin der Titel *jefe de cuerpo* oder Oberst verliehen worden war. Sein Vorteil war nicht nur, dass er eine größere soldatische Herzlichkeit und eine aggressivere Einstellung zum Krieg als seine nominellen Vorgesetzten hatte, sondern auch, dass er fließend Deutsch sprach, das immer noch die Sprache der Mehrheit der Legionäre war. Im Januar 1836 fing Conrad an, Madame Bernelle bloßzustellen, indem er seine eigenen Kandidaten beförderte, um offene Stellen zu besetzen, was sein Vorrecht als stellvertretender Oberst des Regiments war. Als Bernelle konterte, indem er vom Kriegsminister in Paris die Bestätigung der eigensinnigen Entscheidungen seiner Frau bekam, trat Conrad wütend und zur Betroffenheit seiner Unterstützer zurück. Dies erschütterte die Moral der Legion stärker, als es die Karlisten hätten hoffen können.

Am 24. April errangen das 4. und 5. Bataillon bei Arlabán und Tirapegui in Navarro Pyrrhussiege. Den nächsten Erfolg der Legion rissen Rousselet-Kanonen bei Zubiri am 1. August der Niederlage aus den Zähnen. In Paris war Thiers, der mit seinen Ambitionen von Frankreich als internationaler Macht den ganzen Schlamassel verursacht hatte, nun Premierminister. Trotz der zunehmenden Abneigung von Louis-Philippe gegen die spanische Intervention überredete Thiers ihn, am 16. Dezember 1835 eine Verordnung zu unterzeichnen, mit der er ein Bataillon spanischer Emigranten in Pau buchstäblich im Schatten der nördlichen Abhänge der Pyrenäen bereitstellte. Diese neue »Legion«, die am 3. Februar 1836 rekrutiert wurde, war angeblich für Algerien bestimmt, wurde aber im Sommer nach Spanien entsandt, um dort die Verluste auszugleichen. Als Isabellas eigene Armee am 16. August 1836 gegen die Infanta und ihre dominante Mutter rebellierte und eine neue und liberalere Verfassung einführte, wurde Thiers im Kabinett überstimmt. Er trat am 25. August zurück und wurde am 6. September durch den hochmütigen Graf Louis-Mathieu Molé ersetzt, der zwar die Intervention nicht befürwortete, aber Anfang 1837 doch ein zweites Bataillon Spanier unter Major Alphonse Bedeau von Pau nach Algerien entsandte.[5]

Den ganzen Winter 1835/36 und den folgenden Sommer hindurch war Evans Legion britischer Freiwilliger abwechselnd entweder untätig in der Kaserne oder sie wurde in Gefechte geschickt, in denen sie keine Chance hatte zu gewinnen, was unvermeidlich eine negative Wirkung auf die Moral zur Folge hatte. Im Gegensatz dazu gelang es Bernelle, seine zerstreuten Bataillone zu sammeln und sie vernünftig einzusetzen, so dass sich die Anzahl der Todesopfer mehr und mehr zu seinen Gunsten entwickelte. Vielleicht verursachten Desertationen deshalb nicht so viele Probleme, wie sie hätten verursachen können, weil die französische Grenze so verlockend nah war. Bis zum August 1836, ein Jahr nach ihrer Landung in Tarragona, war die Stärke der Legion gestiegen; die neuen Rekruten hatten die 117 im Gefecht Getöteten und die insgesamt 380 Toten, die an Verletzungen und Krankheiten gestorben waren, von Erschießungskommandos hingerichtet wurden, gefangen genommen wurden oder desertiert waren, mehr als kompensiert. Aber die Legion war trotzdem krank. Sechs Monate nach Conrads Abschied trat wiederum Bernelle zurück, erschöpft von den Kämpfen gegen seine eigenen verärgerten Offiziere und seinen politischen Vorgesetzten in Madrid. Eine seiner Hauptbeschwerden war, dass Paris nichts unternommen hatte, um zu verhindern, dass Waffen und Munition für die Karlisten über die Pyrenäen nach Spanien geschmuggelt wurden. Die Vertreter von Louis-Philippe waren zudem in dem Unterfangen genauso nutzlos gewesen, diplomatischen Druck auf die Karlisten auszuüben, um der fortgesetzten Ermordung der gefangen genommenen Legionäre ein Ende zu setzen.

Der neue Kommandant, der im August ankam, war eine merkwürdige Berufung. Der Waterloo-Veteran Oberst Jean-Louis Baux muss nach zwanzig Jahren bei halbem Lohn zum Äußersten entschlossen gewesen sein, einen Job zu bekommen. Obwohl persönlich mutig, war er ein bescheidener, zurückgezogener Intellektueller. Seine Vorstellung von der geeigneten Uniform für das neue Kommando bestand aus einem breitkrempigen Hut, einem alten Umhang, einer schlecht passenden Kniehose und unhandlichen Stiefeln mit sehr langen Sporen, die beim Gehen hinderlich waren. Sein ironischer Spitzname war »Le Beau«, ein Wortspiel auf seinen Nachnamen, das keine Übersetzung benötigt. Das Erscheinungsbild von Baux konnte modische Offiziere kaum beeindrucken, die einen Kommandanten ebenso aufgrund seiner Manieren und Kleidung beurteilten wie aufgrund seiner militärischen Fähigkeiten. Und es war auch nicht wahrscheinlich, dass ein Introvertierter die Moral der Männer erhöhen würde, die keinen Sold bekamen und von denen viele im Krankenhaus lagen, nachdem sie schlechtes und für den menschlichen Verzehr ungeeignetes gepökeltes Schweinefleisch gegessen hatten; das einzige Fleisch, das geliefert wurde.

Baux war erschrocken über das totale Desinteresse der französischen Regierung am Wohlergehen der Legion, über Madrids ungenießbares Essen und dic unzureichenden Waffenlieferungen. Unfähig, seine eigenen Offiziere zu kontrollieren, trat Baux zurück; zwei Monate nach seinem ersten Gefecht mit den Karlisten bei Estella, 30 Kilometer südwestlich von Pamplona, das ein Desaster wurde, als die Munition verbraucht war.

Er wurde von Joseph Conrad ersetzt. Der übernahm das Kommando am 10. November und tat mehr als jeder andere Oberst, um die Legion zu retten. Kurz nach seinem Antritt an der Spitze des letzten Bataillons der Verstärkungstruppen, die nach Spanien geschickt wurden, meldeten sich acht Offiziere krank, nur um eine Mahlzeit im Krankenhaus zu bekommen.[6] In einer verzweifelten Maßnahme erlaubte Conrad, als die Legion bei Zubiri stationiert war, den 300–400 Mann, deren Verträge jeweils zum Monatsende ausliefen, zu gehen, um der Knappheit der Rationen zu begegnen. Er entließ auch viele, die sonst desertiert wären und bereit waren, die 25 Kilometer zu Fuß zu gehen, die sie von der französischen Grenze trennten. Im Dezember, als Schnee die Pässe blockierte und diese Option unmöglich machte, drohten ganze Kompanien zu den Karlisten überzulaufen. Viele Männer taten es, und dies sollte zu einer der blutigsten Konfrontationen in der Geschichte der Legion führen. Auch Conrads natürliche Autorität und Beherrschung der deutschen Sprache konnten nicht verhindern, dass die Stärke der Legion von ihrem Höchststand mit 6.134 Mann bis Februar 1837 auf 3.841 zurückging, nachdem aufgrund des strengen Winterwetters kranke Legionäre, die mit der Kolonne nicht mithalten konnten, am Straßenrand erfroren waren. Aber irgendwie reagierten die erschöpften, verhungernden, kranken und mehrfach verwundeten Männer auf das Heldentum einiger weniger Offiziere und Unteroffiziere – einer davon war ein 44-jähriger trinkfester Schläger aus Württemberg.

In der Schlacht von Larraintzar in den Pyrenäen wurde Hauptmann Johan Albrecht Hebig mit seiner Kompanie auf dem exponierten Gipfel eines Hügels unter dem feindlichen Beschuss von zwei Bataillonen der Karlisten abgeschnitten. Zwei Stunden lang stand er im Freien und führte seine Männer. Als er abgelöst wurde, waren sieben seiner Männer tot, aber die feindlichen Verluste rings um die Stellung waren mindestens dreimal so hoch. Wie in allen Schlachten der Legion in Spanien war so viel Leiden für einen Hügel ohne jegliche Bedeutung sinnlos, aber Hebigs Heldentum würde immer wiederholt werden – den ganzen Weg bis nach Dien Bien Phu. Nach Larraintzar nahm die Desertation zu den Karlisten derart zu, dass die ihre eigene zusammengewürfelte Fremdenlegion einsetzen konnten, die aus Männern der französischen und britischen Legionen bestand. Um den Desertationen entgegenzutreten, führte Oberst Conrad das Erschießungskommando wieder ein. Da die Legion auf zwei Bataillone, zwei leichte Kavalleriegeschwader und eine Batterie leichter Artillerie geschrumpft war, musste er sein eigenes Pferd verkaufen, um Lebensmittel zu kaufen, nachdem er aus Madrid fünf Monate lang keinen Sold bekommen hatte. Bis Ende März 1837 schrieb er an seinen alten Kameraden General Jean Harispe, den kommandierenden Offizier in Bayonne jenseits der Grenze, in uncharakteristisch verzweifeltem Ton: »Ich weiß wirklich nicht, wie dies alles enden wird.«[7]

Es endete nahe Huesca, einer Stadt in Aragon, die sich nicht weit von der Grenze zu Katalonien befand. Seit Wochen bekämpfte die Legion eine Karlistentruppe, die einen Durchbruch aus den vom Krieg heimgesuchten baskischen Provinzen nach Katalonien an der Mittelmeerküste versuchte, wo sie starke Unterstützung hatte. Am 24. Mai um 17.00 Uhr befahl General Iribarren, unter dessen Befehl Conrad stand, der Legion, die Karlisten anzugreifen. Die hatten für die Nacht schon aufgehört zu kämpfen und waren in jeder Beziehung im Vorteil. Das war ein Befehl, den Conrad zumindest in Frage hätte stellen sollen. Stattdessen konnte er es kaum erwarten und befahl seinen erschöpften Männern anzugreifen. Als sie abgeschnitten wurden, weil die Spanier an ihren Flanken dagegenhielten und Iribarren getötet wurde, als er persönlich einen Kavallerieangriff führte, befahl Conrad den Rückzug, bei dem viele verwundete Männer von ihren Kameraden getragen werden mussten.

Um 01.00 Uhr am nächsten Morgen leckten die Übriggebliebenen der Legion in dem Dorf Amudevar ihre Wunden, nachdem sie sich ihren Weg freigekämpft hatten und 20 Kilometer durch die Nacht marschiert waren. Die Verluste beliefen sich auf insgesamt 350 bis 400 Legionäre und 28 Offiziere. Am nächsten Tag gingen 1.000 Überlebende, deren Verträge ausgelaufen waren, nach Pamplona zur Demobilisierung.

Jeder Vernüftige würde meinen, dass Conrad nun endlich die Flinte ins Korn werfen würde. Stattdessen waren die Überreste der Legion am 2. Juni immer noch bei ihren spanischen Verbündeten, 50 Kilometer im Osten, als die Karlisten zum Mittagsessen in der Stadt Barbastro anhielten, bevor sie den Fluss Cinca überqueren wollten, der das letzte Hindernis vor der Grenze zu Katalonien war. Der neue spanische Kommandant General Marcelino Oraa wusste, dass dies seine letzte Chance war, gegen sie in die Schlacht zu ziehen, bevor sie sich mit ihrer katalonischen Verstärkung verbinden würden.

Die Legion an der rechten Flanke der zweiten Angriffslinie sah die Spanier vor sich ausbrechen und weglaufen. Sie gaben nicht auf und als die Karlisten ihnen entgegentraten, erkannten sie in der Fremdenlegion auf der anderen Seite viele ihrer ehemaligen Kameraden, die zum Feind übergelaufen waren. Während die Schlacht um sie tobte, begrüßten alte Freunde einander in Französisch oder ihren Muttersprachen, stellten Fragen und beantworteten sie, damit der jeweilige Gesprächspartner erfahren konnte, was geschehen war, seitdem sie sich zuletzt getroffen hatten ... und dann fing das Gemetzel an.

Ein deutscher Offizier, der den Karlisten diente, Baron Wilhelm von Rahden, schrieb in seinen Memoiren: »Die Soldaten erkannten sich während des Gefechts. Sie näherten sich als Freunde und dann töteten sie sich kaltblütig gegenseitig.«[8] Conrad war mittendrin im Schlachtengetümmel. Um einen Orientierungspunkt zu geben, reckte er seine rote Scheitelkappe am Ende seines Stocks hoch und schrie: »Vorwärts!« Ob jemand ihm nach dem Alptraum des gegenseitigen Tötens von Kameraden gefolgt wäre, wird niemand je erfahren, weil eine Musketenkugel seine Stirn zerschmetterte und er tot zu Boden stürzte. Um ihn herum lagen 715 der 875 Ausländer der Karlisten.

Die Tradition der Legion, wo immer möglich die Leichen nicht liegen zu lassen, gab es bereits. Anwesend war François-Achille Bazaine, der als Leutnant in die Legion eingetreten war und zu einem Marschall Frankreichs aufsteigen sollte. Er schrieb hinterher an General Harispe: »[Oberst Conrad] dachte, er könne sie sammeln. Er stellte sich vor die Schützenlinie und schrie: »Vorwärts!« Aber die Männer ... flohen weiter. Sein Körper fiel beinahe in die Hände des Feindes. Mit Hilfe eines Offiziers und vier mutiger [Männer] schaffte ich ihn auf mein Pferd und über das Schlachtfeld hinweg. Da wir aber auf der linken Seite überflügelt waren, brauchte ich eine halbe Stunde, um seine Leiche außer Gefahr zu bringen.«[9]

Conrad hatte Harispe Wochen zuvor informiert, die Ehre gebiete es, dass er seinen demoralisierten und leiderprobten Männern ein Beispiel gebe, indem er sich ständig feindlichem Feuer aussetze. War es also Selbstmord, wie einige seiner Männer glaubten? Oder eine Geste der Verzweiflung? Oder einfach schiere Ermüdung zusammen mit der Notwendigkeit, in der dezimierten Legion anormale Risiken einzugehen? Sogar Louis-Philippe zeigte ein wenig Schuldbewußtsein angesichts dieses einen Todes unter all den Tausenden während der spanischen Intervention: Er gewährte Conrads Ehefrau persönlich eine Witwenrente, während sich sein Sohn, der Herzog von Orleans, verpflichtete, die Gebühren der Militärschule für Conrads zwei Jungen zu bezahlen.

Die dezimierte Truppe der Karlisten wurde ein paar Wochen später aufgelöst, aber der Krieg blieb noch 15 Monate ein Eitergeschwür in Spaniens Körper. Die Überbleibsel der Legion, die von André-Camille Ferrary im Rang eines Oberstleutnants kommandiert wurde, wurden zerstuckelt, bis sie direkt von der Konstitutionellen Armee aufgenommen und schließlich im September 1838 aufgelöst wurde.

Im Januar 1839 ritten und marschierten 63 Offiziere sowie 159 Unteroffiziere und Legionäre mit 75 Mauleseln nach Frankreich zurück. Ihnen folgte eine unbekannte Anzahl Ehefrauen und Kinder. Deren Elend war unvorstellbar – besonders das der Waisen und Witwen, die dazu verdammt waren, von Almosen und Betteln zu leben, es sei denn, die Mütter waren jung genug, Geld mit Prostitution zu verdienen. Sie dürften nicht viel anders ausgesehen haben als die letzten Karlisten, die im Mai 1840 über die Grenze nach Frankreich flohen. Deren Ankunft in Perpignan wurde von Hauptmann François Certain Canrobert beobachtet: »Einige trugen Sandalen. Andere marschierten barfuss und sogar mit nackten Beinen. Frauen, Kinder und alte Menschen folgten den Soldaten, Gott weiß in welchen Lumpen und in welchem Elend.«[10]

Und dies war das traurige Ende der ersten französischen Fremdenlegion: Ein Beleg für den Zynismus der Politiker, die immer dann die Soldaten, die ihnen dienen, opfern werden, wenn es ihnen das Eigeninteresse diktiert – und ein Beleg für das Heldentum der Männer, die auf das Niveau von Bestien reduziert wurden, die aber wie die griechischen Helden der Bronzezeit weiterkämpften und allen Regeln trotzten. Dabei wussten sie, dass sie fast sicher für eine Sache sterben würden, die nicht die ihre war.

Es lohnt zu fragen, warum sie das taten, warum die Legion es immer wieder getan hat. Die Antwort mag sein, dass die Bindung an die Kameraden, mit denen sie Strapazen und Risiken teilten, für die Männer im Gefecht die einzige Realität war, wenn sie von allen anderen verraten wurden. Das ist der Grund, warum sie ihre eigenen Leben riskieren, um zu versuchen, die Leiche eines Kameraden zu bergen. Es erklärt auch die Bösartigkeit von den Freunden, die sich gegenseitig bei Barbastro umbrachten. Letztendlich ist der größte Hass für den Mann reserviert, der dieses heilige Vertrauen verrät.

Aber Politiker kümmern sich wenig um derlei Außergewöhnliches, das der ehemalige Hauptmann der königlichen Garde Alfred de Vigny in einem Buch, das er 1835 veröffentlichte, als die Legion zwischen Algerien und Spanien unterwegs war, *Servitude et Grandeur Militaires* nannte. Was Paris betraf, ließen sich die zerlumpten Überreste der Legion, die im Januar 1839 ohne jegliche Erwartung eines Heldenempfangs über den Pyrenäenpass humpelten, am besten beseitigen, wenn man sie dorthin zurückschickte, wo sie völlig ausgelöscht werden konnten.

8

Blut im Sand

ALGERIEN, 1835–40

Marschall Bertrand Clauzel, der neue Generalgouverneur von Algerien, hatte seinen Job hauptsächlich deshalb bekommen, weil er der Regierung von Louis-Philippe den ersten Plan für das Land vorstellte, der über die unmittelbare Phase der militärischen Besatzung hinausging. Nachdem er vier Jahre im Exil in den Vereinigten Staaten verbracht hatte, um der Strafverfolgung nach der Bourbonen-Restauration zu entgehen, hatte Clauzel gesehen, was rücksichtslose, hart arbeitende europäische Siedler erreichen konnten, nachdem sie die Einheimischen eines wirtschaftlich unerschlossenen Landes enteignet hatten. Er stellte sich vor, alle Bauern aus der fruchtbaren Mitidja-Ebene, einem 100 Kilometer langen und 20 Kilometer breiten Küstenstreifen mit Algier als Zentrum, zu vertreiben. Dann würde man die Sümpfe trockenlegen und sie mit einer Reihe von Blockhaus-Forts befestigen, in deren Schutz Siedler aus Europa sich schnell selbst versorgen und Feldfrüchte wie Baumwolle für den Verkauf und Export anbauen konnten.

Das Schöne an Clauzels Plan war, dass er Steuern generieren würde, um die Besatzungstruppen zu bezahlen. Aber zuerst musste er »die Eingeborenen enteignen«. Im Dezember 1835 wurde Abd el Kader aus seinem Heimatgebiet von Mouaskar, 80 Kilometer südöstlich von Oran, vertrieben. Mit einem Talent allerdings, seine lose verbündeten Stämme einzusetzen, das Saladin Ehre gemacht hätte, nahm er am 27. April 1836 Rache, umzingelte ein wichtiges französisches Lager an der Flussmündung des Tafna in Westalgerien und schnitt es ab.

Der Mann, der geschickt wurde, um die Belagerung zu beenden, war »Gefängniswärter« Bugeaud. Er sagte seinen Offizieren zuerst, sie seien verrückt, Krieg gegen einen schwer zu fassenden und sehr beweglichen Feind zu führen, der das Land kannte, indem man im Schneckentempo der schweren Artillerieprotzen und einer enormen Nachschubkolonne marschierte, als ginge es in eine Standardschlacht gegen eine europäische Armee.

Bugeaud hatte in der harten Schule des Spanischen Befreiungskriegs gegen Wellington gelernt, Versorgungsgüter auf das zu reduzieren, was auf den Rücken eines

Maulesels geladen werden konnte und die Artillerie auf leichte Kanonen zu beschränken, die man auseinander nehmen und auf Mauleseln transportieren konnte. Seine Offiziere dachten, er sei verrückt, bis seine schnell vorrückende Kolonne den Feind nahe des Flusses Sikkak überlistete. Dort hatte Abd el Kader erwartet, einer schwerfälligen napoleonischen Armee aufzulauern. Bugeaud erwischte ihn auf dem falschen Fuß, weil er aus einer anderen Richtung kam. Er wechselte dann von der normalen Kolonnenform und dem Quadrat in eine V-Formation und benutzte massiertes Musketenfeuer statt der fehlenden Kanonen, um Schneisen in die feindlichen Linien zu schlagen, als diese versuchten, näher zu kommen.

Unter den schmutzigen Tricks, die Bugeaud einführte, war ein alter aus seinen Tagen in Spanien: Die Musketen mit einer Kugel laden und dann in die Mündung eine zweite stopfen, die in vier Teilen fast aufgeschnitten war. Die Wirkung bei geringer Reichweite war verheerend, die deformierten schrapnellartigen Projektile rissen beim Aufprall riesige Stücke Fleisch heraus. Sun Tsu meinte, einen Mann zu töten erschrecke tausend. Bugeaud ging noch weiter und befahl, dass mehrere hundert Stammesangehörige über eine Klippe in den Tod gestürzt werden sollten und ein paar von ihnen laufen zu lassen, um die Nachricht zu verbreiten.

Clauzel suchte ein weniger bewegliches Ziel als Abd el Kader und wandte sich nach Osten. Die Stadt Constantine, deren Garnison aus Türken bestand und von dem Bey Hajj Ahmed kommandiert wurde, ähnelte so sehr der nicht existierenden »unangreifbaren Festung«, wie man es sich nur denken kann. Isoliert auf einem Felsvorsprung, dessen steile Abhänge an drei Seiten in die Schluchten des Flusses Rummel stürzten, konnte man sich der Stadt nur von Südwesten her auf einem schmalen Anstieg, der Coudiat-Aty genannt wurde, und einer noch schmaleren Steinbrücke nähern.

Im November 1836 wurden Clauzels 8.700 Mann starke Truppen mit schweren Verlusten zurückgeschlagen, nachdem sie dem Feind ihre Verwundeten sowie ihre Artillerie überlassen mussten. Sie zogen sich in schlechter Formation durch die Winterstürme 65 Kilometer bis zu der Stadt Guelma zurück, wo Clauzel auf den Ruinen der gemauerten byzantinischen Stadt eine Stadt und ein Militärlager errichtet hatte. Dabei wurden sie über den ganzen Weg von den Türken und den mit ihnen verbündeten Berbern brutal angegriffen. Nachdem er weitere 60 Kilometer nördlich beim Hafen Annaba die Küste erreicht hatte, konnte Clauzel die Größenordnung seiner Niederlage feststellen. Neben den schweren Verlusten von Constantine und des Rückzugs starben im Krankenhaus weitere tausend Mann an unterschiedlichen Ursachen.

Die erste Belagerung von Constantine war Clauzels Abgesang. Da Frankreich nach Napoleon viele Generäle und Marschälle hatte, wurde er durch General Charles Damrémont ersetzt, der voller Zuversicht ankam und sich keine Gedanken darüber machte, dass sein Tod nah war. Nur drei Monate, nachdem Conrad Frankreich mit seinen letzten Verstärkungen für die spanische Intervention verlassen hatte, bekam die »neue« Legion in Algerien acht Kompanien »Holländer«, das heißt Männer, die Frankreich von den Niederlanden aus betreten hatten.

Sie kamen am 15. Dezember 1836 unter der Führung von Major Bedeau an, der bald feststellen musste, dass Zahlen auf dem Schlachtfeld wenig bedeuteten. Seine Holländer wurden der 2. Brigade zugeteilt, die mit der Sicherung der Küstenebene um Algier beauftragt war. Sie erwiesen sich für diese Aufgabe aber als ungeeignet – doch das beendete in Frankreich die weitere Rekrutierung von Männern der gleichen mäßigen Qualität keineswegs.

Am 30. Mai 1837 zeigte Thomas Bugeaud eine andere Seite seiner Persönlichkeit, als er mit Abd el-Kader den Vertrag von Tafna aushandelte. Darin erkaufte sich Frankreich einen Waffenstillstand und bestätigte im Gegenzug Abd el Kader als *amir* über zwei Drittel von Algerien. Dabei überschritt Bugeaud sein politisches Mandat von Paris, um einen kurzfristigen militärischen Aufschub zu gewinnen, in dem er Truppen aus dem westlichen und zentralen Algerien ostwärts ziehen konnte, um dann die Türken in Constantine zu schlagen und sich für die Schande von Clauzels Niederlage zu rächen.

Die Türken waren im 14. Jahrhundert in das Land eingeladen worden, um die Spanier zu vertreiben. Mit dem Argument, dass »der Feind meines Feinds mein Verbündeter ist«, war Abd el Kader froh, Bugeauds Konzentration der französischen Kräfte im Osten zu sehen. Das gab ihm die Möglichkeit, sich auf die nächste Stufe eines Krieges vorzubereiten, der lange dauern würde – und der erst mit dem Abkommen von Evian im Sommer 1962 enden würde, als die Franzosen endgültig aus Nordafrika vertrieben wurden.

El Kader kämpfte einen *jihad* gegen die ungläubigen Invasoren, wobei seine Stämme durch den Hass auf die Franzosen vereint waren. Das hielt ihn aber nicht davon ab, Ausländer anzuheuern, um die Ausbildung zu gewährleisten und die Bewaffnung zu beschaffen, die ihm fehlte. Von diesen waren die beiden bekanntesten der dubiöse Franzose Léon Roches, der später Diplomat wurde, und sein Landsmann Marius Garcin, der el Kaders Männer in der Waffenausbildung beriet und Waffen größtenteils von Frankreichs traditionellem Feind Großbritannien erhielt.

Mit Hilfe anderer Ausländer baute el Kader eine einfache zivile Verwaltung auf, die mehrmals zwischen Mouaskar und Tagdempt umzog. Er legte seine Ausbildungsstützpunkte und Arsenale im Inneren von Saïda, Tiaret und sogar jenseits der Grenze zu Marokko in Taza an, so dass er sicher sein konnte, dass sie außerhalb der französischen Reichweite lagen. Dort lagerte er auch die überschüssige Ware, die verkauft werden konnte, um Waffen zu kaufen. Alle diese Maßnahmen hätten nichts gebracht, wenn er nicht ein persönliches Beispiel an Frömmigkeit und Strenge vorgelebt hätte, indem er wie die einfachsten Mitglieder seines Volkes in einem Zelt lebte und das gleiche Essen aß, das sie aßen.

Im September 1837 war ein weiteres Flüchtlings-Bataillon in Frankreich rekrutiert worden, während sich die französische Bevölkerung und der Hauptteil der Regierung einschließlich Premier Molé vollkommen gleichgültig zeigten. Nachdem es nach Algerien verschifft worden war, gab dieses zweite Bataillon der neuen Legion die Stärke eines Napoleonischen Regiments mit zwei Bataillonen im Feld und einem weiteren am Stützpunkt, um neue Truppen zu rekrutieren und auszubilden.

Bis Oktober hatte Damrémont seine Vorbereitungen getroffen. Am ersten des Monats ritt er mit fast dreimal so vielen Truppen wie Clauzel aus seinem Lager nahe Guelma. Um die Mauern von Constantine zu durchbrechen, hatte er Frankreichs berühmtesten Artilleriegeneral, den überall respektierten Sylvain Charles Valée, dabei, der sich mit 64 Jahren dem Ende seiner Karriere näherte. Generalleutnant Rohault de Fleury kommandierte ein ganzes Bataillon Pioniere. Die gesamte Truppe aus 20.000 Soldaten umfasste auch ein Legions-Bataillon von 500 Mann unter Oberst Combe und Major Bedeau. Eine so große Truppe mit ihren Reittieren und Lastenmauleseln machten das Unternehmen zu einem anspruchsvollen logistischen Unternehmen in einem Land, das sowohl trocken als auch feindlich war.

Nach einem viertägigen Marsch durch feindliches Gebiet kamen sie in Sichtweite dessen, was die Generäle Valée und Fleury als schwierige Aufgabe begriffen, auch wenn sich Damrémont immer noch optimistisch fühlte. Seitdem sie die Franzosen elf Monate zuvor vertrieben hatten, waren die Türken nicht untätig gewesen. Hajj Ahmed hatte seine eigene Artillerie mit zurückgelassenen französischen Geschützen verstärkt und verfügte so über 63 Kanonen unterschiedlichen Alters und unterschiedlicher Genauigkeit. Sie wurden von erfahrenen türkischen Artilleristen bedient, die sich auf den Mauern gegenüber dem Felsvorsprung Coudiat-Aty, über den die Franzosen vorstoßen mussten, zusammengeballt hatten.

Valée hatte insgesamt 17 Kanonen und eine Batterie Belagerungsmörser. Bevor sie für den Einsatz in Stellung gebracht werden konnten, mussten Fleurys Pioniere etwa 400 Meter von der Stadt entfernt Belagerungsanlagen unter feindlichem Beschuss durch Handfeuerwaffen bauen. Am 7. Oktober wurde der erste Ausfall der Garnison zurückgeschlagen. Am 9. Oktober begann bei scheußlichem Wetter das französische Bombardement, dessen oberstes Ziel es war, die türkischen Geschütze auszuschalten. Am 11. Oktober, als Valée anfing, einen Abschnitt der Stadtmauer zu beschießen und hoffte, so eine Bresche zu schlagen, durch die der Angriff geführt werden konnte, wurden mehrere Ausfälle aus der Stadt mit Verlusten auf beiden Seiten zurückgeschlagen.

Die Mauer bestand aus fast zwei Metern geschliffenem Kalkstein, und alte Gebäude im Inneren wurden mit Erde und Trümmern aufgefüllt, was sie stoßsicherer machte, als Valée es erwartet hatte. Diese Problematik und die Notwendigkeit, das Gegenfeuer aufrechtzuerhalten, um die Köpfe der türkischen Artilleristen unten zu halten, ließen die französische Munition in einem alarmierenden Tempo schwinden. Als er nur noch 200 Schuss pro Geschütz hatte, wurde die Situation für Valée eng.

In der Nacht bauten die Pioniere die Stellungen für die Belagerungsmörser mit kürzerer Schussweite viel näher an der Mauer auf. Im hellen Mondlicht standen sie unter dem Musketenfeuer der Verteidiger und konnten sehen, wie viele tausende der mit den Türken verbündeten Berber außer Reichweite auf den umliegenden Hügeln abwarteten. Früh am 12. Oktober wurde Damrémont bei einem türkischen Bombardement getötet, und Valée übernahm das gesamte Kommando. Nachdem die Mauer durchbrochen worden war, wurden die Verteidiger wie üblich aufgefordert, sich zu ergeben, um am Leben zu bleiben. Das Angebot wurde abgelehnt – aber auf eine höfliche Art, was für den einheimischen Vermittler eine große Erleichterung gewesen sein muss, denn er hätte auch mit seinem Kopf in einem Korb zurückkommen können.

Dann ging Valée das Risiko ein, einen großen Teil der restlichen Munition dafür zu verwenden, die türkischen Geschütze auszuschalten und die Musketiere von den Mauern fernzuhalten, während seine Belagerungsmörser weiterhin die Lücke beschossen. Am Nachmittag baten die Türken um einen Waffenstillstand. Sie glaubten, dass die Franzosen ihren Proviant aufbrauchen würden, wenn sie nur lange genug aushielten. Valées Antwort war, dass er sich weigere zu verhandeln, bis sich die Stadt ergeben habe. Mittlerweile lagen die ersten französischen Stellungen näher als 100 Meter an der Bresche. Der Lärm der Beschießung war fürchterlich für die Männer, die in den Schützengräben auf den Angriff warteten und ihre Köpfe wegen des Feuers, das die Türken sowohl aus Kanonen als auch aus Handfeuerwaffen erwiderten, in Deckung hielten.

Nach dem Sperrfeuer kam die erste Welle des französischen Angriffs, aber die Truppen saßen in der Bresche fest, während die Verteidiger ein mörderisches Feuer von allen Seiten auf sie niederprasseln ließen. Die 100 Legionäre, die in den Schützengräben darauf warteten, um mit der zweiten Welle unter Combe und Bedeau anzugreifen, erkannten das Problem: eine innere Mauer, die immer noch intakt war und den Zugang zur Stadt versperrte. Verzweifelte Rufe der eingesperrten Überlebenden der ersten Welle nach Sturmausrüstung erreichten den Schützengraben, in dem sie hockten. Pioniere mit Leitern, Seilen und Sprengstoffen liefen unter Feuer nach vorn. Bevor sie ihren Sprengstoff platzieren konnten, zerbrach die innere Mauer und ein Vorhang aus Steinen und Feuer tötete sie und die Überlebenden der ersten Welle mit Ausnahme von ein paar verwundeten Männern in schwelenden, ramponierten Uniformen, die zu den Schützengräben zurück taumelten und schrieen, nicht vorzurücken.

Die Türken hatten einen grundlegenden Fehler gemacht, als sie die innere Mauer zerstörten. Es war aber ein Grundprinzip der Belagerungsmethode, eine andere Mine zum Sprengen bereitzuhalten, wenn die zweite französische Welle in die Lücke stieß. Combe und Bedeau, die wussten, dass es um Tod oder Ruhm ging, führten ihre hundert Legionäre vorwärts. Sobald sie unverletzt durch die Bresche gekommen waren, gingen sie durch das Wirrwarr enger Straßen nach links zur nächstliegenden türkischen Batterie, die noch in Betrieb war.

Was als nächstes geschah, wurde von Oberleutnant Achille de St. Arnaud beschrieben – einem Mann, der Ruhm als Kompensation für 40 Jahre Versagen und Rückschläge suchte, über die seine ausgezeichnete militärische Haltung, sein flotter Schnurrbart und sein Spitzbart hinwegtäuschten. Nach dem Abfeuern einer Kugel blieb keine Zeit mehr, die Musketen wieder zu laden. Schwerter und Bajonette versanken in lebendigem Fleisch. Männer schrieen, als sie ausgeweidet wurden. »Die Türken«, schrieb St. Arnaud in seinen Memoiren, »verteidigten sich mit verzweifeltem Mut. Sie feuerten [auf uns] und wir töteten sie, während sie wieder luden ... unsere Bajonette ließen keinen einzigen am Leben.«[1] Anhaltendes Feuer von einer

Janitscharenkaserne hielt den Angriff nur kurz auf. Als er neben St. Arnaud vorwärts preschte, erlitt Combe eine Schusswunde, die er gelassen hinnahm. Er wurde kurz darauf tödlich verwundet und wurde damit der zweite Kommandant der Legion, der im Einsatz starb. Nachdem die Kaserne genommen und alle Insassen mit Bajonetten getötet worden waren, kapitulierten die verbliebenen Verteidiger. Zu diesem Zeitpunkt war die Handvoll Franzosen in der Stadt eine Mischung aus Legionären, Männern aus den »Bataillons d'Afrique« genannten Strafbataillonen und aus einigen anderen Einheiten. Jeder, der keine französische Uniform trug, war Ziel ihres Blutdurstes nach dem Motto »Töten oder getötet werden«.

Als das Schießen auf beiden Seiten verebbte, strömte der Hauptteil der Franzosen durch die Bresche in die Stadt; dabei plünderten und töteten sie. Die Plünderung von Constantine ging drei ganze Tage weiter, bevor Valée die Kontrolle über seine Männer wiedererlangen konnte und ihnen befahl, die enorme Anzahl der Toten in einem gemeinsamen Grab außerhalb der Stadt zu bestatten. Es ist unmöglich, den wahren Wert der Beute zu schätzen, aber er muss erheblich gewesen sein, da die Einwohner von Constantine zuversichtlich gewesen waren, dass die Franzosen ein zweites Mal geschlagen werden würden und nicht einmal ihre Wertsachen versteckt hatten – die ignoranten Plünderer wurden jedoch für ein paar türkische Münzen auf einem improvisierten Markt betrogen, den herumziehende jüdische Händler direkt außerhalb des Lagers aufgebaut hatten.

Die Größenordnung der Verluste bei der zweiten Angriffswelle war aus St. Arnauds Erzählung klar: Von 50 Legionären in seiner unmittelbaren Nähe starben zehn und elf wurden verwundet.[2] Ihr Heldentum erhob die Legion endlich von einem »Asyl für Unglück« zu einer Formation mit Schlachtenruhm. Bedeau wurde zum Oberstleutnant befördert und im folgenden Monat wurde Valée zum Marschall gemacht und zum Generalgouverneur von Algerien ernannt. Für St. Arnaud bedeuteten seine Taten am 12. Oktober die Wiederaufnahme seiner militärischen Laufbahn, die ebenfalls mit dem Marschallstab von Frankreich für ihn endete.

Am 5. Dezember gab es in Paris zu Ehren der heldenhaften Toten von Constantine die Erstaufführung des gewaltigen Requiems von Berlioz mit 450 Sängern und Musikern. Die Generäle beklagten jedoch weiterhin das Verhalten der Legionäre, wenn sie nicht im Gefecht waren, wobei sie immer auf die gleichen Probleme hinwiesen: Desertation, Insubordination, Homosexualität, Selbstverstümmelung, Prügeleien und der Versuch, Geld für Alkohol zu bekommen durch den Verkauf beinahe jeden Gegenstandes der Ausrüstung und Uniform mit Ausnahme ihrer Tschakos, die in Nordafrika niemand kaufen wollte.

Ihre Offiziere reagierten zunehmend mit brutalen Strafen. Sogar Soult im weit entfernten Paris sah sich zum Protest veranlasst wegen des »unzureichenden Essens und der harten und oft ungerechten körperlichen Strafen. Brot und Wasser, die Peitsche und der Stock sind die Mittel, die angewendet werden, um Insubordination zu korrigieren. Das Ergebnis ist ein System der Repression, das unseren französischen Werten fremd ist.«[3]

Einige Kriegsgerichte waren abgeneigt, Deserteure der Legion zu verurteilen, weil die Bedingungen in den Strafabteilungen, in die sie geschickt wurden, so unmenschlich waren. Die Disziplin durch harsche Repressionen aufrechtzuerhalten, war eine Einladung zur Meuterei, ein Schreckgespenst, das nur durch eine Politik, nach der nationale Gruppen zersplittert und verteilt wurden, gebannt werden konnte. Aber 1839 und 1840 wurden so viele ehemalige Flüchtlinge der Karlisten rekrutiert, dass ganze Bataillone aus ihnen bestanden. Drei Kompanien dieser Männer, aus denen das 4. Bataillon bestand, kamen im März 1840 nach Algier. Vor dem Ende des Monats versuchten 30 von ihnen zu Abd el-Kader zu desertieren, nachdem sie ihre Offiziere ermordet hatten. Durch Glück oder Fehleinschätzung war nur ein Offizier verwundet, aber acht wieder festgenommene Meuterer wurden als abschreckendes Beispiel für ihre Kameraden erschossen.

Bis Mitte September war ein ganzes Bataillon von 600 ehemaligen Karlisten zur Ausbildung in Pau. Ob Kriminelle, wie einige ihrer französischen Offiziere glaubten, oder einfach Männer, die durch die jahrelange Kriegsführung der gebrannten Erde brutalisiert worden waren – sie waren sicherlich Schuld an dortigen Vergewaltigungen, Diebstählen und Morden. Innerhalb von Tagen nach ihrer Ausschiffung in Algier desertierten 44 mit ihren Waffen, was immer als Kapitalverbrechen betrachtet wurde. In den Spitzenjahren der spanischen Rekrutierung lag die Desertationsrate bei bis zu 11,9 Prozent und die niedrigste Rate bei 6,8 Prozent. Diese Ziffern erzählen nicht die ganze Geschichte, weil »Desertation« auch die Abwesenheit von der eigenen Einheit über sechs Tage oder mehr bedeutete und viele Männer zurückkehrten oder gefangen genommen wurden und deshalb nur technisch abwesend aber nicht geflohen waren.[4]

Ein Beispiel dafür, wovor sie flohen, war die Belagerung von Melyana. Am 8. Juni 1840 eroberte eine zusammengesetzte französische Truppe diese strategisch wichtige Stadt, die von Abd el-Kader als eines seiner Widerstandszentren im Chélif Tal befestigt worden war. Melyana lag 700 Meter über dem Meeresspiegel an den südlichen Flanken der Zaccar Gharbi und beherrschte das Tal in Richtung Süden und Osten. Kaum war sie durch die Franzosen eingenommen, wurde sie von mehreren tausend Arabern belagert. Die Garnison, die aus einem Legions-Bataillon, einem der 3. Tirailleurs und einer Handvoll Artilleristen und Pioniere bestand, hielt sie den ganzen glühend heißen Sommer hindurch fern.

Im Herzen des Gebietes von el Kader gab es keine Nachschubmöglichkeit. Verdorbenes Wasser und die strenge Essenrationierung, die nur eine karge Mahlzeit pro Tag erlaubte, führten zu vielen Krankheiten und Todesfällen. Am 4. Oktober, als sich die Entsatzkolonne endlich ihren Weg erkämpft hatte, war die Hälfte der ursprünglichen Besetzung der Garnison gestorben und die restlichen Männer waren so ausgemergelt, dass nur 150 eine Waffe halten konnten. Die Kondition von allen war derart schlecht, dass nur 70 von den ursprünglich 1.232 überlebten.

Während der Belagerung waren 25 Legionäre desertiert. Es ist nicht bekannt, was aus ihnen geworden ist, obwohl el Kaders Berater Marius Garcin zwei Bataillone europäischer Deserteure, ein Kavallerie-Schwadron und einige ausgebildete Artilleristen registrierte. Die Deserteure, die die Strapazen des Lebens in der arabischen Miliz nicht aushalten konnten, wanderten hoffnungslos von Stamm zu Stamm auf der Flucht vor französischer Vergeltung. Sie verdienten einen erbärmlichen Lebensunterhalt, indem sie vorgaben, sich mit moderner europäischer Medizin auszukennen, bis sie selbst an Krankheit starben oder ermordet wurden.

9

Ein Kopf auf einem Speer

ALGERIEN, 1840–49

Der Zustrom von Flüchtlingen, die in Frankreich unerwünscht waren, ließ die Zahlen bis zum 30. Dezember 1840 kräftig ansteigen, als die »neue« Legion trotz der wenigen erfahrenen Unteroffiziere in zwei Regimenter geteilt wurde. Das erste Regiment aus vorwiegend nordischen Legionären wurde anfangs in Algier stationiert und erweiterte ab 1843 seine Reichweite bis in die Oranais. Das zweite, das aus Männern aus dem Mittelmeerraum bestand, wurde in Constantine stationiert, um den Osten des Landes abzudecken.

Nach seinem Erfolg gegen el-Kader 1836 war Bugeaud nach Frankreich zurückgekehrt. Er machte keinen Hehl aus seiner Überzeugung, dass das ganze nordafrikanische Abenteuer eine lächerliche Verschwendung von Leben und Geld war, weil der Maghreb nie ausreichend unterworfen werden würde und wenn doch, war das Land größtenteils unfruchtbar und deshalb für eine Kolonisierung ungeeignet. Da er nach seiner erzwungenen Pensionierung 1815 mehrere Jahre als Bauer in Frankreich verbracht hatte, sprach er aus persönlicher Erfahrung, und hatte für sich das Motto *ense et aratro* – was »durch Schwert und Pflug« bedeutet – gewählt. Aber jeder Mann hat seinen Preis, und Bugeauds Preis war das Angebot des Generalgouverneurspostens, als Valée pensioniert wurde.

Bei seiner Rückkehr nach Algier am 22. Februar 1841 stellte Bugeaud fest, dass es seit seiner Niederlage am Fluss Sikkak extrem schwierig geworden war, el-Kader in eine Schlacht zu verwickeln, noch nicht einmal durch leicht bewaffnete Kolonnen, die längere Zeit ohne Artillerie oder Rationen waren. Er war durch den immer größeren Aktionsradius der Franzosen gezwungen worden, seine feste Hauptstadt für seinen Staat innerhalb eines Staats zu verlassen. So hatte er auf das *smala*, ein mobiles Feldlager von 3.000 Zelten zurückgegriffen, von dem aus er sein Volk regierte und den Widerstand gegen die Franzosen organisierte. Jedes Mal, wenn die Invasoren zu nah kamen, wechselte er seinen Standort.

Bugeauds Methode, el Kader zu schlagen, war, dessen Leute bis zur Unterwerfung aushungern zu lassen. Die *razzia*, die von der arabischen *rhâzya* abgeleitet war, war ein Strafüberfall in der Stammeskriegsführung. Bugeaud erhob sie zu einer Strategie: »Dörfer zerstören«, sagte er, »Obstbäume fällen, die Ernte verbrennen, die Getreidevorräte leeren, Schluchten und Höhlen suchen, um die Frauen, Kinder und alten Leute zu finden. Das ist der einzige Weg, diese stolzen Gebirgsmenschen zu schlagen.«[1] Sogar Dattelpalmen wurden gefällt, um ein Gebiet für Jahre zu veröden, bis neue Palmen wieder Früchte produzieren konnten. Vieh wurde weggetrieben und Brunnen vergiftet. Das war totaler Krieg.

Eine Kette befestigter Versorgungsdepots erweiterte die Reichweite von Bugeauds fliegenden Kolonnen. Eines dieser Depots bei Sidi bel Abbès, einem Ort 100 Kilometer südlich von Oran, der vorher nur durch das Grab eines heiligen Mannes bekannt war, sollte das Heim der Legion werden. Gemäß einer königlichen Verordnung wurde eine Kommission einberufen, um dort eine komplette Stadt mit einer massiven Legions-Kaserne als Zentrum zu entwerfen und zu bauen. Mit einem derartigen Schutz stieg die anfängliche Bevölkerung von 431 rasch auf 5.259 im Jahr 1859.

Der Vorteil der *razzia*-Kriegsführung sowohl für die Offiziere als auch für die Männer war, dass die Beute unter allen Rängen aufgeteilt wurde. Die neue Politik wurde auch von Rekrutierungsoffizieren benutzt, um einheimische Infanterie und Reiter anzuwerben. Sie wurde jedoch in Frankreich auch viel kritisiert und sogar von einigen Offizieren in l'Armée d'Afrique. Die Taktik bedeutete einen raschen und heimlichen Vorstoß. Sobald alle Fluchtmöglichkeiten von der einheimischen Spahi-Kavallerie blockiert worden waren, wurden jeder einzelne Mann in dem angegriffenen Lager sowie viele der Frauen und Kinder getötet.[2] Jüngere Frauen, die sich fügten, wurden mitgenommen und als »freie Ehefrauen« benutzt. Einige Tiere wurden geschlachtet und vor Ort gegessen. Das war das erste frische Fleisch, das die Männer seit Monaten gegessen hatten. Alles, was gebraucht werden konnte, wurde zerstört oder gestohlen, unterirdische Silos wurden geleert und die Herden, manchmal Tausende von Tieren, zum Verkauf in den Norden getrieben.

Bugeaud hielt wenig von der Legion, ob für *razzias* oder sonstige Einsätze. Er schrieb am 18. Juni 1842 an Soult,[3] dass die Rekrutierung ausländischer Flüchtlinge aufhören solle, weil die Qualität dieser Soldaten so beklagenswert sei. Er wies auf verschiedene Mängel hin. Unter anderem seien sie keine guten Kämpfer und nicht fit genug, um in der Hitze eines nordafrikanischen Sommers zu marschieren. Am Fluss Sikkak musste er zwei neu eingetroffene Regimenter aus diesem Grund zum Stützpunkt zurückschicken.[4] Sobald die Rekrutierung aufhöre, so argumentierte er, würden die Verluste durch Krankheit sowie im Gefecht die Anzahl der Legionäre reduzieren, bis die letzten wenigen in andere Einheiten übernommen werden und die Offiziere ausgemustert oder in den Ruhestand geschickt werden konnten.

Seine Bitten wurden nicht beachtet. Das Verschiffen unerwünschter männlicher Einwanderer nach Nordafrika war Teil der französischen Innenpolitik geworden, und die vage Idee, dass Frankreich ein Imperium in Nordafrika hatte, war für seine Regierenden eine Art Ausgleich für die stark zurückgegangene Rolle, die es in Europa spielte. Andere Requisiten des nationalen Stolzes in diesem Jahr waren die Rückgabe von Napoleons Leichnam durch die Briten, der nun in einem opulenten Schrein im Invalidendom aufgebahrt werden konnte, sowie der Bau der Säule auf dem Place de la Bastille. Die Säule wurde von einer bronzenen Statue des Geistes der Freiheit gekrönt. Im Sockel der Säule befand sich ein Mausoleum, in dem die Überreste der 615 Opfer der Juli-Revolution aufbewahrt wurden.

In dieser chauvinistischen Stimmung konnte der »Alte Bugeaud« flehen, soviel er wollte. Er konnte die Legion nicht loswerden und wurde ironischerweise in Ermangelung eines anderen Kandidaten Vater dieses Bastards, den keiner haben wollte. Zu den Verbesserungen, die er einführen sollte, gehörte die Verschlankung des vorschriftsmäßigen, europäischen 40-Kilogramm-Tornisters, der eine grausame Last für die Männer war, die in der Hitze des Hochsommers marschierten. Noch wichtiger war seine Einführung der *razzia*-Kriegsführung, die dem oft tödlichen *cafard* in den Außenposten der Mitidja-Ebene mit ihren betrunkenen Schlägereien und dem endlosen Zyklus von Disziplinlosigkeit und Strafe ein Ende setzte. Die neue Politik, mit leichtem Gepäck zu marschieren und von dem zu leben, was das Land hergab, brachte Offiziere, Unteroffiziere und gewöhnliche Soldaten einander näher, denn sie aßen das gleiche Essen und lebten unter den gleichen Bedingungen.

Ein Fehler eines jeden von ihnen konnte zum Verlust vieler Leben führen. In einem Gebiet, in dem jeder Einheimische ein Feind war, war es besser, bei der Kolonne zu bleiben, sogar dann, wenn man von chronischer Ruhr entkräftet war, blutende Füße voller Blasen und Schuhwerk mit Löchern hatte, als zurückzubleiben und einen qualvollen Tod durch Araber zu riskieren, deren Familien von den Franzosen getötet worden waren. Krankmelden war nicht empfehlenswert. Einem polnischen Regiments-Chirurgen namens Ridzeck verbluteten 17 Legionäre, die an Hitzschlag litten, ein Zustand, der in seinem Heimatland selten vorkam. Er war verärgert, weil sie nicht auf seine Behandlung reagierten, und führte eine Autopsie durch, indem er den Schädel eines seiner Opfer mit einer Axt spaltete, um das Gehirn zu untersuchen. Danach wurde Äther mit besseren Resultaten angewendet.

Im Jahre 1843 trug die Ankunft von Edme Patrice Maurice de MacMahon als Oberst des 2. Regiments viel dazu bei, seine Männer auf Vordermann zu bringen. Eine kleine Änderung trug Früchte: Die lächerlichen Tschakos wurden durch leichte Käppis mit einem Halstuch ersetzt, das den Nacken vor Sonnenbrand schützen sollte. Die Desertationen ließen nach und die Inspektions-Berichte verbesserten sich derart, dass die Legion begann, Offiziere anzuziehen, die echtes Soldatenleben mit schneller Beförderung erleben wollten, anstatt in einer provinziellen Garnison mit ihren Paraden und Drills, ihrem Snobismus und Beförderungen strikt nach Dienstalter sowie Spielen als einziger Entspannung zu verfaulen. Als er Kadett an der Militärakademie von St. Cyr war, äußerte Charles-Nicolas Lacretelle Ambitionen, den Dragonern beizutreten, aber ein höherer Offizier riet ihm, dass die Kavallerie erledigt sei, während die Infanterie in Algerien einem ehrgeizigen jungen Leutnant viel zu bieten habe. Die allerbeste Versetzung, so wurde Lacretelle erzählt, sei die Fremdenlegion, die mitten in jedem Schlachtgetümmel war. Lacretelle folgte dem Rat zum Erstaunen seiner Mitkadetten, die nie zuvor von der Legion gehört hatten.[5]

Im Jahr 1844 hatte das 2. Regiment dreizehn Hauptleute, sieben Oberleutnants und vier Leutnants ausländischer Nationalität. Am 15. März führte der Sohn von Louis-Philippe, der Herzog von Aumale, persönlich Einheiten des Regiments in dem erfolgreichen Angriff auf das befestigte Dorf M'chouneche im Aurès-Gebirge. Zuvor hatten es mehrere Linienregimenter nicht geschafft, das Dorf zu erobern. Danach bat der Herzog seinen Vater, das Regiment mit seiner eigenen Standarte zu ehren.

Man hatte von el Kader wenig gehört, seit sein *smala* am 16. Mai 1843 nur Minuten nach seiner Flucht erobert worden war. Er wurde sechs Monate lang von Versteck zu Versteck verfolgt und im November gezwungen, Asyl in Marokko zu suchen. Am 30. Mai 1844 kehrte er an der Spitze der Krieger des *caïd* von Oujda, einer Stadt mitten in marokkanischem Gebiet, nach Algerien zurück. Dabei bewegte sich zur Unterstützung eine marokkanische Armee bedrohlich nah an dem französischen Gebiet. Am 19. Juni machte Bugeaud ihnen einen Strich durch die Rechnung und besetzte Oujda. Am 4. oder 6. August bombardierte die Flotte von De Joinville Tanger als Hinweis an den Sultan von Marokko, sich nicht in Algerien einzumischen. Als das nicht funktionierte, schlug Bugeaud die marokkanische Armee am 14. August vernichtend bei Isly nahe Oujda. Nachdem Essaouira[6] am folgenden Tag genommen wurde, gab der Sultan nach und unterzeichnete am 10. September ein Abkommen mit Frankreich. Darin versprach er, Abd el Kader einzusperren oder zu verjagen, sollte er Marokko je wieder betreten.

Es waren bereits einige sehr ungewöhnliche Legionäre dabei. Im gleichen Jahr fand der Militär-Historiker Graf Pierre de Castellane bei einem Besuch eines typischen Legion-Forts bei Khemis Miliana, etwa 90 Kilometer südwestlich von Algier, heraus, dass unter den 300 Mann der Garnison der Sohn eines Geheimrats des österreichischen Kaisers Franz II., der Neffe eines Kardinals und der Sohn eines deutschen Bankiers waren sowie Oberleutnant Thomas Lansdown Parr Moore, ein Patensohn von Lord Byron, der vielleicht der erste Brite war, der in der Legion diente. Moore »nahm das Porträt einer schönen Frau von seiner Brust und bestaunte es ernsthaft, als er dachte, er sei unbeobachtet«.[7] War er der erste vor Liebeskummer vergehende Legionär?

Das Fort, in dem diese Männer jede Nacht eingeschlossen waren, war typisch für die Stützpunkte der Legion in Nordafrika in den nächsten hundert Jahren. Es bot für seine Insassen nicht mehr Komfort als die von den Römern gebauten Festungen und stand oft an den gleichen Orten. Das Bauwerk bestand aus einem Quadrat hoher Mauern, die in regelmäßigen Abständen von Schießscharten unterbrochen waren. Die mit Zinnen versehene Brustwehr sowie die Wachtürme an jeder Ecke waren über Treppen zugänglich und vor Geschossen geschützt, so dass es fast unmöglich war, das Fort in einem Überraschungsangriff zu nehmen. In diesem Fall war es aus Lehmziegeln gebaut, anderswo aus örtlichem Stein, und sie alle hatten ein einziges Einfallstor, das hoch genug war, dass ein Mann auf einem Pferd durchreiten konnte und breit genug für einen kleinen Karren. Die Männer schliefen in den Schlafsälen in Hängematten, drei Zimmer waren den Offizieren vorbehalten. Im Zentrum des Hinterhofs bei Khemis gab es eine Sonnenuhr, die aus dem Sockel einer römischen Säule gemacht worden war, sowie ein großer Baum, unter dem die Offiziere die Kühle des Abends mit ihren Absinth-Gläsern genossen. Es gab keine andere Ablenkung von der nackten, sonnenverbrannten Erde und den Ziegelsteinmauern, die die Männer buchstäblich verrückt vor Langeweile machten.[8]

Bei seiner Inspektion 1844 stellte General François de Barail wenig überraschend fest, dass die Spanier des 2. Regiments die Legionäre waren, die sich den Bedingungen in Nordafrika am besten angepasst hatten, da sie größere Ausdauer hatten und besser in der Lage waren, ohne Wasser zu leben, als die größeren Männer des 1. Regiments aus dem Norden. Die Italiener wurden als die schlechtesten Soldaten bewertet, gefolgt von 40 Engländern, die aus dem Expeditionskorps von Evans in Spanien desertiert waren. Eines ihrer Mankos war, dass sie nicht mit den Grundrationen auskamen, sondern doppelt so viel Essen wie die Spanier benötigten.

Ein erstes Beispiel für den britischen Zusammenhalt, der als »die englische Mafia« bekannt wurde, war, dass alle diese Männer zusammen ausfielen, wenn einer auf dem Marsch erschöpft war. Einmal schickte MacMahon ihnen ein Schwadron einheimischer Kavallerie, die vorgaben, el-Kaders Männer zu sein und einen Scheinangriff machten, bei dem sie in die Luft feuerten, um sie zu erschrecken, damit sie weiter marschierten. Der Trick funktionierte nur einmal, weil die Briten das nächste Mal, als er ihn versuchte, ein Quadrat bildeten und auf die Spahis zurückschossen.

Am 18. März 1845 legte der Vertrag von Lalla-Marnia zum ersten Mal eine klar definierte Grenze zwischen Marokko und Algerien fest, das dem Kriegsministerium unterstellt war und in drei militärische Regionen aufgeteilt wurde, mit Oran im Westen, Algier im Zentrum und Constantine im Osten als Basis.

In diesem Jahr gab es im Juni auch einen der schlimmsten Exzesse der *razzia*-Kriegsführung: Oberst Aimable Jean-Jacques Pélissier legte Feuer an den Eingängen einiger Höhlen, in denen 500 Mitglieder des Stammes Ouled-Rhia Zuflucht gesucht hatten, mit der Absicht, sie zu ersticken. Es gab Proteste in Paris, als man erfuhr, dass seine Truppen die Höhlen zwei Tage später betreten hatten und jeden Mann, jede Frau und jedes Kind tot vorfanden. In dem höllischen Zyklus von Gräueltat und Vergeltung wurde am 22. September eine französische Kolonne bei Sidi Brahim massakriert. Dann tötete el Kader am 24. April 1846 seine vielen Gefangenen, um seinen Rückzug nach Marokko zu beschleunigen. Er wurde von den Truppen des Sultans zurückgeschlagen und gezwungen, nach Algerien zurückzugehen.

Am 5. Mai 1847, nachdem die Regierung seine Vorschläge ablehnt hatte, Algerien zu kolonialisieren und den Veteranen Land zuzuteilen, so wie die Römer es getan hatten, trat Bugeaud zurück. Sein Nachfolger als Generalgouverneur war der Herzog von Aumale. Am 23. Dezember, nachdem er die Franzosen anderthalb Jahrzehnte bekämpft hatte, ergab sich el Kader schließlich dem rücksichtslosen General Lamoricière, der als Teil seiner Terrorstrategie gewöhnlich die Rationen seiner Truppen reduzierte, so dass sie gezwungen waren, arabische Dörfer zu plündern.[9] Der gefangene algerische Führer wurde in einer Parade als Berühmtheit oder Kuriosität durch Paris geführt und dann in Toulon und Pau unter Hausarrest gestellt, bevor er dem Luxusgefängnis Château d'Amboise übergeben wurde. Ironischerweise trat einer seiner Urenkel fast ein Jahrhundert später in die Legion ein und diente nach dem Zweiten Weltkrieg in Vietnam und Algerien.

Im folgenden Jahr ergab sich auch Bey Hajj Ahmed von Constantine und ihm wurde erlaubt, mit seinem Harem und Haushalt in ein wenig Luxus in Algier zu leben. Als die Legion immer stärker respektiert wurde, versagte ironischerweise die Regierung, die sie geschaffen hatte. Für die privilegierte Mittelklasse war Paris immer noch die Hauptstadt der Toleranz, in der ein Dichter wie Charles Baudelaire und Premierminister Adolphe Thiers gleichermaßen ihre Mätressen zur Schau stellen konnten – oder drei von ihnen, wie in dem Fall des molligen, kleinen Thiers, der sich für sein Vergnügen neben Madame Thiers, die Frau eines Kollegen und deren zwei Töchter hielt.

Aber aus der Strömung der politischen Unruhe in Frankreich wurde eine Flut. Das Jahr 1848 begann mit dem Aufkommen von Arbeiterparlamenten in jeder Stadt. Dort konnte jeder Mann seine Meinung äußern, und ein paar mutige Frauen wie Flora Tristan ergriffen auch das Wort. Hätte ein Redner seine Zuhörer an die ursprünglichen liberalen Sehnsüchte der Juli-Monarchie erinnert, hätte man ihm nicht geglaubt. Streiks wegen der Preise für Kartoffeln und Brot, Streiks wegen der Lebenshaltungskosten im allgemeinen, Streiks wegen der Löhne, die an die Arbeiter bezahlt wurden, und wegen des Problems der Arbeitslosigkeit, schwächten Louis-Philippe schließlich derart, dass das simple Feuern eines weiteren Ministerpräsidenten nicht die Lösung gewesen wäre.

Am 24. Februar 1848 dankte er nach einer weiteren »blutigen Angelegenheit« ab. Viele Arbeiter hatten sich außerhalb der Residenz von François Guillaume Guizot, seinem letzten Premierminister, der an dem Tag zurückgetreten war, versammelt. Um die Ordnung wieder herzustellen, erschossen Soldaten des 14. Linien-Regiments 52 von ihnen. Es war zwecklos für Louis-Philippe, seine Krone auf den Kopf seines Enkels, des Herzogs von Paris, zu setzen, weil die Bevölkerung die Bourbonen nicht mehr sehen wollte. Königin Marie-Amélie drängte ihren Ehemann, Frankreich zu verlassen, bevor sie auf die Idee kämen, sie so zu behandeln, wie sie es mit ihrer Namensvetterin Marie-Antoinette 55 Jahre zuvor getan hatten.

Die Reaktion der Abgeordnetenkammer auf die Erbfolge des Herzogs von Paris war ein hohles Lachen. Eine Übergangsregierung wurde gebildet, aber die Revolution lag in der Luft. Um die Pariser zu beeindrucken, hielten 400.000 Soldaten der Nationalgarde und der Armee am 20. April auf offenem Gelände westlich des Triumphbogens eine Parade ab und wurden dort mit neuen Standarten beschenkt. Anschließend traten sie aus dem Glied und verbrüderten sich mit der Menge. Am 4. Mai wurde die Zweite Republik proklamiert. Aber diejenigen, die erleichtert aufatmeten, dass dies ohne zuviel Blutvergießen bewerkstelligt worden war, mussten das elf Tage später noch einmal überdenken. An diesem Tag drängelte sich eine große und laute Menschenmenge, die von der Gesellschaft für Menschenrechte aufgestachelt worden war, unter dem Vorwand, eine Petition verlesen zu wollen, Trikolore-Fahnen schwenkend in die National-Versammlung, um militärische Unterstützung in das notleidende Polen zu schicken. Anschuldigungen und Gegenbeschuldigungen flogen hin und her. Eine alternative Regierung wurde proklamiert. Eine Stunde später wurden deren Führer verhaftet.

Im nächsten Monat wurde der Erzbischof von Paris am hellichten Tag auf offener Straße ermordet. Am 21. Juni schloss das Ministerium für Öffentliche Baumaßnahmen sein Pariser Depot, das eingerichtet worden war, um tausenden Arbeitern beim Wiederaufbau der Stadt des Lichts, Arbeit zu vernünftigen Löhnen zu garantieren. Arbeitnehmern unter 25 wurde befohlen, in die Armee einzutreten; denjenigen, die älter waren, wurde verboten, in der Hauptstadt zu bleiben, es sei denn, sie konnten einen mindestens sechsmonatigen Wohnsitz vorweisen.

Die Antwort der Arbeiter kam rasch. In den Arbeitervierteln im Osten von Paris wurden Barrikaden errichtet, die die Armee mit Kanonen- und Musketenfeuer angriff. Als General Bréa die Linien überquerte, um in der Hoffnung zu verhandeln, noch mehr Blutvergießen zu vermeiden, wurde er von drei Arbeitern langsam vor den Augen seiner Truppen erwürgt. Am 26 Juni, als die Trümmer weggeräumt wurden, verkündete sein Kollege General Louis-Eugéne Cavaignac stolz den Sieg der Ordnung über die Anarchie, die von seinem eigenen Bruder Godefroi Cavaignac, dem Präsidenten der Gesellschaft für Menschenrechte, provoziert worden war. Keiner von beiden Brüdern war dazu bestimmt, erster Präsident der Zweiten Republik zu werden.

Prinz Louis Napoleon Bonaparte, ein opportunistischer Neffe des großen Kaisers, lebte in London in der Berkeley Straße 9 im Exil. Er demonstrierte sein Engagement für die öffentliche Ordnung, indem er bei der Unterdrückung der Chartisten-Unruhen als Hilfsschutzmann für besondere Anlässe diente. Obwohl es ihm verboten war, als Mitglied der Familie Bonaparte einen Fuß nach Frankreich zu setzen, war er unlängst in Abwesenheit zum Abgeordneten für die *départements* Paris, Yonne, Charente-Inférieure und Korsika gewählt worden. Nun, finanziert von zwei Freundinnen – Miss Elizabeth Harriet Howard lieh ihm über eine Viertelmillion Dollar, und seine Kusine Mathilde verpfändete ihre Juwelen für ihn – baute er sich in Paris als Kompromisskandidat für die Präsidentschaft der Zweiten Republik auf.

Als die Wahlergebnisse am 20. Dezember bekannt gegeben wurden, war Louis Napoleon Bonaparte der klare Sieger mit 5.434.226 Stimmen gegen 1.448.107 für seinen nächsten Gegner, General Cavaignac. Eine der ersten Handlungen des Präsidenten der Zweiten Republik war zu erklären, dass Nordafrika ein integraler Teil Frankreichs sei. Er führte auch das System ein, nach dem jeder Legionär, der fünf Jahre Dienst mit guter Führung absolviert hatte, das Recht bekam, die französische Staatsbürgerschaft zu beantragen. Und um Solidarität mit den leidenden Polen zu zeigen, durften alle Legionäre polnischer Nationalität abmustern. Im 1. Regiment in dem künftigen »Heim« der Legion in Sidi bel Abbès, südlich von Oran, nutzten

23 diese Gelegenheit, aber 17 davon änderten ihre Meinung innerhalb eines Monats wieder. Das 2. Regiment wurde schwerer getroffen, als sich auch 618 seiner italienischen Legionäre entschieden, eine ähnliche Großzügigkeit dem Botschafter von Piemont in Paris gegenüber auszunutzen.

In Algerien führten die ständigen *razzias* in einem Land, in dem das Leben schon hart genug war, zu einer Situation, in der nur Hass gedeihen konnte. Als die ersten Gerüchte von Unruhen in Frankreich, von herumziehenden jüdischen Händlern unter den Stämmen verbreitet wurden, erwarteten die Offiziere der Armée d'Afrique deshalb einen Aufstand im ganzen Land, der sie für immer aus Nordafrika herauswerfen würde. Dies passierte aber nicht, weil die meisten Führer, die die Feindseligkeiten hätten koordinieren können, tot oder im Exil waren. Ein Ereignis dieser Periode verdient jedoch Aufmerksamkeit, weil es zeigt, wie anders die französische Eroberung hätte ausgehen können, wenn die meisten ihrer Feinde nicht wegen ihrer anwesenden Familien und Herden so langsam gewesen wären.

Der Major der Legion Charles Haillard de St. Germain, der in der Grenzstadt Biskra stationiert war, hatte Verbindungen zum Bureau Arabe, einer Organisation, die einerseits Spione in die Stämme schickte und andererseits Steuern eintrieb und versuchte, Spannungen zu entschärfen, bevor sie in offene Feindseligkeiten ausbrachen. St. Germain, der angeblich das Auge und das Ohr der Armee war, war eine desaströse Berufung, da ihm die für einen solchen Posten erforderlichen Qualitäten völlig fehlten. Er entschied, dass die Stadt eine starke Festung brauche, und benutzte das 3. Bataillon des 2. Regiments als billige Arbeitskräfte. Den Kauf der Materialien finanzierte er, indem er die jährliche Steuer auf Palmen verdreifachte. Die wurde auf alle Bäume erhoben, nicht nur auf diejenigen, die Datteln trugen.

Am 18. Mai 1849 betrat Leutnant Joseph Seroka das befestigte Dorf Zaatcha, um dessen *caïd* Bouzian zu verhaften, weil der wegen dieser neuen Maßnahme Unruhe stiftete. Nach einem Handgemenge mit Helfern von Bouzian zogen sich Seroka und seine Eskorte aus Spahis zurück. Eine Hilfstruppe von 20 Spahis und einige *goumier* der einheimischen Infanterie fanden das Dorftor verschlossen.

Weil er kaum Truppen hatte, versuchte St. Germain zu erreichen, dass ein anderer Stamm die Arbeit für ihn tun würde, aber sie nutzten dies einfach nur als Ausrede, um alte Rechnungen zu begleichen. Das inspirierte den mächtigen Ouled Sahnoun, ein Zeltlager ihrer Erbfeinde neben dem Fort St. Germains anzugreifen. Nachdem die Ouled Sahnoun einigen Legionären, die am Bau beteiligt waren, gedroht hatten, vertrieb eine Salve sie, allerdings erst, nachdem sie viele der Bewässerungskanäle zerstört hatten, die für die Versorgung des Städtchens mit Nahrungsmitteln und Wasser lebenswichtig waren. Dies war eine ausdrückliche Erinnerung daran, dass St. Germain, nachdem er die Einheimischen ermutigt hatte, ihr eigenes Getreide anzubauen, den Markt für das Getreide der Ouled Sahnoun zerstört hatte, das traditionell gegen Datteln, die in und um Biskra angebaut wurden, getauscht wurde.

Einhundert Kilometer nordöstlich brach Oberst Jean-Luc Carbuccia mit St. Germain, 600 Legionären des dezimierten italienischen 2. Regiments, 400 Mann des

Strafbataillons d'Afrique und 250 Mann gemischter französischer und einheimischer Kavallerie, auf. Das Reisen in der trockenen Hodna-Ebene im Hochsommer war ausgemachte Idiotie. Das Lager der Ouled-Sahnoun wurde kurz vor der Morgendämmerung am 9. Juli überrascht und die Ouled-Sahnoun wurden massakriert. Anschließend beanspruchten Carbuccias Männer 2.000 Kamele und 12.000 Schafe als Beute. Carbuccia war wegen seines Sieges über die Ouled-Sahnoun hoch erfreut und brach auf, um dem aufsässigen *caïd* eine Lehre zu erteilen.

Die Ankunft seiner Kolonne in der Oase am 16. Juli genügte, um die Führer der unbefestigten Dörfer zu unterwerfen. Nur Bouzian fehlte, er befand sich in Sicherheit hinter den starken Mauern von Zaatcha. Ein Ausfall aus dem einzigen Tor kostete fünf Franzosen das Leben, zwölf wurden verwundet. Nachdem er die Mauern mit Artillerie mürbe geschossen hatte, befahl Carbuccia St. Germain, trotz des anhaltenden Feuers aus den Schießscharten, anzugreifen. Ein paar Legionäre erreichten die Mauern fast, bevor sie durch einen Graben stehenden Gewässers, den eine entsprechende Aufklärung schon früher angezeigt hätte, gestoppt wurden. Bis Einbruch der Nacht, als sich St. Germain zurückzog, hatten seine Legionäre 14 Tote und 71 Verwundete zu beklagen.

Nach drei Tagen Scharmützeln begriff Carbuccia, dass es keine Zukunft hatte, Zaatcha in der Mitte des Sommers zu belagern, und er zog sich nach Biskra zurück. Sein Versagen löste in jenem Sommer eine Reihe von Geschehnissen aus, und bei einem davon wurde St. Germain getötet. Die Rache begann mit dem kühleren Wetter am 7. Oktober, als eine Truppe von 4.493 Mann unter Oberst Herbillon am frühen Morgen, nach einem Gewaltmarsch bei Nacht, außerhalb von Zaatcha ankam. Etwa ein Viertel der Truppe bestand aus Legionären. Der Pionieroberst schlug einen Angriff auf drei Achsen vor, aber Herbillon weigerte sich, seine Truppen aufzuteilen. Er verhinderte auch nicht, dass das einzige Tor von Zaatcha benutzt werden konnte, so dass das Dorf jede Nacht Verstärkungen und Versorgungsgüter erreichten.

Die Belagerung mit Erdarbeiten, Barrikaden aus Palmen, Kanonenfeuer, Angriffen und Ausfällen, die die Oase zerstörten, ging bis zum 8. November weiter, als eine Kolonne von 1.200 Zouaven als Verstärkung unter General Canrobert ankam. Die Freude der Belagerer war von kurzer Dauer, als sie begriffen, dass seine Männer die Geißel der Cholera mitgebracht hatten. Es waren die Zouaven, die schließlich in Zaatcha einbrachen. Sie massakrierten jeden Einwohner und überreichten Canrobert den Kopf von Bouzian, der im Boden vor seinem Zelt auf einer Lanze aufgespießt wurde. Die Gesamtverluste der Franzosen waren wegen der enormen krankheitsbedingten Ausfälle schwer zu ermitteln, allerdings schien die Legion 193 Tote und 804 Verletzte verloren zu haben – für welchen Gewinn, lässt sich schwer sagen.

10

Chaos auf der Krim

1851–55

Nachdem er seinen Feldzug gegen die Kabylen – zumindest in seinen eigenen Augen – erfolgreich abgeschlossen hatte, kehrte St. Arnaud im Juni 1851 nach Paris zurück. Seine Belohnung war die Ernennung zum Kriegsminister am 27. Oktober, in Vorbereitung auf einen Coup d'Etat, in dem er eine Schlüsselrolle spielen würde. In der Nacht vom 1. auf den 2. Dezember 1851 mobilisierte er 50.000 Soldaten, um Schlüsselstellen in und um Paris zu besetzen. Die Nationalversammlung wurde aufgelöst, 240 Abgeordnete wurden verhaftet und 380 protestierende Arbeiter und liberale Sympathisanten, die Barrikaden besetzten, kurzerhand erschossen.[1]

In den darauf folgenden zwei Wochen wurden insgesamt 26.884 Menschen verhaftet, die dem Coup gegenüber als ablehnend betrachtet wurden. Etwa 9.000 von ihnen wurden in der gleichen Weise nach Algerien transportiert, wie die Briten ihre unerwünschten Personen verschifften, um Australien und andere Kolonien zu bevölkern. Am unglücklichsten waren die 198, die auf die fieberverseuchte Teufelsinsel in Cayenne geschickt wurden, von der wenige jemals zurückkehrten. Arbeiter und Bauern hatten einen schrecklichen Preis an Menschenleben für den Ehrgeiz von Napoleon I. bezahlt und wenig Lust, *la gloire de la France* unter seinem Neffen wieder zu etablieren. Sie wollten lieber genug Geld in den Fabriken verdienen oder von den Lebensmitteln, die sie auf dem Land produzierten, genug behalten dürfen, um anständig zu leben. Der weit verbreite Widerstand in ganz Frankreich gegen den Coup von Louis Napoleon Bonaparte wurde rücksichtslos unterdrückt.

Als Datum für den Coup wurde das Jubiläum von Napoleons großem Sieg bei Austerlitz gewählt, und genau ein Jahr später, am 2. Dezember 1852, wurde das Zweite Kaiserreich mit Louis Napoleon Bonaparte als Kaiser Napoleon III. verkündet. Mit dem Slogan »Das Empire ist für Frieden« stellte er die Wahrheit auf den Kopf und suchte gleichzeitig nach einem leicht zu gewinnenden Krieg, um dem Rest von Europa zu zeigen, dass Frankreich wieder eine starke Macht sei, mit der man rechnen könne. Da Frankreich aber weder die Armee noch das Geld hatte, allein einen Krieg im großem Stil zu führen, fiel ihm der Krim-Feldzug als Glück, das manchmal den Falschen begünstigt, in den Schoß und löste das Problem.

Offensichtlich ging es bei diesem Krieg um die Religion. In der osmanischen Provinz Palästina markierte die Geburtskirche im judäischen Bethlehem die Stelle, an der, nach der Entscheidung der beeindruckenden Mutter des römischen Kaisers Konstantin, St. Helena, Christus geboren wurde. Russisch-orthodoxe Mönche wollten einen Stern auf das Dach setzen, aber sie wurden von römisch-katholischen Mönchen in einem Kampf daran gehindert, der so heftig war, dass mehrere starben. In seiner Rolle als »Beschützer der orthodoxen Gläubigen im Osmanischen Reich« unterstellte Russlands Zar Nikolai I. den örtlichen Behörden, dass sie die Morde absichtlich angestiftet hätten. Er erklärte deshalb der Türkei den Krieg, um die orthodoxen Mönche vor weiterer Gewalt zu schützen, während das katholische Frankreich sich natürlich auf die andere Seite der Auseinandersetzung schlug.

Die wahren Ursachen dieses Krieges haben ihre Wurzeln in dem Kampf mehrerer aufeinander folgender Zaren, »ans Meer zu gelangen«, um ihre territorialen Besitztümer von dem winzigen, landumschlossenen Fürstentum Moskau nordwärts zum Weißen Meer, westwärts zu den eisfreien Häfen in der Ostsee, ostwärts zum Pazifik und südwärts zum Schwarzen Meer zu erweitern. Dabei schufen sie ein Imperium, das sich von St. Petersburg über Nordeuropa und Asien bis nach Wladiwostok erstreckte. Nachdem Peter der Große in Holland Schiffbau studiert hatte, besaßen sie zudem eine stetig wachsende Marine, wobei deren Nutzwert dadurch beeinträchtigt wurde, dass sie geographisch in vier Flotten aufgeteilt wurde.

Die Weißmeer-Flotte, die in Archangelsk stationiert war, konnte nur in See stechen, wenn es die Eisverhältnisse erlaubten. Die fernöstliche Flotte war zu weit von Europa entfernt, um dort überhaupt nützlich zu sein, und sollte im Wesentlichen die asiatische Küste vor japanischen und amerikanischen Übergriffen schützen. Der Einsatz der Baltischen Flotte hing davon ab, wer die dänischen Meerengen kontrollierte, und die Schwarzmeerflotte konnte nur mit der Erlaubnis des osmanischen Imperiums, das den Bosporus und die Dardanellen kontrollierte, ins Mittelmeer fahren.

Dieses Recht war vertraglich garantiert, aber Nikolai I. sah die uneingeschränkte Kontrolle über die Straße, als Russlands ersten Schritt zum Weltmachtstatus. Im Juli 1853 pochte er auf seine Verantwortung, für die in Bethlehem getöteten Mönche, als Ausrede dafür, die Donaufürstentümer westlich des Schwarzen Meeres im heutigen Rumänien zu überfallen. Dieser Schachzug war nur der letzte in einer Reihe von Erdbeben an der Schnittstelle zwischen dem expandierenden russischen Imperium und dem kollabierenden osmanischen Reich. Die gab es seit 1676, und Russland hatte dadurch sukzessive seine europäischen Grenzen südwärts zum Schwarzen Meer, südwestlich zum Fluss Prut und südlich zum Kaukasusgebirg in Asien verschoben.

Frankreich und Großbritannien schuldeten der Hohen Pforte keinen Gefallen, aber niemand wollte, dass die russische Schwarzmeeflotte im Mittelmeer ungehindert kommen und gehen konnte. In einer Kehrtwende, die George Orwells *1984* würdig wäre, gab Frankreich seine immer wieder aufkommenden Feindseligkeiten wegen der griechischen Unabhängigkeit gegen die Türkei auf und Napoleon III. erhielt von der Hohen Pforte den Status »Beschützer der heiligen Stätten Jerusalems« gewährt. Großbritanniens Motiv war einfacher: ein beständiges Misstrauen gegenüber Russlands begehrlichem Auge auf Indien.

Louis-Philippe und die junge Königin Victoria hatten sich gegenseitig Staatsbesuche abgestattet; das war der Anfang von dem, was später als Entente Cordiale bekannt wurde. Napoleon III. selbst hatte glückliche Jahre im Exil nördlich des Ärmelkanals verbracht. Ein gemeinsamer Krieg gegen das entfernte Russland schien beiden Ländern eine gute Gelegenheit zu sein, dem Österreichischen Reich das Potenzial der Allianz zu zeigen, ohne das kontinentale Machtgleichgewicht zu stören.

Am 23. September 1853 wurde die Royal Navy nach Konstantinopel befohlen. Derart ermutigt griff die türkische Armee unter Omar Pasha am 4. Oktober die russischen Besatzer in den Donaufürstentümern an und errang einen Sieg bei Oltenitza, dessen Wirkung aber mehr als verpuffte, als die Russen die türkische Flotte kurz danach vor Kap Sinop, 300 Kilometer nordöstlich von Ankara, zerstörten.

Am 3. Januar 1854 bekämpften französische und britische Kriegsschiffe russische Schiffe im Schwarzen Meer, um türkische Transportschiffe zu schützen. Davon unbeirrt stießen russische Truppen am 20. März nach Süden in osmanisches Gebiet im heutigen Bulgarien vor. Sieben Tage später erklärten Großbritannien und Frankreich Russland den Krieg. Gemäß Allianzvertrag vom 10. April erreichten die ersten anglofranzösischen Truppen am 30. Mai Varna in Bulgarien und landeten mitten in einer Choleraepidemie.

Inzwischen war Österreich nicht untätig gewesen, es zog 50.000 Mann unter Waffen in Galizien und Transsilvanien zusammen, um der russischen Bedrohung in den Donaufürstentümern zu begegnen. Dass der Krieg nicht eskalierte und ganz Europa in Flammen steckte, war größtenteils einem preußischen Kavallerieoffizier mit einem außergewöhnlichen Talent für Diplomatie zu verdanken. Edwin von Manteuffel wurde von König Friedrich Wilhelm IV. von Preußen nach St. Petersburg geschickt, wo er Zar Nikolai I. überzeugte, die russischen Truppen aus den Donaufürstentümern zurückzuziehen. Danach reiste er sofort nach Wien, wo er als nächstes Österreich überredete, im Gegenzug nicht in den Krieg gegen Russland einzutreten. Trotzdem lehnte der Zar die Abmachungen ab, die von Frankreich, Großbritannien, Österreich und Preußen am 8. August 1854 auf der Friedenskonferenz in Wien vorgeschlagen wurden, aber von Manteuffel hatte zumindest die Genugtuung zu wissen, dass ein europäischer Krieg vermieden worden war.

Zu diesem Zeitpunkt hatten die Westmächte ihren Mut bewiesen, und Russland hatte sich mit einer blutigen Nase zurückgezogen. Aber obwohl es unmöglich war, das Land, das Napoleons Grande Armée 1812 zerstört hatte, zu erobern, entschieden sich Paris und London, Truppen zu entsenden, um den russischen Hauptmarinestützpunkt Sewastopol auf der Krim zu erobern und zu zerstören und den Bären für eine lange Zeit in seinen Käfig zurückzutreiben.

Als französischer Kriegsminister befürchtete St. Arnaud die Folgen, die Armée d'Afrique von ihrer Aufgabe abzuziehen, die darin bestand, Algerien zu erobern und zu kontrollieren. Aber sie war nun einmal die einzige im Feld erprobte Truppe, die Frankreich besaß. Entsprechend verordnete Napoleon III. am 10. Mai, dass Algerien Kontingente für die Expeditionstruppe bereitstellen solle, um den schlechten Ausbildungsstand der regulären Regimenter auf französischem Boden auszugleichen. Für die Legion bedeutete dies, dass jedes der zwei Regimenter zwei Infanteriebataillone für eine gemeinsame Brigade für die Krim bereitstellen musste. Ein fünftes Bataillon, ebenfalls vom 1. Regiment, sollte das Brigadedepot bemannen, das im türkischen Marinestützpunkt Gallipoli auf der europäischen Seite der Dardanellen stationiert war.

Der Grund, weshalb Bonaparte seinen Kriegsminister in dieser Weise überstimmte, mag in dem Rat liegen, den er von dem korsischen General Jean-Luc Carbuccia bekam, der die Schmach seiner Niederlage von Zaatcha nach dem Coup durch bedingungslose Ergebenheit gegenüber dem neuen Kaiser Frankreichs wettmachte. Was auch immer die ganze Geschichte war, die fünf Bataillone der Legion, die sich unter den französischen und britischen Truppen befanden, die im Sommer in der Türkei landeten, sollten von ihrem alten Feind Cholera dezimiert werden, bevor sie auch nur einen Russen erblickten. Auch St. Arnaud war krank. Dies veranlasste ihn noch mehr als der Protest gegen die Entscheidung von Napoleon III., als Kriegsminister zurückzutreten. Er starb an Auszehrung und hustete mit peinlicher Häufigkeit Blut in sein Taschentuch. Die Annahme des Postens eines Oberbefehlshabers der französischen Expeditionstruppe schien ihm zumindest ein letztes bisschen Ruhm zu garantieren, bevor er starb.

General Canrobert hatte wie Carbuccia im Dezember 1851 beim Coup eine aktive Rolle gespielt und wurde mit der Führung einer Division in dem anfangs 37.000 Mann starken französischen Kontingent von 3.200 Pferden und Mauleseln belohnt. Er inspizierte die Bataillone des 2. Regiments, in dem er Oberst gewesen war, und wählte acht Elite-Kompanien, um ein *bataillon de marche* zu bilden, das die schweren Verluste durch die Cholera ersetzen würde.

Obwohl der Geschichtsunterricht in den britischen Schulen behauptet, dass Lord Raglans britisches Kontingent die Haupttruppe in den alliierten Armeen war, war es nach Verlusten durch Cholera, Ruhr und Typhus tatsächlich das kleinste Kontingent. Gegenüber den 22.000 Türken auf alliierter Seite standen sie im Verhältnis eins zu zwei, gegenüber den französischen Truppen war das Verhältnis sogar eins zu neun. Londons begrenztes Interesse an dem Feldzug war mit der Wahl von Raglan als Oberbefehlshaber des britischen Kontingents offensichtlich. Nachdem er 40 Jahre zuvor als Militärsekretär des Herzogs von Wellington gedient hatte, bezeichnete der 67-jährige Peer den russischen Feind häufig als »Franzmänner«. Dies war kein glückverheißender Zug in dem gemeinsamen Kommando, das er sich mit St. Arnaud teilte.

Dies ist die verwickelte Geschichte, wie 4.500 Mann, die in die Legion eingetreten waren, um Frankreichs Krieg in Afrika zu kämpfen, im September 1854 auf der Krimhalbinsel an Land gingen, um den Festungshafen Sewastopol mit einer Garnison von 135.000 russischen Matrosen, Marineinfanteristen und Armeeeinheiten lange zu belagern.

Am 14. September entluden 120 Truppentransporter und Versorgungsschiffe die erste Welle der Truppe an der Küste der Kalamitsky-Bucht, 50 Kilometer nördlich von Sewastopol – wie ihre Griechisch sprechenden Gründer die Stadt Caesars getauft hatten. Teile des Linienregiments, Zouaven, algerische *tirailleurs*, Spahi-Kavallerie, die Legion und die Strafeinheiten des Bataillons d'Afrique standen unter dem Kommando von St. Arnaud. Zum französischen Kontingent gehörten zur Verwunderung der Briten auch *les cantiniéres* – Frauen, gewöhnlich Ehefrauen von Unteroffizieren, die die Kantinen betrieben, Extrarationen gegen Bezahlung ausgaben, durch die Lager zogen, um Wein und Spirituosen zu verkaufen und manchmal als Sanitäterinnen dienten.

Raglans Kommando zählte zu der Zeit 27.000 Offiziere und Mann, darunter Grenadiere, 93. Highlanders, Scots Fusiliers, Coldstream und Codrington's Brigade sowie fünf Infanteriedivisionen und eine Kavalleriedivision. Die Artillerie besaß 26 Feldgeschütze.

Der türkische General Ismail Pasha brachte eine noch buntere Mischung ein. Alle diensttüchtigen männlichen Untertanen im osmanischen Imperium waren wehrpflichtig, wenn sie das Alter von 20 Jahren erreichten. In Kriegszeiten bedeutete das theoretisch eine Armee von 570.000 Mann, wobei jeder Rekrut fünf Jahre in aktivem Dienst und sieben Jahre als Reservist diente. Ismail Pashas Kommando umfasste deshalb Truppen aus Ägypten, Serbien, den Donaufürstentümern sowie aus Tunis und Tripolis. Die Kavallerie bestand sowohl aus irregulären polnischen Einheiten als auch aus Don-Kosaken, die im osmanischen Gebiet lebten. Seine berüchtigten *bashi-bazouks* galten als die unzuverlässigsten aller Truppen, die eher plünderten und vergewaltigten als standhaft zu sein und Befehlen zu gehorchen.

Fünf Tage später marschierte die vereinigte Truppe in Formation, mit den Franzosen in der Mitte, den Briten auf der linken Flanke und den Türken auf der rechten, in Richtung Süden. Bevor sie die Küste südlich von Balaklava erreichten, mussten sie fünf Wasserläufe überqueren. Der Fluss Bulganek wurde ohne Probleme durchquert, aber die nächste Flussüberquerung am Ende des Marsches gab ihnen einen Vorgeschmack auf das, was noch vor ihnen lag. Der Fluss Alma floss zwar schnell, war aber an manchen Stellen flach genug, um ihn zu durchqueren. Doch auf den Höhen über seinem südlichen Ufer lagen deutlich sichtbar die russischen Stellungen, die von 37.000 Mann unter Prinz A.S. Menshikov bemannt wurden.[2]

Bis 07.00 Uhr am nächsten Tag waren die Franzosen in zwei Linien Richtung Süden aufgestellt und kochten ihren rituellen Kaffee, während die Briten sich langsam in ihre Position an der rechten Flanke bewegten. Die Türken waren an ihrer rechten Seite und hinter den Türken lag das Meer. Menshikov war so zuversichtlich, dass er 30 junge Damen der Garnison zum Mittagessen eingeladen hatte – mit dem Gemetzel der Angreifer, das durch Ferngläser beobachtet werden sollte, als Unterhaltung.

Um 11.30 Uhr stießen die Alliierten vor. Sie überquerten die Alma und gingen voll unter den Augen des Feindes auf die russischen Stellungen zu. Das britische Kontingent, das seit Waterloo 40 Jahre lang nicht mehr gekämpft hatte, erschien in tadelloser Ordnung mit den sperrigen europäischen Tornistern und erlitt schwere Verluste, während die Veteranen der Armee d'Afrique ihre Tornister am Fluss zurückließen. Die Legion erhielt dann den Befehl, vorwärts zu gehen, um erhöhtes Terrain für zwei Feldartilleriestellungen zu besetzen. Ab 300 Meter Entfernung begannen sie, sich mit den Russen Schießereien zu liefern. Dank der großen Lederpatronenbeutel an ihren Gürteln, die ihnen den Spitznamen »Lederbäuche« einbrachten, konnten sie schnell wieder laden.

In Europa war die Herstellung von Handfeuerwaffen Heimarbeit. Obwohl das US-Militär schon die Fließbandproduktion von austauschbaren Teilen eingeführt hatte, kam der große technologische Durchbruch von den Franzosen. 1849 ersetzte Hauptmann Claude-Etienne Minié die runden Musketenkugeln, die bislang benutzt wurden, durch längliche Kugeln mit kleinerem Durchmesser, die die Geschwindigkeit besser hielten, obwohl ihre deformierten Projektile weniger akkurat waren. Die französische Armee kombinierte seine Ideen in dem *carabine modèle 1846 à tige* und dem *fusil d'infanterie 1848 à tige.*

Da die Vorlader mit ihren gezogenen Läufen wegen der Pulverreste in den Zügen zunehmend schwerer zu laden waren, schlug Minié eine größere Vereinfachung vor, die ermöglichte, dass sein neues Projektil in den verschmutzten Rohren mit Leichtigkeit geladen werden konnte. Weil es nicht länger deformiert wurde, wenn es abgeschossen wurde, besaß es auch eine größere Genauigkeit. William Russell, der Korrespondent der *London Times* auf der Krim, beschrieb, wie Salven von Miniés Kugeln durch die russischen Linien »wie die Hand eines zerstörerischen Engels« einschlugen.

Zwar wurden auch an einige Einheiten der britischen Linear-Infanterie bei ihrer Landung in der Kalamitsky-Bucht die neuen Musketen ausgegeben, aber ihr Mangel an Übung mit der neuen Waffe gab ihnen an der Alma keinen Vorteil. Später im Krieg war die russische Infanterie, die mit Musketen mit glattem Lauf bewaffnet waren, den britischen Soldaten, die P/51 Musketen mit gezogenen Läufen abfeuerten, in keiner Weise gewachsen, obwohl viele Infanteristen in Raglans Truppe immer noch die alten Brown-Bess-Musketen hatten, die an ihre Großväter ausgegeben worden waren, um Napoleon zu bekämpfen.

An der Alma zogen sich die Russen nach einer Reihe Scharmützel, die bis 17.30 Uhr andauerten, zurück. Die Legion wurde danach abgelöst, zog sich zum Fluss zurück, sammelte ihre Tornister und baute ein Lager auf; ihre Verluste betrugen fünf verwundete Offiziere und 55 Tote und Verwundete anderer Dienstgrade. Da es eine Falle erwartete, verfolgte das geteilte alliierte Kommando die sich zurückziehenden Verteidiger nicht, obwohl es möglich gewesen wäre, den Feldzug getreu der Maxime von Vegetius,[3] dass Geschwindigkeit im Krieg noch wichtiger ist als die Zahlen, innerhalb weniger Tage zu beenden. Die Russen schätzten diese Pause sicherlich, die ihnen erlaubte, ein ganzes Geschwader Kriegsschiffe der Schwarzmeerflotte zu versenken, um den Eingang zum Hafen von Sewastopol zu blockieren. Verschiedene weitere Verzögerungen ermöglichten es Menshikov auch, seine Verteidigungsanlagen auf andere Weise zu verbessern.

Am 26. September wurde St. Arnaud, dessen Tuberkulose durch heftige Cholera noch verschlimmert wurde, an Bord der BERTHOLLET genommen, um sofort nach Frankreich zurückgebracht zu werden, aber er starb noch am gleichen Tag. Er ließ Canrobert als Oberbefehlshaber des französischen Kontingents im Vorfeld der nächsten Schlacht des Feldzuges zurück. Diese fand, am 25. Oktober bei Balaklava,[4] über einen Monat später statt. Von dort aus konnte man die Bucht an der Südküste überblicken, wo die Briten Versorgungsgüter anlandeten. Die Stelle wurde von Raglan als guter Ankerplatz für die privaten Yachten seiner reicheren Offiziere gewählt.

Inzwischen war das *bataillon de marche* aufgelöst worden und die Elitekompanien wieder in die Brigade der Legion integriert, die in der zweiten Welle von Gallipoli ankam und unter Achille Bazaine stand, dem Veteranen der ersten Legion, der im Alter von 43 Jahren zum Brigadier befördert wurde – gut zwei Jahrzehnte jünger als viele seiner Mitkommandanten. Mit ihm kam seine junge Braut, Maria de la Soledad Tormo, die Tochter seiner ehemaligen Vermieterin in Tlemcen, deren Schulbildung er bezahlt hatte. Sie war ein temperamentvolles und schönes Mädchen von 17 Jahren und für Männer in einem lang andauernden Feldzug ein klares Lustobjekt.

Die attraktive und gesellige Maria verzichtete auf keine ihrer heimischen Annehmlichkeiten, als sie ihren Mann auf dieses Abenteuer begleitete. Die sperrigste von ihnen war ihr Flügel. Ob sie tatsächlich ihre Rolle als graziöse Dame des Obersts spielte, indem sie die Kranken und Sterbenden mit ihren Aufführungen unterhielt, wie in Paris berichtet wurde, oder nicht, sie unterhielt zumindest mehrere seiner Mitoffiziere, als Bazaines Pflichten ihn von zu Hause wegführten.

Die Russen betrachten die geschützte Südostküste der Krim als Winter-Riviera, aber die polnischen Legionäre in ihrem trostlosen und zugigen Zeltlager auf der exponierten Hochebene, von der sie die Strelitzka-Bucht überblickten, müssen vor dem Winter gezittert haben. Der Wintereinbruch hat Menshikov sehr begünstigt. Am 5. November griff er mit 40.000 Mann durch den Nebel der Morgendämmerung das schwächere Ende der Formation an, das von 8.000 britischen Soldaten gehalten wurde. Viele von ihnen starben, bevor sie aus ihren Zelten kommen konnten.

Wie in *The Times* berichtet wurde, schwankte der Vorteil in der Schlacht von Inkerman zwei Stunden lang hin und her. Um 10.00 Uhr griff ein französisches Korps von 3.000 Mann, darunter Chasseurs d'Afrique-Kavalleristen, die Russen an der Flanke an. Zur gleichen Zeit griffen weitere 8.000 Russen die französischen Hauptstellungen, darunter die der Legion, an.[5] Erst nach Mittag wurden die Russen vertrieben und erlitten Verluste von insgesamt 15.000 Mann gegenüber 2.600 toten oder verwundeten Briten und 900 toten oder verwundeten Franzosen. Die Legion zählte drei tote Offiziere und 43 tote Legionäre sowie viele Verwundete.[6]

Die Nachricht dieses Sieges und des Sieges an der Alma erreichte innerhalb eines Tages nach den Ereignissen Paris und London durch das neue Unterwasser-Telegraphenkabel, das eigens für diesen Zweck unter dem Schwarzen Meer verlegt worden war. Das mag für Napoleon III. und Königin Viktoria gut geklungen haben, deren neuer Dichterfürst Alfred Tennyson die englischen Kavalleristen, die bei dem großen

Fehler von Balaklava am 25. Oktober getötet wurden, in Versen verewigte, aber Menshikovs Verbündeter General Winter griff die Alliierten bald danach an. Am 14. November kündigte ein heftiger Sturm seine Ankunft an: Die Schützengräben wurden überschwemmt und viele der Zwölfmann-Rundzelte, die auf der Ebene über Sewastopol errichtet worden waren, wurden weggeblasen, so dass tausende Männer ohne Schutz waren.

Da das gesamte Feuerholz im Umkreis von Meilen für Erdarbeiten requiriert wurde, erfroren die Männer, die immer noch ihre Sommeruniformen trugen, bevor im Dezember die Winterüberröcke ausgegeben wurden. Eine weitere Folge des Sturms waren Engpässe, weil viele Versorgungsschiffe auf Grund gelaufen waren, nachdem ihnen die Erlaubnis, den unzulänglichen Hafen in der Kosakenbucht anzulaufen, von dem Hafenmeister der Royal Navy verweigert worden war. Unter den Ertrunkenen der HMS RIP VAN WINKLE waren Richard Nicklin, der erste offizielle Kriegsfotograf, sowie seine zwei Assistenten von den Pionieren für die Dunkelkammer.

Die erschreckenden Proviantprobleme wurden größtenteils dadurch verursacht, dass private Auftragnehmer minderwertiges Essen und nur unvollständige Ware lieferten, aber große Schuld trug auch Admiral Boxer, der die Organisation der Transporte leitete. Schiffe kamen ohne Vorankündigung und ohne Ladungsverzeichnis in Balaklava an; einige kamen in Konstantinopel an und wurden nach Europa zurückgeschickt, ohne entladen zu werden. In der Kosakenbucht waren die Hafenkais voll von verfaulenden Lebensmitteln, durchnässten Munitionskisten und Pulverfässern, und das Hafenwasser zwischen den mit Dampf und Segeln angetriebenen Transportschiffen wurde von einem Teppich aus Müll und Exkrementen bedeckt. Es gab zu wenig Futter für die Lasttiere, die Versorgungsgüter zur Hochebene hätten hinaufbringen können, und die Kavalleriepferde waren so ausgehungert, dass sie vor Verzweiflung ihre Mähnen und Schwänze fraßen. Erst spät, im Januar 1855, wurde die Situation teilweise korrigiert, nachdem zivile britische Streckenarbeiter eine Schmalspur-Eisenbahnlinie zu den Höhen hinauf gebaut hatten.

Nachrichten über dieses Chaos erreichten London in den sehr kritischen Depeschen von William Russell, bis im Februar der Schwall der öffentlichen Kritik und Beschwerden die Regierung Aberdeen stürzte. Lord Palmerston ersetzte ihn als Premierminister und Lord Panmure wurde Kriegsminister. Dies hatte eine leichte Verbesserung in der Organisation und Verwaltung der britischen Armee zur Folge, und als der Frühling sich näherte, wurde die chaotische Situation langsam bereinigt. Bis zum März 1855 wurde ein Korps für den Landtransport gegründet und im Juni 1855 ein neuartiges medizinisches Korps errichtet, um Krankenhausleistungen auf der Halbinsel anzubieten, aber bis dahin waren Hunderttausende unnötig gestorben. Ein Beispiel dafür: In Usküdar lag die Todesrate vor der Ankunft von Florence Nightingale bei 44 Prozent; sechs Monate später hatte sie diese Ziffer auf 2,2 Prozent reduziert, indem sie auf elementarer Hygiene und ordentlicher Krankenpflegepraxis bestand – aber kein Legionär hat von ihrer Fürsorge profitiert.

11

Fragt nicht nach dem Warum

KRIM, 1855–56; ITALIEN, 1859

Als der Boden auf der Hochebene über Sewastopol gefror, war es fast unmöglich, Schützengräben auszuheben. Von der Morgendämmerung bis zur Abenddämmerung verursachten anhaltende Artillerieduelle zwischen den alliierten Geschützen und den russischen Batterien immer wieder Verluste. Gefrorene Erde, von russischen Granaten durchpflügt, zersplitterte zu Eisschrapnellen. Und als der Boden auftaute, wurden die Schützengräben überschwemmt. Graf Georges de Villebois-Mareuil beschrieb einen anonymen Legionär, der in seinem Schützengraben aufstand, als es klüger gewesen wäre, das nicht zu tun. Vielleicht war der Wasserstand im Schützengraben zu hoch, um zu hocken. Der Graf weiter: »Man spürt, dass sich [der Legionär] der intensiven Kälte nicht bewusst ist, ihm geht es nur um den Feind und sein unbeirrbares Ziel, auf seinem Posten zu sterben.«[1]

Nachdem sie es nicht geschafft hatten, Sewastopol nach den ersten Landungen anzugreifen, richteten sich die Alliierten auf den langen Prozess ein, eine Stadt ohne durchgehenden Verteidigungswall aus Mauerwerk durch Beschuss zu erobern. Wie die inoffiziellen Fotografien von Roger Fenton und James Robertson, dem Superintendenten der Königlichen Münzanstalt von Konstantinopel, beweisen, waren Sewastopols Verteidigungsanlagen von Menshikovs deutschem Pionier General Todleben viel robuster und bestanden aus leicht wieder aufzubauendem Erdwerken, verstärkt mit Holz und Gestrüpp sowie mit Erde gefüllten, zylindrischen Weidenkörben, bekannt als *gabions*, und Sandsäcken.

Der Haupterdwall wurde von einer Palisade aus angespitzten Pfählen geschützt, einem Graben und Gewehrgruben, dahinter lag der Vorgänger des Stacheldrahts – die *abattis*, ein Gewirr aus Erde und Zweigen – und *fougasses*, mit Steinen gefüllte Gruben mit Sprengladungen auf dem Boden. Zu den nebensächlichen Unannehmlichkeiten, die einen unachtsamen Legionär erwarteten, gehörten unter anderem stiefeldurchdringende Krähenfüße und versteckte Bohlen mit scharfen, nach oben zeigenden Nägeln. Unter dem Boden, als häßlicher Vorgeschmack auf Flandern im

Ersten Weltkrieg, waren sowohl die russischen als auch die alliierten Pioniere tätig, sie verminten alles und töteten einander in den Tunneln mit angespitzten Schaufeln, wenn sie sich trafen.

Die französischen Stellungen richteten sich gegen die Flaggenmast-Batterie, die Zentral-Bastion und die Quarantine-Bastion, die sich an der rechten Flanke des Malakov erstreckten, den Kleinen Redan und Ende Februar 1855 gegen den Stützpunkt Mamelon. Auch wenn das recht geordnet klingt, ist es irreführend, dies eine Belagerung zu nennen, weil die Stadt nicht völlig abgesperrt werden konnte: Riesige Gebiete im Norden und Osten waren von den Alliierten nicht besetzt. Das machte es den Russen möglich, während des gesamten Feldzugs Versorgungsgüter und Verstärkungen einzubringen.

Die höllischen Artilleriebombardements am Tag endeten mit dem Tageslicht, anschließend patrouillierten beide Seiten die Nacht hindurch im Niemandsland zwischen den Linien, und Stoßtruppen, die plötzlich aus der Dunkelheit auftauchten, um alle Männer in einem Schützengraben oder einer Gewehrgrube zu ermorden, verschwanden so heimlich, wie sie gekommen waren.

Für die Legion, wie für die meisten alliierten Soldaten, war die Kleidung, die verteilt wurde, so unzureichend, dass verwundeten Männern auf beiden Seiten Oberkleider, Unterwäsche und Stiefeln abgenommen wurden, lange bevor sie ihren letzten Atemzug getan hatten. In dem Krim-Winter bedeutete dies für viele, die ihre Verwundungen überlebt hätten, Tod durch Erfrieren.

Im Krankenhaus von Florence Nightingale bei Usküdar jenseits des Bosporus von Konstantinopel waren die Gebäude bei ihrer Ankunft mit Ratten und Flöhen verseucht. Wasser für alle Zwecke war auf einen halben Liter pro Kopf und Tag beschränkt. Möbel, Kleidung und Bettzeug waren entweder unzureichend oder fehlten ganz. Die Stationen waren stark überfüllt, Männer lagen in den Gängen auf Strohsäcken in ihrem eigenen Dreck und dem Dreck aller anderen. Zuerst verweigerten die Ärzte der Dame mit der Lampe den Zutritt zu den Stationen. Als sie schließlich kurz nach ihrer Ankunft und nach dem Zustrom Verwundeter aus der Schlacht von Inkerman eingelassen wurde, forderte sie zunächst kein medizinisches Material an, sondern 200 Scheuerbürsten und Gerätschaften, damit die dreckigen und voller Ungeziefer steckenden Kleider ihrer Patienten außerhalb der Stationen gewaschen und desinfiziert werden konnten.

Sie hatte es mit Männern zu tun, die mehrere Tage überlebt hatten, bevor sie in Usküdar ankamen. Wenn dies aber schon die Bedingungen im Hauptquartier waren, so lagen die in den so genannten Feldkrankenhäusern direkt hinter den Linien auf der anderen Seite des Schwarzen Meeres und an Bord der Transportschiffe, die die Verwundeten zurückbrachten, außerhalb jeder modernen Vorstellungskraft.

Die Verluste waren so hoch, dass Napoleon III. am 17. Januar 1855 per Erlass eine weitere Fremdenlegion schuf. Während seiner Jahre im Exil hatte er an der Offiziersschule in Thun eine militärische Ausbildung bekommen. Er war von den Schweizer Soldaten beeindruckt und rekrutierte sie in der Schweiz – wie es schon die Briten getan hatten, um ihre Verluste auszugleichen. Er wollte die Truppe ursprünglich »la Légion Suisse« nennen, bis Oberst Johann Ulrich Ochsenbein, ein Schweizer Berufssoldat, der angeheuert wurde, um sie zu kommandieren, dem Kaiser klarmachte, dass diese Bezeichnung ein diplomatischer Fauxpas sei. Er hatte Recht: Der Wettbewerb beim Rekrutieren zwischen der britischen Schweizer Legion mit zwei Regimentern und der französischen Schweizer Legion mit zwei Linien-Regimentern und einem Bataillon Scharmützler führte 1859 zu einem Bundesgesetz, das Schweizer Bürgern verbot, in ausländischen Armeen zu dienen.[2] Ochsenbeins neue Legion wurde deshalb offiziell als 2. Auslandsbrigade bezeichnet, wobei die 1. Brigade aus Einheiten der Legion bestand, die bereits auf der Krim waren.

Ochsenbein, der zum General befördert wurde, war deshalb der letzte Ausländer, der als General in der französischen Armee diente. Seine Legion bestand fast nur auf dem Papier und er verbrachte den Rest des Krimfeldzugs in Besançon nahe der Schweizer Grenze, wo er versuchte, Rekruten zu überreden, nach Frankreich zu gehen und sich dort zu melden. Da die Briten einen Bonus von 150 Francs anboten und er nur 20 Francs per Mann anbieten konnte, lief die Rekrutierung schleppend. Eine bessere Quelle für effektive Verstärkungen war Piemont-Sardinien, das der Allianz gegen Russland im Januar 1855 beitrat und tatsächlich 15.000 Mann unter General de la Marmora entsandte.

Auf der Krim fand das erste Gefecht der Legion im neuen Jahr in der Nacht vom 19. auf den 20. Januar statt, als das Bataillon des 2. Regiments einen brutalen Überraschungsangriff erlitt. Ähnliche russische Einsätze im Februar und März ließen so viele Leichen auf dem Schlachtfeld zurück, dass Waffenstillstände für die Bestattungstrupps organisiert wurden, in denen die zuständigen Offiziere Zigarren, Champagner und Höflichkeiten mit ihren Gegenspielern auf Französisch austauschten, der zweiten Sprache der meisten Offiziere unter Menshikov. Für die Bestattungstrupps gab es wenige unerlaubte Nebeneinkünfte; die meisten Leichen waren bis dahin schon von Männern geplündert worden, die verzweifelt genug waren, ihr Leben für wärmere Kleidung, ein paar Münzen aus einem am Bein festgebundenen Portemonnaie oder den begehrtesten Preis, ein Paar *sapogi*, russische Stiefel, zu riskieren.

Am 3. Februar starb der überarbeitete Zar Nikolai I. an einer gewöhnlichen Erkältung, die sich zu einer Lungenentzündung auswuchs. Sein Nachfolger war sein Sohn Alexander II. Für Sewastopol machte der Zarenwechsel keinen Unterschied. Am 22. Februar und am 22. März machte die Garnison heftige Ausfälle. Sie beschädigten die Belagerungslinien erheblich, die von 13.500 Schweizern, Deutschen und Polen und des Kontingents von Piemont-Sardinien verstärkt worden waren, zerstörten sie aber nicht.

Am 9. April begannen die Alliierten ihr zweites großes Bombardement gegen Sewastopol. Insgesamt 520 alliierte Geschütze feuerten 165.000 Schuss auf die Verteidigungsanlagen ab. Sie wurden von 998 russischen Geschützen, die etwa 90.000 Schuss feuerten, erwidert. Das gegenseitige Bombardement tobte zehn Tage und verursachte 6.131 Ausfälle bei den Verteidigern gegenüber 1.587 bei den Franzosen und

263 in der stark geschwächten britischen Linie. Von den Toten und Verwundeten abgesehen machte es kaum einen Unterschied, weil die Russen die Schäden jede Nacht reparierten.

Raglan konnte Canrobert gut mit einem »großen Vorstoß« einschüchtern, aber die Hauptlast hätten die Franzosen getragen, und Canrobert stand über das Telegrafenkabel nach Varna unter dem täglichen Druck eines Kaisers mit einem großartigen neuen militärischen Schnurrbart und einem Hitlerkomplex, der es immer »besser wusste« als seine Generäle vor Ort.

Als der Winter in den Frühling überging, wurden die Briten bei der Belagerung von Krankheiten so stark beeinträchtigt, dass nur 11.000 Mann kräftig genug waren, die Schützengräben zu besetzen, gegenüber 90.000 Franzosen und 50.000 Türken, die 100.000 Russen gegenüberstanden. Raglan hatte erwartet, dass der Feldzug »bis Weihnachten vorbei« sein würde und musste die Rationen bis an die Grenze des Verhungerns reduzieren, so dass die Franzosen die Verantwortung für die Versorgung beider Armeen übernahmen. Mit einer großen logistischen Leistung während der 18 Monate ab Juli 1854 lieferte die französische Versorgungsflotte 310.000 Männer, 42.000 Pferde, 1.676 Geschütze und 600.000 Tonnen Material an die Krimfront.

Obwohl er kaum ein leicht zu beeindruckendes Kind im Alter von 36 Jahren war, war Zar Alexander II., der von einem republikanischen Schweizer Tutor unterrichtet worden war, im Vergleich zu seinem anmaßenden Vater als liberal und pro-europäisch bekannt. Weil er hoffte, dass ein großer alliierter Sieg Alexander veranlassen würde, um Frieden zu bitten, befahl Napoleon III. einen schweren französischen Angriff für den 1. Mai. Sein erklärtes Ziel war eine wichtige russische Bastion, die die französischen Linien mit schwerem Mörserfeuer beschoss. Um 20.30 Uhr begannen sechs Elite-Kompanien der Legion den Angriff mit aufgepflanzten Bajonetten. Sie vertrieben die russischen Verteidiger und wurden von den Resten des 1. Regiments unter Oberst Viénot verstärkt. Wiederholte russische Gegenangriffe wurden zurückgeschlagen, während Legionäre vom 2. Regiment verzweifelt gruben und bauten, um die französischen Linien mit dem Stützpunkt mit seinen acht Beutemörsern zu verbinden.

Der Kosten der Operation? Es gab 480 verwundete Franzosen und 118 tote, unter den letzteren war auch der dritte Kommandeur der Legion, der im Gefecht starb, Oberst Viénot. Sein Name wurde dadurch verewigt, dass die Hauptquartier-Kaserne bei Sidi bel Abbès und später in Aubagne »Quartier Viénot« genannt wurde.

Die Gegenangriffe wurden am folgenden Tag wieder zurückgeschlagen, wobei das 2. Regiment und ein Bataillon des 98. Infanterieregiments die feindliche Flanke umgingen und ihre Stellungen trotz heftiger russischer Gegenangriffe hielten. Am 3. Mai gab es einen weiteren Waffenstillstand, um die Toten zu begraben, die in dem heißen Sonnenschein bereits stanken. Danach begannen die Russen, eine Gegenbefestigung auf erhöhtem Terrain zu errichten, von der sie die französischen Linien überblicken konnten.

Da es ihm unmöglich schien, mit seinem kranken und frankophoben englischen Gegenspieler und der Einmischung von Napoleon III. aus Paris weiterzuarbeiten, trat

Canrobert am 16. Mai zurück und übernahm das Kommando über die 4. Division unter seinem Nachfolger General Pélissier. Obwohl er die lächerlicheren Befehle aus Paris zurückwies – einmal schnitt er sogar die Telegrafenleitung durch – sollte Pélissier herausfinden, dass es viel leichter war, algerische Frauen und Kinder zu ersticken, als bewaffnete russische Soldaten zu töten.

Am 22. Mai nahmen die Legionäre an dem nächsten »großen Vorstoß« teil. Um 21.00 Uhr kletterten zwei Bataillone des 2. Regiments aus den Schützengräben und nahmen die ersten russischen Schützengräben ein. Menshikov warf ihnen drei Bataillone entgegen, um die Stellung wieder zu nehmen, aber als die Morgendämmerung kam, waren sie immer noch da. Sie blickten auf ein Meer von Leichen, darunter fünf Offiziere der Legion, auf 34 tote Männer sowie acht verwundete Offiziere und 174 Männer.[3]

Drei andere Bataillone der Legion waren nicht so erfolgreich gewesen. Während der nächsten zwei Tage wechselte die Stellung nicht weniger als fünf Mal den Besitzer. Die Verluste betrugen über 200 getötete und verwundete Legionäre. Als ein weiterer Waffenstillstand am 23 Mai vereinbart wurde, um die Toten zu begraben, war die Arbeit widerlicher als gewöhnlich, weil die Leichen, die in der Hitze angeschwollen waren, an den Gelenken auseinander fielen.

Unter dem Druck aus Paris, diesen peinlichen, langwierigen Krieg, der von so wenig Nutzen für Frankreich war, zu beenden, startete General Pélissier am 7. Juni einen Angriff auf die zwei wichtigen Forts, bekannt als Redan und Malakov, die den Weg nach Sewastopol blockierten. Ihre Lage auf hohem Terrain am südwestlichen Rand der gemauerten Stadt gab den Angreifern keinerlei Deckung. Nachdem sie eine nahe liegende Anhöhe, die »Grünes Hügelchen« hieß, besetzt hatten, gelang es den Zouaven und der algerischen leichten Infanterie, in Malakov einzudringen, aber sie wurden mit schweren Verlusten wieder hinausgetrieben.

Am 17. Juni kostete ein entschlossener Angriff 3.000 Alliierten das Leben und erzielte keine Wirkung. Am 28. Juni starb Lord Raglan an der Ruhr; seine Leiche wurde nach Hause nach Bristol für eine ruhige Beerdigung am Familiensitz verschifft. Da Raglans Stellvertreter zu krank war, um auf der Krim zu bleiben, wurde er am 1. Juli durch General Sir James Simpson ersetzt. Pélissier hatte den Tag von Raglans Tod gewählt, die schmachvolle Erinnerung an Waterloo durch einen weiteren Großangriff auf Malakov auszulöschen, aber die Franzosen, darunter eine Abteilung von 100 freiwilligen Legionären, die als Pioniere unter Feldwebel Valliez dienten, verwechselten zehn Minuten früher als geplant einen Feuerstoß in der Nähe mit dem Angriffsignal. Von der französischen Aktion gewarnt, schlugen die Verteidiger von Redan die Briten mit Kartätschen in Stücke, als sie zur richtigen Zeit angriffen. Beide Angriffe endeten mit Verlusten von insgesamt 6.000 Mann und brachten überhaupt kein Ergebnis.

Ende Juli feuerte Alexander Menshikov und ersetzte ihn durch Prinz Gorchakov, dessen erste Tat war, am 16. August einen Angriff mit vier Infanteriedivisionen und zwei Artilleriebrigaden über den Fluss Chornaya zu starten. Als auch der misslang, schickte Gorchakov eine Depesche nach St. Petersburg, in der er sagte, dass es zwecklos sei, Sewastopol länger zu verteidigen. Am 8. September waren die Legionäre schließlich nach einem dreitägigen alliierten Bombardement aus 800 Kanonen bei einem dritten Angriff vorne. Dessen Erfolg beruhte wesentlich auf ihrem unter Feuer geleisteten Bau eines Geflechts aus Schützengräben, mit denen sie jede Nacht ein wenig näher an Malakov herankamen, und darauf, dass sie direkt an den Mauern Sturmleitern anbringen konnten. Das Fort wurde von den Alliierten eingenommen – wie viele Leben das auf beiden Seiten gekostet hat, wurde niemals geklärt.

Drei Tage später sprengten die Russen die verbliebenen Forts, verbrannten oder versenkten seetüchtige Schiffe und evakuierten Sewastopol. Bei der Plünderung der Stadt widerstanden die Legionäre allen Versuchen, Disziplin zu halten. Beim Plündern der Keller der Weinhändler betranken sich soviele, dass der Satz »so betrunken wie ein Legionär in Sewastopol« noch viele Jahre ein Maßstab für einen Rausch war. Zwei betrunkene Legionäre vergifteten das Regimentsmaskottchen der 23. Royal Welsh Fusiliers, eine Ziege, die ihnen Königin Victoria geschenkt hatte. Das Tier wurde zeremoniell mit militärischen Ehren begraben, dann aber von seinen Mördern ausgegraben, enthäutet und zu einem Pelzmantel verarbeitet. Die höfliche Bitte eines Majors der Füsiliere an den Legionär, der ihn trug, führte dazu, dass er für £ 20[4] an das Regiment zurückverkauft wurde.

Dank des Telegrafenkabels unter dem Schwarzen Meer war Pélissiers Belohnung, vier Tage später zu erfahren, dass er von seinem dankbaren Kaiser zum Marschall von Frankreich gemacht worden war. Er wurde zum Botschafter in London ernannt und im folgenden Jahr zum »Duc de Malakoff« (*sic*) geadelt. Er verließ das von Smog heimgesuchte viktorianische London für den Sonnenschein und klaren Himmel Algeriens und den Posten des Generalgouverneurs, den er bis zu seinem Tod 1864 innehatte.

Einen besseren Trost für den Verlust all der Männer, deren Tod ihm diese Ehren eingebracht hatten, bekam er, als General Bazaine mit der Legion und einer britischen Brigade in die südliche Ukraine geschickt wurde, um das Kinburn-Fort kleinzuschlagen. Während seiner Abwesenheit kam der liebenswerte Pélissier jeden Nachmittag ins Haus von Madame Bazaine, vielleicht um ihr beim Klavierspielen zuzuhören. Ihrem Mann kann das kaum verborgen geblieben sein, da Pélissier überall in der einzigen livrierten Kutsche des ganzen alliierten Gebietes herumfuhr, die zuvor einem russischen Edelmann gehört hatte.

Die Friedensbedingungen wurden erst am 1. Februar in Wien vereinbart, wobei die Ratifizierung in Paris am 2. März 1856 erfolgte, nach einem zweiten Winter, den die überlebenden Legionäre damit verbrachten, Schützengräben auszuheben und einige der zerstörten Verteidigungsanlagen wieder aufzubauen. Am 13. April wurde Pélissier von dem russischen General Luders zu einer Totenfeier auf dem französischen Friedhof begleitet, wo er ankündigte, dass Napoleon III. den Beitrag der Legion zum Krieg anerkannte, indem er allen teilnehmenden Legionären die französische Nationalität und auf Wunsch die Verlegung in ein reguläres Regiment anbot.

Die russischen Verluste im Krieg wurden auf 256.000 Tote geschätzt – 128.700 im Gefecht und die anderen an Krankheit oder Erfrierung. Für die Alliierten bedeutete der Krieg das erste Mal seit den Kreuzzügen, dass Frankreich und Großbritannien auf der gleichen Seite gekämpft hatten. Der Preis ihres Sieges waren 252.600 Leben, darunter nur 70.000 im Gefecht; fast dreimal so viele starben an Cholera und/oder Ruhr.

Im Juli 1856, zwei Jahre, nachdem sie Algerien verlassen hatten, zogen die Überlebenden mit einer Parade in das Quartier Viénot bei Sidi bel Abbès ein, um ihre Toten zu ehren: zwölf Offiziere waren getötet und 66 im Krieg verwundet worden, die Verluste an Legionären betrugen 1.625. Von drei Männern, die mit dem Schiff auf die Krim gebracht wurden, kehrten weniger als zwei zurück – eine vergleichsweise niedrige Verlustrate, dank der harten Ausbildung, die sie bekommen hatten, bevor sie nach Osten verschifft wurden.

Die Opfer der Legion wurden durch einen Erlass geehrt, der von Jean-Baptiste Vaillant, dem Kriegsminister, unterzeichnet wurde. Dieser regelte die Schaffung des 1. und 2. Régiments Etrangers oder der »ausländischen Regimenter«, wie sie künftig offiziell hießen.[5] Aus Zweckmäßigkeit wurde die Brigade, die von der Krim zurückkam, das 2. Régiment Etranger und Ochsenbeins geschwächte Schweizer Einheiten bildeten den Kern des 1. Régiments Etranger, das weiterhin inoffiziell »das Schweizer Regiment« genannt wurde.

Laut Friedensvertrag galt das Schwarze Meer als demilitarisierte Zone, aber 14 Jahre später kündigte Russland den Vertrag und baute neue Stützpunkte und eine neue Flotte. Eine noch bedeutendere Tatsache war, dass die Alliierten das auseinanderbrechende Osmanische Reich stabilisiert hatten, bis es von ihnen nach dem Ersten Weltkrieg demontiert wurde. Obwohl die Veteranen der Legion nicht jeden Sieg auf der Krim als ausschließlich ihren beanspruchen konnten und die Verluste im Gefecht und durch Krankheit nicht größer als sie während einiger ähnlicher Perioden in Nordafrika gewesen waren, hatten sie bei vielen Gelegenheiten als Einheit gekämpft und einen *Korpsgeist* und ein Gespür für die Geschichte des Regiments entwickelt, den sie anders nicht hätten gewinnen können.

Noch wichtiger für ihren Status und die Qualität ihrer künftigen Offiziere war, dass sich die Fremdenlegion auch als integraler Teil von Frankreichs Militärmaschinerie bewiesen hatte. Obwohl sie ein snobistischer General im Jahr 1861 als »ein Regiment, das nichts weiter als eine Vereinigung aller Nationen Europas ist« beklagte,[6] konnte kein Offizier in einem Linien-Regiment die Legion mehr als ein Reservoir für Unglück bezeichnen, wie Soult es getan hatte.

Am 14. Januar 1858 versuchte ein italienischer Anarchist Napoleon III. zu ermorden, als der zur Oper ging. Dies war nichts ungewöhnliches – Louis-Philippe erlebte in jedem Jahr seiner Regierungszeit einen oder mehrere Mordversuche – aber einige sagten, von dem Augenblick an habe der Kaiser entschieden, sich in italienische Angelegenheiten einzumischen – trotz des Widerstands der Kirche und der Geschäftswelt, die neue Steuern fürchtete, um diese Verwicklung zu finanzieren.

Der wahre Grund für die italienische Intervention war die Entschlossenheit Napoleons III., Frankreichs territoriale Integrität durch die erneute Inbesitznahme von

Savoyen und der Grafschaft Nizza wieder herzustellen. Im Juli 1858 schloss er einen Geheimpakt über gegenseitige Hilfestellung mit Camillo Cavour, dem Ministerpräsidenten von Piemont, zur Wiederherstellung des Quid pro quo. Als Österreich im April 1859 dazu gebracht wurde, Piemont-Sardinien den Krieg zu erklären, erfüllte Frankreich daher seine Pflicht gemäß dem Abkommen und erklärte Österreich am 3. Mai den Krieg, um Cavour zu unterstützen.

Ochsenbein war längst Geschichte, aber das 1. Regiment war bereits in Korsika und versuchte ohne Erfolg, auf dem italienischen Festland Rekruten zu bekommen. Als es am 11. Mai in Genua landete, zählte es kaum 600 Mann und wurde mit dem 2. Regiment vereinigt, das aus 60 Offizieren und 1.400 Mann bestand, darunter Krimveteranen, die am 26. April direkt aus Algerien angekommen waren. Zusammen marschierten sie ins Binnenland, um der österreichischen Armee bei dem kleinen Lombarden-Städtchen Magenta, 20 Kilometer westlich von Mailand, entgegenzutreten.

Zu dem Rest der französischen Armee gehörten die ersten militärischen Einheiten, die zumindest einen Teil des Weges zur Front mit der Bahn gefahren waren. Sie waren jedoch schlecht mit Proviant, Munition, Pferden, Zelten und sogar Bettdecken ausgerüstet. Die Truppe hatte keine Belagerungsartillerie mitgebracht; ihr beinahe einziger Vorteil waren 68 neue Kanonen mit gezogenem Lauf, die allem, was die Österreicher besaßen, überlegen waren.

Die Brigade war Teil der 54.000 Mann starken Armee von General MacMahon[7], die 58.000 österreichischen Soldaten unter General Franz Gyulai in einer Schlacht gegenüberstand. Dies war für die napoleonische Kriegsführung keine normale Situation, weil die Landschaft um Magenta in kleine Landbesitze, Obstgärten und Weinberge unterteilt war, die durch Trockensteinmauern voneinander getrennt waren. In einer derart zerrissenen Landschaft konnte sich die Kavallerie nicht bewegen und die Linien der angreifenden französischen Infanterie wurden bald zerfranst und auseinander gezogen.

Hätten die Österreicher keine weißen Mäntel getragen, wären sie durch die Rebstöcke und Bäume in den Obstgärten hindurch schwer zu erkennen gewesen. Am 29. Juni befahl der erste Legionsoffizier, der einen weißen Zipfel durch all das Grün erspähte – Hauptmann Rembert vom 1. Regiment, offensichtlich auf eigene Initiative hin – seinen Männer anzugreifen. Dank einer zahlenmäßigen Überlegenheit in unmittelbarer Nähe blieben die Österreicher standhaft. Als er die Stellung sah, schwang Oberst Granet Lacrosse de Chabrière, der das 2. Regiment vom Sattel seines weißen Streitrosses kommandierte, sein Schwert über dem Kopf, befahl seinen Männern, ihre Tornister abzulegen und rief, »En avant!« Das waren seine letzten Worte. Kaum hatte er den Befehl gegeben, warf ihn eine Kugel aus dem Sattel und er war tot.

Der gemeinsame Angriff der Legionäre und Zouaven drängte die Österreicher zum disziplinierten Rückzug, bis der stellvertretende Kommandant von Chabrière, Oberstleutnant Antonio Martinez, befahl anzuhalten. Umsichtig schickte er einige Grenadiere nach vorn, um das Feuer anzulocken und die feindliche Position zu ermitteln.

Kurz danach kamen sie zurück und berichteten, dass die Österreicher von Magenta aus in die entgegengesetzte Richtung marschierten. Die Gunst der Stunde nutzend befahl Martinez seinen Legionären und den Zouaven, anzugreifen. Charles-Jules Zédé, der direkt von St. Cyr aus in das 2. Regiment 1857 bei Sidi bel Abbès eingetreten war, beschrieb in seinen *Souvenirs* was geschah, als der Angriff erfolgte: »Die Österreicher leisteten kaum Widerstand, sondern ergaben sich en masse, und wir waren wütend zu sehen, wie die Offiziere mit ihren Flaggen davonritten. Nur einer wurde gefangen ... von den Zouaven.«[8]

Wenn man eine Geschichte der Legion schreibt, ist man oft mit »Tatsachen« konfrontiert, die Teil der Sagenwelt der Legion geworden sind, obwohl sie reine Erfindungen sind. Eine, die wahr ist, handelt von MacMahon, der an einigen Veteranen der Legion vorbeiritt, die er aus Sewastopol wiedererkannte, als sie ihre Bajonette vor dem Angriff auf die Stadt aufpflanzten. »*Voici la Légion*«, sagte er seinen Adjutanten anerkennend beim Salut der Veteranen: »*L'affaire est dans le sac!*" – die Legion ist hier, also haben wir die Sache im Sack!

Das sind so Sachen, die höhere Offiziere sagen, um in einem kritischen Moment die Moral zu heben, war aber von der Wahrheit weit entfernt. Das Hauptkontingent österreichischer Truppen hatte sich zurückgezogen, aber Magenta wurde immer noch von Kroaten und einigen Tiroler Gebirgstruppen aus der Deckung hinter einem Eisenbahndamm zwischen den Franzosen und der eigentlichen Stadt verteidigt. Zédé beschrieb, was als nächstes geschah, und es war wie eine Szene aus einem Hollywood-Film: »Zouaven und Legionäre stürmten nach vorne. Weder Kanonenschüsse noch die [Musketen-] Salven der Österreicher konnten sie aufhalten, und diese Lawine rollte nach Magenta und trieb alles vor sich her.«[9]

Wunschdenken. Zwei Angriffe wurden knapp vor dem Damm mit schweren Verlusten aufgehalten, bevor die Franzosen durchbrachen. In den Straßen kam es zum Nahkampf oder zum Kampf Bajonett gegen Bajonett. Angesichts der Mischung von Nationalitäten, die auf beiden Seiten kämpften, hätte die Szenerie des Blutbads Lenins Satz inspirieren können, nach dem ein Bajonett eine Waffe mit einem Arbeiter an jedem Ende ist, wohingegen das aristokratischere Schwert üblicherweise ein Offizier am stumpfen Ende hatte.

Oberstleutnant Martinez hatte eine Augenverletzung, aus der Blut strömte, und brüllte Befehle, die Türen aufzubrechen, hinter denen die Verteidiger standen und schossen, sowie Häuser in Brand zu stecken. Den Männern drinnen wurde die Wahl gelassen, zu verbrennen oder herauszukommen, um erschossen zu werden. Erhellt von den Flammen ging das Blutvergießen bis zur Morgendämmerung am nächsten Tag weiter. Die wenigen Österreicher, die lebendig gefangen worden waren, versammelten sich vor der Kirche auf der Piazza. Zu diesem Zeitpunkt stellte sich heraus, dass die Offiziere die Kontrolle nicht zurückbekommen konnten. Eine vom Blutrausch angefeuerte Orgie wurde zu einer von Alkohol angefeuchteten Orgie. In den Weinkellern waren einige Männer so betrunken, dass sie in dem Wein ertranken, der aus Fässern strömte, deren Hähne keiner schließen mochte. Diejenigen, die immer noch nüchtern waren, konnten kaum durch die Stadt gehen, weil in den Straßen so viele Körper toter und sterbender Männer und Pferde lagen, die sich mit den Betrunkenen mischten.

Während die Nacht voller Schreie und Schüsse abscheulich gewesen war, wurde die Morgenluft von dem Stöhnen der Männer im Todeskampf erfüllt. Viele von ihnen hätten gerettet werden können, wenn es medizinische Versorgung gegeben hätte. Zédé erinnerte sich, wie die Männer, die aufstehen konnten, den Leichen der Gefallenen die Uniformen und Ausrüstungen abnahmen. Verwundete, die gehen konnten, humpelten und torkelten auf der Suche nach Hilfe herum. Es gab aber keine. Ein polnischer Legionär namens Kamienski, der einen von einer Musketenkugel zerschmetterten Arm hatte, fand allein den Weg zu einer Einrichtung im Bahnhof von Magenta, die ein Verbandsplatz sein sollte, an dem die französischen Ärzte aber keine Bandagen, Verbände oder Anästhetika hatten. Das einzige, was sie tun konnten, war, den Verwundeten etwas zu trinken zu geben. Diejenigen, die chirurgische Instrumente hatten, betrachteten es als zwecklos, Männer zu operieren, die nach wenigen Tagen an Wundbrand oder Blutvergiftung sterben würden, wie es bei Kamienski der Fall war.[10]

Bei Magenta verlor der 2. Regiment vier tote Offiziere und 250 tote oder verwundete Männer – was oft aus das gleiche hinauslief. Nachdem sie die Toten in riesigen Massengräbern beigesetzt hatten, marschierten die siegreichen Franzosen am 7. Juni in Mailand ein. Dabei wurde die Legion damit geehrt, dass sie die Parade anführen durfte. Die Bevölkerung begrüßte sie als Befreier und in der euphorischen Stimmung des Augenblicks verpflichteten sich Männer des Ortes für den Dienst in der Legion. Als aber die Zeit kam, sich nach Nordafrika einschiffen zu lassen, waren nur noch wenige da, um auf den Aufruf ihrer Namen zu antworten.

Nach einer weiteren, extrem blutigen Begegnung von 300.000 Mann und 2.600 Kanonen an einer 13 Meilen langen Front südlich des Gardasees bei Solferino am 24. Juni, bei der die Legion vom 2. Regiment vertreten wurde, vereinbarte Napoleon III. am 8. Juli mit Österreich die Friedensbedingungen. Der enttäuschte Cavour hatte jedoch gehofft, vor dem Rückzug seiner französischen Verbündeten mehr Gebiete südlich der Alpen aus der österreichischen Souveränität zu befreien. Am 11. Juli unterzeichneten die Kaiser von Frankreich und Österreich das Waffenstillstandsabkommen von Villafranca di Verona, aber erst im März 1860 trat Cavour offiziell den Preis der Intervention an Frankreich ab – Savoyen und Nizza.

Ausnahmsweise entstand aus dem Gemetzel etwa Gutes. Bei Solferino war ein Schweizer Menschenfreund namens Henri Dunant dabei. Der war entsetzt, als er das stundenlange sinnlose Gemetzel unter dem bleiernen Himmel miterlebte. Die Verwundeten wurden in ihrem Todeskampf allein gelassen. Er improvisierte daher medizinische Notdienste für die Verluste auf beiden Seiten. Diese Initiative führte 1863 zur Gründung des Internationalen Komitees zur Verwundetenversorgung und 1864 zur ersten Genfer Konvention.

Nachdem es auf europäischem Boden als wesentlicher Bestandteil der französischen Armee gekämpft hatte, wurde das 2. Regiment mit der Ehre belohnt, zum ersten Mal mit den Linien-Regimentern an der Siegesparade von MacMahon am 14. August in Paris teilnehmen zu dürfen. Dort zerstörte Baron Haussmann, der Präfekt des Seine *département*, ganze Stadtteile, um die eleganten *grands boulevards* und großzügige Plätze zu schaffen, die der französischen Hauptstadt ihr heutiges Aussehen geben.

Nach diesem kurzen Moment des Ruhms kam am 22. August die Rückkehr nach Algerien. Im Oktober wurde die Schweizer Vorschrift wegen des Mangels an Freiwilligen aufgehoben. Danach konnte jeder eintreten. Die Uniform kehrte wieder zu roten Hosen und blauen Waffenröcken zurück. Das 1. Regiment kehrte im Februar 1860 über Korsika nach Algerien zurück und wurde mit dem 2. verschmolzen, um wieder ein einziges ausländisches Regiment zu werden. Dessen Regimentsfarben waren grün und rot und sind so bis heute geblieben.

In Paris wurde zu Ehren des Sieges einer von Haussmanns neuen Boulevards Magenta genannt, und eine Straße wurde in Solferino umbenannt. MacMahon wurde mit dem Titel geadelt »Duc de Magenta« – und Soults Bastard, die Legion, war ohne jede Frage endlich legitimiert.

12

Mythos und Wahnsinn in Mexiko

1862–63

Jeder Historiker der Legion dürfte von der Fülle der Memoiren, die Legionäre aller Ränge geschrieben haben, beeindruckt sein. Einige sind eine Mischung aus Fakten und Fantasie; andere sagen die unverblümte Wahrheit aus dem begrenzten Blickwinkel eines Mannes, dessen Augen nur sahen, was innerhalb seines persönlichen Horizontes geschah, der durch Leiden oder die Hitze des Gefechts eingeschränkt wurde. Aber alle erzählen von Geschehnissen, die den Leser den Mut, die Aufopferungsbereitschaft und Kameradschaft bewundern lassen, mit der sie für französische Interessen gegen offensichtlich unbesiegbare Widrigkeiten so tapfer wie Homers Helden kämpften.

Jedes Jahr am 30. April feiert die Legion das Jubiläum nicht eines Sieges, sondern einer Niederlage. An diesem Tag kann man, egal wo Legionäre oder ehemalige Legionäre versammelt sind, eine quasi-religiöse Zeremonie beobachten, sogar bei den Männern, die 1954 bei Dien Bien Phu auf den Tod warteten, in der ein Offizier oder Stabsfeldwebel auf Französisch eine Geschichte vorliest, die alle anderen auswendig kennen. In der abgehackten militärischen Prosa, die irgendwann mit allen Akzenten der Welt wiedergegeben worden ist, lautet sie wie folgt:

> Die französische Armee belagerte Puebla in Mexiko. Die Legion erhielt den Befehl, auf zwanzig Kilometern Straße, die von Nachschubtransporten benutzt wurden, zu patrouillieren und sie zu sichern. Der kommandierende Offizier Oberst Jeaningros erfuhr am 29. April 1863, dass ein großer Konvoi mit Gold, Belagerungsmaterial und Munition nach Puebla ging. Sein Adjutant Hauptmann Danjou überredete ihn, eine Kompanie vor den Konvoi zu schicken. Die dritte Kompanie wurde mit dem Job beauftragt, hatte aber keine Offiziere verfügbar, um die Patrouille zu leiten. Hauptmann Danjou übernahm persönlich die Führung, und die Leutnants Maudet und Vilain, der Zahlmeister, meldeten sich freiwillig, um ihn zu begleiten.

Um 01.00 Uhr am 30. April brachen die drei Offiziere und zweiundsechzig Mann der 3. Kompanie auf. Nachdem sie zwanzig Kilometer geschafft hatten, hielten sie um 07.00 Uhr bei Palo Verde an, um Kaffee zu kochen. In diesem Moment kam der Feind in Sicht und der Kampf begann sofort. Hauptmann Danjou befahl die Bildung eines Verteidigungs-Karrees und bekämpfte erfolgreich mehrere Kavallerieangriffe, wobei er dem Feind schwere Verluste zufügte. Auf Höhe des Gasthofs von Camerone, eines großen Gebäudes, das aus einem von einer drei Meter hohen Mauer umgebenen Innenhof bestand, entschied er sich, dort Widerstand zu leisten und den Feind aufzuhalten, um den Moment des Angriffs auf den Konvoi so lang wie möglich hinauszuzögern.

Während seine Männer hastig die Verteidigung des Gasthofes organisierten, forderte ein mexikanischer Offizier Hauptmann Danjou auf, sich zu ergeben, weil er zahlenmäßig stark unterlegen sei. Die Antwort war: »Wir haben Patronen, und wir werden uns nicht ergeben.« Dann hob Danjou seine rechte Hand, schwor bis zum Tod zu kämpfen und ließ seine Männer den gleichen Eid leisten. Das war um 10.00 Uhr.

Bis 18.00 Uhr hielten diese sechzig Mann, die seit dem vorigen Tag nichts gegessen oder getrunken hatten, 2.000 Mexikaner – 800 Kavalleristen und 1.200 Fußsoldaten – trotz extremer Hitze und Durst auf. Gegen Mittag wurde Hauptmann Danjou von einer Kugel in seiner Brust getötet. Um 14.00 Uhr wurde Leutnant Vilain von einer Kugel in der Stirn getötet. In diesem Moment gelang es den Mexikanern, das Gasthaus in Brand zu setzen.

Trotz der Hitze und des Rauchs, die ihr Leiden verschlimmerte, hielten die Legionäre aus, aber viele von ihnen waren getroffen worden. Um 17.00 Uhr hatte Leutnant Maudet nur noch zwölf Männer, die weiter kämpfen konnten. Da versammelte der mexikanische Oberst seine Männer und sagte ihnen, sie sollten sich schämen, weil sie eine Handvoll tapfererer Männer nicht schlagen konnten. Ein Legionär, der Spanisch sprach, übersetzte seine Worte [für die anderen Legionäre], während der Mexikaner redete.

Danach forderte Oberst Milán den Leutnant Maudet auf, sich zu ergeben, ein Angebot, das Maudet mit Verachtung ablehnte. Die Mexikaner machten dann den letzten Angriff durch die Breschen, die sie in den Mauern geschlagen hatten. Bald waren nur noch fünf Mann bei Maudet: Feldwebel Maine sowie die Legionäre Catteau, Wensel, Constantin und Léonard. Mit je einer restlichen Patrone im Lauf pflanzten sie ihre Bajonette auf und traten dem Feind in einer Ecke des Hinterhofs mit dem Rücken an der Mauer entgegen. Nach einem Signal feuerten sie ihre Gewehre aus kürzester Entfernung und griffen den Feind mit ihren Bajonetten an. Leutnant Maudet und zwei Legionäre starben.

Maine und seine zwei Kameraden waren im Begriff massakriert zu werden, als ein mexikanischer Offizier sich vor sie warf und schrie: »Ergeben Sie sich!« Sie erwiderten: »Wir werden uns ergeben, wenn sie versprechen, unsere Verwundeten zu pflegen, und wenn Sie uns erlauben, unsere Waffen zu behalten.« Ihre Bajonette waren immer noch gefährlich. Der Offizier antwortete: »Man kann Männer wie Ihnen nichts abschlagen.«

Die sechzig Mann unter Hauptmann Danjou hielten stand, wie sie es geschworen hatten, und kämpften elf Stunden lang gegen 2.000 Feinde. Sie töteten 300 und verwundeten die gleiche Anzahl. Dank ihrer Aufopferung bei der Rettung des Konvois führten sie den Einsatz, mit dem sie beauftragt worden waren, aus. Kaiser Napoleon III. entschied, dass der Name Camerone auf die Flagge des Auslands-Regiment geschrieben werden sollte und dass zusätzlich die Namen Danjou, Vilain und Maudet in Gold an den Wänden des Invalidendoms in Paris gemeißelt werden sollten.

1892 wurde am Ort der Schlacht ein Mahnmal errichtet. Es trägt die Inschrift:

Hier begegneten weniger als sechzig Mann einer ganzen Armee.
Deren Zahl vernichtete sie.
Ihr Leben, aber nicht ihren Mut, ließen diese französischen Soldaten am 30. April 1863 hier.
Das Vaterland errichtete dieses Mahnmal zu ihrem Andenken.

Das ist die *récit officiel* – die offizielle Geschichte. Die Wahrheit ist nicht ganz so einfach, aber zunächst ist es – da über diese legendären Soldaten mehr bekannt ist als über die meisten Legionäre – interessant festzuhalten, dass von den französischen Offizieren Jean Danjou 35 Jahre alt war, Clément Maudet 34 und Jean Vilain 27. Dies waren keine dilettantischen jungen Söhne reicher Familien, die man in einem Linienregiment beim Garnisonsdienst in Frankreich hätte finden können. Dies waren Berufssoldaten.

Danjou hatte mehr als nur Orden, um das zu beweisen. Er trug eine geschnitzte und bewegliche hölzerne Hand, die wie ein Lederhandschuh angemalt war. Sie war an seinem linken Unterarm festgebunden als Ersatz für die, die er verloren hatte, als sein Gewehr auf einer Vermessungs-Expedition im Kabylen-Feldzug platzte. Da es damals noch kein Standardsystem zur Überprüfung der Gewehrläufe gab, war das kein ungewöhnlicher Unfall. Er war auch Veteran der italienischen Intervention und auf der Krim war ihm die Légion d'Honneur verliehen worden. Maudet und Vilain hatten als Unteroffiziere gedient, bevor sie ihre Offizierspatente erhielten. Maudet, der nur drei Monate zuvor befördert worden war, war der am meisten ausgezeichnete Offizier in dem Bataillon und deshalb der Fahnenträger. Der amtierende Zahlmeister Vilain war im Alter von 18 Jahren in die Legion eingetreten, und ihm war ebenfalls die Légion d'Honneur für Tapferkeit verliehen worden.

Die elf Unteroffiziere in der Kompanie hatten ein Durchschnittsalter von 28 Jahren. Obwohl drei der Legionäre nur 18 Jahre alt waren, hatten die 46, über die Einzelheiten verfügbar sind, ein Durchschnittsalter von 26 Jahren. Dies war in den 1860er Jahren eher jung, als der Durchschnittslegionär zwischen 28 und 32 Jahre alt war[1] – eine Erklärung dafür könnte sein, dass bei den hohen Verlusten während des Monats, den die 3. Kompanie in der Fieberzone verbracht hatte, die älteren Männer zuerst weggerafft wurden. All dies zeigt, dass die Legion zum größten Teil aus Veteranen bestand, nicht unerfahrenen Jünglingen, die »begierig auf großen Ruhm«

waren. Der häufigste vorherige Beruf, der bei der Eintragung genannt wurde, war *militaire* – ein Soldat in einer anderen Armee.

Dass die Politik, Männer vieler Nationalitäten zu vermischen, 1863 im vollen Gang war, zeigt eine Analyse der Unteroffiziere und Männer der 3. Kompanie, deren Nationalität belegt ist, ganz klar. Sie ergab folgendes: 18 Deutsche, 13 Belgier, elf Franzosen, die als Belgier oder Schweizer eingetreten waren, um zu erklären dass sie die Sprache sprechen konnten, neun Schweizer und jeweils ein Mann aus Holland, Dänemark, Spanien, Österreich und Italien sowie ein weiterer Italiener, der in Algerien geboren war. Die offizielle Version der Schlacht von Camarón – der mexikanische Name des Standorts der Schlacht –, die jedes Jahr am »Geburtstag« der Legion vorgelesen wird, ist ein Vorbild selbstlosen Heldentums zur Nachahmung für andere Legionäre. Ein Zivilist kann schwer glauben, dass diese Männer, die sich nie vorher getroffen hatten, bevor sie in die Legion eingetreten waren, den Eid, den sie geschworen hatten, für wichtiger hielten als ihr eigenes Leben. Sie hatten kein persönliches Interesse an dem Ausgang der Schlacht, sondern gehorchten Befehlen zum Vorteil eines Generals, der sie kaltblütig in ein Gebiet schickte, in dem viele an tropischen Krankheiten sterben würden, und eines Kaisers in Paris, der sich für sie überhaupt nicht interessierte.

Die erste Frage, die es zu klären gilt, ist: Was taten französische Truppen in Mexiko? Trotz der Kosten in Höhe von 7.000 Leben und 300 Millionen Francs[2] wird die Intervention von Napoleon III. im Jahre 1862 nur von ein paar Worten in mexikanischem Spanisch erwähnt, wie *mariachi* – damit waren ursprünglich die Musiker gemeint, die auf einer französischen *mariage* (Hochzeit) spielten. Die volle Geschichte von Camerone beginnt zwei Jahre bevor Danjou und all die Männer starben – wobei man fürs Erste akzeptiert, dass sie es taten.

Als die konföderierte Artillerie die ersten Schüsse des amerikanischen Bürgerkriegs bei Fort Sumter feuerte, das den Eingang zum Hafen von Charleston in South Carolina bewachte, gelangten ihre Echos bis nach Paris. Ein Investitionsrausch, den man als die Lateinamerikanische Blase bezeichnen könnte, hatte französische und andere europäische Investoren angelockt, von der mexikanischen Regierung garantierte Anleihen zu kaufen. Präsident Ignacio Comonfort wurde in einem Staatsstreich im Januar 1861 durch Benito Pablo Juárez ersetzt. Nach dem Bürgerkrieg, der das Land von 1857 bis 1860 verwüstet hatte, war die mexikanische Wirtschaft in einem so schlechten Zustand, dass Juárez mit einer leeren Staatskasse dastand. Als Lösung für dieses Problem begann er damit, Kircheneigentum zu verstaatlichen und zu verkaufen. In Juli des Jahres kündigte er an, dass er auch die Zinszahlung für alle ausländischen Schulden zwei Jahre aussetzen werde.

Britische, spanische und französische Anleger forderten ihre Regierungen auf, zu handeln. Der leichtlebige, illegitime Halbbruder von Napoleon III., den dieser 1862 zum Duc de Morny adeln würde, und dessen Geschäftsinteressen unter anderem ein Zuckerimperium, den modischen Kurort und das englische Spieler-Paradies bei Deauville umfassten, betrieb Lobbyarbeit für seine Freunde. Er erzählte Napoleon III.

ein Lügengebilde, bis der glaubte, dass das mexikanische Volk vor Juárez und seinen Liberalen durch eine ausländische Intervention gerettet werden wollte.

Am 31. Oktober 1861 unterzeichneten Großbritannien, Frankreich und Spanien ein Abkommen über eine gemeinsame militärische Expedition, um diese Investitionen zu sichern und ihre Bürger in Mexiko zu schützen. Viele von ihnen waren während des Bürgerkriegs getötet worden. Juárez stimmte zu, dass sie Vera Cruz an der Golfküste, Córdoba, Orizaba an der Straße von Vera Cruz nach Mexiko City sowie Tehuacan in Beschlag nehmen konnten, unter der Voraussetzung, dass sie sich nicht in »die Souveränität, Unabhängigkeit und territoriale Integrität der mexikanischen Republik« einmischten.

Dies geschah in krasser Missachtung der Monroe-Doktrin, die von Präsident Monroe im Dezember 1832 verkündet worden war. Die Doktrin verbot nicht nur die amerikanische Einmischung in die Angelegenheiten der Alten Welt, sondern erklärte in Artikel 4 auch, dass jeder Versuch einer europäischen Macht *egal welche* Nation in der westlichen Hemisphäre zu unterdrücken oder kontrollieren zu wollen, als feindlicher Akt gegen die Vereinigten Staaten betrachtet werden würde. Aber da die Vereinigten Staaten von einem blutigen Bürgerkrieg blockiert waren, fühlten sich die europäischen Mächte für einen Moment frei, irgendwo südlich des Rio Grande zu intervenieren.

Im Dezember 1861 landete die Expeditionstruppe aus 7.000 Spaniern, 2.500 Franzosen und 700 britischen Royal Marines und besetzte Vera Cruz, von wo aus die Konquistadoren-Route, auch bekannt als Camino Real oder Royal Road, durch Soledad, Córdoba und Puebla bis nach Mexiko-Stadt 300 Kilometer im Inland führte. Aber die umstrittene Schuldeneintreibung der Dreiergemeinschaft mit Waffengewalt war eine Fehlgeburt. Nach schweren Verlusten durch Krankheit und flüchtige Guerillaangriffe zogen die Briten und Spanier im folgenden April das zurück, was von ihren Truppen übrig geblieben war, nachdem sie begriffen hatten, dass Napoleon III. die Dreier-Intervention als Deckung für einen weit ehrgeizigeren Plan benutzte.

Es war nichts weniger als der Versuch, dem protestantischen angelsächsischen Einfluss in der westlichen Hemisphäre durch die Schaffung eines französischsprachigen Gebietes in Zentral- und Südamerika entgegenzuwirken. Die Idee war nicht ganz so verrückt wie sie klingt. Ortsnamen wie Baton Rouge, Lafayette und New Orleans in Louisiana – der Staat, der nach einem französischen König benannt wurde – bezeugen immer noch, dass die westliche Hälfte des Mississippi-Tals bis 1803 französisch war, als es von den Vereinigten Staaten gekauft wurde. Für insgesamt 828.000 Quadratmeilen zu weniger als drei Cents pro Morgen war es das beste Geschäft in der amerikanischen Geschichte. Gewissermaßen versuchte Napoleon III. deshalb nur eine Kolonie zu ersetzen, die sein Land kurz zuvor verloren hatte. Aus Sicht von Paris erschienen die Eroberung von Mexiko und das anschließende Einsetzen eines Marionettenkönigs auf seinem Thron als logische Schritte in diesem Plan.

Die ausgewählte Marionette war Erzherzog Ferdinand Maximilian Josef, ein Bruder des österreichischen Kaisers – Frankreichs Feind von gestern. Maximilian wurde sowohl von Kaiser Franz Joseph als auch von britischen Diplomaten geraten, sich nicht an dem Projekt von Napoleon III. zu beteiligen, das weder die politische Komplexität der mexikanischen Politik noch die Größe des Landes berücksichtigte. Die Entfernung von der nördlichen Grenze Baja Kalifornien bis zur östlichen Spitze der Yucatán Halbinsel ist in etwa die gleiche wie von Gibraltar nach Moskau.

Aber die Vertreter der kleinen Anzahl immens reicher und konservativer Landbesitzer-Familien in Mexiko, die in ihm einen leicht manipulierbaren jungen Mann sahen, überzeugten den liberal gesinnten Maximilian, dass das Volk ihn zum König gewählt hatte. Die Lüge sollte ihn das Leben und seine junge belgische Frau Carlota die geistige Gesundheit kosten.

Als Gegenleistung für seine Bereitschaft, die Galionsfigur des französischen Abenteuers zu werden, stellte Maximilian zur Bedingung, ihm eine europäische Armee von 10.000 Mann zu geben, die ihn an die Macht bringen und dort halten sollte. So ging die Aufrüstung der französischen Truppen in Mexiko weiter, und die Compagnie Générale Transatlantique kaufte die neuesten britischen propellergetriebenen Dampfschiffe, um einen regulären Dienst zwischen französischen Häfen und Vera Cruz einzuleiten.

Einen Monat später am 5. Mai gab es die erste Warnung, dass die mexikanische Intervention kein Spaziergang sein würde, wie Napoleon III. und sein österreichischer Protegé gehofft hatten. Was auch immer das genaue Abkommen mit Juárez war, es endete, als französische Truppen ins Inland marschierten, um Mexiko-Stadt zu besetzen. Bei Puebla leisteten die Mexikaner nicht nur Widerstand, sondern schlugen die Franzosen. Der französische Oberbefehlshaber General Elie-Frédéric Forey stellte seine Truppen um, und sie ließen sich nieder, um die Stadt durch Belagerung zu erobern. Verstärkungen strömten über den Atlantik. Im September kamen in Vera Cruz 28.000 Mann mit 56 Kanonen für Foreys Belagerung von Puebla an, einer Garnison von 22.000 Mexikanern.

Am 29. Januar 1862, nachdem das 1. Régiment Etranger aufgelöst worden war und Legionäre, die ein Jahr ihrer zweijährigen Verpflichtungen vollendet hatten, demobilisiert worden waren, wurden seine verbliebenen Offiziere und Männer in das 2 RE integriert, das zu *dem* Auslands-Regiment wurde. Am 15. März übernahm Oberst Pierre Jeaningros das Kommando und stellte fest, dass eine Reihe seiner jüngeren Offiziere Napoleon III. direkt ersucht hatten, ihnen die Chance zu geben, an der so genannten *l'affaire Mexicana* teilzunehmen. Dabei wussten sie nicht, dass ihr Kaiser bereits erwog, die Legion zehn Jahre lang an Maximilian auszuleihen.

Am 9. Februar 1863 gingen zwei Bataillone mit sieben Kompanien der Legion sowie eine Kompanie für das Hauptquartier und eine Versorgungskompanie mit insgesamt 2.000 Mann an Bord der französischen Kriegsschiffe ST. LOUIS und WAGRAM und verließen den »großen Hafen« von Mers el-Kebir am Golf von Oran. Zuvor hatten sie ihre Ausrüstung und 27 Maulesel auf das Transportschiff FINISTÈRE geladen. Ihre unbequeme Reise durch nordatlantische Winterstürme nach Vera Cruz dauerte bis zum 28. März.

Anstatt die Legion an die Belagerungsfront zu schicken, wo ihre Erfahrungen aus der Krim und aus Italien am nützlichsten gewesen wären, beauftragte Forey sie damit, die mit Fieber verseuchten ersten 70 Kilometer der Reise von Vera Cruz durch die Sümpfe und das Buschland der Küstenebene, wo Malaria weit verbreitet war, zu sichern. So genanntes »Jesuitenpulver« – die zerstoßene Baumrinde des Cinchona-Baums – wurde schon 1642 in Europa benutzt, um die Krankheit zu behandeln. Großbritanniens Charles II. und der Sohn von Louis XIV. hatten sich beide dank dieses Mittels erholt, aber es war so teuer, dass niemand es an Söldnersoldaten verschwenden wollte. Und da niemand den Stich des Moskitos mit dem Ausbruch der Krankheit in Verbindung brachte, bis ein britischer Armeechirurg 1897 in Indien die Verbindung entdeckte, dachten die Legionäre von Vera Cruz 1863 nie daran, Vorkehrungen zu treffen.

Ferner gab es in dem Gebiet, in dem die Legion stationiert war, beinahe jede andere Tropenkrankheit einschließlich einer örtlichen Variante der Gelbsucht, *vómito negro* genannt. Deren Opfer erbrachen buchstäblich ihr eigenes Blut, bis sie nach sechs oder acht Stunden in qualvollen Krämpfen starben. *L'Historique Sommaire* hat viele lakonische Eintragungen wie: »Am 7. Oktober starb Oberleutnant Barrera bei Cordoba an *vómito*.«[3] Charles-Jules Zédé behauptete, dass 1863 ein Drittel der Legion an Krankheiten starb. Ein anderer Offizier, der seine Erfahrungen niederschrieb, der verarmte Schweizer Aristokrat aus Fribourg, Hauptmann Gabriel Diesbach de Torny, behauptete, dass die Verluste viel schlimmer waren. Seine Kompanie wurde innerhalb des Jahres von 124 Mann auf 25 dezimiert.[4]

Zédés erster Anblick bei der Ankunft in Vera Cruz war »eine schlammige Küste ohne Vegetation und mit Schiffswracks übersät. Zu unserer Rechten lag ein Inselchen, auf dem die verfallene Festung von St. Juan de Ulla stand. Links lag die trockene Insel Sacrifice, die mit zahlreichen Kreuzen bedeckt war, die die Gräber der Matrosen markierten, die dem ungesunden Klima zum Opfer gefallen waren.«[5]

Das erste Gefecht der Legionäre fand Anfang April statt, als sie immer noch dabei waren, sich zurechtzufinden. Eine große mexikanische Guerillabande überfiel ein Eisenbahnarbeiterlager, das unter dem Schutz der Legion stand. Die *guerrilleros*, die mal Freiheitskämpfer und mal Banditen waren, hatten sich dieses Mal übernommen. Bevor sie mit schweren Verlusten vertrieben wurden, tötete Oberleutnant Ernst Milson von Bolt den bekannten Guerillaführer Antonio Díaz im Nahkampf, wofür er die Légion d'Honneur bekam.

All dies erklärt, warum die 3. Kompanie am 29. April 1863 unterbesetzt und knapp an Offizieren war, als eine einheimische Frau zur Siestazeit in ihr Basislager bei Mount Chiquihuite kam und bat, Oberst Jeaningros zu sprechen. Ihr Vater war Feldwebel der mexikanischen Nationalgarde, und Oberst Milán – der aristokratische, spanisch aussehende Militärgouverneur des Staates Vera Cruz – war am Vorabend zum Essen in ihrem Hause gewesen. Während der Mahlzeit hatte die Frau zufällig gehört, wie die zwei Männer Miláns Plan diskutierten, bei Palo Verde einem großen französischen Konvoi aufzulauern, der Vera Cruz am 15. April verlassen hatte. Er bestand aus

64 Waggons und 150 Mauleseln, die mit Geschützen, Munition sowie einer Truhe mit 14 Millionen Pesos in Gold- und Silbermünzen beladen waren, um Foreys Armee und alle örtlichen Arbeiter, Maultiertreiber und das Lagergefolge außerhalb von Puebla zu bezahlen. Ihr Motiv, diese Informationen Jeaningros zu überbringen, bestand darin, ihrem Mann das Leben zu retten, einem Fuhrmann in dem Konvoi, der womöglich aus dem Hinterhalt getötet werden könnte.

Jeaningros schickte sofort einen jungen Mexikaner nach Soledad mit der Nachricht für den Offizier, der den Konvoi kommandierte, dort anzuhalten, bis sein Begleitschutz verstärkt werden konnte. Für den Fall, dass der Bote in feindliche Hände geriet, entschloss er sich, außerdem die 3. Kompanie als Nachhut hinauszuschicken. Aber der einzige Offizier der 3., der nicht krank oder abwesend war, war der junge amtierende Zahlmeister, Leutnant Vilain.

Obwohl sein eigener Einsatz vorbei war und er zur Repatriierung berechtigt war, war Danjou in die Legion vernarrt, seit er 15 war. Damals besuchte ein ehemaliger Arbeitnehmer seines Vaters während seines Urlaubs von Algerien das Haus der Familie in Languedoc. Er trug die Uniform eines Leutnants der Legion und füllte den Kopf des Jungen mit Erzählungen voller Kühnheit und Abenteuer. Obwohl sein Vater ihn in dem Familiengeschäft haben wollte, besuchte Danjou die Militärschule St. Cyr und absolvierte sie 1847 als Leutnant. Er langweilte sich zu Tode, als er im 51. Linien-Regiment zum Garnisonsdienst in Frankreich abkommandiert wurde und bat um die Überstellung zur Legion, in die er am 24. September 1852 bei Batna in Algerien eintrat. Die Legion war sein ganzes Leben gewesen, seit er 15 war. Nun sollte sie auch sein Tod sein.

Er meldete sich freiwillig, um den abwesenden Hauptmann der 3. Kompanie zu ersetzen, und Maudet meldete sich freiwillig, als stellvertretender Kommandant mitzugehen. Sie wollten um Mitternacht aufbrechen, ostwärts Richtung Küste marschieren und Palo Verde in der Morgendämmerung erreichen. Dort könnten sie bis zur folgenden Nacht rasten und dann die Straße nach Soledad erkunden. Sobald sie den Staub des Konvois kommen sahen, hätten sie immer noch genug Zeit, um ihn zu warnen, denn die schwer beladenen Waggons schafften unter den herrschenden Bedingungen selten mehr als zwei Kilometer pro Stunde. Wenn es keine Staubwolke gab, bedeutete dies, dass der Bote es geschafft hatte.

Die 3. Kompanie, die durch Krankheit und Todesfälle von ihrer vollen Stärke mit etwa 120 auf 62 Unteroffiziere und Mann reduziert war, wurde um 23.00 Uhr geweckt. Es wurde Kaffee und Brot gereicht und um 01.00 Uhr brachen sie, wie der offizielle Bericht schreibt, mit drei berittenen Offizieren und den Männern zu Fuß auf. Zwei Maulesel wurden mit Rationen und Wasser für 36 Stunden und 60 Patronen pro Mann beladen. Die Entfernung vom Stützpunkt nach Palo Verde betrug 20 Kilometer. Weil sie in der Kühle der Nacht marschierten und die Ersatzmunition und Lebensmittel von den Mauleseln tragen ließen, war es möglich die Strecke vor der Mittagshitze zu bewältigen, sogar für Männer, die die meisten der 34 Tage, die sie im Land waren, krank gewesen waren.

Das Klima in diesem Teil von Mexiko ist so heiß und so schwül, dass die Gegend heute das Hauptzuckeranbaugebiet des Landes mit der größten Raffinerie der Welt ist. Zu der Zeit, als die Legionäre hindurchmarschieren mussten, bestand die Landschaft aus moskitoverseuchtem tropischem Unterholz, das mit Lianen verwoben war. Um abseits der Straße vorwärts zu kommen, mussten sie sich Schritt für Schritt mit ihren Säbeln durch das Unterholz schlagen.[6] Und trotz ihres großen Namens war die Royal Road eher ein Trampelpfad, der sehr reparaturbedürftig war. Die Brustwehren waren vom schweren Regen weggewaschen und die schlammige Oberfläche war voller tiefer Spurrillen von den Versorgungswaggons.

Kurz vor der Morgendämmerung hörte der schwere Regen auf. An einem Außenposten, der mit einer Elite-Grenadier-Kompanie der Legion bemannt war, erhielten sie Frühstück mit Kaffee und Schwarzbrot. Hauptmann Gustave Saussier, der Kommandant des Postens, bot Danjou einige seiner Männer an, aber Danjou lehnte das Angebot, wie von Jeaningros angewiesen, ab. Ein Verhältnis von eins zu fünf oder sogar zu zehn war ganz normal in Mexiko, und die Legion hatte wenig Respekt vor der Schießkunst der Guerilleros, die die meisten der Truppen in dieser Region stellten.

In der Morgendämmerung ging die Kolonne um 05.30 Uhr bergab, nachdem sie vorsichtig die schmale Schlucht Payo Ancho passiert hatte. Unter ihnen lag der Fluss

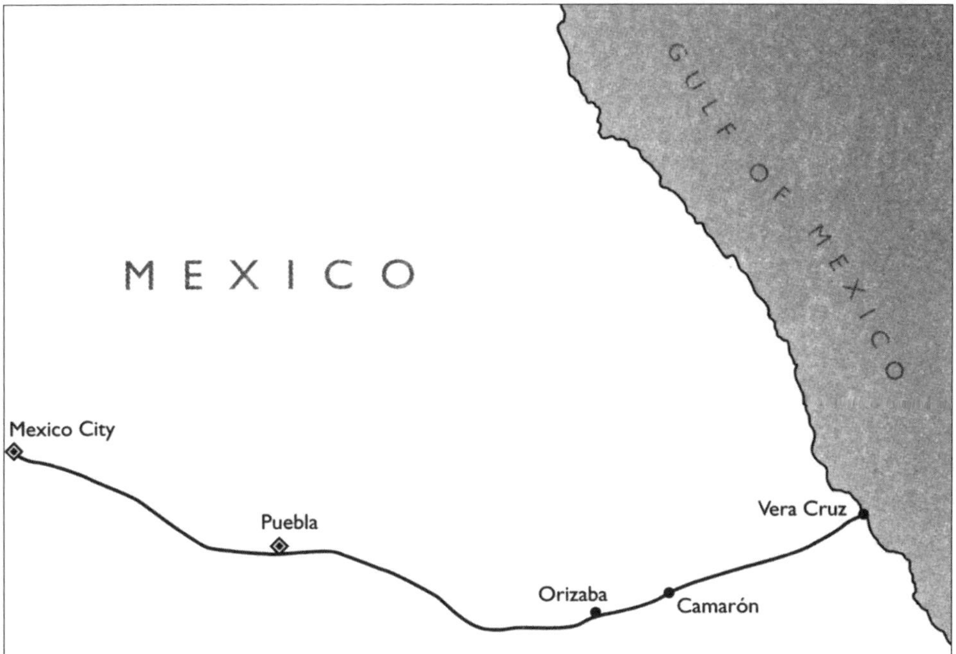

Die mexikanische Intervention, 1862–1863

Jalapa. Es sollte ein heißer Tag werden. Sie gingen durch mehrere baufällige Siedlungen, aus denen die Einwohner geflohen waren, da dies eine Kriegszone war. Normalerweise hätte der italienische Trommler Casimiro Lai den Links-Rechts-Rhythmus des Marsches angegeben, aber weil der Feind wahrscheinlich nahe war, marschierten sie schweigend.

Das Dorf Camarón war wie all die anderen, an denen sie vorbeigingen, verlassen und vom Krieg zerstört und bot vor dem sich aufhellenden Himmel eine Silhouette aus eingefallenen Strohdächern und skelettartigen Dachhölzern. Auf der linken Seite der Straße standen ein paar verlassene Hütten und 300 Meter weiter östlich lagen ein paar stabilere Behausungen. Dieses Anwesen wurde Trinity Ranch genannt. Die meisten seiner Eigentümer lagen inzwischen auf dem Friedhof von Palo Verde. Auf der linken oder nördlichen Seite der Camino Real lag das große Haupthaus mit einem Dutzend Schlafzimmern. Auf der rechten Seite befanden sich die einstöckigen Stallungen, die um einen Hinterhof mit dünnen, etwa drei Meter hohen Wänden gebaut waren. Sie waren nur von zwei Durchgängen unterbrochen, die breit und hoch genug waren, um Wagen hindurchzulassen. Auch diese waren verfallen. Die einzigen Anzeichen von Leben in jüngerer Zeit waren die Reste eines Lagerfeuers, das Guerilleros angezündet hatten, die dort für eine Nacht gezeltet hatten.

Nachdem er an der Ranch vorbeigegangen war, teilte Danjou seine Truppe in zwei Gruppen auf. Mit einer Gruppe und den beiden Mauleseln folgte er der Straße, während die andere Gruppe parallel an der linken Flanke marschierte und sich auf der Suche nach feindlichen Aktivitäten ihren Weg durch das Gestrüpp schlug. Sie fanden nichts und trafen um etwa 07.00 Uhr wieder mit dem Rest der Kolonne bei Palo Verde zusammen. Dort entluden sie die Maultiere und machten eine Pause, um Kaffee zu kochen. Als älterer Unteroffizier postierte Stabsfeldwebel Henri Tonel ringsherum Wachposten.

Die brennende Sonne hatte die Erdoberfläche bereits ausgetrocknet und verursachte überall Wirbelstürme. Zusammen mit dem Hitzeschleier beschränkte dies die Sicht, aber bevor eine Stunde vorbei war, erspähten die Wachposten die verräterische Staubwolke, die von einer ankommenden Reitergruppe aufgewirbelt wurde. Aber dies war nicht der französische Konvoi, weil sie aus der falschen Richtung kam, und sie waren schon ziemlich dicht dran, als Danjous Männer die mexikanischen Militär-Mützen und die cowboyartige Kleidung der Reiter erkennen konnten.

Die Männer, die im Schatten der Büsche schliefen, wurden geweckt, und diejenigen, die Kaffee kochten, löschten das Feuer, indem sie den Kaffee darauf kippten. Tonel befahl einigen Männern unter Feldwebel Charles Magnin, die Maulesel, die in der Nähe grasten, einzufangen und die Wasserbehälter wieder aufzuladen. Innerhalb von fünf Minuten war die Kompanie aufgestellt und die Waffen bereit zur Schlacht.

13

Tod am Nachmittag

MEXIKO, 1863–67

Danjou entschied, nicht auf der Straße zu bleiben, sondern scherte über Land in Richtung Norden nach La Joya aus, um die vorrückenden Mexikaner zu benachteiligen. Nachdem sie sich mühsam durch das Unterholz geschlagen hatten, schienen seine Männer den Feind verloren zu haben, aber sie kamen so langsam voran, dass sie wieder nach Camarón zurückkehrten. Als sie sich der Trinity Ranch näherten, ertönte aus einem der Fenster ein Schuss. Sie umzingelten die baufälligen Gebäude und durchsuchten das Innere, fanden dort aber niemanden. Danjou bereitete sich darauf vor, Widerstand zu leisten und schickte schnell ein paar Männer mit den mittlerweile leeren Wasserbehältern in eine Schlucht, in der sich manchmal Wasserlachen bildeten, aber sie kehrten mit leeren Händen zurück.

Trotz des einzigen Schusses, der in ihre Richtung abgegeben wurde, schien kein Feind in der Nähe zu sein, darum entschied Danjou, nach Chiquihuite aufzubrechen. Sie waren nur 400 Meter gegangen, als der Späher mehrere Gruppen mexikanischer Reiter sah, die im Begriff waren anzugreifen. Danjou befahl Lai, das Signal »Karree bilden!« zu geben und führte seine Männer in Verteidigungsformation auf ein kleines, kahles Hügelchen. Die Mexikaner trennten sich in zwei Schwadrone, um von beiden Seiten gleichzeitig anzugreifen und so das Feuer der Kompanie zu teilen. Zu einer kritischen Situation dieses ersten ergebnislosen Scharmützels kam es, als die Maulesel bei dem Lärm und Pulverrauch in Panik gerieten, wegliefen und schließlich vom Feind eingefangen wurden.

Die Mexikaner zogen sich in sichere Entfernung zurück und Danjou befahl seinen Männern, das Feuer einzustellen. Der Kavalleriekommandant Jiménez brachte dann seine Männer kühn bis auf 60 Meter heran, bevor er befahl, wieder mit Lanze und Säbel anzugreifen.

Danjou schrie den Befehl, »Feuer!«

Die Salve knallte und ließ Männer und Pferde auf dem Boden zurück. Die unversehrten Reiter galoppierten außer Reichweite und wurden von Einzelschüssen verfolgt. Da das offene Terrain ideal für Kavallerieangriffe war, führte Danjou seine Männer in die Deckung einer kleinen Mauer und Kaktushecke in der Nähe, die sie zumindest von einer Seite vor den Reitern schützen würden. Ein weiterer vorsichtiger mexikanischer Angriff wurde hier zurückgeschlagen. In der anschließenden Pause beschloss Danjou, seine Männer in Gruppen zum nächsten Gebäude, den Stallungen der Trinity Ranch, zurückzubringen.

Um die nötige Zeit dafür zu gewinnen, befahl er seinen Männern, so laut sie nur konnten gemeinsam »*Vive l'Empereur*!« zu rufen. Der Trick funktionierte. In der Annahme, dass französische Verstärkungstruppen angekommen waren, hielten sich die Mexikaner gerade so lange zurück, dass die meisten Legionäre die schützenden Mauern der Ranch erreichen konnten, bevor die Schüsse erschallten. Es war nun etwa 09.30 Uhr und Danjou hatte schon 16 Mann bei seinem Rückzug zur Ranch verloren.

Er zog Bilanz und musste feststellen, dass dieses Mal das Zahlenverhältnis nicht wie üblich eins zu fünf oder eins zu zehn war, sondern viel schlechter. Den reinen Zahlen nach zu urteilen, musste er der Kavallerietruppe gegenüberstehen, mit der Oberst Milán der Versorgungskolonne auflauern wollte. Wenn er sie an der Ranch aufhalten konnte, würde er die Sicherheit des Konvois gewährleisten.

Der Gebäudekomplex war in traditionellem Stil gebaut: mit Zimmern, die nach innen um einen zentralen Hof gruppiert und durch eine drei Meter hohe Mauer geschützt waren. Er konnte von den Franzosen mit einem Gasthof am Wegesrand verwechselt werden und war konzipiert, um leicht verteidigt werden zu können – aber nicht gegen die Übermacht, mit der Danjou konfrontiert war. Die Stärke der 3. Kompanie betrug zu diesem Zeitpunkt drei Offiziere und 46 Unteroffiziere und Legionäre. Er wies sie an, Schießscharten in die weicheren Mauern aus Lehmziegeln zu stemmen und die Einfahrten mit Trümmern und heruntergefallenen Bauhölzern zu verbarrikadieren. Feldwebel Morzicki befahl er, als Späher auf das Dach zu steigen. Von dort konnte Morzicki hunderte Reiter und Infanteristen in verschiedenen militärischen Uniformen sehen, die mit den neusten amerikanischen Karabinern bewaffnet waren und von Massen an Guerillakämpfern in Zivilkleidung unterstützt wurden.

Niemand hat erklärt, warum Milán alle seine Truppen an der Trinity Ranch hielt, wo es ausgereicht hätte, Danjous Männer mit einer geringeren Truppenstärke zu binden, um mit dem Rest dem Konvoi aufzulauern. Es mag sein, dass Jeaningros' Warnung den Führer erreicht hatte und in diesem Fall hätten Miláns versammelte Truppen nichts anderes zu tun gehabt.

Unter dem sporadischen Feuer der Angreifer ging Danjou ruhig von Posten zu Posten, um die Verteidigungsanlagen zu prüfen. Als die Sonne in den Himmel kletterte, stieg die Hitze im Innenhof. Die einzige trinkbare Flüssigkeit war eine Flasche Wein, die die Ordonnanz Ulrich Konrad sorgfältig in seiner Satteltasche aufbewahrte. Danjou befahl ihm, sie zu öffnen und jedem Mann ein paar Tropfen zu geben.

Auf dem Dach meldete Morzicki das Herannahen von Oberleutnant Ramón Lainé, einem jungen französisch sprechenden mexikanischen Offizier mit einer weißen

Flagge. Er rief: »Wir haben mehr als 2.000 Mann und Sie sind höchstens 60. Legen Sie Ihre Waffen nieder und ergeben Sie sich, um ein Massaker zu verhindern.« Danjou antwortete: »Wir haben Munition und werden uns nicht ergeben.« Lainé zog sich zurück und von allen Seiten brach die Schießerei los. Danjou befahl seinen Männern, Munition zu sparen und nur auf sichere Ziele zu schießen. Die Schüsse gingen über die Spitzen der Mauern, kamen sogar vom Dach und die Verluste begannen zu steigen. An diesem Punkt machte Danjou die Runde und verpflichtete jeden Mann auf das Versprechen, sich nicht zu ergeben, sondern bis zum Tod zu kämpfen.

Gegen 11.00 Uhr waren fast alle Gebäude der Ranch vom Feind besetzt und die Legionäre kauerten hinter Barrikaden aus Leichen und Trümmern in den Ecken des Hinterhofs. Danjou wurde in die Brust geschossen, er stürzte und starb ein paar Minuten später. Da die Dritte Vilains Kompanie war, ließ Maudet ihn höflich das Kommando übernehmen, obwohl er durch seine Beförderung der ranghöhere Offizier war.

Ein Trompetensignal erklang, das die Ankunft weiterer Truppen signalisierte. Die Moral der Legionäre stieg in der Hoffung, dass dies Hauptmann Saussiers Grenadiere sein könnten, die zu ihrer Rettung kamen, oder die Vorhut des Konvois. Es stellte sich jedoch heraus, dass weitere 1.000 reguläre mexikanische Infanteristen nach einem Gewaltmarsch angekommen waren. Es gab nun so viele Uniformen: das Grau mit blauen Besätzen von Vera Cruz, das Blau von Córdoba und die Männer von Jalapa mit ihren blauen Mänteln, grauen Hosen und Käppis mit Nackenschutz. Einige trugen Stiefel, einige selbst gemachte Bauernschlappen. Die Offiziere waren noch bunter, mit roten oder blauen Streifen an ihrer Hose, Goldepauletten, polierten Messingknöpfen und Halftern aus glänzendem Leder an ihren Gürteln. Im Gegensatz dazu waren die blauen Mäntel und roten Hosen der Legionäre dreckig und vom Blut der Träger und ihrer Kameraden befleckt.

Von seiner Position auf dem Dach aus konnte Morzicki erkennen, dass die Lage aussichtslos war. Oberleutnant Lainé näherte sich noch einmal und wiederholte das Kapitulationsangebot. Ohne sich zu bemühen, Vilain zu fragen, schrie Morzicki zurück, »*Merde!*« Vilains Antwort war die korrektere: »Wir werden uns nicht ergeben!«

Neben den Salven, die von allen Seiten kamen, hörten die Legionäre nun den Lärm von Spitzhacken und Schaufeln, da die Mexikaner draußen die Schießscharten an mehreren Stellen zu Breschen vergrößerten. Trotz des schweren Feuers machte Vilain weiterhin die Runde bei seinen Männern, die ruhig darauf achteten, dass jeder Schuss ein Treffer war. Als er einmal zuviel riskierte, bekam er um etwa 14.00 Uhr eine Kugel in die Stirn und starb sofort.

Die Verwundeten blieben dort liegen, wo sie fielen. In dem sengenden Sonnenschein litten sie qualvoll an Durst und einige waren so verzweifelt, dass sie versuchten, ihr eigenes Blut oder ihren Urin zu trinken. Zu der Hitze im Innenhof und dem stickigen Pulverrauch, den die Männer einatmen mussten, kam eine neue Tortur, als die Mexikaner das modrige Stroh der Dächer in Brand steckten. Rauch wogte so dicht in den Innenhof, dass die erstickenden Legionäre mit tränenden Augen nur auf dämmrige Silhouetten feuern konnten, die ständig näher krochen. Als das Feuer nach neunzig Minuten erlosch, trennten die Legionäre nur ein paar Meter vom nächsten Feind.

Um 17.00 Uhr erlaubte eine Pause Oberleutnant Maudet, sich einen Überblick über seine verbliebenen Männer zu verschaffen, die in den Ruinen der Stallungen und im Hinterhof verteilt waren. Kurz danach hörten sie, wie Milán seine Männer aufforderte, den letzten Angriff zu machen. Ein drittes Angebot der Kapitulationsbedingungen von außen wurde von Legionären, deren Kehlen zu ausgedörrt waren, um zu antworten, einfach ignoriert. Weil sie die Taschen ihrer toten Kameraden nach Munition durchforsteten, konnten die elf Legionäre, die immer noch am Leben waren, hinter ihrer Deckung aus Leichen in dem erneuten Ansturm so viele Gegner abschlachten, dass der Hof mit den blutbefleckten Körpern der toten und sterbenden Mexikaner übersät war.

Eine Stunde später hatte Maudet nur noch fünf Mann übrig, die ein Gewehr abfeuern konnten. Sie hatten je eine Patrone. Sie pflanzten die Bajonette auf, die ihnen einen kleinen Vorteil im Nahkampf gegen die Karabiner der Mexikaner gaben, die keine Bajonette hatten. Dann kamen sie aus der Deckung heraus, um einen Selbstmordangriff auf mehrere hundert Feinde zu machen, die ihnen gegenüberstanden. Als er sah, wie dutzende Feuerwaffen sofort auf Maudet als den einzigen Offizier gerichtet waren, warf sich der belgische Legionär Victor Catteau vor ihn, um Maudet zu schützen und starb mit 19 Kugeln in seinem Körper. Seine Aufopferung war vergebens: Der Oberleutnant wurden ebenfalls schwer getroffen.

Die verbliebenen Männer, die noch auf ihren Füßen standen, hätten nur noch Sekunden zu leben gehabt, wäre Oberst Angel Lucio Cambas nicht buchstäblich zwischen die verzweifelten Männer gesprungen. Er parierte einen Schlag von Feldwebel Louis Maine und trennte die zwei Gruppen mit dem Blatt seines Schwertes. Cambas hatte in Frankreich studiert und sprach perfekt Französisch. »*Rendez-vous!*« schrie er: Ergeben Sie sich!

Als er sah, dass nur noch er selbst und zwei Kameraden aufrecht standen, antwortete der benommene Gefreite außerordentlich geistesgegenwärtig, »Wir werden das tun, wenn Sie versprechen, dass wir unsere Waffen und Ausrüstung behalten und unseren verwundeten Oberleutnant versorgen dürfen.«

Mit einer Höflichkeit, die zu einer solchen Zeit und an einem solchen Ort genauso erstaunlich war, stimmte Cambas zu: »Man kann Männern wie Ihnen nichts verweigern.«

Cambas befahl, Krankenbahren herbeizuschaffen, und führte Maine und den Legionär Godfried Wensel durch die Menge aufgeregter und bewaffneter Mexikaner weg – sie dachten, sie würden an die Wand gestellt und erschossen werden. Dies wäre auch beinahe ihr Schicksal gewesen, weil ein wütender berittener *guerrillero* mit einem Revolver in jeder Hand von seinem Pferd sprang, um die beiden zu töten. Ohne zu zögern zog Cambas seinen eigenen Revolver und erschoss den Angreifer. Es war der letzte Schuss, der an diesem Tag auf der Trinity Ranch gehört wurde, von *coups de grâce* für die verletzten Pferde abgesehen.

Der tadellose, schnurrbärtige Oberst Milán, der der ranghöchste anwesende mexikanische Offizier war, staunte, dass eine so kleine Gruppe erschöpfter und verwundeter Männer gegen diese Übermacht weiter gekämpft hatte. Als er die Überlebenden kurz danach traf, zog er eine Schlussfolgerung, die jeder Legionär lernt: »*Pero no son hombres, son demónios!*« Das sind keine Männer, sondern Dämonen!

Von den 20 Legionären, die noch am Leben gewesen waren, lagen mehrere bereits im Sterben. In Algerien, in Spanien und sogar in Italien, als sie gegen Franz Josefs Kroaten kämpften, wären ihre Kehlen durchgeschlitzt worden – oder noch Schlimmeres. Mit einer Barmherzigkeit und Ritterlichkeit, die in einer solchen Situation selten war, luden die Mexikaner alle, die transportiert werden konnten, auf improvisierte Krankenbahren, von denen zwei an einen Maulesel festgebunden wurden, und brachen zum Krankenhaus in Huatusco auf.

Infolge der Hitze und der ruckartigen und stoßenden Bewegungen starben unterwegs noch fünf Männer. Die Überlebenden wurden von den Schwestern von St. Vincent de Paul und der außergewöhnlichen Witwe Doña Juana Marredo de Gómez gepflegt, die von ihren Patienten Mama Juana genannt wurde. Maudet wurde im Haus von Oberst Francisco Maredo noch besser behandelt, wo sich dessen Tochter nach den Anweisungen von Doña Gómez persönlich um den verwundeten Mann kümmerte. Kurz vor seinem Tod am 8. Mai schrieb Maudet für Mama Juana mit großer Mühe auf ein Blatt Papier: »Ich verließ eine Mutter in Frankreich und fand eine andere in Mexiko.« Er wurde mit vollen militärischen Ehren begraben.

Als er am Tag der Schlacht zurück bei Chiquihuite war, hatte Oberst Jeaningros keinen Grund, zu ahnen, was geschehen war, weil es für Danjou ganz normal gewesen wäre, seine Männer während des Tages ausruhen zu lassen und in der folgenden Nacht zum Stützpunkt zurückzukehren. Als sie am nächsten Morgen nicht zurückgekehrt waren, befahl er der 1. Kompanie, sie zu suchen. Als sie sich Camarón näherten, wurde Danjous Trommler Casimiro Lai am Straßenrand im Gestrüpp gefunden. Wie durch ein Wunder war er noch am Leben. Sein Augenzeugenbericht war der erste, der aufgenommen wurde.

Nachdem er sieben Stöße von Kavallerielanzen und zwei Schusswunden erlitten hatte, hatte Lai unter einem Haufen Leichen Schutz gesucht, bis der Einbruch der Nacht es ihm ermöglichte, sich von dem Ort der Schlacht zu schleppen. Die Dunkelheit brachte dem verwundeten Mann keine Ruhe. Vom Geruch des Blutes angelockte Coyoten hätten ihn angegriffen, falls er eingeschlafen oder wegen des hohen Blutverlustes ohnmächtig geworden wäre.

Als Jeaningros die Hacienda erreichte, wurde die Größenordnung des Gemetzels offensichtlich, obwohl die Mexikaner alle Verwundeten beider Seiten entfernt und ihre Toten begraben hatten. Die nackten Körper einiger Legionäre, denen die Uniformen und Stiefel ausgezogen worden waren, wurden in Gräben gefunden, in die sie geworfen worden waren. Da er befürchtete, dass sich einige der 3.000 Mexikaner immer noch in der Nähe aufhielten, blieb Jeaningros nicht, um sie zu begraben, sondern zog sich zu seinem Stützpunkt zurück und ließ die toten Legionäre noch zwei Tage unbestattet zurück.

Am gleichen Tag wartete Oberst Milán bei La Joya auf die Ankunft des Konvois. Er autorisierte den Gefreiten Evariste Berg, einen Brief zu schreiben, der das Ende der 3. Kompanie beschrieb und Jeaningros überbracht werden sollte. Er begann so: »Im feindlichen Lager, den 1. Mai 1863. Oberst, das 3. des 1. ist tot, aber es leistete so viel, dass man sagen kann, dass es gute Soldaten hatte.« Der Brief erreichte seinen Adressaten nie, wurde aber ein paar Tage später in mehreren mexikanischen Zeitungen veröffentlicht.

Und das ist so nah dran an dem, was bei Camarón tatsächlich geschah, wie man nur kommen kann. Als er erfuhr, dass Miláns Kavallerie in der Nähe war, verzögerte der französische Konvoiführer seine Ankunft im Krisengebiet, bis sein Begleitschutz verstärkt werden konnte. Als der verstärkte Konvoi die Männer unter Jeaningros bei Palo Verde endlich erreichte, wurden die Überreste der unbeerdigten Legionäre, die in der Zwischenzeit von Kojoten und Geiern angenagt worden waren, zur Ruhe gebettet. Die sichere Ankunft des Konvois bei Puebla spielte eine wesentliche Rolle bei dem Fall der Stadt am 17. Mai. Bis dahin war Juárez von Mexiko-Stadt nordwärts nach San Luis Potosí geflohen. In militärischer Hinsicht war Danjous »Nicht ergeben«-Politik damit richtig. Zum Teil posthum hatte er weit mehr geleistet, als jeder hätte verlangen können.

Ein merkwürdiges Relikt, das von den Beerdigungsgruppen beider Seiten unentdeckt blieb, lag nahe der Trinity Ranch. Die geschnitzte Holzhand wurde schließlich von einem Bauern anglofranzösischer Abstammung namens Langlais gefunden, der sie zwei Jahre später nach viel Geschacher um den Preis an Jeaningros verkaufte. Sie wurde zum Quartier Viénot in Sidi bel-Abbès gebracht, reiste über das Mittelmeer, als die Legion Algerien verließ und liegt heute in einer beleuchteten Vitrine in dem Hauptquartier-Museum bei Aubagne.[1] Die Zaungitter von dem gemeinsamen Legions-Grab bei Camarón sind ebenfalls auf französischem Boden zu sehen: neben dem Kriegsdenkmal außerhalb des Legionsdorfes bei Puyloubier nahe Aix-en-Provence.

Es gibt jetzt drei Mahnmale am Ort der Schlacht: ein mexikanisches, ein französisches und eines, das von den örtlichen Behörden an einem Ort errichtet wurde, der inzwischen ein Wochenend-Touristenort für neugierige Besucher aus Mexiko-Stadt ist. Die französische Inschrift wird in zeitlosem Latein wiederholt, als ob sie den Tod von Caesars Legionären bezeichnet:

QVOS HIC NON PLVS LX
ADVERSI TOTIVS AGMINIS
MOLES CONSTRAVIT
VITA PRIAM QVAM VIRTVS
MILITES DESERVIT GALLICOS
DIE XXX MENSI APR. ANNI MDCCCLXIII

Hier standen weniger als sechzig Mann einer ganzen Armee gegenüber ...

Nach einer sorgfältigen Untersuchung des gesamten Beweismaterials ist die ganze Geschichte von Camarón deshalb noch erstaunlicher als die knappe »wir und sie« der *récit officiel.* Aber wie viele starben tatsächlich an der Trinity Ranch? Die Märtyrologie der Legion besagt, dass nur noch Maudet, Feldwebel Maine und zwei vermutlich verwundete Legionäre den Augenblick der Kapitulation erlebten. Aber auch Lai überlebte lang genug, um seine Geschichte zu erzählen, obwohl er schwer verwundet war, und diejenigen, die in Huatusco wieder gesund gepflegt wurden, wurden am 14. Juli in Coscomatepec gegen den gefangenen mexikanischen General Manuel María Alba ausgetauscht.

Brigadier Anthony Hunter-Choat, der seine bemerkenswerte militärische Karriere als Legionär Nr. 116798 begann und nach fünf Jahren Dienst als Feldwebel im 1. Elite-Fallschirmregiment der Legion beendete, meint, dass immerhin 23 Mann der 3. Kompanie zum Zeitpunkt der Kapitulation noch am Leben waren.[2] Unter diesen sind auch 16, die während des Rückzugs zur Ranch gefangen genommen wurden. Angesichts der feindlichen Überzahl und der Dauer des Gefechts ist es erstaunlich, dass so viele überlebten, und sei es nur vorübergehend. Trotz ihres erstaunlich großen Glücks bei Camarón kehrten jedoch nur wenige von ihnen je wieder nach Europa zurück. Vom allgegenwärtigen Risiko der Krankheit abgesehen war Gewalt ihr Leben, wobei Duelle den beliebtesten »Sport« für die Offiziere darstellten. Feldwebel Evariste Berg wurde nach Camarón zum Oberleutnant befördert, starb aber im folgenden Jahr in einem Duell wegen einer nebulösen Ehrensache.

Im September 1863 kam Napoleon III. auf die Idee, die Legion komplett fallen zu lassen, indem er sie in Bausch und Bogen an Maximilian abgab – wie es Louis-Philippe mit der Infanta in Spanien getan hatte. Nach der Konvention von Miramar, die sie am 10. April 1864 unterzeichneten, sollte das Régiment Etranger unter französischer Führung bleiben, bis alle anderen französischen Kräfte zurückgezogen worden waren, dann würde es Teil von Maximilians mexikanischer Armee werden. Ausfälle durch Krankheit und Tod im Gefecht sowie durch Repatriierung derjenigen glücklichen Legionäre, die ihre Zeit abgedient hatten und fit genug für die Repatriierung waren, sollten durch örtliche Rekrutierung in Mexiko ausgeglichen werden.

Wie viele Pläne von Politikern für das Militär mag dies auf dem Papier gut ausgesehen haben, aber jeder Offizier der Legion in Mexiko hätte seinem Kaiser sagen können, dass das nicht funktionieren würde. Wenige »weiße« Mexikaner mit militärischer Erfahrung, die für ein Leben im Sattel geboren wurden, wollten in ein Regiment eintreten, das überall *zu Fuß hinging*, sogar in der Hitze der Mittagszeit. Und als die Standards herabgesetzt wurden, um »Indianer« oder Bauern gemischten Blutes zu rekrutieren, kamen auch die nicht mit Begeisterung. Der Versuch, ehemalige Soldaten aus den Südstaaten, die in Mexiko Asyl suchten, zu rekrutieren ergab genau einen Rekruten. Der wurde abgelehnt, nachdem er darauf bestand, eine sechsmonatige Probezeit zu absolvieren, bevor er sich verpflichten würde. Um den schlechten Rekrutierungszahlen entgegenzuwirken, wurde die anfängliche Verpflichtung von zwei auf fünf Jahre erhöht, wie sie auch jetzt noch gilt.

Maximilian wurde am 10. Juni 1864 zum Kaiser gekrönt. Er erklärte seine Absicht, als wohltätiger Diktator zu regieren. In der Tat hielt er die Grundbesitzreformen von Juárez aufrecht. Wegen dieser Maßnahme und seiner Entschlossenheit, die Leibeigenschaft der indianischen Bauern abzuschaffen, verlor er die Unterstützung der Landeigentümer-Familien, die ihn nach Mexiko geholt hatten. Er büßte auch die Unterstützung der Kirche ein, weil er sich weigerte, ihre enormen Besitztümer zurückzugeben, die von Juárez konfisziert worden waren. Wie Juárez fand er so wenig in der Staatskasse, dass er seine und Carlotas tägliche Spesen aus der eigenen Tasche bezahlen musste.

Die französische Truppe, die anfangs 3.000 Mann zählte, wuchs schließlich auf 40.000 Mann, die von Foreys Nachfolger Achille Bazaine kommandiert wurden. Von nördlich des Río Grande begannen im April 1865 nach dem Sieg der Union über die Südstaaten-Armeen sowohl Waffen als auch Freiwillige für Juárez' Liberale über die Grenze zu strömen.

Da die meisten ihrer Feinde, ob reguläre Truppen oder *guerrilleros*, beritten waren, war die Legion als Infanterieformation stark benachteiligt. Einige Offiziere behaupteten, dass der Amerikanische Bürgerkrieg gezeigt habe, dass die Blütezeit der Kavallerie wegen der zunehmend effektiveren Artillerie, die während jenes Krieges entwickelt worden war, vorbei sei. Statt dessen sei berittene Infanterie gefragt, die sich schneller bewegen und auch vom Pferd absteigen konnte, um zu Fuß zu kämpfen. Im März/April 1864 etablierte das 1. Bataillon deshalb eine Art Dragoner-Kompanie, die als »das Schwadron der Legion« oder *l'escadron de la Légion*[3] bekannt wurde, um diesen Bedarf zu decken.

Nach dem Fall von Oaxaca im Februar 1865 wurde dieser Ansatz weitergeführt, indem die gefangenen Pferde für deutsche und polnische Ex-Kavalleristen genutzt wurden. Es war allerdings keine Lösung, einem Mann, der nicht wusste, wie man reitet oder wie man sich um sein Reittier kümmert, einfach einen feurigen, von Indianern gezähmten Mustang mit einem Westernsattel zu geben. Aus Frankreich wurden einige europäische Pferde geschickt, aber viele brachen sich bei den Stürmen auf hoher See die Beine und mussten erschossen werden. Da sich Pferde nicht erbrechen und nicht länger als ein paar Tage in Ställen eingesperrt werden können, ohne krank zu werden, starben zahlreiche weitere auf der Fahrt an Seekrankheit oder Bewegungsmangel.

Zu ihrer Spitzenzeit zählte die Schnelleingreiftruppe »Kavallerie« der Legion im September 1866 insgesamt nur 240 Reiter, Offiziere und Mann. Bazaine wollte die leichten und sich schnell bewegenden Kolonnen einführen, die in Algerien so nützlich gewesen waren. Die geringe Größe der Legion und die überlegene Reitkunst der mexikanischen Berufssoldaten und *guerrilleros* bedeuteten jedoch, dass die berittenen Kompanien keinen Einsatz ohne Infanterieunterstützung in der Nähe riskieren konnten. Am effektivsten waren sie darin, die Garnisonen belagerter Legionsposten zu befreien.

Bis zum April 1865 hatte die französische Armee, die von belgischen Truppen von Carlotas Vater König Léopold I. von Belgien unterstützt wurde, die liberalen Truppen von Juárez nach Norden fast bis zur Grenze nach Texas getrieben. Aber nach dem Ende des Amerikanischen Bürgerkrieges in diesem Monat forderten die Vereinigten Staaten den Rückzug der französischen Truppen aus Mexiko, weil ihre Anwesenheit die Monroe-Doktrin verletzte. Kaiserin Carlota nahm ein Schiff nach Europa und versuchte, die Kirche auf Maximilians Seite zu bringen, indem sie Einfluss auf Papst Pius IX. nahm. Dies misslang, weil ihr Mann nichts dafür getan hatte, konfiszierte Kirchenländereien zurückzugeben. Napoleon III. zeigte sich mittlerweile überhaupt nicht mehr von seiner mexikanischen Intervention begeistert, und sie erlitt einen Nervenzusammenbruch, als sie begriff, dass sie und Maximilian nur Spielfiguren in einem schäbigen kommerziellen Unterfangen gewesen waren.

Ein formeller Protest von Washington gegen die Anwesenheit französischer Truppen auf mexikanischem Boden erreichte Paris am 6. November. Am 12. Februar 1866 erhöhten die wiedervereinigten Vereinigten Staaten den diplomatischen Druck, indem sie die Evakuierung aller ausländischen Truppen *erbaten*. Der Krieg ging weiter. Im März wurden 44 Legionäre, die in einer Kirche nördlich von Mexiko-Stadt gestellt wurden, von berittenen Kameraden gerettet. Diese wurden von der Infanterie unterstützt, die in einem Gewaltmarsch die normalerweise zehntägige Reise in der Hälfte der Zeit geschafft hatte. Im Juli jenes Jahres waren 125 Legionäre auf ähnliche Weise in einem Bauernhof nahe Matehuala im weiten Norden des Staates San Luis Potosí zwei Tage von über 500 Mann gefangen genommen worden, bevor auch sie von einer berittenen Kompanie gerettet wurden. Da wusste bereits jeder, dass der Feldzug verloren war.

In objektivem Licht betrachtet waren die Aktivitäten der Legion in der souveränen Föderation von Mexiko, der Napoleon III. sich nicht einmal die Mühe gemacht hatte, den Krieg zu erklären, so etwas wie Räuberei. Dass ihre Gegner oft Banditen waren, die Konvois und einzelne Kutschen überfielen und die Passagiere töteten und beraubten, ändert nichts an der Tatsache, dass dies kein Krieg war, wie er in Europa verstanden wurde. Aber sogar jene Legionäre kamen zurück, die die Hölle tropischer Krankheiten, das unmenschliche Tempo der Gewaltmärsche und die Tyrannei der Offiziere überlebt hatten, die kein Privatleben hatten, sondern nur für die »Ehre«, den Adrenalinstoß des Gefechts und die beinahe Gewissheit ihres eigenen bevorstehenden Todes lebten.

Einer Gruppe von Legionären, die nach dem völlig sinnlosen Massaker an 102 Offizieren und Männern aufgrund einer falschen Entscheidung von Major Paul-Aimable de Brian an einer strategisch unwichtigen und nicht erkundeten mexikanischen Stellung, Santa Isabella genannt, gefangen genommen wurde, wurde von ihren Fängern befohlen, ihre gefallenen Kameraden in Massengräbern zu begraben. Von dort marschierten sie zu einem entlegenen Kriegsgefangenen-Lager in der Wüste nicht weit vom Río Grande entfernt. Sie überwältigten ihre Wächter und flohen nach Texas. Dann machten sie sich auf den Weg in das französischsprachige New Orleans und nahmen ein Schiff nach Vera Cruz, wofür sie wer weiß welche Mittel benutzten. Dort meldeten sie sich zum Dienst und traten wieder in den furchtbaren Zyklus ein. Der deutsche Feldwebel, der die Flucht organisiert hatte und die Gruppe zusammenhielt, erhielt für seine Dienste einen Orden.

Doch nur wenige Deserteure kehrten freiwillig zurück. Dies war nicht Algerien, wo Folter und Tod das wahrscheinliche Schicksal der Davongelaufenen war, denn die *guerrilleros* hießen ausgebildete Soldaten willkommen, die die Seiten wechselten. Was machte es für den einzelnen Legionär, der ein Pferd reiten konnte, für einen Unterschied, an wessen Seite er in diesem dreckigen Krieg kämpfte? Der künftige mexikanische Präsident Porfirio Díaz bildete sogar ein Korps aus 300 französischen Deserteuren, das für Juárez kämpfen sollte. Die meisten davon waren ehemalige Legionäre.[4]

Als die Legion in die Staaten Tamaulipas, Nuevo Leon und Coahuila einmarschierte, stieg logischerweise die Desertationsrate, weil diese Staaten alle eine gemeinsame Grenze mit Texas hatten. Das veranlasste den französischen Vizekonsul in Galveston, sich wegen der Flut der Deserteure, die durch die Stadt gingen, zu beschweren. Die Desertationen stiegen sogar auf bis zu 80 an einem Tag, als die Legion im Jahr1865 Matamoros an der mexikanisch-texanischen Grenze besetzte. Obwohl Deserteure offiziell durch Erschießungskommandos bestraft wurden, wenn sie wieder eingefangen wurden – und viele wurden »*pour encourager les autres*« erschossen – betrachteten einige Offiziere Desertation auch als natürlichen Verschleiß, durch den ein Regiment seinen Unrat los wurde. Die Desertationsrate der Legion war vergleichsweise niedrig. Im Jahr nach Camarón betrug sie 11,6 Prozent. 1865 betrug die Rate nur 6,0 Prozent und 1867 sogar nur 5,8 Prozent – das lag weit unter den Raten bei den Linien-Regimentern in Europa, die unter viel besseren Bedingungen dienten.

Ein mutmaßlicher Beweggrund, warum sich Männer zum Dienst in Mexiko meldeten, war, dass sie dachten, es sei von dort einfach zu desertieren und in die Vereinigten Staaten zu gehen, ein Schlaraffenland. Das stimmte aber nicht, weil es auch während des Bürgerkriegs hunderttausende verarmter Europäer geschafft hatten, nach Amerika auszuwandern – so viele, dass 500.000 Soldaten der Unionsarmeen in Europa geboren waren.

Zutreffender war, dass die vielen männlichen Flüchtlinge, die in Frankreich ankamen, keine andere Wahl hatten als einzutreten, und Ärger zu machen begannen, sobald sie das Lager in Aix-en-Provence erreichten. Ihrer Zivilkleidung entledigt, in der sie hätten weglaufen können, wie *engagés volontaires* sind, stahlen sie den einheimischen Bewohnern so häufig Kleidung, dass bei Napoleon III. eine Bittschrift eingereicht wurde, den Stützpunkt zu verlagern. Alle Skandale der ersten Stützpunkte der Legion bei Langres und Bar-le-Duc unter Baron Stoffel wiederholend, liefen in Aix-en-Provence 200 Rekruten Amok, nachdem fünf Unruhestifter verhaftet worden waren. Stoffel hatte sich Sorgen darüber gemacht, dass seine Männer auf dem Marsch zu ihrem Ausschiffungshafen desertieren würden. Darum marschierten die Rekruten 1865 unter ähnlich strenger Bewachung dorthin wie die Sträflinge, die auf die Teufelsinsel verschifft wurden. Dennoch nutzten so viele Männer jede Chance zur Flucht, die sich ihnen auf dem Weg bot, dass die Abfahrt von dem entfernten St. Nazaire an der Atlantikküste in den Mittelmeerhafen Toulon verlegt wurde.

Mittlerweile wollten in Frankreich nur noch Mornys Geschäftsfreunde, die vom mexikanischen Gold träumten, eine Weiterführung des Krieges. In Mexiko gab es außer Maximilian wahrscheinlich wenige Menschen, die nicht innerlich gejubelt hatten, als Napoleon III. im Dezember 1866 die Rückführung aller französischen Truppen befahl. Léopold I. stellte sicher, dass alle seine Truppen im Januar 1867 gingen.

Bazaine zeigte sich ähnlich besorgt, das, was von der Legion übrig geblieben war, intakt zu halten. In einer bemerkenswerten koordinierten achtwöchigen Operation wurde die zersplitterte Truppe aus allen ihren entlegenen Außenposten zurückgezogen und in sechs Bataillone in Mexiko-Stadt und anderswo umgruppiert, bevor sie nach Soledad marschierte. Von da flitzten sie mit einer neu gebauten Eisenbahn durch den Fiebergürtel. Es ging vorbei an unzähligen gekennzeichneten und nicht gekennzeichneten Gräbern ihrer Vorgänger, die an *vómito negro* gestorben waren, und hinunter zum Hafen von Vera Cruz, wo sie den Staub und Schlamm der Neuen Welt für immer von ihren Stiefeln und Uniformen abschüttelten.

Wie seit 1831 war die große Mehrheit der Offiziere der Legion in Mexiko unverheiratet. Das harte und brutale Leben, das sie führten, die Duelle wegen dubioser »Ehrensachen« und die Übergriffe, die der örtlichen Bevölkerung nicht anders erscheinen haben müssen als wie Plünderungen von gesetzlosen Horden, ließ ihnen wenig Zeit für ein häusliches Leben, auch wenn Frauen sie zu solch deprimierenden und gefährlichen Orten hätten begleiten wollen.

Als er unterwegs nach Vera Cruz durch die Stadt Soledad ging, muss Bazaine an die gleichnamige Frau gedacht haben, die er in Paris gelassen hatte. Dort hatte Madame Maria de la Soledad Bazaine zahlreiche Liebesverhältnisse genossen – bis ein Liebhaber zuviel dazu führte, dass die Frau des Mannes ihre Liebesbriefe entdeckte. Die temperamentvolle Schauspielerin an der Comédie Française packte sie zusammen und schickte sie Bazaine in Mexiko zu. Anschließend informierte sie die »andere Frau«, was sie getan hatte. Verzweifelt bat Maria Napoleon III. um Hilfe, aber er konnte das Postschiff, das sich schon auf hoher See befand, nicht mehr anhalten. Acht Wochen, nachdem es zur Post gebracht wurde, kam das peinliche Paket im Hauptquartier von Bazaine an, wo ein treuer Adjutant die Briefe las und sie zerstörte, ohne seinen General zu informieren. Inzwischen hatte Maria Selbstmord begangen, um nicht den Zorn ihres Mannes entgegentreten zu müssen.

Bazaine nahm an, dass sie an Cholera gestorben war, jener Geißel Frankreichs im neunzehnten Jahrhundert. Er trauerte kurz und wiederholte dann sein Drehbuch, indem er um ein anderes schönes junges Mädchen buhlte und sie heiratete – diesmal aus einer der reichsten Familien Mexikos. Er war 54 und hatte den Marschallstab als Belohnung für seine Dienste für Frankreich erhalten; sie war 17, im gleichen Alter wie Maria, als Bazaine sie heiratete und mit auf die Krim nahm.[5]

Bis zum 1. März 1867 hatte der letzte Truppentransporter mit Legionären den Hafen von Vera Cruz verlassen und nahm die äußere Passage zwischen den Friedhofsinseln. Die Verluste der Legion während des Feldzuges betrugen 1.918 tote Offiziere und Männer, 83 Prozent davon waren an Krankheiten gestorben.

Ein paar Tage später besetzte Juárez mit seiner Armee Mexiko-Stadt wieder. Nachdem er aus der Hauptstadt gejagt und von seinen konservativen Unterstützern betrogen worden war, die ihn zum Oberbefehlshaber seiner schrumpfenden Armee machten, weigerte sich Maximilian, von seinem trügerischen Thron abzudanken. Der Kern der Armee, die bei Querétaro, 200 Kilometer nordwestlich, gestellt worden war, wurde umzingelt, ausgehungert und schließlich an die Truppen von Juárez verraten. Maximilian kapitulierte am 15. Mai 1867. Trotz der Petitionen von Giuseppe Garibaldi und vieler anderer gekrönter Häupter Europas sowie von Intellektuellen wie Victor Hugo, dass Juárez Maximilian ins Exil gehen lassen möge, wurde er am 19. Juni von einem Erschießungskommando gleich außerhalb von Querétaro hingerichtet. Es ist ungewiss, wann seine Kaiserin Carlota erfuhr, das sie Witwe war, weil sie ihre geistige Gesundheit nie wieder erlangte und den Rest ihres Leben bis zu ihrem Tod 1927 im Alter von 87 Jahren in verschiedenen Irrenanstalten verbrachte.

14

Mit Gewehrkolben und Bajonett

FRANKREICH, 1866–70

Mit Glück konnte Achille Bazaines Algerien, die Krim und Mexiko überleben und stieg mit jedem Feldzug stetig die Beförderungsleiter hinauf. Als er als *maréchal de France* mit seiner jungen Braut nach Europa zurückkehrte, hatte er keinen Grund, zu glauben, dass sein nächster Krieg sein letzter sein würde, oder dass der von einem Telegramm, das aus dem kleinen Kurort Ems in Deutschland geschickt würde, ausgelöst werden würde.

Frankreich hatte seine Truppen nicht nur auf diplomatischen Druck von Washington aus Amerika zurückgezogen; nahe der Heimat gab es dringendere Sorgen. Am 3. Juli 1866 wurde die Entscheidungsschlacht des Siebenwöchigen Krieges zwischen Preußen und Österreich nahe der ostböhmischen Stadt Königgrätz[1] am Oberlauf der Elbe, 100 Kilometer östlich von Prag, ausgetragen. Diese kurze aber heftige Auseinandersetzung zwischen der schwindenden Macht des Österreichischen Imperiums und dem aufstrebenden Königtum Preußen steckte eine halbe Million Männer in Uniform mit dem Befehl, sich gegenseitig umzubringen.

Etwa 241.000 Österreicher, die mit Vorderladergewehren ausgerüstet waren, und deren Offiziere glaubten, dass der Bajonettangriff die beste Infanterietaktik sei, wurden von General Ludwig August von Benedek kommandiert, der den Posten widerwillig akzeptiert hatte, da er weder die Truppen noch das Terrain kannte. Ihnen gegenüber standen 285.000 Preußen, die in drei Armeen in einem langen Bogen von der Grenze Sachsens bis nach Schlesien aufgestellt waren. Das Kommando hatte der Chef des preußischen Generalstabs Helmuth von Moltke. Er war der erste europäische Kommandeur, der die Eisenbahn nutzte, um die meisten seiner Truppen schnell an die Front zu transportieren, damit sie frisch und nicht erschöpft von den langen Märschen dort ankamen. Ein entscheidender Faktor in diesem Gefecht war, dass seine Infanterie mit dem Hinterlader 15,43-Millimeter Dreyse Zündnadelgewehr Modell 1862 bewaffnet war, das im Gegensatz zu den Gewehren der Österreicher sechs Schüsse feuern konnte. Die Preußen täuschten ihre Gegner auch, indem sie sich hinlegten, damit sie für das gegnerische Feuer eine geringere Angriffsfläche boten, anstatt in Wellingtonscher Ordnung zu stehen und wie die Kegel niedergemäht zu werden, ohne aus der Reihe zu treten.

Deshalb verloren die Österreicher am 3. Juli bei Königgrätz dreimal so viele Männer wie von Moltke. Diese Niederlage des Landes, das die mächtigste Nation auf dem Kontinent gewesen war, wurde in dem Vertrag von Prag verankert, der das Machtgleichgewicht in Europa drastisch veränderte. Während Österreich glimpflich behandelt wurde, annektierte Preußen das Gebiet seiner Verbündeten in Hannover, Nassau, Hessen-Kassel und Frankfurt. Damit erwarb es die Länder, die den östlichen und den westlichen Teil des preußischen Staates voneinander getrennt hatten und hatte so die Möglichkeit, den norddeutschen Bund zu bilden. Dies war die Voraussetzung für den französisch-preußischen Krieg und den Ersten und Zweiten Weltkrieg, und in allen hatte die Legion ihre Rolle zu spielen.

Moltkes kongenialer Partner bei dieser Umgestaltung Europas war der verschlagene preußische Ministerpräsident Otto von Bismarck. Der hatte Österreich absichtlich angestiftet, den Krieg zu erklären, indem er einen Disput über die Verwaltung der Herzogtümer Schleswig und Holstein auslöste, die die zwei Mächte gemeinsam verwaltet hatten, nachdem sie sie 1864 von Dänemark übernommen hatten. Da der König von Hannover abgesetzt und das Herrscherhaus von Hessen auf ähnliche Weise seiner Befugnisse beraubt worden war, war Preußen nun potenziell die größte Macht Europas, und Bismarck beabsichtigte, dieses Potenzial auszunutzen.

Westlich des Rheins mahnten ein paar unbeachtete Stimmen, dass der wahre Verlierer von Königgrätz *la belle France* war, aber als unheimlichen Vorgeschmack auf Léon Blums Politik der Volksfront in den 1930er Jahren verkleinerte die französische Regierung die Armee, anstatt sich auf die Herausforderung durch Preußen vorzubereiten, die zwangsläufig kommen würde. Die Legion wurde am 4. April 1867 von sechs auf vier Bataillone verkleinert, wobei Artillerie- und Pioniereinheiten als erstes gingen, 84 spezialisierte Offiziere und 387 Unteroffiziere wurden in andere Regimenter versetzt. Bevor der Sommer vorbei war, reduzierten weitere Einschränkungen die Reihen von 5.000 auf 3.000 Mann, weil man in Frankreich geborene Legionäre an reguläre Regimenter übertrug und vorzeitig 1.000 Ausländer entließ.

Für die Reste der Legion mit hunderten von Abkommandierungen aus dem ganzen östlichen Algerien war es ein trostloses Leben. Die meiste Zeit wurden Legionäre als billige Arbeitskräfte bei Hoch- und Tiefbauprojekten beschäftigt. Das war für Männer, die sich für Tod oder Ruhm verpflichtet hatten, eine demoralisierende Arbeit. General Paul Adolphe Grisot sprach in seinen Memoiren über die Langeweile und die seelenerschütternde Müdigkeit der Männer, die bei verkleinerten Rationen hart arbeiteten.[2] Eine schlechte Ernte hatte die Preise auf ein so hohes Niveau gehoben, dass ein wenig selbst angebautes Gemüse oder ein gestohlenes Huhn tagelang Gesprächsthema in der Messe waren. Viele der Einheimischen, die zu arm waren, um sich importierte Lebensmittel zu leisten, verhungerten; sogar noch bevor eine

Typhusepidemie ausbrach und die Cholera Menschenleben schnell forderte, während die allgegenwärtige Malaria ihre Opfer weiterhin langsamer quälte.

Im Westen der Provinz jenseits von Oran und Sidi bel Abbès wüteten Typhus und Cholera. Scharmützel mit den schwer zu fassenden Rebellen, die auf der anderen Seite der marokkanischen Grenze ihre Stützpunkte hatten, forderten Menschenleben, aber der Hauptfeind war das Land. Algerien ist nicht nur Dattelpalmen und Sonnenschein. Auf der Hochebene südlich von Oran bleibt der Winterschnee liegen. Dort verlor eine Kolonne der Legion, die im April 1868 zum Stützpunkt bei El Bayadh zurückkehrte, bei schlechten Wetter all ihre Lasttiere und musste das meiste ihrer Ausrüstung zurücklassen, als ein Kompanieführer von arabischen Räubern aus Marokko zu Tode gefoltert wurde, nachdem er sich in einem Schneesturm verirrt hatte. Nicht weniger als 19 Mann begingen Selbstmord. In der gleichen Gegend verirrte sich im folgenden Februar eine andere Gruppe, die die marokkanische Grenze überwachte, im Schneesturm. Sie hatte die Wahl, ihren Einsatz nach dem totalen Ausbleiben von Nachschub aufzugeben oder zu verhungern, falls nicht Erfrierung und Unterkühlung ihren Tribut zuerst forderten.[3]

Aber in Paris machte sich niemand Gedanken darüber. In der letzten Juniwoche 1870 drehte sich das Geschwätz in den Ministerien und den eleganten Salons um die Kandidatur von Prinz Leopold von Hohenzollern-Sigmaringen, eines Cousins des preußischen Königs Wilhelm I., für den spanischen Thron. Endlich begriff die französische Regierung die wahre Bedeutung von Königgrätz und erkannte, dass diese vorgesehene Erweiterung des preußischen Einflusses nach Spanien eine Zangenbewegung war, die Frankreich von Norden und Süden bedrohen würde.

Am 6. Juli erklärte Außenminister Antoine Agénor de Gramont, dass Frankreich die Idee mißbillige. Wilhelm I. erwiderte am 12. Juli, indem er diplomatisch den Verzicht seines Cousins auf den spanischen Thron bestätigte, aber Gramont war nicht zufrieden. Er befahl den französischen Botschafter in Berlin, Graf Victor Benedetti, nach Ems, wo Wilhelm I. eine Wasserkur machte. Obwohl der König den Verzicht höflich bestätigte, befahl Gramont Benedetti, um die Zusicherung zu bitten, dass kein anderer Hohenzoller je wieder für den spanischen Thron kandidieren werde. Höflich aber resolut erwiderte Wilhelm I. durch seinen Adjutanten, Prinz Radziwill, dass er nichts hinzuzufügen habe.

Einen vollen Bericht über diese Gespräche telegraphierte der König seinem Ministerpräsidenten nach Berlin und autorisierte ihn, den Bericht ganz oder teilweise zu veröffentlichen. Bismarck kannte die säbelrasselnde Stimmung in Paris aus seinem kurzen Aufenthalt als preußischer Botschafter am Hof von Napoleon III. gut. Die meiste Zeit davon hatte er beim Flirten mit der schönen Frau des russischen Botschafters, Gräfin Katarina Orlova, verbracht. Er redigierte das Telegram, um den Eindruck zu erwecken, dass Benedetti König Wilhelm undiplomatisch bedrängt habe und von einem einfachen Sekretär zurückgewiesen worden sei. Er sorgte auch dafür, dass seine Version am folgenden Tag in der *Norddeutschen Allgemeinen Zeitung* veröffentlicht wurde, die kostenlos in Berlin verteilt wurde.[4] Das Datum war ausschlaggebend, da der 14. Juli das Jubiläum der Erstürmung der Bastille und ein nationaler Feiertag war, an dem der gallische Stolz in seinem Zenit stand.

Warum wollte Bismarck einen Krieg gegen Frankreich? Es gibt keine Beweise dafür, dass er beabsichtigte, das Land dauerhaft zu besetzen. Das wollte auch Hitler nicht. Der verschlagene Kanzler von Preußen wollte das ganze Deutschland vereinen, indem er die süddeutschen Staaten für einen patriotischen Krieg gegen die Franzosen in ein Bündnis mit dem Norddeutschen Bund trieb – ein Bündnis, in dem Preußen der dominante Partner sein würde.

Die Regierung in Paris lief direkt in Bismarcks Falle. Am 15. Juli bewilligte das französische Parlament mit weniger als zehn Gegenstimmen die erforderlichen Kredite für einen Krieg. Adolphe Thiers war einer der wenigen, die für den Frieden plädierten. Er argumentierte, dass Frankreich auch ohne Geld für einen Krieg zu verschwenden schon genug innere Probleme habe. Im Januar führte die Beerdigung des Pariser Journalisten Victor Noir, der von einem Cousin des Kaisers ermordet worden war, zu republikanischen Demonstrationen mit mehr als 100.000 Protestlern. Im Mai hatte ein Referendum die Macht des Senats gezügelt und Napoleon III. seine Funktionen als Leiter des Ministerrats wieder entzogen. Arbeiterunruhen waren weit verbreitet und die Truppen schossen häufig auf unbewaffnete Demonstranten auf den Straßen außerhalb der Bergwerke und Fabriken und töteten sie. Eine weitere Revolution köchelte, aber die Politiker wollten nichts davon wissen, dass jeder Schuss, der auf die Demonstranten abgefeuert wurde, ein Sargnagel der Zweiten Republik war. Für seine Bemühungen wurde Thiers niedergebrüllt und unter anderem als Preuße bezeichnet.

Einen Tag bevor der französische Ministerpräsident Emile Ollivier die Kriegserklärung billigte, um die angebliche Beleidigung von Frankreichs Botschafter zu rächen, wurde Bazaine als Teil der Mobilmachung am 16. Juli zum Kommandanten von drei Korps[5] der Rheinarmee ernannt. Diejenigen, die einen Sinn für Geschichte hatten, murmelten, sie würden eine Wiederholung der Affäre mit der Fliegenklatsche durchleben, als der französische Chargé d'affaires in Berlin am 19. Juli Bismarck den Text der Kriegserklärung übergab. In Paris sprachen die Minister und Premier Ollivier davon, dass sie sich wegen der Nachricht erleichtert fühlten. In den Straßen vergaßen jubelnde Massen den Aufruhr von gestern und skandierten überschwängliche Slogans. »Zum Rhein!« war einer der bescheideneren. »Nieder mit Bismarck!« war üblicher, während die Optimisten skandierten: »Auf nach Berlin!« Am 20. Juli ernannte der Kriegsminister Marschall Edmond Le Boeuf sich selbst zum Vorgesetzten von Bazaine als Général de Division der Rheinarmee.

Man sagt, dass verletzter Stolz Napoleon III. veranlasste, diesen Krieg mit all der Unverantwortlichkeit eines eigensinnigen jungen Offiziers zu erklären, der einen anderen zu einem Duell herausfordert, aber er hatte nicht mehr die Kraft, das zu tun. Er war zu dieser Zeit auch so krank – vielleicht psychosomatisch nach der Beschränkung seiner Befugnisse als Kaiser –, dass seine Familie befürchtete, er würde sterben. Er litt immer noch sichtbar, als er am 28. Juli zur Front abreiste. Nominell fungierte er als Oberkommandant bei Metz im Elsass und ließ Kaiserin Eugénie als seine konstitutionelle Regentin zurück.

Wie Bismarck es vorausgesehen hatte, scharten sich die deutschsprachigen Staaten mit Ausnahme Österreichs um die teutonische Sache. Dank des drakonischen und umfassenden Wehrpflichtgesetzes, das der Eiserne Kanzler in Preußen eingeführt hatte, konnte von Moltke auf eine halbe Million ausgebildete Männer zurückgreifen, zweimal so viel wie die tadellosen französischen Soldaten in ihren roten Hosen und blauen Mänteln, die gerade auf den napoleonischen Straßen in Richtung auf die lange nordöstliche Grenze zu Deutschland marschierten. Mit dem Telegrafen, der die Möglichkeit sofortiger Kommunikation bot, schickte von Moltkes Logistikexperte, Graf Albrecht von Roon, frühzeitig 1.183.000 preußische Reservisten und Berufssoldaten auf die stählernen Gleise, die mittlerweile beinahe jede Hauptstadt Europas in einem großen Netzwerk verbanden. Am 2. August 1870 begannen die Feindseligkeiten bei Saarbrücken.

Moltke war ein sehr moderner General und begierig darauf, alle Werkzeuge, die ihm die Technologie des neunzehnten Jahrhunderts bot, auszunutzen. Er war von der Bravour der Kavallerieangriffe bei den jährlichen Manövern der französischen Armee unbeeindruckt und beabsichtigte, die Städte, die zwischen ihm und Paris lagen, mit Hilfe von Alfred Krupps neuesten Hinterlader-Kanonen eine nach der anderen in einem Blitzkrieg zu erobern, obwohl das Wort damals noch nicht bekannt war. Diese Kanonen, die aus Stahl von hoher Qualität und mit großer Präzision hergestellt worden waren, ließen die bronzenen französischen Vorderladerkanonen, die ihnen in den Festungsstädten im Nordosten Frankreichs gegenüber standen, wie Museumstücke aussehen.

Le Boeuf kündigte seinem Parlament überschwänglich an, das Land sei »so gut auf den Krieg vorbereitet, dass, wenn er ein Jahr dauern würde, keinem einzigen Soldaten auch nur ein Knopf seiner Gamaschen fehlen würde«[6], aber die Eleganz auf Paraden war für Bismarcks neuartige Kriegsführung irrelevant. Es ist zwar wahr, dass die Margarine gerade von dem Gewinner eines Wettbewerbs erfunden worden war, um die Rationen in der französischen Marine zu verbessern. Die einzige französische Erfindung, die in der bevorstehenden Konfrontation jedoch nützlich sein könnte, war Antoine-Alphonse Chassepots 11 mm Fusil d'Infanterie Modèle 1866, das zuverlässiger war und eine größere Reichweite und Genauigkeit als die Dreyse hatte. Mehr als eine Million von ihnen waren bis zum Anfang des Krieges in Massenproduktion hergestellt geworden, aber das Potenzial neuer Waffen, an denen die Truppen noch nicht ausgebildet sind, kann nicht immer genutzt werden.

Im Gegensatz zu Preußen hatte Frankreich seit Waterloo die Wehrpflicht nicht rigide durchgesetzt. Um die französische reguläre Armee, die weniger als die volle Stärke hatte, zu unterstützen, befahl Le Boeuf nun der Armée d'Afrique, Einheiten der Chasseurs d'Afrique, die Zouaven und leichte algerische Infanterie beizustellen. Trotz Bazaines Stellung im 3. Korps war die Legion nicht erwünscht, weil die Rekrutierung zum Ausgleich der Verluste in Mexiko den Anteil deutschsprachiger Legionäre im Jahr 1866 auf 58 Prozent erhöht hatte. Lange bevor Rom die Legion erfand, waren Kommandanten vorsichtig, ausländische Söldner-Truppen gegen ihre Landsleute einzusetzen, so dass die Deutschen nicht in Frage kamen. Der prozentuale Anteil der Belgier in der Legion war auch hoch und Carlotas bekümmerter Vater hatte, nachdem er seine Lektion in Mexiko gelernt hatte, beiden Seiten deutlich gemacht, dass er wünsche, dass sein Land und seine Bürger nicht an dem kommenden Krieg beteiligt werden würden. Die Belgier der Legion waren damit auch nicht mit von der Partie.

In Algerien wurden die Legionäre enttäuscht, die gehofft hatten, dass das Getöse der Kanonen sie zu soldatischeren Pflichten nördlich des Mittelmeers berufen würde. Denn zwei Bataillone wurden zu einem Posten geschickt, der El Hasaiba – die Verdammten – genannt wurde, weil dort so viele Männer an Malaria starben, um die nach Europa gehenden Zouaven zu ersetzen.

Bis zum 4. August war Marschall MacMahon mit seiner Douay-Division auf dem Rückzug, nachdem er von dem preußischen Kronprinzen Friedrich Wilhelm bei Wissembourg im Elsass geschlagen worden war. Zwei Tage später bei Fröschwiller-Wörth, wo die französischen 8. und 9. Regimenter der gepanzerten Kavallerie in heroischen, aber zwecklosen Angriffen gegen die preußische Artillerie ausradiert wurden, sagte Oberst Raphaël de Suzzoni seinen Männern der 2. Algerischen Tirailleurs auf Arabisch, dass sie für Frankreich stehen und sterben, aber auf keinen Fall nachgeben würden. Er starb. Sie starben. 6.000 Mann wurden gefangen genommen. Sie gaben nicht nach, aber wurden trotzdem vernichtet.

Der französische Rückzug wurde eine verheerende Niederlage. Am gleichen Tag wurden die Truppen von General Charles-Auguste Frossard bei Forbach im benachbarten Lothringen gezwungen, sich zurückzuziehen, nachdem sie überrannt worden waren. Die Front brach wie ein Kartenhaus zusammen. All die mutigen Kavallerieangriffe im Elsass waren umsonst. Die moderne Kriegsführung war angekommen. Zunehmend krank unterzeichnete Napoleon III. am 10. oder 12. August die Anordnung, die Bazaine zum Oberbefehlshaber der Rheinarmee machte.

Bei dem Versuch, sich mit MacMahon zu verbinden, stieß Bazaine nach Verdun vor und wurde am 14. August bei Borny verwundet. Nach unentschiedenen Schlachten bei Mars-la-Tour und Gravelotte am 16. und 18. August zog er sich mit seiner mehr oder weniger intakten Armee in die Festungsstadt Metz zurück. Bis dahin war MacMahon die ganze Strecke nach Châlons-sur-Marne in der Champagne zurückgetrieben worden. Drei katastrophale Tage später wurden Bazaine und seine Armee in Metz umzingelt. Am 25. August wurde MacMahon befohlen, durchzubrechen und Bazaines umzingelte Armee zu entlasten. Vergebens.

Le Boeuf brauchte verzweifelt Verstärkungen und zog Tours in Zentralfrankreich in Erwägung. Er hatte einen Ansturm ausländischer Freiwilliger, die für Frankreich sterben würden, erwartet und dort das Lager einer weiteren Fremdenlegion aufgebaut, um Freiwillige für die Dauer der Feindseligkeiten anzulocken. Der Ansturm blieb aus; die Rekruten betrugen weniger als 1.000 Mann, die Hälfte davon Deutsche. Die Belgier, die eingetreten waren, wurden aus Rücksicht auf die Wünsche von König

Léopold I. nach Algerien in Sicherheit gebracht, aber die Deutschen wurden behalten und die Truppe wurde als 5. Bataillon des Régiment Etranger ausgewiesen.

Am 2. September wurden 39 französische Generäle und 104.000 Offiziere und Mann bei Sedan gefangen, wo Hitlers Truppen am 13. Mai 1940 ihren Durchbruch erzielen würden. Unter ihnen war ihr kränkelnder Kaiser, der die Uniform eines Generals trug und mit vier Stabsoffizieren in einer Kalesche vorgefahren wurde, um den siegreichen König Preußens zu treffen. Vor ihm lagen eine kurze Gefängnisstrafe in Deutschland und anschließendes Exil in England.

Als sie die Nachricht hörte, begann Kaiserin Eugénie zu packen, während ihr 14-jähriger Sohn, der Kronprinz, ins Asyl nach Belgien ging. Eine ihrer letzten Handlungen war, ein Dekret zu unterzeichnen, das das Bataillon bei Tours in das 5. Auslandsregiment umwandelte. Am 4. September 1870, nur einen Monat nach dem Ausbruch des Krieges, begann das Zweite Kaiserreich seinen Todeskampf. Der Pariser Mob überfiel ihr ehemaliges Heim, den Bourbonen-Palast, als sie sich in Sicherheit auf der anderen Seite des Ärmelkanals in Hastings ihr neues Zuhause einrichtete. Ohne Kaiser und Kaiserin wurde die Dritte Republik unter ungünstigen Vorzeichen geboren. Léon Gambetta und der Militär-Gouverneur von Paris, General Louis Jules Trochu, der ein unverblümter Kritiker der mangelhaften militärischen Vorbereitung Frankreichs gewesen war, errichteten eine provisorische Regierung der Nationalen Verteidigung in Tours, wo sich das 5. Auslandsregiment seit dem 22. August bildete. Die Stunde der Legion – einige sagen ihre unehrenhafteste Stunde – sollte kommen.

Nach ihrem Sieg bei Sedan bewegte sich die 2. preußische Armee unter Kronprinz Friedrich Wilhelm rasch vorwärts, um Paris zu belagern. Die Eisenbahnlinien, die aus allen Richtungen auf die Hauptstadt zuliefen, kamen ihnen zugute; die Franzosen hatten es viel schwieriger, ihre Truppen seitwärts zwischen mehreren Fronten zu bewegen. Am 19. September wurde Paris von zwei deutschen Armeen mit insgesamt 400.000 ausgebildeten Soldaten belagert. Zwar hatte Trochu innerhalb der Belagerungslinien für die Verteidigung der Hauptstadt über eine halbe Million Mann zur Verfügung, aber ihre Qualität war sehr unterschiedlich: 17 Linienregimenter mit 200 Kanonen wurden ergänzt von 15.000 Matrosen, 12.000 Gendarmen und 465.000 Mann der Nationalgarde – 135.000 aus den Provinzen und 330.000 aus Paris.

Aber Paris hielt stand, die Bürger hoben Schützengräben aus, um die Stadt in ein befestigtes Lager umzuwandeln, das es irgendwie schaffte, die belagernden Armeen von Moltke ganze vier Monate fernzuhalten. Am 22. September forderte der revolutionäre Sozialist Louis-Auguste Blanqui offen eine blutige Revolution, was den russischen Anarchisten Mikhail Bakunin, einen Rivalen von Karl Marx, animierte, die Schweiz zu verlassen und nach Lyon zu gehen, wo er im Alleingang die Abschaffung des französischen Staats verkündete!

Ausgestreckte Friedensfühler brachten nichts. Toul fiel. Straßburg fiel. Da die Telegrafenleitungen nach und aus Paris von den Deutschen durchgeschnitten wurden, lief die Korrespondenz mit dem Rest der Welt, wie Philatelisten wissen, über Brieftauben – »Taubengramme« auf Papier oder Mikrofilm, die bei der Ankunft vergrößert und kopiert wurden, über Postkörbe, die unter Ballone gehängt wurden, und in wasserdichten Metallbehältern per Fluß. Die ankommende Post trieb die Seine flussaufwärts, ausgehende Briefe trieben flussabwärts. Die Preußen benutzten sie zum Übungsschießen. Am 5. August stieg Gambetta verzweifelt in den geflochtenen Korb eines Heißluftballons auf dem Hügel von Montmartre und schwebte über die Belagerungslinien, um in der Provinz eine neue Armee zu bilden. Er wollte nach Süden nach Tours, aber ein launischer Wind entschied anders, er trieb den Ballon nordwärts und ließ ihn beinahe auf preußischem Gebiet landen.

Am 8. Oktober belagerten 15.000 Bayern unter General von der Tann mit 100 Kruppkanonen Orleans südwestlich von Paris. Es wurde von 10.000 Mann mit einer Handvoll bronzener Vorderlader verteidigt. Unter ihnen waren 1.350 Offiziere und Soldaten des neuen 5. Auslandsregiments, das schwer geprüft werden sollte, sowie einige Zouaven und algerische *tirailleurs*.

Die Schlacht von Orleans begann 20 Kilometer nördlich der Stadt bei Artenay, wo die 4. Division unter Major Adolf von Heinleth überrascht war, Massen von Städtern zu sehen, die angeritten oder in ihren Kutschen mit Picknickkörben angefahren kamen, um sich die Kämpfe anzuschauen. Bei der ersten Salve aus Krupps Kanonen flohen sie hastig – wie viele der französischen Soldaten –, was zu weit verbreiteter Panik in der Stadt führte. Heinleth schlug das Lager für die Nacht nach der Schlacht auf und bereitete sich darauf vor, am folgenden Tag die äußeren Vororte zu erstürmen. Hier waren die Stahlkanonen kaum zu gebrauchen und er zählte darauf, dass seine bayerische und schwäbische Infanterie mit Gewehr und Bajonett im Nahkampf angreifen würde.

Es gibt Anzeichen dafür, dass in der neuen Legion unter den Offizieren, die in dieser verzweifelten Stunde ohne gründliche Überprüfung eingesetzt wurden, ein Oberleutnant war, der zu den Deutschen überlief, sowie ein spanischer Major, der mit all seinen Waffen und Gepäck zur anderen Seite überlief. Unter den Männern gab es einen verrückten Türken, der mehr Zeit im Streit mit seinen Kameraden verbrachte, als mit dem Feind zu kämpfen, und einer der hundert irischen Freiwilligen verbrachte den Großteil seiner Zeit damit, Zeitungsberichte zu schreiben.

Problematischer als diese Exzentriker war der generelle Mangel der Ausbildung. Die besten Unteroffiziere waren in reguläre Regimenter überstellt worden; die übrigen kannten kaum ihre Soldaten. Aber die Legion zog sich in vernünftiger Aufstellung zurück, nachdem sie wiederholt überrannt worden war, während andere Einheiten zusammenbrachen. Bis 17.00 Uhr war ihr kommandierender Offizier Major Arago tot, ebenso wie 18 andere Offiziere und 580 Mann. Weitere 250 wurden gefangen genommen.[7]

In seinen Memoiren erinnerte sich Heinleth, dass »Die Fremdenlegion sehr hartnäckig kämpfte. In den brennenden und einstürzenden Häusern griffen die tapferen Schwaben die mutigen internationalen Söldner mit Gewehrkolben und Bajonetten an ... Die Franzosen verloren etwa 4.000 Mann, die getötet, verwundet oder gefangen genommen wurden, darunter 1.300 Mann der Fremdenlegion ... 19 Offiziere und 900 Soldaten.«[8]

15

Augenbinden und Kugeln auf den Boulevards

FRANKREICH, 1870–71

Es gab in der Tat Wein, Weib und Gesang in jener Nacht für die jubelnden Deutschen, in der sie die Herren jener Stadt waren, in der die Jungfrau von Orléans zum Symbol des französischen Nationalbewusstseins wurde, nachdem sie von den Engländern in einem anderen Krieg auf dem Scheiterhaufen verbrannt worden war. Während die Sieger feierten, schlichen die Überlebenden des 5. Auslandsregiments in Zivilkleidung aus der Stadt. Als staubiger Müller verkleidet war ein Absolvent von St. Cyr, der als »Feldwebel Kara« eingetreten war, seinen angemessenen Platz in der Geschichte aber erst einnehmen würde, nachdem er 1903 zum König Peter I. von Serbien gekrönt wurde.

Am 19. Oktober landeten zwei Bataillone der alten Legion aus Algerien in Frankreich, insgesamt 2.000 Mann, aber ohne ihre deutschen Legionäre,[1] und übernahmen das, was vom 5. Regiment übrig geblieben war. Gambetta, der nun Kriegsminister war, teilte sie der 125.000 starken Loirearmee zu, die beauftragt war, Orleans wieder zu nehmen, aber die Menschen, die von ihnen befreit werden sollten, gaben den Legionären ein kaltes Willkommen. Das ließ die Feindlichkeit der Bürgermeister in Flandern während des Ersten Weltkrieges erahnen, die den Kolonial-Truppen und der Legion Schutz und Essen verweigerten, bis sie gezwungen wurden, es zu geben, manchmal erst nachdem ein Offizier ihnen mit seiner Handfeuerwaffe gedroht hatte. Während sie in Zelten in dem kalten, nassen Wetter des Oktobers 1870 hausten, müssen sich die neu angekommenen Legionäre nach Algerien gesehnt haben – nach Sonne, Schaufeln und dem allem.

Was tat Bazaine in all dieser Zeit? Er wurde bei Metz ohne Aussicht auf Entlastung abgeschnitten und hielt 54 Tage bis Ende Oktobers stand. Obwohl er später des verräterischen Nichtstuns beschuldigt wurde, band er nutzbringend mehr als 200.000 preußische Soldaten, die sonst Paris gestürmt hätten, bevor dessen Verteidigungsanlagen fertig gewesen wären. Seine bedingungslose Kapitulation am 27. Oktober ermöglichte es, dass 173.000 Mann, 1.570 Kanonen und 53 Regimentsflaggen in preußische Hände fielen. Sie mussten von stark reduzierten Rationen leben. Ihre Reittiere und Lasttiere verhungerten und wurden dann gegessen, es war das einzige Fleisch, das in der baumlosen Wüste innerhalb der Belagerungslinien verfügbar war. Sie hatten nur noch Rationen für vier Tage übrig. Bazaines Kapitulation galt trotzdem als Vorraussetzung für ein *conseil de guerre*, das ihn zum Tod verurteilte.

Bis zum 2. November war Gambettas Regierung bis Bordeaux geflohen, wo sie versuchte, eine weitere halbe Million Mann bereitzustellen und zu bewaffnen. Paris war in Aufruhr und verhungerte. Auf dem Markt vor dem Hôtel de Ville wurden gehäutete Ratten zu 50 bis 75 Centimes pro Stück verkauft, während eine Katze acht Francs kostete – völlig unerschwinglich für die Arbeiter. Alle Tiere aus dem Tierpark in den Jardins d'Acclimatation waren schon längst aufgegessen worden, ebenso wie jedes Pferd innerhalb der Belagerungslinien. Am 31. Oktober überfiel der Mob, der begriffen hatte, dass der Fall von Metz deutsche Truppen freistellen würde, die dann die Belagerung von Paris verstärken würden, das Hotel de Ville. Ein Bataillon der Nationalgarde lief auf die Seite der Demonstranten über, und die Ordnung konnte nur mit Schwierigkeiten wieder hergestellt werden.

Am 3. und 4. November war Adolphe Thiers in Versailles. Er versuchte Friedensbedingungen mit Bismarck zu verhandeln. Bei Orleans war von der Tann nun zahlenmäßig fünf zu eins gegenüber der verstärkten Loirearmee unter General Aurelle de Palladines unterlegen. Von der Tann suchte offenes Terrain, um dieser Bedrohung zu entgegnen und am 8. November führte er seine Truppen aus der Stadt nach Coulmiers, 20 Kilometer im Westen. Als die Schlacht am folgenden Morgen begann, war Ernst Milson von Bolt einer der deutschen Stabsoffiziere, ein ehemaliger Oberleutnant der Legion, der Antonio Diaz während der mexikanischen Intervention getötet hatte und dafür die Legion d'Honneur bekam. Ihm gegenüber standen in der Loirearmee viele Männer, die er durch ein Fernrohr hätte wiedererkennen können, wenn er die Zeit gehabt hätte, die tausende von Gesichtern, die gegen die preußischen Kanonen marschierten, abzusuchen.

Einer davon war der Camarón-Überlebende Félix Brunswick aus Brüssel, der zum Feldwebel befördert worden war. Von ihm könnte die Legende stammen, dass von Bolt den deutschen Geschützen befahl, damit aufzuhören auf Männer zu feuern, mit denen er Seite an Seite in Mexiko gekämpft hatte. Es war wahrscheinlich eher so, dass das Schießen endete, als sich die Preußen gelöst hatten, um sich geordnet nach Norden zurückzuziehen. Aus Bordeaux befahl ein frohlockender Gambetta Palladines, Orleans in ein bewaffnetes Lager umzuwandeln. Am nächsten Tag wurden schon Artillerie-Batterien hineingebracht und von den Legionären Schützengräben ausgehoben.

Die Regierung in Bordeaux betrachtete die symbolische Wiedereroberung der Heimatstadt von Jeanne d'Arc als ersten Schritt, um Paris zu befreien. Um die Legionäre zu motivieren, die in Orleans Gräben aushoben, telegrafierte Gambetta de Palladines: »Paris hat Hunger!« Aber es war kein Abendessen unterwegs. Die 200.000 preußischen und alliierten Soldaten, die durch die Kapitulation von Metz freigesetzt waren, riegelten die Hauptstadt vom Rest des Landes nun noch effektiver ab, um sich auf den letzten Angriff vorzubereiten.

Es gab eine unbeschäftigte Armee aus 80.000 Bretonen, die sich bei Conlie, gleich nördlich von Le Mans, die Beine in den Bauch standen. In den letzten verzweifelten Novembertagen versprach ihr Gambetta Waffen, änderte seine Meinung aber am nächsten Tag, damit sie nicht für einen sezessionistischen Aufstand wie während der Ersten Republik benutzt werden können. Noch war von der Tann nicht auf der Flucht. Am 1. Dezember hielt er plötzlich und machte einen Gegenangriff, wobei er die Loirearmee ganz bis nach Patay außerhalb von Orleans zurücktrieb und die Stadt am 4. Dezember kurz wieder einnahm. Als sie mit ihren Rücken zur Loire standen, wurde der Legion und den Zouaven befohlen, am »falschen« Ufer standzuhalten, um den sicheren Rückzug der Reste der Armee über den Fluss zu decken.

Es ist eine weit verbreitete Fehlannahme, dass das französische Klima, abgesehen von den Alpen und den Pyrenäen, immer milder ist als nördlich des Ärmelkanals. Generell ist es so, aber alle paar Jahre bringt im Winter Hochdruck über Skandinavien sibirisches Wetter nach Süden bis zur Dordogne und zur Gers. Die blattlosen Weinstöcke sehen wie Kreuze in einer weißen Landschaft aus. Die Mittelmeervegetation stirbt. Vögel fallen durch Unterkühlung tot vom Himmel. Die Temperatur stürzt auf 25°C unter Null und tiefer ab. So war der Winter 1870/71. Bis zum 6. Dezember war die Legion auf die Hälfte reduziert. Die zwei Bataillone aus Algerien hatten 210 Mann verloren – einige Ausfälle, einige Gefangene und einige, die von der strengen Kälte getötet wurden, als sie im Freien schliefen. Am 10. Dezember wurde der klägliche Rest zu einem einzigen *bataillon de marche* vereint, dem befohlen wurde, die Östliche Armee von General Charles Denis Nicolas Bourbaki zu verstärken. Sie hatte den Auftrag, die deutschen Versorgungs- und Kommunikationslinien in der Franche-Comté abzuschneiden.

Die Legionäre erhielten Rationen für zwei Tage für eine Reise, die 36 Stunden dauern sollte. In unbeheizten offenen Wagen, die offiziell »für acht Pferde bzw. 40 Männer« geeignet waren, froren sie zwei Wochen lang, als ihre Züge eingeschneit, abgetaut, rangiert, an Loks angekoppelt und wieder eingefroren wurden. Nachdem sie ihre Züge bei Ste. Suzanne nahe Montbéliard in der Franche-Comté verließen, wurden sie sofort an der Kampflinie eingesetzt. Ihre Anzahl war um 2.000, meistens hastig bewaffnete, aber unausgebildete Bretonen gewachsen, deren Anzahl die Regimentsstärke auf dem Papier auf 3.000 brachte. General Grisot erzählte, wie hart bedrängte Offiziere neue Einheiten schufen, indem sie diese Männer mit unerfahrenen Unteroffizieren und Veteranen der Legion mischten.[2] Die Disziplin war ein großes Problem, hungrige Männer desertierten von ihren Posten und benutzten ihre Waffen, um Kleinwild für den Kochtopf zu jagen, fällten Obstbäume in den Obstgärten als Feuerholz und verkauften Ausrüstung, um sich bei den Minustemperaturen etwas zu essen und zu trinken zu besorgen.

Die Preußen waren eher an die Extreme im Winter gewöhnt und besser dafür ausgerüstet. Am 5. Januar begannen Kruppkanonen ein nachhaltiges Artilleriebombardement von Paris. Am nächsten Tag forderten revolutionäre Komitees der 20 *arrondissements* das Ende von Gambettas Regierung der Nationalen Verteidigung. Der Aufstand hatte begonnen.

In Bismarck und von Moltke hatten die Deutschen eine einige Führung, die genau wusste, was sie wollte. Auf der französischen Seite dagegen war alles konfus. Im Osten, wo sich die Legion befand, hatte General Bourbaki, ein gutaussehender Mann mit herrlichem Schnurrbart und der Brust voller Orden, eine Reihe unüberwindbarer Probleme: Seine *vorübergehende* Regierung befand sich immer noch in Bordeaux, seine Vorräte reichten nicht aus und die Infrastruktur seines Landes brach um ihn herum zusammen.

Unter solchen Umständen war es schwierig für seine Truppen, einschließlich der Legion, die Moral gegen einen so kompetenten Kommandeur wie Edwin von Manteuffel aufrechtzuerhalten. Er war der Mann, der verhindert hatte, dass der Krimkrieg eskalierte und hatte sich während der Invasion im vorigen Jahr ausgezeichnet, indem er die Schlachten von Amiens und Rouen gewann. In dem Krieg im Krieg zwischen diesen zwei nicht zusammenpassenden Generälen begann Bourbaki am 9. Januar gut mit einem kleinen Sieg über die Deutschen bei Villersexel nahe Belfort. Sein Hauptproblem war die Regierung, von der er seine Befehle bekam, und die ihm einmal befahl, nach Südwesten nach Dijon zu marschieren, um den Druck auf Garibaldis italienische Freiwillige zu verringern, die ihn in seinem Rücken hätten stärken sollen!

Die neuen Legionäre erlebten am 19. Januar einen schwarzen Tag, als ihr Mangel an Ausbildung sie zu einer leichten Beute für den gut ausgebildeten Feind machte. Es war nicht nur so, dass der Zahlmeister der Legion im Gefecht getötet und seine Geldtruhe mit 4.341 Francs von den Deutschen erobert wurde: Schlimmeres sollte in der Nacht geschehen. Da die unerfahrenen Unteroffiziere keine Wachposten aufgestellt hatten, fing eine deutsche Patrouille eine ganze Kompanie fröstelnder Männer, die sich um ihre Lagefeuer warm hielten. Aber erstaunlicherweise marschierten diese undisziplinierten und größtenteils nicht ausgebildeten Männer in deutsches Artilleriefeuer bei Ste. Suzanne und nahmen die feindliche Stellung kurzzeitig ein, bevor sie zurückgeschlagen wurden.

Da er die feindlichen Linien nicht durchbrechen konnte, um das belagerte Belfort zu entlasten, war Bourbaki schließlich zu demoralisiert, um weiter zu kommandieren, nachdem er bei Héricourt zehn Kilometer vor der belagerten Stadt vernichtend geschlagen worden war. Er sah sich mit seiner erschöpften Armee ohne Vorräte zwischen Manteuffel und der Grenze zur Schweiz gefangen. Am 22. Januar machte er den letzten mehrerer erfolgloser Versuche, sich umzubringen, und wurde durch General Justin Clinchant, einen Veteranen der Krim und von Mexiko, ersetzt.

Gambetta kratzte den Bodensatz zusammen und brauchte verzweifelt Verstärkungen. Er befahl der Armée d'Afrique, die einheimische unter französischen Offizieren stehende Kavallerie, die aus der osmanischen Zeit immer noch Spahis genannt wurden, nach Frankreich zu verschiffen. Aber die Spahis hatten nicht die Absicht, für ein

Frankreich, das schon geschlagen war, zu sterben, und ermordeten ihre Offiziere und starteten eine Dolchstoßaktion, um die Franzosen aus Nordafrika zu vertreiben.

Da in Paris Zehntausende am Verhungern waren, traf Außenminister Jules Favre die Preußen am 23. Januar insgeheim in Versailles, um den Frieden zu erbitten. Am 28. Januar gewährte Bismarck einen dreiwöchigen Waffenstillstand, um die Wahl einer neuen Legislative zu ermöglichen, mit der er verhandeln konnte. Der Preis für den Waffenstillstand war die Übergabe von Paris und eine Geldstrafe von zwei Milliarden Francs.

Die Östliche Armee wurde nicht in die Friedensverhandlungen einbezogen, sondern blieb auf sich alleine gestellt. Clinchant zog sich zurück, wobei er zwei Divisionen, darunter die Legion, zurückließ, um Besançon zu halten. Manteuffel jagte ihn und den Rest seiner ramponierten Armee ganz bis in die Schweiz. 87.847 müde Männer gingen in die Sicherheit des neutralen Gebiets nahe Genf und übergaben den Schweizern ihr Arsenal, darunter 285 Kanonen. Die Verwirrung war derart, dass keiner genau weiß, wie viele Männer im Gefecht, an schlecht gepflegten Wunden oder durch Erfrierung und Verhungern starben. Clinchant selbst wurde interniert und im März entlassen.

Das Ende war nah. Am 28. Januar hatte das Innenministerium allen französischen Einheiten befohlen, ihre Waffen niederzulegen. Gambetta täuschte sich selbst oder versuchte die Wähler zu täuschen, die zur Urne gehen würden, und erklärte großartig, dass, obwohl Paris geschlagen worden war, Frankreich selbst keine Niederlage erlitten habe! In der allgemeinen Konfusion, die sich im Juni 1940 wiederholen würde, teilten sich die Politiker des Landes in solche wie ihn, die weiterhin andere Menschen für eine verlorene Sache sterben lassen wollten, und solche wie Adolphe Thiers, der in aller Ehrlichkeit sagen konnte: »Ich habe es Ihnen doch gesagt. Stoppen Sie das Kämpfen.«

Thiers gewann, aber er übernahm ein Land, das unwiderruflich geteilt und am Rande des finanziellen Ruins stand. Eine der ersten Handlungen der Nationalversammlung war, die Gehälter der Nationalgarde einzufrieren und ihre Entwaffnung zu befehlen. Am 6. März wurden alle ausländischen Freiwilligen der Legion und 415 Wehrpflichtige, die sich auf Zeit verpflichtet hatten, demobilisiert, um Geld einzusparen. Obwohl er Belgier war, überlebte Feldwebel Brunswick diese Säuberungsaktion und wurde Oberstabsfeldwebel, der meistens Bretonen in einer Rumpflegion von 66 Offizieren und 1.003 Mann kommandierte.

Bis dahin waren die Preußen drei Tage lang in den westlichen Vororten von Paris gewesen. Im Stadtzentrum besetzte die Nationalgarde am 18. März das Hôtel de Ville, und zehn Menschen wurden getötet, als die Ordnungskräfte versuchten, sie hinauszuwerfen. Die Armee versuchte, die Artillerie zu überwältigen, die die Kommunarden auf die Hügel von Montmartre und Belleville gestellt hatten, aber die Weigerung der Nationalgarde, nachzugeben, veranlasste die Soldaten, den Befehlen nicht zu gehorchen und die zwei kommandierenden Generäle, hinzurichten.

Die Flamme der Revolution verbreitete sich wie ein Waldbrand bei starkem Wind. Am 23. März stürmte die Nationalgarde in Marseille die Präfektur. Am 24. März verkündeten sie in Toulouse eine Kommune. Am 27. März wurde dem Rest der Legion befohlen, sich mit der Armee von Versailles zu verbinden. Bis zum 29. März wurde Paris von den Kommunarden regiert,[3] die ihre eigenen Gesetze verkündeten, die Wehrpflicht abschafften und jeden einsperrten, der der Treue zur Zweiten Republik verdächtig war.

Die rote Flagge wehte auf öffentlichen Gebäuden und alle Kirchen wurden zu Debattierklubs, in denen unruhige Zuhörer von der Kanzel aufgefordert wurden, eine Arbeiterrepublik zu unterstützen. Es gab männliche und weibliche Sprecher, wobei letztere die gleichen politischen Rechte und gleiche Bezahlung für gleiche Arbeit forderten. Während viele redeten, ermordeten ein paar Extremisten bereits Geiseln. Einige wurden kurzerhand erschossen, andere für Schauprozesse aufgespart. In Provinzstädten wie Limoges stoppten Kommunarden Truppen, die nach Versailles und Paris abfahren wollten, um die Rebellion zu unterdrücken. Als die Armee am 4. April die Kommune in Marseille unterdrückte, wurden 150 Kommunarden erschossen und 900 verhaftet, die dann mit Bajonettspitzen zu der vor der Küste liegenden Gefängnisfestung Château d'If im Golf von Lyon transportiert wurden. Die Rebellen in Besançon konnten nicht verhindern, dass die stark reduzierte Legion mit dem Zug nach Versailles abfuhr, wo sie am 1. April ankam. Vor ihr lag ihr schmutzigster Job.

In Algerien braute sich für Gambetta weiteres Ungemach zusammen. Am 8. April standen das 3. und 4. Bataillon der Legion – meistens zurückgebliebene Deutsche – in einem *jihad* 150.000 bewaffneten Kabylen gegenüber, die drohten, alle französischen Kräfte ins Meer zu treiben. Die Legion in Frankreich, die kaum das Adjektiv »ausländisch« verdiente, wurde am 20. April von sechs Offizieren und 370 Wehrpflichtigen von Linienregimentern verstärkt, wodurch sich ihre Stärke wieder auf 72 Offiziere und 1.373 Mann erhöhte. Obwohl fast alle Franzosen oder Bretonen waren, hat das Stigma ihrer nächsten »Operation« das Wappen der Legion seitdem ungerechterweise beschmutzt und ist die Ursache für Drohungen sowohl von kommunistischen als auch von sozialistischen Parteien gewesen, sie ein Jahrhundert später abzuschaffen.

Am 2. Mai zitterte Paris wegen der ersten Schüsse der zweiten Beschießung in diesem Jahr, aber diesmal waren die Granaten französisch. Am 10. Mai 1871 wurde in Frankfurt der Friedensvertrag unterzeichnet, wobei Bismarck sich weigerte, die Besatzungsarmee zu evakuieren, bevor die Ordnung in Frankreich wieder hergestellt worden war. Zu diesem Zweck gestatte er, dass die Versailler Regierung außerhalb von Paris eine Armee aufrechterhalten dürfe und befahl die Entlassung aller Kriegsgefangenen, die in Deutschland gehalten wurden, so dass sie diese Armee verstärken könnten.

Die schlechten Nachrichten vom Verhandlungstisch waren für Thiers und Favre, dass die Entschädigung, die in dem Waffenstillstandsabkommen festgelegt wurde, von zwei auf fünf Milliarden Francs erhöht wurde, und dass preußische Armeen auf französischem Boden bleiben sollten, bis alles bezahlt war! »Französischer Boden« bezog die Provinzen Elsass und Lothringen nicht mit ein, sie wurden zu deutschen Gebieten erklärt.[4]

Faute de mieux, am 18. Mai wurden die Kapitulationsbedingungen von der National-Versammlung bei einem Treffen in Versailles ratifiziert. Daraufhin verließ sich die französische Armee, der befohlen wurde, die Rebellion zu unterdrücken, darauf, dass die Preußen verhindern würden, dass irgendwelche Aufständischen aus der Hauptstadt nach Norden und Osten fliehen würden. Die Anarchie der Kommunarden bedeutete, dass Befehlen von Offizieren gewöhnlich nicht gehorcht wurde, so dass die massierte Artillerie in Paris schlecht kommandiert wurde. Die Artilleristen nahmen sich zwei Stunden fürs Mittagessen frei und hörten abends auf, wenn es Zeit für ihren *apéritif* war. Nach dem Abendessen ging es bestenfalls sporadisch weiter. Aber bis zum 19. Mai hatte die Legion drei tote Offiziere und 15 tote Legionäre sowie neun verwundete Offiziere und 102 verwundete Männer zu beklagen – was angesichts der Zustände der Feldkrankenhäuser oft das gleiche bedeutete.

Am 22. Mai stellte die Armee fest, dass das Tor von St. Cloud unbewacht war und offen stand. Die Legion gehörte zu den Einheiten, die sofort einmarschierten und 300 Kommunarden vor der Kirche La Madeleine massakrierten, um zu zeigen, dass die Regierung es ernst meine. Gräueltaten multiplizierten sich auf beiden Seiten. Die sofortige Reaktion der Menschen war, eine Gruppe von sechs Geiseln, darunter den Erzbischof von Paris, hinzurichten. In einer Eskalation der Gewalt erschoss die Armee 700 Bürger zur Vergeltung. Wütende Zivilisten brachen ins Gefängnis von La Grande Roquette ein und brachten 49 Geiseln heraus, die dort eingesperrt waren, darunter Priester und Polizisten. Sie wurden mit Rufen wie »Tötet die Bullen!« und »Tod den Jesusliebhabern!« durch die Straßen gehetzt, sie wurden beleidigt, mit Dreck geworfen und dann in der Rue Haxo erschossen oder zu Tode geprügelt.

Bis zum nächsten Morgen standen die Tuileries und viele der Regierungsgebäude und Kirchen in Flammen. Bei strömendem Regen und erstickendem Rauch verfolgten die Legion und andere Armeeeinheiten die bewaffneten Kommunarden bis zum Friedhof Père Lachaise. Dort bezogen die Kommunarden zum letzten Mal zwischen den Gräbern und Familiengruften Stellung, bis die Munition alle war und sie mit Bajonett und Gewehrkolben erledigt wurden.

Der Hass, den dies unter den Parisern verursachte, war so groß, dass Legionäre davor gewarnt wurden, keine Schnapsläden zu plündern, nachdem ein Gefreiter starb, weil er vergifteten Wein getrunken hatte. Am 26. Mai erschoss eine Kompanie der Legion Gefangene, nachdem sie eine Barrikade und zehn Kanonen nahe der Porte de la Villette genommen hatte. Die Größenordnung der Massaker, die stattfanden, ist nicht belegt, lag aber wahrscheinlich zehnmal höher als die Anzahl der Opfer von Robespierres besser dokumentiertem Terror aus dem Jahr 1794. Das Regimentstagebuch der Legion enthält knappe Eintragungen wie »Zahlreiche Hinrichtungen wurden durchgeführt« und »Der Morgen [des 30. Mai] wurde mit dem Begraben der Leichen verbracht, [die am] 28. und 29. Mai [erschossen wurden].«[5]

Bis Anfang Juni war die Rebellion vorüber, aber die Rache ging weiter. Als Vergeltung für die Morde unter der Kommune wurden sowohl Männer als auch Frauen denunziert und kurzerhand erschossen, während die Regierung die Ordnung wieder herstellte. Lange Kolonnen von Gefangenen marschierten unter Begleitschutz durch die Porte de la Muette, wo General Gaston-Alexandre Galliffet eine persönliche Auswahl traf. Er befahl, dass einzelne Personen, auf die er aus keinem bestimmten Grund aufmerksam wurde, aus den Reihen genommen und auf der Stelle erschossen wurden. Der Rest ging mit bewaffneten Wachen weiter seinen traurigen Weg zu den Gefängnislagern von Satory, einem militärischen Ausbildungsgebiet außerhalb von Versailles.

Die Politiker bildeten auch die Legion noch einmal um. Um die Flut von Flüchtlingen aus dem Elsass und aus Lothringen, die beide von den Deutschen besetzt wurden, aufzufangen, durften nur Männer aus diesen Gebieten rekrutiert werden. General Alfred Chanzy, ein künftiger Generalgouverneur von Algerien, der anscheinend vergessen hatte, wie die Legion für ihn in der Loirearmee gekämpft hatte, befürwortete ihre Abschaffung mit der Begründung, dass sie zu abhängig von ihren deutschen Unteroffizieren war. Um das Ungleichgewicht bei den Nationalitäten zu korrigieren, erhielten demobilisierte Unteroffiziere von regulären Regimentern die Chance, wieder in die Legion einzutreten. Diejenigen, die das taten, mussten feststellen, dass sie ihre französischen Pensionsrechte verloren hatten und durch einen bürokratischen Taschenspielertrick wie Ausländer behandelt wurden. Als das herauskam, trocknete der Zustrom aus. Infolge dessen bildeten Elsässer und Lothringer bis nach dem Ende des Ersten Weltkrieges das Rückgrat der Legion; sie machten etwa 45 Prozent der Unteroffiziere aus, obwohl es französischen Staatsbürgern ab Oktober 1881 erlaubt wurde, in die Legion einzutreten.

Der Prozess gegen die führenden Kommunarden begann am 17. August in Versailles und endete am 22. September – mit vorhersehbaren Ergebnissen. Bis Dezember betrug die Anzahl erschossener Menschen *offiziell* 30.000. Weitere 40.000 waren im Gefängnis, viele sollten nach Neukaledonien und in andere Gefängniskolonien transportiert werden. Unter den Opfern dieser Säuberungsaktion waren jene Pariser Feuerwehrleute, die auf ihren Posten geblieben waren und während der Belagerung Brände bekämpft hatten, obwohl ihnen befohlen worden war, die Stadt zu verlassen und sich der Armee von Versailles anzuschließen. Weil sie unter militärischer Disziplin standen,[6] wurden sie als Verräter betrachtet und erschossen.

Eines der letzten Opfer des französischen-preußischen Krieges war Achille Bazaine, den am 10. Dezember 1873 ein Militärgericht zum Verlust von Rang und Ehren und wegen grober Pflichtversäumnisse zum Erschießen verurteilte, weil er Metz aufgegeben hatte. Marschall MacMahon, damals Präsident der Dritten Republik, wandelte die Strafe in 20 Jahre Gefängnis um, wobei er deutlich machte, dass Bazaine zum Sündenbock gemacht wurde, um die nationale Ehre zu retten.

Dank des Unternehmungsgeistes seiner jungen mexikanischen Frau entkam Bazaine am 9. August 1874, indem er ein 150 Meter langes Seil hinunterkletterte, das in seine Zelle in der angeblich ausbruchsicheren Gefängnisfestung auf der Insel Ste. Marguerite vor Cannes geschmuggelt worden war. Unten an der Klippe wartete seine Frau in einem Ruderboot, um ihren 63-jährigen und vermutlich immer noch sehr athletischen Ehemann zu einer privaten Yacht zu bringen, die vor der Küste wartete.

Diese brachte sie ins Asyl nach Spanien, wo sie zumindest die Landessprache sprachen. Die andere Frau in Bazaines Leben, die Glücksgöttin, hatte ihn schließlich im Stich gelassen. Nicht rehabilitiert starb er am 28. September 1888 in Madrid, nachdem er seine letzten Jahre dort in Krankheit und Armut verbracht hatte.

Es war ein trauriges Ende für einen Mann, der sein ganzes Leben verschiedenen Regierungen Frankreichs gedient hatte. Sein Rückzug hinter die Mauern von Metz hatte nicht nur 200.000 Preußen gebunden, um Paris eine Atempause zu verschaffen, die seine Befreiung ermöglicht hätte, wenn die Politiker ihr Gezänk nur lange genug eingestellt hätten. Er hatte aber auch seine Armee intakt gehalten und wäre für einen neuen Einsatz bereit gewesen, wenn man die Belagerung von Metz aufgehoben hätte, entweder gegen die preußischen Eindringlinge oder die Rebellen der Kommunarden.

Diejenigen, die ihm am meisten zu verdanken hatten, waren die 140.000 Soldaten in Metz, die verhungert wären, wenn er nicht zugestimmt hätte, sich den Preußen rechtzeitig zu ergeben. Egal wie viel Geld Madame Bazaine von ihren mexikanischen Verwandten erhalten hätte, um es als Schmiergeld zu benutzen, sie hätte seine Flucht aus einem Militärgefängnis nicht alleine organisieren können. Es ist ein hübscher Gedanke, dass einige der Offiziere und Männer, die lebend aus der Hölle von Metz gekommen waren, dabei geholfen hatten, dass der in Ungnade gefallene Kommandeur, dem sie ihr Leben verdankten, zumindest in Freiheit starb.

16

Am Schwanz des Drachens ziehen

ALGERIEN, 1871–82; VIETNAM UND FORMOSA, 1883–85

Im Juli 1871 entschied die französische Regierung, dass die Bataillone in Frankreich – das 1., das 2. und das 5. mit dem *régiment de marche*, sowie das 6. Bataillon, das sich bei Dünkirchen gebildet hat, und die abkommandierte Kompanie, die bei der Loirearmee diente – mit dem 3. und 4. Bataillon in Algerien verschmolzen werden sollten, um insgesamt vier Bataillone zu bilden. Öfter als die meisten Armeen musste die Legion einen Weg aus dem Diktat ihrer Politiker finden. Die öffentliche Feindseligkeit gegenüber Deutschland, die zu einem Verbot der Verpflichtung von Deutschen führte, das bis 1880 galt, bedeutete in der Praxis wenig, da weiterhin Deutsche eintraten, die vorgaben, Deutsch-Schweizer oder Elsässer zu sein. Da Frankreichs kontinentale Armee durch Bismarcks Auflagen aus dem Vertrag von Frankfurt eingeschränkt war, entschloss sich Frankreich wieder, da es in Europa nicht expandieren konnte, das zu tun, was auch andere europäische Mächte um diese Zeit taten und sich seinen Anteil an der so genannten Dritten Welt zu sichern.

Ab 1882 wurden mit der Expansion des französischen Algeriens Einheiten der Legion, die dort stationiert waren, in einem lang anhaltenden Programm eingesetzt, um immer mehr Stämme tief in der Sahara zu bändigen. Frankreich kontrollierte bereits Teile von Westafrika, Neukaledonien, die Neuen Hebriden und Tahiti, wo Gauguin so eindrucksvoll malen würde. Im folgenden Jahr verschoben sie die Grenzen ihrer indochinesischen Besitztümer nordwärts nach Tonkin oder Nordvietnam. Obwohl die Kirche wiederholt Druck auf katholische Politiker ausübte, um »die Eingeborenen zu zivilisieren«, indem sie Missionare hinausschickte, war Hauptbeweggrund, wie bei allen Imperien im neunzehnten Jahrhundert, der Kommerz: Die Lieferung billiger Rohstoffe aus Kolonien zu sichern, die verpflichtet waren, im Gegenzug relativ teuere Industriegüter zu kaufen.

Eugène Etienne, der langjährige *député* der Kolonial-Partei für Oran, sagte knapp: »Das einzige Kriterium, das man bei jeder kolonialischen Unternehmung anwenden kann, ist der Vorteil und der Gewinn, der für das Mutterland herausspringt.«[1] In den

18 Jahren seit der Niederlage von 1871 folgten in Paris 19 Administrationen nacheinander, ohne dass das Tempo der kolonialen Expansion beeinflusst wurde. Die entsprechenden Anforderungen an die Legion verdreifachten ihre Größe noch vor dem Ende des Jahrhunderts. Aber anfangs wurden die vier Bataillone in Algerien hauptsächlich als billige Arbeitskräfte benutzt, die in einem außergewöhnlichen Hoch- und Tiefbauprogramm, das den Einwohnern der ehemaligen französischen Gebiete in Nordafrika heute noch immer zugute kommt, Gräben zogen, Tunnel durch Gebirge trieben und Sümpfe trocken legten.

All dies änderte sich, als ein anderer charismatischer Kommandeur die Szene betrat. Oberst François Oscar de Négrier, Neffe eines napoleonischen Generals, der in Afrika gedient hatte, war Absolvent von St. Cyr, der sich dadurch ausgezeichnet hatte, dass er dort einen Klassenkameraden in einem Duell getötet hatte. Typisch für die Ansichten vom Soldatentum dieses adretten, reizbaren Offiziers war seine Reaktion bei der Einlieferung in das Krankenhaus im belagerten Metz während des französischen-preußischen Krieges, als ihn Verletzungen an den Beinen für Wochen vom Sattel hätten fern halten können.

Seine berühmteste und für ihn typische kurze Rede an die Legion war: »Ihr seid Soldaten geworden, um zu sterben, und ich schicke euch dorthin, wo Menschen sterben.« Er lebte vor, was er in Metz predigte. Er verließ das Krankenhaus, ließ sein Pferd satteln, bestieg es mit einiger Hilfe und galoppierte dann durch die Linien, wobei er zwei Lanzenreiter erschoss, die die Frechheit besaßen, seine Papiere zu fordern. Er meldete sich für den weiteren Dienst in der Nördlichen Armee und wurde vor dem Ende des Kriegs mit Deutschland noch zweimal verwundet.

Da er schon 1864–66 in Afrika gedient hatte, hatte Négrier seine eigenen Vorstellungen, wie man die Legion dazu bringen konnte, die Schaufeln niederzulegen und die Gewehre zu schultern. Angesichts der riesigen Entfernungen, die zu bewältigen waren, und der Notwendigkeit, den Feind zu überraschen, der eine intime Kenntnis des Landes hatte, wandelte er seine 100 besten Marschierer in eine halbberittene Infanterie um und forderte am 8. Dezember 1881 von den ansässigen Arabern 50 Maultiere an. Nachdem sie ihre vollen Tornister, Nahrung, Wasser und Ersatzmunition auf einen Maulesel geladen hatten, konnten zwei sehr gesunde Legionäre, die nur kleine Tornister und Gewehre trugen, an einem Zehn-Stunden-Tag bis zu 60 Kilometer laufen. Das war in etwa das Maximum dessen, was einem beladenen Maulesel abgefordert werden konnte, das auch als Reittier für Männer diente, die einer nach dem anderen ihren müden Füßen eine Pause gönnen mussten.

Ein solch mörderisches Tempo konnte man nicht lange aufrechterhalten, ohne Mann und Maulesel zu erschöpfen, aber mit kurzen Spurts gewann er das wichtige Element der Überraschung gegen einen Feind, der als selbstverständlich annahm, dass eine französische Kolonne in gleichem Tempo wie ihr Versorgungszug marschieren würde. Dieser neue modus operandi brachte einen frühen Erfolg, als Négriers halbberittene Infanterie den Stamm Sidi Slimane nahe der marokkanischen Grenze überraschte und ihn zwang, seine Zelte, sein Hab und Gut und 4.000 Schafe abzugeben, die nach der Rückkehr zum Stützpunkt versteigert wurden. Dabei erhielt jeder Mann eine Prämie von 15 Francs.

Dieses Mal allerdings wendete sich das letzte Lachen gegen die Legion. Der Anführer von Slimane, Bou Amama, wollte sich rächen. Am 28. April 1882 kartographierte ein Vermessungstrupp wie der, bei dem Danjou seine Hand verloren hatte, das schroffe Gebiet um den Chott Tigri, einen Salzsee im Westen Algeriens. Die Vermesser, die von Hauptmann de Castries kommandiert wurden, wurden von zwei Gewehrkompanien und einer der neuen halbberittenen Einheiten unter Oberleutnant Massone geschützt. Die insgesamt etwa 300 Offiziere und Mann marschierten direkt in eine Falle, die ihnen Bou Amama gestellt hatte. Von den Abhängen in der Landschaft stürzte sich ohne Warnung eine Truppe von 900 arabischen Reitern und 1.600 Stammesangehörigen zu Fuß auf sie. Bei der Anzahl der Angreifer sollte man nicht jedes Wort auf die Goldwaage legen – sie wird immer übertrieben, wenn man gewinnt –, aber es war sicherlich eine große und gefährliche Truppe.

Die Ansage für die berittene Infanterie war, bei Kontakt sofort vom Pferd abzusteigen. Ausgewählte Männer banden die Maulesel an, so dass sie mit dem lebenswichtigen Wasser und der Munition, die sie trugen, nicht weglaufen konnten, wie es bei Camarón passiert war. In der Zwischenzeit bildeten ihre Kameraden ein Verteidigungs-Karree mit den Mauleseln in der Mitte und erwiderten den feindlichen Beschuss. Sogar Dragoner, die vom Sattel aus angriffen, mussten bei der Verteidigung immer vom Pferd absteigen. Aber in der Hitze des Moments und ohne Übung in ihrer neuen Rolle, versuchten die Legionäre auf Mauleseln einen Gegenangriff gegen die Stammesangehörigen auf Pferden zu machen.

Das war ein fataler Irrtum. Sieben Stunden lang bekämpften die Legionäre die Stammesangehörigen in drei getrennten Karrees und konnten sich weder umgruppieren noch ihre Stellung festigen. Bis sie den taktischen Irrtum begriffen hatten, waren beide Offiziere und alle Unteroffiziere tot. Sie hatten Glück. Diejenigen, die von den Arabern gefangen wurden, wurden in Sichtweite, aber außerhalb der Reichweite ihrer Kameraden, zu Tod gefoltert, so dass keiner ihr Leiden mit einem gut gezielten Schuss beenden konnte.

Als Bou Amama den Kontakt abbrach und nach Westen in die sicheren marokkanischen Gebiete ging, hatte die Legion Verluste von 25 Prozent erlitten: Drei Offiziere und 28 Mann waren verwundet, 49 Mann und die beiden Offiziere der berittenen Kompanie waren tot. Die Überlebenden hinkten zu dem kleinen Fort Gelloul zurück, von wo aus sie aufgebrochen waren, als sie die Entsatzkolonne, die von Négrier geleitet wurde, trafen. Er war definitiv nicht die Art von General, der am Stützpunkt blieb, wenn etwas Action in Aussicht war.

Einige Offiziere argumentierten, dass die berittenen Kompanien einen Maulesel pro Mann haben sollten, während andere behaupteten, dies würde sie lediglich ermutigen, Kavalleriemanöver mit fatalen Folgen zu versuchen. Das zweite Argument gewann, und die Größe der Kompanien wurde auf 215–230 Männer mit halb so vielen Mauleseln, sowie Pferden für die Offiziere festgesetzt. Trotz einiger anfänglicher

Rückschläge brachte der Gesamterfolg seiner aggressiven Politik in Algerien Négrier die Beförderung zum Brigadier und im September 1883 eine Versetzung nach Vietnam.

Zehn Jahre zuvor hatte ein skrupelloser französischer Waffenhändler namens Jean Dupuis eine private Armee angemietet, um die nördliche Stadt Hanoi zu erobern, so dass er den äußerst lukrativen Salzhandel mit der vom Land umschlossenen chinesischen Provinz Yunnan monopolisieren konnte. Dazu benutzte er ein Dampfboot, um die beladenen Dschunken den Roten Fluss hinaufzuschleppen. Eine unrühmliche Gemengelage aus katholischen Missionaren, Gaunern und französischen Marineoffizieren stieß dann nördlich des Mekong-Deltas 1.200 Kilometer in Richtung Süden vor und erzwang von den Mandarins von Hué in Zentralvietnam einen Vertrag, der 1874 den Status Quo anerkannte und Frankreich gewisse Rechte in Hanoi und seinem Seehafen Haiphong gewährte. Für die Vietnamesen war es die Wahl zwischen Pest und Cholera: Sie hofften, die Franzosen würden ihre chinesischen Besatzer vertreiben, die den Norden des Landes als Pufferzone betrachteten, um ihre südwestliche Grenze zu schützen.

Am 8. November 1883 ging das 1. Bataillon zusammen mit zwei Bataillonen algerischer *tirailleurs* im nördlichen Hafen Haiphong an Land – sie wurden dort von Négriers berühmter Rede begrüßt. Danach folgte eine sechsstündige Reise in kleinen Booten zwischen den Sandbänken der Mündung des Cua Cam, nachdem sie aus ihren hochseetüchtigen Transportern ausgestiegen waren. Sie landeten bei einer trostlosen Kaserne in einem übel riechenden und von Moskitos verseuchten Sumpf, dessen einzige Nachbarn das Zollhaus, ein Arsenal und ein paar andere westliche Gebäude waren. Keiner der 600 Legionäre, die an diesem Tag mit ihrem Kommandanten Major Marc-Edmond Dominé an Land ankamen, konnte ahnen, dass sie in einem Krieg kämpfen würden, in dem ihre Nachfolger 71 Jahre später immer noch für Frankreich sterben würden.

Sie reisten mit dem Dampfer flussaufwärts nach Hanoi – dort war der Rote Fluss gut 800 Meter breit – und gingen durch eine Ebene, in der Männer und Frauen mit konischen Hüten die strahlend grünen Reisfelder, die sich so weit erstreckten, wie man sehen konnte, mit Wasserbüffeln bearbeiteten. Die Palmen und Dörfer, deren Stroh gedeckte Dächer aus dem umgebenden Bambus hervorlugten, sahen, verglichen mit der Trockenheit von Teilen Nordafrikas, die sie kannten, wie ein Paradies aus.

Diese Bauern waren nicht der Feind. Die ersten Gegner der Legion waren die »Pavillon Noirs« oder Söldner der Schwarzen Fahne, bequem zu verleugnende irreguläre Truppen, die von Beijing benutzt wurden. Sie wurden nach der Farbe der Fahnen benannt, mit denen sie in die Schlacht zogen. Zwei Jahrtausende, nachdem Sun Tsu *Die Kunst des Krieges* geschrieben hatte, war ihre Taktik oft primitiv und bestand meistens aus »menschlichen Wellen«, Angriffe, die enorme Verluste kosteten. Ihr Fort bei Son Tay, nur 60 Kilometer von Hanoi entfernt, war allerdings ein Vorbild dafür, was mit örtlichen Materialien gebaut werden konnte. Nachdem sie überzeugt waren, dass nur ein Europäer wie sie selbst, ein solch anspruchsvolles Fort hätte entwerfen können, erfanden die »rundäugigen« Neuankömmlinge mit typischer europäischer Arroganz einen mystischen abtrünnigen Militär-Architekten, der angeblich »Sir Collins« hieß – möglicherweise basierte seine Existenz auf einem Waffenhändler wie Dupuis, der seine einheimischen Mandanten darin eingewiesen hatte, wie man moderne Feuerwaffen benutzt.[2] Die Festung wurde von Kulis aus Erde, Bambus und örtlichen Ziegelsteinen gebaut. Sie war eine Anlage aus Wassergräben, trockenen Gräben, Palisaden und allgegenwärtigen »punji« Stöcken, die die Stiefel eines unachtsamen Angreifers durchdringen sollten.

Nachdem die Kanonenboote von Admiral Amédée Courbet den Roten Fluss hinauf gedampft waren, um am 16. Dezember 1883 die Zitadelle zu bombardieren, bahnten sich die Pioniere der Legion unter seinen 5.000 Mann den gefährlichen Weg durch die Verteidigungsanlagen. »Hauptmann Mehl der Fremdenlegion fiel mit einer tödlichen Wunde gerade als seine Männer … an die Brustwehr kamen. Ein Legionär namens Mammaert war der erste, der die Festung betrat.«[3] Die Eroberung von Son Tay nach einer fünfzehnstündigen Schlacht provozierte den Protest des chinesischen Botschafters in Paris.

Négrier ließ im Februar 1884 ein zweites Bataillon der Legion ankommen. Inzwischen hatte Peking seine Garnison bei Bac Ninh mit einer Garnison von 15.000 Tonkinesen unter chinesischen Offizieren und Unteroffizieren verstärkt, um die sogenannte Mandarin-Straße in China, nur 40 Kilometer von Hanoi entfernt, zu blockieren. Am 12. März 1884 jagten die zwei Legions-Bataillone die Garnison hinaus. Der riesige belgische Gefreite Mammaert stand wieder in der ersten Reihe des Gefechts, er stellte eine improvisierte Trikolore auf die Schutzwälle, die aus seiner blauen Gürtelschärpe, einem weißen Taschentuch und einem Stück einer roten Hose gemacht wurde. Eine unangenehme Überraschung erlebten die Offiziere der Legion, deren Männer mit dem Einzelschuss-Gras-Gewehr aus dem Jahr 1874 bewaffnet waren, als sie in dem verlassenen Arsenal eine beträchtliche Sammlung supermoderner Feuerwaffen entdeckten, darunter Martini-Henrys, Remingtons, Spencers und Winchester Repetiergewehre. Sie trösteten sich mit dem Gedanken, dass kein Chinese gerade schießen oder standhalten konnte, wenn er mit der Bajonettspitze eines weißen Manns konfrontiert war.

Die französische Marine, die wieder in die Aktion einsteigen wollte, in der sie von Landstreitkräften ersetzt worden war, trug nun den unerklärten Krieg mit dem Himmlischen Reich nach Formosa – ein Zeitvertreib, der sogar für die Imperialisten des neunzehnten Jahrhunderts unüberlegte Überheblichkeit war. Admiral Courbet begann mit einem Beschuss des Hafens und Arsenals der Stadt Fu-zhou auf dem Festland durch die Marine, was eine formelle Kriegserklärung Pekings hervorrief. Er segelte nach Taiwan hinüber, das damals unter dem portugiesischen Namen Formosa[4] bekannt war, und landete mit seinen Truppen aus 1.800 Marineinfanteristen, einem Strafbataillon und dem 3. und 4. Legions-Bataillon nahe des Hafens Chi lung an der Nordküste. Es ist nicht bekannt, was er zu erreichen hoffte, zumal die einzige genutzte Ressource von Taiwan damals ein Kohlenrevier war, in dem Ballastkohle niedriger Qualität gewonnen wurde.

Tan-shui, 30 Kilometer westlich, war der andere Hafen, der der Hauptstadt Taipei diente. Die Franzosen versuchten, ihn zu erobern und das Mündungsgebiet zu sperren, das nach Taipei führte, wurden aber mit schweren Verlusten nach Chi lung zurückgeschlagen. Der Monsun brach los und verwandelte den kleinen Hafen, der von hohem Gelände überragt wurde, das vom Feind wieder besetzt wurde, in einen Sumpf, in dem Malaria und Cholera ihre täglichen Quoten dahinrafften. Als sich ihre Reihen lichteten, waren die Verteidiger so spärlich, dass die Chinesen bei Nacht durch die Linien in die Stadt krochen, Leichen ausgruben und die Köpfe abschnitten, um sie als Trophäen gegen eine Belohnung in Bargeld zurückzutragen.[5]

Die Garnison aus Legionären, Marineinfanteristen und Strafbataillon-Männern wurde auf 600 gehende Skelette in einem Ödland ausgebrannter Lager und Hütten reduziert. Ihr Erscheinungsbild wurde von dem 19-jährigen britischen Legionär Lionel Hart, der dort im Januar 1885 mit Courbets Verstärkungstruppen ankam, euphemistisch als »blass und sehr müde«[6] beschrieben. Bis zum Ende des Monats

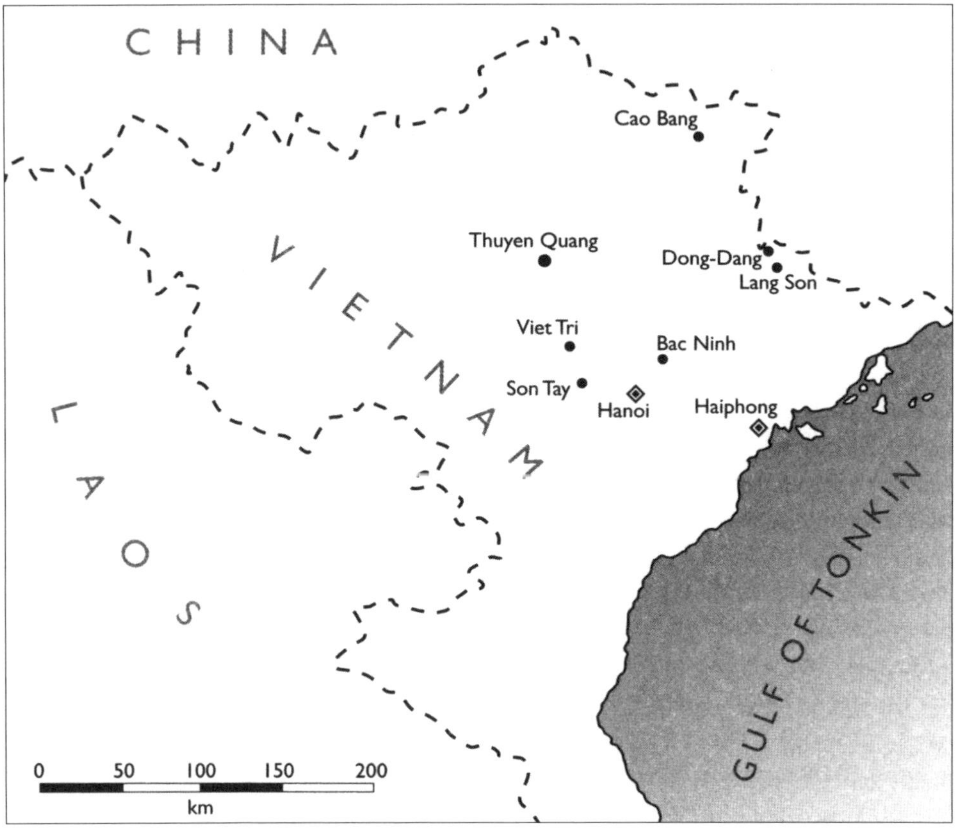

Tonkin/Nordvietnam, 1883–92

konnten die Höhen über Chi lung dank des frischen Blutes wieder genommen werden. Als aber eine zweite Kolonne nach Tan-shui ausbrach, wurde sie wieder zurückgeschlagen, was sogar den übereifrigen Admiral Courbet zwang, zuzugeben, dass der Feldzug sinnlos Leben verbrauchte. Die Überlebenden wurden abgezogen und nach Vietnam verschifft.

Im Sommer zuvor hatte Frankreich am 4. Juli den Vereinigten Staaten sicherlich das größte Geburtstagsgeschenk aller Zeiten überreicht: die Freiheitsstatue. Etwa zur gleichen Zeit waren 20.000 chinesische Berufssoldaten und Irreguläre der Schwarzen Fahne südlich von der Provinz Yunnan in Vietnam einmarschiert und schlugen ihr Lager in und um die Festung von Thuyen Quang an dem Fluss Son Gam,[7] 165 Kilometer nordwestlich von Hanoi, auf. Diese Festung wurde aus örtlichem Ziegelstein mit einer 1.200 Meter langen Mauer gebaut und lag auf einer Lichtung, die von dichtem Dschungel umgeben war. Im Zentrum des Forts gab es ein Hügelchen, das von einer kleinen Pagode, die als die Offiziermesse diente, gekrönt war.

In offenem Widerspruch zu der Anweisung aus Paris, die Operationen auf das Delta des Roten Flusses um Hanoi und Haiphong zu beschränken, ging Oberstleutnant Charles Duchesne Mitte November 1884 mit 700 Legionären und Marineinfanteristen und unterstützt von drei Kanonenbooten flussaufwärts, um die Schwarzen Fahnen zu vertreiben. Nachdem sie sich ihren Weg durch einen Hinterhalt gekämpft hatten, gelang es ihnen, die Chinesen zu verjagen, und sie errichteten ihre eigene Garnison bei Thuyen Quang. Das Kommando hatte Major Dominé, die Legions-Hauptleute Borelli und Moulinay kommandierten je eine Kompanie. Die Gesamtstärke betrug 319 Mann sowie 160 Mann der örtlich rekrutierten, aber unter französischen Offizieren operierenden 8. Kompanie der 1. leichten Infanterie der Tonkinesen unter Hauptmann Diaz. Der »Rest« bestand aus 32 Artilleristen, die vier – manche sagen sechs – Feldgeschütze bedienen sollten, die als Decksfracht mitgebracht worden waren, sowie eine kleine Abteilung Pioniere.

Dominé war der klassische Karrieresoldat des neunzehnten Jahrhunderts. Er stieg bis zum Rang eines Obersten auf, nachdem er einmal in Algerien verwundet worden war und ein weiteres Mal, als er die Preußen in Frankreich bekämpfte. Bei der zweiten Verwundung 1870 verbot er dem Chirurgen, seinen Arm zu amputieren, als sein Ellenbogen zerschmettert war; er wäre eher bereit gewesen zu sterben, als für den weiteren Dienst untauglich zu sein, aber er überlebte gegen alle Regeln mit einem steifen Arm.

Insgesamt knapp über 600 Mann sollten das Fort gegen die 20.000 oder mehr Schwarzen Fahnen halten, die bekanntlich in der Nähe waren. Die einzige Hilfe, die man anfordern konnte, war gelegentliche Feuerunterstützung von dem Kanonenboot LA MITRAILLEUSE, das von Fähnrich Senes mit einer Mannschaft von 13 Mann kommandiert wurde und am nahe liegenden Fluss auf und ab fuhr. In dem Nervenkrieg nach dem Abschied von Duchesne am 23. November mit den anderen beiden Kanonenbooten fanden abergläubische Legionäre die Tatsache unheimlich, dass Dominé wie Danjou nur einen Arm besaß.

Eine weitere Camarón-Legende sollte geboren werden. Anfang Dezember 1884 bekämpfte eine Routinepatrouille des Forts kurzzeitig eine kleine Truppe bewaffneter Männer, die im dichten Dschungel verschwanden. Major Dominé spürte, dass sie der Spähtrupp für eine viel größere Truppe waren und befahl, dass der aufgefüllte Trockengraben, der der äußeren Mauer Schutz bot, ausgebaut werden sollte. Acht Pioniere der Legion unter Feldwebel Bobillot wurden geschickt, ein Blockhaus auf einer Anhöhe von etwa 350 Metern außerhalb der Eingrenzung mit einer klaren Sicht über die Mauern des Forts zu bauen, um den toten Raum dahinter zu beherrschen und zu verhindern, dass die Chinesen dort schwere Waffen aufstellen konnten.

Der Pionier-Feldwebel, ein ehemaliger Journalist, benutzte seine Vorstellungskraft, um einen teilweise unterirdischen Kommandoposten, der von Gräben und Minen geschützt war, auszuheben. Die Arbeit war immer noch unvollendet, als mehrere hundert chinesische Berufssoldaten in einer entnervenden Demonstration der Stärke am 31. Dezember um den Außenposten herum marschierten, ohne das Feuer zu eröffnen. Am Neujahrstag gab es die erste menschliche Angriffswelle; die belagerten Legionäre fanden 150 Feinde tot und verwundet um das Lager verteilt liegen, viele waren Opfer der Kanone der LA MITRAILLEUSE. Kein Henri Dunant war da, um die Verwundeten durch einen Appell an die christliche Barmherzigkeit zu schützen. So wurden sie als Vergeltung für die chinesische Praxis, die abgeschlagenen Köpfe ihrer Gefangenen zu zeigen oder sie in Körben mit beleidigenden Mitteilungen zurückzuschicken, routinemäßig erledigt.[8]

Am 16. Januar beobachteten Legionäre, die die Mauern besetzen, wie chinesische Kulis anfingen, an allen Seiten Schützengräben auszuheben. Bis zum 20. Januar waren sie alle miteinander verbunden, um Thuyen Quang vom Rest der Welt abzuschneiden. In der Nacht vom 26. auf den 27. Januar brannten die Schwarzen Fahnen zur Ablenkung das Dorf, das 400 Meter von der Festung entfernt lag, nieder und attackierten gleichzeitig die Festung, wurden aber mit schweren Verlusten zurückgeschlagen.

Daraufhin befahl der feindliche Kommandeur Liu Yung-fu[9] seinen Pionieren, ihre Schützengräben trotz des entnervenden Feuers der Kanonen im Inneren immer näher an die Mauern des Forts zu bauen. Sie trieben auch Tunnel unter die Hindernisse, die Bobillot um das Blockhaus auf der Anhöhe gestellt hatte. Da dort zu bleiben bedeutet hätte, von einer unterirdischen Mine gesprengt zu werden, wurde die Abteilung am Abend des 30. Januar unter Feuerschutz zurückgezogen und Bobillots Blockhaus mit Kanonenfeuer zerstört.

Am nächsten Morgen hatte Liu Yung-fu den perfekten Ort, von dem er tagelang bis zum Ende der Belagerung das Hauptlager aus dem Hinterhalt beschießen konnte. Dies zwang die Franzosen, ihre Köpfe in den Schützengräben unten zu halten und in unterirdischen Unterständen zu bleiben. Trotz dieser Vorkehrungen stiegen ihre Verluste stetig. Unterschiedliche Dienstgrade wurden gemeinsam begraben, nur ein paar Offiziere erhielten die Würde eines einfachen Sarges. Da sie nur über 29 Schaufeln verfügten, hatten die Verteidiger die Wahl, sie entweder zum Schutz der Lebenden zu nutzen oder Gräber für die Toten zu graben. Die Chinesen hingegen hatten viele Grabwerkzeuge und man konnte hören, wie sie jede Nacht Tonnen von Erde bewegten und Tunnel in Richtung der Schutzmauer bauten. Laternen wurden nach der Abenddämmerung über die Mauern gehängt, um Überraschungsangriffe abzuschrecken, und als die feindlichen Pioniere sehr nah an die Mauern kamen, hievten einige Legionäre mit einem bemerkenswerten Sinn für Humor ein schwarzes Banner als Trophäe an einer Bambusstange mit einem Lasso über die Mauern.

Am 3. Februar meldete sich ein mutiger Tonkinese, ein »Kuli-Grubenwagen«, wie die örtlichen Informanten genannt wurden, freiwillig, um in Bauernkleidung durch die Linien zu schlüpfen. Am Flussufer baute er aus Bambuszweigen ein rohes Floß, unter dem er mit seinem Kopf unter Wasser und durch ein Rohr atmend an den Beobachtern der Schwarzen Fahnen vorbeitrieb. Niemand hatte große Hoffung, dass er durchkommen würde. Am 7. Februar wurde Hauptmann Diaz von der leichten Infanterie der Tonkinesen in die Stirn getroffen und getötet. Die anderen Offiziere, die am folgenden Abend in der Messe auf seinen leeren Stuhl tranken, mussten unter den Tisch tauchen, als die erste chinesische Granate über ihren Köpfen ein Loch in das Dach der Pagode schlug. Ihr Schock, als sie begriffen, dass es dem Feind gelungen war, trotz der gebirgigen Beschaffenheit des Geländes Artillerie heranzubringen, hätte Oberst Piroth bei Dien Bien Phu nachdenklich machen sollen.

Bald sollte Schlimmeres passieren. Am 11. Februar schlug Legionär Vaury eine Spitzhacke in einen verdächtigen Flecken Erde innerhalb der Mauern, nur um herauszufinden, dass ein chinesischer Tunnelbauer ihn anstarrte und ihm in den Arm schoss, bevor er zurück unter die Erde ging. Am gleichen Tag überbrachte der »Kuli-Grubenwagen« dem französisch Posten Viet Tri die Nachricht von Dominé: »Heute muss ich Sie darüber informieren, dass es mit unserer Kraft und Gesundheit bald zu Ende sein wird, obwohl unser Widerstandswille unverändert bleibt. Ich glaube, dass es sehr wichtig ist, dass eine möglichst starke Kolonne geschickt wird, um die Belagerung von Thuyen Quang zu beenden.«[10]

Am Abend des folgenden Tages brachen die Chinesen an der südwestlichen Mauer mit einer Schwarzpulver-Mine durch, aber die Verteidiger reagierten schnell und radierten in der Lücke die ersten 30 oder 40 Schwarzen Fahnen aus und entmutigten den Rest, ihnen zu folgen. Minuten später sprengte eine zweite Mine eine weitere Bresche. In den wirren Kämpfen erlitt die Legion elf Verluste. Das motivierte sie, am nächsten Morgen einen Ausfall zu machen und die Pioniere, die sich am dichtesten an den Mauern befanden, zu vernichten, während die Breschen mit Bambuswurzeln und Körben voll Erde repariert wurden. Beim Überwachen dieser Arbeit wurde Bobillot am 18. Februar in den Hals geschossen, und er starb vier Wochen später im Lazarett einen langsamen Tod. Bis dahin hatten die Chinesen auch schwere Mörser als Waffen, so dass jeder Verteidiger, der sich für seine natürliche Bedürfnisse bei Tageslicht blicken ließ, Kugeln von Scharfschützen, Kanonenfeuer und Mörsergranaten riskierte.

Um 05.45 Uhr am 22. Februar erklang der Lärm von Trompeten und Schreien der Schwarzen Fahnen, die einem Großangriff ankündigten. Die Legion evakuierte sofort die Abschnitte der Mauer, von denen sie wusste, dass sie vermint waren – gerade noch rechtzeitig bevor enorme Explosionen drei weitere Lücken mit einer Gesamtlänge von über 60 Metern in die Mauern sprengten. In dem Durcheinander von Rauch, Dämpfen und Staub rannte eine Horde Chinesen, die Gongs schlugen und schrieen, direkt auf eine Verteidigungsmine los, die Bobillot ihnen in den Weg gelegt hatte, bevor er erschossen worden war. Die Legionäre trieben die Überlebenden zurück und flickten die Lücke mit weiterem Bambus und Körben mit Erde. An diesem Tag hatte die Legion Hauptmann Moulinay und vier Mann verloren. Ein weiterer Offizier, drei Unteroffiziere und 37 Legionäre wurden verwundet.

Und so ging es weiter: Schlaflose Nächte und Tage, die erfüllt waren von Scharfschützen, Minen, Breschen, Angriffen mit Handgranaten und zischenden Tornistern voller Schwarzpulver, die über die Mauern geschleudert wurden. Und am Ende standen der Nahkampf und das gegenseitige Morden mit Messer und Bajonett. Als eine riesige Explosion die Körper mehrerer Legionäre glatt über die Mauer in die feindlichen Schützengräben schleuderte, warf sich der Legionär Hinderschmidt gemäß der Tradition der Legion, ihre Toten nicht zurückzulassen, durch die Bresche und holte mehrere Körper zurück, um deren Verstümmelung zu verhindern. Er trug sie durch den Feuerhagel aus beiden Richtungen zurück, bis auch er in der Kehle getroffen wurde.

»Fast dreißig Minuten lang ging das Gefecht in den Lücken Mann gegen Mann weiter; die Kämpfer waren nur durch die [improvisierten] Bambuspalisaden getrennt.«[11] Dominés disziplinierter offizieller Bericht von einem der kürzeren Angriffe gibt kaum eine Vorstellung des Schreckens – vielleicht waren die Männer mittlerweile nach den wochenlangen Kämpfen um ihre Leben aber auch so von Erschöpfung und einer Überdosis Adrenalin betäubt, dass sie das als normal ansahen. Die Stimmung hellte sich kurz auf, als Thuyen Quang am 25. Februar eine gute Nachricht von der Außenwelt erreichte, geliefert von dem treuen »Kuli-Grubenwagen«. Major Dominé heftete an eine Tür folgende Mitteilung, die alle lesen konnten: »Die [französische] Nationalflagge wurde am 13. Februar am Mittag auf der Zitadelle von Lang Son gehisst. Der kommandierende Offizier informiert die Garnison auch, dass ... die gesamte 1. Brigade den [Son Gam] Fluss hochmarschiert, um Thuyen Quang zu entsetzen.« Es gab bis dahin etwa 200 Mann in dem Fort, die immer noch Waffen tragen konnten, aber sie hatten nur 180 funktionierende Gewehre, dünn verteilt entlang der 1.200 Meter langen Schutzmauer, von der zehn Prozent nur aus Bambuspalisaden bestand – und die Situation wurde täglich schlimmer.

Wofür all das Leiden und die Verluste? Mussten die Chinesen so viele Männer und Munition aufwenden, um ein Fort zu nehmen, das sie auf Dschungelpfaden einfach hätten umgehen können, wenn es ihre Absicht war, Hanoi von Nordwesten anzugreifen? Es scheint, dass Liu Yung-fu ein größeres Spiel spielte, als man ihm zugetraut hatte. Die dringendste Frage für die Verteidiger war: Wo blieb die Entlastung, auf die sie Nacht und Tag sehnlichst warteten?

17

So gut wie es eben geht

VIETNAM, 1885–92

Die Berufung eines aggressiveren Kriegsministers in Paris war die einzige Ermutigung, die der Oberbefehlshaber in Vietnam, General Brière de l'Isle, brauchte, um einen ehrgeizigen Vorstoß entlang der gesamten Mandarin-Straße nach Lang Son, der letzten Garnison vor der chinesischen Grenze, zu beginnen und dort den Weg für weitere feindliche Einfälle zu sperren. Seine kleine Armee aus zwölf Bataillonen europäischer und einheimischer Truppen brach am 3. Februar 1885 vom Delta des Roten Flusses auf. Darunter waren Brigadier Négrier mit 1.800 Legionären, die von den zwei frisch aus Formosa angekommenen Bataillonen abgezogen waren, ein algerisches Strafbataillon plus ein wenig Artillerie.

Sobald sie sich auf den Hügeln und im Dschungel befanden, wurden sie wiederholt von kleineren Festungen, die die Straße bewachten, aufgehalten. Dieser Feldzug war kaum ein glänzendes Beispiel anspruchsvoller europäischer Taktik: Beim Frontalangriff auf eine chinesische Stellung verlor eine von Négriers Kompanien alle ihre Offiziere und ein Drittel ihrer Männer. Dabei hatte man hinterher festgestellt, dass ein einfaches Flankenmanöver ausgereicht hätte, um die Chinesen, die diese Stellungen hielten, in Panik zu versetzen und zu einem raschen Rückzug zu zwingen, bevor ihnen der Rückweg abgeschnitten worden wäre. Das Wetter war gegen die Franzosen und ihre Tonkinesen-Truppen; der Regen verwandelte die sogenannte Straße in einen Schlammfluss, durch den Männer und Maulesel neun Tage stolperten, bis sie Bac Viay sehen konnten, den letzten Außenposten vor Lang Son, der mit Artilleriebeschuss und einem Angriff, der 200 Mann Verlust kostete, eingenommen wurde.

Nun lag der Weg zu ihrem Ziel offen, einer quadratischen, mit Mauern umgebenen Stadt von etwa 400 Metern Seitenlänge. Zu ihrer Überraschung verschwanden die chinesischen Verteidiger, und die Franzosen konnten einmarschieren. Am 16. Februar übergab Brière de l'Isle das Kommando an Négrier und marschierte mit einer Entsatzkolonne zurück, die von Oberst Giovanelli kommandiert wurde, um die

Belagerung von Thuyen Quang mit einen Marsch von etwa 160 Kilometern, viele davon durch Gebirge, Sumpf und Dschungel, zu beenden.

Dies war der Augenblick, für den Liu Yung-fu alles geplant hatte: die Männer, die in Thuyen Quang starben, waren der Köder, der eine größere Truppe in seine Falle locken sollte. Giovanellis Kolonne wurde unterwegs bei Hoa Moc von den Schwarzen Fahnen angegriffen und erlitt Verluste von insgesamt etwa 500 Mann und 27 Offizieren, mehr als in der Garnison umkamen, der sie helfen sollte. Die genauen Zahlen sind umstritten, zum Teil weil viele Männer an Verwundungen starben, bevor sie irgendeine medizinische Behandlung erhalten konnten und viele vor Erschöpfung, wegen Krankheiten und des Gewaltmarsches starben.

Die Kolonialherrschaft wurde durch eine kleine Anzahl europäisch geführter Truppen mit modernen Waffen erreicht, die über Millionen »niederer Völker« eine Angstherrschaft wirksam ausübten. Der Doppeltriumph von Liu Yung-Fu zeigte, dass die *gwailo*, die ausländischen Teufel, nicht unbesiegbar waren. Nachdem sie ihren psychologischen Zweck erreicht hatten, verschwanden seine Truppen am 3. März im Dschungel und ließen nur eine kleine Nachhut zurück, die bis zum letzten Mann den Bajonettangriffen der Legion standhielt.

Bezeichnenderweise geschah bei Thuyen Quang nach zweieinhalb Monaten Belagerung simultan das gleiche, wobei hier eine Kompanie Schwarze Fahnen als Nachhut zurückgelassen wurde. Als die Garnison diese Stellung bis zum letzten Mann mit Kugel und Bajonett räumte, warf sich der Legionär Tirbald Steoberg vor Hauptmann Borelli, ebenso wie Legionär Catteau es bei seinem Versuch getan hatte, bei Camarón Oberleutnant Maudets Leben zu retten. Steoberg wurde von Kugeln durchsiebt und starb sofort, aber Borelli wurde vor dem sicheren Tod gerettet.

Als die Entsatzgruppe vor Thuyen Quang ankam, stand sie einer Szene öder Trostlosigkeit gegenüber. Jeder Baum, jede Bambusstange war abgeschnitten worden, um in den acht Kilometern Schützengräben und Brustwehren benutzt zu werden, die im Zickzack durch die gequälte Erde liefen, die mit verfaulenden Leichen, verlassenen Waffen und Belagerungsausrüstung übersät war. In den Ruinen des Forts stellten sich weniger als 200 dreckige, bärtige Gespenster mit Dominé an ihrer Spitze zur Parade auf. Brière de l'Isle hielt die Art von Rede, die Generäle bei solchen Anlässen halten. Wie sollten die 20 Überlebenden, die für das Leben verkrüppelt waren, reagieren, als er ihnen erzählte, dass sie ihre Köpfe bis zum Ende ihrer Tage hoch halten und damit prahlen konnten, dass sie in Thuyen Quang dabei gewesen waren?

Ihre Aufopferung und die ihrer Kameraden, die dort und in Hoa Moc starben, wird mit dem berühmtesten Marschlied der Legion »Le Boudin« geehrt, das bei jeder Mahlzeit in der Messe eher skandiert als gesungen wird. Ein Vers lautet:

> In Tonkin ehrte die unsterbliche Legion
> Unsere Flagge.
> Ihr Helden von Camerone und vorbildliche Brüder
> Schlaft in Frieden in Euern Gräbern.

Um die Männer, die unter seiner Führung bei Thuyen Quang gestorben waren, zu ehren, schrieb Hauptmann Borelli ein Gedicht mit 27 Versen mit dem Titel *An meine Männer, die tot sind und in besonderem Andenken an Tirbald Steoberg, der für mich am 3. März 1885 bei der Belagerung von Thuyen Quang sein Leben gab*. Viele Kritiker haben Legions-Offiziere gegeißelt, weil sie die Leben ihrer Männer rücksichtslos vergeudeten und deren Wohlergehen vernachlässigten, aber die oberen Schichten im neunzehnten Jahrhundert, aus denen die Offiziere kamen, seien daran gewöhnt, sozial Unterstellte hart zu behandeln, ob in Uniform oder nicht. Sogar dieser kurze Auszug aus Borellis Gedicht widerlegt die Behauptungen, dass sich *keiner* von ihnen um sie sorgte:

O meine Mitkrieger, dies ist euer
Offizier von gestern, der gekommen ist, mit euch zu reden –
Worüber kann ich nicht genau sagen.
Aber ich salutiere meinen Toten und sage danke.

Sie sagen, ihr seid ohne Ehre oder Glaube.
Aber was hätten sie mehr verlangt?
Habt ihr nicht bis zum Tod erfüllt
Die geschworene Pflicht, die Euch auferlegt wurde?

Söldner seid ihr? Ihr musstet essen.
Fahnenflüchtige? Nun, ihr steht jetzt nicht vor Gericht.
Ihr seid also Ausländer? War nicht der große
Sachsen-Marschall französisch, irgendwie?

Keine Gardisten vom Papst oder König,
Kein Regiment in Gold, scharlachrot und blau
Waren jemals so adrett wie ihr in Uniformen voller Schmutz;
Oder marschierten als stolzere Männer als ihr.[1]

Es ist interessant, dass Borelli, fünfzig Jahre nachdem Soult die Legion gegründet hatte, den Vorwürfen der zankenden Politiker in Paris widersprechen musste, dass Legionäre Gesindel, Verräter, Männer ohne Ehre seien. Als er persönlich zwei der erbeuteten schwarzen Flaggen zu der Legions-Kapelle am Quartier Viénot in Sidi bel Abbès brachte, sagte der bekümmerte Hauptmann, dass sie nicht Frankreich gehörten, und dass, sollte die Legion jemals nach Europa zurückgezogen werden, die Flaggen zuerst verbrannt werden müssten.

Nach Brière de l'Isles Abkehr von Lang Son war die Lage an der Grenze eine zeitlang ruhig, obwohl Männer am Außenposten Dong Dang, der durch Reisfelder von der Grenze getrennt war, auf der anderen Seite die Verstärkung der Verteidigungsanlagen bemerkten. Dahinter strömten chinesische Verstärkungen heran, bis eine Armee von schätzungsweise 40.000 Mann aufgestellt worden war.

Am 22. März schlug die Garnison bei Dong Dang den ersten Angriff zurück. Über das, was als nächstes geschah ist die Geschichte unklar. Es gab damals Gerüchte, dass Négrier von dem pro-kolonialen Ministerpräsidenten Jules Ferry gedrängt worden war, einen raschen Sieg zu erzielen, der ihm zusätzliche Verhandlungsstärke bei den Gesprächen mit China in Paris geben würde. Dank seines kriegerischen Temperaments hatte Négrier den vietnamesischen Spritznamen »Mau-Len«, oder »Herr Fix« bekommen, so dass es genauso wahrscheinlich ist, dass er sich entschied, die chinesische Nase ein für alle mal blutig zu schlagen in der Annahme, dass man Peking eine Lehre erteilen müsse, um weitere Übergriffe zu unterbinden.

Bei der anschließenden offiziellen Untersuchung begnügte er sich mit folgender Erklärung: »Kavalleriepatrouillen und die Aufklärung von Offizieren berichteten einen nachhaltigen Anstieg chinesischer Truppen vom 15. März an. Die chinesische Taktik besteht neuerdings darin, ein befestigtes Lager so nah wie möglich an [unsere Linien] zu bauen und dann unsere Kommunikationslinie anzugreifen. Die Notwendigkeit, den Feind von den Verbindungslinien fern zu halten, machte die Besetzung von Dong Dang erforderlich.

Angesichts der wenigen Truppen unter unserer Führung kam eine passive Verteidigung mit der Notwendigkeit, zahlreiche Posten zu verteidigen, nicht in Frage. Es schien ratsamer, alle verfügbaren Truppen in einem massiven Vorstoß zu verbinden. Sofort nach der erfolgreichen Verteidigung von Dong-Dang [am 22. März] entschied sich der General, die Demoralisierung des Feindes auszunutzen und [das nächste chinesische Fort bei] Bang Bo mit allen seinen Truppen anzugreifen.«[2]

Die knappe militärische Sprache verschleiert die politischen Implikationen der grenzüberschreitenden Kriegsführung.

Sofort nach der Überquerung der Grenze verebbte die erste französische Angriffswelle an den steilen Hängen über den Reisfeldern von Dong Dang. Da zwei französische Bataillone und eines der leichten Tonkin-Infanterie festsaßen, rückte die Legion vor und trieb den Feind zurück. Das ermöglichte der Haupttruppe, über den Pass zu gehen, der das Tor nach China in die Provinz Guangxi genannt wurde. Als auch die zweite Linie der Verteidigungsanlagen genommen wurde, kam danach eine dritte und noch weiter dahinter eine weitere zum Vorschein. Die Chinesen hatten 3.000 Jahre Zeit gehabt, um ihre Verteidigungsanlagen in der Tiefe vorzubereiten.

Nachdem eine große feindliche Truppenansammlung versucht hatte, die Flanke der Franzosen auf der rechten Seite zu umgehen und von der Artillerie zurückgetrieben worden war, ließen sich die Legion und die anderen Truppen für die Nacht nieder und waren nach diesem frühen Erfolg ziemlich optimistisch. Als sich der Nebel am 24. März im Lauf des Vormittags hob, begannen sie routinemäßig einen feindlichen Posten nach dem anderen auszuheben. Gegen Mitte des Nachmittags machten die Chinesen einen massierten Gegenangriff, der ein erstes Zeichen dafür war, dass die feindlichen Soldaten für ihr eigenes Land hartnäckiger als auf ausländischem Boden kämpfen würden.

Schätzungsweise 25.000–30.000 gut geführte feindliche Soldaten kämpften sich schnell bis auf Armlänge an die französischen Stellungen heran. Der Legionär Maury erinnerte sich später: »Unsere Munition war alle. Ich hatte nur zwei Kugeln übrig und dachte, ich würde niemals lebendig aus einem solchen Gefecht herauskommen. Von neunzig Männern blieben nur siebenundzwanzig übrig.«[3] Ein anderer Überlebender, der Legionär Bôn-Mat, gab später zu: »Unter dem Feuer von der Front und von beiden Flanken erlitten wir hohe Verluste. Die Verwundeten und diejenigen, die zu erschöpft waren, um Schritt zu halten, wurden zurückgelassen und nie wieder gesehen.«[4]

Der Grund, warum ein dritter Überlebender schrieb: »Mein einziges Ziel war damals, wegzukommen. Ich hatte nicht den Wunsch, in die Hände meiner Verfolger zu fallen, ob verwundet oder nicht.«[5], wurde am nächsten Morgen offensichtlich. Die disziplinierten Chinesen hatten davon abgesehen, die Grenze zu überschreiten, und so wurden Spähtrupps auf die Suche nach den Vermissten und Verwundeten ausgeschickt. Ihnen wurde die Passage erlaubt, weil die Chinesen, die sie von den Höhen beobachteten, *wollten*, dass sie sahen, was mit denen, die sie gefangen hatten, geschehen war. Um Bôn-Mat zu zitieren: »Wir brachten ein Dutzend zurück, aber weit mehr wurden hingerichtet und furchtbar verstümmelt gefunden.«[6]

Das Regimentstagebuch berichtet an dem Tag trocken, dass das 2. Bataillon einen Hauptmann und neun andere Ränge verlor, wobei 52 verwundet und zwei vermisst wurden. Die Gesamtverluste müssen allerdings hoch gewesen sein, weil Négrier Dong Dang verließ und sich zu den Stellungen um Lang Son zurückzog, wo die Legion mit der Ankunft von 1.700 Mann aus der Nachhut rechtzeitig Verstärkung erhielt.

Am 28. März um 07.00 Uhr warfen die Chinesen eine Welle nach der anderen gegen die französischen Stellungen, wurden aber bis zur Abenddämmerung zurückgeschlagen und zogen sich in beeindruckend guter Ordnung zurück. Das umstrittenste Opfer des Tages war Négrier, der um etwa 15.30 Uhr an der Brust verwundet wurde, was ihn zwang, das Kommando an Oberstleutnant Paul Gustave Herbinger zu übergeben. Herbingers bis dahin brillante Armee-Karriere sollte für immer zunichte gemacht werden.

Der ehemalige Professor für Militärtaktik an der Ecole Supérieure de Guerre sorgte bei seiner ersten Befehlsausgabe für Erstaunen. Er teilte den versammelten Offiziere mit, dass nach seiner professionellen Einschätzung der Lage Lang Son nicht zu halten sei angesichts der massierten feindlichen Truppen und der Nachschubprobleme – viele Einheiten hatten ihre Munition im Gefecht bereits aufgebraucht. Nachdem sie einen Befehl à la Négrier erwartet hatten, nämlich um jeden Preis auszuhalten, koste es was es wolle, waren die Offiziere wütend, als sie erfuhren, dass sie die Festung in der Nacht verlassen sollten. Ein Major des Bataillons d'Afrique forderte das Recht, Lang Son im Alleingang zu verteidigen, aber Herbinger war unnachgiebig. Alles, was nicht zur Nachhut transportiert werden konnte, sollte zerstört werden.

Nachdem diese Nachricht die Befehlskette entlang abwärts passiert hatte, begann eine Orgie der Plünderung und Zerstörung, bei der sich Legionäre an dem Hab und Gut von Offizieren vergriffen und sich den Bauch mit gehorteten Vorräten vollschlugen, bevor die Quartiermeister sie zerstören konnten. Zwangsläufig tranken sie aus den ungeöffneten Fässern zu viel Wein und *tafia*, einen örtlich hergestellten Rum. Dabei übertraf das 2. Bataillon laut Aussage von Herbinger alle anderen. Major François George Diguet verteidigte seine Männer hingegen und erklärte, dass *nur* etwa zwanzig Mann völlig betrunken gewesen waren, ein Kapitalverbrechen im aktiven Dienst. Er versuchte, die Schuld auf die Quartiermeister und Marketender zu schieben, weil sie die Fässer nicht aufbrachen, als sie ihre anderen Vorräte zerstörten. Legionär Maury erinnerte sich: Er sah »mehrere Soldaten, die total betrunken auf dem Boden lagen. Wir entwaffneten sie und ließen sie liegen.«[7] Wenn es noch normale Praxis war, die Artillerie gegen den Einspruch der Artilleristen in den nahe gelegenen Fluss zu kippen, so war es aber ein Zeichen der allgemeinen Panik, dass eine Geldtruhe mit mexikanischem Münzgeld im Wert von 600.000 Francs, die nur zwei Tage zuvor angekommen war, mit in den Fluss geworfen wurde. Der Rückzug über die Mandarin-Straße zum Delta verlief ohne großen Zwischenfall, obwohl einige Nachzügler der Legion von der Haupttruppe getrennt wurden und auf den Dschungelpfaden ihren eigenen Weg zurückfinden mussten. Sie wurden in achtbarer Entfernung von den Chinesen verfolgt, um zu verdeutlichen, dass ihr Stachel nicht gezogen worden war.

Herbinger wurde als Sündenbock für das Versagen der Politik von Brière de l'Isle und von Négriers ungestümen Einfall in China benutzt, weil er der unpopuläre, kalte und klinische Taktiker war, der zugegeben hatte, dass die Stärke französischer Waffen nicht absolut war, während Négrier mit seiner heroischen Wunde gehandelt hatte wie der verwegene Held, der ein guter Offizier sein sollte. Um sich zu decken, weil sie ihr Mandat überschritten hatten, warfen die Generäle Brière de l'Isle und Borgnis-Desbordes Herbinger vor, dass er Alkoholiker sei und über die militärische Situation gelogen hatte, um seinen Namen noch schlechter zu machen.

Als er im Juni 1885 nach Frankreich zurückkehrte, verlangte er einen Untersuchungsausschuss, um sich zu entlasten. Im folgenden Februar hörte das Gericht die Aussage von Major Schaeffer, der das 3. Bataillon kommandierte, nach der die Chinesen ausgerechnet am Tag der Evakuierung einen massiven Angriff vorbereitet hatten, aber die Befürworter von Brière de l'Isle und Négrier bestanden darauf, das die Vorräte ausreichend gewesen wären, um das auszuhalten.

Tatsächlich war die Garnison seit mehreren Tage auf halbe Ration gesetzt, die Artilleriemunition war beinahe erschöpft und es gab nur siebzehn Kugeln pro Mann. Obwohl er entlastet wurde, starb Herbinger drei Monate später im Alter von 47 Jahren als gebrochener Mann. Seine Einschätzung der Situation war tatsächlich akkurat gewesen. Da sich chinesische reguläre und Truppen der Schwarzen Fahne entlang der ganzen Grenze aufgestellt hatten, gab es keine Chance, Lang Son ohne gewaltige Verluste an Menschen zu halten. Genauso hatte es keine Chance gegeben, die 3.700-Mann-Garnison zu evakuieren, nachdem sie von der riesigen Truppe umzingelt worden war, die die Chinesen auf das Schlachtfeld gebracht hatten.

Immerhin führte die Ankunft der Nachricht von der kostspieligen Niederlage in Vietnam in Paris zum Sturz der Regierung von Jules Ferry, der längsten der Dritten

Republik. Das ist jedoch nicht unsere Angelegenheit. Die Legion macht keine Politik; sie führt sie nur aus, so weit das mit menschlichem Mut möglich ist, und keiner kann ihr vorwerfen, dass sie in dieser Hinsicht während der Eroberung Vietnams versagte. Verschiedene interne Probleme und anderweitige ausländische Drohungen zwangen die Chinesen, am 4. April ein Waffenstillstandsabkommen zu unterzeichnen. Dieses führte im Juni 1885 zu dem Vertrag von Tientsin, in dem sie ihre Ansprüche auf Tonkin aufgaben. Das wiederum löste eine Palastrevolution in Hué aus und der 14-jährige König floh ins Gebirge, um den Widerstand gegen die Franzosen zu organisieren. Die ersetzten ihn einfach durch eine Marionette und teilten das Land, wie Algerien, in drei militärisch-administrative Gebiete: Tonkin, Annam und Cochinchina im Süden.

Danach wurde Vietnam der beliebteste Ort der Legion. Zwischen 1887 und 1909 zeigen Statistiken, dass dort überraschend wenige Legionäre im Gefecht starben: nur 271 gegenüber 2.705 Todesfällen durch Krankheit,[8] denn Vietnam wurde als das Land bekannt, in dem die »Ruhr Königin und Malaria König ist«.[9] In einer besonders schlimmen Phase vor der Einführung einer billigen, modernen Malaria-Prophylaxe kam der Legions-Feldwebel Ernest Bolis mit einer Kompanie von 116 Männern im Land an. Er merkte, dass am Ende ihres Einsatzes nur noch 16 fit genug waren, um nach Sidi bel-Abbès zurückzukehren. Die anderen waren alle gestorben oder für weitere Einsätze als Soldaten ungeeignet.[10]

Aber es gab gute Gründe, nach Osten zu gehen. Ein Jahr in Vietnam zählte für die Pension als zwei Jahre, während der Dienst in Algerien als Heimat-Versetzung betrachtet wurde. Ferner gab es einen Kolonial-Zuschuss, der in Nordafrika nicht galt. Während andere französische Einheiten in Indochina wie Könige lebten, wobei eingeborene »boys« ihre Kleidung wuschen, ihre Waffen reinigten und sie sogar auf Patrouille trugen, war die Legion strenger. Sie verbot Dienern die Handhabung von Waffen, aber immerhin wuschen sie die Unterwäsche des Legionärs und reinigten seine Uniform und die Ausrüstung, ein Luxus, der in Nordafrika unbekannt war.

Für die, die sich nicht an den von Betelnüssen geschwärzten Zähne im Mund der Bettpartnerin störten, war die *congai*, die langfristig für ein paar Piaster pro Woche angeheuert wurde, nicht nur ein nächtlicher Trost. Es war ganz normal, dass die Frauen der Männer der Leichten Tonkin-Infanterie mit ihrem Kochgeschirr am Ende einer Kolonne marschierten und einen großen Teil des Gepäcks ihrer »Ehemänner« auf einer Bambusstange über ihren Schultern balancierten. Manchmal taten sie mehr als das. Wie Herbinger allzu gut wusste, lagen die ausgegebenen Rationen auf dem Marsch nach Lang Son und während des nachfolgenden Feldzugs an der chinesischen Grenze weit unter der Hungergrenze. Etwa 8.000 Kulis und 800 kleine Ponys, von denen man glaubte, dass sie Klima und Gelände besser als die Maulesel aushalten konnten, mussten die auseinander genommenen Geschütze, das Essen und die Munition für die Lang Son-Expedition tragen. Aber die Zwangsarbeiter verschwanden im ersten unbewachten Moment wegen der chinesischen Politik, alle gefangenen Kulis zu töten. Es waren die unternehmerischen *congais* wie die von Legionär Bôn-Mat, die die Situation retteten, indem sie zum Delta hin und wieder zurückgingen, um zusätzliches Essen für ihre »Ehemänner« und deren Kameraden zu kaufen.

Alkohol war überall die Erlösung der Legionäre. In Vietnam waren *tafia* und *choum-choum* billig. Aber Opium zu zwei Piaster für eine Pfeife war die große Entspannung für Offizier und Mann. Anfangs von Paris und der Kirche missbilligt, wurde es die soziale Droge der Kolonialszene im frühen zwanzigsten Jahrhundert, und war derart verbreitet, dass es bis 1914 darauf ein Regierungsmonopol gab, das ein Drittel aller Steuern generierte, die in Indochina erhoben wurden.[11] In der Legion drückten die Offiziere ein Auge zu, vorausgesetzt, ein Mann wurde nicht so süchtig, dass dies die Disziplin und militärische Zweckmäßigkeit beeinträchtigt.

1891 teilte der neue Generalgouverneur, Antoine de Lanessan, die Grenze zu China in vier Zonen. In jeder ernannte er einen Oberst mit der Anweisung, sein jeweiliges Gebiet mit seinen eigenen Methoden zu »befrieden«. Das war eine harte und schmutzige Arbeit. Die Legion und andere Patrouillen reisten leichtfüßig auf Dschungelpfaden. Östlich von Suez trugen Legionäre weiße Uniformen und tauschten ihre Käppis gegen Tropenhelme, von denen man glaubte, daß sie einen Sonnenstich verhinderten. Da aber die Chinesen die weißen Helme als europäische Ziele identifizierten, trug die Legion oft Kopfbedeckungen, die nicht Standard waren.

Es gab keine Einrichtungen, um die Verwundeten zu evakuieren, »wenn wir einen Kerl liegen ließen, würden wir ihn von den Piraten geschlachtet finden, die ... einen Stock in seinen Arsch steckten, bis er zwischen seinen Schultern wiederraus kam. Als da einer war, der aus dem letzten Loch pfiff, gaben wir ihm einen *tafia* Drink und sagten dann: ›Hier ist Dein letzter Schluck.‹ Wir steckten dann den Lauf in seinen Mund und drückten ab. Dann konnten wir mit einem reinen Gewissen weggehen.«[12]

Im August 1892 suchte eine Patrouille aus Cao Bang, die nahe der Grenze in den Hinterhalt einer bewaffneten Bande geraten war, Schutz im chinesischen Grenzenposten Bo Cup. Die zurückhaltende Zustimmung des Kommandanten zu ihrem Ersuchen klärte sich, als eine Patrouille seiner eigenen Soldaten offensichtlich nach einem Feuergefecht zum Stützpunkt zurückkehrte. Einige beglückwünschten den Oberleutnant der Legion wegen seiner Fähigkeiten, mit denen er seine Männer aus dem Hinterhalt gerettet hatte.

Soldaten behalten ihren Sinn für Humor, wo Zivilisten es vielleicht nicht mehr tun. Marschall Joseph Galliéni erinnerte sich an seine Tage als Oberst, als er den 2. Militärdistrikt kommandierte, in dem Lang Son sich befand. Nach einer Reihe von Übergriffen im Sommer 1896 protestierte er bei seinem chinesischen Gegenpart Marschall Sou, der sich entschuldigte, aber sagte, er könne seine Truppen nicht kontrollieren. Er habe allerdings nichts dagegen, wenn sie kurzerhand erschossen würden, falls sie in flagranti erwischt werden würden. Galliénis Lösung war, Sous eigenes Spiel zu spielen und seine regulären Truppen entlang der Grenze durch Legionäre zu ersetzen, die auch grenzüberschreitende Übergriffe nach Beute und Essen begingen. Als Sou protestierte, erwiderte Galliéni, dass die Legionäre Ausländer seien, über die er keine Kontrolle hätte, aber wenn Sou wünsche, sie zu erschießen, wäre das für ihn in Ordnung. Die chinesischen Übergriffe hörten auf.

Der überwiegende Teil des kolonialen Soldatenlebens in Indochina bestand nach den anfänglichen Eroberungen nicht aus großen Schlachten und langwierigen Belagerungen. Es war eine schleppende Routine von Patrouillen, Garnisonlangeweile und Erholung, in der Opium, Frauen und Alkohol den Traum des exotischen Ostens nährten, der sie motiviert hatte, sich freiwillig zu melden. Sie meldeten sich trotz der Gesundheitsrisiken, die sie erwarteten, tatsächlich freiwillig. Die Legion hatte immer mehr Männer, die in den Osten gehen wollten, als dort gebraucht wurden, obwohl ziemlich viele dieser Freiwilligen ihre Meinung auf der langen und unbequemen Seereise änderten und im Suez-Kanal, der Frankreich und Großbritannien gehörte und 1869 eröffnet worden war, oder in einem Anlaufhafen, wo sie die Kugeln der Wachposten auf der Gangway riskierten, über Bord sprangen. Sie gewannen damit eine ungewisse Zukunft ohne Geld in einem fremden Land.

Aber die, die doch kamen, gaben etwas von sich selbst an dieses seltsame und fruchtbare Land, das sich seit eintausend Jahren im Krieg befand und noch ein Jahrhundert so bleiben würde. Sogar heute noch seufzen und murmeln alte Legionäre, die dort dienten, wenn sie sich an die touristischen Landschaften, die Vietnamesen und die Lebensart erinnern: »*Qu'elle était belle, la vie là-bas!*« Die meiste Zeit war es ein schönes Leben. Für einen Legionär war es so gut wie es eben geht.

18

Krieg auf Dans Bauch

DAHOMEY, 1892–94

Die Erhebung der Legion in den Status einer Brigade im Dezember 1884 machte für die Einheiten in Vietnam kaum einen Unterschied. In Algerien war das 1. Regiment – abgekürzt 1 RE – bei Sidi bel Abbès stationiert, das 2 RE in Saïda, 90 Kilometer südöstlich. Im Juli 1892 wurde beiden Regimentern befohlen, 400 Mann für ein *régiment de marche* bereitzustellen, das nach Dahomey, heute Benin, in Westafrika entsandt werden sollte.[1]

Es gab Gründe für und gegen dieses System temporärer Einheiten. Seine Fürsprecher argumentierten, dass es erlaube, für einen speziellen Einsatz die besten Männer mitzunehmen, ohne den Schrott. Seine Gegner hielten dagegen, dass seine Wirkung auf die Moral schlecht sei, weil es die Legionäre in zwei Klassen teile – diejenigen, die immer die besten Jobs bekamen, und diejenigen, die mutlose Nichtstuer waren. Es sei besser, sagten sie, alle zusammen in einer Kompanie auszubilden, die Drückeberger auf Vordermann zu bringen und Freiwillige zu nehmen, um die zu ersetzen, die für einen Einsatz körperlich nicht fit genug waren.

Feldwebel Frederic Martyn, der aus Vietnam mit Schwarzwasserfieber zurückkam, aber inzwischen geheilt war, konnte es nicht abwarten, wieder ins Ausland zu gehen. Als er in der Stadt aß, um der Eintönigkeit des Kantinenessens zu entkommen, erfuhr er aus einer Ausgabe der Zeitung *Echo d' Oran* von der Möglichkeit, der Langeweile des Lagerlebens zu entkommen. Er las, dass der Marineminister der Marine der Fremdenlegion ein Bataillon unterstellt hatte, das am 4. August nach Dahomey abreisen sollte. Martyn und sein Mitfeldwebel Ivan Petrovski eilten zur Kaserne zurück, um sich als Freiwillige einzutragen. Sie standen ziemlich weit unten auf der Liste, waren aber hoffungsfroh, weil sie den nominierten Bataillonkommandanten, Major Marius-Paul Faurax, unter dem sie in Tonkin gedient hatten, kannten.[2]

Gerüchte, dass König Behanzin oder Koudo von Dahomey eine Leibwache aus Kriegerinnen hielt, dürften ihren Enthusiasmus angefeuert haben. Die Amazonen, wie sie genannt wurden, waren ursprünglich Gefangene, die als Kriegerinnen ausgebildet wurden und denen bei Todesstrafe verboten war, mit irgendeinem Mann außer dem König Sex zu haben. Da er einen großen Harem hatte, verurteilte sie das zu lebenslanger Jungfräulichkeit, deren Hauptkompensation es war, im königlichen Haushalt zu leben und dessen Mahlzeiten zu essen. Der Status der Amazonen war derart hoch, dass wichtige Familien ihre Töchter der königlichen Garde stifteten, so wie die Europäer des Mittelalters der Kirche Jungen als Laienbruder spendeten.

Sir Richard Burton, der 1861 Westafrika besuchte, hatte sie als weniger verführerisch beschrieben, »mit einer Entwicklung des Fettgewebes, die alles andere als klassische Jungfräulichkeit andeutete. Ich sah alte, hässliche und unförmige Frauen, die mürrisch mit dem Gesicht eines Kochs umherstapften, den die Hausfrau verschlissen hatte.« Er teilte sie in fünf Kategorien: die Donnerbüchsen-Frauen, jede gefolgt von ihrem Munitionsträger; die Elefantenjägerinnen, die die Tapfersten sein sollten; die Rasiermesser-Frauen, die wie Vogelscheuchen aussahen; die Infanterie, die er »eher mild im Erscheinen« fand; und die Elite-Bogenschützinnen. Nachdem er darauf hingewiesen hatte, dass das Ziel der Kriegsführung in Dahomey eher der Fang von Sklaven als das Töten der Feinde war, zog er den Schluss, dass die Frauen auf jeden Fall so tapfer oder noch tapferer als ihre männlichen Gegenspieler waren.[3]

Ob nun aus ahnungsloser Lust auf diese Kriegerinnen oder nicht, es meldeten sich so viele Legionäre freiwillig bei bel Abbès, dass der Oberst vom 1 RE einfach Faurax' Hauptmann, Oberleutnant und Leutnant ernannte und diese Offiziere die Unteroffiziere und Männer, die sie haben wollten, auswählen ließ. Der große, in Deutschland geborene Hauptmann Paul Brundsaux, dessen vietnamesischer Spitzname »Loum-Loum« auf seinen üppigen Bart hinwies und dessen Besessenheit zum Gehorsam einmal seine Tochter in die Zellen von bel Abbès geführt hatte, war eine naheliegende Wahl für das *régiment de marche*. Es lag an seiner Tochter, dass er überhaupt in der Legion diente. Er war aus der regulären Armee in Bizerta ausgeschieden, als ihm die Erlaubnis, ihre Mutter zu heiraten, die mit seinem Kind schwanger war, verweigert wurde. Obwohl er ein Absolvent von St. Cyr war, hatte er drei Jahre Dienstzeit verloren, weil er aus dem Dienst ausgeschieden war, um zu heiraten und dann in die Legion eingetreten war. Für seine Integrität wurde er mit einer »ausländischen« Provision belohnt, die nur für den Dienst in den Kolonien gültig war, ihn aber daran hinderte, jemals wieder zurück zu einem regulären Regiment zu wechseln.

Die siebzehntägige Reise von Oran nach Cotonou an der Sklavenküste mit den Transportschiffen VILLE DE ST. LOUIS und MYTHO verlief ohne Zwischenfall. Am 23. August 1892 sichteten die Legionäre an Deck die Palmen und Sandstrände der Küste, die Kapitäne ankerten vor dem Ufer und die Männer bereiteten sich darauf vor, in Leichtern und Piroggen zu klettern, die sie dann durch die Brandung an Land bringen würden.

Ihr erster Blick auf das Land war so enttäuschend wie die Ankunft in Haiphong. Damals bestand Cotonou aus einer Handvoll verfallener Hütten der Einheimischen mit einem langen Steg, der ins Meer hinausragte, einer rudimentären Fabrik, die Mandeln und Palmenöl verarbeitete, dem Haus des Residenten, einem kleinen Lazarett und einem ungehobelt gebauten Blockhaus mit einer kleinen französischen Garnison, die diesen umstrittenen Handelsposten schützen sollte. Eine Reise von 30 Kilometern ins Landesinnere in Pirogen, die von französischen Kanonenbooten geschleppt wurden, brachte sie zum ehemaligen portugiesischen Sklavenhafen von Porto Novo an der Küste der Nokoué-Lagune, wo der König von Tofa darauf wartete, sie willkommen zu heißen. Er trug eine französische Marineoffiziersmütze, einen bestickten Gehrock und nichts darunter. Der König war ihrem Gelächter gegenüber seinem Erscheinungsbild königlich unempfindlich. Er konnte es sich leisten, über diese Ausländer nachsichtig zu lächeln, die sicherlich an Krankheiten oder Verwundungen in einem Krieg sterben würden, der geführt wurde, um ihn auf seinem ärmlichen Thron zu halten.

Seine Hauptstadt war ein ausuferndes, Fieber verseuchtes Dorf voller Schlammhütten mit Strohdächern in einer Marschlandschaft neben der Lagune. Die »Kaserne«, in der die Legionäre ihre Uniformen gegen leichte tropische Kleidung und Tropenhelme tauschten, war lediglich eine Ansammlung offener Schuppen mit Dächern aus Palmblättern. Der örtliche Brauch, die Toten unter dem Familienheim zu begraben, ließ den Geruch von Verwesung alles durchdringen. So war am 1. September keiner traurig, dass die Ankunft der örtlich requirierten Träger, die ihre Ausrüstung tragen sollten, bedeutete, dass sie nach Norden marschieren konnten, um sich dem Rest der 4.000 Mann starken Expeditionstruppe anzuschließen, die von Oberst Alfred-Amédée Dodds kommandiert wurde, einem außergewöhnlichen Mulatten und Absolventen von St. Cyr, der aus dem Senegal stammte. Der Name Dahomey wurde abgeleitet von Dan-ho-me, was »auf Dans Bauch« bedeutete, weil der »Palast« von König Behanzin auf dem Grab eines ermordeten Vorgängers gebaut worden war.

Dodds plante, dem Fluss Ouémé nordwärts zu folgen und Behanzins Hauptstadt von Südosten her zu erreichen. Diese Route verdoppelte die Entfernung von der Küste, hatte aber den Vorteil, umfangreiche Fiebersümpfe, die sich auf dem direkten Weg befanden, zu vermeiden. Das Verbrechen, für das Behanzin bestraft werden sollte, war der Überfall seines ehemaligen Vassallen-Königreichs Tofa, das inzwischen unter französischem Schutz stand, nachdem deutsche Waffenhändler, die einen Krieg wollten, um ihre Vorräte los zu werden, ihm erklärt hatten, dass Deutschland Frankreich 1871 erledigt hatte.

Wie jede Landkarte zeigt, war Westafrika von den Kolonialmächten gründlich zerstückelt worden, und Deutschland, Großbritannien und Frankreich suchten alle ihren Vorteil. Der Dahomey-Feldzug 1892 resultierte aus den französischen Ansprüchen, die auf »Verträgen« basierten, die von skrupellosen Händlern gefälscht worden waren und besagten, dass der Küstenstreifen von Cotonou bis zum ehemaligen britischen und französischen Sklavenhafen Ouidah[4] an Frankreich abgetreten worden sei. Da er Ouidah für das Verschiffen des Palmenöls brauchte, das jetzt, wo der Sklavenhandel abgeschafft worden war, das einzige Exportgut seines Königreichs war, hatte Behanzin von den Deutschen gelieferte Waffen benutzt, um 1890 Porto Novo anzugreifen und wieder die Kontrolle über Ouidah zu erlangen. Die nachfolgende unsichere Waffenruhe wurde 1892 gebrochen, als einige seiner Soldaten auf ein französisches Kanonenboot auf dem Fluss Ouémé feuerten, was Eugène Etienne, nun Minister für die Kolonien, den Vorwand gab, die Expedition von Dodds zu starten.

Nach dem Aufbruch von Porto Novo ging es entlang des östlichen Ufers des Ouémé durch schwieriges Gelände mit im Schnitt etwa acht Kilometern pro Tag nur langsam voran. Ein paar glückliche Einheiten konnten auf dem Fluss königlich in Piroggen reisen, die von französischen Kanonenbooten geschleppt wurden, aber für die meisten war das Vorankommen schmerzhaft. Martyn erinnerte sich: »Eine Stunde kämpften wir uns durch einen Mangrovensumpf, in der nächsten schlugen wir unseren Weg durch hohe Gräser, die ein gutes Stück über unsere Köpfe hinaufragten und hackten uns unseren Weg durch dichten Busch. Wir trugen nichts außer unseren Waffen und 150 Schuss Munition pro Mann, und sogar mit dieser leichten Last schleppten wir uns nur so dahin.«[5] Andere Männer erinnerten sich hauptsächlich an die erstickende, widerliche Hitze. Bei denjenigen, die unvorsichtig genug gewesen waren, barfuss zu gehen, nachdem sie den ganzen Tag in Stiefeln marschiert waren, machte die Qual der Sandflöhe, die unter ihre Zehennägel drangen und von Einheimischen mit einer heißen Nadel entfernt werden mussten, die Unannehmlichkeiten nur noch schlimmer.

Am 11. September erreichte die Vorhut die Stadt Dogba, wo die Pioniere eine Brücke bauen sollten, um alle zum westlichen Ufer hinüberzubekommen. Ansonsten gab es nur noch eine weitere Flussüberquerung vor Abomey. Dodds entschied sich umsichtig, bei Dogba Halt zu machen, damit die Nachzügler und die Verstärkungen der Legion die Haupttruppe einholen konnten. Nach ihrer Ankunft baute die Legion ein Marschlager römischer Art mit Gräben und Befestigungswall an drei Seiten, wobei der Fluss ihren Rücken sicherte.

Kurz vor dem ersten Tageslicht am 19. September hörten die Wachposten der Marineinfanteristen außerhalb der Schutzmauer Bewegungen in dem benachbarten Dschungel. Sie nahmen an, dass die schwarzen Gestalten zwischen den Bäumen die eingeborenen Träger waren, die sich erleichterten und wurden überrascht, als hunderte Dahomey-Krieger aus der Dunkelheit brachen und sich laut schreiend und aufheulend vorwärts warfen. Dies war aber kein undisziplinierter eingeborener Angriff. Die Dahomey-Armee war im Salvenfeuern und einfachen Manövern gut ausgebildet. Sie zählte etwa 4.500 reguläre Krieger, darunter 800 Amazonen, sowie die gleiche Anzahl »Reservisten«, alle von professionellen Kriegsführern kommandiert.

Die ersten Schüsse der Vorposten, die in das Lager zurückliefen, weckten ihre Kameraden, die ihre Waffen außerhalb der Zelte gestapelt hatten. Die Trompetensignale der Legion, gebrüllte Befehle von Loum-Loum und die lauten Schlachtrufe der Angreifer vereinten sich mit dem Schlachtenlärm. Obwohl die Dahomey-Krieger von den deutschen Waffenhändlern 2.000 moderne Mauser und altehrwürdige Chassepot-Gewehre, Winchester Repetier-Gewehre, fünf marode französische Maschinengewehre und sogar sechs Kruppkanonen gekauft hatten, waren ihre Feuerwaffen glücklicherweise selten gereinigt und wurden gewöhnlich mit geschlossenen Augen in dem

Glauben gefeuert, das Kleinwaffen von selbst treffen würden. Die meisten der Krieger von Behanzin waren sowieso immer noch mit uralten Donnerbüchsen, Bögen und Pfeilen und Schwertern und Speeren bewaffnet, deren lange, dünne und per Hand geschmiedete Blätter sowohl zum Hauen als auch zum Stechen dienten.

«[Meine Legionäre] liefen schon mit Gewehr in der Hand zu mir, einige in ihren Unterhosen, einige in ihren Hemden«, schrieb Oberleutnant Jacquot über diesen Morgen. »Egal, sie waren da, und als Major Faurax zwei Minuten später ankam, hatten wir schon angefangen, auf die vielen Feinde zu feuern, die sich glücklicherweise in der *abattis* Barriere aus geschnittenen [Dorn]Bäumen, mit ihren nach außen gerichteten Ästen, zwischen dem Dschungel und dieser Seite des Lagers verhedderten.«[6]

Martyn beschrieb, dass er so schnell feuerte wie er laden konnte, wobei jeder Schuss einen schwarzen Schatten in dem grauen Licht der Morgendämmerung umwarf. Als Henri-Paul Lelièvre die Schusslinie erreichte, fand er die Dahomey-Krieger nicht mehr als zehn Meter entfernt. Einige erwiderten kühl das Feuer der Legionäre, wobei sie auf kleinen Hockern saßen, die sie für diesen Zweck mitgebracht hatten. Jacquot wieder: »Die Infanterie feuerte Salven. Die Artillerie schoss Kartätschen [Schrapnell] mit einer Reichweite von weniger als 100 Metern. Das Kanonenboot OPALE übersäte die Wälder mit Granaten aus ihrem Hotchkiss-Geschütz[7], die über unseren Köpfen vorbeipfiffen.«[8]

Major Faurax, der darauf bestand, sein Pferd zu besteigen, um das Getümmel zu überblicken und für seine Männer sichtbar zu sein, bekam eine Kugel und starb kurz danach. Er war vermutlich das Opfer einer kleinen Anzahl von Heckenschützen, die in den Bäumen versteckt waren und vor dem Schuss sorgfältig zielten. Gemäß der Legende der Legion waren seine letzten Worte an Dodds: »Waren Sie mit meinen Männern zufrieden?«[9] Wie es auch gewesen sein mag, es war der Bajonettgegenangriff der Legionäre, der die erste Welle von Behanzins Kriegern brach.

Vier weitere Massenangriffe nach der Morgendämmerung erinnerten an die chinesischen menschlichen Wellen in Vietnam. Martyn erzählt, wie die Legionäre die Schlacht beendeten, indem sie einen Bajonettangriff auf die Mauer aus Körpern vor sich machten: »Wir rammten unsere Bajonette in ihre Körper, bis der Griff mit einem abscheulichen dumpfen Aufschlag im Fleisch ankam, und dann warfen wir sie beiseite, um Platz für einen anderen zu machen, wie ein Landarbeiter, der Heu gabelt, bis wir über tote und sterbende Männer klettern mussten, zwei oder drei übereinander gehäuft, um an die Lebendigen zu kommen ... Sie konnten nicht weglaufen, denn die große Masse hinter ihnen drückt sie auf unsere Bajonette. Es war ein schreckliches Gemetzel.«[10]

Gegen 09.00 Uhr waren die Angreifer, die immer noch laufen konnten, im Dschungel verschwunden. Die Verwundeten wurden mit Bajonetten erledigt. Ein paar unverletzte Gefangene wurden sofort erschossen, darunter zwei von Behanzins Amazonen, die blaue, knielange Baumwoll-Kilts trugen, die von einem Patronengürtel aus Leder gehalten wurden. Ihre geölten Körper waren von der Taille aufwärts nackt. Die neugierigen Legionäre merkten, dass einige der toten Amazonen kaum anziehend waren, während andere viel ältere schlaffe, hängende Brüste hatten. Sowohl männliche als auch weibliche Leichen wurden gleichermaßen entsorgt – einige zu den Krokodilen im Fluss, andere auf einem riesigen Scheiterhaufen, der noch tagelang ekelerregend weiter schwelte. Mit einem Preis von eigenen fünf Toten und 60 Verwundeten erhob Dodds Kolonne Anspruch auf 832 tote Feinde.

Ein Sprecher von Behanzin wurde zu Dodds geführt. Er wollte um Frieden bitten und gleichzeitig warnen, sein Meister sei »der Hai, der die Franzosen frisst«. Ihm wurde gesagt, dass er mit der Mitteilung zurückkehren sollte, Dodds sei »der Wal, der den Hai frisst«.[11]

Nachdem der Fluss Ouémé überquert worden war, kamen sie nur langsam voran, und es gab häufig Hinterhalte. Verstärkter nächtlicher Wachdienst und Bereitschaftsdienst in der Morgendämmerung machten alles noch schlimmer. Am 28. September wurden die Kanonenboote aus dem Hinterhalt angegriffen, als sie flussaufwärts Aufklärung fuhren. Nach Einbruch der Dunkelheit wurde am 30. September das französische Lager vom gegenüberliegenden Ufer mit Artillerie beschossen, aber es gab keine Verluste, weil so schlecht gezielt wurde, dass die Granaten im Dschungel weit hinter dem Lager landeten.

Als sich die senegalesische Vorhut am 4. Oktober dem Dorf Poguessa näherte, trugen die einheimische Kavallerie der Sudanesen und eine Kompanie Haussa-Infanterie in der Führung die Hauptlast eines Hinterhalts, unter dem sie zusammenbrachen und sich zur Nachhut zurückzogen. Scharfschützen in den Bäumen töteten drei Offiziere, aber die Artilleriegranaten der Dahomey-Krieger flogen noch einmal harmlos über sie hinweg. Als den Franzosen befohlen wurde, das Feuer einzustellen, nahm der Feind an, dass sie keine Munition mehr hätten und griff wieder an.

Eine Kompanie der Legion erhielt den Befehl, sie links zu umgehen, während die Kanonenboote die Feindreserven beschossen, die sich vom Fluss aus sichtbar auf Lichtungen sammelten. Unter den Leichen, die auf dem Schlachtfeld gezählt wurden, das mit Fetischen übersät war, die französische Kugeln ablenken sollten, lagen mehr als 30 Amazonen, die nach Ansicht von Martyn mindestens so mutig wie die Männer neben ihnen gekämpft hatten. Ein französischer Marineinfanterist, der eine mit sexueller Absicht packte, wurde damit belohnt, dass sie so hart in seine Nase biss, dass ein Offizier sie mit seinem Säbel durchbohren musste, damit sie los ließ.[12] Unter den unverletzten Gefangenen, die außerhalb von Dodds Zelt für Verhöre angebunden waren, war eine weitere Amazone, die etwa 15 Jahre alt zu sein schien. Sie lächelte ihre Fänger reizend an und bat um ihr Leben, wurde aber mit den anderen erschossen, weil weder Proviant für die Gefangenen noch für die Männer übrig war, die sie hätten bewachen sollen.

Hinterhalte, Scharmützel, Beschuss, sich den Weg durch Dschungel und Gestrüpp hacken und vermeiden in einem Hinterhalt zu geraten, was sogar noch öfter als auf den Hauptwegen vorkam, ... die Franzosen litten nun unter Durst, weil die Dahomey-Krieger bei ihrem Rückzug alle Brunnen vergiftet oder zugeschüttet hatten. Sintflutartiger Regen wurde als Wasserquelle begrüßt, die viel zu schnell erschöpft war. Der

Vorstoß kam zum Erliegen. Am 16. Oktober wurde Dodds gezwungen, sich zurückzuziehen, um seinen Kranken und Verwundeten die Möglichkeit zur Erholung zu geben. Die Lippen der Männer waren geschwärzt und ihre Zungen angeschwollen, sie dehydrierten alarmierend schnell, besonders die, die an Ruhr litten, was nach Martyns Schätzungen für einen von fünf Europäern galt. Die Legionäre begruben ihre Toten, bevor sie gingen, und die Legion marschierte den Weg zurück, den sie gekommen war und schleppte die Verwundeten mit sich.

Am 17. Oktober, nachdem ein Konvoi mit 200 Kranken unter dem Schutz von zwei Kompanien Einheimischer zurück zur Küste geschickt wurde, zählte die verkleinerte Kolonne 53 Offiziere, 1.533 Mannschaftsdienstgrade und 2.000 Träger. Sie benötigte dringend zwei senegalesische Infanterie-Kompanien, die als Verstärkung ankamen und es Dodds ermöglichten, vier ad-hoc-Bataillone jeweils mit einer »leichten« Legions-Kompanie und zwei einheimischen Kompanien zu bilden.

Der Ausgang war immer noch ungewiss, aber durch Zufall war Hilfe unterwegs in Gestalt einer Pocken-Epidemie unter den Dahomeyaner und eines Aufstands der Yoruba-Sklaven, die deren Feldfrüchte kultivierten. Tausende von ihnen nutzten die Beschäftigung ihrer Herren mit der französischen Invasion aus, um Amok zu laufen. Sie verursachten Sachschäden und den Verlust von Menschenleben, was Behanzins Häuptlinge aus Dodds Sicht genau im richtigen Moment ablenkte.

Am 26. Oktober marschierte er zusammen mit Verstärkungstruppen, die Artillerie von der Küste hinauf brachten, noch einmal zu Behanzins Hauptstadt zurück. Unterwegs wurde die Stadt Kana genommen, und sogar Martyn und die anderen Legionäre, die scheußliche »Ehrengarden« von Reihen aufgespießter feindlicher Köpfe an den Banditenlagern in Vietnam gesehen hatten, fanden die Möbel fürchterlich, die die Dahomeyanern benutzten. Sie waren aus menschlichen Knochen hergestellt, und Schädel wurden als Teller und Trinkgefäße benutzt. Der Anblick so vieler menschlicher Gliedmaßen, die als groteske Artefakte gezeigt wurden, ließ die senegalesischen Infanteristen befürchten, dass *ju-ju* ihre Seelen an diesem makabren Ort fordern würde.

Drei Wochen später nach erfolglosen Friedensverhandlungen mit Behanzin, der weder über das vereinbarte Bargeld verfügte noch die Kontrolle über seine Häuptlinge hatte, um die strengen, nichtverhandelbaren Bedingungen zu erfüllen, die ihm Dodds auferlegt hatte, betrat die französische Kolonne am 16. November Abomey. Dodds war inzwischen zum General befördert worden, um ihm den Status zu geben, mit einem König zu verhandeln. Die Kolonne fand noch gruseligere Anblicke, darunter den Thron des Königs, der aus menschlichen Knochen gebaut worden war. Es gab kein Zeichen von Behanzin selbst, so dass Dodds einen der Brüder des abwesenden Königs zum Marionettenkönig ernannte.

Statistiken sind notorisch irreführend. Die Regierung in Paris konnte einen Sieg vermelden zum angemessenen Preis von elf toten Offizieren und 70 toten anderen Dienstgraden sowie 25 verwundeten Offizieren und 411 verwundeten Männern. In den Zahlen sind jedoch nicht die Verluste durch Krankheit, Hitzeschlag oder einfache Dehydrierung enthalten, die fünfmal so hoch waren – und auch nicht die Männer, die mit für den Rest ihres Lebens zerütteter Gesundheit nach Hause geschickt wurden. Von den ursprünglich 800 Legionären des 1 RE und 2 RE, die am 23. August bei Cotonou gelandet waren, konnten am Ende der Expedition nur 450 mit »*Présent!*« antworten, aber die 35 Prozent hohe Verlustrate der Legion durch Krankheiten lag weit niedriger als die Verlustrate bei den französischen Marineinfanteristen, deren Reihen durch Krankheit so reduziert worden waren, dass sie aufgehört hatte, als kämpfende Truppe zu existieren.

Ob der Unterschied darin bestand, dass die Legionäre in Algerien hart geworden waren oder einfach nur darin, dass sie ältere Männer in ihren besten Jahren waren, während die Marinerekruten jung waren, frisch aus Europa kamen und körperlich nicht voll entwickelt waren, ist eine Debatte, die nie eine Lösung gefunden hat. Es bestätigte sich jedoch auch in anderen Kriegen, dass Legionäre weniger Verluste durch Krankheiten erlitten als andere europäische Truppen, obwohl von den 219 Legionären, die am 25. Dezember 1892 aus Cotonou evakuiert wurden, nur 150 die Gangway hinuntergehen konnten, als das Schiff in Oran festmachte; die anderen lagen auf Krankentragen. Unter ihren Souvenirs war Behanzins weißer Sonnenschirm, der von 50 menschlichen Unterkiefern umrandet war.

Der kleine Krieg auf Dans Bauch kam nach und nach zum Erliegen, als Behanzin von Dorf zu Dorf durch den Busch gejagt wurde. Als der abgesetzte flüchtige König am 26. Januar 1894 schließlich gestellt wurde, starrten seine europäischen Fänger diesen Gefangenen, dessen Regierung von Kannibalismus und Terror sie beendet hatten, mit Überraschung an. Er war ein ruhiger, etwas gelehrt aussehender, junger Mann unbestimmten Alters, der den Rest seines Lebens im relativ bequemen Exil mit vier Ehefrauen und vier ihrer Kinder, einem Dahomey-Prinzen und dessen Ehefrau sowie einem Dolmetscher auf der Karibikinsel Martinique und später in Algerien verbringen sollte, eine Geisel als Garantie für das gute Verhalten seines Volkes.

1.–2. Der Preis des Ruhms: General Rollets Monument aux Morts (oben) im Hauptquartier der Legion in Aubagne erinnert an 35.000 tote Legionäre, auch an den einen (unten), der 1950 in Vietnam starb *(l. Sammlung des Autors/2. ALE)*

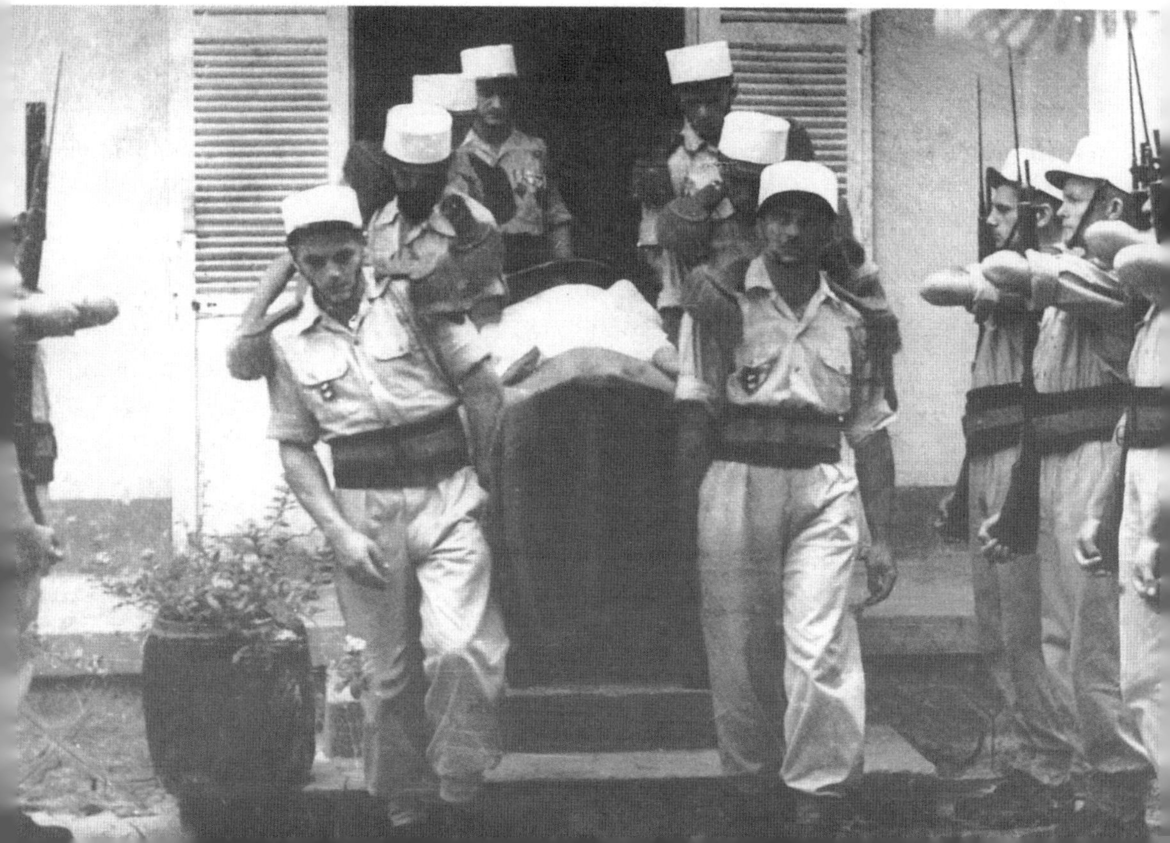

3.–5. Marschall Soult (links) zeugte einen Bastard für König Louis-Philippe (Mitte), der ein Imperium schaffen wollte, ohne französisches Blut zu vergießen. Bei Constantine prahlte General St-Arnaud (rechts): »Wir ließen keinen Türken am Leben.« *(3. 4. Beide Sammlung des Autors / 5. MLE)*

6.–8. In Spanien schlug Oberst Bernelle (links) verhungernde Legionäre mit einer Rute, aber Madame Bernelle (Mitte) glaubte, sie sei der kommandierende Offizier. Ihr Feind Major Conrad (rechts) starb bei Barbastro, als er abtrünnige Legionäre bekämpfte. *(6. 7. 8. Alle MLE)*

9.–11. Oberst Chabrière (links) starb den bei Magenta Heldentod. Alles, was von Hauptmann Danjou (Mitte) in Mexiko übrig geblieben war, war seine hölzerne Hand. Oberst Jeaningros (rechts) schickte ihn und seine Männer in den Tod. *(9. MLE/10. Sammlung des Autors/11. MLE)*

12.–14. General Bazaine (links) kam mit einer reichen Frau nach Hause und brachte dem Marschall-Stab Schande. Alan Seeger hatte ein Rendezvous mit dem Tod – als Harvard-Dichter (Mitte) und als Legions-Gefreiter (rechts). *(12. 13. Beide Sammlung des Autors/14. MLE)*

15.–17. Jazz-Komponist Cole Porter (links) sang: »Wer will Legionär werden? Ich.« Hauptmann Maire (Mitte) marschierte mit seinen Männern in das eigene Feuer. General Rollet (rechts) wurde der Vater von Soults Bastard. *(15. Sammlung des Autors/16. MLE/17. Sammlung des Autors)*

18.–20. Held in der Lybischen Wüste: Oberst Amilakvari (links) liebte die Mätresse von General Koenig (Mitte). Oberst Jeanpierre (rechts) liebte seine Männer, aber riskierte in Algerien einmal zu viel. *(18, 19. Beide Sammlung des Autors/20. MLE)*

21. Die Vogelscheuchen von Algier bekamen ihre ersten echten Uniformen erst 1840. *(MLE)*

22. Der Tod von Oberst Chabrière bei Magenta, 1859. *(MLE)*

24. *Oben:* Die Härtesten der Harten: eine berittene Kompanie beim Überqueren eines *wadi* bei dem brutalen marokkanischen Feldzug 1912. (*Sammlung des Autors)*

25. *Rechts:* Weil sie den deutschen Konsul zusammenschlugen, provozierten Legionäre wie diese mit ihren Lebel 1896 Gewch ren einen internationalen Zwischenfall in Agadir im Jahr 1911. *(ALE)*

23. *Gegenüber:* Zwei der Helden von Camarón. Aber wie viele starben wirklich am 30. April 1863 auf der Trinity Ranch? *(MLE)*

26. *Rechts:* »Ich trat für den Ruhm ein«, schrieb Alan Seeger. Ausländische Freiwillige marschieren an die Front, die im Herbst 1914 nur eine kurze Busreise von Paris entfernt war. *(ALE)*

27. Gegenüber unten: Der Schrein von General Rollet, »das Mutterhaus« der Legion bei Sidi-bel-Abbès. (*Sammlung des Autors)*

28. *Unten:* »Irgendwo in Algerien« auf den Feind warten, ca. 1935. (*Sammlung des Autors)*

29. Ab zur Front: Ein Unteroffizier der Legion verabschiedet sich von seiner vietnamesischen Frau und Kind in Sidi-bel-Abbès, März 1940. *(ALE)*

30. Warten auf die Wehrmacht: Ein Maschinengewehrschütze der Legion »irgendwo in Frankreich«, Mai 1940. *(ALE)*

31. Freiwillige der Legion marschieren am Gare de Lyon in Paris in die Niederlage und den Tod, Mai 1940. *(ALE)*

32. Libysche Wüste, Juli 1942: General Montgomery liebte die Helden von Bir Hakeim unter General Koenig *nicht. (ALE)*

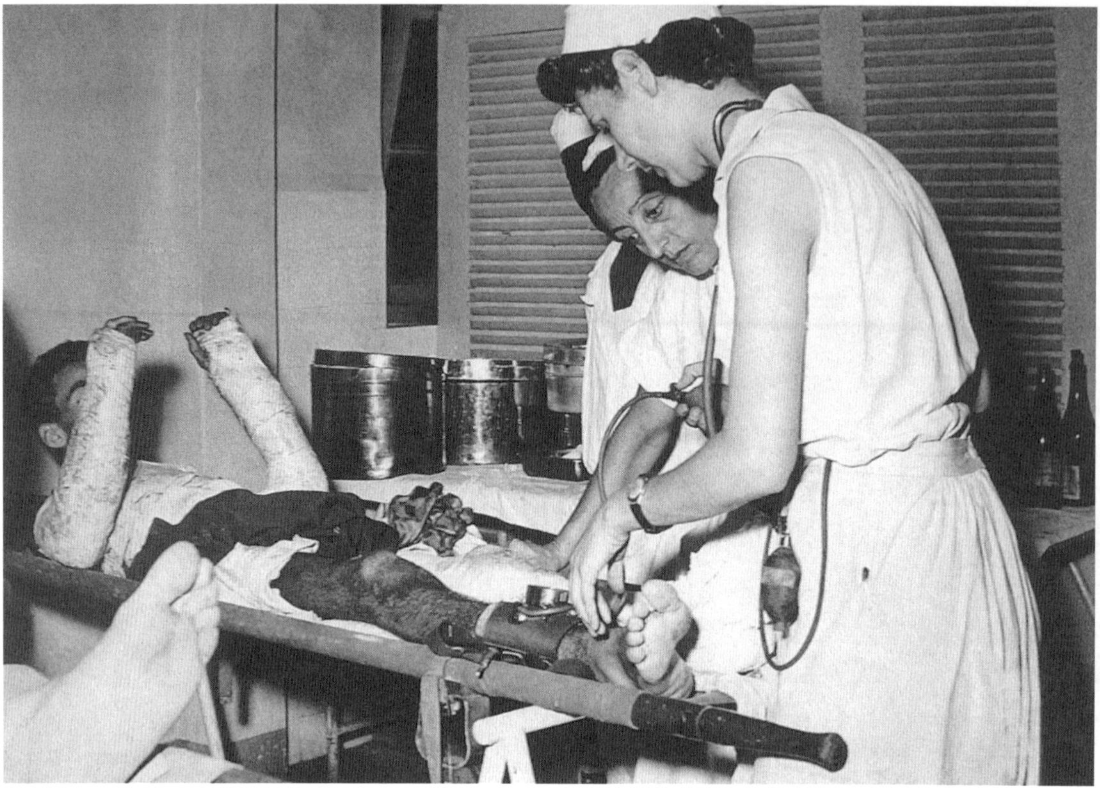

33. Es wird noch eine Weile dauern, bevor dieser unglückliche Legionär in einem Saigoner Krankenhaus mit den Krankenschwestern flirten kann, 1950. *(ALE)*

34. Typisches Legionslager in Vietnam. Man beachte die angespitzten Bambuspfähle anstelle des Stacheldrahts. *(ALE)*

35. »Ist das mein Glückstag?« Der letzte Mann dieser Legions-Patrouille im Delta scheint daran zu zweifeln, Nordvietnam c. 1950. *(ALE)*

36. Mörsermannschaft des 1 BEP bei Dien Bien Phu, 22. März 1954. Nur jeder vierte Mann kam lebendig nach Hause. *(ALE)*

37. Rollets Maultiere sind längst vergessen. Ein AMX 13 Panzer vom 1 REC patrouilliert an der tunesischen Grenze, Sommer 1958. *(ALE)*

38. Zurück am Stützpunkt: Das 1 REC, nachdem es die *fells* durch das Aurès-Gebirge gejagt hat. Algerien 1957. *(ALE)*

39. Sie erzwangen den Krieg gegen einen schwer zu fassenden Feind. Oberst Jeanpierres Fallschirmjäger vom 1 REP verlassen einen Shawnee H-21 Flying Banana in den Aurès, 1959. *(ALE)*

40. Die mechanisierten High-tech-Legionäre von heute müssen immer noch marschieren, aber meistens bei Paraden. *(Sammlung des Autors)*

41. Nur ein Rekrut von sechs schafft es durch sechs Monate Hölle, um ein weißes Käppi zu bekommen. Legionäre aus drei Kontinenten können sich nach der Parade zum Ende ihrer Ausbildung am Hauptquartier des 4 RE, Quartier Danjou, Castelnaudary, entspannen. *(Sammlung des Autors)*

19

Der billige Feldzug

MADAGASKAR, 1895

Dahomey war in den letzten Jahren des neunzehnten Jahrhunderts längst nicht der einzige Einsatz der Legion südlich der Sahara. In dieser Zeit schnitten Rabauken-Offiziere aus vielen europäischen Nationen große Stücke aus Afrika oder Asien für ihre politischen Herren in London, Madrid, Lissabon, Berlin und Rom heraus – mit der Befriedigung, Teile der Landschaften, die bis dahin noch keine europäischen Augen gesehen hatten, nach sich oder ihren Monarchen zu benennen.

Zu den berittenen Kompanien der Legion, die auf diese Weise beschäftigt waren, während Dodds Kolonne Behanzin durch den Busch verfolgte, gehörte eine Gruppe von vier Offizieren und 120 ausgemergelten Legionären, die am 3. Mai 1893 in den französischen Posten bei Kayes an der Grenze zwischen Mali und dem Senegal taumelte. Die Männer hatten in acht Monaten voller Erkundungen und Kämpfe fast 3.000 Kilometer durch Gebiete zurückgelegt, die auf keiner Karte verzeichnet waren und die inzwischen das Landesinnere der Elfenbeinküste, von Mali und Guinea sind. Als Invaliden wurden sie nach bel Abbès zurückgeschickt, nachdem sie schreckliche Strapazen durchgestanden hatten, und verschwanden dann aus der Geschichte.

Das französische Ziel dieser Gießkannen-Methode war es, die Kontrolle über den dunklen Kontinent von der westafrikanischen Küste bis zum Roten Meer zu erlangen. Am östlichen Rand kollidierte sie mit den imperialistischen britischen Doppelzielen, Ägypten, den Suez-Kanal und das Rote Meer wegen der strategischen Bedeutung für die imperialistische Route nach Indien zu kontrollieren und eine Eisenbahn vom Kap der Guten Hoffnung nach Kairo zu bauen.

Auseinandersetzungen waren unvermeidbar. Die berühmteste ereignete sich im Juli 1896, als Hauptmann Jean-Baptiste Marchand mit einer Kolonne senegalesischer Infanterie nach einer epischen, 3.000 Kilometer langen Safari, die in Libreville an der Westküste begann, Fashoda[1] im südlichen Sudan erreichte. Als der künftige Lord Kitchener am 18. September ebenfalls in Fashoda ankam, nachdem er sich seinen Weg südlich von Ägypten über Omdurman und Khartoum erkämpft hatte, weigerte sich Marchand das Fort aufzugeben. Ein Gefecht wurde nur knapp vermieden, weil er zustimmte, an seinem Turm britische und ägyptische Flaggen neben der Trikolore wehen zu lassen.

Diesmal zogen sich die Franzosen widerwillig zurück, nachdem Außenminister Lord Salisbury politische Unterstützung gegen die wachsende Stärke des Deutschen Reiches versprach. Auch bei anderen Gelegenheiten vermieden die europäischen Mächte geopolitische Interessenskonflikte, indem sie ein Einflussgebiet gegen ein anderes tauschten. So tauschte Großbritannien die Herrschaft über die Insel Helgoland gegen Deutschlands Interessen in Sansibar und auf dem benachbarten afrikanischen Festland ein[2] und gleichzeitig wurde Frankreich die viertgrößte Insel der Welt gegen Handelsprivilegien in Sansibar abgetreten. Nachdem es auf diese Weise Madagaskar erhalten hatte, wurde Paris vier Jahre später mit einem anti-kolonialen Aufstand auf der Insel konfrontiert. Das führte dazu, dass die Armée d'Afrique für eine Strafexpedition mit 30.000 Mann unter Jacques-Charles Duchesne, der Thuyen Quang als Oberstleutnant der Legion befreit hatte und inzwischen General war, ein Legions-Bataillon von 22 Offizieren und 818 anderen Dienstgraden beisteuern musste.

Madagaskar wurde damals von dem Merina-Stamm dominiert, der wiederum von der Hova-Kaste unter Königin Ranavalona III. regiert wurde, die 1868 durch anglikanische Missionare zur Kirche von England konvertiert war. Tatsächlich aber lag die wahre Macht bei ihrem Ehemann, dem Ministerpräsidenten Rainilaiarivony. Europäische Waffenhändler hatten die königliche Garde der Merina mit modernen Remington-Gewehren ausgerüstet, aber der Rest der Armee von Königin Ranavalona aus 40.000 Mann war mit Vorderlader-Musketen, Speeren sowie Pfeil und Bogen bewaffnet.

Obwohl es von zwei britischen Glücksrittern, Oberst Charles Shervington und General Digby Willoughby, ausgebildet worden war, kümmerte sich das Offizierkorps der Hova hauptsächlich um die Pracht seiner Uniformen: Goldene Litzen an der Mütze, am Gürtel und an der Aushöhlung der Scheide eines enormen Säbels, der auf dem Boden hinterherschleifte, rote Streifen an der Hose und riesige Goldepauletten. Ein Oberleutnant hatte fünf Goldstreifen auf seinen Ärmeln, ein General elf und ein Feldmarschall siebzehn! Der Korrespondent der *Daily Telegraph* in Antananarivo, der selbst ein Relikt der britischen Präsenz auf der Insel war, bemerkte, dies sei eine Armee »ohne Beschaffungsamt, ohne Besoldung [und] ohne Ausrüstung außer einem Gewehr, ein paar Patronen und ein bisschen Baumwollstoff«.[3] Abgesehen von vielen Parademärschen, gab es keine Ausbildung, weil der Mangel an Munition das Abfeuern von Waffen verhinderte.

Eine solche Armee hätte einer gewaltsamen Landung bei Taomasina[4], dem Ostküstenhafen, der am nächsten an der Hauptstadt Antananarivo[5] lag, kaum Widerstand leisten können. Dort hatte die französische Marine im Dezember 1894 nach einer Beschießung, die die örtlichen Bewohner vertrieb, eine Art Stützpunkt eingerichtet. Auch bei Diego Suarez im hohen Norden der Insel, gab es einen französischen Marinestützpunkt. Es bleibt also ein Geheimnis, warum Duchesne sich entschied, auf dieser riesigen Insel an der Seite zu landen, die *gegenüber* der Hauptstadt lag. Die wahrscheinliche Erklärung ist das ewige Schreckgespenst der Streitkräfte: Die Rivalität zwischen den Waffengattungen. Das Kriegsministerium in Paris hatte das Budget, das von der Marine angefordert war, um Madagaskar an der Ostküste durch die Landung von Marineinfanteristen zu erobern, um 30 Millionen Franc gekürzt.

Da das Klima von Madagaskar ausgesprochen tropisch war, plante Duchesne, dass seine Soldaten nur mit leichtem Gepäck marschieren und ihre ganze Ausrüstung und schweren Waffen auf 5.000 der berüchtigten Lefèbre-Karren transportieren sollten. Das waren extrem schwere, zweirädrige Karren, die nach Armeespezifikationen entworfen worden waren und in Bausatzform transportiert wurden. Die Bausätze sollten an Land zusammengebaut und durch 300 Meilen tropischen Regenwald über mehr als 800 Meter über dem Meeresspiegel liegende Gebirge geschleppt oder geschoben werden.

Die besten Pläne von Generälen gehen oft schief. Die Invasion ging am Tag Eins schief, als die Ausschiffung bei Mahajanga[6] an der Nordwestküste komplett neu geplant werden musste. Die Pioniere, die einen Kai bauten, an dem Duchesnes Flottille aus elf Schiffen, die von der PRIMAGUET angeführt wurde, entladen werden und ihre Truppen ausschiffen sollte, entdeckten durch Lotungen, dass die Zufahrt für Schiffe wegen eines Korallenriffs, das vermutlich zwar auf Seekarten eingezeichnet, ihnen aber nicht mitgeteilt worden war, unmöglich war. Und noch eine Misslichkeit kam hinzu: Obwohl das große Seegatt, die Bucht von Mahajanga, auf der Karte im Pariser Kriegsministerium zwar anscheinend eine prächtige Möglichkeit bot, die gesamte Truppe auf den in den Laderäumen der Flotte mitgeführten kleinen Flussschiffen 50 Kilometer landeinwärts zu transportieren, stellte sich heraus, dass der Tidenhub so heftig war, dass jedes Boot beim Zuwasserlassen sinken würde – und die Marine muss das bei der Präsentation ihrer Pläne gewusst haben!

Zusätzlich zu all diesen Problemen gab es keine Straßen, auf denen man die Karren schieben konnte! Während die Ausschiffung von Januar bis April weiterging, war Duchesnes Lösung dieses letzten Problems, eine Rekrutierungskampagne für Träger zu starten, die die Karren schleppen sollten, während seine Männer die Straßen *bauten*. Der Ruf nach 2.000 Kulis aus Vietnam brachte keine Resonanz. Er konnte nur eine Truppe von über 1.000 Somalis vom ostafrikanischen Festland rekrutieren. Dann war Algerien Trumpf mit 3.500 Kabylen, die nicht gewusst haben können, was für eine Arbeit auf sie zukommen würde, und auch nicht wussten, dass sie sogar auf der Hinreise schlecht ernährt werden würden und die Sanitäter sie zurückweisen würden, wenn sie medizinische Behandlung auf der Insel brauchten.[7]

Weitere 2.000 Mann gemischter Rassen und zweifelhaften Körperbaus wurden aus den Slums der Städte des Maghreb rekrutiert. Mit einigen vor Ort rekrutierten Einheimischen des Sakalave-Stammes, Erbfeinden der herrschenden Merinas, hatte Duchesne schließlich eine Truppe von 7.715 Trägern, die die Ausrüstung seiner 658 Offiziere und 14.773 anderen Ränge transportieren sollten. Die Bezeichnung »Ausrüstung« bezog sich nicht auf die Tornister der Männer, die mussten sie selbst tragen. Um die Wege zu ebnen, auf denen die Karren entlang des rechten Ufers der

Flüsse Betsiboka und Ikopa gezogen werden konnten, nutzten die Legionäre als Werkzeuge häufiger Spitzhacke und Spaten als Bajonette. Mit einer Portion Galgenhumor bekamen diese den gemeinschaftlichen Spitznamen »das 1895 Modell« als wären es Gewehre. Während dieser Arbeit starben bei den tropischen Temperaturen so viele Männer an Hitzeschlag, dass der Arbeitstag auf die Zeit zwischen Morgendämmerung und 10.00 Uhr und eine zweite Schicht von 17.30 Uhr bis zum Abendessen verkürzt wurde.

Als Entspannung gab es wenig mehr als sich zu betrinken und Amok zu laufen. Wenn einheimische Frauen in der Nähe waren, waren die Resultate voraussehbar. Als Paul Rollet als junger Oberleutnant sieben Jahre später bei den Besatzungstruppen auf Madagaskar landete, entdeckte er, dass kurz zuvor neun seiner Legionäre typischerweise in einem Dorf Amok gelaufen waren und alle Frauen vergewaltigt hatten.[8] Die 150 Mann der Legion, die 1895 als Verstärkung in Mahajanga ankamen, hatten sich korrekt verhalten, aber eine Kompanie Wehrpflichtiger des 200. Infanterie-Regimentes, die mit ihnen eintrafen, verschwand am allerersten Abend an Land im Dorf Makoas, um alle Frauen mit Waffengewalt zu entführen.[9]

Nachdem sie sieben quälende Wochen eine Art Straße durch von Fieber verseuchten Tieflanddschungel und Gestrüpp geschlagen und Flüsse überbrückt hatten, war erst ein Viertel der Route fertig und der Nachschub kam bereits so spärlich, dass die Legionäre meistens von dem lebten, was das Land hergab und das Vieh schlachteten, das sie vorfanden. Verglichen mit dem Straßenbau waren die Kämpfe leicht. Am 2. Mai liefen die Merina-Verteidiger bei Marovoay an der Mündung des Flusses Betsiboka so schnell weg, dass die Legionäre, die sie verfolgten, nicht mit ihnen Schritt halten konnten. Am 9. Juni erlebten sie das gleiche bei Maevatanana an dem Fluss Ikopa, 100 Kilometer im Landesinneren.

Duchesne ließ sich von den Todesfällen durch Hitzeschlag und Fieber nicht abschrecken, die Kolonne weiter voranzutreiben, bis sie nach 17 alptraumhaften Wochen, in denen sie einen Pfad durch die Gebirge und den Dschungel geschlagen hatte, die Stadt Andriba auf der gesünderen Hochebene erreichte. Lange davor kam heraus, dass die Hilfsstationen und Feldkrankenhäuser völlig unzureichend waren, weil das Budget der Armee gekürzt worden war und Aufwendungen für derartigen »Luxus« gestrichen worden waren.

Obwohl Chinin auf diesem Feldzug theoretisch verfügbar war – in Dahomey war es überhaupt nicht ausgegeben worden – waren die Vorräte spärlich, weil es in den Laderäumen so verstaut worden war, dass es der letzte Posten war, der an Land gebracht wurde. Auch wenn es ausgegeben wurde, machte sich Männer oft nicht die Mühe, es zu nehmen, und bevor 1897 der Zusammenhang zwischen den Insekten und der Krankheit entdeckt wurde, dachten nur wenige daran, irgendwelche Vorkehrungen gegen Moskitos zu treffen.

Nachdem am 21. August in Andriba ein dreistündiger Beschuss der französischen Artillerie, die die 2. Brigade unter Brigadier Emile Voyron so schmerzhaft von der Küste hinaufgeschleppt hatte, die verteidigenden Malagasy bei Andriba in die Flucht geschlagen hatte, entschied sich Duchesne, schneller zu werden. Dazu ließ er die Erschöpftesten zurück und wählte eine fliegende Kolonne der 5.000 gesündesten Männer, die in einem Gewaltmarsch den Rest der Strecke mit 3.000 Mauleseln als Transport bewältigen sollten. Voyron sollte mit den Langsameren folgen. Von den ursprünglich gelandeten 840 Mann der Legion konnten die Ärzte, deren Standards angesichts der Tatsache, dass die meisten Männer sowieso an Malaria litten, ziemlich niedrig waren, nur 19 Offiziere und 330 andere Ränge als tauglich für diese Operation freigeben. Von diesen wurden die 150 kräftigsten für die letzte Phase des Krieges ausgewählt.

Frederic Martyn, inzwischen Oberleutnant, war wie Hauptmann Brundsaux bei der Verstärkung, die um diese Zeit eintraf. Sie mussten feststellen, dass sie in eine Armee vom Fieber gequälter, ausgemergelter Vogelscheuchen eintraten. Als er sah, wie sie am 12. September von Duchesne inspiziert wurden, schrieb Oberleutnant Gustave Langlois, die Männer seien »so niedergeschlagen, deprimiert und blass, dass sie mehr tot als lebendig zu sein schienen. Ihre Kleider waren Fetzen. Ihre Stiefel lösten sich auf. Ihre Helme waren zu groß für ihre Totenschädeln ähnelnden Köpfe und verbargen die gelben Gesichter mit Augen, die die Farbe von Fieber hatten, fast vollständig. Sie erschienen so erbärmlich, so arm und so miserabel, dass mir Tränen in die Augen schossen.«[10]

Zwei Tage später brach dieses Gespenst einer Einsatzgruppe auf einer so genannten Straße zur letzten Etappe in die Hauptstadt 160 Kilometer südöstlich auf. In dieser Streitktaft von 4.013 Mann unter 237 Offizieren bestand das Regiment d'Afrique aus zwei Bataillonen algerischer *tirailleurs* und einem »Bataillon« der Legion mit 150 Mann. Bevor der Tag vorbei war, erreichten sie die erste einer Reihe von Verteidigungsstellungen. Am nächsten Morgen sollten die Legionäre durch eine Marschlandschaft gegen die Artillerie der Merina, deren Granaten in den meisten Fällen nicht explodierten, vorstoßen. Die Artilleristen und die Infanterie, die sie unterstützen sollte, liefen weg, als die Legion 2.000 Meter entfernt – reichlich außerhalb der normalen Reichweite – ihre erste Salve feuerte.

Langlois wieder: »Einer der Verteidiger lief ohne Selbstachtung weg. Zwei oder drei andere Männer standen auf, sahen sich um und liefen auch weg. Wie ein Mann stürmten sie plötzlich aus ihren Schützengräben und verschwanden schnell in den Schluchten, wobei sie ihre Waffen wegwarfen, um schneller weg zu kommen. Wir begrüßten ihre groteske Flucht mit lauten Beleidigungen.«[11]

Nach dem Adrenalinstoß dieses einfachen Angriffs kam die Ermüdung. Es gab keine Verfolgung, weil nur noch so wenige rennen konnten. Ein Nachtmarsch am 18. September ließ eine große Menge Nachzügler zurück, die bei dem Aufstieg zur nächsten Verteidigungslinie im Ambohimenas-Gebirge nicht Schritt halten konnten. Dort war es in der Nacht so kalt, dass Männer, die unterwegs aus Erschöpfung zusammenbrachen, vor Sonnenaufgang steifgefrorene Leichen waren. Langlois erinnerte sich, dass er die Nachzügler unter seinen Leuten widerwillig mit einem Stock schlug, damit sie in ihrem eigenen Interesse weitergingen.

In dieser Verfassung bekam das Régiment d'Afrique in der Morgendämmerung den Auftrag, einen Frontalangriff zu machen. Die Artillerie der Merina war wie gewöhnlich unwirksam. Als die Legionäre immer noch mehr als 1.000 Meter entfernt waren, begann sich die Linie weiß gekleideter Figuren in den Verteidigungsstellungen auszudünnen. Nach dem Erscheinen einiger Marineinfanteristen und bewaffneter Angehöriger des Stammes der Sakalave auf einem Gebirgskamm, der die Verteidigungsanlage flankierte, gerieten die Verteidiger derart in Panik, dass die ersten Legionäre, die die beeindruckend konstruierte Verteidigungslinie erreichten, sie unbesetzt vorfanden.

Ein englischer Offizier aus der Armee der Malagasy erzählte dem britischen Vizekonsul, wie 300 Mann starben, als sie beim ungeordneten Rückzug einen Felshang hinunterfielen, während andere ihre Offiziere bestachen, um zu desertieren, was ihnen einen Vorwand gab, wegzulaufen. Sie brauchten kaum einen Vorwand: Da sie nur fünfzehn Patronen pro Mann erhielten, war alles, was sie tun mussten, die Patronen beim ersten Anblick der Franzosen abzufeuern und sich dann zurückzuziehen. In ihrer Verzweiflung schickten die Merinas Gruppen aneinander geketteter Gefangener an die Front, um diejenigen, die in Panik gerieten, zu ersetzen.

Hinter den siegreichen Franzosen lag nun eine Landschaft mit kleinen, von Reisfeldern umgebenen Dörfern, aber was ein freudiger Vorstoß auf die Hauptstadt hätte werden sollen, wurde ein grimmiger Ausdauertest. Hier im Hochland war Fieber nicht der Hauptfeind. Schiere Ermüdung forderte Leben. Sogar Legionäre, die durch jahrelange Kämpfe in Algerien gestählt waren, mussten ihre letzten Kraftreserven nutzen, um zu den Verteidigungsanlagen in den Gebirgen hinaufzusteigen. Die Selbstmorde derjenigen, die nicht einen Tag mehr weiter marschieren konnten, wurden häufiger, die Moral sank auf einen neuen Tiefpunkt und die Vorräte gingen zur Neige. Die tägliche Ration von 16 Schiffszwiebacken wurde erst auf acht und dann auf vier reduziert, wobei die Kranken für Gefälligkeiten bezahlten, indem sie ihre Ration gesunderen Männern gaben. Männer, die allein ausfielen, wurden von den Eingeborenen angegriffen und zu Tode geprügelt. Die Merinas dagegen, die gefangen genommen waren, wurden nicht getötet, sondern mussten die Tornister ihrer Fänger tragen.

Am Morgen des 26. Septembers erreichte die Spitze der lang gestreckten Kolonne den letzten Pass und schaute aus einer Entfernung von 20 Kilometern auf Antananarivo hinab. 48 Stunden lang durften die Männer bis zum letzten Angriff ausruhen, der die Legion sechs Verwundete kostete, aber größtenteils auf keinen Widerstand traf, da die Armee von Königin Ranavalona, die von ihren britischen Beratern nicht beherrscht werden konnte, die Verteidigung nur vortäuschte und beim ersten Kontakt dahinschmolz.

Am Morgen des 30. September besetzten die Franzosen den letzten Kamm, vier Kilometer von Antananarivo entfernt. Von dieser günstigen Stellung aus begann die Artillerie, die Stadt durch Beschuss weich zu kochen, und die Einwohner flohen schnell in die Sicherheit des Umlands. Kurz bevor sich die Legion an die Spitze des letzten

Angriffs stellte, beschädigte die Artillerie das Dach des Palastes der Königin, und wurde durch das Zeigen der weißen Flagge belohnt. Langlois war wütend, weil seine Legionäre den Befehl bekamen, bei den Geschützen zu bleiben, und ihnen deshalb die Ehre vorenthalten wurde, als erste in der eroberten Hauptstadt zu sein.

Ministerpräsident Rainilaiarivony wurde gezwungen, demütigende Kapitulationsbedingungen zu akzeptieren. Er sollte ins Exil nach Algerien gehen, aber das garantierte den Frieden auf der Insel, die er verlassen hatte, keineswegs. Weniger als zwölf Monate später musste General Joseph-Simon Galliéni einen neuen Aufstand der Partei der Menalambos unterdrücken, Königin Ranavalona ins Exil auf La Réunion schicken und die Monarchie abschaffen.

Duchesnes teurer Sieg war, als ob man einen Vorschlaghammer genommen hätte um eine Nuss zu zerschlagen und ihn dabei beinahe zu zertrümmern, nur um festzustellen, dass die Nuss eine Weintraube war. Am Ende schien er, wie die Generäle des Ersten Weltkrieges, die hinter den Linien in ihren Schlössern dinierten und tanzten, in seiner eigenen Welt gelebt zu haben. Als er einmal bemerkte, wie drei Offiziere und zehn Männer von einer Pioniereinheit von ihrer Arbeitsstelle zurückkehrten, rief er aus: »Das sind aber viele Offiziere für so wenige Männer!« Dabei wusste er offensichtlich nicht, dass die, von denen er sprach, die Reste einer Pionierkompanie waren, die durch Krankheiten, die Strapazen des Brückenbaus und Wegebaus in den Sümpfen auf eine Handvoll Männer reduziert worden war.[12]

All diese Wochen der Agonie, Erschöpfung und Krankheit hatten die Expeditionstruppe 4.613 europäische Leben gekostet, ein Viertel mehr schwarze Truppen und 1.143 Kabylen. Im Vergleich dazu, waren die Verluste in der Schlacht vernachlässigbar. Deshalb trug Duchesne, der seinen privaten Krieg so erschreckend schlecht organisiert hatte, ohne Zweifel die Schuld.

Die Legion hatte wieder einmal mehr als alle anderen europäischen Truppen ausgehalten. Bei einem Appell am 1. September konnten noch 450 Legionäre stehen und auf ihren Namensaufruf antworten. Das bedeutete nicht, dass sie alle ein Gewehr halten und eine feindliche Stellung hätten angreifen können. Aber andere Einheiten, für die das 200. Infanterie-Regiment ein Beispiel ist, hatten aufgehört, ein eigenes Dasein zu führen, weil die Anzahl gesunder Männer so gering war, dass sie in *régiments mixtes* umgruppiert werden mussten.

Nur 20 von 150 Chasseurs d'Afrique konnten noch ein Pferd besteigen. Sogar die Chasseurs à Pied, die größtenteils aus den kräftigsten französischen Gebirgstruppen rekrutiert worden waren, hatte nur noch 350 von 800 Mann, die immer noch ein Gewehr schultern konnten.[13] Das 13. Marine-Regiment besaß, nachdem es nur drei Monate im Land war, von seiner Anfangsstärke von 2.400 Mann noch 1.500. Von den Kranken, die für die Rückreise in die Laderäume der Transportschiffe gestopft wurden, starben 554, bevor sie Frankreich erreichten, und weitere 348 danach.

In den schäbigen Annalen der Rivalität zwischen den Waffengattungen gibt es wenige schlimmere Beispiele als den billigen Feldzug von General Duchesne in Madagaskar.

20

Wunder und Massaker bei Taghit

NORDAFRIKA, 1901–03

Das paranoide Misstrauen der Führung Frankreichs im neunzehnten Jahrhundert gegenüber ihrer Armee, die sie mit Waffengewalt so leicht von ihrer unsicheren Machtpositionen stürzen konnte, schien gerechtfertigt zu sein, als ein jüdischer Hauptmann, der im Kriegsministerium arbeitete, 1894 eine lebenslange Gefängnisstrafe auf der Teufelsinsel bekam, weil er angeblich Informationen an den deutschen Militärattache in Paris weitergeleitet hatte. Fünf Jahre vergingen, bevor Hauptmann Alfred Dreyfus nach Frankreich zurückgebracht wurde. Er musste noch einmal vor das Kriegsgericht und wurde für ein Verbrechen »begnadigt«, das er nicht begangen hatte. Erst im Juli 1906 wurde er rehabilitiert und mit entsprechendem Dienstalter wieder eingesetzt, nachdem festgestellt worden war, dass seine Ankläger bei dem ersten Prozess die belastenden Dokumente gefälscht hatten.

Die Öffentlichkeit, die vergaß, dass viele Zivilisten die antisemitische Einstellung der uniformierten Feinde von Dreyfus teilten, die von dem Skandalblatt *La Libre Parole* lautstark herausposaunt wurden, wurde ermutigt, die ganze schäbige Angelegenheit als weiteren Beweis für die Unzuverlässigkeit einer militärischen Kaste zu sehen, die dazu fähig war, entweder dem Feind Geheimnisse zu verraten oder einen ihrer eigenen Leute auf die Teufelsinsel zu schicken.

Als er 1901 Kriegsminister wurde, baute General Louis André ein System geheimer Akten auf, in denen die politische Gesinnung und der religiöse Glaube jedes Offiziers registriert wurden. Beförderungen waren denen vorbehalten, deren Meinungen, oder deren Mangel daran, sie zu »sicheren« Kandidaten machten. Als ein nationalistischer *député* diese Vor-Gestapo-Schnüffelei im Oktober 1904 enthüllte[1], wurde André zum Rücktritt gezwungen, was die Regierung von Emile Combes einen Monat später stürzen ließ.

Der Schaden war auf jeden Fall da: Die Armee wurde nun von einer Clique phantasieloser Opportunisten geleitet, und die Männer Frankreichs sollten einen hohen Preis bezahlen, als die Deutschen im Jahr 1914 das Land zum zweiten Mal überfielen. Im Zahlmeisterkorps zum Beispiel, stiegen 31,9 Prozent aller Offiziere zum Brigadiersrang oder höher auf, während in den Linienregimentern nur kümmerliche 1,5 Prozent der Hauptleute je den Rang eines Majors erreichten.[2] Es war deshalb keine Überraschung, dass ehrgeizige und über gute Beziehungen verfügende junge Offiziere den raschen Fortschritt wählten, der nur in administrativen Bereichen möglich war, während die Anzahl forscher Offiziere bei den kämpfenden Truppen stagnierte. Das hatte eine entsprechende Wirkung auf die Moral – nirgendwo mehr als in der Legion, wo ein herausragender Anführer von Männern wie Paul »Loum-Loum« Brundsaux seine Karriere als Hauptmann hätte beenden können, wenn der Erste Weltkrieg ihn nicht bis zum Brigadierrang nach oben gespült hätte.

Bis 1900 hatten die europäischen Mächte ihre Ansprüche auf den größten Teil des schwarzen Kontinents angemeldet, mit Ausnahme von Marokko, dessen Sultane und deren Berater einen unabhängigen Kurs zwischen den Minenfeldern der Kolonialdiplomatie fahren konnten. Obwohl ihr Land von Norden nach Süden 1.328 Kilometer und von Osten nach Westen 765 Kilometer misst, ist davon viel trockenes Gebirge und Wüste. Zwei Faktoren machten es für europäische Kolonisten attraktiv: Die Mineralvorkommen und seine strategische Position.

Weil die nördliche Spitze des Landes nur 13 Kilometer von Südspanien entfernt liegt, hatten die Spanier die Enklaven um Ceuta und Melilla seit Jahrhunderten besetzt. 1859 endete ein Streit über die Grenzen von Ceuta damit, dass die Spanier die Enklave im folgenden Jahr vergrößerten. Sie eroberten Tétouan und beanspruchten eine größere spanische Zone für sich, die die Eisenerzminen im Rif-Gebirge mit einbezog. Um sich aus dem Streit freizukaufen, musste Marokko eine Entschädigung von 20 Millionen Dollar bezahlen, die geänderten Grenzen von Ceuta akzeptieren und eine weitere Enklave bei Ifni an Spanien abtreten.

Andere europäische Mächte, die mit Marokko liebäugelten, waren Deutschland und Russland. Aber Großbritannien und Frankreich hatten besondere Gründe, weshalb sie sich für das Land interessierten. Die Briten, die Gibraltar mit seinem Hafen und der Marinewerft seit 1704 besaßen, brauchten zumindest Marokkos wohlwollende Neutralität wegen seiner Lage, von der aus die Meeresenge, durch die jedes Jahr seit der Inbetriebnahme des Suezkanals tausende britische Handels- und Marineschiffe nach Indien und Fernost reisten, überblickt werden konnte. Die Franzosen behaupteten, dass Marokko unter ihrer Herrschaft bleiben müsse, um sicherzustellen, dass algerische »Rebellen« nicht über die unbewachte Grenze zwischen den beiden Ländern einsickern und Asyl bekommen konnten. Tatsächlich hatten die Marokkaner entgegen ihrer religiösen Pflicht ihren muslimischen Glaubensbruder Abd el Kader zurück nach Algerien gejagt, wo General Lamoricière ihn verhaften konnte.

Nach dem Tod von Marokkos Sultan Sidi Muhammad 1873 kämpfte sein Sohn Moulay Hassan I. weiter, um die Unabhängigkeit seines Landes zu bewahren. Er starb 1894, als er eine Expeditionstruppe führte, der es nicht gelang, die Angehörigen des Atlas-Stammes zu unterwerfen, die die Trans-Sahara-Karawanen plünderten. Sein Wesir Ba Ahmed fungierte bis 1901 als Regent im Namen des jugendlichen Sultans

Abd al Aziz, einem anglophilen Liebhaber der Hochtechnologie, der die religiöseren seiner Untertanen schockierte, weil er sich auf ein Fahrrad setzte und einen Aufzug in seinem Palast installieren ließ.

Aus vielen Gründen beobachteten die Franzosen von Algerien aus die Ereignisse in Marokko wie der Fuchs den Hühnerstall. Das Hirngespinst einer Trans-Sahara-Eisenbahn kostete das Leben von Oberst Paul Flatters vom Bureau Arabe. Er wurde von den Tuareg umgebracht, über deren Gebiet er die Strecke absteckte. Seine Gefährten wurden von einer einflussreichen Tuareg-Frau namens Tarichat gerettet, die sie mit in ihr Zelt nahm und den Mördern den Zugang verweigerte.[3] Ein noch exzentrischerer Plan als der von Flatters – und unübertroffen, bis sowjetische Planer den Aralsee austrockneten, indem sie die Gewässer der Flüsse Syrdarja und Amudarja umleiteten – war die Idee, den Fluss Niger umzuleiten, um die Sahara in einen Binnensee zu verwandeln. Realistischer waren die Ambitionen der zwölf Ölförderfirmen, nachdem in der Sahara riesige Ölreserven entdeckt wurden, gerade als die künftige Bedeutung des Motorverkehrs offensichtlich wurde.

Trotz des Pariser Angebotes der freien Passage über das Mittelmeer nahmen so viele desillusionierte Einwanderer das nächste Schiff zurück nach Toulon oder Marseille, dass der Zensus 1902 zeigte, dass der einzige Anstieg in Algeriens europäischer Bevölkerung die Ankunft von 40.000 Soldaten im Land war. Wenn das Leben für Europäer schon hart war, war es für die Araber noch schlimmer. In Paris schrieb die Zeitung *Le Temps*: »Steuern, Ungerechtigkeit und Beleidigungen sind alles, was die Eingeborenen haben.«[4] Auf der anderen Seite des Ärmelkanals berichtete die Londoner *Times* Folgendes: »Die Eingeborenen zahlen die meisten Steuern und bekommen dafür herzlich wenig. Sie sind in einer Situation, in der sie zwischen Resignation und totalem Elend und Revolte wählen müssen.«[5]

Der unvermeidliche Aufstand begann am 2. Juli 1900 mit der Enthauptung fünf italienischer Legionäre in der Sahara im Gebiet der Tuat. 1901 brach der britische Markt für Espartogras zusammen, das verwendet wurde, um Seile, Sandalen, Körbe und Matten herzustellen. Das führte im Hochland, in dem das Gras die Hauptanbaufrucht für den Verkauf gewesen war, zu weit verbreiteter Arbeitslosigkeit und zwang die enteigneten Bauern, Banditen zu werden. Am 29. April 1901 wurde das europäische Dorf Marguerite, nur 80 Kilometer von Algier entfernt, von 400 Stammesangehörigen überfallen, die den Ort plünderten und fast alle 200 Bewohner töteten. Wiederholte Ausschreitungen dieser Art zwangen viele europäische Bauern, ihr Land zu verlassen, und in die Städte wie Algier und Oran zu gehen, wo das Leben zumindest dem ähnelte, was sie in Europa gekannt hatten.

Französische Truppen, die in Algerien stationiert waren, zogen immer wieder ungestraft durch marokkanisches Gebiet. 1845 hatte die Militärregierung Algeriens ihrem westlichen Nachbarn mitgeteilt, dass es zwecklos sei, eine formelle Grenze südlich eines Punktes, der etwa 300 Kilometer von der Küste entfernt im Inland zwischen Aïn Sefra in Algerien und Figuig in Marokko lag, zu definieren. Denn dies sei eine verarmte Halbwüstenregion, die allmählich mit der Sahara verschmolz und nur von Nomaden bewohnt war, die keine anderen Autoritäten als ihre eigenen Führer anerkannten.

Nach Auslegung der Marokkaner würde die Grenze von diesem Punkt aus in einer Linie annähernd in Nord-Süd-Richtung verlaufen, falls eines Tages eine Grenze weiter im Inland gezogen werden sollte. Wie man auf jeder Karte sehen kann, nutzte Frankreich diese Zweideutigkeit aus und schob die undefinierte Grenze immer weiter nach Westen. In einem Fall hatte Oberst Bertrand, der das 1 RE kommandierte, den Mut, 2.000 Mann mit einer Versorgungskolonne von 4.500 Kamelen durch die Wüste zu führen, um die marokkanische Oase Igli zu besetzen, die weit westlich der undefinierten Grenze lag. Noch einmal gingen die Männer vor Ort weiter als ihr Mandat. Der künftige Ministerpräsident Georges Clemenceau, an den man sich heute hauptsächlich wegen der Härte des Versailler Vertrages von 1919 erinnert, verkündete, dass Marokko »ein Wespennest war. Wir könnten es sicherlich in Besitz nehmen, aber zu welchem Preis an Blut und Geld?«[6]

Eine Liste aller Einsätze der Legion in dem umstrittenen Gebiet während des letzten Jahrzehnts des neunzehnten Jahrhunderts und des ersten Jahrzehnts des zwanzigsten wäre mühsam zu schreiben und zu lesen. Für die Männer, die dort waren, die das Leben von Beau Geste lebten, bevor er von dem Autor P.C. Wren geschaffen worden war, und die von jedem das Blut kühlenden Moment ihrer Scharmützel und *razzias* in den Gebirgen und Wüsten von Nordafrika, von jeder schrecklichen Qual, von jedem zermürbenden Marsch bis zu den Grenzen menschlicher Ausdauer und darüber hinaus erzählen konnten, ist das der Stoff für Legenden. Denen, die niemals gehört haben, wie das Blut in ihren Ohren rauschte, wenn sie eiligst, unter dem Feuer der Stammesangehörigen, die ihre Gefangenen entmannten, ein Verteidigungs-Karree bildeten, geben ein paar Beispiele einen Eindruck von dem Leben der Legionäre in diesen Jahren.

Beispiele von Ausdauer? Nach der Eroberung der wichtigen Oase Timimoun in der Sahara am 7. Mai 1900 führte Major Letulle neun Offiziere und 400 Mann vom 2 RE zum Stützpunkt zurück. Dabei nahmen sie nicht die Luftlinie von 500 Kilometern, sondern legten in einer großen Odyssee bei hochsommerlichen Temperaturen von bis zu 50°C im Schatten, wenn es denn irgendwelche Schatten außer denen, die ihre Kamele warfen gegeben hatte, das dreifache der Entfernung zuruck. Nach einem solchen Marsch über Sand, der zu heiß war, um ihn zu berühren und über scharfe, schneidende Steine kamen sie mit zerrissenen Uniformen und Stiefeln wieder am Stützpunkt an.

Beispiele purer Verwegenheit? Kaum zwei Wochen nach der Rückkehr der Männer, setzte Major Bichemin bei einem anderen Überfall, ähnlich dem von Bertrand, am Ende einer Razzia, in der sie 4.000 Kamele erbeutet hatten, in einem Bataillon algerischer *tirailleurs* eine berittene Kompanie vom 2 RE an der Spitze der Hauptkolonne ein. Die Länge des Zugs so vieler Kamele, die alle hintereinander angebunden waren und durch die Dünen und über das steinige Ödland stapften, ist kaum vorzustellen.

Als es offensichtlich wurde, dass die verzweifelten Eigentümer beabsichtigten, die Biester, die sowohl ihren Reichtum als auch ihre Fleischquelle darstellten, zurückzubekommen, wurde eine Abteilung der berittenen Kompanie beauftragt, die Kamele aus der unmittelbaren Gefahr zu führen, während der Hauptteil der Truppen die verzweifelten Stammesangehörigen bekämpfte. Die waren jedoch nicht dümmer als ihre Unterdrücker, und ließen sich nicht ködern, sondern nutzten die zerklüftete Landschaft, um außer Sicht zu bleiben, bis die Kamele und ihre Wächter zu weit von der Hauptkolonne entfernt waren, um unmittelbare Hilfe zu bekommen, und starteten dann mit 300 Reitern und 600 Arabern zu Fuß einen Sturmangriff. Der verlief so schnell, dass bereits acht Mann tot und weitere acht verwundet waren, bevor die Legionäre ihre Maulesel anbinden konnten. Mit dem Mut der Verzweiflung und tadelloser Disziplin beim Schießen bildeten sie ein Karree und schossen nur, um zu töten. Es gelang ihnen irgendwie, lange genug auszuhalten, bis ein Schwadron Spahis, das durch die Schüsse alarmiert worden war, zurückritt und die Angreifer in die Flucht schlug.

Wenn die Europäer wie in diesem Fall in der Minderzahl einer großen Truppe Stammesangehöriger der Sahara standhielten, muss berücksichtigt werden, dass sie nicht nur wegen ihrer Ausbildung und Disziplin im Vorteil waren, sondern auch wegen ihrer Bewaffnung, denn viele Stammesangehörige waren immer noch mit Schwert, Lanze und einem kleinen Schild aus Tierhaut am linken Arm bewaffnet, was gegen Feuerwaffen wenig hilfreich war.

Am 1. Juni 1903 geriet der neue Gouverneur von Algerien, Célestin Jonnart, nahe Figuig, genau an dem Punkt im Landesinneren in einen Hinterhalt, von dem aus die Franzosen begonnen hatten, die alte marokkanische Grenze immer weiter nach Westen zu verschieben. Hätte jemand sie gefragt, hätten sich die Männer vom 2 RE, die zwei Wochen später auf eine Strafexpedition in das wasserlose Ödland zwischen dem Wadi Gur und dem Wadi Zisfana geschickt wurden, um die Ausschreitungen zu rächen, darüber gewundert, was ein dermaßen wichtiger Zivilist in einem so umkämpften Gebiet machte. Aber es fragte keiner.

Und so gingen das unaufhaltsame Vordringen der industrialisierten Europäer und der hoffungslose Widerstand der Wüstenstämme weiter. Die Stämme hatten so wenig eine Vorstellung davon, das Land zwischen diesem Brunnen und jener Oase, an der sie Erbrechte hatten, zu *besitzen* wie die Indianer von Manhattan. Die wurden, nachdem sie 1626 die Jagdrechte auf der Insel, die ihren Namen trägt, für Kinkerlitzchen und Tuche im Wert von 60 Gulden verkauft hatten, von Peter Minuit, dem Generaldirektor der New Netherland Province, darüber informiert, dass sie eine Landbesitzurkunde »unterzeichnet« hätten und daher nicht länger das Recht hätten, hier zu sein.

Exzentrische Europäer haben sich immer von der Leere trockener Landschaften angezogen gefühlt. Einer von ihnen war ein ehemaliger Offizier der 4. Husarengarde namens Charles de Foucauld. Als junger Kerl war seine Vorliebe für extravagante Frauengeschichten, die in dem Verschicken seiner aktuellen Geliebten nach Algerien in einer Kiste ihren Höhepunkt fand, in der ganzen Armee bekannt – ebenso wie die Reichhaltigkeit seiner Tafel. Als er jünger war, hatte seine Völlerei bei Familienfesten jüngere Verwandte verschreckt, weil er deren Essen zusätzlich zu seinem eigenen aß. Als er zu den Chasseurs d'Afrique versetzt wurde, fing dieser hemmungslose Playboy an sich zu langweilen und gab seinen Dienst auf. Er kehrte später nach Algier zurück und wurde Student bei Oscar MacCarthy. Der war die größte Autorität für Nordafrika und dessen Kulturen und Verwalter der Moustafa Pasha Bibliothek mit 25.000 Bänden. Foucauld lebte wie ein Einheimischer in MacCarthys Haus und studierte arabisch. Er beherrschte die Sprache und die Schrift gut genug, um verkleidet als herumziehender jüdischer Händler in die verbotene Stadt Fez zu reisen, riskierte dabei allerdings sein Leben, falls der Schwindel entdeckt werden würde.

Für diesen Zweck lernte er genug aus dem Koran und aus hebräischen Gebeten, was seine leidenschaftliche Hinwendung zum Christentum auslöste und ihn daraufhin veranlasste, eine Pilgerfahrt nach Rom zu unternehmen. Er wurde Trappisten-Mönch und warf seinen Brüdern im Orden vor, dass sie für sein exzessives Temperament das »Leben von Nazareth« in Armut, Gefahr und Unbequemlichkeit nicht ausreichend genug führten. Nach seiner Rückkehr nach Algerien 1901 gründete er seinen eigenen Orden, genannt die Kleinen Brüder des Heiligen Herzens von Jesus. Er forderte eine solche Strenge und Unbequemlichkeit, dass er Zeit seines Lebens das einzige Mitglied war.

Zu seinem »Mutterhaus« wählte er nach mehreren Versuchen eine schäbige und unbequeme, selbst gebaute Zwei-Quadratmeter-Einsiedelei nahe des desolatesten französischen Stützpunktes in Algerien, bei Beni-Abbès im Wadi Souara. Dort überblickte das nagelneue Fort die rosaroten Dünen des westlichen Erg nach Norden und Osten. Im Westen erstreckte sich Marokko felsiges Ödland und zum Süden hin lag eine unermessliche Fläche aus schwarzem Fels und Schiefer. Aïn Sefra, der nächste Bahnhof und Nachschubpunkt, lag 40 Kilometer entfernt.

Wie auch immer seine ehemaligen Mitoffiziere seine Zurück-zu-Nazareth-Religion betrachteten, so bewunderten sie de Foucaulds persönlichen Mut und seinen Gleichmut gegenüber Krankheiten, Unterernährung und Gefahr derart, dass er ihnen als verkörperte Heiligkeit erschien. Die Armee und die Offiziere der Legion in der 800-Mann-Garnison bei Beni Abbès gaben ihm ausreichend Proviant, den er an jeden, der darum bat, weitergab, egal ob Sklave oder frei, während er sich selbst mit einer Nahezu-Nulldiät aus Haferschleim und Brot aus heimischer selbst gemahlener Gerste und Feigen bestrafte. Nach seiner Logik hatten die Weißen Väter und andere Missionarsorden trotz des Preises ihrer Leben dabei versagt, den Einheimischen das Evangelium nahezubringen. Daher musste er es durch sein Beispiel selbst gewählter Armut und Demut machen. Es lag völlig außerhalb seiner Vorstellungskraft, dass Wüstenbewohner, die ohnehin ewig arm und nahe am Verhungern waren, in diesen Bedingungen keinen Vorteil erkannten.

Trotzdem schien Gott auf französischer Seite zu stehen, als berichtet wurde, eine von de Foucaulds konvertierten ehemaligen Sklavinen habe ihm im Beichtstuhl zugeflüstert, dass Sherif Moulay Moustafa eine Armee von 4.000 bis 9.000 Mann zusammenzog. Dass es unmöglich war, die genaue Anzahl zu bestimmen, lag zum Teil an der Tendenz der Nomaden-Stämme, ihre Meinung zu ändern und sich von jeder gemeinsamen Unternehmung zurückzuziehen, wenn ihre Erbfeinde sich ihr anschlossen. Sie wollten der Garnison des entlegenen Postens bei Taghit, dessen Anwesenheit die umgebenden Stämme zwang, Tributsteuern zu zahlen, eine kräftige Lektion erteilen. Die Col de Taghit war eine natürliche, ebene Passage, die so eng war, dass zwischen den riesigen Dünen des Großen Erg und einer weiten Fläche unpassierbarer, kahler und vom Wind gepeitschter Felsen nur drei Kamele nebeneinander hindurchgehen konnten. Der Zugang zum Col wurde von dem *ksar*, dem befestigten Dorf Taghit, versperrt.[7]

De Foucauld leitete die Warnung an die bedrohte Garnison weiter. In der Hochsommerhitze vom 17. bis 20. August 1903 hielt Hauptmann Susbielle bei Taghit mit 470 Mann in unterschiedlichen französischen Uniformen und nur zwei 80 mm Feldhaubitzen als einziger Artillerie die Armee von Moulay Moustafa fern. Die letzte Verstärkung, die ankam, bevor die Stammesangehörigen die Stellung umzingelten, war ein Zug aus einem Strafbataillon und der 1. Zug der 22. Berittenen Kompanie des 2 RE unter Oberleutnant Pointurier, der in der Nacht einen Gewaltmarsch von 60 Kilometern gemacht hatte, um rechtzeitig dorthin zu gelangen.

Bis zum Ende der kurzen Belagerung, als sich die Stammesangehörigen zurückzogen, waren neun der Verteidiger tot und 21 verwundet. Die feindlichen Verluste betrugen schätzungsweise 1.200 Mann. Der Kreuzfahrer-Heilige von Beni Abbès schrieb in sein Tagebuch: »Dies ist die größte Heldentat seit vierzig Jahren in Algerien.«[8] Die Nachricht von dieser Begebenheit verbreitete sich rasch über das Armeenetzwerk, und es wurde als Wunder angesehen, dass de Foucaulds Barmherzigkeit, einer bescheidenen Sklavin »das Evangelium zu verkünden«, es der vorgewarnten Garnison ermöglichte, auszuhalten und so wenige Männer gegen eine solche Übermacht zu verlieren.

Wie so viele solcher Legenden war auch diese falsch. De Foucauld hatte nichts damit zu tun, dass Susbielle bei Taghit gewarnt wurde, weil er zu der Zeit mit dem Vatikan um die Erlaubnis feilschte, auf der einjährigen Tour zu den Oasen der Sahara eine Messe feiern zu dürfen, bei der er auf einem Esel saß und sein Diener, ein befreiter Sklave, dahinter zu Fuß ging. Als er von dem Angriff erfuhr, eilte er nach Taghit, um seine Mission zu erfüllen und die Verwundeten zu pflegen. Als er am 6. September ankam, kümmerte er sich um die Verletzten und segnete die Toten. Das wahre Wunder von Taghit war, dass nach de Foucaulds Ankunft wegen seiner selbstlosen Krankenpflege keine Verwundeten starben.[9]

Noch bevor er ankam, legten am 2. September 300 Stammesangehörigen der Armee von Moulay Moustafa an einer kahlen, nichtssagenden Stelle nahe dem Karawanserei El Mounghar einen Hinterhalt für eine gemischte Kolonne aus Spahis und Legionären. Der Ort wurde von einem Legionär, der dort gewesen war, als »Nirgendwo, Nichts, ein hypothetischer Punkt auf einer Landkarte« beschrieben.[10] Die Stammesangehörigen wählten den Zeitpunkt zum Angriff, in dem die Legionäre um

09.30 Uhr nach einem Marsch, der die ganze Nacht hindurch gedauert hatte, ihren Kaffee zubereiteten. Sie versetzten die Kamele und die Maulesel der Legionäre, die das Wasser und die übrige Munition trugen, in Panik.

Die Legionäre und einige unberittene Spahis kämpften verzweifelt in zwei Gruppen auf benachbarten Hügelchen, eine wurde von dem dänischen Aristokraten Christian Selchauhansen kommandiert, die andere von Hauptmann Vauchez. Nachdem der lange, blonde Däne tödlich verwundet worden war, starben zwei seiner Männer bei dem Versuch, ihn zu retten.[11] Das Kommando ging nun auf einen Gefreiten über, der Tisserand hieß. Er befahl den Männern, nur auf sichere Ziele zu schießen. Die Stammesangehörigen glaubten, dies bedeute, dass die Franzosen keine Munition mehr hatten, und kamen zu dicht heran. So konnte der Gefreite einen wütenden Bajonettangriff führen, der sie für den Augenblick vertrieb.

Auf dem anderen Hügelchen zählte Hauptmann Vauchez ebenfalls zu den ersten Toten. Das Kommando ging auf Stabsfeldwebel Tissier über, der kurz danach getötet wurde. Die verzweifelten Überlebenden hielten ihre Angreifer bis 16.20 Uhr in Schach. Dann kehrte Hauptmann Susbielle mit den Spahis, die um Hilfe geschickt worden waren, einer Gruppe Freiwilliger sowie Hauptmann Bonnelet vom 1 RE an der Spitze seiner berittenen Kompanie zurück. Bis die Stammesangehörigen vertrieben wurden, waren 36 Männer tot, 49 verwundet, und nur 20 Legionäre konnten noch auf ihren Füßen stehen.

Die abschließende Untersuchung gab Hauptmann Vauchez die Schuld, während Tisserands Heldentum durch seine posthume Beförderung zum Leutnant belohnt wurde. Weil Offiziere, die aus den unteren Dienstgraden befördert wurden, üblicherweise zu einem anderen Regiment wechselten, um disziplinäre Probleme mit ehemaligen Kameraden zu vermeiden, wurde der verstorbene Leutnant Tisserand dem 1 RE überstellt.

21

Im Königreich des Westens

NORDAFRIKA, 1901–14

Um sich ein politisches Alibi zu verschaffen, betonten französische Berichte über grenzüberschreitende Übergriffe immer, dass die Angreifer – wie bei Taghit und El Mounghar – »marokkanische Rebellen« seien.[1] Dies übersah bequem die Tatsache, dass die betroffenen Stammesangehörigen sich nicht als Untertanen des Sultans oder jemand anderes betrachteten, und keine Ahnung von Linien hatten, die auf einem Blatt Papier gezogen wurden, da sie nie eine Landkarte gesehen hatten. Innerhalb Marokkos, dem »Königreich des Westens«, so die Übersetzung seines arabischen Namens,[2] veränderten sich die Ereignisse zum Vorteil dieser oder jener Kolonialmacht. Nachdem er 1901 volljährig wurde, umgab sich Sultan Abd el Aziz mit europäischen Begleitern und übernahm ihre Bräuche, was die religiöseren seiner Untertanen weiter schockierte. Die Unzufriedenheit im Volk war so weit verbreitet, dass der Prätendent Bu Hmara nahe Melilla eine Zeit lang einen rivalisierenden Hof etablierte.

Oberst Louis Hubert Gonzalve Lyautey, der unter General Galliéni in Vietnam und Madagaskar gedient hatte, glaubte fest an die Vision von Europas kolonialer Eroberung als zivilisierende Kraft in der Welt des neunzehnten Jahrhunderts. Lyautey, der trotz einer Verletzung an der Wirbelsäule aus Kindertagen Kavallerist war, ging 1902 nach Frankreich zurück, um die 14. Husarengarde bei Alençon zu kommandieren. Offensichtlich erhielt er das Kommando bei Aïn Sefra, von wo aus die umstrittene Grenze zu Marokko kontrolliert wurde, auf Empfehlung von Generalgouverneur Jonnart.

Was immer auch Paris meinte, Lyautey hatte nicht die Absicht, einen defensiven Krieg zu führen; seiner Meinung nach war es viel besser, den Krieg zum Feind zu tragen, indem man sein Land verwüstet. Um den befriedeten Stämmen in Algerien, die Tribut an Frankreich entrichteten, zu zeigen, dass Frankreich sie vor ihren Feinden schützen konnte und würde, egal woher sie kamen, plante er drei große Stützpunkte 150 Kilometer innerhalb marokkanischen Gebietes, von denen aus berittene Kompanien der Legion aufbrechen konnten, um jede Bedrohung des französischen Algeriens zu unterbinden.

Diese Lager sollten keine einfachen Blockhäuser aus Lehmziegeln sein, sondern beachtliche Zitadellen mit hohen Mauern, Türmen und Toren – gewissermaßen kleine Städte, die für einen ausschließlich militärischen Zweck gegründet werden sollten. Obwohl die riesigen fünfstöckigen Kasernenblöcke in bel Abbès und Saïda wie die Kasernen in jeder südfranzösischen Stadt gebaut wurden, spiegelten Lyauteys neue Stützpunkte mit ihren maurischen Bögen und Fenstern, die von mit Luftschlitzen versehenen Fensterläden verdunkelt wurden wie ein modernes Touristenhotel, seine Liebe zum Exotischen wider. Da die einzigen Landkarten des umstrittenen Gebietes von der Kolonial-Armee angefertigt worden waren, erfand er einfach Ortsnamen für seine neuen Stützpunkte, um ihre tatsächlichen Standorte innerhalb des marokkanischen Gebiets zu verschleiern, damit kein sich einmischender Politiker oder Diplomat genau erfahren konnte, was er so trieb.

Es half ihm sehr, dass Großbritannien und Frankreich am 8. April 1904 die Entente Cordiale als Mittel unterzeichneten, widerstreitende Kolonialinteressen auszugleichen und ein zunehmend kriegerisches Deutschland zu warnen, sich fernzuhalten. Unter anderem gewährte die Entente Großbritannien Handlungsfreiheit für seine Kolonialpläne in Ägypten und Frankreich in ähnlicher Weise in Marokko, mit der Bedingung, dass Spaniens Interessen dort angemessen berücksichtigt werden sollten. Andere Klauseln definierten die Grenzen Nigerias zugunsten Frankreichs neu und gaben ihm die Kontrolle über das obere Tal von Gambia. Die östlichen Teile Thailands neben Französisch-Indochina wurden ebenfalls zur französischen Zone.

Eine der geheimen Klauseln der Entente, die sieben Jahre lang nicht veröffentlicht wurde, war die Bestimmung, dass Großbritannien ein Auge zudrücken würde, wenn Frankreich das gesamte Marokko mit Ausnahme der spanischen Zone annektieren würde, falls *sich herausstellen sollte, dass der Sultan unfähig war, Autorität über seine eigenen Untertanen auszuüben*. Da kein Sultan je in der Lage gewesen war, die Wüstenstämme im Süden, die die meisten bewaffneten Angriffe in Algerien ausführten, oder die unabhängigen Berber im Rif-Gebirge zu kontrollieren, bedeutete dies für Lyautey grünes Licht aus London.

Wegen der Annäherung zwischen Großbritannien und Frankreich, zwei traditionellen Feinden, war Kaiser Wilhelm II. wütend, weil Deutschland darauf gezählt hatte, es könne mit ihnen einzeln verhandeln. Er besuchte Tanger am 31. März 1905 und erklärte seine Unterstützung für die marokkanische Unabhängigkeit. Dermaßen ermutigt kündigte der junge Sultan seine Abkommen mit Frankreich auf. Die daraus resultierende diplomatische Panik wurde auf der Konferenz in Algeciras von Januar bis April 1906 beigelegt. Dort wurden deutsche Handelsrechte und die anderer Nationen in Marokko grundsätzlich aufrechterhalten, doch Frankreich wurde mit der Kontrolle des Landes betraut, wobei der Norden des Landes zur spanischen Einflusssphäre erklärt wurde. Italiens Nichteinmischung in diesen Plan wurde durch die Unterstützung für Roms Ansprüche auf Libyen erkauft. Sobald diese Konflikte der Kolonialinteressen gelöst worden waren, trafen sich die europäischen Mächte, die am meisten betroffen waren, mit marokkanischen Vertretern in Algeciras, um die Zukunft des Landes zu diskutieren. Dabei wurden die europäischen Schulden des Sultans als Hebel benutzt, um französische und spanische Zollbeamte in marokkanischen Häfen einzusetzen.

Der deutsche Druck auf Marokko erreichte so das Gegenteil dessen, was Wilhelm II. erhofft hatte. Zum ersten Mal seit dem Krimkrieg zwang die wachsende Drohung des deutschen Militarismus die britischen und französischen Generalstäbe, miteinander zu reden. Angesichts ihrer wachsenden Sorge über den Aufbau der kaiserlichen Marine erhielt Frankreich in den freundschaftlichen Gesprächen das Versprechen auf Unterstützung der Royal Navy, sollten seine Küste und Häfen jemals von der deutschen Flotte bedroht werden.

Als Marokko in Paris, wegen der Grenzübergriffe von Algerien aus, protestierte, nahm Lyautey keine Notiz davon und wurde 1906 mit der Ernennung zum Kommandeur des Militärbezirks Oranais belohnt. Wie die Legionäre bei seinen Manövern lebten, zeigt sich gut in einer der unveröffentlichten Aufzeichnungen in dem Archiv von Aubagne. Der Augenzeugenbericht von Feldwebel Lefèvre[3] gibt eine ziemlich detaillierte Darstellung eines Einsatzes, der von General Vigy kommandiert wurde. Er begann im April 1908, als drei französische Kolonnen über die umstrittene Grenze marschierten und ritten, um einer *harka* – einer Koalition marokkanischer Stämme, die Lyauteys Stützpunkt bei Bechar bedrohte – den Weg zu versperren und sie zu vernichten.

Am 14. April lagerte die Vorhut, die aus der 24. Berittenen Kompanie des 1 RE und einer Einheit Algerischer Spahis bestand, in der Oase El Menabha im Wadi Guir. Die Legionäre begannen sofort, aus herumliegenden Steinen Verteidigungsmauern zu bauen, so dass es nach einem Lager aussah, als die Haupttruppe, bestehend aus Infanterie der Legion, algerischen *tirailleurs*, einigen Zouaven und einer Batterie von 80 mm-Haubitzen, die von einem Tross von 800 Kamelen unterstützt wurde, um 17.00 Uhr ankam. Die *harka* war nur zehn oder zwölf Kilometer entfernt, und ihre Späher wussten über die französischen Bewegungen gut Bescheid. Um 05.10 Uhr am folgenden Morgen töteten Schüsse von dem hohen Terrain, das über der Oase lag, Männer, die in ihren weißen Segeltuchzelten schliefen, während andere ihre Gewehre aus den Stapeln rissen und auf der Seite der Verteidigungsmauer in Deckung gingen, die den Schüssen am nächsten war, um sich auf den Angriff vorzubereiten.

Er kam von hinten. Das Lager war plötzlich voller Figuren in weißen Roben, die auf jeden in französischer Uniform schossen und Löcher in die Zelte schlitzten, durch die sie diejenigen erschossen, die immer noch drinnen lagen. 47 Legionäre des 2 RE, die einen Abschnitt der Mauer hielten, wurden gezwungen, sich bei dem schummrigen Licht in das Lager zurückzuziehen, ebenso die *tirailleurs* an ihrer Flanke. Die Batterie schoss nun auf den Hügel, wo die Haupttruppe des Feindes konzentriert war. Unter Deckung dieses spontanen Sperrfeuers griffen 75 Legionäre der berittenen Kompanie den Hügel an und vertrieben die marokkanische Haupttruppe, dabei starben zehn und 17 wurden verwundet.

Zum Glück für die Franzosen waren die Angreifer mehr daran interessiert, Beute zu ergattern als die Schlacht zu gewinnen. So konnten die Verteidiger die Oberhand gewinnen, wobei sie dazu öfter die Bajonette als Kugeln benutzten. Als die blutrote Sonne über der trockenen Landschaft aufstieg, verfolgten sie die letzten Eindringlinge bis zu zwei Kilometern von der Oase entfernt und schossen sie wie die Pappkameraden auf dem Schießplatz nieder, bevor sie sich zurückzogen, um ihre Verluste zu zählen. Auf dem Rückweg erschossen oder erstachen sie mit den Bajonetten alle verwundeten Araber, bevor sie sich zwischen den Leichen in den Ruinen ihres Lagers hinsetzten, um zu frühstücken.[4] Da die französischen Verluste im Verhältnis von etwa eins zu zwei niedriger waren als die des Feindes nannte General Vigy das Gefecht einen Sieg, wobei er die Tatsache ignorierte, dass es sich die Stämme leisten konnten, zehn mal mehr Männer zu verlieren als er.

Nordwestlich von Bechar in den Palmenhainen bei Beni Ouzien formierte sich die *harka* Anfang Mai neu. Als sich Lefèvre ihr im Tal des Wadi Guir näherte, hatte er noch Zeit, die vergleichsweise Fruchtbarkeit des Landes zu bemerken: Felder mit Weizen und Gerste, begrenzt von niedrigen Trockenmauern, Palmenhainen und Gemüsebeeten, die sich wie Kinder in den Schutz eines mit Schlamm gemauerten *ksar* oder befestigten Dorfes anschmiegten. Der furchtlose Fotograf Jules Imbert fotografierte eins von ihnen kurz danach im November oder Dezember 1908. Seine Negative zeigen die mehr als acht Meter hohen Mauern von Bou Denib, die mit Schießscharten und -schlitzen gespickt waren, was es für einen Angriff ohne Artillerie zu einem unangenehmen Ort machte.[5] Darinnen befanden sich nicht etwa ein paar Schlammhütten, sondern massive Kalksteinhäuser und eine Moschee, deren weißes Minarett hoch über das Städtchen ragte.

Nach der monotonen und einfarbigen Wüste, durch die sie marschiert waren, war das Grün eine Erleichterung für die Augen der Legionäre, aber egal welche poetischen Gedanken der Anblick der Vegetation auch wachrief, sie wurden schnell in Vorbereitung auf das Geschäft beendet, das sie dorthin gebracht hatte. Nachdem die Artillerie das Ziel mürbe geschossen hatte, stieß die 24. Berittene Kompanie zu Fuß vor. Sobald die Legionäre unter den Dattelpalmen der Oase waren, suchten sie sich ihren Weg vorsichtig durch die Leichen, wobei sie alle, die ihnen in den Weg kamen, erschossen oder mit dem Bajonett töteten. Da sie keine Verbindung hatten, konnten sie die Artillerie nicht benachrichtigen, die das Feuer einstellen sollte, und so bestand das Risiko, dass sie vernichtet wurden. Die 24. verlor fünfzehn Tote, darunter den kommandierenden Offizier, während die feindlichen Verluste nicht geschätzt werden konnten, weil sich die Legionäre bei Anbruch der Abenddämmerung zurückziehen mussten. Von den Plantagen konnte man Wehklagen hören, als Familien ihre toten Krieger betrauerten.

Weil er die 24. als Stoßtrupp benutzt hatte, bekam General Vigy einen Verweis mit der Begründung, dass er die Infanterie hätte einsetzen sollen, die in Reserve gehalten worden war. General Bailloud, der 19 Korps kommandierte, missbilligte auch das Fehlen eines richtigen Schlachtplans, was die Legionäre der 24. in den Palmenhainen benachteiligt hatte. Seiner Meinung nach war Vigy von der Idee besessen gewesen, eine berittene Kompanie als Elitetruppe zu benutzen. Vielleicht hatte ihn das

»Wir können das« des nun toten Offiziers, der die 24. Berittene Kompanie kommandiert hatte, mitgerissen, wie es manchmal passiert. Was auch immer der Grund war, ihre Belohnung nach dieser schlechten Erfahrung war, dass sie am nächsten Tag in Reserve gehalten wurden, als der *ksar* Bou Denib erstürmt wurde. Sie nahmen jedoch an der Plünderung teil, nachdem die 500 Männer und 300 Frauen, die dort gefunden wurden, hinausgetrieben und im Freien außerhalb der Mauern als Gefangene gehalten wurden. Lefèvre merkte, dass die Legionäre ihre Maulesel mit Datteln, Mehl, Kleidern und Waffen, die aus den Häusern gestohlen wurden, beluden. Berichte von Schlachten sind oft so klinisch sauber, dass man das Elend des Krieges vergisst. Bei dieser Gelegenheit erlaubt ein kleiner Spalt in der offiziellen Berichtssprache über Zeiten, beteiligte Einheiten und Anzahl der Toten einen kurzen Blick auf die leidende Menschlichkeit: eine verzweifelte Mutter flehte Lefèvre an, dass er helfen solle, ihr Kind zu finden, von dem sie während des Kampfes getrennt worden war. Als er das tat, gab sie ihm die einzige Habseligkeit, die sie noch hatte: ein Glashalskette aus dem Sudan.

Die *harka*, die die Franzosen nach Bou Denib geführt hatte, löste sich in Luft auf, erschien aber wieder, um im August den *ksar* anzugreifen. Bis dahin bestand die Garnison aus der 24. Berittenen Kompanie und einer anderen Einheit der Legion in einem außen liegenden Blockhaus. Sukzessive Angriffe wurden von der Geschützen gebrochen, die als feste Kanonen auf den Mauern installiert worden waren, bis eine große Entsatzkolonne in Sicht kam, die einen französischen Angriff auf die *harka* mit rund 5.000 Mann und 18 Geschützen in der Morgendämmerung des 7. September ermöglichte.

Das Gemetzel war so groß, dass Lefèvre berichtete, die angreifenden Marokkaner seien von der Artillerie buchstäblich niedergemäht worden, die anschließend auf das riesige Zeltlager der *harka* gerichtet wurde, das sich über die Ebene von Djorf erstreckte. Diejenigen, die konnten, packten ihre Habseligkeiten, die bei dem Beschuss nicht zerstört worden waren, und liefen oder ritten weg, jeder Mann für sich. Die 24. Berittene Kompanie verfolgte sie und fand überall verletzte und tote Marokkaner, was Lefèvre »menschliche Überbleibsel zehn Kilometer vom Schlachtfeld entfernt« nannte. Die Einwohner von Bou Denib, die gezwungen wurden, die Toten zu begraben, führten die Arbeit in Eile und nicht sehr gut aus. »Man kann sehen, dass überall Füße, Hände und Köpfe aus der Erde ragen. Der üble Gestank [von Verwesung] ist überall.«[6]

Vigy war nicht der einzige General, der von dem Potenzial der berittenen Kompanien beeindruckt war. Einige Offiziere behaupteten, dass man die ganze Legion nach ihrem Modell reorganisieren sollte. Aber der Preis, den die Legionäre für die doppelte Besoldung bezahlten, war hoch. Es gab wenige Ruheperioden und Männer desertierten aus purer Erschöpfung. Die Fluktuation ausgebildeter Männer in den berittenen Kompanien war so hoch, dass in der 24. Kompanie kein einziger mehr diente, der bei El Menabha und Bou Denib gekämpft hatte, als General Bailloud die Männer im Jahr 1910 beglückwünschen wollte.[7] Im Juli 1910 desertierten 18 Legionäre der 3. Berittenen Kompanie des 1 RE in Algerien. Obwohl eine Untersuchung den Stress der ständigen Kampfhandlungen als Grund feststellte, scheint die wahre Ursache der Mord durch Araber an einem ihrer kranken Kameraden zu sein, dem ein tyrannischer Unteroffizier verboten hatte, auf einem Maulesel zu reiten und mit der Kompanie zu Fuß nicht länger Schritt halten konnte.

Während sich die Franzosen in Marokko ihren Weg durch die Wüste erzwangen, verschlechterte sich die Situation im Land schnell. Nur Monate nach der Konferenz von Algeciras wurden britische und französische Beamte sowie Zivilisten ermordet. Als einige französische Arbeiter, die im Juli 1907 den Hafen von Casablanca wieder aufbauten, getötet wurden, beschoss das Kriegsschiff GALILÉE das Einheimischenviertel der Stadt. Anschließend landete ein Trupp Marineinfanteristen, um die Ausländer zu schützen, die sich im französischen Konsulat vor den Unruhen verbargen, die darauf abzielten, die wachsende Anzahl europäischer Ankömmlinge zu vertreiben. Dem folgte eine Expeditionstruppe von 3.000 Mann, darunter ein Kontingent der Legion, das in sechs Monaten zu einer Besatzungsarmee mit insgesamt 14.000 Mann unter General Albert D'Amade anwuchs. Dabei wurde das Kriegsrecht in einem Umkreis von 75 Kilometern um Casablanca verhängt.

Obwohl einige Einheiten der Legion aus der Wüste (wo es keine Zeugen gab, die am Leben blieben, um etwas zu erzählen) Praktiken wie das Töten mit dem Bajonett oder das Erschießen verwundeter Gefangener und Plündern »feindlichen« Eigentums mitbrachten, sollte man meinen, dass die deutschen Bewohner Marokkos es trotzdem vorziehen würden, ihren persönlichen Schutz vor den muslimischen Aufrührern von Truppen garantiert zu bekommen, die von einer anderen europäischen Macht kontrolliert wurden. Das war aber nicht der Fall. In den zehn Jahren vor dem Ersten Weltkrieg sank die Rekrutierung von Deutschen in die Fremdenlegion um die Hälfte, von 34 Prozent auf etwa 16 Prozent.[8] Der Grund war teilweise, dass Deutschlands Kolonialkriege jungen Männern, die Abenteuer an exotischen Orten suchten, die Gelegenheit gaben, diese in der Uniform des Kaisers zu erleben. Zweitens hielt die zunehmende Professionalität in der deutschen Armee die Unteroffiziere von den traditionellen Schikanen ab, was Wehrpflichtige zuvor in die Desertation getrieben hatte. Drittens berichteten Bücher ehemaliger Legionäre wie Erwin Rosen Einzelheiten über Strafen wie das *silo*, ein konisches Loch, das in die Erde gebohrt wurde und in dem ein Übeltäter in seinem eigenen Dreck über Tage und Nächte eingesperrt wurde. Dabei konnte er sich weder hinlegen noch sitzen, so dass er nicht mehr stehen konnte, als er wieder aus dem Loch geholt wurde. Laut Rosen fand General Négrier bei einer Inspektion der Kaserne bei Saïda 15 besetzte *silos* und schaffte die Strafe sofort ab.[9]

Da die Strafzeit weder bezahlt wurde noch als Dienstzeit zählte, folgerte Rosen, dass eine fünfjährige Verpflichtung wegen der Zeit, die in der Kaserne und bei härteren Strafen verbracht wurde, leicht acht Jahre oder länger dauern könnte. Bei einer Bezahlung von 5 Centimes pro Tag für die ersten drei Jahre und 10 Centimes für das vierte und fünfte Jahr rechnete er aus, dass der gesamte erhaltene Lohn 127 Francs und 75 Centimes betragen würde![10]

Der Internationale Völkerrechtsbund zur Bekämpfung der Fremdenlegion und anderer Organisationen riet jungen Deutsche aktiv davon ab, sich für den Dienst ausländischer Mächte, insbesondere Frankreichs, zu verpflichten. Der Mangel an Rekruten von östlich des Rheins wurde durch die zunehmende Anzahl französischer Marineinfanteristen und Männer von regulären und Kolonial-Regimentern wettgemacht. Sie durften wegen schlechter Disziplin nicht wieder in die reguläre Armee zurückkehren und traten in die Legion ein, damit sie die 15 Jahre Dienst beenden konnten, die erforderlich waren, um in den Genuss von Pensionsrechten zu kommen. Das Problem wurde dadurch verschärft, dass sich Fremdenlegionäre, die sich gut geführt hatten und nach fünf Jahren Dienst die französische Staatsbürgerschaft erhielten, häufig entschieden, in reguläre Regimenter mit besserer Bezahlung, besseren Dienstbedingungen und der Aussicht auf Beförderung einzutreten.

Alkohol war in der Legion immer ein Problem. General Herson, der die Fahne des 1 RE bei bel-Abbès am 27. April 1906 dekorierte, kritisierte den zunehmenden Verkauf der persönlichen Ausrüstung, um Alkohol zu kaufen, was zu Trunkenheit und der Zerstörung der Ausrüstung sowie der Einrichtung und des Mobiliars der Kasernen führte.[11] In eine ähnliche Richtung ging die Beschwerde von Oberst Désorthès, der das 2 RE kommandierte und 1905 insgesamt 1.482 Strafurteile über 30 bis 60 Tage Gefängnis unterschrieben hatte. In diesem Jahr fanden in dem Regiment 334 Verhandlungen vor dem Kriegsgericht statt. All dies kam zu den traditionellen körperlichen Strafen hinzu, die regelmäßig von Unteroffizieren und Offizieren angeordnet wurden. Dazu zählten *le tombeau*, bei dem ein Übeltäter gezwungen wurde, sein Grab zu schaufeln und bei jedem Wetter darin zu schlafen und *la crapaudine*, was in etwa bedeutete »dressiert wie ein Truthahn«. Dabei wurden einem Schuldigen die Handgelenke hinter dem Rücken verbunden, seine Fußgelenke gefesselt und stramm bis zu den Handgelenken gezogen, was ohne sichtbare Anzeichen von Gewalt am Körper zu qualvollen Krämpfen führte.

Die Disziplin hätte weniger streng sein können, wenn die Legion ausreichend Offiziere und Unteroffiziere pro Mann gehabt hätte. Eine Linien-Kompanie der Infanterie hatte drei Offiziere, sechs Feldwebel und elf Gefreite für eine nominelle Anzahl von 148 Mann, die aber häufig nur etwa 120 betrug. Kompanien der Legion zählten gewöhnlich 200 Mann oder mehr, hatten aber die gleiche Anzahl Offiziere und Unteroffiziere ohne jedes Hilfspersonal. Dieser Mangel wurde durch die Politik, Legionäre nach Indochina, Madagaskar, Algerien und Marokko abzukommandieren, noch verschlimmert. Hinzu kam, dass der sechsmonatige Genesungsurlaub, der den Kadern zustand, nachdem sie zwei Jahre östlich von Suez gedient hatten, bedeutete, dass ein Bataillon oft nur fünf oder sechs Offiziere zählte und jede Kompanie nur einen oder zwei Feldwebel hatte.

Unter diesen Bedingungen war es für »Auslandsdeutsche« in Marokko einfach, unter dem Vorwand, einsamen Männern fern ihrer Heimat und ihrer Familien Gastfreundschaft anzubieten und *mehrere hundert* unzufriedene Legionäre zu verleiten, mit einer geheimen »Untergrundbahn« nach Europa zurückzureisen. Im August 1908 informierte General D'Amade seinen Botschafter in Tanger über einen deutschen Zeitungsbericht, auf den er aufmerksam geworden war und in dem geprahlt wurde, wie das deutsche Handelsschiff RIGA am 16. August bei Tanger 15 deutsche Deserteure aus der Legion aufgenommen hatte.

Auf dem Papier war zu dieser Zeit die Desertation in der Legion nicht schlimmer als in den meisten französischen Armeeregimentern. 1907 hatten sich 36 Prozent der Reservisten auf dem französischen Festland nicht zur Ausbildung gemeldet und zwischen 1906 und 1911 verdoppelte sich in der regulären Armee die Anzahl von Verhandlungen vor Kriegsgerichten, was in Friedenszeiten ungewöhnlich war. Einen Monat vor dem Hinweis des Generals waren 18 Deutsche aus der Legion desertiert, im gesamten Kalenderjahr kamen noch 29 weitere Deutsche dazu. Die Route, die sie nahmen, wurde im September 1908 dank sauberer militärischer Detektivarbeit enthüllt. Da versuchten ein russischer, ein schweizerischer, ein österreichischer und drei deutsche Legionäre in Zivilkleidung und mit einem *laisser-passer* wedelnd, der vom deutschen Konsul in Casablanca ausgegeben worden war, an Bord des Postdampfers CINTRA zu gelangen, der auf seiner regulären Route im Hafen vor Anker lag.

Ein Unteroffizier der Legion, der zu diesem Zweck an den Kai geschickt worden war, erkannte einige der Deserteure und alarmierte den diensthabenden französischen Hafenoffizier, der das französische Konsulat informierte. Ob der Bootsführer in Panik geriet, weil ihm befohlen wurde, zum Kai zurückzukehren, oder, wie einige meinten, weil die Deserteure von der vorzeitigen Feier ihrer Flucht betrunken waren – das Dingi, in dem sie zur CINTRA gerudert werden sollten, kenterte und sie stürzten alle ins Wasser. Die ganze durchnässte Gruppe wurde auf den Kai gehievt und von der Militärpolizei, die dort wartete, verhaftet.

Militärpolizisten sind nicht dafür bekannt, Deserteure mit Samthandschuhen anzufassen, und die Kreise auf dem diplomatischen Teich breiteten sich schnell aus, nachdem der deutsche Konsul und eine marokkanische Armeewache des Konsulats bei dem folgenden Aufruhr ebenfalls unsanft behandelt wurden. In Berlin forderte Kanzler Bernhard von Bülow die Freigabe der Deutschen, die illegal auf nichtfranzösischem Gebiet verhaftet worden waren und eine Entschuldigung für die schlechte Behandlung des Konsulatspersonals.

In Berlin begann Kronprinz Wilhelm, den seine britischen Verwandten aus einem vertraulichen Grund »Little Willy« nannten – und der das durch seine Vorliebe für das Tragen von immens langen Ehrensäbeln kompensierte, die nach vorn gehalten werden mussten, um zu verhindern, dass hinter ihm jemand stolpern würde – sofort zu drohen, seine Lieblinge, die Pommerschen Grenadiere, westlich des Rheins einzusetzen, um sich an dieser niederträchtigen Beleidigung deutscher Souveränität zu rächen. Noch merkwürdiger war, dass sein Vater dem exzentrischen Oberst Montagu-Stuart-Wortley, dessen Haus in England er für den Sommer gemietet hatte, ein Interview gab. Stuart-Wortley schickte sein Manuskript zur Autorisierung nach Berlin, wo von Bülow offensichtlich zu beschäftigt war, um es selbst zu lesen und an einen

Untergebenen weiterleitete, der dachte, er solle lediglich die Grammatik korrigieren und nicht den Inhalt redigieren.

Es war die Rezeptur für ein Desaster.[12] Das Interview mit dem Kaiser, das am 28. Oktober in der *Daily Telegraph* veröffentlicht wurde, betonte, dass er persönlich die Briten mochte, während dies die meisten seiner Untertanen nicht taten. Es beinhaltete auch die unsterblichen Zeilen: »Ihr Engländer seid verrückt, verrückt, verrückt wie die Märzhasen«, und »Nichts in Deutschlands jüngstem Vorgehen in Marokko steht im Gegensatz zu der ausdrücklichen Erklärung meiner Friedensliebe« (aus seiner Rede bei einem Diner in der Guildhall). In seinen Anweisungen zu all dem, was ihm vom Außenministerium übermittelt wurde, war die private Antwort von König Edward VII., der seinen Cousin, den Kaiser oder »Little Willy«, nie sehr gemocht hatte, prägnant auf sechs Worte reduziert: »Glaube, französische Regierung wird fest bleiben, E.R.«[13]

Am 7. November informierten die britischen und russischen Botschafter in Paris den Quai d'Orsay, dass London und Moskau die Haltung von Paris gegenüber Berlin unterstützen. Diese wachsende Spannung wegen einer Handvoll Deserteure der Legion hätte der Funke, der den Ersten Weltkrieg entzündete, sein können, wenn von Bülow nicht dem Kaiser deutlich gemacht hätte, dass es noch einige Jahre dauern würde, bis Deutschland für einen Krieg gegen ein Bündnis von Großbritannien, Frankreich und Russland bereit sei. Stattdessen fand er einen Ausweg ohne Gesichtsverlust, als sein österreichischer Gegenpart riet, an den Internationalen Gerichtshof von Den Haag zu gehen, um zu schlichten.

Am 24. November lag dem Gericht die deutschen Eingabe vor, wonach Deutschland vom Sultan Sonderrechte erhalten hatte, nach denen deutsche Bürger in Marokko ausschließlich der Gerichtsbarkeit des deutschen Konsuls in Casablanca unterstanden, die Verhaftung daher ein Verstoß gegen die konsularische Immunität war und die deutschen Deserteure dem Konsul übergeben werden müssten. Die französische Position war, dass Deutschland in Marokko weder Rechte über Personen nichtdeutscher Nationalität noch die Befugnis hatte, Deutsche im Dienst einer ausländischen Macht zu schützen, zumal der Vorfall sich auf einem Gebiet ereignete, dass unter Militärrecht stand.

Zwischenzeitlich wurden 50 deutsche Legionäre vom 2 RE verhaftet, nachdem sie einen Zug zwischen Aïn Sefra und Saïda mit vorgehaltenen Waffen requiriert hatten. Sie hofften, die ferne Küste zu erreichen und ein Schiff nach Europa zu nehmen. Der Rädelsführer war ein Bayer namens Pal, der zuvor aus dem 1 RE desertiert war, in dem er unter einem anderen Namen gedient hatte. Er war ein charismatischer Fantast und hatte seine Gefährten davon überzeugt, dass er von Berlin auf geheime Mission geschickt war, um sie zu retten. Seine Belohnung waren zwanzig Jahre Zwangsarbeit.

Desertation war ein Glücksspiel. Diejenigen, die innerhalb von sechs Tagen gefangen wurden, wurden einfach als unerlaubt abwesende Fälle behandelt, und Männer, die betrunken desertiert waren, wurden oft milde behandelt. Einmal attackierte sogar ein Feldwebel der Legion den Unteroffizier eines Strafbataillons, der einen Deserteur gezwungen hatten, ohne Stiefel zurückzumarschieren.[14] Diejenigen, die von eingeborenen Truppen zurückgebracht wurden, wurden jedoch oft schlecht behandelt und sogar von galoppierenden Pferden hinterhergeschleift. Am äußeren Ende des Spektrums wurden Männer, die mit ihren Waffen desertierten und von eingeborenen Soldaten aufgespürt wurden, von jenen oft getötet, weil es für den Erhalt der Belohnung einfacher war, einen Kopf als einen lebendigen Mann zurückzubringen. Diejenigen, die vom Feind in Folge einer *razzia* gefangen wurden, hatten das schlimmste Schicksal, da sie als Sklaven gehalten oder langsam zu Tode gefoltert wurden.

Nichts davon war für die Richter in Den Haag von Interesse. Nachdem sie sich vom 1. bis 19 Mai 1909 beraten hatten, gaben die fünf gelehrten Anwälte eher einen politischen Kompromiss als ein Urteil von sich. Er tadelte Deutschland wegen »eines schweren und offensichtlichen Verschuldens«, weil es Nichtdeutschen half zu desertieren, und stellte fest, dass es auch kein Recht habe, die deutschen Deserteure zu schützen. Frankreich wurde diplomatisch gerügt, weil es exzessive Gewalt angewendet und keinen Respekt gegenüber dem Konsulatspersonal gezeigt hatte. Die wahre Einstellung des Gerichts wird jedoch in seinem Versagen deutlich, die Rückgabe auch nur eines der desertierten Legionäre in deutsches Gewahrsam zu empfehlen.[15]

Öl wurde auf den aufgewühlten Rhein gegossen, als Frankreich deutsche Handelsrechte in Marokko bestätigte – wahrscheinlich weil sie sowieso nicht viel wert waren, da das Land aus den Fugen geriet. Paul Revoil, der künftige Generalgouverneur Algeriens, bestach den jungen Sultan mit einer Anleihe von 7,5 Millionen Francs von der Banque de Paris et des Pays-Bas, um seinen Traum zu finanzieren, das System des Grundbesitzes in Marokko zu modernisieren. Das Projekt misslang völlig mangels europäisch ausgebildeter Vermesser und wegen der tief verwurzelten Feindseligkeit gegenüber dem sozialen Wandel. Abd al Aziz musste schließlich den Preis für etwas bezahlen, das seine Untertanen als exzessive Zusammenarbeit mit den Europäern betrachteten: Er wurde von seinem Bruder Abd al Hafid abgesetzt. Die zivilen Unruhen nahmen zu, bis er wiederum drei Jahre später gezwungen wurde, die Franzosen um Rettung anzuflehen, als er von Stammesangehörigen in Fez belagert wurde. Die französische Entsatzkolonne, die die Belagerung beendete, hatte einen hohen Anteil Legionäre.

Das Land befand sich außerhalb der fest besetzten Gebiete in Aufruhr. Berlin schickte am 1. Juli 1911 das Kanonenboot PANTHER nach Agadir, vorgeblich, um deutsche Interessen in dem örtlichen Aufstand zu schützen, in Wirklichkeit jedoch, um den Franzosen eine eiserne Faust in einem sehr dünnen Handschuh zu zeigen. Diese Gewaltdemonstration, die als »Panthersprung nach Agadir« bekannt wurde, war noch einer der Schritte auf dem Weg nach Armageddon, wie es Winston Churchill nannte. In jenem Herbst diskutierte das Kabinett in London Notfallpläne für einen möglichen Krieg, aber die Krise wurde durch eine französisch-deutsche Konvention vom 4. November entschärft, die das französische Protektorat von Marokko im Gegenzug für das Abtreten von Gebietsstreifen im Kongobecken an Deutschland anerkannte. Spanische Einwände wurden am 27. November in einem französischspanischen Vertrag beigelegt, der die vorige französisch-spanische Grenze in Marokko zugunsten Madrids revidierte, sowie durch die Schaffung einer internationalen Zone um Tanger.

Die Rettung von Abd al Hafid durch die Franzosen hatte ihren Preis. Er wurde gezwungen, den Vertrag von Fez am 30. März 1912 zu unterzeichen. Danach erkannte er das französische Protektorat an und erhielt im Gegenzug das Versprechen auf Unterstützung seines Anspruchs auf den Sultanstitel und wurde mit einem leeren Anschein von Autorität im Amt gelassen. Lyautey war 1910 nach Frankreich zurückgerufen worden, um ein Armeekorps bei Rennes zu kommandieren. Als er nun als erster Generalresident des Protektorats Marokko zurückkehrte, war eine seiner ersten Handlungen, Abd al Hafid durch seinen formbaren jungen Bruder Moulay Jussef zu ersetzen, der sein Land mit neu geschaffenen Ämtern »regieren« sollte, die von französischen Beamten besetzt wurden.

Ländliche Bezirke wurden von französischen *contrôleurs civils* verwaltet; in wichtigen Gebieten wie Fez überwachten Offiziere im Generalsrang die Verwaltung. Im Süden durfte eine Reihe Berber-Häuptlinge oder *caïds* halbwegs unabhängig bleiben. Das Unvermögen der Marokkaner zu regieren, zeigt sich beispielhaft bei Muhammad al Moqri, der Großwesir war, als das Protektorat eingeführt wurde, und den gleichen Posten immer noch inne hielt, als Marokko 44 Jahre später seine Unabhängigkeit wieder erlangte. Er war damals über 100 Jahre alt.

Während Lyautey in der Verwaltung Toleranz und Respekt für örtliche Bräuche zeigte und alle Rassen mit seiner persönlichen Würde und seiner Kompetenz beeindruckte, war er im Kampf skrupellos. Die Befriedung ging sporadisch voran. Im August 1914, nur drei Monate vor dem Ausbruch des Ersten Weltkrieges, trafen bei Taza Truppen, die von Algerien vorstießen, auf solche, die ostwärts von der Atlantikküste kamen. Dieses Zusammentreffen war mehr symbolisch als real: Marokko war weit davon entfernt, unterworfen zu sein, denn die 19 Stämme des Rif kämpften noch viele Jahre weiter sowohl gegen die Spanier im Norden ihres Gebietes als auch gegen die Franzosen im Süden.

Ein großer Aktivposten der Kolonien war ihr Reservoir an Arbeitskräften. Als 1914 der Krieg drohte, hatte die Legion Schwierigkeiten, ihre Quote zu erfüllen. 1913 hatte sich General Antoine Drude, der den Militärbezirk Oran kommandierte, beschwert, dass das 2 RE in Saïda 500 Mann zu wenig hatte, und das l RE in bel Abbès 1.000 Mann.[16] Aber Lyautey, dem befohlen wurde, den Gegenwert von vierzig Bataillonen nach Frankreich zu entsenden, erfüllte seine Quote mit Zouaven, Spahis, den Strafbataillonen d'Afrique und einigen neu ausgehobenen marokkanischen Einheiten. Die einzigen europäischen Truppen, die ihm blieben, waren zwei Bataillone deutscher und österreichischer Legionäre, die ihr Recht in Anspruch genommen hatten, nicht entsendet zu werden, um gegen ihre eigenen Landsleute zu kämpfen. Ausgerechnet auf ihren Schultern ruhte für die nächsten vier Jahre die Last, die französische Herrschaft in Marokko aufrechtzuerhalten.

22

Chaos und Konfusion

FRANKREICH, 1914

Im November 1913 war das heiße Thema auf den Terrassen der Boulevardcafés in Paris Marcel Prousts Unfähigkeit gewesen, einen Verleger für *Der Weg zu Swan* zu finden.[1] Bei der Nouvelle Revue Française wollte Redakteur André Gide überhaupt nichts davon wissen. Nachdem die Verlagshäuser Mercure de France und Fasquelle es ebenfalls abgelehnt hatten, stimmte Bernard Grasset doch zu, Prousts Roman zu veröffentlichen, aber da die Erfolgsaussichten so gering waren, musste der Autor alle Produktionskosten aus eigener Tasche bezahlen.

Die Bevölkerung der Hauptstadt steckte in den ersten Monaten 1914 immer noch tief in der Leugnung der Wahrheit. Obwohl im April der Staatsbesuch von König George V. von Großbritannien und seiner deutschen Königin, die als Prinzessin Maria von Teck geboren wurde, als Zeichen der Solidarität gegenüber Berlin galt, gaben alle offiziell vor, dass es darum ging, das zehnte Jubiläum der Entente zu feiern. Auf der anderen Seite des Rheins gingen die deutschen Vorbereitungen für eine massive Offensive zu Land und zur See derart schnell voran, dass die Frage, die den französischen Generalstab beschäftigte, nicht war, ob es Krieg geben würde, sondern wann und welchen Vorwand Deutschland benutzen würde, bevor es die Offensive, die so lang von dem großen Kriegsherren Graf Alfred von Schlieffen geplant war, beginnen würde. Die Antwort kam, als der Terrorist Gavrilo Princip Erzherzog Franz Ferdinand und seine Gemahlin Sophie von Hohenberg am 28. Juni in Sarajewo ziemlich unordentlich ermordete.

In Paris betraf die erste Maßnahme des Generalstabs die Kleidung. Am 2. Juli wurden die Hosen der französischen Soldaten, die traditionell aus rotem Tuch gewebt wurden, um Blutflecken auf dem Schlachtfeld zu verbergen, in grau-blau geändert, das kaum weniger sichtbar war. Am 15. Juli wurde das lange umkämpfte Gesetz, die Einkommensteuer einzuführen, schließlich verabschiedet, und keiner fragte, warum die Regierung das Geld brauchte. In den letzten Tagen des Monats begann die Armee, die Weizenernte zu requirieren. In wenigen Wochen würde sie auch Zaumzeug, Geschirr, Zügel und Sattel, Futter und Pferde aller Rassen und Größen anfordern, hunderttausende davon als Ersatzpferde und um Artillerie und Versorgungsgüter an die Front zu schleppen, wo sich die wenigen Motorfahrzeuge abseits der Straße festfahren würden.

Am 1. August setzte das Land die Kriegsvorbereitungen mit dem Befehl zur Generalmobilmachung fort. Das führte zu Forderungen des Schweizer Autoren Blaise Cendrars[2] und einer Gruppe anderer Intellektueller in Paris, dass »jeder Mann, der diesen Namen verdient« und der Frankreich liebe, sich an »dem beeindruckendsten Großbrand in der Geschichte« aktiv beteiligen sollte.[3] Adlige russische Emigranten und italienische Handwerker, die in Paris lebten, begeisterten sich ebenso für die französische Sache und schlossen sich mit ihren Kumpels zusammen, um eine militärische Einheit zu finden, in die sie eintreten konnten.

Mitglieder der britischen Kolonie in Frankreich bekamen ein formell verfasstes Rundschreiben: *Betreff: Bildung eines britischen Freiwilligen-Korps, das seine Dienste dem französisch Kriegsminister anbietet.* Dieses wurde an alle Männer mit Militärerfahrung geschickt und endete mit dem Aufruf: »God save the King! *Vive la France!*« Briten, die sich meldeten, verbrachten ein paar Tage Drill im Vergnügungspark Magic City, während die russischen Emigranten ein Kino mit einem flachen Boden mieteten, die Sitze wegräumten und daraus einen Ausbildungssaal machten. Die Amerikaner lernten das Marschieren in den Gärten des Königlichen Palastes, nachdem ihr Eifer vom Komitee der Freunde von Frankreich entfacht worden war, das die gemeinsame revolutionäre Vergangenheit von Frankreich und den USA betonte. Jener Appell endete mit »*Vive la France immortelle! Vive la colonie americaine!*«[4] Jüdische Einwanderer gaben einen mehrsprachigen Aufruf zu den Waffen heraus: »Auch wenn wir rechtlich noch keine Franzosen sind, sind wir in unseren Herzen und Seelen Franzosen, und unsere heiligste Pflicht ist es, uns dieser großen und edlen Nation zur Verfügung zu stellen, um an ihrer Verteidigung teilzunehmen. Ausländische Juden, tun Sie Ihre Pflicht und *Vive la France!*«[5]

Am 3. August erklärte Deutschland formell den Krieg und setzte mit dem ersten Luftangriff auf zivile Ziele ein Zeichen. Auf die Stadt Lunéville fielen drei Bomben, die per Hand aus dem Rumpf eines Zeppelins abgeworfen wurden. Der Krieg in der Luft hatte spektakulär begonnen, aber es wurde ein Eisenbahnkrieg par excellence: 4.278 Züge wurden requiriert, um Reservisten aus ganz Frankreich an die Front zu schicken. In Großbritannien lieferten 80 Züge pro Tag Männer und Versorgungsgüter für die anfängliche Expeditionstruppe unter General Sir John French, die aus einer Kavallerie- und sechs Infanteriedivisionen bestand, in den Hafen von Southampton.

Der Mobilisierungsbefehl, der von Präsident Poincaré unterzeichnet worden war, betraf die Legion nicht direkt, aber da laut Gesetz Ausländer nicht in einer französischen Militäreinheit dienen durften, wurden ausländische Freiwillige zu den Rekrutierungsbüros der Legion weitergeleitet. Ein Jahr zuvor hatte die Gesamtstärke des 1 RE und 2 RE rund 10.521 Männer betragen. In den ersten achten Monaten des Krieges strömten 32.296 ausländische Freiwillige zu den Farben Frankreichs,[6] viele davon sahen sich euphorisch als heiliger Georg, der gegen den Teutonischen Drachen kämpft, um die jungfräuliche gallische Literatur, Kunst und Zivilisation zu retten. Bevor der Krieg mit dem Waffenstillstand am 11. November 1918 endete, würden weitere 11.000 Freiwillige in die Legion eingetreten sein. Davon wurden bei Kampfhandlungen insgesamt 31.000 verwundet, getötet oder vermisst, bis der letzte Schuss abgefeuert wurde.

Nicht alle Männer in der Statistik waren echte Freiwillige, weil Legionäre von Krieg führenden Ländern, deren Vertrag während des Krieges auslief, es oft vorzogen, wieder in die Legion einzutreten anstatt als feindliche Ausländer interniert zu werden. Etwa 70 Prozent der Unteroffiziere der 2. berittenen Kompanie im 1 RE waren Deutsche. Sie und andere riskierten das Erschießungskommando, falls sie von Landsleuten an der Westfront gefangen genommen würden. Aus diesem Grund änderten Legionäre, die in Deutschland oder Österreich geboren wurden und sich freiwillig für Europa gemeldet hatten, oft ihre Namen offiziell in französische. Die anderen konnten wählen, in Kriegsgebieten zu dienen, wo sie nicht im Niemandsland Landsleuten gegenüberstehen würden, oder mit den Garnisonstruppen in Nordafrika und Indochina zu bleiben. In der Gegenrichtung nahmen Kolonial-Truppen aus Vietnam, Nordafrika und Senegal das Schiff nach Europa. Allein Algerien stellte auf dem Höhepunkt 170.000 Mann bereit – die in Frankreich als straff organisierte militärische Einheiten mit ihren eigenen Offizieren ankamen und oft ohne jegliche Vorbereitung in den schlimmsten Sektoren der Kampflinie eingesetzt wurden. Im Gegensatz dazu produzierte die Flut der Ausländer, die sich innerhalb Frankreichs freiwillig meldete, Chaos und Konfusion, als hätte man noch mehr davon gebraucht. Gebraucht wurden dringend zähe und disziplinierte Veteranen, keine begeisterten Amateure, die eher eine Last als ein Gewinn waren.

Am 8. August verkündete schließlich das *Journal Officiel*, dass sich ausländische Zivilisten in Frankreich für die Dauer der Feindseligkeiten nur in der Fremdenlegion verpflichten dürften. Nicht alle von ihnen blieben. Diejenigen, deren Heimatländer Verbündete Frankreichs wurden, gingen dahin, um mit ihren Landsleuten zu dienen. Britische Legionäre wechselten deshalb später zur BEF, Italiener dienten unter ihrer eigenen Flagge, als Rom sich den Alliierten anschloss, und Amerikaner gingen um »doughboys« mit dem Vorteil der Kampferfahrung zu werden, als die Vereinigten Staaten in den Krieg 1917 eintraten.

In seinem autobiographischen Buch *La Main Coupèe* behauptete Blaise Cendrars irrtümlich, dass »die Gespräche mit dem Kriegsminister einen ganzen Monat dauerten, bevor er ... diese Armee ausländischer Freiwillige in den Rekrutierungsbüros akzeptierte«.[7] Cendrars verpflichtete sich am 3. September, als die deutschen Geschütze schon deutlich in ganz Paris zu hören waren, aber er war nicht unter den ersten Freiwilligen. Zwei Wochen früher, am 25. August, nachdem er im Hôtel des Invalides am Champs de Mars gegenüber dem Eiffelturm in die Legion eingetreten war, führte der Harvard-Dichter Alan Seeger 50 andere Amerikaner durch die Straßen; sie schwenkten Sternenbanner und wurden auf dem ganzen Weg zum Gare St. Lazare von der

Menge bejubelt. Dort brachen sie mit der Bahn zur Grundausbildung nach Toulouse auf und hatten keine Ahnung von der Hölle, der sie sich verpflichtet hatten. Genau zwei Jahre bevor er getötet wurde, schrieb Seeger in sein Tagebuch und sprach dabei für so viele der eifrigen Freiwilligen im August 1914: »Es war nur für den Ruhm, dass ich mich verpflichtet habe.«[8]

Am 12. August hatten das 1 RE und 2 RE je ein *bataillon de marche* in Marokko und bildeten vier weitere Halbbataillone für den Dienst in Europa. Dabei schlossen sie Legionäre von künftigen feindlichen Nationen, die in Afrika bleiben sollten, aus. Am 28. August verließen die Männer vom 1 RE bel Abbès mit dem Zug, der sie in den Norden Frankreichs brachte, wobei sie unterwegs italienische und andere Freiwillige aus dem Rekrutierungslager in Avignon aufnahmen. Dort berichtete der Schweizer Rekrut Jean Reybaz, wie entsetzt er darüber war, dass die Legionärsveteranen den bürgerlichen Freiwilligen alles stahlen.[9]

Die Männer vom 2 RE folgten einer anderen Route, nachdem sie Saïda verlassen hatten. Sie hielten in Toulouse, um das 2/2 der Amerikaner und andere Freiwillige aufzunehmen, die zur Ausbildung am Quartier Pérignon gewesen waren. Der Amerikaner Henry Farnsworth betrachtete die militärische Kompetenz der Unteroffiziere der Legion nach all dem sinnlosen Hin- und Hermarschieren unter dem Drill der Feldwebel der Pariser Feuerwehr als sehr beruhigend. Wenn man sich die Reaktion der abgehärteten Unteroffiziere vom 2 RE auf diese weichen Zivilisten, die sie schnell in Soldaten umwandeln mussten, vorstellen kann, waren viele Freiwillige genauso erschreckt, dass sie in Schlafsälen mit Männern schliefen, die gewohnheitsmäßig den Kameraden Ausrüstung klauten, anstatt ihre eigene zu reinigen, und sie gelegentlich für Alkohol verkauften. Die politikbewussten osteuropäischen Flüchtlinge waren erstaunt, dass ihren Unteroffizieren die Politik ebenso völlig egal war wie die Frage, für wen oder gegen wen sie kämpften.[10]

Die Spannung, die auftritt, wenn weniger gebildete, lang gediente Profis und besser gebildete, kurz dienende Amateure in Uniform zusammen gesteckt werden – wie während der amerikanischen Einberufung für Vietnam sowie in den Jahren des National Service im Vereinigten Königreich nach dem Zweiten Weltkrieg – war 1914, als die Klassen- und Bildungskluft so groß war, viel ausgeprägter. Seeger schrieb: »Es gibt mehr als gewöhnlichen Grund zur Unzufriedenheit, wo eine Mehrheit der Männer, die sich freiwillig gemeldet haben, in ein Regiment gesteckt werden, das fast völlig aus dem Abschaum der Gesellschaft, aus Justizflüchtlingen und Raubeinen besteht [und] von *sous-officiers* kommandiert wird, die uns alle ohne Ausnahme in der gleichen Weise behandeln, wie sie ihre ungezogene Brut in Afrika gewöhnlich behandeln.«[11]

Was die Offiziere betrifft wurde die Legion mehr denn je »von ihren Feldwebeln in Trab gehalten«, weil viele Offiziere, die eine Beförderung suchten, während des Sommers 1914 zu Linienregimentern gewechselt hatten. Sie glaubten irrtümlich, dass die Regierung die Vorschrift, die in ihrer ursprünglichen Verfassung verankert war, respektieren würde, nach der die Legion in Frankreich nicht dienen durfte. Der Fehlbestand wurde durch Außenseiter ausgeglichen, die die in Legionseinheiten dienen wollten, aber nur lang genug blieben, um eine ehrenvolle Erwähnung zu bekommen und vielleicht das Croix de Guerre, das an alle Mitglieder eines Schützengrabenüberfalls verliehen wurde, der Gefangene zum Verhör zurückbrachte. Ihr rasches Kommen und Gehen trug nicht dazu bei, das notwendige Vertrauen zwischen Offizieren und Männern aufzubauen. Einer der Reservisten-Feldwebel des 2/1, dessen wichtigste Aufgabe es war, die Post zu verteilen, war Edouard Daladier, der künftige französische Ministerpräsident.

Der französische Generalstab ist zu Recht viel kritisiert worden, weil er sinnlos Leben vergeudete, ebenso wie britische Generäle wie Haig im Ersten Weltkrieg, der am 17. Dezember 1915 das Kommando von General French übernommen hatte. Die *idée fixe* in Paris beim Kriegsausbruch war, alles in einen *guerre à outrance* zu werfen, einen uneingeschränkten Kampf, um die verlorenen *départements* Elsass und Lothringen wieder zu gewinnen, die von Preußen nach dem Krieg vom 1870–71 erobert worden waren. Diese Besessenheit ignorierte den Hauptvorstoß der deutschen Armeen nach dem Plan von Graf Alfred von Schlieffen, der von seinem Nachfolger, Helmuth Johannes von Moltke, modifiziert wurde. Es sollte Frankreich teuer zu stehen kommen.

Schlieffens Plan für den Krieg gegen Frankreich und Russland, die vertraglich verpflichtet waren, sich gegenseitig zu unterstützen, war es, an der Ostfront nur eine hinhaltende Truppe zu lassen, wo der Feind sechs Wochen zur Mobilisierung seiner riesigen, aber schlecht ausgerüsteten Armee brauchte.[12] Diesen entscheidenden Zeitunterschied wollte er nutzen, um Frankreich auszuschalten, indem die linke Flanke der Westfront mit acht Divisionen gehalten werden sollte, während er 54 Divisionen auf der rechten Flanke des deutschen Vormarsches konzentrierte,[13] um mit dem Marsch durch das neutrale Belgien die ausgedehnten französischen Grenzverteidigungsanlagen zu umgehen. Er würde die Festungen bei Liège und Namur umgehen, die gebaut waren, um den Zugang nach Brüssel und nicht aber nach Paris zu schützen, und Frankreich in der Nähe von Lille betreten. Der Plan sah dann vor, die Truppen zu teilen, wobei sich eine Hälfte südwärts um Paris herum bewegen sollte, während die andere nach Osten hasten sollte, um die französische Rückzugslinie von der Grenze abzuschneiden. Wenn die französischen Armeen im Norden eingekreist und Paris umzingelt war, wäre Frankreich gezwungen, eine demütigende Kapitulation zu akzeptieren.

Erst nach einem Blitzsieg in Frankreich wollte Schlieffen den Hauptteil seiner Armeen schnell per Bahn ostwärts transportieren, um mit dem russischen Bären, der langsam aus seinem Winterschlaf erwachte, fertig zu werden. Aber Schlieffen ging 1905 in Ruhestand und sein Nachfolger, General Helmuth von Moltke der jüngere, Neffe des Siegers von 1871, war zu vorsichtig, so viele Eier in den Korb zu legen und warf deshalb die Chance eines raschen Sieges weg, während die Franzosen von Elsass und Lothringen zu besessen waren, um ihn zu stoppen. Das Ergebnis war ein früher Erfolg, als seine Truppen durch das »arme kleine Belgien« zogen, wo österreichische

Skoda 305 mm Haubitzen und Krupp 420 mm Kanonen vom Typ Dicke Bertha, die größten und leistungsfähigsten Artilleriegeschütze, die bis dahin produziert wurden, Verzögerungsgranaten abfeuerten, die innerhalb der Festungen explodierten, nachdem sie deren Mauern aus Stahlbeton durchdrungen hatten. Moltke schaffte es fast bis nach Paris, bevor er aufgehalten wurde, aber den Endsieg erreichte er nicht, obwohl seine Artillerie die französischen 75 mm Geschütze leicht übertraf. Denn Terrain kann man nicht mit Geschützen besetzen, und Moltkes Verwässerung von Schlieffens brillantem Plan bedeutete, dass er vorne zu wenige Truppen zur Verfügung hatte, um die Hauptstadt zu umzingeln oder den französischen Rückzug abzuschneiden. Als er ostwärts ziehen musste und immer noch nördlich von Paris war, atmete General Galliéni, der Militär-Kommandant der Stadt, auf, weil er wusste, dass Moltke die Männer und Ressourcen fehlen mussten, um die Stadt zu umzingeln, wie es sein Onkel 1871 getan hatte.

Bis dahin waren Präsident Poincaré und die Regierung nach Bordeaux in Sicherheit gebracht worden, etwa so weit von den heranmarschierenden Deutschen entfernt, wie es ging. In der verzweifelten französischen Armee vor Paris war Schlaf Mangelware, als die Geschütze über den Horizont donnerten und wie auch immer zusammengewürfelte Truppen in beschlagnahmten Taxen und offenen Omnibussen an die ungefähr eine Stunde entfernte Front gefahren wurden. Die Schlacht an den Grenzen, wie diese Phase des Krieges genannt wurde, war der größte bewaffnete Konflikt in der Geschichte. Mehr als zwei Millionen Mann waren daran beteiligt. Vom 14. August bis zum Anfang der ersten Schlacht an der Marne am 6. September kostete sie Frankreich einen von zehn seiner Offiziere und 300.000 andere Dienstgrade. In den Kämpfen an der Marne während der nächsten zwölf Tage verlor die hoch dekorierte Marokkanische Division allein 46 ihrer 103 Offiziere und 4.300 von 5.000 Mann.

Am 18. Oktober marschierten das 2/1 und das 2/2 Régiments de Marche (konventionell der Einfachheit halber als »RM« bezeichnet) aus ihrem Lager bei Mailly in der Champagne, um die senegalesische leichte Infanterie zu entlasten, die die Linie bei Verzy, nur vier Kilometer entfernt, gehalten hatte. Sie wurde sofort mit einem der Verwaltungsfederstriche, die einfache Soldaten verblüffen, aufgeteilt. Das 2/2 wurde an die Aisne-Front entsandt und das 2/1 ein paar Kilometer nördlich zur Front bei Prunay geschickt, wo der vordere Schützengraben 700 Meter vom Feind entfernt lag. In diesem »relativ ruhigen« Sektor der Front würden sie und zwei andere RM bleiben. Sie wurden bis April 1915 mit dem 4 RM algerischer *tirailleurs* zusammengelegt.

»Relativ ruhig« bezog sich auf kleinere Anpassungen der Linie, die Leben kosteten. Das schloss nicht nur die Gefahren ein, an die sich die Veteranen in Nordafrika gewöhnt hatten, sondern auch die Unmöglichkeit, in der Kälte und dem Schlamm der Schützengräben jemals warm und trocken zu werden, sowie neue Schrecken wie die *Minenwerfer*, die schwerfällige Granaten über kurze Entfernung schleuderten und das Risiko schufen, buchstäblich unterminiert und ohne Warnung in den Himmel gesprengt zu werden. Nicht weniger erschöpfend war die Unmöglichkeit, einen normalen Schlafrhythmus einzuhalten. Da die Kochstätten einen mühseligen Weg drei

Stunden hinter ihnen lagen, gab es weder heißes Essen noch die Möglichkeit, das Essen zu erwärmen, das doch ankam. Unter den Verwundeten war der Adoptivsohn von Maxim Gorki, der Legionär Zinovi Pechkoff, dem die Médaille Militaire verliehen wurde, weil er einen Arm verlor. Schließlich kommandierte er bis 1939 ein Bataillon in Marokko und Algerien, nachdem er eine originelle Methode erfunden hatte, sein Pferd zu besteigen. Er packte die Zügel mit seinen Zähnen und benutzte seinen einzigen Arm, um in den Sattel zu springen.

Beinahe 5.000 Italiener traten in das 4/1 RM der Legion[14] ein, das von Oberstleutnant Ricciotti Garibaldi, dem Sohn des italienischen Revolutionsführers, kommandiert wurde. Es wurde zuerst »die italienische Legion« genannt, war aber als Garibaldi-Legion bekannt, weil es unter ihren Offizieren immer noch vier Mitglieder der berühmten italienischen Familie hatte, nachdem Hauptmann Bruno Garibaldi bei seinem ersten Einsatz in der Champagne gefallen war.

Am 26. Dezember 1914 um 03.00 Uhr wurden diejenigen geweckt, die es geschafft hatten, bei Temperaturen unter dem Gefrierpunkt zu schlafen. Nach der Ausgabe von Eau de Vie gingen sie an die Frontlinie, die etwa 500 Meter vom Feind entfernt lag. Das Trommelfeuer, das den deutschen Draht direkt vor ihnen durchschneiden sollte, war so ohrenbetäubend, dass nur wenige Männer die geschrieenen Befehle und die Hornisten, die zum Angriff bliesen, hören konnten. Trotzdem kamen die italienischen Pioniere, die in der Nacht Pfade durch den französischen Draht ge-

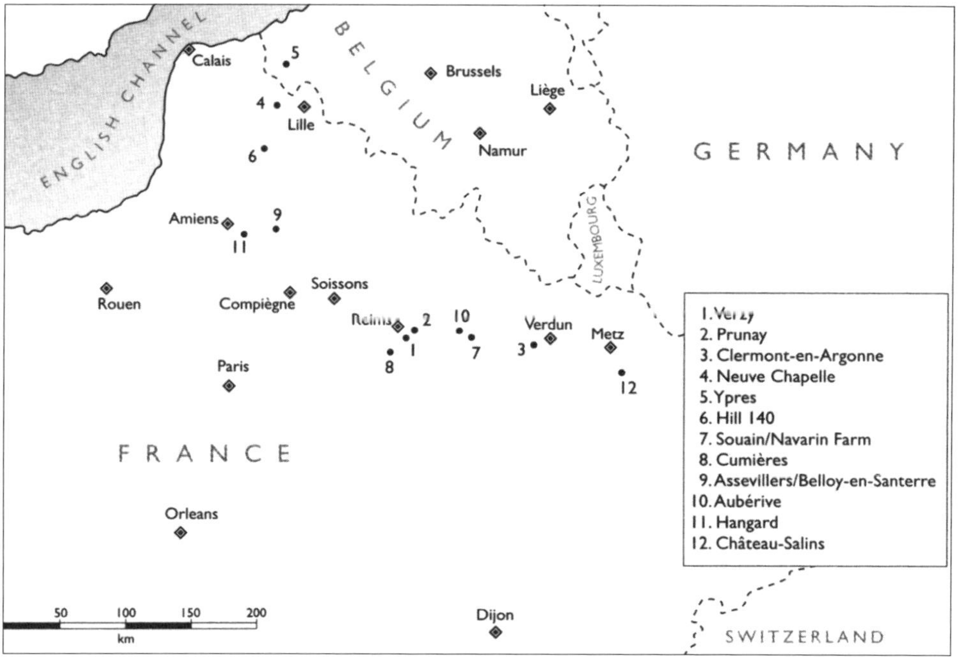

Die Legion in Frankreich, 1914–18

schnitten hatten, an die deutschen Drahtverhaue, und fanden sie immer noch intakt. Sie zerschnitten sie mit ihren Drahtscheren und wurden von den Maschinengewehren der deutschen Linien niedergemäht. Der Weg durch den Draht wurde schließlich durch das Gewicht der toten Männer geebnet, die ihn hinunter drückten, so dass ihre Kameraden darüber krabbeln konnten.

Da sie das Ziel nur teilweise erreichten, hockten sie in den deutschen Schützengräben oder ein paar Meter vor ihnen unter den Leichen der Kameraden und letzten Feinde, die für den Rückzug zu langsam gewesen waren. Dann begann das Feuer der deutschen Artillerie auf die besetzten Schützengräben. Nach einer Stunde ständiger, doch unspektakulärer Verluste wurde den Italienern befohlen, sich zur Ausgangslinie zurückzuziehen. Dabei erlitten sie weitere Verluste.

Am 5. Januar waren das 1. und das 3. Bataillon wieder im Einsatz. Nachdem acht riesige Minen detoniert waren, die Pioniere unter die gegenüberliegenden deutschen Stellungen gelegt hatten, eroberten sie drei Linien von Schützengräben, wobei sie mehr als 100 Gefangene machten und zwei Maschinengewehre nahmen. Sie hatten die Frontlinie vorübergehend um 500 Meter vorangeschoben. Am 7., 8. und 9. Januar kämpften sie wieder gegen die schlesischen Dragoner und die Hessische Landwehr. Dabei verloren sie, offensichtlich ohne etwas zu erreichen, 429 Mann, darunter einen weiteren Enkel von Giuseppe Garibaldi[15], bevor sie am 10. Januar bei Clermont-en-Argonne neu aufgestellt wurden.

Am 5. März 1915 führten ihre hohe Verluste und die Gewissheit von Italiens unmittelbar bevorstehendem Übertritt[16] auf die alliierte Seite – als Rache für Österreich-Ungarns lange Besetzung der Halbinsel, die mit französischer Hilfe beendet worden war – zur Auflösung des 4/l RM. Die Mehrheit der italienischen Legionäre ging nach Hause, und nur 127 meldeten sich freiwillig, um mit der Legion in Frankreich zu bleiben. Sie wurden zur 1. Brigade der Légion Etrangère vereinigt und von Oberst Théodore Pein kommandiert.

23

Gewehre und Gas in den Schützengräben

FRANKREICH, 1915

Pein war ein interessanter Mann der Tat, dessen Unterschied zu den gleichgültigen französischen Stabsoffizieren in ihren chateaux hinter den Linien nicht größer hätte sein können. Zur ersten Generation *pied-noir* gehörend, für die die Wüste und die Gebirge Nordafrikas ihre Heimat waren, hatte er einmal Lyautey Paroli geboten, um zu beweisen, dass man die Sahara auf einem Motorrad überqueren konnte. Als das nicht klappte, nachdem er ein paar Tage auf den Kamelpfaden durch die Wüste gerast war, verdursteten er und seine Offiziersburschen beinahe, doch sein Geist war ungebrochen.

Seine Männer, zu denen Blaise Cendrars gehörte, waren »Schneider, Kürschner, Polsterer, Goldschmiede und Concierges, Nachtklubmusiker, Radrennfahrer, Zuhälter und Taschendiebe … auch ein paar Söhne des Adels wie der polnische Ritter Przybyszewski und Bengoechea, der Sohn des reichsten Bankiers in Lima, Peru, sowie ein paar Intellektuelle vom Montparnasse die, wie ich, von dem obszönen Slang dieser erheiternden Kumpanen verzaubert waren.«[1]

Der Hinweis auf den Radfahrer galt vermutlich François Faber, dem Luxemburger, der 1909 die Tour de France gewonnen hatte. Er wurde rasch zum Gefreiten befördert und im Gefecht getötet. Wenn Cendrars weitere Alliterationen mit dem Buchstaben »P« gewollt hätte, dann hätte er noch einen Maler [*Anm.: engl. painter*] und einen Prinzen erwähnen können. Moïse Kisling, dessen Künstlerkollegen Modigliani, Cocteau und Max Jacob sein Studio in Montparnasse besuchten, verpflichtete sich im August 1914 für die Dauer des Konflikts, ebenso wie Prinz Louis II. von Monaco.

Alte Wüstenfüchse waren die Unteroffiziere der Legion gewiss, aber nordafrikanische Tricks wie das Schlafen mit dem am Handgelenk festgebundenen Gewehr, um zu verhindern, dass arabische Angreifer es stehlen konnten, waren in diesem Krieg nutzlos, der gerade begann – so wie die Gewehre die meiste Zeit nutzlos waren. Das Standardgewehr Lebel der französischen Armee hatte einen Drehkammerverschluss, der sich durch Schlamm oder Sand viel zu leicht verklemmte, und einen langen Lauf, der das Vorrücken in den engen Schützengräben behinderte, und die Bewegungen verriet, weil er über die Brustwehr hinausragte, und mit aufgepflanztem Bajonett im Nahkampf tödlich unhandlich war. Es war als Waffe gegen Maschinengewehre, Mörser und Artillerie derart ungeeignet, dass der Volksmund spottete, es sei nur erfunden worden, um die Unteroffiziere der Nachhut mit Drill und dem Reinigen der Waffen zu beschäftigen. Das fein geschliffene Blatt einer Schützengrabenschaufel war für die zweibeinigen Schützengrabenratten viel nützlicher, sowohl um die Löcher zu graben, die ihnen bei den Detonationen das Leben retteten, als auch, um das Gesicht eines Feinds aufzuschlitzen oder seinen Kopf zu spalten, wenn man einen Schützengraben einnahm.

Cendrars beschrieb die erbärmlich Wirklichkeit vom Vorrücken zur Front, die so anders war als der Schlachtenruhm, den er sich vorgestellt hatte. Um zu vermeiden, dass sie von einem deutschen Aufklärungsflugzeug gesehen wurden, das ihnen einen Feuerüberfall einbringen konnte, der sie alle ausradieren konnte, bevor sie die Frontlinie überhaupt erreichten, bewegten sie sich bei Nacht. Sie tasteten sich im Dunkeln durch den knietiefen Schlamm, in dem die Gitterroste vom Beschuss zerstört worden waren, stolperten über verschüttete Sandsäcke und kollidierten schmerzhaft mit Splitterbarrieren aus Flechtwerk, die über dem Schützengraben gelegt waren.

Die Nasen der Neuankömmlinge nahmen den widerlichen Gestank nicht begrabener Leichen und die nachhaltig ätzende chemische Schärfe der Sprengstoffe wahr. Hinzu kamen vertraute Gerüche, die ihnen verrieten, dass der Schlamm, durch den sie gingen und in den sie von Zeit zu Zeit fielen, auch aus Exkrementen und Urin bestand, da es oft keine sanitären Einrichtungen außer den Schützengräben selbst gab. Der Schlaf lockte niemanden in der ersten Nacht, ihre Ohren waren gespitzt, um das Krabbeln von Ratten, die nach menschlichem Fleisch suchten, von dem Geraschel einer Angriffsgruppe, die sie mit Stielgranaten, Keulen und Bajonetten töten würde, zu unterscheiden. Als die Morgendämmerung kam, war die Landschaft vor und hinter ihnen ein gequältes baumloses Ödland, das nur mit einem rohen Sehrohr aus Pappe zu überschauen war, außer für die, die Selbstmord begehen wollten.

Die Männer verbrachten die Tage zusammengedrängt auf nassen Strohmatratzen in von Menschen gemachten Höhlen mit über die Gesichter gezogenen Wollmützen und in Schichten feuchter Kleidung eingehüllt. Als Gefährten gab es Ratten und Läuse. Zur Abenddämmerung erschienen müde Männer, um die Stellen der Schützengraben zu reparieren, die während des Bombardements bei Tageslicht zerstört worden waren. Sie riskierten in den Laufgräben ihr Leben, wenn sie Wasser und Essen holten, das selten warm war, wenn sie zu ihren Kameraden zurückkamen. Sie standen in der Dunkelheit, die voller Bedrohung und Bewegung war, Wache und schlitterten ins Niemandsland, um die Drahtverhaue zu reparieren, die am Tag beschädigt worden waren mit dem Risiko, in eine deutsche Patrouille zu geraten. Oder – und das war am schlimmsten – sie wurden losgeschickt, um einen Schützengraben zu überfallen und einen schlotternden, erschreckten Bayern oder Sachsen zurückzubringen, damit er von den Männern verhört wurde, die seine Kameraden getötet hatten.

Wenn sie in der Dunkelheit des Niemandslandes auf den Feind stießen, waren sie immer benachteiligt, denn die Deutschen waren besser ernährt und gekleidet, besser ausgebildet und viel besser ausgerüstet. Cendrars und Seeger stimmten überein, dass der *poilus*[2] deutsche Handgranaten, Luger automatische Pistolen, elektrische Taschenlampen und Leuchtgeschosse schätzte, die die begehrteste Beute waren. Der Unterschied war durchgängig: Sogar die französische Artillerie wurde von den deutschen Batterien übertroffen, die sicher außerhalb der Reichweite des Gegenfeuers standen. Das am häufigsten vorkommende Stück auf französischer Seite war das berühmte 75 mm Geschütz, das 1897 konstruiert worden war. Es hatte nicht die Erhöhung, die erforderlich war, um ein Ziel, das hinter einer Falte im Terrain versteckt war, zu treffen. Ein noch gravierenderer Nachteil war, dass es oft nicht die Reichweite für das Trommelfeuer vor einem Vorstoß hatte. Während die Geschütze vorne in eine neue Stellung gebracht wurden, hatten die vorrückenden Männer überhaupt keine Deckung. Sie waren häufig am Limit der neuen Reichweite und befanden sich unter eigenem Feuer, sobald ihre eigenen Geschütze erneut das Feuer eröffneten.

Neun Zehntel waren Langeweile, die von einem Zehntel Terror unterbrochen wurde, sagte jemand. Seeger beschrieb in einem Brief vom 11. Januar 1915 an seinen Vater, der kaum ein besorgtes Elternteil beruhigen konnte, wie er und Kiffin Rockwell, der ebenfalls in Harvard studiert hatte und später im Krieg als einer der Lafayette-Geschwaderpiloten berühmt werden sollte, einen Beobachtungsposten in einem ruinierten Schloss besetzten, das wegen der Zensur nur als »C–« bezeichnet wurde. Eine deutsche Handgranate landete zu ihren Füßen, explodierte aber nicht. Seeger lief, um seinem Gefreiten zu sagen, dass der Feind sehr nah sei. Er schrie: »*Aux armes!*« gerade als eine weitere Handgranate Zentimeter von ihm entfernt landete. Sie warfen sich flach auf dem Boden und hoben nach der Explosion ihre Köpfe. Sie sahen, wie die Tür eingetreten wurde, als die ersten Deutschen ins Zimmer strömten. Als das Trio um sein Leben rannte, wurde der Gefreite erschossen.[3]

Die Legion war nicht nur an der Westfront im Einsatz. In St. Petersburg bat Großherzog Nikolai dringend um irgendeine Intervention, die die Truppen der Mittelmächte von der Ostfront abziehen würde, damit die Russen eine Atempause bekommen konnten. Als die Türkei den Alliierten im frühen November 1914 den Krieg erklärte, holten die französischen und britischen Generalstäbe einen Plan wieder hervor, um den 50 Kilometer langen Dardanellen-Kanal gewaltsam zu erobern und Konstantinopel zu besetzen. Die Schwierigkeiten waren immens, aber am 2. Januar 1915 einigten sich die Alliierten darauf, eine kombinierte Marine- und Militäroperation zu starten. Am 28. Januar entschied das Dardanellen-Komitee, nur die Marine mit veralteten Kriegsschiffen einzusetzen, die zu alt und zu langsam für die Hauptschlachtflotte waren. Am 16. Februar wurde diese Entscheidung wieder modifiziert, da die Marine den Durchgang nicht erzwingen konnte, solange die gut positionierten Küstenbatterien in türkischer Hand blieben.

Viele britische Bodentruppen wurden in Ägypten stationiert, darunter ein kleines französisches Kontingent. Die Royal Navy fing am 16. Februar an, Landziele zu beschießen, aber dieses Bombardement wurde durch schlechtes Wetter unterbrochen und erst am Ende des Monats wieder aufgenommen. Einige Sprengkommandos aus Marineinfanteristen landeten fast ohne Widerstand, aber wieder unterbrach schlechtes Wetter die Maßnahmen. Am 18. März ging der Beschuss weiter, doch drei Schlachtschiffe wurden versenkt und drei weitere beschädigt. Das wertete die Marine als Bestätigung ihrer Auffassung, dass ein Erfolg groß angelegte Landungen voraussetze. Diese begannen in den frühen Stunden des 25. April. Die Briten landeten bei Kap Hellas und die australischen und neuseeländischen Truppen auf der Halbinsel Gallipoli, während die französischen Truppen aus vier Bataillonen tunesischer Zouaven und einem Bataillon der Legion, das etwas großspurig als Régiment de Marche d'Afrique bezeichnet und von dem mit guten politischen Beziehungen ausgestatteten General Maurice Sarrail kommandiert wurde, gegenüber an der anatolischen Küste nahe Kumkale an Land gebracht wurden.

Den Legionären erging es nicht besser als den britischen und den Anzac-Truppen am anderen Ufer. Bis zum Ende der ersten Maiwoche überlebte nur ein Hauptmann, um das RMA mit ein paar hundert Mann, darunter einem Unteroffizier der Legion und einer Handvoll Legionäre, zu kommandieren. Ihre Qual war aber noch nicht vorüber. Sie wurden unter Sarrail zu einer multinationalen Truppe umgruppiert, und vor ihnen lag die lange Schinderei nach Saloniki durch Teile von Ungarn und Jugoslawien, wobei ihr einziger wirklicher Erfolg die Eroberung Monastirs von den Bulgaren war. Obwohl Sarrail diese Aktion als Sieg bezeichnete, waren in seiner »Armee« nur noch so wenige am Leben, dass das Legions-Bataillon kurz vor Ende des Krieges aufgelöst wurde und die Überlebenden per Schiff nach Frankreich gebracht wurden.

Inzwischen hatten im April 1915 die Freiwilligen in Frankreich ein Verhalten geändert, das sie als nutzlose Konfrontation betrachteten, die nur zu Vergeltungsüberfällen führte. Cendrars erinnert sich, wie in einem Vorgriff auf das »Zerlegen« übereifriger Unteroffiziere und Offiziere in Vietnam sein Trupp einen allzu enthusiastischen Oberleutnant in einen Hinterhalt lockte, um ihn zu entmutigen, weitere Besuche an der Frontlinie zu machen.[4]

Als ein engherziger Unteroffizier Cendrars wegen Verbrüderung mit dem Feind anklagen wollte, erklärte dieser, dass beide Seiten Brennstoff aus einer Schlackenhalde zwischen den Kampflinien dieses Kohlenreviers brauchten. Anstatt sich für etwas gegenseitig umzubringen, von dem es für alle genug gab, wechselten sie sich ab – die Deutschen in der einen Nacht und die Legionäre in der nächsten. War das eine Verbrüderung? Und wenn die gelegentlichen Geschenke wie Bier oder Essen oder Zigaretten oder Zeitungen dort zurückgelassen wurden, wo die andere Seite sie in der folgenden Nacht finden würde, hatte das, wie die Freiwilligen es sahen, nichts mit dem Gewinnen oder Verlieren des Krieges zu tun.[5]

Als sich das Wetter besserte, kam eine neue Gefahr. Die Deutschen benutzten in Polen seit Januar Gas, aber dort war die Luft zu kalt gewesen, so dass es nicht mit voller Wirkung verdampfen konnte. An der Westfront hatten die Franzosen bereits im August 1914 Tränengasgranaten in deutsche Schützengräben geschossen. Bei Neuve

Chapelle waren im Oktober des Jahres deutsche Granaten mit einem chemischen Reizmittel, das heftige Niesanfälle verursachte, in den französischen Linien gelandet.

Kurz nach 17.00 Uhr am 22. April 1915 beobachteten französische Posten in Ypern aufmerksam, wie gelbgrüner Nebel von den deutschen Linien zu ihnen herüberschwebte. Das Problem beim Freisetzen des Gases aus Kanistern war, dass es bei einer Änderung der Windrichtung zu den chemischen Trupps zurückwehte, doch nachdem die Technik entwickelt worden war, es in Granaten gefüllt zu liefern, kam zu all den anderen Schrecken der Schützengräben die Gefahr hinzu, zu erblinden oder sich die Lungen so zu verbrennen, dass die Männer in ihre eigenen Sekreten ertranken. Nach dem Schlagen eines improvisierten Gongs und der Meldung »Gas!« fummelten alle an ihren unhandlichen Masken herum, mit denen sie schlafen, graben und sogar über die Brustwehr steigen und durch Schlamm, Drähte oder Maschinengewehrfeuer laufen mussten. Die Pferde und die Hunde, die benutzt wurden, um Meldungen zur Koordinierung der Artilleriebombardements zwischen der Front und den Reserveschützengräben zu transportieren, mussten ebenfalls daran gewöhnt werden, Helme so groß wie riesige Futtersäcke zu tragen, die über ihre Augen, Nasenlöcher und Münder festgebunden waren. Der erste Schutz der Legionäre war selbstgemacht. Man konnte auf einen Socken urinieren und ihn als Tuch an die Nasenlöcher halten: Das natürliche Ammoniak hatte eine leicht neutralisierende Wirkung auf Chlorgas, aber es sollte schlimmer kommen, als die Deutschen 1917 Senfgas einführten, das beim geringsten Hautkontakt Verbrennungen verursachte, die riesige Blasen hervorriefen.

Die nächste größere Aktion, an der die Legion teilnahm, hatte eine ganz andere Größenordung. Am 9. Mai 1915 wurde die marokkanische Division, darunter vier Bataillone des 2/1 RMLE, beauftragt, einen Kamm bei Vimy Ridge zehn Kilometer nördlich von Arras zu erobern, der als Hügel 140 auf den Landkarten ihrer Offiziere verzeichnet war. Vor der Morgendämmerung hielt ein fünfstündiger vorbereitender Beschuss die Deutschen in ihren tiefen Unterständen auf dem Hügel 140 fest und sollte angeblich die Stacheldrahtverhaue zwischen den Linien zerschneiden. Um 09.58 Uhr schwiegen die Geschütze. Die Stille ist noch da, sie hallt neun Jahrzehnte später in den Ohren der Besucher wider. Immer noch da sind auch die Löcher und Hügelchen, die durch den Beschuss aus kalter Erde und warmen Körpern geformt wurden, sie sind mit der Zeit sanfter geworden, wirken aber immer noch merkwürdig unnatürlich. Die Gegend ist wieder voller Gras und Grün, aber sie ist nicht schön.

An diesem schicksalhaften Morgen wurde die Stille um genau 10.00 Uhr von den Pfeifen in den anderen Regimentern und den Hornistenrufen in den Schützengräben der Legion unterbrochen, gefolgt von gebrüllten Befehlen, als vorübergehend taube Offiziere und Männer auf die Sturmleiter und über die Brustwehren kletterten und von Waffen und Ausrüstung heruntergezogen an den Draht vorrückten, der wie so oft nicht zerschnitten war. Die Deutschen tauchten unbeschädigt aus ihren Unterständen auf, die so tief und gut gebaut waren, dass die Schützengräben und Unterkünfte der Alliierten dagegen wie die Ausschabungen von Tieren aussahen, und besetzten ihre Maschinengewehre, bevor die Legionäre mit Drahtscheren den ersten Schnitt an dem intakten Draht gemacht hatten. Mit 600 Schuss pro Minute mähten sie die Männer nieder, die Schlange standen, um sich durch die engen Lücken zu quetschen, bevor sie Zeit hatten, zu begreifen, dass dieser Angriff nicht der versprochene »Spaziergang« sein würde.

Seeger beschrieb es so:

> ... an jenen weitesten Rändern dieses geheiligten Bodens,
> wo der aussichtslose, tapfere Angriff endet,
> wenn der getötete Hornist schon lange nicht mehr erklingt, und an verwickelten Drähten,
> taumelt die letzte, wilde Zusammenkunft, zerfällt, stoppt,
> verdorrt unter den eisernen Schauern der Schrapnelle ...[6]

Hinter den deutschen Linien begann die Artillerie, die auf den Draht ausgerichtet war, lebende und tote Körper in Stücke zu sprengen. Aber die Überlebenden drängten immer noch zum nächsten Draht und dann zu den Schützengräben, die dahinter lagen. Als sie diese größtenteils verlassen vorfanden, vertrieben sie die verbliebenen Verteidiger mit Handgranate und Bajonett. Sie hatten keine Zeit, sich als Sieger zu fühlen: Bevor sie in den jetzt verlassenen Unterständen Schutz suchen konnten, brüllte ein Veteran, der wusste, was sie erwarten würde, die Neulinge an, dass ein neuer Beschuss kommen würde. Ob schlecht abgestimmte »freundliche« oder deutsche Granaten auf die verlorenen Schützengräben fallen würden, was machte das schon? Eine war so tödlich wie die andere.

Wo waren die versprochenen Verstärkungen, fragten sie sich. Das 156. Infanterie-Regiment sollte mit der Legion an ihrer rechten Flanke Schritt halten, wurde aber in den Außenbezirken der gut befestigten Straßenkreuzung Neuville-St-Vaast festgehalten. Die Legionäre waren zu schnell vorgerückt. Nun bekamen sie die Strafe. Mit Heckenschützen und Maschinengewehren in ihrem Rücken waren sie einer exponierten Stellung ausgesetzt, die sie unmöglich halten konnten. Aber sie hielten sie doch. Nachdem alle drei Bataillonskommandeure tot waren, verließ Oberst Pein unklug aber typisch seine Kommandostellung, um mit der zweiten Welle nach vorne zu gehen. Er bekam die Kugel eines Scharfschützen in die Lunge, während er das Gelände zwischen der ersten und zweiten deutschen Linie in Erwartung eines Gegengriffs erkundete. Er wurde von zwei Legionären aus dem Granatenloch gerettet, in das er sich geschleppt hatte, und zu den französischen Linien zurückgetragen, starb aber kurz danach und wurde in dem nahe gelegenen Dorf Acq begraben.

Der Gegenangriff einer elsässischen Einheit gegen 15.00 Uhr trieb die Legionäre – es gab wenige Offiziere, die immer noch am Leben waren – vom Kamm des Hügel 140, aber sie klammerten sich an die niedrigen Hänge und warteten auf die Verstärkung, die nicht kam. Sie hatten nur die Feldrationen und das Wasser, das sie mit sich trugen, sowie das, was aus verlassenen deutschen Vorräten und von Leichen geplündert werden konnte. An ihren Flanken gab es keine Zeichen von Aktivität mit Ausnahme der Algerier in der marokkanischen Division auf der linken Seite. Bis zum Einbruch der Nacht stiegen die Verluste auf 1.889 Tote – fast die Hälfte der Männer, die zwölf Stunden zuvor aus ihren Schützengräben gestiegen waren.

Genau eine Woche später standen die Überlebenden von Hügel 140 zwei Kilometer nordwärts der Linie in der zweiten Welle eines Angriffs auf Hügel 119 hinter den Zouaven, die die Hauptlast des Angriffs trugen. Unter schwerem Maschinengewehrfeuer überquerten sie die Schlucht unter dem Hügel und nahmen die Stellung mit schweren Verlusten ein. Ein Fehler, den sie diesmal nicht begingen, war, lebendige Deutsche hinter sich zu lassen. Die Hauptgefahr war schlecht koordiniertes eigenes Feuer. Verstärkungen kamen nicht, so dass die Legion und die marokkanische Division die Stellung die ganze Nacht hindurch halten mussten, nachdem ein schwerer Gegenangriff gegen 20.00 Uhr sie in den Schützengräben in Schwierigkeiten gebracht hatte, die nicht »umgedreht« worden waren und deren Brustwehren deshalb in die falsche Richtung zeigten.

Die ganze Tapferkeit war umsonst. Am Morgen des 17. Juni begann ein deutsches Feuer, das derart schwer war, dass ihnen befohlen wurde, sich über die Schlucht zurückzuziehen, durch die noch einmal Maschinengewehrfeuer fegte. Unter den Verlusten befand sich einer der Ersatz-Bataillonskommandeure. Für die beteiligten Männer war der Kampf noch blutiger als am 9. Mai gewesen, obwohl es in der Angriffstruppe von 67 Offizieren und 2.509 Mann offiziell *nur* 45 Tote und 320 Verwundete gab. Während der Kampfhandlungen wurden weitere 263 Männer vermisst, die nie wieder beim Appell mit »*Présent!*« antworten würden.

In ihrer Unschuld hatten die Freiwilligen geglaubt, dass ihr selbstloser Mut den Durchbruch ermöglichen würde, um den Krieg rasch zu beenden. Zum ersten Mal in ihren privilegierten Leben hatten sie Terror und Unbequemlichkeit kennen gelernt und gesehen, wie die Freunde, mit denen sie eingetreten waren, starben, während ihre Offiziere auf der Jagd nach Beförderung kamen und gingen, und die Zuchtmeister-Unteroffiziere der Pariser Feuerwehr sich angenehmere Aufgaben suchten. Ihnen fehlte das Credo des Berufssoldaten, nach dem das Denken Aufgabe eines anderen ist und so äußerten sie freimütig ihre Meinung, dass die alliierte Kriegsanstrengung nicht gut genug organisiert war, um ihre Aufopferung zu verdienen.

Bis zu einem gewissen Grad dämpfte die Tradition der Legion, Nationalitäten zu mischen, diesen Protest, aber Einheiten, in denen viele Männer eine gemeinsame Sprache teilten, brachten ihre Unzufriedenheit zu Gehör. Am 16. Juni 1915 weigerte sich das griechische Bataillon vorzustoßen. Sie sagten ihrem Oberst, dass sie sich gemeldet hätten, um die Türken zu bekämpfen, nicht aber die Deutschen. Schließlich stimmten sie zu, vorzugehen, sei es weil er ihnen den Transfer auf die Dardanellen versprach oder weil die algerische leichte Infanterie hinter ihnen die Bajonette aufpflanzte. Aber Worte sind nicht Taten. Der Schweizer Oberleutnant Marolf schrie auf Griechisch umsonst »Vorwärts!«, während seine Männer in der anderen Richtung verschwanden.

Er lief ihnen verzweifelt nach und fand sie in Granatenlöchern und Schützengräben hockend. Am 19. Juni musste der Oberst wieder intervenieren; danach wurden die Griechen aus der Linie »in die Ausbildung« geschickt. Das folgende Kriegsgericht sprach Marolf frei, und das Bataillon wurde aufgelöst. Seine griechischen Legionäre wurden in den türkischen Feldzug geschickt, wo von denen, die weiter kämpften, keine Auszeichnungen dokumentiert sind. Mehr oder wenig gleichzeitig wurden Männer aus dem Elsass und Lothringen, die nicht den Wunsch erklärt hatten, an der Westfront zu dienen, wieder nach Nordafrika und an andere Kriegsschauplätze geschickt. Aufgrund der Verluste im Kampf und wegen dieser Abgänge fiel die Stärke der Legion in Frankreich von vier Bataillonen auf zwei am Anfang Mai – und mit schwindender Moral.

Die Griechen kamen damit durch, vielleicht weil sie die ersten waren, die meuterten. Die russischen Freiwilligen hatten weniger Glück.[7] Unter ihnen waren viele jüdische Einwanderer der zweiten Generation aus Osteuropa, die in Paris lebten. Sie waren eingetreten, um nicht als feindliche Ausländer eingesperrt zu werden. Zwischen sieben und elf wurden vor ein Kriegsgericht gestellt und erschossen, weil sie sich geweigert hatten, Befehlen zu gehorchen.[8] Danach ging die Rekrutierung ausländischer Juden stark zurück. Ob es Ansätze von Antisemitismus gab, ist unbekannt: Laut zuverlässigen Quellen betrug die Anzahl der Hinrichtungen in französischen Armeeeinheiten 1915 sogar 442, das waren fast so viele wie die 528 Männer, die nach den großen Meutereien 1917 erschossen wurden.[9]

Diejenigen, die an die militärische Disziplin glauben, meinen, dass diese Säuberung von Dissidenten der Grund war, warum die Moral der Legion nach ihrem Tiefpunkt im Jahr 1915 wieder stieg. Es ist aber genauso möglich, dass die betäubende Wirkung des Stellungskrieges ihnen einfach die Energie nahm, etwas anderes zu tun als in der *Erwartung* zu sterben weiter zu kämpfen, nicht für Frankreich – *für* überhaupt nichts. Dabei war die wertvolle Individualität der Freiwilligen soweit zerfressen, dass sie nun doch Berufskrieger geworden waren. Die Gemütslage wurde in tausend Schützengräben besungen: »Wir sind hier, weil wir hier sind, weil wir hier sind, weil wir hier sind …«

Das Überbleibsel des 3/1 und 4/1 wurde aus der Linie abgezogen und mit dem 2/1 und dem 2/2 RM zusammengelegt, die auf dem Papier der marokkanischen Division angegliedert waren. Nun trugen sie die neue, horizontblaue Uniform und den unverkennbaren »Adrian«-Stahlhelm, und sie unterschieden sich kaum noch von den anderen *poilus*.

Etwa um diese Zeit schrieb Alan Seeger in einem Brief nach Hause: »Wenn es sein muss, möge es in der Hitze des Gefechts kommen. Warum zurückweichen? Es ist bei weitem die edelste Form, in der der Tod kommen kann. Es ist gewissermaßen fast ein Privileg.« Für moderne Leser klingt das sehr hochgestochen. Aber das war Alan Seeger. Als er Seegers Buch *Poems* rezensierte, schrieb T.S. Eliot, einer seiner Studienkameraden in Harvard: »wie einer, der ihn kannte, bestätigen kann, lebte [er] sein ganzes Leben auf dieser Ebene mit tadelloser poetischer Würde; alles in seinem Leben passste zusammen.« Würde? Ja, aber es gibt auch eine tiefe Verzweiflung in Alan Seegers bekanntestem Gedicht, *Rendezvous mit dem Tod*, das er kurz vor seinem Tod schrieb:

> Gott weiß, es wäre besser, tief
> auf Seide und duftender Daune gebettet zu sein,
> wo die Liebe in gesegneten Schlaf zu Ende pulsiert,
> Puls an Puls und Atem an Atem,
> wo beruhigtes Aufwachen teuer ist. ...
> . . . Aber ich habe ein Rendezvous mit dem Tod
> um Mitternacht in einer flammenden Stadt,
> wenn der Frühling dieses Jahr wieder nach Norden stolpert,
> und ich bleibe meinem Wort treu,
> ich werde jenes Rendezvous nicht verfehlen.

Seegers Worte drücken wohl die Stimmung vieler Freiwilliger aus, als die Legion von Marschall Joffres in der Champagne in die Herbstoffensive geschickt wurde, die am 22. September mit einem Zermürbungsfeuer begann, das drei Tage und Nächte andauerte. Im Probelauf mit einer neuen Technologie war vorgesehen, dass Beobachter in Aufklärungsflugzeugen die Artillerie leiten sollten. Quadrate aus weißem Tuch wurden ausgegeben, die auf den Rücken der Umhänge der Männer aufgenäht werden sollten. Da sie groß genug waren, um aus der Luft erkannt zu werden, sollten sie es den Fliegern möglich machen, das Artilleriefeuer direkt vor den Vorstoß zu »mogeln«. Die Idee wurde am 25. September vom Wetter vereitelt, weil dichter Bodennebel und schwerer Regen verhinderten, dass die Aufklärungsflugzeuge starten konnten. Und wären sie doch gestartet, hätten die Beobachter die Männer am Boden nicht sehen können.

Das 2/2 RM griff um 09.15 Uhr trotzdem an, um die kolonialen Marineinfanteristen zu entlasten, die eine deutsche Batterie an der intensiv verteidigten Butte de Souain genommen hatten. Sie hielten sie dann, während nachfolgende Wellen durch die Stellung vorrückten. »Durch die Stellung vorrücken« ist vielleicht ein Euphemismus. Laut Regimentstagebuch brachen Männer des 171. Infanterie-Regiment aus und begannen zu laufen, bis sie von den Legionären gesammelt wurden. »Gesammelt« könnte wie bei anderen Gelegenheiten bedeutet haben, dass die fliehenden Männer sich entschieden, ihre Chancen bei den Deutschen zu suchen, anstatt von der Legion erschossen zu werden, deren zunehmender Professionalismus sich an ihrem Erfolg an diesem Tag zeigt – er beruhte zumindest teilweise auf den Lehren, die sie auf Hügel 140 und 119 in dem Artois-Sektor gezogen hatten.

Das 2/2 stieß nun vor, bis es um 10.30 Uhr zum Desaster kam, als es die zweite deutsche Linie in der Nähe der Ruinen des Bauerhofes von Navarin angriff. Granaten der schweren französischen Batterien fielen zu kurz vor dem Bauernhof direkt auf die Legionäre, die sich auf dem freien Feld festklammerten, um ihre Leben zu retten.

Die Verbindungsoffiziere zur Artillerie feuerten verzweifelt Signalraketen, um die Reichweite zu vergrößern, aber das konnten die Batterien vor lauter Rauch und Nebel nicht sehen. Als die überlebenden Verbindungsoffiziere ihren Weg durch die Laufgräben und durch die zweite, vorwärts drängende Welle zurückkämpften, litten Männer dort auch unter dem Feuer von den deutschen Batterien hinter der Linie, darunter Gasgranaten.[10]

Als er drei Tage später über seine Erfahrungen an dem Navarin-Hof schrieb, berichtete der amerikanische Legionär Edward Morlae, dass die Legion, nachdem sie die Sachsen aus der zweiten Linie der Schützengräben vertrieben hatte, die Gräben in Sekundenschnelle »umdrehte« und eine durchgängige 12–14 Zoll hohe Brustwehr errichtete. »Jeweils zwischen zwei Männern blieb eine Trennwand von Pressmasse [*sic*] 10–15 Zoll dick, deren Nützlichkeit demonstriert wurde, als eine Granate in Blondinos Nische fiel, die ihn in Stücke sprengte, ohne dass seine Gefährten rechts oder links verletzt wurden.«[11] Morlae beschreibt auch, wie es war, unter Beschuss zu liegen. Neben dem Lärm, »fiel aus der Schwärze ein tröpfelnder Regen aus Metallstücken, Erdklumpen, Tornistern, Gewehren, Patronen und Stücken menschlichen Fleisches«.[12]

Der amerikanische Kollege aus Groton und Harvard, Henry Weston Farnsworth, war tot und konnte niemals wieder schreiben. Unter den vielen anderen Opfern am Bauernhof von Navarin befand sich ein ehemaliger britischer Offizier. John Ford Elkington erhielt die Médaille Militaire und war der erste Brite, dem das Croix de Guerre verliehen wurde. Am 28. September verlor er ein Bein, als er feindliche Schützengräben angriff. Er war 50 Jahre alt und war in die Legion eingetreten, nachdem er vor das Militärgericht gestellt und wegen Feigheit entlassen worden war, weil sein Bataillon beinahe bei Mons ausradiert worden war. Um den Bürgermeister des nahe gelegenen St. Quentin zu überreden, den Überlebenden zu helfen, hatte Elkington ein Stück Papier unterzeichnet, auf dem stand, dass er sich den Deutschen ergeben würde, falls sie die Stadt erreichen sollten; denn der Bürgermeister wollte Kämpfe verhindern, die sein Dorf zerstören würden. Aber Elkingtons Unterschrift unter diesem Dokument hatte dazu geführt, dass er zum Kommandieren als ungeeignet gehalten wurde. Als die Legionärsanonymität des britischen Offiziers durch die Veröffentlichung der französischen Auszeichnungen für Tapferkeit gebrochen wurde, veröffentlichte König George V. folgende Mitteilung in der *London Gazette*: »Dem König gefällt es gnädigerweise, die Wiedereinstellung von John Ford Elkington im Rang eines Oberstleutnant des Royal Warwickshire Regiments mit seinem vorigen Dienstalter zu bewilligen.« Elkington bekam auch den DSO verliehen.[13]

Eines der 602 anderen Opfer, die den Preis für Navarin bezahlten, war Feldwebel Cendrars, dessen schwer verstümmelter Arm am folgenden Tag amputiert wurde; als Gegenleistung dafür bekam auch er die Médaille Militaire. Die Verlustrate von 30 Prozent veranlasste Oberstleutnant Cot, die Aktion abzublasen und den Rückzug des 2/2 nach hinten zu verlangen.

Am 20. und 21. August erzielte das RMLE bei Cumières einen bemerkenswerten Sieg, und nahm 680 Gefangene und 15 Geschütze auf Kosten von 53 Toten und

271 Verwundeten oder in den Kampfhandlungen Vermissten. Wenn eine Einheit ihre Ziele erreicht hatte, wurde das als zu vernachlässigender Verlust betrachtet. Bis zum Ende 1915 hatte die Legion in Frankreich kein Fett mehr übrig. Am 11. November wurden die 3.316 verbliebenen Männer zum einzigen Régiment de Marche de la Légion Etrangère zusammengezogen, das von Oberstleutnant Cot kommandiert wurde. Bis dahin waren die überlebenden freiwilligen Dichter und Zuhälter, Krämer und Universitätsabsolventen durch das Feuer der Schlacht zu einer Elite-Kampfmaschine geschmiedet worden.

Das RMLE war eines von nur fünf Regimentern, denen in dem Krieg die Medaille Militaire verliehen wurde. Es war auch das am zweithäufigsten ausgezeichnete Regiment in den französischen Armeen und wurde nur von dem Régiment d'Infanterie Coloniale du Maroc übertroffen.[14] Die heutigen Legionäre des 3 RE, die das doppelte Schulterband tragen, in dem die Farben der Légion d'honneur und des Croix de Guerre 1914–18 zusammengefasst sind, haben ihren Vorgänger vom RMLE zu danken, die diese Ehre mit ihrem vergossenem Blut, ihren zerrissenen Körpern und ihrer zerrütteten Seele verdient haben.

24

Rendezvous mit dem Tod

FRANKREICH, 1916–18

Der strategische Zweck der Ersten Schlacht an der Somme war, die deutschen Truppen von den Franzosen abzuziehen, die bei Verdun unter Druck standen. Sie begann mit einem unerbittlichen Beschuss vom 24. Juni bis 1. Juli 1916 entlang einer 60 Kilometer langen Front. 60.000 britische und 40.000 französische Soldaten gingen *in der ersten Welle* über die Brustwehr, nachdem ihnen schon wieder fälschlicherweise versichert worden war, dass die deutschen Verteidigungsanlagen und der Draht zerstört worden seien.

Die lange Vorbereitung hatte die Deutschen nicht nur vorgewarnt, wo genau sie den Angriff zu erwarten hatten, dessen Beendigung war auch das Signal, rechtzeitig aus den zwei und drei Ebenen der Unterstände mit verstärkten Betondächern auszubrechen, um die Angreifer abzuschlachten. Die Briten verloren am ersten Tag 57.450 Mann, und der Schwung war bereits am Anfang verloren gegangen. Bevor der lange Alptraum endete, hatte er 704.000 tote und verwundete Alliierte gegenüber 237.159 deutschen Verlusten gefordert.[1] Im Osten verloren die Franzosen zur gleichen Zeit etwa 400.000 Mann in den Kämpfen um Verdun, so dass die Ablenkung teurer als die Haupt-»Schau« gewesen war.

Am 1. Juli war das RMLE in Reserve und rückte in das einst verschlafene kleine Dorf Assevillers[2] in der Picardie ein, nachdem dieses von der Kolonialinfantrie genommen worden war. Sie gruben sich ein und warteten drei Tage auf Befehle. Jenseits der Linie, nur zwei Kilometer von Assevillers entfernt, lag das schwer befestigte Dorf Belloy-en-Santerre, das über und unter der Erde wabenartig von deutschen Verteidigungsanlagen durchzogen war. Dort hatte Seeger sein Rendezvous.

Er und die anderen Freiwilligen stellten sich am 5. Juli in der Morgendämmerung an ihren Ausgangspunkten etwa einen Kilometer von den deutschen Frontstellungen entfernt auf. Ein Hornist der Legion blies »Le Boudin« und zum Angriff. Die schwer beladenen Legionäre hatten keine Chance, irgendwo anzugreifen, sondern hievten sich über die Brustwehre und gingen in offener Formation über den abschüssigen

Boden, der zu dem von Granaten zerschossenen Dorf führte. Die entnervende Stille wurde nur von einem gelegentlichen Schrei und ein paar fernen Explosionen unterbrochen.

Die Verteidiger sahen sie kommen und warteten in disziplinierter Stille, bis die ersten Männer nur noch 300 Meter entfernt waren, bevor sie mit Maschinengewehren das Feuer eröffneten. Zwei Minuten später stand an der rechten Flanke kaum noch ein Mann der 11. Kompanie. Diejenigen, die sich immer noch bewegen konnten, wurden von dem Schweizer Hauptmann Tscharner gesammelt, unter dessen Befehl sie den offenen Abwasserkanal südlich des Dorfs einnahmen. In dessen übelriechender, aber lebensrettender Deckung beobachten sie, wie die zweite Welle im horizontalen Hagel des Maschinengewehrfeuers unterging. Unter den Verlusten, die herumgeschleudert und zu Boden geschlagen wurden, war der Harvard-Dichter, der »für den Ruhm« eingetreten war.

Er sah seinen Tod voraus »wenn der Frühling mit raschelnden Schatten zurückkommt«. Alan Seeger irrte sich in der Jahreszeit, hatte aber Recht bezüglich des Orts »an einem vernarbten Hang eines zerschmetterten Hügels«. Bis er starb, lag er in den Magen geschossen und in Qualen, in einem Granattrichter in Sichtweite des Abwasserkanals. Die knappe, keimfrei gemachte ehrenvolle Erwähnung neben seiner Médaille Militaire im Legionsmuseum bei Aubagne besagt: »[Dieser] junge Legionär, ein begeisterter, tatkräftiger und leidenschaftlicher Liebhaber Frankreichs [war ein] Freiwilliger, der sich am Beginn der Feindseligkeiten verpflichtete, [er gab den] Beweis für bewundernswerte Tapferkeit und Mut [und] fiel glorreich vor Belloy-en-Santerre am 11. Juli 1916. Bel-Abbès, 24. Juli 1924, Oberst Boulet-Desbareau, Kommandant, 4. Auslandsregiment.«[3]

Seegers Kameraden mussten ihn verlassen. Sie stiegen aus dem Abwassergraben und fanden sich in einem zweistündigen tödlichen Häuserkampf wieder, um die Deutschen mit Handgranaten und Bajonetten aus Belloy zu vertreiben. Bei Einbruch der Nacht versuchten sie verzweifelt, das ruinierte Dorf wieder zu befestigen, da sie sicher waren, dass deutsche Gegenangriffe kommen würden. An einem Tag hatte das RMLE 25 Offiziere und 844 Mann verloren, was einem Drittel seiner Stärke entsprach. Als am nächsten Morgen Entsatz kam, nahmen die Legionäre 750 Gefangene nach hinten mit. Diese Zahl wäre höher gewesen, wenn viele Deutsche nicht gefürchtet hätten, sich der Legion nach all den Horrorgeschichten, die über sie in Deutschland vor dem Krieg verbreitet wurden, zu ergeben.

Beim nächsten Gefecht in der Nacht vom 7. Juli wurden weitere 400 Mann schwer verwundet oder getötet. Während einer Woche an der Somme hatte die Hälfte des *régiment de marche* Seeger zu seinem Rendezvous begleitet.

Im Dezember 1916 ersetzte General Robert George Nivelle Joffre als Oberbefehlshaber. Im Mai wurde er als Kommandeur der 2. Armee bei Verdun Nachfolger von General Philippe Pétain, wo seine Methode, hinter der Feuerwalze vorzugehen, es den Franzosen in zwei sehr erfolgreichen Gegenangriffen ermöglichte, fast den gesamten Boden zurückzuerobern, der in den vorherigen sechs Monaten von den Deutschen gewonnen worden war. Er wurde über die Köpfe vieler ranghöheren Generäle hinweg das zweite Mal in sieben Monaten befördert, weil seine gut begründete Philosophie von Frontalangriffen in Verbindung mit massiven Artilleriebombardements die Politiker, darunter den britischen Premierminister David Lloyd George, beeindruckte. Seine Untergebenen warteten jedoch darauf, dass er auf die Schnauze fiel, was er im übertragenen Sinn bei der Aisne-Offensive mit 120.000 französischen Verlusten auch tat.

Wie es so oft bei Ersatz-Generälen der Fall ist, die ungeduldig gewartet hatten, bis sie dran waren, war Nivelle davon überzeugt, dass er wusste, was zu tun war. Der Schlüssel zum Lösen der Pattsituation an der Westfront war nach seinen Worten, damit aufzuhören, an der feindlichen Linie »zu knabbern« wie Joffre, und stattdessen einen riesigen Angriff zu machen. Wie Navarres Plan im Jahr 1954 klang das für seine Freunde in hohen politischen Stellen gut.

Die marokkanische Division mit dem RMLE hatte das Pech, ein Teil von Nivelles Schlüssel zu sein, der am 16. April anfing, sich in dem deutschen Schloss zu drehen. 800.000 Mann gingen auf einer 80 Kilometer langen Front, die sich von der Umgebung von Soissons im Westen bis zum Osten von Reims ins Niemandsland erstreckte. Alles war geplant: Die exakte Tonnage von Munition für jedes Kaliber war ebenso berechnet worden wie die Anzahl von Mahlzeiten, das Timing des Artilleriefeuers und der Rhythmus des Vorstoßes.

Das Ziel, das dem RMLE am nächsten Tag zugeteilt war, war ein wichtiger Stützpunkt, der von ineinander greifenden Maschinengewehrnestern verteidigt wurde. Er lag auf einem Le Golfe genannten Kamm in der Nähe des Hügels »Geheiligter Name« und war deshalb für die Verteidiger die perfekte Stellung. Unten befand sich ein flaches Schlachtfeld, über das sie vorrücken, nach links schwenken und das Dorf Aubérive umkreisen mussten, um die Deutschen dort vom Nachschub abzuschneiden. Aber das Netzwerk von Schützengräben, Tunneln und Unterständen war so komplex, dass die Deutschen es »das Labyrinth« nannten. Es war durch einen Frontalangriff uneinnehmbar und sollte vom 1. Bataillon unter Major de Sampigny genommen werden, das nordwärts angreifen sollte, und dem 3. Bataillon unter Major Deville, das nach Osten gehen sollte, um den Kamm Le Golfe zu überwältigen. Das 2. Bataillon unter Major Wadell wurde in Reserve gehalten.

Wenn die deutschen Maschinengewehre auf Le Golfe nicht zuerst durch die Artillerie ausgeschaltet werden konnten, war es ein Himmelfahrtskommando, aber um den Feind nicht vor dem kommenden Angriff zu warnen, sollte es kein schweres Feuer geben. Stattdessen sollten Mörser und 37 mm Kanonen taktisch eingesetzt werden und die Befehlshaber vor Ort falls erforderlich in die Lage versetzt werden, das Feuer der 75er und 105er, die weiter hinten aufgestellt waren, anzufordern. Die Nachrichtenübermittlung sollte mittels Leuchtkugeln und Läufern erfolgen. Zwei Faktoren zugunsten der Angreifer waren die Ausgabe weniger verräterischer Khakiuniformen an die Division und das Wetter, das am Vorabend angenehm zu werden schien.

Direkt nach 01.00 Uhr rückte das 1. Bataillon entlang der Laufgräben zur Frontlinie vor, und das 3. Bataillon folgte ihm. Das Wetter schlug um und der kalkhaltige Schlamm in den überfluteten Schützengräben schmierte weiße Streifen auf ihre Khakihosen. Das 1. Bataillon erhielt am 17. April um 04:45 Uhr den Befehl, bei starkem Wind und strömendem Regen aus dem Schützengraben durch den eisigen Schlamm in der Dunkelheit zu rutschen, gefolgt von den Männern des 3. Bataillons. Das spezifische Timing bedeutete, dass die deutsche Artillerie ihren Beschuss jeweils zur vollen Stunde begann, also zehn oder fünfzehn Minuten nach dem Anfang des Angriffs. Drahtschneider-Trupps hatten in der Nacht bereits Lücken in den französischen Draht geschnitten, aber die Durchgänge durch die deutschen Drahtverhaue mussten immer noch von Pionieren mit Drahtschneidern geschnitten werden – das alles bei peitschendem Wind und Regen und unter dem Feuer von Maschinengewehren und der deutschen Artillerie.

Um etwa 07.00 Uhr wurde Oberstleutnant Duriez, der etwas übergewichtige Oberst des RMLE, tödlich verwundet und gab das Kommando an Major Deville weiter. Das schwere Feuer der Verteidiger fegte über den flachen Boden unter ihnen, so dass die vorstoßenden Männer in kleine Gruppen aufgesplittert wurden, die auf dem Bauch durch den Schlamm robbten. Sie klammerten sich an die zu geringe Deckung, die sie unter dem harten Licht der Magnesium-Leuchtgeschosse finden konnten und suchten zwischen den feindlichen Stützpunkten nach Schlupfmöglichkeiten. Nachdem das 3. Bataillon den Birkenwald erreicht hatte, räumte es ihn aus kürzester Entfernung mit Bajonetten und Handgranaten. In dem Graupelschauer, der zu Schnee wurde, unterschieden die Männer Freund und Feind häufig nur an den Stimmen.

Da sie die erste Linie nicht halten konnten, zogen sich die Deutschen zur zweiten zurück. Die Legionäre folgten dicht hinter ihnen, um dem Feuer zu entgehen, das den aufgegebenen Schützengraben unweigerlich treffen würde. Je näher sie Aubérive kamen, desto verzweifelter wurde der Widerstand der Deutschen in den Schützengräben *Byzance*, *Dardanelles* und *Prinz Eitel* mit Maschinengewehren, Stielgranaten und Flammenwerfern – die am 30. Juli 1915 bei Hooge erstmals gegen britische Truppen benutzt worden waren. Bis zur Abenddämmerung, sechzehn Stunden nach Beginn des Angriffs, hatten sie die südliche Seite der Ausbuchtung im Nahkampf genommen, wobei jeder Mann zehn oder mehr Handgranaten verbraucht hatte.

Bis zur Morgendämmerung am 19. April war der Stützpunkt Aubérive von der französischen Artillerie so sehr verprügelt worden, dass sich die Deutschen zurückzogen. Sie ließen Kleidung, Munition und sogar eine Feldflasche mit heißem Kaffee zurück, der gierig von Männern geschluckt wurde, die drei Tage und Nächte lang kein sauberes Trinkwasser gehabt hatten. Einer der Kompanieführer, Hauptmann Fernand Victor-Marie Maire, selbst Sohn eines ehemaligen Legionärs, entschied, dass es in einer solchen Situation für die persönliche Überlebenschance kaum einen Unterschied machte, ein Extra-Risiko einzugehen, dass es aber den entscheidenden Unterschied zwischen raschem Erfolg und langsamer Zermürbung ausmachte. Anstatt zu warten, dass das Vorbereitungsfeuer eingestellt wurde, führte er seine Männer über das offene Feld zwischen ihrer Stellung und den deutschen Schützengräben, bevor die eigenen Granaten zu fallen aufgehört hatten, so dass sie in der vordersten deutschen Linie waren, bevor die Verteidiger aus ihren tiefen Unterständen auftauchen konnten.

Mit Bajonett und Handgranate – der Pro-Kopfverbrauch blieb während dieser ganzen Aktion bei zehn pro Tag – wurde die Stellung genommen, bevor die flankierenden Kompanien ihre Ziele erreicht hatten. Mit schweren Verlusten, darunter Duriez und die Hauptmänner Germann und Manurien, sicherte das RMLE eine zwei Quadratkilometer große Kerbe in dem deutschen Landzipfel. Aber Maire hatte Recht, das Risiko einzugehen: An einer anderen Stelle standen bei einem Einsatz 275 Mann in der Morgendämmerung gegen 19 bei Einbruch der Nacht.

Maire sollte eine weitere Legende der Legion sein. Eines Abends stimmte er widerwillig zu, der Vierte beim Bridge in einem Unterstand mit einigen anderen Offizieren zu sein, die darauf warteten, bei Morgendämmerung über die Brustwehr zu steigen. Nach dem letzten Spiel schüttelten sie sich die Hände und gingen zu ihren Einheiten. Um 06.00 Uhr lag Maire mit einer Kugel in seinem linken Oberschenkel auf dem Boden, doch bevor die Bahrenträger ihn zur Sanitätsstation getragen hatten, waren die anderen drei Bridgespieler bereits tot.[4]

Am 21. April »ruhte« sich die 6. Kompanie in einem eroberten deutschen Schützengraben auf dem Kamm, der auf französischen Karten als Schützengraben 67 bezeichnet wurde, aus. Der in Deutschland geborene Stabsfeldwebel Max-Emmanuel Mader, der wegen der Feuchtigkeit bei fast Null Grad und in dem Dreck nicht schlafen konnte, fand es klug, weiter entlang des gut ausgebauten Schützengrabens Richtung Feind aufzuklären. Er nahm einen jungen Wachposten mit, den 18-jährigen Legionär Bangerter. Er ging um eine Ecke des Schützengrabens und erhielt einen guten Blick über ein Tal, in dem ein französischer Oberleutnant eine Patrouille führte, die mit umgehängten Gewehren marschierte und anscheinend nicht wusste, dass sie in Sichtweite eines deutschen Maschinengewehrnestes war, dessen Schützen nur darauf warteten, dass ihre Beute in Reichweite kam.

Bangerter wollte ein Leuchtgeschoss abfeuern, um die Patrouille zu warnen, aber Mader hatte eine bessere Idee. Er weckte zehn seiner Männer auf und führte sie tief gebückt eine Geländefalte entlang, um die Windungen des Schützengrabens abzukürzen und sie über das Nest zu bringen. Die Deutschen darin hatten sich viel zu sehr auf die Patrouille konzentriert, um die Annäherung der Männer hinter ihnen zu hören, bis zwanzig Handgranaten zwischen ihnen landeten und die meisten töteten oder verletzten. Die Überlebenden wurden gefangen genommen. Zu diesem Zeitpunkt hätte niemand Mader kritisieren können, dass er der vorgewarnten Patrouille nicht half und es ihr überließ, sich selbst aus der Schlinge zu ziehen. Statt dessen befahl er seinen Männern, die Stellung gegen einen Gegenangriff zu sichern, und lief ins Tal herunter. Die schwitzende, ungepflegte, bärtige Figur in einer schlammigen Uniform, die weder als Franzose noch als Deutscher zu erkennen war, schrie den verblüfften Oberleutnant und die Patrouille an, ihm zu folgen.

Danach verhörte er die überlebenden Maschinengewehrschützen in fließendem Deutsch und erfuhr die genaue Stellung einer nahe liegenden getarnten Batterie. Mit seinen Legionären und einer Kompanie leichter Infanterie fand er die Batterie und eroberte sie nach einem fünfstündigen Gefecht mit einer Kompanie der Kaiserlichen Garde. Dafür wurde ihm die Légion d'Honneur verliehen und er wurde der am höchsten ausgezeichnete Unteroffizier in Frankreich.

Die bemerkenswerte Leistung des RMLE, sieben Kilometer Schützengräben und die Batterie bei Aubérive zu erobern, hatte 16 Offiziere und 777 andere Dienstgrade gekostet. Viele dieser Leben hätten gerettet werden können, wenn der Vorrat an Munition ausreichend gewesen wäre. Das Regimentstagebuch hielt fest: »Man konnte Männer vor Wut weinen sehen. Nur der Mangel an Handgranaten hielt sie auf.«[5]

Aber darüber stand nichts in dem Allgemeinen Befehl Nr. 809 der 4. Armee vom 7. Mai 1917. Er liest sich so: »[Das RMLE ist ein] wunderbares Regiment, das den Hass des Feindes anstachelt und den höchste Grad der Aufopferung [weckt]. Am 17. April griff [es] unter dem Befehl von Oberstleutnant Duriez den Feind an, der sich vorgewarnt und gut gesichert in Schützengräben befand, und eroberte dessen erste Linien. Obwohl es durch Maschinengewehrfeuer aufgehalten wurde und seinen tödlich verwundeten kommandierenden Offizier verlor, führte [das RMLE] die Operation unter dem Befehl des Bataillons-Kommandeurs Deville weiter und nach einem unaufhörlichen Nahkampf über fünf Tage und Nächte war das Ziel erreicht. Der Feind war um zwei Quadratkilometer Terrain beraubt und durch seine nachhaltigen Angriffe erzwang es die Evakuierung eines stark verteidigten Dorfes, das zwei ganze Jahre lang allen unseren Angriffen widerstanden hatte. [gezeichnet] Anthoine, kommandierender General.«

Oberstleutnant Paul Rollet, der Duriez ersetzte, war ein beispielhafter Soldat, der der 311. in einer *promotion* von 587 Kadetten an St. Cyr gewesen war. Vier Jahre später im Dezember 1899 beantragte dieser kurze, schwach gebaute aber wildbärtige Offizier mit stechenden blauen Augen, der als »der Vater der Legion« bekannt werden würde, die Versetzung von der Langeweile des Garnisondienstes in den Ardennen, in die Legion. Er verdiente den Respekt seiner Männer in Algerien, auf Madagaskar und in Marokko durch seine außergewöhnliche physische Zähigkeit. Bei jeder *razzia* achtete er darauf, zweimal so weit wie seine Männer zu Fuß zu gehen, die abwechselnd auf den Mauleseln ritten, während er die ganze Zeit zu Fuß ging und die Tau-Sohlen seines privaten Schuhwerks ausleierte, was ihm den Spitznamen »Captain Espadrilles« einbrachte.

In Frankreich bestand er darauf, ein Käppi statt eines Stahlhelms zu tragen, und trug im Gefecht einen aufgerollten Regenschirm anstatt einer Offizierspistole, nicht weil ein Revolver in seinem Halfter den Sitz seiner Uniform stören würde, wie einige modische Offiziere behaupteten, sondern weil er glaubte, dass der Besitz einer Waffe die Gedanken eines Kommandeurs von seiner wirklichen Beschäftigung ablenken würde, nämlich seine Männer zu kommandieren. Ihre Zuneigung gewann er durch seine strikte Fairness und seine Bereitschaft, gegen höhere Autoritäten für sie zu kämpfen, eine Eigenschaft, die von französischen Generälen und auch in anderen Armeen nicht geschätzt ist. Typisch für diesen draufgängerischen Offizier war seine Entscheidung, 1914 von der Legion zu einem regulären Regiment zu wechseln, weil er befürchtete, dass er an dem bevorstehenden Krieg nicht teilnehmen können würde.

Dieser Kommandeur, der unter den lang dienenden Unteroffizieren den Ruf genoss, *baraka* oder Glück zu haben, kehrte zurück, kurz nachdem das kostspielige Versagen von Nivelles Aisne-Offensive den wenn überhaupt noch vorhandenen Willen, den Krieg fortzusetzen, in vielen französischen Regimentern brach, was zu weit verbreiteten Meutereien führte. Das RMLE scheint nicht davon betroffen gewesen zu sein, möglicherweise weil so viele der Männer sich freiwillig gemeldet hatten, während die meisten Soldaten in regulären Regimentern Wehrpflichtige waren, die gegen ihren Willen verpflichtet worden waren.

Ein zweiter schwarzer Fleck auf dem Schild der Legion – dar erste stand für die Hinrichtungen in Paris nach der Kommune – wurde durch die Art verdient, in der Legionäre als Feldjäger agierten, von denen es bei weitem nicht genügend gab, um zu verhindern, dass ganze Einheiten ihre Stellungen verließen und davonliefen. Die Moral in der vielfach missbrauchten französischen Armee stieg nach dem Rauswurf von Nivelle und seinem Ersatz durch General Philippe Pétain am 15. Mai 1917 langsam wieder an. Obwohl er die Meinung von Nivelle hinsichtlich der Koordinierung der Artillerie teilte, um die schrecklichen Infanterieverluste zu reduzieren, sah Pétain klar, dass der Anreiz mit einer Strafe vermischt werden muss, weil die Peitsche ohne das Zuckerbrot den Esel tötete.

Auf persönlichen Rundgängen durch die Kantinen und Kochhäuser verschreckte er seine Adjutanten, indem er darauf bestand, das Essen der *poilus* zu essen und ihren Wein zu probieren, um die Qualität mit seinen eigenen Geschmacksnerven zu prüfen. Er zögerte nicht, Köche und Verpflegungs-Offiziere zu bestrafen, wenn sie ihre Pflicht vernachlässigten und nicht dafür sorgten, dass die kämpfenden Männer zumindest ordentlich und regelmäßig ernährt wurden. Unter den Anreizen, die er einführte, war Urlaub für Männer, die seit Jahren nicht zu Hause gewesen waren, sowie die Verleihung des gelben und grünen Schulterabzeichens der Médaille Militaire an das RMLE. Einem Zivilisten scheint das als Gegenleistung für all das Leiden nichts zu bedeuten, aber alle kleinen autorisierten Veränderungen an der Uniform sind Ausdrücke von Regimentsstolz, und es gibt Momente, in denen sonst nichts mehr übrig ist, um erschöpfte und verwirrte Männer im Gefecht zu motivieren.

Im Januar 1918 wurde das RMLE von Lorraine abgezogen, um die Truppen zu verstärken, die versuchten, die deutsche »Beule« nahe Soissons und Compiègne, nur 60 Kilometer nordöstlich von Paris, zu halten. Bei dem allmählichen Zusammenbruch der Ostfront, an der die bolschewistische Revolution immer mehr russische Soldaten dazu bewog, ihre Offiziere zu erschießen, ihre Waffen wegzuwerfen und nach Hause zu gehen, hatte Berlin angefangen, fünfzig Divisionen von seinen Armeen im Osten zur Westfront zu verlegen. Durch die Unterzeichnung des Vertrages von Brest-Litovsk am 3. März 1918 hatte Berlin schließlich die Kräfte frei, mit denen es einen weiteren gewaltigen Vorstoß unter dem Decknamen Michel durch die 2. und die 17. deutschen Armee zwischen Arras und St. Quentin beginnen konnte, während die 18. Armee die linke Flanke des Angriffs schützte.

Dieser Schlacht, die bei den Alliierten als die Zweite Schlacht an der Somme bekannt wurde, ging ein Beschuss aus 6.000 Geschützen voraus. Am 26. April befand sich das RMLE hauptsächlich bei britischen Truppen, die das strategische Kommunikationszentrum von Amiens verteidigten. Die Legionäre erhielten den Befehl, ein bewaldetes Hügelchen bei Hangard, 15 Kilometer südöstlich der Stadt zu besetzen, wo der Preis dafür, einen zerschmetterten Baum oder den Boden zu berühren, sofortige Blasen von Senfgaströpfchen waren. Sie rückten hinter britischen Panzern vor und befanden sich in einer Situation, die sich von dem Stellungskrieg der Schützengräben sehr unterschied.

In der Ermangelung von Funkverbindungen funktionierte die Feuerwalze nur, wenn ein strenger Fahrplan eingehalten wurde. Weil die Front jedoch an einer Stelle vorgeschoben wurde und an einer anderen hinterher hinkte, war das unmöglich. Indem sie die teilweise bewaldete Landschaft und den dichten Nebel ausnutzten, gelang es kleinen Gruppen deutscher Maschinengewehrschützen, im Versteck zurückzubleiben und die Legionäre von hinten zu beschießen, so dass ihr maximaler Vorstoß weniger als einen Kilometer betrug. Nachdem sie zurückgeworfen wurden, machten sie Gegenangriffe und konnten sich im Wald halten, bis sie am 6. Mai entlastet wurden, allerdings unter nachhaltigem Artillereifeuer und Bodenangriffen, die so furchtbar waren, dass das 1. Bataillon nur noch einen Offizier und 187 andere Dienstgrade besaß. Das Kommando über eine Kompanie ging schließlich, nachdem jeder Offizier getötet worden war, an den am längsten dienenden Legionär über, einem Luxemburger namens Kemmlet.

Die wohl verdiente Pause des RMLE von der Front wurde durch den Beginn der Operation Blücher von General Erich von Ludendorff am 27. Mai unterbrochen. Auf einer Front, die sich ab nördlich von Soissons in Richtung Osten bis nach Reims erstreckte, griffen 15 deutsche Divisionen die gegenüberliegenden sieben französischen und britischen Divisionen an und schwärmten über den Kamm der Chemin des Dames[6] und über den Fluss Aisne. Bis zum 30. Mai waren sie zwischen Château-Thierry und Dormans an der Marne zurück.

Mit dem Rest der marokkanischen Division wurde das RMLE in Bussen in den Westen von Soissons transportiert, um dort die wankende Front zu halten, was ihm auf Kosten von 42 Getöteten und 289 Verwundeten oder während der Kampfhandlungen Vermissten und trotz hoffnungslosen Mangels an Munition gelang. Neben dem Gefechtstress war es auch noch unmöglich, ruhig zu schlafen, zumal wiederholte Gasangriffe während der nächsten Tage das ständige Tragen der schwerfälligen Masken erforderte. In den Ohren der Überlebenden muss das Lob für ihre Tapferkeit hohl geklungen haben: Die Verluste seit Hangard betrugen 1.250 Mann und es gab keinerlei Ersatztruppen.

Am 14. Juli marschierte Rollet bei der Parade am Bastille-Tag an der Spitze eines farbenfrohen Zuges des RMLE, und dem Regiment wurde die Médaille Militaire verliehen, offiziell für seine Tapferkeit, inoffiziell aber, weil es während der Meutereien standhielt. Vier Tage später lief das übliche Geschäft weiter, als die marokkanische Division einen Teil des Versuchs von General Ferdinand Foch bildete, den deutschen Landzipfel südlich von Soissons abzuschneiden. Um 04.45 Uhr griff das RMLE, ernsthaft geschwächt, hinter einem Schirm von Renault-Leichtpanzern an. Dabei erhielt es von einem schlecht koordinierten Beschuss kaum Hilfe. Innerhalb zwei Stunden nahm es 450 Gefangene. Am 20. Juli machten die Deutschen drei Gegenangriffe, aber die Legion hielt auf Kosten von 780 Mann stand.

Eine der wenigen persönlichen Geschichten mit einem glücklichen Ausgang ist die von Stabsfeldwebel Mader, dessen rechter Arm und ein Großteil seiner Schulter weggesprengt waren. Im Burenkrieg, wo die Kämpfe über trockenem, jungfräulichem Boden erfolgten, heilten die meisten Schusswunden von selbst, aber in dem reichlich gedüngten Bauernland Nordfrankreichs und Flanderns führte die hohe Dosis Bakterien, die durch Projektile auch in relativ oberflächliche Wunden gesprüht wurde, sowie Chlor- und/oder Senfgasmoleküle und andere chemische Reste explodierter Munition im Boden allzu oft zu Gaswundbrand, Amputation und Tod.

Das französische Wort *triage*, das ursprünglich »Teilung in drei Teile« bedeutet, wurde im militärischem Englisch benutzt, weil die Feldchirurgen in den Sanitätsstationen die Verluste einteilen mussten in diejenigen, die unbehandelt nach hinten geschickt werden konnten; diejenigen, die sofortige Chirurgie brauchten, wenn sie überleben sollten; und diejenigen, für die Chirurgie reine Zeitverschwendung war. Bei dieser Rechnung gehörte Mader zur dritten Kategorie. Was er sagte, als er das Bewusstsein wieder erlangte, nur um festzustellen, dass ein Kaplan ihm die letzte Ölung gab, ist leider nicht berichtet worden. Aber sein unerschütterlicher Wille und seine eiserne Verfassung ließen ihn durchhalten, so dass er die Schleife der Légion d'Honneur an seinem Revers eine normale Lebensspanne tragen konnte.

Pétain massierte eine noch nie da gewesene Konzentration von Artillerie für die vorbereitende Zermürbung der deutschen Linie und befahl im August nahe Verdun eine begrenzte Offensive, bei der das RMLE unter Verlusten von nur 53 Toten und 271 während der Kampfhandlungen Verwundeten/Vermissten eine Beute von 16 schweren Geschützen und 680 Gefangenen machte. Dies führte zu der Dekoration ihrer Regimentsflagge mit der Légion d'Honneur, und einer zweiten roten Schulterklappe, um auf der Uniform jedes Legionärs an die Ehre der Flagge zu erinnern.

Am 1. September konnte das RMLE zwei Dörfer nahe Soissons einnehmen, die amerikanischen Angriffen widerstanden hatten, und kämpfte nun den neuen Krieg von Bewegung und Infiltration, wobei einige Kompanien nur noch aus 50 Mann bestanden. Mit dem Rest der marokkanischen Division erreichte es die Hindenburglinie mit ihren Betonblockhäusern und umfangreich verdrahteten Schützengrabensystemen, wo sie sich auszeichneten, indem sie zweimal so viele Gefangene nahmen, wie ihre eigene Anzahl. Nachdem General Mangin ihm befohlen hatte, den Eisenbahntunnel Vauxaillon zu nehmen, marschierte Rollet selbst zusammen mit einem Trommler und einem Hornisten, der »Le Boudin« spielte an der Spitze seiner erschöpften Männer. Sie wurden von eigenem und feindlichem Feuer belästigt, und als die Überlebenden das Ende des Tunnels erreicht hatten, betrug ihre Zahl nur noch 50 Prozent ihrer Stärke bei Beginn der Schlacht. In Anerkennung des Verlustes von 1.433 Offizieren und Männern wurde eine neue Schleife für die Überlebenden geschaffen, die die Farben der Légion d'Honneur und des Croix de Guerre kombinierte.

In den letzten Monaten des Krieges, im Vorfeld des Waffenstillstands, der die Geschütze genau zur elften Stunde des elften Tags des elften Monats des Jahres 1918 zum Schweigen brachte, war das RMLE ein Skelett. Trotz Rollets persönlichen Glaubens an die Legion war es dem *régiment de marche* unmöglich, seine Verluste durch neue Rekruten wettzumachen; die jungen Männer Europas hatten genug vom Krieg, und die Kolonial-Bataillone hatte kein Fleisch mehr übrig.

Oberst Bouchez, der die 1. Marokkanische Brigade kommandierte, schickte einen pessimistischen Bericht an den kommandierenden General der 1. Marokkanischen Division (zu der die Legion nominell gehörte). Sein Titel war *Die Wiederherstellung des Regiments der Fremdenlegion*. Hier ist ein Auszug: »Seit dem Kriegseintritt Belgiens, Italiens, Amerikas, Griechenlands und dem Aufbau der tschechischen und armenischen Armeen sind die Rekrutierungsquellen der Legion ausgetrocknet. Nur die Schweizer und Spanier verpflichten sich weiterhin in Größenordnungen, die jedoch nicht ausreichen, um die Situation zu korrigieren. Dadurch ist die Existenz der Legion bedroht. Aber ein Regiment, das solche Traditionen und eine solche Vergangenheit hat, darf nicht sterben. Wenn die Legion dennoch stirbt, wird es unmöglich sein, sie in Friedenszeiten wieder ins Leben zu rufen. Wir müssen uns an die feindselige Publizität in der ausländischen Presse erinnern.«[7]

Bis 1918 die tschechische Armee gebildet wurde, hatte Rollet 1.020 Mann an die verschiedenen Armeen der später kriegsführenden Mächte verloren, obwohl er glaubte, dass sie dort eher aus Furcht vor der Schande eingetreten waren, nicht für ihr eigenes Land gekämpft zu haben, als aus dem Wunsch, die Legion zu verlassen.[8] Die Russen in Frankreich waren seit Brest-Litovsk rechtlich Bürger eines neutralen Staates und konnten deshalb rekrutiert werden, aber die drei zaristischen Bataillone, die Großherzog Nikolai zum Kampf an die Westfront geschickt hatte, hatten 1917 bei La Courtine gemeutert, weil sie mit der bolschewistischen Revolution sympathisierten. Nachdem im Jahr 1918 265 Mann aus einer Einheit von 694 erklärten, sie hätten kein weiteres Interesse am Krieg, wurden im Juni und Juli 375 Russen einberufen; die aber weigerten sich, ihr Leben im Gefecht für eine Sache zu riskieren, die nicht ihre eigene war.

Am 6. November 1918 hatte Rollet in Paris ein Gespräch mit dem weißrussischen General Ignatiev, der für den Einsatz des Überbleibsel seiner Armee in Frankreich zur Bedingung machte, dass seine Offiziere ihren Dienstgrad behalten durften. Rollet erwiderte, dass er schon vier russische Offiziere habe und keine mehr brauche, vielen Dank. Das führte also zu nichts.

Ziemlich gegen Ende des Krieges versuchte ein amerikanischer Anhänger der Legion, Frank S. Butterworth, ein amerikanisches Regiment für die Fremdenlegion auf amerikanischem Gebiet zu rekrutieren, bis er vom amerikanischen Kriegsminister darüber informiert wurde, dass dies gegen die Verfassung verstoßen würde.[9] Auf jeden Fall war aber das berühmte Lafayette-Geschwader amerikanischer Flieger als 103. Jagdgeschwader des US Air Service im Januar 1918 in aller Stille legitimiert worden.[10] Es gab natürlich die Möglichkeit, die Kolonial-Regimenter zu nutzen, um die Lücken im RMLE zu füllen, aber zu einer Zeit, in der die britischen und amerikanischen Armeen schwarze und weiße Soldaten trennten, fiel Rollet diese Option nicht ein. Sein alternativer Vorschlag, dass jedes reguläre Regiment ein paar Männer an die Legion spenden solle, wurde ignoriert, obwohl die größte nationale Gruppe am Ende des Krieges im RMLE aus 905 französischen Legionären bestand.

Verschärft wurde Rollets Problem durch die Tendenz der Rekrutierungsbüros, das Verbot des Dienstes von Ausländern in der französischen Armee zu umgehen, indem sie in der Legion nur für eine symbolische Zeit von ein paar Tagen einsetzten und sie dann an französische Regimenter überstellten. Julian Green, ein freiwilliger amerikanischer Krankenwagenfahrer in Frankreich, der lieber in die Legion eintreten wollte, anstatt in die Staaten zur Grundausbildung zurück geschickt zu werden, um dann wieder nach Europa verschifft zu werden, fand, dass »diese Schwierigkeit geschickt umgangen wurde, indem ich mich zuerst in der Fremdenlegion (in der ich eine Stunde blieb) verpflichten sollte und dann von der Legion in die reguläre Armee überwechseln musste«.[11] Auf ähnliche Weise verpflichtete sich der homosexuelle Jazzkomponist Cole Porter mit der Nummer 47.647 am 20. April 1918, wurde aber sofort im 3. Artillerie-Regiment an der Artillerieschule in Fontainebleau postiert[12] im Einklang mit Petains Vorliebe für Artilleristen anstelle von Kanonenfutter. Er diente mit seiner Batterie vom 20. September bis zum 23. Januar 1919 und wurde dann in den Stab des US Militärattachés versetzt und am 17. April offiziell entlassen.

Für das RMLE endete der Krieg in Château-Salins, einer Stadt in Lothringen, die seit 1870 deutsch war, so dass Berlin und nicht Paris ihre Hauptstadt war. Rollet war das vollkommen egal, er beabsichtigte, die toten Legionäre zu ehren, während die Geschütze immer noch in den Ohren der Überlebenden donnerten. Er marschierte mit seinen Männern in seiner eigenen Siegsparade durch die Stadt, voran gingen Trommler, Hornisten und die hoch dekorierte Regimentsflagge. Nur die Flagge des Kolonialen Infanterieregiments Marokko erhielt mehr Auszeichnungen.

Auf der Siegesparade in Paris im folgenden Jahr gehorchte Rollet ausnahmsweise dem Befehl, einen Helm zu tragen. Als er die Flamme am Grab des Unbekannten Soldaten unter dem Arc de Triomphe sah, empfand er vielleicht, was der Legionär Pascal Bonetti 1920 in Worte fasste:

> Vier Jahre litt er und blutete in jener Hölle
> vor dem Abend, als auch er fiel.
> Ist der Unbekannte Soldat, dessen Grab
> all den epischen Prunk und Ruhm der Vergangenheit mehrt,
> vielleicht ein Ausländer, der ein Sohn Frankreichs wurde
> nicht durch erhaltenes Blut, sondern letztlich durch vergossenes Blut?[13]

Es ist trotz eines Gerüchtes, das schwierig zu verifizieren ist, durchaus möglich, dass der erste zufällig ausgewählte Unbekannte Soldat sich als schwarzer Kolonial-Soldat herausstellte, der hastig ersetzt wurde. Gemäß dem *Livre d'Or des Légionnaires morts pour la Frankreich au cours de la Grande Guerre 1914-1918*,[14] starben in der Legions-Uniform 512 Italiener, 455 Russen und 578 Schweizer, gegenüber 69 Amerikanern sowie nur zwei Briten an der Ostfront und 18 in Frankreich. Die niedrigen Zahlen sind darauf zurückzuführen, dass die BEF vom Beginn des Krieges an in Frankreich anwesend war.

25

Identitätskrise

NORDAFRIKA, 1918–40

Die französischen Verluste im Krieg waren viel höher als die Großbritanniens und sie hätten zum Sturz der Regierung in Washington geführt, wenn die der amerikanischen Streitkräfte genauso hoch gewesen wären. Wie die Kriegerdenkmäler in jedem kleinen französischen Dorf immer noch bezeugen, wurde in den vier Jahren des Gemetzels einer von drei jungen erwachsenen männlichen Franzosen getötet. Die Entvölkerung bei den Männern war derart hoch, dass man mehr italienische und spanische Nachnamen als französische findet, wenn man heute das Telefonbuch einer beliebigen Kommune im Süden des Landes durchblättert.

Um die toten Franzosen zu ersetzen, gingen hunderttausende besitzloser Männer aus Léon, der Lombardei, Kantabrien und Kalabrien zu Fuß über die Alpen und die Pyrenäen nach Südfrankreich. Dort arbeiteten sie auf den Feldern, kümmerten sich um die Tiere und beschnitten die Weinstöcke der toten *poilus*. Die heimischen Mädchen, die den Grundbesitz erbten, für dessen Verteidigung ihre Brüder und Väter gestorben waren, heirateten sie, denn das waren die einzigen Männer, die als Väter der nächsten Generation verfügbar waren.

Innerhalb der Legion hatten die in Frankreich Geborenen unter den Mannschaftsdienstgraden keine Mehrheit mehr. In einigen Bataillonen fiel die Prozentzahl der französischen Rekruten sogar auf sieben Prozent zurück, was ihnen eine rasche Beförderung sicherte, in vielen Fällen bis zum Feldwebel innerhalb eines Jahres. Im Jahr 1920 stammten 72 Prozent der Männer in der Legion aus Nationen, die im Ersten Weltkrieg zu den Feinden zählten. Vierzehn Jahre später war die Zahl auf 44 Prozent gesunken, und obwohl nur 16 Prozent in Frankreich geboren wurden, machten sie 35 Prozent der Unteroffiziere aus.[1] Dies war nicht zwangsläufig auf Chauvinismus zurückzuführen, sondern darauf, dass die Befehlssprache französisch war und viele Fremdenlegionäre sie nie ausreichend beherrschten, um sich klar verständlich zu machen – im Gefecht eine potenziell fatale Situation.

In allen Jahre hielt Rollet stur an seiner Vision einer größeren und besseren Legion der Zukunft fest. Er begriff, dass die ehrenvollen Erwähnungen und die Ehrungen, mit denen die Männer des RMLE aus einundfünfzig Nationalitäten den ganzen Krieg hindurch überschüttet worden waren, bei den höchsten Militärs und Politikern wenig zählten. Er konnte sie davon überzeugen, dass die Legion eine exzellente Schule für die besten jungen Offiziere von St. Cyr sein würde, bevor sie zu regulären Regimentern versetzt werden konnten, die sie mit Energie und Tapferkeit erfüllen sollten. Sein mächtigster politischer Verbündeter war General Jean Mordacq, *chef de cabinet* des Ministerpräsidenten Georges »Tiger« Clemenceau. Mordacq hatte vor dem Krieg in der Legion gedient und war davon überzeugt, dass Frankreich jetzt mehr denn je ausländische Soldaten in den Kolonien brauchte, anstatt noch mehr seiner eigenen jungen Männer zu verlieren. So zeichnete er 1919 eine Blaupause für mehrere ausländische Divisionen, die aus Infanterie-, Kavallerie-, Artillerie- und Ingenieurs-Regimentern bestehen sollten.[2]

Lyautey, der Befehle missachtet hatte, sich für die Dauer des Krieges in ein paar internationale Enklaven an der Küste zurückzuziehen, wo sich Ausländer sicher aufhalten konnten, war ein weiterer starker Verbündeter. Aber sein *effectif* war durch Gefallene und Desertation so sehr zusammengeschnitten worden, dass er seine Zuflucht zu Zwangsüberstellungen aus anderen Korps, meistens Deutsche und Österreicher, genommen hatte, um auch bei den fünf Bataillonen in Marokko den Anschein normaler Stärke aufrechtzuerhalten. Sie wurden in zwei unversönliche Lager geteilt: Diejenigen, die bei Ausbruch des Krieges nach Europa zurückkehren wollten, es aber nicht konnten, und die Freiwilligen, die nach Nordafrika geschickt worden waren, damit sie nicht gegen ihre Landsleute in Europa kämpfen mussten. Die Rekrutierung lief bis Juni 1918 derart schlecht, dass Lyautey vorschlug, jedem, der wieder eintreten wollte, eine Prämie von 500 Francs anzubieten, und den Rest in die Kriegsgefangenenlager auf Korsika zu schicken, wo sie wenig Ärger verursachen konnten.[3]

Seine Nachkriegspläne für die vollständige Kolonisation Marokkos sahen vor, dort ständig 30.000 europäische Soldaten zu stationieren, darunter einen großen Teil der vergrößerten Legion von Mordacq. Aber Mordacqs Plan wurde vom Parlament abgelehnt, weil viele *députés* eine vorwiegend deutsche Söldnertruppe in französischer Uniform in einer Zeit fürchteten, in der die reguläre Armee hauptsächlich aus Wehrpflichtigen bestand, die kurzfristig dienten. Obwohl sich nur wenige Zivilisten vorstellen konnten, dass Deutschland nach nur zwei Jahrzehnten Frankreich das dritte Mal in siebzig Jahren überfallen würde, schätzte ein bedeutender Anteil ihrer Politiker, dass ihre Nachbarn auf der anderen Seite des Rheins sich aus ihren Verpflichtungen des Versailler Vertrages winden und Frankreich in nicht allzu vielen Jahren wieder bedrohen würden. Wer konnte schon einer solchen Armee mit dieser Denkweise trauen, zumal einige Legions-Bataillone hauptsächlich aus *schleus*[4] bestanden? Die sollten nie wieder einen Fuß auf französischem Boden setzen, schworen sie.

Allerdings hatte niemand etwas dagegen, die Bestien aus dem Osten zu nutzen, um die übereeischen Besitzungen Frankreichs zu vergrößern und dort den Frieden zu sichern, obwohl es eine Grenze gab, bis zu dem nicht-französische Offiziere aufsteigen konnten. So wurde die Regel geboren, dass Ausländer bis zum Hauptmannsrang dienen konnten, darüber hinaus waren nur Franzosen annehmbar. Auch das führte zu Schwierigkeiten, denn es war schwierig, in den Jahren unmittelbar nach dem Krieg in Frankreich geborene Offiziere zu finden, zumal Berufssoldaten in Frankreich so misstrauisch betrachtet wurden, dass nur wenige in der Öffentlichkeit Uniform tragen wollten und es lieber vermieden. Das Ergebnis war, dass einige der neuen Offiziere der Legion eine etwas wilde Truppe waren, die in regulären Einheiten nicht eingesetzt worden wäre, weil sie bestimmt Ärger gemacht hätte.

Andere Offiziere waren zu zahm und zu weich; sie rotierten im Rahmen des Programms »Théatre des Opérations Extérieures« durch die Legion, mit dem die Kader von den Verwaltungserfahrungen der Truppe lernen sollten. Dabei wurden sie auf Schritt und Tritt von erfahrenen Unteroffizieren hintergangen, die ihren Spaß daran hatten, ihre Autorität zu unterminieren. TOE Offiziere, die sich jedes Mal gedemütigt fühlten, wenn ein schwadronierender, altgedienter Legionär außerhalb des Dienstes vor ihnen nicht salutierte, fanden Zuflucht in Träumen von einer angenehmeren nächsten Versetzung.

Was immer auch Paris von ihnen hielt, am Ende des Ersten Weltkrieges war der Ruf der Tapferkeit von Frankreichs zwei am meisten ausgezeichneten Regimentern, dem RMLE und dem Régiment d'Infanterie Coloniale du Maroc, international so groß, dass die spanische Regierung im Oktober 1919 Major José Millan Astray y Terreros, einen ihrer erfahrensten Kolonial-Soldaten, in das französische Marokko schickte, um aus erster Hand die Organisation und die Methoden der Militärregierung von Lyautey zu untersuchen, und um zu entscheiden, wie sie in den spanischen Enklaven angewendet werden könnten. Millan Astray kehrte mit eigenen Ideen für eine anders organisierte spanische Fremdenlegion für den Einsatz in Nordafrika nach Madrid zurück. Im Januar 1920 schuf ein königliches Dekret seine neue Armee als

Oberst Rollet, beim Inspizieren neuer Rekruten: »Was machten Sie, bevor Sie der Legion beitraten?«
Rekrut: »Ich war General, Oberst.«

3. Extranjeros und er wurde als ihr erster Kommandeur zum Oberstleutnant beförderte. La Bandera, wie sie genannt wurde, gewann jedoch nie den Glanz ihres älteren französischen Bruders.

Es überrascht nicht, dass Millan Astray von Lyauteys Legion nicht beeindruckt war. Sie bestand aus feindlichen zurückgebliebenen Ausländern und Veteranen der Schützengräben, die nur lang genug leben wollten, um ihre Ruhestandsgelder zu kassieren, und aus geflüchteten Berufssoldaten von Armeen, die nach der russischen Revolution und der allgemeinen Umwälzung in Osteuropa nicht länger existierten. Für die letzteren bedeutete die Heimkehr das Erschießungskommando – wenn sie Glück hatten. Sie waren obdachlos, ihre Familien waren tot, ihr Eigentum war zerstört oder beschlagnahmt, wo sonst konnten sie hingehen außer zur Legion? Da sie keine Aussicht hatten, ihren früheren Dienstgrad wieder zu bekommen, verpflichteten sie sich als gewöhnliche Legionäre.

Wenn auch viele der Anekdoten, die sich die Legionäre gern erzählten, möglicherweise nicht wahr sind, so hätte sich der oben in der Karikatur zitierte Wortwechsel doch sehr wohl ereignen können, als Rollet 1920 eine neu angekommene Gruppe bei Sidi bel Abbès inspizierte. Der fragliche Rekrut war der weißrussische Brigadier Boris Krechatisky, der sich wieder ganz unten auf die militärischen Leiter gestellt und sich freiwillig als gewöhnlicher Legionär gemeldet hatte, weil der Soldatenberuf das einzige Gewerbe war, das er kannte, und niemand sonst ihm einen Job geben würde.[5]

Rollet machte den verseuchenden Einfluss europäischer Zivilisten in Algerien für viele Probleme mit Disziplin und Moral in der Legion verantwortlich. Wenn er die Chance gehabt hätte, hätte er die Legion komplett ins Landesinnere von Marokko verlagert, wo es niemanden gab. In der Tat blieb das 1 RE in bel Abbès stationiert, während das 2 RE von Saïda nach Meknès in Marokko ging. Aus dem Kern des RMLE wurde das 3 RE, das in Fez, Marokko, stationiert war und das Rollet von seiner Aufstellung im Januar 1920 bis zum März 1925 kommandierte, als er eine attraktive und viel jüngere Frau, Clémentine Hébert, heiratete. Um dem Paar das Gefühl eines normalen europäischen Lebens zu geben, erhielt er das Kommando über das 1 RE in Sidi bel Abbès.

Während der Vergrößerung der Legion nach dem Krieg wurde im Dezember 1920 das 4 RE in Meknès geschaffen, das nach Marrakesch in Zentralmarokko ging. Zwei Jahre später wurde das Régiment Etranger de Cavalerie 1.500 Kilometer östlich in Sousse, Tunesien, etabliert. Das REC wurde größtenteils aus Kosaken, Polen und Russen der Weißen Armeen und ein paar Ulanen des Kaisers gebildet, während die Offiziere französische Kavalleristen von den Spahis und Chasseurs d'Afrique waren. Ein herausragender Legionär, ein ehemaliger zaristischer Husaren-Oberst, der sich Odintsoff nannte, machte sich um mehr als ein Jahrzehnt jünger, damit er eintreten konnte. Unter seinen Mitemigranten befanden sich soviele Adelssöhne, dass das Regiment »Le Royal Etranger« genannt wurde, auch wenn der Krieg, in dem sie kämpfen sollten, weit von den glänzenden Kavallerieparaden und berauschenden Angriffen über die Ebenen Zentral- und Osteuropas, an die sie gewöhnt waren, entfernt sein würde.

Von den mehreren tausend zaristischen Offizieren und Unteroffizieren, die in Konstantinopel hungerten, nachdem sie am Ende des Bürgerkrieges der kommunistischen Regierung durch die Ukraine oder über den Kaukasus entkommen waren, akzeptierten mehrere hundert die freie Fahrt auf französischen Schiffen, die sie direkt nach Nordafrika brachten. Dort führte ihr »nichts zu verlieren außer meinem Leben«-Temperament das wahnwitzige russische Roulette namens »Cuckoo«[6] in die Palette des Unfugs der Legion ein. Ein eher nüchterner Bewerber, der in die Legion eintrat, war Finnlands größter Soldat, General Mannerheim. Er war Prophet in seinem eigenen Land und bewarb sich 1925 für den Legionsdienst in Marokko, aber er erhielt die höfliche Auskunft, dass es keinen angemessenen Posten gab, der für einen Kavallerieoffizier im Alter von 59 Jahren geeignet war.

Vier Jahre später bestand die Legion auf dem Papier aus insgesamt 18 Infanterie-Bataillonen, sechs Kavalleriegeschwadern, fünf berittenen Kompanien und vier Pionierkompanien. Ein Jahr später wurden die drei Bataillone, die in Indochina stationiert waren, zum 5 RE. Wahrscheinlich war das der Höhepunkt der mit insgesamt 33.000 Mann tatsächlichen Legionsstärke. Kurz vor dem Ausbruch des Zweiten Weltkrieges wurden drei Bataillone vom 1 RE und eins vom 2 RE zum 6 RE in Syrien. Das 2 REG wurde im Juli 1939 aufgestellt und verdiente sich die Auszeichnung, die am häufigsten aufgelöste und wiederhergestellte Einheit in der Legion zu sein! Die Infanterieregimenter wurde als REI bezeichnet, was Régiment Etranger d'Infanterie bedeutet, um sie von den anderen Waffengattungen zu unterscheiden.

Nach der Flut von Rekruten, deren Leben durch den Krieg und die Revolution erschüttert geworden war, brachte die Weltwirtschaftskrise eine neue Ernte, als Männer aus allen Gesellschaftsschichten sich verpflichteten, ein Viertel davon unter 20 Jahren und 64 Prozent unter 25. Ungelernte Arbeiter und Facharbeiter machten 73 Prozent der Legion aus, während sieben Prozent auf dem Land gearbeitet hatten.

Die 13 Prozent der Rekruten aus Angestelltenkreisen bereiteten in einer physisch sehr anspruchsvollen Welt Probleme. Darüber, wie untauglich sie wirklich waren, gehen die Meinungen auseinander. Einige Memoiren aus der Zeit zwischen den Kriegen deuten an, dass die medizinische Untersuchung der Rekruten eine bloße Formalität war; andere, dass sie streng auf Augenlicht und gute Zähne achtete. Viele Probleme stammten aus der Unterernährung während der Kindheit der Männer, die im Krieg aufgewachsen waren, als U-Boote um die Britischen Inseln herum eine Blokade eingerichtet hatten und auch Deutschland von vielen traditionellen Lebensmittellieferanten abgeschnitten worden war. Sogar Männer, die auf dem Land aufgewachsen waren und als Kinder gut gegessen hatten, konnten untauglich sein, wenn sie während der Weltwirtschaftskrise arbeitslos geworden waren und monatelang unregelmäßig gegessen hatten.

Auch die mentale Einstellung der neuen Rekruten bereitete Probleme. Der Regimentstagebuchschreiber vom 2 REI beschwerte sich 1921, dass die neuen Legionäre nicht auf der Suche nach Abenteuern zur Legion gekommen seien: »Ihr Hauptmotiv scheint der Wunsch nach einem friedlichen Leben zu sein, um auf bessere Zeiten zu warten. Die jetzigen Legionäre sind ... formbarer, weniger betrunken aber auch weicher. Die ziemlich große Zahl von Briefen, die sie schreiben und empfangen, zeigt, dass sie mit ihren alten Ländern nicht Schluss gemacht haben.«[7] Es war auch ein Zeichen dafür, dass sie besser gebildet waren als die harten Männer der alten Legion.

Zwar waren sie für alkoholbedingte Probleme weniger anfällig als ihre Vorgänger, aber diese Männer waren kaum das ideale Material für die Umwandlung in brutale und zügellose Soldaten. Aber Rollet hätte trotzdem mehr gebraucht. Ein Bataillonskommandeur ging 1923 sogar so weit vorzuschlagen, dass die gegenwärtig traditionelle fünfjährige Verpflichtung auf drei Jahre verkürzt werden sollte, um Rekruten anzulocken, die ein kurzes Abenteuer wollten, aber keine militärische Karriere. Die Einführung einer Einberufungsprämie in bar und einer anderen Prämie in bar nach Vollendung der Grundausbildung, zwei Anreize, die die alten Hasen nie gekannt hatten, wurde von einigen Offiziere mit der Begründung zurückgewiesen, dass sie unglücklichen jungen Rekruten damit das Geld gaben, das sie brauchten, um die Desertation zu finanzieren.

Vor dem Krieg, als die Mehrheit der Legionäre französisch gewesen war, waren Desertationen en masse selten gewesen, weil sie, wenn sie »nach Hause« gegangen wären, geschnappt worden wären, doch wenn die ausländischen Rekruten in der Nachkriegszeit nach Hause oder in ein neutrales Land flüchten konnten, waren sie sicher. Sie desertierten deshalb öfter und in größerer Anzahl. Diejenigen, die nach einer Abwesenheit von länger als sechs Tagen gefangen wurden, oder die ihre Waffen mitgenommen hatten, sühnten ihre Verbrechen im Strafbataillon der Legion in Bechar, 400 Kilometer südlich von bel Abbès. Dort musste ein Mann an einem durchschnittlichen Tag 1.000 Lehmziegelsteine mit der Hand herstellen. Jeder Verstoß gegen die drakonischen Vorschriften wurde mit *le peleton* belohnt: Stundenlang mussten sie im Eilschritt bei Temperaturen von weit über 40 Grad marschieren und dabei die volle Paradeuniform tragen, während die Tornister mit Steinen vollgestopft und die Schultergurte durch Draht ersetzt worden waren.

Was *konnte* ein Rekrut mit dem Bargeld, das ein Loch in seine Tasche brannte, in einer Garnisons-Stadt wie bel Abbès tun? Es gab damals für Geld nur drei Vergnügungen: Alkohol, eine gute Mahlzeit und Sex. Bis die eigenen medizinisch überwachten Bordelle der Legion etabliert wurden, um das Vorkommen von Geschlechtskrankheit zu reduzieren,[8] war dem Personal der Legion der Zutritt zu drei *maisons de tolérance* in der einheimischen Stadt erlaubt. Darunter waren Le Chat Noir und Au Palmier, die wegen ihrer Horden nackter und halbnackter Mädchen, die jeden Mann, der hereinkam, umschwärmten, legendär. Etwas besser war der Ton im Le Moulin Rouge, wo das »Fleisch« an einem Ende des Zimmers stand oder ruhig saß. Nachdem ein Kunde seine Wahl getroffen und die Madam bezahlt hatte, rief sie das Mädchen herüber und schickte die beiden mit einem sauberen Handtuch nach oben.

Das Zertrümmern eines Bordells oder einer Bar in einer Suff-Schlägerei wurde gleich vor Ort mit dem Aufenthalt in der Zelle bestraft. Der dänische Prinz Aage war Direktor einer Bank gewesen, die 1922 pleite ging. Er wurde zum Oberleutnant befördert und war ein populärer Offizier. Einmal ließ er ein paar schuldige dänische Legionäre aus Dänemark aus den Zellen entlassen, damit sie beim Abendessen einer Journalistin aus Kopenhagen ein Interview geben konnten. In einer Vorschau auf den Tailhook-Skandal endete das Abendessen mit Tränen der Dame und halbnackt, aber keiner wurde dafür bestraft.

Aage glaubte, dass es hinter jedem Legionär eine Frau gab, und erzählte die Geschichte von einem Oberleutnant und einem seiner Männer, die in dem gleichen Gefecht getötet wurden. Dabei kam heraus, dass jeder die Fotografie der gleichen Frau in seiner Tasche trug. Diese Idee gab 1931 in der Filmparodie auf *Beau Geste* von Laurel und Hardy mit dem Titel *Beau Hunks* einen guten Witz ab. Darin meldeten sich beide Männer zu den Soldaten, weil sie einen Korb von demselben Mädchen bekommen hatten – nur um herauszufinden, dass alle anderen Männer in der Kompanie ebenfalls ihre Fotografie an ihren Herzen trugen, und ebenso wie ein örtlicher Banditenchef, der auf Patrouille getötet wird! *Plus ça change* ... 1999 fragte der Autor einen jungen Dschungelkriegsausbilder, warum die meisten französischen Rekruten sich verpflichteten. Seine lakonische Antwort war die gleiche, wie die von Prince Aage über ein halbes Jahrhundert zuvor: »*Histoire de nana, le plus souvent*« – Ärger mit Mädchen, meistens.

Obwohl Rollet und die anderen Obersten in der Legion die vielen Filme, Romane und autobiografischen Erzählungen der Periode zwischen den Kriegen, die das Leben des Legionärs verherrlichten, übel nahmen, waren sie in Wirklichkeit die beste Werbung, bevor synchronisierte Soundtracks mit Al Jolsons *Der Jazz Sänger* 1927 möglich wurden. Kein junger Mann, der sich nach dem Alten Westen der Cowboyfilme sehnte, konnte die Uhr zu der Zeit zurückstellen, in der Männer waren und taten, was Männer tun müssen und eine schöne Frau verließen, die im Hintergrund leise weinte, aber sie konnten in die Legion eintreten.

Filmproduzenten liebten die Wüste, weil sie für Hollywood ein billiger Drehort war. Unter den Kinoerfolgen des Matinee-Idols Rudolph Valentino waren *Der Scheich* (1921), *Blut und Sand* (1922) und *Sohn des Scheichs* (1926). Mindestens ein Legionär hatte in London einen Film gesehen, der die Legion verherrlichte, und ging direkt aus dem Kino los, um sich im französischen Konsulat in der Brompton Road freiwillig zu melden.[9] Jeder Mann, der aus der mit Rauch gefüllten Dunkelheit des örtlichen Kinos herauskam, wo die flimmernden Lichtstrahlen aus der Projektionskabine seine Sehnsüchte in schwarz und weiß auf die silberne Leinwand malten, konnte auf dem Rückweg zu seiner einsamen Bude oder dem Schlafsaal der Heilsarmee davon fantasieren, wie er in ein Rekrutierungsbüro der Legion ging und sich verpflichte, nur um herauszufinden, wie hart er unter Fremden war, die seine besten Kumpel werden und seinen wahren Wert schätzen würden. Für einsame Männer, die sich im zivilen Leben unterbewertet fühlten, für Männer, die keine speziellen Fertigkeiten oder Bildung hatten, für Männer, die abgelehnt worden waren, ob durch die Gesellschaft oder eine Frau, war es ein Traum, der wahr werden konnte. Rollets Genie bestand darin, den Traum zu verpacken, und dadurch wurde er wahrlich der Vater der Legion.

Nach 1918 hatte eine Kommission, die nur aus Armeeangehörigen bestand, die gleiche Uniform für alle Soldaten empfohlen. Die regulären Regimenter trugen damals die horizontblaue Uniform, die 1914 eingeführt worden war, die kolonialen Formationen trugen khaki und die Legion in Syrien musste Restposten der US-Army tragen, die von ihren Verbündeten zurückgelassen wurden. Touristen, die zwischen den Kriegen Nordafrika besuchten, waren erstaunt zu sehen, dass Legionäre auf Patrouille Sandalen und Teile arabischer Kleidung trugen. Sie waren oft unrasiert und machten sich nicht die Mühe, vor Offizieren zu salutieren. Das einzige unveränderliche Teil der Ausrüstung war das Käppi mit seinem hinten herunterhängenden Tuch, um den Hals vor Sonnenbrand zu schützen.

Während des Krieges war das Käppi in den Schützengräben durch eine Feldmütze oder einen Stahlhelm ersetzt worden. Die Epauletten verschwanden 1915 auch. Aber 1922 wurden ein Vorrat an alten Khaki-Käppis aus einigen Speichern ausgegraben und an Legionäre, die in Marokko dienten, verteilt. Die Vorkriegsmützen der lange dienenden Männer waren vom vielen Waschen und der Wirkung der Sonne fast weiß geworden, so dass die neuen Rekruten ihre künstlich bleichten, damit sie so aussahen, als hätten sie etwas »erlebt«.

1924 und 1925 schickte Rollet eifrig Memos an das Kriegsministerium in Paris und forderte die offizielle Erlaubnis, den vorschriftsmäßigen weißen Tropenhelm und die Feldmütze durch das weißen Käppi für alle Einheiten der Legion zu ersetzen. Am 18. Juni 1926 wurde die Erlaubnis endlich erteilt – nicht für ein weißes Käppi, sondern für ein rotes. Einzelne Kommandeure nahmen allerdings das Gesetz in ihre eigenen Hände, und bald waren die meisten Käppis weiß, wobei nur das 1 RE und das 4 RE immer noch die roten trugen.

Es lag ein Gutteil masochistischer Angeberei in der Besessenheit, die weißen Käppis zu tragen, die wunderbare Ziele für den versteckten Feind in einem Gebirgs- und Wüstenkrieg abgaben. Das hohe Vorkommen von Kopfwunden veranlassten die da oben, die Ausgabe von Zinnhelmen des Typs, der in den Schützengräben getragen wurde, in Erwägung zu ziehen, bis jemand bemerkte, dass sie das Gehirn der Trägers während des Sommers in der Sahara braten würden. Der neue Kompromiss war, der Legion zu erlauben, *khaki* Käppis zu tragen.

Der Legionär Jean Martin registrierte die daraus resultierende Verwirrung. Als ihnen befohlen wurde, ihre gebleichten Käppis zu färben, produzierten die Männer einen Regenbogen von Farben, wobei die Maschinengewehrschützen trotz anders lautender Befehle und bei Strafandrohung mit fahlen malvenfarbigen Mützen paradierten.[10] Der Farbwettbewerb wurde erst 1939 am Tag der Bastille beendet, als die Legion in der Parade vom 14. Juli zum ersten Mal in tadellosen *weißen* Käppis die Champs Elysées hinunter marschierte. Heute bekommt der *engagé volontaire* sein weißes Käppi am Ende seiner sechsmonatigen Grundausbildung in einer quasi-religiösen Zeremonie, der dann ein kollektives Besäufnis folgt.

Ein weiterer traditioneller Teil der Legionsuniform, die unter Rollet wieder ans Tageslicht gebracht wurde, war die blaue Schärpe, die um die Taille gewickelt wurde.

Obwohl Männer charakteristische Uniformteile schätzten, hegte niemand große Vorliebe für die Taillenschärpe, weil man zwei Meter davon auseinanderwickeln musste, wenn man die Hose herunter lassen wollte, und entweder einen Kameraden finden, der ein Ende halten sollte, oder eine Tür, in die man es klemmen konnte, um sich drei mal um sich selbst zu drehen, damit man sie hinterher wieder stramm wickeln konnte. Aus diesem Grund warfen die Legionäre, die 1939 zum Krieg nach Europa verschifft wurden, ihre Schärpen über Bord, sobald sie außer Sichtweite des Landes waren, aber dann fand irgend so ein Oberst Zeppelin in den Lagern einen neuen Vorrat, der sie während der Ausbildung für den Narvik-Einsatz einholte, für den die Schärpen besonders ungeeignet waren. Drei Jahre später in der Hitze der libyschen Wüste wurden ihnen wieder befohlen, sie zu tragen – über britischen Armeehemden mit kurzen Ärmeln und schlotternder kurzer Hose!

Aber das sind Einzelheiten. Rollet enthüllte sein neues Produkt in all seiner Pracht zum hundertjährigen Jubiläum der Legion 1931. Er hätte den wahren Geburtstag der Legion wählen können, der des Dekrets von Louis-Philippe 1831 gedenkt; stattdessen wählte er die Schlacht von Camarón und nicht die Geschichte eines der vielen Siege der Legion, weil sie die Pflicht des Legionärs zum unerschrockenen Gehorsam bis zum Tod versinnbildlichte. 1913 und 1914 wurden einige improvisierte Fêtes de Camerone gefeiert, aber am 30. April 1931 stellte Rollet sie alle in den Schatten, indem er eine spektakuläre Parade für Würdenträger und 27 Delegationen ehemaliger Legionäre – *les anciens de la Légion* – inszenierte.

Jeder Kult braucht einen Schrein. Wäre Camarón auf französischem Gebiet gewesen, hätte Rollet ihn dort gebaut. Sidi bel Abbès war der nächstbeste Ort. Für eine Legions-Bibel beauftragte er den angesehenen Militärhistoriker Jean Brunon, eine hagiografische Geschichte der Legion zu erforschen und zu erfassen. Sie wurde entsprechend *Le Livre d'Or* oder Goldenes Buch genannt, in dem bel Abbès als »das Mutterhaus« bezeichnet wird – als ob die Legion ein moderner Templerorden wäre.[11]

An der Spitze jener ersten Parade zum Camerón-Tag in bel Abbès musste ein Korps bärtiger Pioniere mit dem Hohenlohe-Tempo von achtundachtzig pro Minute »die Straße öffnen«. Die Pioniere, die Schürzen aus Rindsleder und über den Schultern riesige Äxte, mit denen man Bäume fällen konnte, statt Gewehren trugen, stehen inzwischen traditionell an der Spitze der Legionsparaden. Im Zweiten Kaiserreich sollten die Bärte ursprünglich einen Pionier unter den glatt rasierten Kameraden in der Verwirrung der Schlacht sofort erkennbar machen. Rollet erweckte sie wegen der theatralischen Wirkung wieder zum Leben.

Der Höhepunkt der Feier im Jahr 1931 war die feierliche Einweihung des Monument aux Morts, eines riesigen von Ingenieuren der Legion gegossenen Erdballs aus Bronze, auf dem Camarón mit einen goldenen Stern markiert ist und auf dem jedes Land, in dem die Legion gekämpft hatte, reichhaltig vergoldet ist. An jeder Ecke des quadratischen Marmorsockels, für dessen Bau Major Maire verantwortlich war, steht die lebensgroße bronzene Statue eines Legionärs, der seine toten Kameraden ehrt. Wie ihre Uniformen zeigen, verfügte Rollet, dass derjenige, der links vorne steht, die

Männer symbolisieren sollte, die während der Eroberung Nordafrikas gefallen waren, und derjenige, der links hinten steht, die, die für das Zweite Kaiserreich gestorben waren. Die Figur an der rechten Front sollte derer, die in den Schützengräben gefallen waren, gedenken, und die, die rechts hinten stehen, diejenigen symbolisieren, die in den Kolonial-Kriegen gestorben waren. Das Mahnmal kostete umgerechnet 8.000 £, was zur damaligen Zeit eine beträchtliche Summe war. Finanziert wurde alles durch die freiwillige Spende je eines Tageslohns von 30.000 Legionären und von Offizieren, deren Namen in dem Sockel verewigt sind.

Marschlieder, abgesehen von den deftigen, sind bei den britischen Streitkräften nicht so wichtig wie in den meisten europäischen Armeen. Die Legion hat viele Lieder. Das Lied, das bei jeder Mahlzeit gesungen wird, ist »Schwarzer Pudding«. »Le Boudin« wurde von Rollet in den Status der klassischen Musik gehoben. Eine Band aus 180 Musikern spielte es bei seiner Gedenkparade und jede Woche danach als *la revue des catégories* – nicht innerhalb des Quartiers der Viénot-Kaserne in bel Abbès sondern entlang der Via Sacra, die von der Kaserne ins Zentrum der Stadt führt.

Das einzige, was diesem »New Look« fehlte, war der Ehrenkodex des Legionärs. Die alte Legion hatte oft Männer zurückgelassen, die mit dem hartem Tempo einer Kolonne nicht Schritt halten konnten, die in der trockenen Hitze der Sahara oder in dem tröpfelnden Dschungel Madagaskars marschierte. In Vietnam wurden die, die nicht Schritt halten konnten, wegen der drohenden Foltern durch chinesische oder örtliche Banditen nicht zurückgelassen, sondern erhielten den *coup de grâce*, um ihnen einen qualvollen Tod zu ersparen. Legionäre bestätigten sogar, dass während des Kriegs im Rif sterbende Männer zurückgelassen wurden, weil die noch Tauglichen bereits mit dem Tragen der Verwundeten, die noch eine Überlebenschance hatten, belastet waren.[12]

Es liegt etwas aufopferndes in der Vorstellung, dass Männer ihr Leben riskieren, um die Leiche eines toten Kameraden zu bergen, wie es von dem Ehrenkodex gefordert wird, der in den 1980er Jahren erfunden wurde. Seitdem wird er auf Paraden als mystisches Gelöbnis zu einem gesichtslosen Gott skandiert, dessen Emblem die flammende Handgranate mit dem Slogan *Legio patria nostra* ist. Einige Legionäre verstehen in den ersten Monaten ihrer Ausbildung nicht einmal alle Worte, aber wie viele Christen oder Muslime oder Buddhisten glauben denn wirklich die Worte der Gebete, in denen sie beteuern, dass sie einer Gemeinde oder einer Gemeinschaft angehören? In der gleichen Weise ist das Skandieren der Legionslieder und des Ehrencodes eine Erklärung der Zugehörigkeit zu einer Familie oder Bruderschaft.

Rollet war ein ebenso kluger Psychologe wie begnadete Führer – vielleicht ist der erste ein Teil des zweiten – und indem er für die Legionäre eine vorgefertigte Identität schuf, legte er einen Köder aus. Viele Männer und Frauen tragen als Soldaten, Matrosen, Flieger, Ärzte, Krankenschwestern, Priester und Nonnen Uniform, weil sie ihnen eine Identität verleiht. Das Genie von Rollet bestand darin, die Identität des Legionärs für Männer aus allen Bildungsschichten und sozialen Klassen in der ganzen Welt verfügbar zu machen, indem er das Image nicht zu eng definierte, außer in Idealen, nach denen sie alle greifen konnten.

Einige Psychologen und Psychiater haben versucht, den geheimnisvollen Nimbus der Legion zu analysieren. Wenn man den Psychoquatsch glaubt, sind *alle* Legionäre emotional unzulänglich und verpflichten sich, um eine Identität oder eine Familie zu finden, der sie angehören können. Aber erklärt das, warum Prinzen wie Peter von Serbien, Louis II. von Monaco, Sisowath Monireth von Thailand, Aage von Dänemark und Amilakvari von Georgien und all die vorherigen und künftigen Generäle, Schriftsteller und Regierungsminister in der Legion dienten? Haben sie nicht schon eine Identität gehabt? Die Wahrheit ist, dass es viele Gründe gibt, weshalb ein Mann Legionär wird, und Rollets Verpackung erlaubt jungen Männern, die zu seinen Lebzeiten noch nicht einmal geboren waren, immer noch einen Traum zu leben und ein so tiefes Bedürfnis zu erfüllen, dass sie im Gegenzug ihre Leben geben werden, wenn sie dazu aufgefordert werden.

26

An beiden Enden des Mittelmeeres

NORDAFRIKA, 1918–33; SYRIEN/LIBANON, 1918–27

Lyautey hatte es fertiggebracht, den größten Teil von Frankreichs Gewinnen in Marokko während des Ersten Weltkrieges zu behalten. Als seine Truppen nach dem Ende der Feindseligkeiten langsam vergrößert wurden, wurden im jährlichen Rhythmus jeden Frühling kämpfende Kolonnen immer tiefer in unbezwungenes Gebiet entsandt, um dort, wo eine gut mit Proviant und Munition versorgte Garnison Monate lang aushalten konnte, hässliche Blockhaus-Forts aus örtlichen Materialien zu bauen. Sobald die Haupttruppe das Gebiet verlassen hatte, riskierte sie bei jedem Wasserholen, bei Reparaturen an den äußeren Mauern oder bei was auch immer einen Hinterhalt.

Diese Forts in der konturlosen Wüste mit ihrer trostloser Gebirgsszenerie hatten keinen Kontakt zu der örtlichen Bevölkerung und bekamen über Monate lang nicht einmal lebende Tiere zu sehen. Stattdessen sahen sie Tag für Tag immer nur die gleichen wenigen Gesichter – und begannen sie schließlich zu hassen – das machte die Männer depressiv. Sie schrieben das halbernst dem Biss der *cafard* Kakerlake zu, aber es war in Wirklichkeit Wahrnehmungsentzug, gegen den das einzige Mittel war, sich mit Alkohol zu betäuben.

Das Gefühl, von unsichtbaren Augen schonungslos beobachtet zu werden, und die immer präsente Gefahr des Todes durch eine Kugel, die von einem versteckten Scharfschützen abgefeuert wurde, belastete die Nerven von Männern, die auf Messers Schneide lebten. Mit masochistischer Freude erzählten sie sich Horrorgeschichten, wie die von der Nacht bei Tadlount in Marokko 1923, als Oberleutnant Christian Aage eine Wache von vier Mann zu einem außen liegenden Turm hinausschickte, wo sie die Nacht verbringen sollten, nachdem sie die Leiter, die der einzige Zugang war, hochgezogen hatten. Als sie am Morgen nicht zum Fort zurückkehrten, nahm er sechs Mann, um die Lage zu erkunden. Sie fanden die Leiter in der Wüste. Hoch auf dem Turm lag der deutsche Gefreite mit von Ohr zu Ohr aufgeschlitzter Kehle, während ein russischer Legionär in einer Ecke übergeschnappt, aber physisch unverletzt hockte.

Die anderen zwei Legionäre wurden nie gefunden. Geschichten wie diese sprachen sich schnell rum.

Offiziere wie Prince Aage konnten gelassen von Bajonettangriffen als schöne Arbeit erzählen. Die alltägliche Realität der marokkanischen Kriegsführung war Härte, Folter und Verstümmelung, was ausgezeichnetes Material für sensationsheischende Legionärs-Memoiren wie *Die Höllenhunde Frankreichs* und *Die Legion der Verlorenen* geschrieben vom »ehemaligen Legionär 1384« hergab.[1]

Der Mann des Augenblicks, der erschien, um die Verwundbarkeit und schlechte Moral der französischen und spanischen Kolonialtruppen in Marokko auszunutzen, war ein außergewöhnlicher Berber-Warlord des Stammes Banu Uriaghel. Abd el Krim wurde in der spanischen Enklave bei Tetouan von europäischen Lehrern ausgebildet und besuchte auch die Islamische Schule in Fez, bevor er zum Büro für einheimische Angelegenheiten ging. Er wurde zum *qadi al-qudat*, zum muslimischen Hauptrichter in Melilla ernannt und war Redakteur der arabischen Beilage der spanischsprachigen Zeitung *El Telegrama del Rif*. 1917 wurde er ins Gefängnis gesteckt, weil er anti-kolonialistische Artikel schrieb, wurde aber im folgenden Jahr entlassen. Dennoch hatte er Angst um seine Sicherheit, als die spanischen Behörden anfingen, scharf gegen Dissidenten vorzugehen und sogar Flüchtlinge aus französischem Gebiet zurückzugeben, was sie vorher gewöhnlich nicht getan hatten.

Nachdem er mit seinem Bruder als Stabschef ins Rif-Gebirge ging, gelang el Krim die schwierige Tat, eine zeitweilige Konföderation der Stämme zu bilden, um die Spanier zu bekämpfen. Sie töteten etwa 13.000 Soldaten, darunter General Manuel Silvestre, den befehlshabenden Offizier im spanischen Nordafrika. In der zweiten Hälfe seines Feldzuges besiegte Abd el Krim auch La Bandera und tötete beinahe Oberst Francisco Franco, der am 13. Dezember 1924 das sichere Tétouan erreichte, wobei er mehrere hundert Mann tot hinter sich ließ. Die Waffen, die sie bei ihrer überstürzten Flucht zurückgelassen hatten, wurden sorgsam eingesammelt und für den künftigen Gebrauch abtransportiert. So kam der Alptraum der Kolonialisten, Militärs und Zivilisten des neunzehnten Jahrhunderts zustande, zusammengefasst in Hilaire Bellocs Couplet:

> Egal was passiert, wir haben
> Das Maximgeschütz und sie nicht.

Abd el Krim hatte nicht nur Maschinengewehre; er hatte auch eine ihm wohlgesonnene Presse, wobei britische und amerikanische Journalisten offensichtlich glaubten, er wolle eine Demokratie nach westlicher Art einführen.[2] Der wichtigste Faktor war, dass er Francos Artillerie hatte. Lyautey wollte nicht warten, bis die Geschütze auf ihn gerichtet wurden, und entschied sich, als erster anzugreifen. Er legte eine Sperrlinie aus 66 Forts mit Garnisonen aus senegalesischen und algerischen Truppen an, die sich von Fez bis Kifan in dem Gebiet erstreckten, das von Spanien beansprucht aber nicht besetzt wurde.

Bei all dem spielte die Legion kaum eine Rolle. Weil ihre Befehlshaber befürchteten, dass die Männer auf spanischem Gebiet desertieren würden, hielten sie sie von der Grenze weit weg. Als nicht einmal die Drohung, sie, falls sie gefangen würden, nach Bechar zu schicken, ausreichte, 106 seiner Männer von der Desertation in das spanische Marokko abzuhalten und sie einfach zu Fuß dorthin gingen, führte Fernand Maire ein Prämiensystem ein und bot den Stammesangehörigen der Berber 20 Francs für einen lebendig zurückgebrachten Deserteur oder 100 Francs, wenn sie nur den Kopf des Mannes zurückzubringen.

Dies stand im Gegensatz zu dem psychologisch erleuchteten Ansatz von Abd el Krims: Er verbot seinen Männern, Deserteure der Legion zu foltern und zu töten, stattdessen sollten sie als Ausbilder anheuern, um seinen Stammesangehörigen ihre Erfahrungen mit den eroberten Waffen weiterzugeben. Um weitere Legionäre zum Desertieren zu ermutigen, druckte er Flugblätter auf Deutsch, die sie als sicheres Geleit mitbringen konnten, und die eine bessere Bezahlung als in der Legion und/oder die Repatriierung über Tanger versprachen. Nach seiner Gefangennahme gab er gegenüber einem französischen Journalist zu, dass er Deserteuren von La Bandera oder der Legion nie vertraut hatte, und ihnen nur unter genauer Überwachung erlaubte, ins Gefecht zu gehen.

Während der Periode, in der französische Militärattaches und Konsule im Ausland aktiv um Rekruten warben, um die Nachkriegslücken zu füllen, organisierten sie die Beförderung von Männern, die sich in vielen Fällen aus einer Laune heraus oder aus Hunger verpflichtet hatten, die aber ihre Meinung geändert hätten, falls sie ihren Weg nach Frankreich allein hätten finden müssen. Aus diesem Grund bietet die Legion heute keine Unterstützung für Reisen von Möchtegern-Legionären an. Wenn sie nicht die Initiative und Entschlossenheit haben, aus eigener Kraft zu einem Rekrutierungsbüro in Frankreich zu gelangen, sind sie nicht der richtige Typ.[3]

Joseph Klems war ein ziemlich gutes Beispiel dafür. Klems, ein Deutscher aus Düsseldorf, trat 1920 in die Legion ein und diente in einer berittenen Kompanie des 2 REI. Zwei Jahre später bekam er seine Feldwebelstreifen. Aus Gründen, die etwas mit der Schikane von Untergebenen zu tun hatten, wurde er degradiert. In vielen Armeen werden Unteroffiziere befördert, degradiert und wieder befördert. Dies war sicherlich die normale Vorgehensweise in der alten Legion, wo viele Männer wegen Alkohol ihre Streifen verloren. Aber sobald Klems nicht mehr von seinem Dienstgrad geschützt war, wurde er von Männern durch den Kakao gezogen, die unter ihm gelitten hatten, als er Feldwebel war.

Statt seine Strafe zu akzeptieren und zu lernen, sich nach der nächsten Beförderung besser zu führen, desertierte er 1923 mit seinem Gewehr und gab sich unter den Berbern des Mittleren Atlas-Gebirges als *hadji-aliman*, als deutscher Konvertit zum Islam aus, der auf der *hadj* nach Mekka war. Hätte der Trick nicht funktioniert, wäre die Strafe schrecklich gewesen. Um das erfolgreich durchzuführen, muss man den Koran einigermaßen beherrschen und vielleicht auch die Mentalität eines Schwindlers haben. Wie auch immer, Abd el Krim sah Klems als den Mann an, auf den er gewartet hatte, und machte ihn für die Artillerie und die Maschinengewehre verantwortlich, die von General Silvestre erbeutet worden waren und dringend liebevolle Zuwendung brauchten.

Solange Lyautey mit seiner Linie im Sand Abd el Krim nicht in die Quere kam, hatte der Berber-Warlord keinen offenen Streit mit den Franzosen, aber weil die neue Linie der Blockhäuser seine Rif-Männer von ihren Lebensmittelquellen im Ouerrha-Tal abschnitt, ließ er am 13. April 1925 4.000 Krieger gegen sie los. Dank der Ausbildung in moderner Infanterietaktik, die sie von Klems erhalten hatten, mieden die Stammesangehörigen der Berber die traditionelle *fantasia*, bei der sie sich absichtlich als Demonstration ihres Vertrauens in Allahs Schutz den französischen Kugeln aussetzten. Die Hälfte von Lyauteys Blockhaus-Forts wurden binnen Wochen neutralisiert, 30 wurden evakuiert, weil sie nicht verteidigt werden konnten, und neun wurden von el Krim und Klems erobert, wobei die Verteidiger abgeschlachtet wurden.

Obwohl sie gewiss sensationslüstern war, beschrieb diese Erzählung eines anonymen britischen Legionärs, wie es war, eine solche Attacke als Angegriffener zu erleben:

> Ich erwachte plötzlich, als ich einen schrillen Schrei wie den Schmerzensschrei eines Kindes hörte, dann zerriss eine Salve Gewehrschüsse die Luft gefolgt von dem bekannten Ruf, »*Illah, illah allah akbar!*« Ich sprang auf meine Füße, als ich hörte, wie der sous-officier schrie: »*Aux armes! Aux armes! Prenez la garde, légionnaires!*« Männer schrieen auf, als sie umfielen, durchbohrt von Messern oder Kugeln. Meinem Freund Dell [ein Kanadier], dem einzige Mann in der Legion, den ich gern hatte, wurde die Brust aufgeschlitzt und seine Augen starrten mit einem kläglichen Blick voll Überraschung aus seinem absolut weißen Gesicht. Eine Hand lag auf seinem Gewehr, aber die andere war weggeschossen worden.
> Als ich die dunklen Gesichter der Araber vor mir sah und wusste, dass sie meinen Kumpel mit Messern attackiert hatten, drehte ich durch und kämpfte wie ein Irrer. Von einem anderen Teil des Forts konnten wir das scharfe rat-tat der Maschinengewehre hören, aber sie konnten da, wo wir waren, nicht benutzt werden, da der Feind genau mitten unter uns war. [Der Hauptmann] schien verrückter denn je, und hin und wieder brüllte er vor Lachen. Er leerte seine Revolver mitten im Kampfgetümmel. Er stand am Rand der Mauer und ich sah, wie er plötzlich mit einem letzten Schrei »*Vive la Legion!*« rückwärts schwankte und fiel und verschwand.[4]

In dem Fort bei Beni Derkul hielt Oberleutnant Pol Lapeyre mit seiner senegalesischen Garnison sieben Wochen lang stand. Da es keine Chance auf Hilfe gab, legte er Sprengladungen und sprengte das ganze Fort mit sich und seinen Männern darin in die Luft, als die Türen schließlich mit einem Rammbock aufgebrochen wurden und die Stammesangehörigen hindurchströmten. Um ein weiteres belagertes Fort zu entlasten, in dem die Munition fast bis zur letzten Kugel verbraucht war, die aufbewahrt wurde, um sich eine Kugel in den eigenen Kopf zu jagen, meldeten sich zwei Offiziere und 40 Legionäre des 6. Bataillons vom 1 REI freiwillig, um die Belagerungslinien bei Nacht zu durchbrechen und die Garnison zu retten.

Ein Oberleutnant und zehn Männer schafften es bis zum Blockhaus, wo der Lärm ihrer Ankunft die Verteidiger veranlasste, die Zünder scharf zu machen, um den ganzen Ort zu sprengen. Das zwang die Rettungskräfte, zusammen mit dem Rest der Garnison die sofortige Rückkehr durch die Linien der nun komplett aufgeweckten Belagerer zu versuchen. Nur drei Legionäre schafften es zum Stützpunkt zurück und erhielten eine Erwähnung in den Kriegsberichten.[5]

Angesichts der schnellen Entwicklung des Luftkrieges im Ersten Weltkrieg wäre es überraschend gewesen, wenn die Franzosen keine Flugzeuge benutzt hätten, um die Bodentruppen zu unterstützen, die in einem so schwierigen gebirgigen Terrain operierten. Der amerikanische ehemalige Legionär Charles Sweeney wurde für ein minimales Budget angeheuert, um eine Gruppe begeisterter amerikanischer Flieger in die Escadrille Chérifienne umzuwandeln, die 470 Einsätze im Rif-Krieg flog, bevor sie im November 1925 unter diplomatischem Druck aus Washington aufgelöst wurde. So wie die Luftwaffe über den Truppen von General Paulus, die bei Stalingrad im Stich gelassen wurden, auf ihren letzten Flügen Ladungen von Eisernen Kreuzen abwarf, versuchte der künftige Oberbefehlshaber in Vietnam, Jean-Marie de Lattre de Tassigny, Sweeneys Piloten zu veranlassen, kleine Bündel Eiswürfel und Medaillen in den Forts, die von den Truppen Abd el Krims umzingelt waren, abzuwerfen. Das schlug fehl. Es war einfach, Stammesdörfer zu bombardieren, wo es keine Probleme mit der Flugabwehr gab, aber es stellte sich heraus, dass es unmöglich war, Präzisionsabwürfe in die Hinterhöfe von umzingelten Blockhäusern zu bewerkstelligen.

Lyautey bat Paris um Verstärkungen, aber seine politischen Vorgesetzten wollten nichts davon wissen. Das einzige Zugeständnis war die Genehmigung, Kavallerieeinheiten der Legion mit Pferden aufzustellen als Ausgleich für die Auflösung der algerischen Spahis, die man nationalistischer Tendenzen verdächtigt hatte. Nicht jeder Offizier der Legion war davon angetan, jeden Legionär auf ein Pferd zu setzen. General Niessel, der das 19. Armee-Korps in Algier kommandierte, meinte, sie würden damit so schnell desertieren, dass sie nicht wieder eingefangen werden konnten! Auch Rollet glaubte, die Kavallerie sei unnötig, weil er die Legion als eine Infanterie-Gattung ansah. Er agitierte auch gegen Artillerie in der Legion, weil Artillerieoffiziere kühle und berechnende Mathematiker waren, die die hitzige Atmosphäre des Legionkuddelmuddels ruinieren würden.[6] Trotzdem wurden vier Pionierskompanien aufgestellt und mehrere Bataillone mit eigenen Feldbatterien ausgerüstet.

Im Rif-Krieg entschied Klems klug, welche Stellungen angegriffen und welche mit einer kleinen Belagerungstruppe umzingelt werden sollten, während die Haupttruppe der Marokkanischen Befreiungsarmee weiter siegreiche Fortschritte machte. Jeder Sieg der Stammeskonföderation versammelte mehr Männer unter Abd el Krims Banner. Das erschreckte Madrid und Paris so sehr, dass sie Friedensangebote machten, die er in der Hoffnung zurückwies, er könnte sie zwingen, eine autonome Republik der Rif zu akzeptieren.

In Paris bekam Lyautey, wie er vorausgesagt hatte, die Schuld für die Situation. Das führte dazu, dass der Mann, der Marokko allein so viele Jahre lang regierte hatte, im Juni 1925 nach Frankreich geschickt wurde, um in Vergessenheit zu geraten. Im Juli überquerte Philippe Pétain, der sich aus dem militärischen und politischen Leben zurückgezogen hatte, um mit seiner neuen Frau auf einer Farm in der Provence Hühner zu züchten, das Mittelmeer, um das zu übernehmen, was nun als voll ausgebrochener Krieg betrachtet wurde. Er kam mit all den Vorteilen in Marokko an, um die Lyautey gebettelt und nicht bekommen hatte.

Um *la gloire de la France* wiederherzustellen, wurden 50 Bataillone von der französischen Besatzungsarmee im Rheinland abgezogen und nach Marokko entsandt. Gegen 160.000 französische und 200.000 spanische Truppen schmolzen die Truppen von Abd el Krim dahin, die durch schwache Ernten und eine Typhusepidemie, die ihre Bergdörfer heimsuchte, geschwächt waren. Marschall Pétain wusste jedoch, dass sich Lyauteys zersplitterter Feldzug gegen einen mobilen Feind ein Krieg war, der sich von dem Krieg, den er in Europa gekannt hatte, sehr unterschied. Er war ein zu kluger alter Soldat, um in die Schlacht zu ziehen. In St. Cyr hatte er gelernt, dass die Zeit für Vorbereitungen selten vergeudet ist. Er nahm sich deshalb Zeit und weigerte sich, in voreilige Rettungsaktionen von isolierten Außenposten der Legion hineingezogen zu werden. Er war der Ansicht, dass sie wieder aufgebaut werden konnten, nachdem er Abd el Krim erledigt hatte, und dass er für die Männer in den Posten nicht verantwortlich war.

Jeden Nachmittag schrieb er an seine Frau und gab ihr detaillierte Anweisungen darüber, welche Hühner zu halten und welche zu töten waren, wenn deren Legequote nicht hoch genug war. Aber dieses Image der Häuslichkeit stand in krassem Gegensatz zu seiner Morgenbeschäftigung, bei der die Maxime von Vegetius[7] »Zuerst verwüsten Sie das Land des Feindes« das Motto an der Wand seines Büros hätte sein können. Mitte September begann er seine Offensive mit moderner Ausrüstung, Artillerie, motorisierten Divisionen und Erkundungsflugzeugen sowie riesigen Kolonnen von Mauleseln, Kamelen und Männern, darunter marokkanischen Söldnern. Alles wurde penibel organisiert, sogar das Aufstellen des *bordel mobile de campagne* am sichersten Ort auf dem Marsch; ein Dutzend oder mehr marokkanische Mädchen zwischen 15 und 18 Jahren erhielten jeden Abend zu festen Stunden Besuch von zahlreichen Männern.[8]

Unnachgiebig verbrannten Pétains Kolonnen Feldfrüchte und zerstörten Häuser, um die überlebenden Stammesangehörigen und ihre Familien auszuhungern und sie in dem grausamen Winter des Rif mit Temperaturen unter dem Gefrierpunkt obdachlos zu lassen. Am 8. Mai 1926 zogen spanische und französische Truppen zum Morden los und schlachteten so viele Männer der Armee von el Krim ab, dass ihre Führer zwei Wochen später am 23. Mai zur Strecke gebracht wurden. Abd el Krim wurde umzingelt, glücklicherweise für ihn von französischen Truppen, und unterzeichnete am 26. Mai den Kapitulationsvertrag. Alle seine Träume von Unabhängigkeit waren geplatzt. Die spanischen Verbündeten, die den gefangenen Berber-Führer erschießen wollten, waren erstaunt, dass Pétain ihn ins Exil auf ein komfortables Gut auf der entlegenen Insel La Réunion im Indischen Ozean mit einer großzügigen Pension in Höhe von 100.000 Francs per annum schickte.

Im Jahr 1947 wandelte der erste Präsident der Vierten Republik, Vincent Auriol, diesen Aufenthalt mit einem Gnadenakt in ein angenehmeres Exil an der französischen Riviera um. Als das Schiff, das Abd el Krim und 42 Mitglieder seines Haushalts transportierte, durch den Suezkanal fuhr, konnte der 65-jährige Krieger bei Port Said an Land schlüpfen und unter seinen Glaubensbrüdern untertauchen. Er lebte in Kairo und predigte die Befreiung des Maghreb bis kurz vor ihrem Beginn unter der FLN im Jahr 1954.

Pétains Sieg über die Konföderation hielt die Stammesangehörigen des Rif nicht davon ab, nach Hause zu gehen, ihre zerstörten Dörfer wieder aufzubauen und den Franzosen von unzugänglichen Gebirgsfesten aus zu trotzen ähnlich wie die Stammesangehörigen der Pathan den Soldaten des Raj an der Nordwestgrenze getrotzt hatten. Die letzten Stammesangehörigen des Rif ergaben sich erst im Sommer 1933.

Man hat behauptet, dass die anfänglichen Erfolge von Abd el Krim gegen spanische und französische Truppen andere Kolonial-Aufstände, insbesondere den Drusenaufstand in Syrien 1925, anregten, aber das einzige, was sie alle gemeinsam haben, ist die gleiche rücksichtslose Haltung der europäischen Kolonialverwalter, die für örtliche und religiöse Bräuche kein Verständnis hatten.

Obwohl die Einheimischen nichts darüber erfahren sollten, wurde der Mittlere Osten schon am 9. Mai 1916 in einem Abkommen aufgeteilt, das von Sir Mark Sykes für Großbritannien und Georges Picot für Frankreich unterzeichnet und geheim gehalten wurde, bis es die russische Regierung nach der Revolution herausposaunte. Die Hauptbedingungen waren, dass Frankreich nach dem Krieg Syrien, den Libanon und ein weiteres Gebiet bekommen sollte, während sich Großbritannien den ölreichen Irak und die palästinischen Häfen Haifa und Akko schnappte, zu denen eine Pipeline gebaut werden sollte. Die Mission des zum Soldaten gewordenen Archäologen T.E. Lawrence, die im Oktober jenes Jahres begann, war ein Schwindel. Sein Versprechen an Sharif Hussein ibn Ali von Mekka, dass er als Gegenleistung dafür, die Stämme der Hejaz zur Rebellion gegen das osmanische Imperium zu motivieren, nach dem Krieg sein eigenes Land regieren könnte, war daher reiner Betrug. Selten ist aus einem Lügenbündel mehr Elend entstanden.

Um sicherzustellen, dass die Briten das Abkommen mit Frankreich nicht vergessen würden, entsandte Paris ein *régiment de marche*, das in der Armee von General Allenby kämpfen sollte. Es war gemischter als die meisten seiner Art und bestand sowohl aus französischer als auch aus algerischer Infanterie, einem Flugzeuggeschwader und afrikanischer Kavallerie sowie einigen Offizieren, um den Mischmasch von örtlich rekrutierten syrischen und armenischen ehemaligen Soldaten zu kommandieren. Das letzte Glied war als La Légion d'Orient bekannt und erzielte einige bemerkenswerte Erfolge gegen die Türken.

Als die Franzosen nach dem Ersten Weltkrieg Syrien und den Libanon mit der Billigung des Völkerbunds übernahmen, war eine ihrer ersten Handlungen, Sharif Hussein aus Damaskus zu vertreiben. Danach schufen die blamierten Briten für ihn einen Trostpreis in Form des Throns eines Marionettekönigs in Bagdad. Unter dem Cocktail aus Religionen und Rassen, die er damit in Syrien/Libanon zurückließ, befand sich die religiöse Minderheit der 100.000 Drusen oder *muwahhidun*, die sich im elften Jahrhundert vom übrigen Islam getrennt hatten und weder die Bekehrung noch die Heirat mit ihren Nachbarn erlaubten.

Angesichts all ihrer Verpflichtungen in Nordafrika und der problematischen Rekrutierung in der Nachkriegszeit hatte die Legion nur wenig Männer übrig. Um aber die französische Beherrschung Syriens zu festigen wurden zwei Bataillone vom 4 RET und ein Geschwader vom 1 REC sowie einige Reiter des Sahara-Kamelkorps unter französischen Offizieren und Kolonialtruppen aus dem Senegal und Madagaskar nach Syrien verschifft. Der darauf folgende »Befriedungskrieg« sah den Ereignissen im Rif mit ihren Gräueltaten auf beiden Seiten sehr ähnlich, brauchte aber keine Eingebung durch einen Abd el Krim oder sonst jemanden, weil die Zutaten schon vor Ort waren.

Bis 1923 war die Lage vergleichsweise friedlich, dann aber wurde ein gewisser Hauptmann Carbillet zum Gouverneur des Gebietes von Jabal al Duruz ernannt, wo die meisten Drusen lebten. Carbillet scheint ein französischer Kolonialverwalter vom Feinsten gewesen zu sein: er quetschte aus den Steuern, die er einsammelte, die erforderlichen Mittel heraus, um Schulen und Straßen zu bauen, eine saubere Wasserversorgung bereitzustellen und auf andere Weise das Leben der örtlichen Bevölkerung zu verbessern. 1925 trat er zurück oder wurde gefeuert, und fünf Drusenführer suchten das Gespräch mit Frankreichs Hochkommissar für Syrien, um sich über seinen Nachfolger zu vergewissern.

Der neue Hochkommissar war General Maurice Sarrail, dem wir zuletzt begegneten, als er im Ersten Weltkrieg die überlebenden Legionäre von den Dardanellen nach Saloniki führte. Die Berufung eines der undiplomatischsten Soldaten Frankreichs auf einen solchen Posten war eine schreckliche Entscheidung. Anstatt den Drusen zuzuhören, sperrte er alle fünf für ihre dreiste Frechheit ins Gefängnis. Dies war der Funke im Pulverfass. Vom Juli 1925 an überfielen Guerillakämpfer der Drusen, die von Sultan al Atrash angeführt wurden, Städte und Züge und brachten diversen französischen Militäreinheiten den gesamten August über Niederlagen bei, darunter Abteilungen des 4 REI. Den Drusen schlossen sich im September syrische Nationalisten an, die einen landesweiten Aufstand forderten. Damaskus war in Aufruhr und die Franzosen beschossen die Stadt, wobei sie tausend Tote[9] hinterließen und die Flammen der Revolte in ganz Syrien und im gesamten Libanon buchstäblich anfachten.

Die Reaktion der Regierung in Paris auf die Niederlage einer Truppe aus 3.000 madagassischen und syrischen Truppen in französischer Uniform war, Sidi bel Abbès zu befehlen, ein Bataillon Legionäre nach Syrien zu entsenden, um den Schlamassel zu bereinigen. Der amerikanische Legionär Bennett Doty aus Demopolis in Alabama war im 8. Bataillon des 1 REI und schrieb ein Buch über seine Erfahrungen: *Die Legion der Verdammten*. Es hätte den Titel *Die Legion der Betrunkenen* haben können. Nach seiner Beschreibung war die Seereise nach Beirut von Anfang bis Ende ein endloses Besäufnis.

Das entspricht der Geschichte des arbeitslosen walisischen Bergbauarbeiters John Harvey, der in die Legion eintrat und sich in Sousse, Tunesien, wiederfand, wo er die Pferde der aristokratischen weißrussischen Reiter des 4. Geschwaders des 1 REC pflegte. Harvey wurde mit 165 Pferden und 15 Lasten-Mauleseln nach Syrien abkommandiert. Auf dem Transportschiff PORTHOS wurde er in der Kabine seines Oberleutnants eingesperrt, als es die britisch kontrollierten Häfen Alexandria, Port Said und Jaffa anlief, damit er nicht von Bord gehen konnte. Seine verstümmelte Geschichte der Kämpfe in Syrien ist interessant, weil sie zeigt, wie viele Soldaten gekämpft haben – so wie die Tommies in Frankreich 1914–18, die glaubten, dass Deutschland gerade hinter dem Horizont lag – ohne eine klare Vostellung davon zu haben, wo sie waren oder wofür sie kämpften. Auch er hatte von der Struktur der Legion nicht viel Ahnung außer von seiner eigenen Einheit und deren Offizieren.

Harveys geografische Kenntnisse über die Levante sind ebenso vage, aber sein Bericht über seine Reise vom Hafen Beiruts ins Landesinnere mit einem Zug, der von Drusen angegriffen wurde, ist anschaulich genug. Die Angreifer ritten wie die Indianer in einem Western den Zug entlang und die Legionäre schossen durch die Latten der Wagenseiten zurück. Das Chancenverhältnis hatte sich radikal gegen die Drusen gekehrt, als die Maschinengewehrkompanie des 4 REI das Feuer auf sie eröffnete, aber vor der Ankunft in Damaskus wurden vier von Harveys Kameraden verwundet und drei zivile Passagiere getötet. Er hatte Glück, weil die Maschinengewehrschützen mitgekommen waren. Bei einem weiteren Angriff auf die gleiche Bahnstrecke hatte es Verluste von über 70 Mann gegeben und der Zug war mehrere Kilometer außer Kontrolle, nachdem der Lokführer erschossen worden war. Es gelang schließlich einem Passagier, auf den Führerstand zu klettern, den voll geöffneten Fahrhebel zuzudrehen und so ein Desaster abzuwenden.[10]

Am 10. September 1925 trafen sich Doty, Harvey, die Kosaken und ehemaligen Husaren vom 1 REC mit dem 5. Bataillon des 4 REI bei dem Dorf Musseifré. Sie räumten eine Start- und Landebahn und bauten sechs Schutzstellungen um das Dorf herum, während das 1 REC einen Schirm berittener Scharmützler einsetzte, um ihm Deckung vor den Drusen zu geben, die in der umliegenden Gegend waren. In der Spätsommerhitze, versehen nur mit den Gefechtsrationen und brackigem örtlichen Brunnenwasser, das abgekocht werden musste, bevor es getrunken werden konnte und ohne Alkohol waren Dotys Kameraden am Ende der dreitägigen Schufterei der Meuterei nahe.

Als Kundschafter am 16. September per Heliograph eine Warnung schickten, dass sich eine große Gruppe Drusen näherte, achtete offensichtlich niemand weiter darauf. Um 03.00 Uhr am nächsten Morgen scheuchten erste Schüsse die Verteidiger auf; das Licht von Leuchtkugeln enthüllte hunderte in weiße Roben gekleidete Männer, die zu den mangelhaften Drahtverteidigungsanlagen krochen. Die Eindringlinge töteten die Männer, die die Pferde der Legionäre bewachten, schlachteten einige der Tiere auf der Stelle und ritten auf den anderen durch die Lücken zwischen den Schutzstellungen aus der Stadt. Die Scharfschützen der Legion nahmen es sportlich; sie erschossen zuerst die Pferde und benutzten dann die Reiter, die sich schnell in Sicherheit bringen wollten, als Übungsziele.

Als der Hauptangriff kam, waren es so viele, dass die durch das ständige Feuern heißgewordenen Maschinengewehre der Verteidiger klemmten. Als er durch die Schießscharten schoss, sah Doty, wie die Masse der Angreifer mehrere Male bis auf wenige Meter an die Mauern herankam. Unter dem Feuer von oben, das von Eindringlingen kam, die auf die Dächer der Häuser gestiegen waren und das Grab eines heiligen Mannes hinter sich hatten, zeigten die betrunkenen Lümmel, deren Verhalten an Bord des Schiffes ihn so erschreckt hatte, ihr wahres Gesicht als hoch ausgebildete und disziplinierte Soldaten mit Nerven aus Stahl. Eine 37mm-Maschinengewehrmannschaft erledigte die Eindringlinge auf den Dächern, aber erst, nachdem mehrere Offiziere und Unteroffiziere erschossen worden waren.

In der Morgendämmerung hoffte der kommandierende Offizier Hauptmann Landriau, dass französische Flugzeuge die Drusen bei Tageslicht bombardieren würden. Die Munition ging zur Neige und jeder Mann bekam den Rat, die letzte Kugel für sich aufzusparen, aber die Drusen verdrückten sich bei Tagesanbruch und nahmen ihre Verwundeten mit. Von 165 Mann hatte das 1 REG 25 durch Tod und 24 durch Verwundung verloren. Die Rettung kam in Gestalt eines Bataillons der 16. algerischen *tirailleurs*, die das Dorf angriffen und es von den wenigen noch übrig gebliebenen Drusen säuberten.

Am 19. November waren die gleichen Männer unter Hauptmann Landriau zusammen mit einer Schwadron tunesischer Spahis in einem zerfallenden Hügelfort, das von den Türken bei Rachaya an der Flanke des Mount Hermon gebaut war. Eine Patrouille unter Oberleutnant Gardy wurde in der Nähe aus dem Hinterhalt angegriffen, was das erste Zeichen dafür war, dass eine Truppe von 4.000 Drusen, die mit Waffen und Munition aus geplünderten türkischen Magazinen gut versorgt waren, das Fort umzingelt hatte. Das einzige Verständigungsmittel mit der Außenwelt waren Brieftauben, und die letzte Meldung der Garnison lautete »Ein Bataillon schicken.« Wieder wurde die Munition derart knapp, dass Bajonettangriffe das einzige Mittel waren, die Angreifer zurückzudrängen und eine kleine Atempause zu gewinnen. Es war wie ein umgekehrtes Hollywood-Drehbuch, in dem die Kavallerie zu Fuß starb, bis sie durch eine Kolonne algerischer Infanterie aus dem Bekaa-Tal gerettet wurde.

Am äußersten Ende des Mittelmeers ging der Krieg im Rif weiter. Bei Djihani erlaubte sich 1929 ein unerfahrener italienischer Oberleutnant, in einer Schlacht auf offenem Terrain hereingelegt zu werden, mit dem Ergebnis, dass 41 Legionäre starben. Ein solcher Verlust war nichts im Vergleich zum Ersten Weltkrieg, aber die französische Öffentlichkeit war entsetzt, und endlich wurden Maßnahmen ergriffen, um die Ausrüstung der Legion zu modernisieren. Im März 1930 wurde die erste motorisierte Kompanie aufgestellt, bei der man Oberleutnant Gambiez und seine Männer der berittenen Kompanie vom 2. Bataillon des 2 REI mit vier Berliet-Panzerwagen ausrüstete, und damit ihre Maulesel bei Meknès ersetzte. Da der Motortransport Straßen erforderte, wurden diese mit der Erfahrung der Legion im Hochbaubereich gebaut. Eine 140 Kilometer lange Fernstraße von Marrakesh nach Ouarzazarte wurde fertiggestellt, wobei ein 70 Meter langer Tunnel mit Spitzhacken durch einen Hügel, der im Wege stand, geschlagen werden musste.

Und immer noch ging der Krieg aus Scharmützeln und *razzias* weiter und fachte die Flammen der Verbitterung an, die am 23. Mai 1930 aufflackerten, als eine berittene Kompanie der Legion im Wadi Guir von 750 Stammesangehörigen umzingelt wurde und von ihren Kameraden der 3. Berittenen Kompanie des 2 REI und einem Geschwader Spahis vor der totalen Vernichtung gerettet werden musste. Am 29. August verlor die 1. Berittene Kompanie des 2 REI bei Tadighoust 21 Mann durch Tod.

Eine feindliche Hochburg hielt drei Monate lang gegen die Legion aus. Bei Jebel Baddou im Atlas-Gebirge wurden 3.000 Stammesangehörige und ihre Familien, die von mehreren hunderten Flüchtlingen von anderswo und ihren Herden von 15.000 Schafen unterstützt wurden, schließlich aus ihren Heimen getrieben. Sie nahmen Zuflucht in den umfangreichen Höhlen des Gebietes und erschienen nur, um Wasser aus den nahegelegenen Quellen zu holen. Sie wurden aus der Luft bombardiert, am Boden gnadenlos mit Maschinengewehren getötet und ergaben sich schließlich, um ihren Durst und den ihrer Kinder zu löschen, aber erst nachdem sich viele der Männer über einen Felshang gestürzt hatten, um das Vergnügen zu haben, einen der angreifenden Legionäre am Ende seines langen Aufstiegs mit sich zu reißen. Nachdem die »Rebellen« ihre Waffen übergeben hatten, streute der Anblick einer französischen Siegesparade an Ort und Stelle im übertragenen Sinne Salz auf ihre Wunden. Dabei labten sich die Beteiligten dann auf einer *méchoui* an einem Schaf der Stammesangehörigen, das als ganzes auf einem Spieß über der Glut einer riesigen Feuerstelle geröstet wurde. Die Szene hätte aus einem jener Wüstenfilme stammen können, die die Vorstellung von Möchtegern-Legionären zwischen den Kriegen befeuerte.

Eines der kleineren Geheimnisse der Geschichte ist, ob irgendein Legionär durch das Anschauen der Operette *Desert Song*, die von Sigmund Romberg mit dem Libretto von Oscar Hammerstein geschrieben wurde, ähnlich motiviert wurde. Die Handlung entsprach etwa der Geschichte von Klems. Als er schließlich in einer Höhle zur Strecke gebracht wurde, nachdem er von einer seiner unwilligen Berber-Ehefrauen an die Franzosen verraten worden war, konnte man erwarten, dass er eine letzte heroische Geste machen und dann »das Anständige tun« und sich erschießen würde, anstatt gefasst zu werden.

Nicht Klems. Er ergab sich, wurde vor ein Kriegsgericht gestellt und Anfang 1927 zum Tode verurteilt. Aber wegen der politischen Instabilität in Paris und auf Druck deutscher Diplomaten wurde das Urteil zu Lebenslänglich auf der Teufelsinsel umgewandelt. Nach sieben halbverhungerten Jahren in dem Elend der *le bagne* wurde er 1934 nach diplomatischem Druck auf Paris durch die neue nationalsozialistische Regierung von Hitler in Berlin entlassen. Nachdem er nach Deutschland zurückgeholt wurde, beging Klems Selbstmord, als er für ein kleines Delikt im Gefängnis saß, kurz bevor Hitler am 1. September 1939 Polen überfiel.

27

Veteranen und Freiwillige

FRANKREICH, 1939–40; NORWEGEN, 1940

Die Version der französischen Niederlage und Kapitulation von 1940, die gewöhnlich in angelsächsischen Ländern akzeptiert wird, entstand, als das alleinstehende Großbritannien sich moralisch aufrüstete, indem es seinem kontinentalen Verbündeten vorwarf, dass sie »uns im Stich gelassen« hätten. Diese Vereinfachung ist ebenso wahr – und irreführend – wie wenn ein Franzose sagen würde, die Briten hätten bis zum letzten Tropfen französischen Bluts gekämpft, bevor sie sich ihren Verpflichtungen bei Dünkirchen einseitig entzogen.

Indem sie die französische Armee verunglimpften, weil sie angeblich keinen Kampfgeist habe, konnten die Briten sich auf die Schulter klopfen und sagen: »Das würde hier nie passieren«, aber sie ignorierten die Tatsache, dass Großbritannien so schlecht wie Frankreich auf den Krieg vorbereitet war – trotz der ernsten Warnungen von Churchill und der »Kriegspartei«. Der einzige Grund, dass es »hier nie passierte« war, dass mindestens 20 Seemeilen Großbritanniens Küsten von der Wehrmacht trennten, die für Flussüberquerungen auf dem Kontinent gut ausgerüstet und ausgebildet war, aber nicht für eine Invasion Großbritanniens, weil dies nicht auf Hitlers ursprünglicher Tagesordnung stand.

Der monumentale Fehler des französischen Generalstabs war, die immense Investition in die unterirdischen Zitadellen und die unbewegliche Artillerie der Maginot-Linie als eine Art Ärmelkanal zu betrachten. Es ist nicht zu fassen, dass sie den modifizierten Schlieffen-Plan vergaßen, der die Deutschen 1914 so rasch in die Außenbezirke von Paris gebracht hatte, und ihre Augen vor der geografischen Lage verschlossen: Am westlichen Ende der Linie boten Holland und Belgien eine Landbrücke an, die Guderians Panzern die ideale Gelegenheit bot, sie zu umgehen – wie es die Väter seiner Panzertruppen in den Uniformen des Kaisers 25 Jahre zuvor getan hatten.

Der Anschluss von Österreich und die Invasion in der Tschechoslowakei 1938 sowie das Ende des spanischen Bürgerkrieges im Mai 1939; das alles produzierte Zulauf von Freiwilligen zu der Legion. Als der Krieg im Sommer jenes Jahres näher kam, konnte das französische Kriegsministerium wegen der Ausländer zu keiner Entscheidung kommen, die sich freiwillig meldeten, um für Frankreich zu kämpfen. Die Unschlüssigkeit dauerte bis zum 16. September in der zweiten Woche des Krieges. Unter denen, die weiter auf eine Antwort warten mussten, war der frankophile Flieger Charles Sweeney, der wieder anbot, aus Amerikanern ein Geschwader zu bilden, das französische Flugzeuge fliegen würde. Im Mai 1940 wartete er immer noch, aber bis dahin war sein Angebot von den Ereignissen überholt worden.

Einige Ausländer, die in Frankreich lebten, meldeten sich aus politischer Überzeugung freiwillig und einige aus Liebe zum Land und seinem Lebensstil, der erheblich toleranter bezüglich schwarzer Menschen, Alkohol, Drogen und sexueller Freiheit als es Großbritannien oder Amerika in den 1930ern waren. Andere waren politische Flüchtlinge aus Deutschland und osteuropäischen Ländern, die glaubten, dass eine französische Uniform eine Versicherung gegen den Tag bieten würde, an dem die Gestapo kam, um sie zu suchen.

Wie 1914 wurde entschieden, dass Ausländer nur in der Uniform der Legion dienen durften. Das erste Regiment der Legion, das Frankreich erreichte, war das 11 REI, das der vielmals verwundete Veterane Oberst Fernand Maire kommandierte. Es bestand aus 2.500 langgedienten Legionären und 500 Reservisten der Legion, mit einer gepanzerten Einheit von der 7. Nordafrikanischen Division und der 97. Aufklärungsdivisionsgruppe. Um die neuen freiwilligen Einheiten von dieser »alten« Legion zu unterscheiden, erhielten die Régiments de Marche de Volontaires Etrangers (RMVE) 20er Nummern. 1939 rekrutierten das 21 RMVE und das 22 RMVE mehr oder weniger jeden Ausländer, der bereit war, eine französische Uniform zu tragen. Ihnen wurden nur einige Offiziere und Unteroffiziere der Legion zugeteilt, die mit zurückgerufenen Reservisten der Legion den Kern bildeten. Im Mai 1940 wurde das 23 RMVE gegründet.

Außer den 3.000 kampferfahrenen spanischen antifaschistischen Flüchtlingen, die am Ende des spanischen Bürgerkrieges vor Franco geflohen waren und seitdem in Konzentrationslagern in Südfrankreich festgehalten wurden, waren viele der Freiwilligen des RMVE untaugliche Kopfarbeiter. Erst einmal in Uniform, sorgten sie eher für Reibereien weil sie sich wegen der Sprachprobleme aneinander klammerten, und die diskussionsfreudige Natur der jüdischen Osteuropäer irritierte Unteroffiziers-Veteranen, weil sie auf Befehle mit dem Wort »Warum?« reagierten. Auch die Unteroffiziers-Reservisten waren nicht sehr glücklich, wieder die Uniform der Legion zu tragen: nachdem sie nun Ehefrauen und Kinder hatten, fanden sie es schwer, zum alten Junggesellenleben mit Saufen und Prügeln zurückzukehren.

Jedes der RMVE und das 12 REI hatten, nachdem sie mit Freiwilligen ihre volle Stärke erreicht hatten, etwa 300 jüdische Rekruten. Weitere 400 waren zur Ausbildung in Nordafrika, und im 12 REI von Oberst Maire bei La Valbonne nahe Lyon gab es weitere 1.800. Dieser hohe Anteil begann nicht nur die Offiziere der Legion zu alarmieren, die versuchten, diese übererzogenen Zivilisten in blind gehorsame Soldaten zu verwandeln, sondern auch den Generalstab. Am 14. Februar 1940, als man eigentlich glauben sollte, dass irgendein Soldat besser sei als gar keiner, gab er die Anweisung, ausländische jüdische Freiwillige für die Legion in Zukunft mit unterschiedlichen Vorwänden abzulehnen, ohne offensichtlich zu machen, dass »spezielle Maßnahmen« gegen sie ergriffen wurden.[1]

Neben der Politik der Legion, Konzentrationen jeglicher Nationalität zu vermeiden, gab es einen zweiten Grund, den Spaniern und Osteuropäern gegenüber vorsichtig zu sein: In beiden Gruppen befanden sich viele Kommunisten. Seit der Unterzeichnung des deutsch-sowjetischen Nichtangriffspaktes vom 23. August 1939 war die Kommunistische Internationale, die die nichtsowjetischen kommunistischen Parteien kontrollierte, prodeutsch und blieb es, bis Hitler im Juni 1941 die UdSSR überfiel. Jeder westliche Kommunist war deshalb beim Ausbruch des Krieges verdächtig, als die französisch kommunistische Partei verboten wurde und ihre Mitglieder in den Untergrund getrieben wurden. Bei Barcarès in den Pyrenäen zählte das 22 RMVE zwar 47 Nationalitäten, aber 25 Prozent waren spanisch – die meisten davon, wenn nicht alle, waren Flüchtlinge, die im Bürgerkrieg für die kommunistische republikanische Seite gekämpft hatten.

Wie auch immer ihr politischer oder rassischer Hintergrund war, diese hastig ausgebildeten Freiwilligen bekamen von einem chaotischen Kommissariat veraltete Ausrüstung oder gar keine zugeteilt. Die Lage im 12 REI war so schlimm, dass Oberleutnant Georges Masselot extra eigene Ausbildungshandbücher für die meistens veralteten Waffen schreiben musste, die ausgegeben worden waren; vielen davon fehlten Teile, und sie waren deshalb unbrauchbar. Da kaum Gurtband verfügbar war, banden seine Männer ihre Ausrüstung mit Bindfäden fest.[2]

Eine mobile ausländische Erkundungseinheit, die 97 GERD, wurde im Juli 1939 aus der 2. Schwadron des 1 REC mit Offizieren des 2 REC gebildet und nach dem Waffenstillstand vom Juni 1940 aufgelöst. Von allen Formationen der Legion in Frankreich wurde nur die 13 DBLE mit dem aktuellen Infanterie-Gewehr des Modells MAS 36 bewaffnet – und das war für ihren Einsatz in Narvik. Alle anderen hatten das Lebel, das schon im Ersten Weltkrieg veraltet war. Es war bedauerlich, dass die Freiwilligen nie Panzerabwehrwaffen erhielten, obwohl die Deutschen Panzer als Speerspitze ihres Vorstoßes benutzten, aber da das RMVE bis Mai 1940 in Ausbildungslagern zurückgehalten wurde, scheint es, dass es anscheinend nie wirklich die Absicht gab, ihnen zu erlauben ins Gefecht zu ziehen, bis die Situation so verzweifelt war, dass sie nach dem Motto »Vogel friss oder stirb« an die Front geworfen wurden.

Das 12 REI mit seinen 600 Polen und 900 Spaniern[3] wurde direkt aus dem Ausbildungslager bei La Valbonne am 11. Mai in den Kampf geschickt. Es hatte den Auftrag, Soissons in der Picardie zu verteidigen. Von Stukas und Panzern angegriffen, war das Regiment bis zum 6. Juni zertrümmert, nachdem es seinen Weg aus der Umzingelung erkämpft hatte. Sein Kommandant, Oberst Besson, sagte hinterher, dass die die im Ausbildungslager exzellenten deutschen Unteroffiziere im Gefecht weniger verwegen waren, weil sie wussten, was ihnen geschehen würde, wenn sie gefangen genommen wurden. Einer seiner jungen Offiziere, Oberleutnant Albert Brothier, begriff, dass seine spanischen und osteuropäischen Rekruten hoch motiviert waren – auch wenn sie die Traditionen der Legion ignorierten und bei den Paraden schlampig waren.[4]

Ein Vorfall während des Rückzugs von Soissons zeigt ein weiteres Problem der »politischen« Freiwilligen. Einer der ex-kommunistischen Polen, der die Partei verlassen hatte, nachdem der deutsch-sowjetischen Nichtangriffspakt seine Heimat zwischen den beiden Unterzeichnern aufteilte, erzählte, wie er Kameraden, die an ihm vorbeirannten, um Hilfe bat, als er verwundet wurde. Sie waren jedoch »treue« Parteimitglieder und wollten ihn absichtlich sterben lassen. Er verdankte sein Leben einem langgedienten Unteroffizier der Legion, der sein eigenes Leben riskierte, als er wegen des verwundeten Mannes zurückkam.[5]

Bis zum Waffenstillstand hatte das 12 REI den Weg nach Limoges mit der Flut von Flüchtlingen in Zentralfrankreich zurückgelegt, aber es zählte nur noch 300 Mann von 2.800, die ihre Ausbildung absolviert hatten. Die Verluste des 11 REI unter Maire an der Somme-Front erreichten zwischen dem 9. und dem 22. Juni 50 Prozent – und schließlich ungefähr 75 Prozent. Die Regimentsflagge wurde verbrannt, damit sie nahe der Kirche Crézilles bei Nancy nicht in feindliche Hände geriet. Dort wurden laut Legionär Georges Manue auch zwei Deserteure ein paar Stunden vor dem Waffenstillstand erschossen.[6] Danach schafften es die langgedienten Männer irgendwie, sich durch ein Land im totalen Chaos zurück zum Mittelmeer und anschließend nach Nordafrika durchzuschlagen.

Unter den freiwilligen Einheiten wurde das 21 RMVE von der Maginot-Linie an die Verdun-Front verlegt, wo es in der Nacht vom 8. auf den 9. Juni von den deutschen Angriffen zerschmettert wurde, nur noch auf dem Papier bestand und de facto aufgehört hatte zu existieren. Die Überlebenden wurden nach dem Waffenstillstand bei Nancy entwaffnet und anfangs in »Käfigen« gehalten und anschließend in dauerhafte Kriegsgefangenenlager abgeschoben. Am 13. Juni brach das 24 RMVE an der Marne-Front zusammen und rannte davon. Da aber überall herum Konfusion herrschte, ist das kaum ein Armutszeugnis. Zwei alptraumhafte Tage und Nächte lang überlebte das 23 RMVE Panzerangriffe, die durch Tieffliegereinsätze der Stukas unterstützt wurden, bevor es am 17. Juni abzog, als Pétain einen zweideutigen Befehl gab, der im weitesten Sinn so verstanden wurde, die Waffen niederzulegen.

Die Leistungen des 22 RMVE waren so gut wie die jedes regulären Regiments. Es wurde direkt aus seinem Ausbildungslager an die Front im Elsass transportiert, aber ihm fehlte viel an notwendiger Ausrüstung. Es wurde sofort neu zugeteilt und mit Zug, Lkw und schließlich mit einem sechstägigen Marsch durch die Konfusion des Hauptangriffs nach Marchélepot an der Somme geschickt. Dort widerstand es vom 22. Mai bis 6. Juni schweren deutschen Angriffen, bis seine Munition alle war. Einige Freiwillige benutzten ihre letzte Patrone, um sich eine Kugel in den Kopf zu jagen, anstatt von den Deutschen gefangen zu werden; andere, die deutscher Abstammung waren, wurden trotz ihrer französischen Uniformen und Papiere sofort erschossen, nachdem sie gefangen genommen worden waren. Viele Polen und Spanier aus den Überbleibseln der Truppe würden sterben; nicht in Kriegsgefangenenlagern und gemäß der Regeln des Krieges behandelt, sondern in Konzentrations- und Todeslagern.

So war die Bilanz der Freiwilligen, die an der ganzen Front von einem Feind, der besser geführt wurde, überwältigt wurden, nicht schlechter als die der regulären Einheiten. Angesichts der Tatsache, dass viele der zivilen Freiwilligen wussten, dass die französische Uniform, die sie trugen, nicht entsprechend dem Genfer Abkommen respektiert würde, wenn sie in Gefangenschaft gerieten, ist ihr Mut unglaublich. Nach der alliierten Invasion in Nordafrika kämpften dort die Regimenter der Legion für de Gaulles Freie Franzosen, aber eine legendäre Einheit war den ganzen Krieg hindurch gaullistisch und stellte 1940 die Hälfte seiner gesamten Armee dar. Sie wurde in Algerien wie ein *régiment de marche* gebildet, war aber kleiner. Die 13. Demi-Brigade de la Légion Etrangère, abgekürzt als 13 DBLE, war ursprünglich für Syrien bestimmt, wurde aber stattdessen nach Frankreich verschifft, um arktische Kriegsführung zu üben. Zu diesem Zeitpunkt mutmaßten die Legionäre, dass sie in den Norden geschickt werden würden – obwohl man sich bei solchen Dingen in keiner Armee sicher sein konnte.

Genau eine Woche nach der Bildung ihrer Allianz mit Deutschland überfiel die UdSSR ihr westliches Nachbarland Finnland. Die zahlenmäßig winzige finnische Armee kämpfte im ganzen Herbst und Winter in einer Reihe brillanter Nachhutgefechte gegen die riesige Rote Armee und fügte den russischen Soldaten riesige Verluste zu, deren beste Generäle entweder in Gulag-Lagern verfaulten oder bei Stalins Säuberungsaktionen erschossen worden waren. Da die UdSSR sich mit Nazi-Deutschland verbündet hatte, bereiteten sich Großbritannien und Frankreich darauf vor, an der Seite der Finnen in der Operation Petsamo zu intervenieren. Wegen Meinungsverschiedenheiten zwischen London, das sich auf die Hauptbedrohung in Frankreich konzentrieren wollte, und dem französischen Generalstab, der in der Hoffnung, dies werde die deutsche Invasion aufhalten,[7] mit der Idee einiger Ablenkungen an anderer Stelle spielte, passierte gar nichts, und die Finnen mussten sich am 13. März 1940 ergeben.

Am 8. April verminten Schiffe der Royal Navy norwegische Gewässer, um eine deutsche Invasion zu verhindern. Die Regierung in Oslo protestierte. Aber am folgenden Tag überfiel Hitler das Land sowieso. Endlich beschlossen die Briten und Franzosen zu handeln und den strategischen Hafen Narvik zu zerstören, durch den hochwertiges schwedisches Eisenerz nach Deutschland exportiert wurde.

Unter Oberstleutnant Raoul-Charles Magrin-Vernerey wurde die 13 DBLE in eine gemischte französisch-britisch-norwegisch-polnische Truppe integriert, die auch zwei norwegische Brigaden, ein polnisches Kontingent und drei Bataillone der 24. Brigade der Garden einbezog. Das französische Kontingent wurde von General Marie-Emile Antoine Bethouart kommandiert. Es verließ Brest an Bord des Canadian Pacific Liners MONARCH OF BERMUDA, der von sieben Schiffen der Royal Navy begleitet wurde, und ging am 13. Mai gegen schweren deutschen Boden- und Luftwiderstand in den Fischereihäfen Bjerkvik und Meby, etwa zehn Kilometer nördlich von Narvik an der Spitze des Herjangs Fjords, an Land. Gleichzeitig landete eine britische Truppe bei Ankenes südlich von Narvik. Geplant war, von zwei Brückenköpfen aus in einem Zangenangriff die 4.500 deutschen und österreichischen Soldaten,[8] die Narvik besetzten, anzugreifen.

Bethouart hatte St. Cyr zur gleichen Zeit wie de Gaulle absolviert. Er und Magrin-Vernerey waren Offiziere von dem Schlag, der den deutschen Vorstoß hätte aufhalten können, wenn sie die Männer und Ausrüstung dazu gehabt hätten. Magrin-Vernerey war tatsächlich von zu Hause weggelaufen, um im Alter von 15 Jahren in die Legion einzutreten, wurde aber abgelehnt, weil er offensichtlich zu jung war. Bis zum Ende des Ersten Weltkrieges war er Kapitän in der 60. Infanterie, wurde sieben Mal verwundet und zum Chevalier de la Légion d'Honneur gemacht. Sein Anspruch auf eine Invalidenrente von 90 Prozent hielt ihn nicht davon ab, zwischen den Kriegen der Legion in Nordafrika, dem Mittleren Osten und Vietnam zu dienen. Er und Bethouart waren nun gerade dabei, den einzigen französischen Sieg 1939–40 zu erzielen.

Von dem Augenblick, in dem das 1. Bataillon der 13 DBLE von seiner improvisierten Invasionsflotte aus hölzernen Walfangschiffen, die von Motortorpedobooten geschleppt wurden, an Land watete, war die Zeit gegen sie. Ebenso war es mit dem Wetter. Der Schnee, der vielerorts von den zerschmetterten Körpern der Bewohner, die von den Marinegeschützen in Stücken gerissen worden waren, blutbefleckt war, lag immer noch kniehoch. Aber trotz der pessimistischen Voraussagen der Berufssoldaten war Hauptmann Pierre-Olivier Lapie beeindruckt zu sehen, wie seine bisher mürrischen Spanier im Gefecht ihre Zähigkeit zeigten, während die Osteuropäer, deren Fülle von akademischen Qualifikationen der 13 DBLE den spöttischen Beinamen *la troupe des intellectuels* eingebracht hatte, ihren wahren Wert zeigten, sobald sie eine deutsche Uniform im Visier hatten.[9]

Bethouart und Magrin-Vernerey, die wussten, dass es nur Tage dauern konnte, bis 45 Divisionen der Wehrmacht unter General Gerd von Rundstedt nach Frankreich einmarschierten, waren entschlossen, ihren Job gegen die Uhr zu machen. Allerdings, zu der Zeit, als sie mehrere deutsche Einheiten unter Hinterlassung von Ausrüstungen und Gefangenen in die Flucht getrieben hatten, war der Sitzkrieg vorbei und Guderians Panzers stürmten im Blitzkrieg durch Holland und Belgien.

Entsprechend erhielten die britischen Truppen auf dem norwegischen »Nebenkriegschauplatz« den Befehl, sich am 24. Mai zurückzuziehen, und sie bereiteten sich darauf vor. Bethouart und Magrin-Vernerey ignorierten jedoch ihre Anweisungen aus Paris, das gleiche zu tun. Obwohl sie nicht die Kraft hatten, Narvik gegen einen deutschen Gegenangriff zu halten, entschieden sie sich, den Einsatz als Mittel fortzuführen, in der Niederlage den Nationalstolz zu retten.

Das 2. Bataillon der 13 DBLE kam vom Süden und das 1. Bataillon schiffte sich wieder ein, um in der Nacht vom 27./28. Mai direkt nördlich von Narvik zu landen.

Allen Widrigkeiten zum Trotz erkämpfte es sich seinen Weg durch eine Reihe gut verteidigter Eisenbahntunnel in die Stadt, und zerstörte umfangreiche Hafenanlagen und mehrere Flugzeuge der Luftwaffe auf dem Boden des örtlichen Flugplatzes. Für seine Rolle in der grauenvollen Tunnelschlacht erhielt der britische Legionär James Williamson sowohl das Croix de Guerre mit Stern als auch die norwegische Tapferkeitsauszeichnung.

Eine Kompanie des 2. Bataillons unter Oberleutnant Szabo, mit der Motorradeinheit von Jacques »Toto« Lefort an der Spitze, stieß fast bis zur schwedischen Grenze entlang der Eisenbahnlinien vor, über die das Eisenerz transportiert wurde. Für kurze Zeit gelang es ihr, alle deutschen Truppen nördlich der Strecke abzuschneiden, bevor sie gezwungen wurde, sich ungeschlagen zurückzuziehen oder zu riskieren, beim Gezeitenwechsel des Krieges zu stranden. Nachdem zwei deutsche Gefangene einer Flugzeugbesatzung zwei britische Wächter mit einer versteckten Luger-Pistole erschossen hatten, richteten die Legionäre die beiden hin.[10]

Nachdem sie 40 alliierte Gefangene befreit, 400 deutsche Soldaten gefangen genommen und einen großen Teil militärischer Ausrüstung gesprengt hatten, wurde die 13 DBLE am 7. Juni evakuiert. Sie hatte sieben Offiziere, fünf Unteroffiziere und 55 Legionäre verloren – von denen zwei laut dem lang gedienten Legionär Charles Favrel nach einem Feldkriegsgericht wegen Desertation erschossen wurden, obwohl sie behaupteten, sie seien zurückgelassen worden, als sie aus Erschöpfung einschliefen.[11] Ihm zufolge wurde auch ein weiterer spanischer Legionär wegen Plünderung erschossen, aber es ist immer noch unmöglich, diese Tatbestände offiziell zu bestätigen.

28

Auf welcher Seite stehen wir, Feldwebel?

FRANKREICH – NORDAFRIKA – SYRIEN – GROSSBRITANNIEN, 1940

Wenn die Geschichte der Legion im Zweiten Weltkrieg manchmal verwirrend zu lesen ist, so war sie für die beteiligten Männer noch viel schlimmer. In Syrien war John Harvey einer der typischen Soldaten, die nicht wussten, wo sie waren oder für welchen politischen Zweck sie kämpften, aber die meisten Soldaten wissen, auf welcher Seite eines Konflikts sie stehen. Während des Zweiten Weltkrieges stellten viele Legionäre und andere französische Soldaten ihren Vorgesetzen diese Frage, konnten jedoch nur feststellen, dass auch sie sich darüber nicht im Klaren waren. »Kämpfen für Frankreich« könnte Loyalität gegenüber der legalen Regierung in Vichy bedeuten, oder es könnte bedeuten, Kämpfen gegen die Regierung von de Gaulle.

Als die 13 DBLE am 14. Juni über Glasgow nach Frankreich zurückkehrte, schiffte sie aus, um die Heimatfront in einem derartigen Chaos zu finden, dass es dafür keine Befehle gab. Den Frust von Bethouart und einem Feuerfresser wie Magrin-Vernerey kann man sich vorstellen. Die Disziplin war nur schwer aufrechtzuerhalten. *Pour encourager les autres*, wurden zwei Brüder, die versuchten zu desertieren, hingerichtet[1] und Magrin-Vernerey soll einen jungen Infanterie-Oberleutnant persönlich erschossen haben, der ihm sagte, dass weiterer Widerstand allen nur Ärger bringen würde.[2]

Am 18. Juni richtete Oberst Charles de Gaulle, ein Protégé von Pétain, der ihn vor den vielen Feinden geschützt hatte, die er sich durch seine offene Kritik an der französischen Strategie und Feldherrnkunst in den 1930ern gemacht hatte, seinen berühmten Appell an die französischen Männer und Frauen, weiter zu kämpfen. Er forderte diejenigen auf, die frei entscheiden konnten, sich seinen Freien Französischen Truppen anzuschließen, die damals nur in seiner eigenen Phantasie existierten. De Gaulles einsamer Ruf in der Wüste der Niederlage berührte eine Saite der unerschütterlichen Seele von Magrin-Vernerey, aber der abtrünnige Oberst in London war technisch gesehen ein Verräter, der seine nach Bordeaux geflohene Regierung verraten hatte.

Es war eine Sache, selbst Verrat zu begehen, aber kein französischer Offizier konnte seinen Männern befehlen, ihre Regierung zu verraten, egal wie sehr er persönlich deren Politik ablehnte. Magrin-Vernerey stellte deshalb seine Veteranen von Narvik vor die Wahl: in Frankreich zu kapitulieren oder sich de Gaulle anzuschließen. Diejenigen, die ihn nach Großbritannien begleiten wollten, blieben beim 1. Bataillon oder wurden dorthin versetzt. Die anderen, die zum 2. Bataillon gehörten, entschieden sich, in Frankreich zu bleiben und unter Major Boyer-Resses ihren Weg zurück nach Nordafrika zu machen.

In den Randbezirken von Brest befanden sich deutsche Panzer, als Magrin-Vernerey 500 Mann an Bord des nächsten Schiffes einschiffte, das nach Southampton auslief. Hauptmann Marie-Pierre Koenig und Oberleutnant Dmitri Amilakvari verpassten diese Gelegenheit, während sie nahe Rennes aufklärten. Sie lösten das Problem, indem sie ein Fischereiboot beschlagnahmten, um nach Jersey zu gelangen, wo ein Küstenschiff sie nach Großbritannien und in de Gaulles Freies französische Lager im Trentham Park nahe Stoke-on-Trent brachte. Sie schliefen in der ersten Nacht im Freien und danach in Zelten. Die 13 DBLE war die einzige organisierte Formation unter einer Ansammlung von Resten der französischen Armee, Marine und Luftwaffe, die von Dünkirchen evakuiert worden war. Die Vorräte vor Ort reichten kaum vier Tage, und das Essen war knapp, bis das Wild, das im Park umherstreifte, geschlachtet und in Waschkesseln gekocht wurde.

Magrin-Vernerey wurde in Anerkennung des Erfolgs des Narvikeinsatzes von de Gaulle zum Oberst befördert und änderte, zum Glück für die Chronisten, seinen Namen in den einfacheren *nom de guerre* Monclar – in der Hoffnung, damit seiner Familie in Frankreich Ärger zu ersparen. Koenig wurde zum Major befördert. Ihre Männer waren jedoch weit davon entfernt, mit dem glücklich zu sein, worauf sie sich nach ihrer Entscheidung, ihm nach Großbritannien zu folgen, eingelassen hatten. Genau an dem Tag, an dem der Waffenstillstand in Frankreich in Kraft trat, meuterten 29 Spanier, die glaubten, dass die Legion abgeschafft war und sie Franco übergeben werden würden. Sie wurden von britischen Polizisten ins Gefängnis begleitet, da es in Trentham Park keine Zellen gab.

Die traurige Geschichte eskalierte und viele andere Spanier streikten aus Sympathie.[3] Auch sie wurden der Polizei übergeben, und ihnen wurde das Ultimatum gestellt: entweder »Repatriierung« zu Einheiten der Legion in Nordafrika oder in Großbritannien bei den Freien Franzosen bleiben. Die Spanier demonstrierten die Tiefe ihrer Verzweiflung über eine Wahl zwischen zwei Alternativen, von denen keine ihren Bedürfnissen entsprach, indem sie sich entschieden, stattdessen in den Zellen zu bleiben. Einige französische Offiziere und Unteroffiziere waren anglophob, aus den gleichen vagen Gründen, aus denen viele Briten mit ihrer Inselmentalität die Franzosen nicht leiden konnten. Sie argumentierten, dass das Einsperren der Spanier in britische Gefängnisse nicht die der Legion war, Kameraden zu behandeln, egal wie mühsam sie sein mochten.

De Gaulles hochmütiger »Staatsbesuch« im Lager am 30. Juni tat nichts, um den Riss zu kitten. Viele Legionäre boykottierten die Veranstaltung, was keine Wirkung erzielte, da de Gaulle nicht die Absicht hatte, mit niedrigen Dienstgraden zu sprechen – was sein Mentor Pétain unter solchen Umständen getan hätte, um ihre Beschwerden zu hören.

Obwohl er keinen besonderen Grund hatte, die Briten zu lieben, entschied sich Monclar, dass es am besten sei, seine Gefühle zu verbergen und zu versuchen, mit seinen oft widerwilligen Gastgebern klarzukommen, da sie die einzigen Alliierten waren, die eine Chance anboten, die Schande der Niederlage zu beseitigen. Um diejenigen auszumerzen, die mit ihm nicht einer Meinung waren, unterstützte er eine Repatriierungsbewegung der Offiziere, die bei Narvik so tapfer gekämpft hatten. Es scheint, dass ein Grund für ihre Entscheidungen der Ärger über die Vorurteile der uninformierten Einheimischen war, die man folgendermaßen zusammenfassen konnte: »Die Franzosen haben uns im Stich gelassen.«

Ihr Dilemma war, dass, wenn de Gaulle verlieren würde, seine Helfer Verräter ohne Land sein würden. Welchen Zweck hatte es andererseits, zu der kraftlosen Armée de l'Armistice nach Frankreich geschickt zu werden, deren Hauptaufgabe es war, die Demarkationslinie zwischen der besetzten Zone und Vichy-Frankreich zu bewachen? Der Krieg, der sich vorübergehend in einer Pattsituation befand, weil die Deutschen nicht auf den Britischen Inseln einmarschieren konnten und die Briten außer abzuwarten nichts tun konnten, würde offensichtlich mehrere Jahre dauern, und während dieser Zeit würden verheiratete Männer ihre Ehefrauen und Kinder nicht sehen. Marcel Verliat, ein Nachbar des Autors, diente als Reservist in der französischen Marine. Er landete in Portsmouth und aß in der dortigen RN-Baracke eine Mahlzeit aus Würstchen und Pommes, und zu trinken gab es nur lang gebrühten Tee. Nachdem er das englische Essen probiert hatte, marschierte er mit den meisten seiner Schiffskameraden zurück die Gangway hinauf und blieb bis zur Abfahrt des Schiffes und ihrer Rückkehr zu den Annehmlichkeiten von *la cuisine française* an Bord. Viele Entscheidungen, die während dieser Zeit gefällt wurden, beruhten so auf persönlichen oder familiären Gründen, die nichts mit moralischen oder politischen Ideen, die »richtig« oder »falsch« waren, zu tun hatten.[4]

Seltsamerweise scheint die Rekrutierung der Legion nach dem Waffenstillstand nicht sofort aufgehört zu haben. Der Journalist und Autor Arthur Koestler, der zwar einen ungarischen Pass besaß, war im Bürgerkrieg Kriegskorrespondent für die *London News Chronicle* in Spanien gewesen, wo ihm seine Artikel eine Haftstrafe in einem faschistischen Gefängnis bescherten. Er war glücklich, nicht die letzte Zigarette und die zwölf Kugeln zu bekommen, die beide Seiten dieses Konflikts lästigen Ausländern gewöhnlich gewährten, und er hatte nicht den Wunsch, das Innere eines Gestapo-Gefängnisses zu sehen. Als er am 17. Juni 1940 von Pétains Kapitulation erfuhr, erfand sich Koestler neu als Albert Dubert, einen deutschsprechenden Schweizer Taxifahrer aus Bern, und »meldete sich freiwillig« zur Legion. Er teilte dem mitfühlenden rekrutierenden Feldwebel klar mit, dass er sich eine Fahrkarte weg von Frankreich wünschte, angeblich um sich der »echten Legion« in Nordafrika anzuschließen.

Da er in dem allgemeinen Chaos keinen Befehl erhalten hatte, mit der Rekrutierung aufzuhören, akzeptierte der Feldwebel Koestler und gab ihm einen Reise-Berechtigungsschein. Andere Zentraleuropäer scherzen, dass ein Ungar ein Mann ist, der jemandem in eine Drehtür folgen und vor ihm herauskommen kann. Koestler qualifizierte sich, indem er irgendwie seinen Weg durch das Chaos der drei Millionen Flüchtlinge auf den Straßen mit kaum verfügbaren öffentlichen Verkehrsmitteln fand. Er ging nach Marseille und war dabei in einer Hinsicht besser dran als die zivilen Flüchtlinge, die von freiwilligen Küchen abhängig waren, weil ihm seine Einberufungspapiere zumindest eine Koje und Mahlzeiten in den Armeelagern entlang der Route garantierten.

Am 11. August erreichte er das Legionslager im Fort St. Jean in Marseille nach einer sechswöchigen Reise, die unter normalen Umständen einen Tag gedauert hätte. Offiziell war er schon ein Ex-Legionär, da alle französischen Streitkräfte in der Freien Zone, die von Vichy regiert wurde, unter den Bedingungen des Waffenstillstandsabkommens, das am 25. Juni in Kraft getreten war, demobilisiert worden waren. Obwohl Marseille in der Freien Zone lag, erhielten sogar Flüchtlinge mit Einreisevisa aus Ländern, die bereit waren, sie zu akzeptieren, keine Ausreisevisa, um Frankreich zu verlassen, bis sie überprüft waren worden, um sicherzustellen, dass die Deutschen keinen Einwand hatten. Koestler schmeichelte sich deshalb bei vier britischen Soldaten in ziviler Kleidung, die auf der Flucht waren, ein. Zusammen ertricksten sie sich ihren Weg auf ein Schiff, das nach Oran auslief und auf dem Baron Rüdiger von Etzdorf, ein ehemaliger deutscher Marineoffizier und Anti-Nazi, sie in das neutrale Lissabon und nach London hinwegzauberte.

Unter den weniger berühmten zeitweiligen Legionären war Miroslav Liskutin, einer von 50 ausgebildeten Piloten aus der Tschechoslowakei, die nach der deutschen Besetzung ihres Landes, das von seinen britischen und französischen Verbündeten im Oktober 1938 im Stich gelassen wurde, nach Frankreich entkamen. Er meldete sich freiwillig, um für Frankreich zu fliegen, wurde zuerst in die Legion einberufen und dann widersinnigerweise zum 1 REI nach bel Abbès versetzt. Legionär 84202 Liskutin, der im Mai 1940 zur Luftwaffe versetzt wurde, befand sich zur Zeit des Waffenstillstands unter einer kleinen Anzahl französischer und anderer Piloten, die versuchten, Flugzeuge vom Flughafen Bordeaux-Mérignac zu stehlen, mit denen sie nach Großbritannien fliegen und weiter kämpfen wollten. Das Bodenpersonal, das diese Wahl nicht hatte, weigerte sich, die Flugzeuge vorm Starten zu betanken, so dass die Piloten England letztendlich per Schiff erreichen mussten – Liskutin beendete den Krieg als Major sowohl mit dem DFC als auch mit dem AFC.

Einzelne nicht-deutsche Flüchtlinge, die sich in der französischen Uniform versteckten, waren damals kleine Fische, aber viele in Deutschland und Österreich geborene Legionäre standen auf der Fahndungsliste der Gestapo. Am 17. und 20. August und wieder vom 6. bis 9. September bestand eine deutsche Sonderkommission darauf, dass sie alle unter den Bedingungen des Artikels XIX des Waffenstillstandsabkommens übergeben werden sollten, mit der fadenscheinigen Begründung, sie seien eine nazifreundliche fünfte Kolonne, die von den Franzosen illegal eingesperrt war!

Es gab auch deutsche und österreichische Legionäre und ehemalige Legionäre, die sich der deutschen Seite anschließen *wollten*, sei es aus persönlicher Überzeugung oder, um Repressalien gegen ihre Familien im Reich zu vermeiden. Dementsprechend wurden bei Fuveau zwischen Aix-en-Provence und Marseille 90 hitlerfreundliche ehemalige Legionäre an ein Suchteam der Luftwaffe übergeben. Auf ähnliche Weise versuchten kleine Gruppen italienischer Offiziere, in Italien geborene Legionäre zwecks Repatriierung unter den Bedingungen des separaten Waffenstillstandsabkommens, das mit Mussolini unterzeichnet wurde, zu finden. In Nordafrika forderten 320 deutsche Legionäre im August ihre Repatriierung. Sie waren im Straflager von Koléa isoliert und meuterten; und sie schrieen jeden Offizier, der versuchte, ihnen Befehle zu geben, mit dem wiederholten Schrei »Heil Hitler!« nieder. Deshalb wurden am 26. September und am 9. Oktober zwei Gruppen mit insgesamt 996 Deutschen zur Repatriierung gesammelt, obwohl es unmöglich war festzustellen, wie viele für die Nazis waren, und wie viele gezwungen wurden oder sich angesichts ihrer Familien, die im Reich lebten, freiwillig meldeten.

Die Diskrepanz zwischen Berlins Einschätzung der Gesamtzahl Deutscher und Österreicher in der Legion und der Anzahl, die tatsächlich übergeben wurde, spiegelte sich in Goebbels persönlichem Tagebuch erst am 8. März 1941 wider. Er meinte ausdrücklich, dass die Zauderer in »Bewährungseinheiten« in Afrika kämpfen sollten – mit anderen Worten, in Strafbataillonen, um sie dafür zu bestrafen, dass sie 1933 nicht desertiert waren, als die Nazi-Kampagne der Diffamierung der Legion begann.[5]

Während alle in den Achsenmächten geborenen Legionäre, die die Repatriierung wünschten, gehen durften, war eine unbekannte Anzahl Legionäre, die nicht zurückkehren wollten, administrativ »verschwunden«. *Legio patria nostra* ist mehr als ein Slogan. Kein Legions-Offizier war bereit, Legionäre und Unteroffiziere der Gestapo zu übergeben, die wegen nazifeindlicher Aktivitäten zu Hause gesucht wurden oder die einen anderen Grund hatten zu glauben, dass sie wegen ihres Dienstes in der Legion zu leiden hatten, die seit 1933 Hitlers *bête noire* gewesen war.

Deshalb wurde eine »Phantomkolonne« gebildet, ohne dass Vichy oder die 19. Division in Oran, unter dessen Kontrolle Sidi bel Abbès stand, davon etwas wussten. Nachdem ihre persönlichen Akten zerrissen und verbrannt worden waren, erhielten diesen Männern Zivilkleidung und sie wurden unter dem Leutnant Chenel, dem jüngsten Offizier im 1 REI, der gerade St. Cyr verlassen hatte, zur »Europäischen Arbeiter-Abteilung Nr. 1«. Von bel Abbès fuhren sie in Lkws nach Aïn Sefra und weiter zum Strafbataillonslager bei Bechar im tiefen Süden. Durch die Sandstürme der Sahara machten sie sich weiter auf den Weg in der erstickenden Hitze nach Bourem am Fluss Niger im heutigen Zentralmali. Die nächste Etappe zum französischen Stützpunkt bei Bamako verlief relativ ruhig. Dort wartete ein Sonderzug, um sie nach Louga im Senegal zu bringen, wo eine zweite Phantomkolonne aus Fez wartete. Ihr

Kommandant, Hauptmann De Winter, war hoch erfreut, dass er seine Schützlinge an Chenel übergeben und wieder nach Hause gehen konnte.

Die »europäischen Arbeiter« fuhren in geschlossenen Eisenbahnwaggons, die an einen zivilen Zug gekoppelt waren, zum Hafen von Dakar, wo sie in einem Lagerhaus am Kai versteckt wurden. Ihre geheime Reise betrug insgesamt schon fast 4.000 Kilometer Länge. Sie wurden ohne Papiere auf der CAP PADARAN eingeschifft. Vor ihnen lag eine Reise von weiteren 20.000 Kilometern um das Kap der Guten Hoffnung herum nach Vietnam, wo sie die letzte Verstärkung waren, die das 5 REI bis zum Ende des Zweiten Weltkrieges bekam. Merkwürdigerweise erhielt das Regiment, das sie nun schützte, seine Befehle von der Kolonial-Regierung Vietnams, die Vichy gegenüber loyal war und sich in einer schwierigen Kohabitation mit den japanischen Besatzungstruppen gemäß dem Abkommen vom 30. April 1940 befand. Dieses erkannte die französische Souveränität an, gestand Japan aber »gewisse Einrichtungen« zu.

Am 1. Juli 1940 bestiegen 636 der 1.619 Offiziere und Männer im Trentham Park Züge nach Bristol, nachdem sie sich entschieden hatten, nach Französisch-Nordafrika zurückzukehren. Es war ein emotionaler Abschied, bei dem Monclar jedem der 31 abfahrenden Offiziere seine Hand bot, als sie ihm noch mit den letzten Ausreden salutierten.[6] Das Ereignis wurde durch die Weigerung der Ehrengarde beeinträchtigt, das Gewehr zu präsentieren, als die Rückkehrer abmarschierten. In einer letzten traurigen Szene brachte die britische Polizei die 300 eingesperrten spanischen Legionäre nach Bristol, wo sie sich auf den Kai legten, anstatt die Gangway der MEKNÈS hinaufzugehen, weil sie fürchteten, dass sie Franco übergeben und erschossen würden, sobald sie in Marokko ankommen waren.

Um die Schmach des 1. Juli zu löschen, wurde die 13 DBLE in die 14 DBLE umbenannt und blieb das bis zum 4. November, als sie ihrer ursprünglichen Bezeichnung zurückbekam. James Williamson, der zwischen all diesen Manövern gefangen war, kehrte am 13. Juli aus dem Urlaub ins Lager zurück, und er bekam den Rat, seine französische Uniform loszuwerden und in die britische Armee einzutreten. Als er das tat, wurde er in den Augen der Legion zum Deserteur – eine Situation, die nur korrigiert werden konnte, indem er am 5. April 1966 offiziell entlassen wurde![7]

Monclars Kommando bestand nun nur noch aus 900 Mannschaftsdienstgraden und 28 Offizieren, darunter Major Koenig und der georgische Prinz Oberleutnant Amilakvari. Auch ihr Vertrauen darauf, die richtige Wahl getroffen zu haben, muss schwer erschüttert gewesen sein, nachdem die britische Admiralität Admiral Somerville in Gibraltar befahl, die Operation Catapult am 3. Juli zu starten. Das war die Zerstörung der französischen Flotte im Hafen von Mers el Kebir bei Oran.

Zum ersten Mal seit Waterloo wurden britische Waffen auf französische Soldaten gerichtet.

Die Außerdienststellung der Schiffe war im Gang, die Kessel waren kalt, die Geschütztürme ohne Strom und die Munition im Depot. Die Reservisten mit Wohnsitz in Nordafrika waren schon demobilisiert worden. Die französischen Marineflugzeuge waren meistens entwaffnet und die Granaten und Verschlüsse aus den Küstenbatterien, die Mers el Kebir schützten, waren entfernt worden.

Swordfish-Flugzeuge von der HMS ARK ROYAL verminten zuerst die Hafenausgänge, um zu verhindern, dass Schiffe auslaufen konnten. Somerville stellte Admiral Gensoul dann ein Ultimatum: Er und seine Besatzungen müssten entweder sofort auslaufen und auf der britischen Seite kämpfen oder ihre Schiffe versenken. In der Tat hatte Flottenadmiral Darlan schon befohlen, dass die Seeventile Tag und Nacht bemannt werden sollten, und der Wachoffizier hatte den ausdrücklichen Befehl, sie beim ersten Versuch von Truppen der Achsenmächte, an Bord der Schiffe zu kommen, zu öffnen – wie es später im Hafen von Toulon geschah.

An Bord der HMS HOOD gehorchte Admiral Somerville seinen Befehlen so langsam wie möglich. Um 16.25 Uhr Ortszeit feuerte die HOOD ihre erste Granate. Obwohl die französischen Kriegsschiffe bis dahin unter Dampf standen und das Feuer mit der Munition erwidern konnte, die zurück an Bord gebracht worden war, war es unmöglich, in der Enge der Hafens zu manövrieren, ohne miteinander zu kollidieren. Sie waren deshalb leichte Beute für den Beschuss der Royal Navy, die insgesamt 1.297 französische Matrosen tötete und mehrere hundert verwundete. Während ihre Kameraden die Leichen bedeckten und Sanitäter die Verwundeten pflegten, röhrten drei Swordfish-Flugzeuge von der ARK ROYAL mit flammenden Kanonen auf Deckshöhe heran, um die Verluste zu erhöhen.

Die Operation Catapult war für Vichy maßgeschneiderte Propaganda. Die Botschaft auf Plakaten überall in beiden Zonen Frankreichs war: Wie kann ein Franzose den Engländern vertrauen, die dies taten? Trotzdem erreichte ein Rinnsal von Neuankömmlingen aus dem besetzten Frankreich den Trentham Park. Niemand wären die Risiken eingegangen, wenn er nicht hoch motiviert gewesen wäre, wie zum Beispiel der Leutnant Pierre Messmer, der von 1960 bis 1969 de Gaulles Verteidigungsminister und von 1972 bis 1974 Ministerpräsident war. Zuerst war es sogar für Offiziere dieses Kalibers schwer, die Disziplin aufrechtzuerhalten, wie in jeder Einheit nach einem solch traumatischen Schisma. Ein häufiges Problem waren Männer, die ohne Erlaubnis abwesend waren, weil einheimische örtliche Mädchen mehr als »nur gute Freunde« geworden waren.

Allmählich milderte der Kontakt mit den Einheimischen auf beiden Seiten die Vorurteile und die Wahl, zu gehen oder zu bleiben, hatte die englischfeindlichsten Offiziere und Männer aussortiert. De Gaulles distanzierter Blitzbesuch Ende Juni hatte für die Moral der Männer nichts bewirkt, aber der Besuch des schüchternen, stotternden Königs George VI. am 25. August im Trentham Park war eine Rechtfertigung, dem britischen Monarchen zu zeigen, wie adrett und diszipliniert französische Soldaten sein konnten. Deshalb stach Monclars kleine Armee ein paar Tage später in etwas besserer Stimmung von Liverpool aus nach Afrika in See.

29

Welche Seite haben Sie gesagt, Miss?

WESTAFRIKA, 1940; ERITREA UND SYRIEN, 1941; LIBYEN, 1942

Samstag, der 31. August 1940 war eine jener mondlosen Nächte, in denen die RAF immer noch verblüfft war, wie die Bomber der deutschen Luftwaffe ihre Ziele fanden, ohne dass der Mond ihnen half.[1] Der Tag zuvor war mit dem Verlust von 41 britischen Flugzeugen der bisher schlimmste der Luftschlacht über Großbritannien gewesen. In der vierten Nacht in Folge fielen Bomben auf die Wohngebiete und Dockanlagen von Liverpool. Brände tobten immer noch, als sich der Kapitän des unbewaffneten holländischen Dampfers SS PENNLAND um kurz nach 09.00 Uhr von seinem Mersey-Lotsen verabschiedete und nach Norden fuhr, wo glücklicherweise dichter Seenebel herrschte, der sein Fahrzeug vor den Fotoerkundungsflugzeugen der Luftwaffe versteckte.[2] Der Konvoi HX 66 aus Halifax, Neu-Schottland, dessen 51 unterschiedliche Schiffe es geschafft hatten, die belagerten Britischen Inseln trotz der U-Boote und der aus Norwegen startenden Luftwaffe sicher zu erreichen, passierte die Untiefen der Küste der Halbinsel Wirral an Backbordseite, wo Wrackdiebe früher ihr Unwesen trieben.

An Bord der PENNLAND befanden sich die Offiziere und Männer der 13 DBLE. Das Schwesterschiff SS WESTERLAND hatte Charles de Gaulle unter ihren Passagieren und damit einen einzigartigen Augenzeugen der Höhen und Tiefen der Operation Menace – dem Versuch, die französischen westafrikanischen Kolonien aus der Allianz mit zu Vichy zu lösen. Die dreißigjährige Susan Travers, die einzige Frau, die jemals in der Fremdenlegion gedient hat, wurde von denen, die sie kannten, als *garçon manqué* beschrieben.[3] Sie war die Tochter eines Offiziers der Royal Navy und zweisprachig, da sie die meiste Zeit in Frankreich aufgewachsen war. Sie besaß akzeptable Deutsch- und Italienischkenntnisse – alle gesprochen wie »mit einer heißen Kartoffel im Mund«. Dank ihrer natürlichen Mittelklasse-Autorität und ihres gewöhnlichen Mangels an weiblichen Starallüren kannten sie Legionäre aller Ränge respektvoll als »La Miss«.

Travers war eine mehr als gute Amateurskifahrerin und Tennisspielerin, aber sie gewann ihren einzigartigen Ruhm dank der ruhigen Nerven und instinktiven Koordination, die eine erstklassige Rennfahrerin ausmachten. Obwohl sie an Bord der WESTERLAND als an die Freien Franzosen ausgeliehene Krankenwagenfahrerin reiste, hatte sie ihre einzige Erfahrung als Krankenschwester in Finnland mit einer kleinen Gruppe französischer Freiwilliger des Roten Kreuzes gemacht.[4] Damals schien es ihr der einzige Weg für eine Engländerin in Frankreich zu sein, sich an dem Krieg zu beteiligen, aber Krankenpflege war nicht das, wofür ihr jungenhaftes Herz schlug.

Die unbewaffneten Transportschiffe trafen sich in der Irischen See mit ihrer Eskorte: HMS BARHAM und die HMS RESOLUTION, mehrere Zerstörer und Flugzeugträger HMS ARK ROYAL als Flaggschiff von Admiral Sir John Cunningham. Ihr Kurs war ein großzügiger Bogen im Atlantik, um deutsche Seeaufklärer von der französischen Atlantikküste zu vermeiden und das Risiko von U-Booten zu verringern. Nachdem sie den Stützpunkt der Royal Navy in Freetown, Sierra Leone, angelaufen hatten, gingen sie am Morgen des 23. September eine viertel Seemeile vor Dakar, der Hauptstadt Senegals, bei dichtem Nebel vor Anker.

Es ging von Anfang an schief, und auch die Tatsache war nicht förderlich, dass die Vichy-Behörden durch ihre Luftaufklärung wussten, dass ausgerechnet die ARK ROYAL direkt unter dem Horizont lauerte. Nachdem zwei Gruppen von de Gaulles Sendboten unter Missachtung des allgemeinen militärischen Protokolls verwundet worden waren, begannen die Küstenbatterien, Cunninghams kleine Flotte zu beschießen und zwang sie am 25. September, sich außer Reichweite zu begeben. Eine Abteilung Marineinfanteristen der Freien Franzosen versuchten zu landen und die örtliche Bevölkerung entlang der Küste für ihre Sache zu gewinnen, aber sie wurden vertrieben, nachdem sie von Vichy-Flugzeugen im Tiefflug beschossen wurden.

Nachdem er von einem Kriegsgericht am 2. August wegen Hochverrats zum Tode verurteilt worden war, wusste de Gaulle, dass sein politischer Kredit auf dem Tiefpunkt war. Sollte er die afrikanischen Kolonien nicht überzeugen können, würde sich sein Anspruch, jemand anderen als nur sich selbst zu vertreten, als hohl erweisen und er würde in die Riege der im Exil lebenden polnischen und tschechischen Politiker in London eintreten, deren Soldaten einfach in die britischen Streitkräfte einberufen wurden. Nach der demütigenden Abfuhr im Senegal blieb er in der privaten Abgeschiedenheit seiner Kabine, als der Konvoi in See stach und weitere 4.000 Kilometer nach Süden und Osten fuhr.

In Douala in Kamerun verabschiedeten er und die 13 DBLE sich am 8. Oktober von Cunninghams Begleitverband und wurden von den Franzosen und Einheimischen mit leidenschaftlicher Begeisterung empfangen. De Gaulle atmet mehr als erleichtert auf, da er gut wusste, dass Churchill bereit gewesen war, ihn fallen zu lassen. Dann fuhr er in den Tschad und in andere französische Äquatorialgebiete, die ihn gegen Vichy unterstützen wollten, aber bei Jaunde in Kamerun und bei Libreville in Gabun musste die 13 DBLE die Vichy-Garnisonen mit Waffengewalt unterdrücken. Das Schießen auf andere Franzosen ließ Monclar und vielen Legionären die Tränen kommen, aber es war ein Job, der gemacht werden musste.[5]

Andere Freie Französische Truppen unter Oberst Jacques-Philippe Leclerc hatten den Weg für de Gaulle in den Gebieten am Äquator vorbereitet. Leclerc, der von ihm zum General befördert worden war, führte seine Männer nun auf einer 1.800 Kilometer langen Odyssee vom Tschad nach Tripolis an der Mittelmeerküste. Unterwegs besiegten sie italienische Garnisonen, um sich mit der britischen 8. Armee zu verbinden. Nachdem sie das französische Westafrika mit Ausnahme des Senegal gesichert hatten, fuhr die 13 DBLE um das Kap der Guten Hoffnung herum und die Ostküste Afrikas hinauf. Bei Port Sudan am Roten Meer erfuhren sie, dass sie an einer kaum bekannt gemachten Kampagne teilnehmen sollten, um Mussolinis Truppen aus Eritrea zu vertreiben, von wo aus die Italiener den Briten in Ägypten und dem alliierten Verkehr durch das Rote Meer Schwierigkeiten bereiten konnten.

Am 8. April 1941 nahm eine gemischte anglofranzösische Truppe den Haupthafen Massawa, wo Monclar die Kapitulation des italienischen befehlshabenden Offiziers forderte. Admiral Bonetti warf seinen Paradesäbel übellaunig ins Meer, anstatt ihn brav zu überreichen, aber er sah, wie der bei Niedrigwasser von einem aufmerksamen Legionär gerettet und als Trophäe an Monclar überreicht wurde. Dieser kleine Feldzug war wichtig für den Wiederaufbau des Stolzes der Einheit für die nächste Kriegszone, in der die 13 DBLE in Syrien/Libanon trotz des Legions-Prinzips, dass Legionäre nie auf Legionäre feuern sollen, gegen das 6 REI eingesetzt wurde. Travers störte sich nicht an den tausenden Männern in Massawa, die ihre Zeit totschlugen und etwas Geld in ihren Taschen hatten; Oberst Monclar machte es zur Priorität, ein Bordell mit einheimischen Frauen und zwei italienischen Huren nur für die Streitkräfte zu eröffnen.[6]

Nirgendwo war der Krieg für die Legion verwirrender als in Syrien. 1941 war das 6 REI Teil der Armée du Levant, die von General Fernand Dentz kommandiert wurde. Als Militär-Kommandant von Paris hatte er den Deutschen am 14. Juni 1940 die Hauptstadt übergeben. Seine Beförderung auf den Posten des Hochkommissars in Syrien, wo er Vichy treu blieb, brachte ihm am Ende des Krieges das Todesurteil ein, das nur nicht vollstreckt wurde, weil er im Gefängnis starb. Die Männer des 6 REI hatten mehr Glück. Als sie gefangen genommen wurden, argumentierten sie ganz korrekt, dass sie Berufssoldaten seien, die den Befehlen ihrer Offiziere gehorchten, die wiederum den Anweisungen ihrer legalen Regierung in Vichy gehorchten.

Unter den Offizieren des 6 REI gab es eine progaullistische Fraktion, die von Oberst Edgar de Larminat angeführt wurde, der die Mission de Liaison mit den britischen Streitkräften in dem besetzten Palästina nutzte, um die britische Bereitschaft auszuloten, einen Coup zu unterstützen. Es gibt Anzeichen dafür, dass er viele Anhänger hatte, als er auf Befehl von General Dentz verhaftet wurde. De Larminat wurde bis zu seiner Hinrichtung wegen Hochverrats in Damaskus festgehalten und am 30. Juni 1940 von einem kleinen Kommandotrupp der Legionäre aus seiner Zelle gerettet, das ihn südwärts nach Palästina zauberte, wo er als geehrter Gast der Offiziermesse der Warwickshire Yeomanry begrüßt wurde.[7]

Nachdem er nicht mehr da war, wurden andere Offiziere, die als Gaullisten angesehen wurden, nach Nordafrika zurückkommandiert, wo sie keine Schwierigkeiten machen konnten, oder verständlicherweise ihre Meinung darüber änderten, sich an den Stern eines rebellischen Oberst zu heften, dessen einzige Unterstützung von Menschen kam, die die wehrlosen Matrosen bei Mers el-Kebir getötet hatten. Obwohl er den Rang eines amtierenden Generals inne hatte, war de Gaulles richtiger Dienstgrad der eines Oberst, und ein Brief, den er dem französischen Oberkommando der Armee schickte und in dem er seine Handlungen des Sommers 1940 erklärte, wurde ihm deshalb so adressiert nach London zurückgeschickt.

Als Bestätigung der Beobachtung, dass viele der offensichtlich politischen Entscheidungen der französischen Soldaten während des Zweiten Weltkrieges aus unpolitischen Gründen getroffen wurden, schrieb Oberst Fernand Barre, der damals das 6 REI kommandierte, viel später, dass er mit seinen Offizierskollegen in der 13 DBLE keinen Streit hatte. Er glaubte, dass er in ihrer Situation wahrscheinlich die gleichen Entscheidungen wie sie getroffen hätte.[8] Die Konfusion der Loyalitäten war so groß, dass Monclar und einer seiner Kompanieführer komplett aus dem syrischen Feldzug ausstiegen, weil sie sich weigerten, auf Mitlegionäre zu feuern, egal was für eine Rechtfertigung es dafür gab. Das Kommando über die 13 DBLE ging dann an Marie-Pierre Koenig über, der nun Oberst war.

Die Vichy-Truppen in Syrien/Libanon zählten insgesamt 30 Bataillone. Gegen sie marschierten die Alliierten mit 20 Bataillonen – und einem Durcheinander aus Gründen. Großbritannien marschierte ein, um zu verhindern, dass der Flugplatz bei Aleppo von deutschen Flugzeugen dazu benutzt wurde, britische Ziele in Irak zu bombardieren. Dentz hatte seinen Truppen befohlen, auf *jedes* Flugzeug zu schießen, das Syrien überflog oder hier landete, bis Vichy in der naiven Hoffnung Landungsrechte gewährte, dass dies zu einer Milderung der Besatzungsbedingungen führen würde. Dentz weigerte sich, den Befehlen zur Öffnung der syrischen Häfen auch für Schiffe der Achsenmächte, zu gehorchen.[9]

In dieser schwierig zu interpretierenden Situation scheint de Gaulle angenommen zu haben, dass die Ankunft der 13 DBLE in einer Demonstration der Stärke mit britischer Unterstützung die größtenteils kolonialen Garnisons-Truppen in Syrien/Libanon auf seine Seite bringen würde, ohne dass ein Schuss abgefeuert werden musste, trotz der widerwilligen Antwort von Dentz bei einer informellen Befragung, dass er den Befehlen aus Vichy gehorchen werde.[10] Mit diesem Wissen im Hinterkopf war der erste Schritt auf der Seite der Freien Franzosen der Beschuss mit tausenden von Flugblättern auf Stellungen, die vom 6 REI gehalten wurden. Die Antwort kam mit genauso denunzierenden Flugblättern, in denen die gegenteilige Sichtweise dargestellt wurde.

Für die Invasion Syriens flickte die hart bedrängte alliierte Führung über den Mittleren Osten eine gemischte britische, indische, französische und australische Truppe unter Sir Henry »Jumbo« Maitland Wilson zusammen, darunter eine Schwadron australischer Kavallerie, die als »Kelly's Gang« bekannt war. Als eine Art Olivenzweig an die Vichy-Garnison in Syrien mit 35.000 hauptsächlich Kolonialtruppen sowie Flugzeugen und Panzern wurde den »Aussies« befohlen, ihre Busch-Ranger-Hüte zu tragen anstatt der Helme, »bis sie angeschossen werden«. Der Befehl wurde mit rohem Gelächter und entsprechenden Gesten begrüßt.

Die Vorbereitungen auf die Operation Barbarossa, Hitlers Einfall in die Sowjetunion am 22. Juni, war ein Glücksfall, da alle deutschen Flugzeuge und Bodentruppen aus Syrien abgezogen wurden. Die 13 DBLE, die britische Kampfanzüge und khakifarbene Tropenhelme mit einem Trikolore-Wappen trug, betrat syrisches Gebiet aus dem heutigen Jordanien, nahm Dar'ah im tiefen Süden und ging zusammen mit der 5. Indischen Infanterie-Brigade Richtung Norden nach Damaskus. Am 19. Juni wurden bei dem Angriff auf die Höhen von Kissoueh, die die südliche Zufahrt zur Hauptstadt kontrollierten, 13 Legionäre getötet und mehrere andere verwundet, aber die große Prüfung sollte noch kommen.

Am 20. Juni, als Damaskus von den alliierten Truppen eingenommen wurde, traf eine Kompanie der 13 DBLE, die von Major Dmitri Amilakvari kommandiert wurde, direkt auf das 6 REI bei Kadam, einem südlichen Vorort der Hauptstadt. Einer der beliebtesten Offiziere in der Legion, der flotte, kahl geschorene georgische Prinz, der einen grünen Umhang bevorzugte, der in Narvik von Schrapnellen aufgeschlitzt worden war, und sich weigerte, je wieder einen Stahlhelm zu tragen, stoppte das Schießen nach jeweils einem Verlust auf einer der beiden Seiten und befahl seinem Hornisten »Le Boudin« zu blasen. Als die Verteidiger mit dem gleichen Ruf antworteten, ging Amilakvari kühl hinüber, um einen Feldwebel, einen verwundeten Gefreiten und fünf Legionäre des 6 REI anzusprechen, die erklärten, sie hätten den Befehl, bis 01.00 Uhr auszuhalten.

»Schön«, sagte Amilakvari. »Wir werden Sie bis dahin nicht belästigen.« Um 01.05 nahm er den Vorstoß ohne Blutvergießen wieder auf, aber der gleiche Trick hatte keine Wirkung, als die 13 DBLE das 29. Algerische *tirailleurs* anderswo in Kadam traf. Sie kämpften so zäh, dass einige Legionäre von Amilakvari daran gehindert werden mussten, die Verwundeten hinterher zu töten.

Es gibt keine sicheren Erkenntnisse, über das, was tatsächlich geschah, aber es scheint, dass Maitland Wilson zu vermeiden versuchte, die 13 DBLE in Situationen zu bringen, in denen sie dem 6 REI begegnen konnte. Dass Dentz ähnliche Bedenken nicht hatte, das 6 REI im Schlachtengetümmel zu benutzen, wird beim Vergleich der Verluste deutlich. Als die 13 DBLE sich auf den Angriff auf Baalbek in Libanon vorbereitete, lag der Schwerpunkt des Konfliktes 200 Kilometer nordöstlich bei Tadmuriyah, wo die Hälfte der 500 Mann der Garnison aus dem 4. Bataillon des 6 REI bestand.

Eine der zwei Stützpunkte bei Tadmuriyah, bekannt als T2 und von elf Männern des 6 REI gehalten, ergab sich der British Household Cavalry nach einem symbolischen Feuergefecht, aber Stützpunkt T3, der von drei Unteroffizieren des 6 REI und 19 Legionären gehalten wurde, widerstand den Angriffen britischer Einheiten der Yeomanry und Teilen der Jordanischen Arabischen Legion von Glubb Pasha eine Woche lang. Am 28. Juni fand eine Patrouille des Essex-Regiments heraus, dass er mit nur sechs Legionären besetzt war. Nachdem seine Haupttruppe aus einheimischen

Beduinen massenhaft desertiert war, schickte der Kommandant von Fort Weygand, der Hauptverteidigungsposition, am 3. Juli Sendboten zu den alliierten Linien. Sechs Offiziere und 87 Legionäre, meistens Russen oder Deutsche, ergaben sich.

Nach der Eroberung von Tadmuriyah gingen die Kämpfe im Libanon weiter, wo das 1., das 2. und das 3. Bataillons des 6 REI mit einer hohen Prozentzahl Spanier vom 6. bis 12. Juli gute Erfolge gegen kombinierte britische und australische Angreifer erzielten. Als er später darüber schrieb, bemerkte Oberst Fernand Barre vom 6 REI, dass er nicht kämpfen wollte, aber auch nicht ehrenhaft kapitulieren konnte, bis die alliierten Truppen ihre überwältigende Überlegenheit demonstriert hatten. Da die Operation Barbarossa in vollem Gang war und er Ärger in Jugoslawien und mit dem Engagement in Nordafrika hatte, hatte Hitler für Syrien keine Truppen frei. Ohne die Möglichkeit, Verstärkungstruppen zu erhalten, kapitulierte die Führung Vichys. In dem kurzen Feldzug hatte die 13 DBLE 21 Getötete und 47 Verwundete zu beklagen verglichen mit 128 Getöteten und 728 Verwundeten beim 6 REI.

Entsprechend dem Waffenstillstand, der am 14. Juli in Akko, Palästina, unterzeichnet wurde, durften die Männer vom 6 REI zwischen einem Wechsel zum 13 DBLE und der Repatriierung nach Frankreich wählen. Egal, was de Gaulle über ihre Unterstützung seiner Sache dachte, er sollte einen Schock bekommen. Die Beziehungen zwischen den Offizieren des 6 REI und der 13 DBLE waren korrekt aber kühl, viele der ersteren dachten, dass ihre Gegenspieler, die rasch von de Gaulle befördert worden waren, um Lücken in seinem Stab zu füllen, Verräter waren, die sich bei der Beförderung vorgedrängt hatten. Das Feuer ihrer Eifersucht erhielt noch mehr Nahrung, als der zunehmend zuversichtliche Führer der Freien Franzosen bei einem Besuch in Palästina und Syrien Koenig zum General beförderte.

Zwei Tage vor dem Datum der vorbereiteten Repatriierung des 6 REI, paradierte die gesamte Streitmacht an Offizieren und Männern von Oberst Barre abwärts bis zum jüngsten Legionär in einer *séance d'option*. Koenig hatte Barre befohlen, sich zurückzuziehen, damit jeder Mann des 6 REI seine persönliche Wahl frei von Zwang treffen könne, aber Barre lehnte das ab. Ein Kompromiss wurde geschlossen, bei dem Barre durch eine Tür ging und nach links zur Repatriierung abdrehte. Das ganze Regiment folgte ihm, jeder war aber frei, auch nach rechts zu gehen und bei der 13 DBLE zu bleiben, falls er es wünschte.

Barre war hoch erfreut, dass ihm alle außer einem Mann folgten und das Regiment stellte sich hinter der Regimentskapelle neu auf und marschierte stolz fort. Obwohl die Bedingungen anscheinend jedem Mann die freie Wahl garantierten, so muss es an dem Tag doch ein Element von Zwang gegeben haben, denn ein Geheimnis umgibt die Tatsache, dass von der nominellen Anzahl von insgesamt 3.344 Mann am 8. Juni tatsächlich nur 1.233 mit Barre in Marseille landeten. Die 13 DBLE behauptete, dass die Diskrepanz darauf zurückzuführen sei, dass sich, wenn man die Getöteten und Verwundeten außer Acht lässt, letztlich 1.400 Mann des 6 REI entschieden, bei ihnen einzutreten. Eine zuverlässigere Schätzung bezifferte die Zahl auf zwischen 677 und 1.000 – einige durch Desertation vor der *séance d'option*, andere sickerten aus alliierten Kriegsgefangenenlagern am Kriegsschauplatz ein, und der Rest aus Krankenhäusern und anderswoher.[11]

Jetzt wo das 6 REI weg war, gewöhnte sich die 13 DBLE an eines jener seltsamen Intermezzi im Krieg, währenddessen Travers nicht nur eine Affäre mit Koenig hatte, sondern sich auch in ihn verliebte – und entdeckte, dass er auf ihre vorherigen Liebschaften mit mehreren seiner Offiziere sehr eifersüchtig war. Sie lebte in seiner Villa in einem Vorort von Beirut. In einer Nacht wurde sie von einem Mann geweckt, der in ihr Bett kam und von dem sie glaubte, es sei Koenig. Während des Liebespiels strich sie mit ihren Händen zufällig über seinen Kopf und fand ihn kahl rasiert. Amilakvari hörte erstaunt, dass sie nun die Geliebte seines Generals war; er hatte angenommen, er wäre in ihrem Bett immer willkommen, und hastete wie ein Hund mit eingezogenem Schwanz davon.[12]

In Großbritannien hatte de Gaulles Überheblichkeit Churchill inzwischen veranlasst, darüber nachzudenken, dass von all den Kreuzen, die er als der Kriegsführer seines Landes tragen musste, keines schwerer wog als das Kreuz von Lothringen, das Symbol der Freien Franzosen. Im Mittleren Osten machte ihre Unzuverlässigkeit die 13 DBLE in den Augen der alliierten Führung im Krieg entlang des nordafrikanischen Küstenstreifens zu einem sehr zweifelhaften Kapital, mit dem Ergebnis dass sie die schmutzigen Jobs bekam, wie es die Legion schon so oft in der Vergangenheit erfahren hatte.

Wie Koenig war Monclar nun auch General, und seine Gewissenskrise war ihm vergeben worden. Amilakvari wurde auch zum Oberstleutnant befördert und kommandierte ab dem 16. September die 13 DBLE. Mit frischem Blut aus dem Libanon führte er nun 1.771 Mann, die in drei Bataillonen mit vier Kompanien organisiert waren, die zu den 1., 2. und 3. Bataillons de la Légion Etrangère mit der Abkürzung BLE werden sollten. Die gewählte Nomenklatur schien die Existenz der Hauptregimenter der Legion, die mit dem Krieg in Algerien beschäftigt waren, komplett zu negieren. Zwei der Bataillone, die von den Briten als mechanisierte leichte Infanterie ausgerüstet waren, wurden zu Halb-Brigaden unter Oberstleutnant Amilakvari und Oberst De Roux umbenannt. Zusammen bildeten sie die 1. Freie Französische Brigade unter General De Larminat, die der 8. Armee angegliedert war. Das andere Bataillon war fürs Erste aus dem Krieg herausgehalten, anscheinend weil die Führung des Mittleren Ostens nicht genug Ausrüstung hatte, um alle drei auszurüsten.

Anfang 1942 war der Oberbefehlshaber des Mittleren Ostens, General Sir Claude Auchinleck, damit beschäftigt, die Gazala-Linie zu verstärken. Sie bestand eine Reihe befestigter »Kästen« zur Verteidigung in der Libyschen Wüste, und erstreckte sich von dem Dorf Gazala nahe Benghazi an der libyschen Küste bis in den Süden zu einem verlassenen italienischen Vorkriegsfort an einem Ort, der auf der Karte als Bir Hakeim bezeichnet war. Diese geschah in Erwartung des Angriffs, den Feldmarschall Erwin Rommel am 20. Januar begann, dabei die dringend benötigten Verstärkungstruppen aufsaugte und sein Afrika-Korps und seine italienische Alliierten nach Osten trieb, um die Briten nach Ägypten zurückzudrängen und ihnen die Kontrolle über den Suez-Kanal zu entreißen.

Am südlichen Ende der Linie bestand Bir Hakeim aus einem sechseckigen »Kasten« aus Draht und Schützengräben mit einem Umfang von etwa 16 Kilometern. Im Zentrum befanden sich einige unterirdische in den Felsen geschlagene Zisternen, *bir* genannt, die von dem ausgetrockneten Brunnen nicht mehr gefüllt wurden, bei denen aber mehrere Wüstenpfade zusammenliefen. Am 4. Februar erbte die 1. Freie Französische Brigade unter De Larminat dieses desolate Wirrwarr von der 150. britischen Infanterie-Brigade, die hoch erfreut war, eine Stellung zu verlassen, die von so vielen Minen aller Größen und Empfindlichkeiten umgeben war, dass Sandstürme und sogar die Hitze oft mehrere Minen hintereinander zur Detonation brachten.

Es ist möglich, dass die Unteroffiziere in der Kolonne von de Larminat irgendwo auf der Straße ein vertrautes Gesicht in britischer Uniform wieder erkannten. Der ehemalige Legionsfeldwebel Brückler hatte ein paar Wochen zuvor noch Wehrmachtsuniform getragen. Er wurde von Truppen des Commonwealth in der libyschen Wüste verwundet und gefangen genommen und war offensichtlich vom britischen Militär-Geheimdienst während seiner Genesung im Krankenhaus bei Shallufa »umgedreht« und ein Mitglied eines kleinen deutschsprachigen Teams in britischer Uniform geworden, die aufbrachen, um einen Überfall auf den weit entfernten Flugplatz der Luftwaffe bei Darnah in Libyen zu machen.

Dort angekommen meldete sich Brückler freiwillig, allein auf Erkundung zu gehen, während der er sich dem diensthabenden Offizier im Kontrollturm »ergab«. Der Offizier, der erschrocken war, als er einen ungepflegten Mann in britischer Uniform mit einer arabischen Kopfbedeckung sah, wollte ihn gerade erschießen, als Brückler den Rest seiner Gruppe verriet. Wie er die Geschichte Jahre später in Algerien dem britischen Legionär James Worden erzählte, wurde er von Rommel dekoriert und weit ab von der Schusslinie zum 361. Regiment abkommandiert, so dass es keine Chance gab, dass er wieder von den Alliierten gefangen genommen werden konnte. Er erzählte aber nicht, dass seine drei überlebenden Gefährten bei dem Überfall Juden waren und fast sicher in den Tod geschickt wurden. Nach dem Krieg hatte er Angst, dass er auf einer Liste von Kriegsverbrechern stehen würde, weil er sie verraten hatte und trat unter dem Namen Brockman wieder in die Legion ein. In einem für die Legion typischen geschlossenen Kreislauf erzählte Worden später die Geschichte einem deutschen *adjudant-chef*, der sein Saufkumpan war – und entdeckte, dass sein Kumpel einer der diensthabenden Luftwaffen-Offiziere bei Darnah in der Nacht des Überfalls gewesen war. Ein Teil Fakten und ein Teil Fiktion – das macht eine gute Geschichte.[13]

Bei Bir Hakeim fielen die Nachttemperaturen unter den Gefrierpunkt; die Spitzenwerte konnten nachmittags 50 Grad erreichen und Sonnenbrand wurde als Selbstverstümmelung bestraft. Abgesehen von Horden beißender Fliegen, die mit der Annäherung jedes Sandsturms verrückt wurden, der als himmelhohe schwarze Wand mit Geschwindigkeiten von 100 Stundenkilometern oder mehr ankam, war die einzige Bewegung in der trockenen Ödnis kontinuierlich tanzende, ockerfarbene Staubwirbel, die durch die geringste Luftbewegung aufgewirbelt wurden, und kombiniert mit Schweiß oder Schleim zu einer scheuernden Paste in Achselhöhlen, Leistengegend, Augen, Nasen und jeder anderen Körperöffnung wurden.

Neben der Legion bestand die Garnison von Bir Hakeim auch aus einigen französischen Marineartilleristen und einer britischen Bofors-Flugabwehrbatterie sowie leichter algerischer und marokkanischer Infanterie, Artillerie von Madagaskar und Mauritius, einem Pazifik-Bataillon von Tahiti, einigen libanesischen Pionieren, vietnamesischen Hilfstruppen und einem schwarzen *bataillon de marche* aus dem Tschad, von dem gemunkelt wurde, dass es Hexerei praktiziere.

Für die nächsten drei Monate verstärkte diese merkwürdige Mischung aller Farben und Rassen die Verteidigungsanlagen, die nach Koenigs Meinung nirgendwo gut genug waren, während Travers die Kunst lernte, sich in der Wüste am Lenker seines Führungswagens fortzubewegen, eines Ford Utility Kombiwagens, dessen Seite und Heck bemalt waren, um das Sonnenlicht nicht zu reflektieren. Jede Stunde musste sie halten, um die schwer ramponierten Reifen zu prüfen und den verstopften Luftfilter zu reinigen. Koenig konnte nicht an seinem Schreibtisch bleiben und verbrachte so viel Zeit wie möglich an der Spitze zwei- und dreitägiger Langstrecken-Patrouillen, die als Jock-Kolonnen bekannt waren, benannt nach General Jock Campbell, der sie erfunden haben sollte. Die anderen Fahrzeuge – Jeeps und Bren Gun Carriers – hatten ihre Maschinengewehre auf einer Halterung montiert, damit sie sowohl gegen Flugzeuge als auch gegen Bodenziele eingesetzt werden konnten. Wenn man ein verlockendes feindliches Ziel fand, war das Motto *Shoot und scoot* (schießen und abhauen)!

Anfang April übergab De Larminat das Kommando an Koenig und ging, um die 2. Freie Französische Brigade bei Bardia in Libyen zu bilden. Dabei wusste er nicht, dass er aus der Geschichte verschwinden und dass Bir Hakeim neben Camerone auf den Fahnen der Legion stehen sollte.

30

»*La Miss*« *und die Helden von Bir Hakeim*

DIE LIBYSCHE WÜSTE, 1942

Zwei Wochen später erhielt Koenig die Information, dass eine südafrikanische Truppe Bir Hakeim übernehmen sollte.[1] Das geschah nie. Am 26. Mai hatte er die Chance, den dubiosen Ruf, den die 13 DBLE in Syrien gewonnen hatte, zu verbessern, als Rommel Bir Hakeim auf die Landkarte setzte und seinen italienischen Verbündeten befahl, die heterogene Garnison in etwa fünfzehn Minuten auszulöschen.

Den ersten Kontakt machte eine Kolonne leichter italienischer M-13 Panzer der Panzerdivision Ariete und der Motorisierten Division Trieste, die außerhalb des Drahtverhaus mit einer Gruppe der 7. Panzerdivision und der 3. Indischen Brigade, die den Stützpunkt abschirmen sollten, zusammenstießen. Nach der Abenddämmerung hörten die Verteidiger deutlich das drohende Kreischen italienischer Panzerketten und das Dröhnen schwerer Dieselmotoren, die den Stützpunkt umzingelten – und ihre Beschützer waren anderswohin beordert worden.

In der Morgendämmerung informierte die 7. Panzerdivision Koenig per Funk, dass er nun auf sich alleine gestellt sei, während sich Rommels Hauptoffensive im Norden formierte. Koenig war Mann der Tat. Obwohl er den Befehl hatte, die sicheren Passagen durch die Minenfelder zu verminen und abzuwarten, bis der Feind zu ihm kam, schickte er mehrere gemischte Stoßtrupps mit Bren Gun Carriern auf Erkundung. Sie kamen mit der schlechten Nachricht zurück, dass sich deutsche Mk IV Panzer bereits östlich von Bir Hakeim befanden und es vom Nachschub und der nächsten Wasserstelle abschnitten.

Um 09.00 Uhr am nächsten Tag sahen die Legionäre vom Sperrzaun aus, wie eine Kolonne italienischer M-13 mit 75 mm Geschützen nebeneinander in Linie anrollten, wobei der ersten Welle von 50 eine weitere mit 20 folgte. Die Franzosen besaßen zur Abwehr elf 75 mm Panzerabwehrgeschütze. Auf eine Entfernung von 400 Metern eröffneten beide Seiten das Feuer, gerade als unter dem ersten Panzer auf einer Mine detonierte, die ihn außer Betrieb setzte. Da verlor die italienische Infanterie hinter den Panzern das Interesse und kletterte auf Lkws, die nach hinten verschwanden, aber die italienische Panzerdivision Ariete kam trotz Verlusten weiter voran. Sechs von ihnen durchbrachen die Verteidigungsanlage. In dem vorderen Kommandoposten der Legion wurden die Codebücher und die Flagge verbrannt, als der Feind nur noch 20 Schritte entfernt war, aber die Panzerabwehrschützen, die abgewartet hatten, eröffneten das Feuer und brachten den Angriff zum Stehen.[2]

Bis 11.30 Uhr hatte die Ariete 33 Panzer verloren – aber nicht aus Mangel an Kampfgeist. Ihr Kommandant, Oberst Prestisimone, hatte schon zwei Panzer, in denen er gefahren war, verloren, als er in seinem dritten gefangen genommen wurde. Der verwundete, verbrannte Soldat, der nur noch Unterwäsche trug, nachdem er sich seine schwelende Uniform vom Leib gerissen hatte, war ein würdiger Gegner, dem der stämmige jugoslawische Legions-Kaplan Père Mallec für sein Treffen mit Koenig einen Schlafanzug gab. »Was ist schief gegangen?« war der Kern von Prestisimones Fragen, als er 90 seiner Panzersoldaten in einem improvisierten Kriegsgefangenenlager neben dem Hauptquartier sah. Sobald er bei ihnen im Lager war, nachdem er Koenigs aufrichtige Entschuldigungen akzeptiert hatte, dass er keine bessere Unterkunft hatte, beschuldigte er Rommel, dass der ihm gesagt habe, es werde nur eine Viertelstunde dauern, Bir Hakeim zu erledigen. »Er hat uns auch gesagt, dass alle Minen geräumt worden sind«, ergänzten seine Männer.

Es waren so viele Panzer außer Gefecht gesetzt, dass es von weitem aussah, als ob sie einfach zum Auftanken geparkt worden waren. Sowohl deutsche als auch italienische Lkws fuhren vertrauensselig bis an den französischen Draht, weil sie glaubten, dort sei ein eigenes und kein feindliches Panzerlager. Ihre Ladungen waren eine willkommene Ergänzung der französischen Speisekammer. Die Stoßtrupps schlüpften durch die Lücken wieder heraus und brachten einen deutschen Versorgungskonvoi zurück, der seinen Weg in einem aufkommenden Sandsturm verloren hatte, sowie einen noch willkommeneren Tankwagen mit 1.000 Litern Trinkwasser. Die Fahrer dieser Fahrzeuge waren die ersten deutschen Kriegsgefangenen, die die Legion gemacht hatte. Das bedeutete eine große Stärkung der Moral, aber am Ende des Tages hatte Koenig unvorhergesehene Kopfschmerzen: 154 italienische und 125 deutsche Gefangene, die sich die begrenzten Rationen mit den Verteidigern teilen mussten. Und die waren ohnehin schon unter Druck geraten, weil die Stoßtrupps 654 Briten und Inder, die während der ersten Phase der Schlacht gefangen genommen wurden, aus den Klauen der Achsenmächte befreit hatten.

In einem heftig hin und her wogenden Gefecht, das 15 Kilometer nördlich stattfand schien Rommel seinen Schwung zu verlieren, bis er seinen Truppen, die in einem Minenfeld eingeschlossen waren, befahl, direkt hindurch zu fahren und anzugreifen. Die darauf folgende Gefangennahme von 3.000 britischen Soldaten und 123 Geschützen war ein schwerer Rückschlag für die 8. Armee. Unterdessen hatten Koenigs mobile Patrouillen ihren großen Tag. Sie beschossen die Versorgungskolonnen der Achsenmächte mit ihren 75 mm Geschützen, die auf der Pritsche von Lastwagen befestigt waren[3], um als selbstgebaute Panzerknacker zu dienen. In einer solchen Begegnung »knackte« Pierre Messmer, inzwischen Hauptmann, 15 deutsche Panzer, wobei er auf maximale Entfernung schoss.[4] Während der Gefechtspause bei Bir Hakeim brachte ein französischer Versorgungskonvoi Nachschub aus El Adern und nahm bei seiner Rückkehr die »nutzlosen Mäuler« in Form von Kriegsgefangenen, entlassenen Gefangenen und einige Verwundete mit.

Ein einziges Stabsauto, das in der Gegenrichtung nach Bir Hakeim fuhr, wurde von Susan Travers gefahren. Sie wurde zwar kurz vor dem ersten Angriff mit dem weiblichen Pflegepersonal nach hinten befohlen. Aber als Ausrede für ihre Rückkehr sagte sie, sie müsse das Auto aus der Werkstatt abholen und verließ sich auf ihre persönliche Beziehung zu Koenig, um als einzige Frau in Bir Hakeim bleiben zu dürfen. Sie requirierte nur 200 Meter von Koenigs Hauptquartier entfernt einen halb eingegrabenen Unterstand mit Wellenblechdach für ihren Ford Utility Kombiwagen. Sich selbst quartierte sie in einem weiteren Unterstand ein, den sie ihr Grab nannte. Er war vier Fuß tief in den Fels geschlagen und hatte auf dem Boden darüber einen Sandsackschutz und ein Zeltdach, das zwar die Sonne fernhielt aber gegen Schrapnells oder Granatensplitter völlig nutzlos war.

Ihr einziges Mobiliar war ihr Lagerbett, das sie in einem Geschäft der Army and Navy Stores an The Strand in London gekauft hatte. Ihre zusammenfaltbare Segeltuchbadewanne, die sie zur gleichen Zeit gekauft hatte, blieb wegen der Wasserknappheit im Kofferraum. Sie lebte dort eine Zeitlang Tag und Nacht, bis sie einsam wurde und aß sich durch ihren Vorrat von Cornedbeef und Dosenspargel, denn sie wollte den Deutschen nichts übrig lassen, falls sie kommen sollten.[5]

Bis zum 31. Mai schien die alliierte »Linie« zu halten. Dann erzielten die Italiener nördlich von Bir Hakeim einen bedeutenden Durchbruch. De Larminat nutzte die Ruhe vor seiner eigenen Haustür und ging auf Inspektionsreise. Er war von den Vorbereitungen beeindruckt. Bei seiner Abfahrt ging Amilakvari mit vier der Panzerknacker-Pritschenwagen auf Jagd und zerstörte mehrere feindliche Panzer, bevor er gezwungen wurde, zurückzukehren. In einer weiteren schnellen und sehr wirren Panzerschlacht zwischen deutschen und britischen Panzerkräften direkt außerhalb des Drahtes forderte die Feldartillerie von Hauptmann Gabriel de Sairigné mehrere Opfer, obwohl keiner mit Sicherheit sagen konnte, ob das alles feindliche Panzer gewesen waren; so schlecht war die Sicht in dem Dunst und dem Staub, der von Panzerketten und Granatendetonationen aufgewirbelt wurde.

Wenn Koenig sich ein ruhiges Leben gewünscht hätte, wären diese Aktivitäten als unkluge Provokation betrachtet worden, aber solch ein Soldat war er nicht. Am 2. Juni wurden die Patrouillen der Legion jedoch schnell zurückgerufen, als vom Westen und Norden her zwei gepanzerte Kolonnen näher rumpelten. Die Schätzung, die ihrer Stärke mit all den Versorgungsfahrzeugen am nächsten kam, betrug etwa 1.000 Fahrzeuge. Bir Hakeim wurde umzingelt und vom Boden und von der italienischen Luftwaffe den ganzen Tag über bombardiert. Nachdem zwei Panzerangriffe, die von Infanterie unterstützt waren, an der südwestlichen Eingrenzung von den Panzerabwehrschützen gestoppt wurden, näherten sich zwei italienische Offiziere mit einer weißen Flagge.

Ihre Ankunft deckte sich mit dem Zeitlimit, das Koenig bekommen hatte: Zehn Tage halten, komme was wolle. Aber als die italienischen Offiziere mit verbundenen Augen in sein Hauptquartier gebracht wurden, antwortete er höflich auf ihre Aufforderung zur Kapitulation und sagte: »Sagen Sie Ihrem General, dass wir nicht hier sind, um uns zu ergeben.« Mit der gleichen Höflichkeit verbeugten sich die Italiener und gingen, nachdem sie ihn und seine Männer beglückwünschten, dass sie *grandi soldati* seien.

Nachdem ihr Fahrer in Panik geraten war, weil boshafte italienisch sprechende Legionäre sein Leben bedroht hatten, mussten die Offiziere selbst zurückfahren. Eine halbe Stunde später krachte die erste 105 mm Granate in die französischen Stellungen und, um das Leben noch unangenehmer zu machen, kam ein Sandsturm auf, der die Sicht auf Null reduzierte. Susan Travers wartete im theoretisch luftdichten Ford ab und versuchte, sich nicht zu bewegen, um so wenig wie möglich zu schwitzen, aber die Männer in den 1.200 Splittergräben, Unterständen und Geschützstellungen hatten keine solche Option. Der Wasservorrat wurde wieder kritisch.

Am 3. Juni um 09.30 Uhr machten zwei britische Kriegsgefangene, die sich den Draht näherten, die unangenehme Erfahrung, von den Wachen der Legion beschossen zu werden, bevor sie als Freunde, erkannt wurden. Sie brachten einen Brief auf kariertem Notizblockpapier mit, der von Rommel persönlich unterzeichnet war. Er forderte die Garnison auf, die weiße Flagge zu zeigen und unbewaffnet zu Fuß herauskommen. Einen solchen Brief hätte man an den Kommandeur und nicht an seine Männer adressieren und hätte auch nicht die familiäre Form benutzen dürfen: *Wenn Ihr weiße Flaggen zeigt* bedeutete, dass Rommel zu Männern unter seiner Führung sprach. Koenig, der von seinen Männern den Spitznamen »*le vieux lapin*« bekommen hat, war aber kein »glückliches Häschen«, als er diesen beleidigenden Verstoß gegen das Protokoll las. Hätte er etwas gebraucht, um seine Entschlossenheit zu festigen, dann war es Rommels Brief.

Die Bofors-Batterie schoss gegen 17.00 Uhr vier Stukas innerhalb weniger Minuten ab. Ein weiteres ungewöhnliches Ereignis war an diesem Tag die Landung einer Spitfire auf einem improvisierten Streifen innerhalb der Stellung, deren südafrikanischer Pilot keinen Sprit mehr hatte. Er wurde aus dem Notdepot betankt und startete wackelig während einer zufälligen Feuerpause. Das Fragment eines Schrapnells durchbohrte den Kühler von Koenigs Wagen, aber Travers gelang es, einen der vietnamesischen Mechaniker zu überreden, ihn abzumontieren und in die primitive Werkstatt zu schleppen, wo das Loch zugeschweißt wurde. Als sie versuchten, zurück zum Bunker zu gelangen, verlor sie in dem Dunst aus scheuernden Staubkörnern wiederholt ihren Weg.

In der Nacht schaffte es ein britischer Versorgungskonvoi, durch die Linien in das Lager zu kommen. Auf seiner Rückreise hätte er beinahe ein Trio deutscher Offiziere getroffen, das am 5. Juni um 04.30 Uhr mit einer dritten Aufforderung, »unnötiges Blutvergießen zu vermeiden«, kam. Koenig lehnte es ab, sie sogar nur zu sehen, und gab Befehl, ihnen nur fünf Minuten zu geben, um außer Reichweite zu gelangen. In der Eile fuhren sie über eine Mine, die ihren Kübelwagen außer Betrieb setzte und sie zwang, ziemlich eilig zu Fuß nach Hause zu gehen.

Die schlechte Nachricht nach Einbruch des Tages war, dass eine gewaltige Schlacht im Norden die Briten 6.000 getötete, verwundete oder gefangen genommene Männer gekostet hatte – sowie 150 Panzer. Kaum waren die Folgerung dieser Niederlage verdaut – sonst gab es wenig zum Frühstück – als die ersten Granaten mit einem Lärm niederprasselten wie ein Expresszug, der in der Luft über ihnen dahinsauste. Zum Erstaunen der Verteidiger und Angreifer wurden sie von einem leichten Regenschauer begleitet, aus dem peitschender Hagel wurde. Sofort keimten die Samen, so dass die Ödnis innerhalb von Stunden unter einem Himmel blühte, den eigene und feindliche Flugzeuge ineinandergewoben durchkreuzten, so dass die Bofors-Mannschaft oft nichts anderes tun konnten, als zuzuschauen, wie Flugzeuge, die von anderen Flugzeugen abgeschossen waren, mit Schwaden schwarzen Rauches abstürzten und in der Wüste explodierten. Nun setzte Rommel alles ein, was er bereitstellen konnte, um Bir Hakeim zu nehmen. Zwei italienische Divisionen, zwei deutsche und 21 Batterien zogen los, um ihm den Garaus zu machen. Von oben kamen und verschwanden an einem Tag bis zu 500 Heinkel- und Savoia-Bomber in Wellen und warfen ihre Ladungen auf die französischen Stellungen ab. Man schätzte zu diesem Zeitpunkt, dass die 3.700 Mann innerhalb des Drahtes etwa zehnmal so viele feindliche Truppen und einen bedeutenden Teil der Luftstreitkräfte der Achsenmächte in der libyschen Wüste festhielten und von Rommels Hauptvorstoß abzweigten. Im militärischen Zahlenspiel waren die Franzosen dabei, zum ersten Mal seit Narvik zu gewinnen.

In der Nacht räumten deutsche Pioniere die Minen in einer breiten Allee durch die Minenfelder als Vorbereitung für einen größeren Bodenangriff. Unter der Deckung des frühmorgendlichen Nebels und unter einem sehr bewölkten Himmel ersetzten die libanesischen Pioniere sie wieder, wobei sie nicht wussten, dass der gleiche Nebel die Annäherung einer Batterie des leistungsfähigsten deutschen Mehrzweckgeschützes des Krieges versteckte: der 88 mm PaK. Auch standen sie dem besten Maschinengewehr des Krieges gegenüber, dem MG 42, das begann, das MG 34 zu ersetzen. Beide Modelle waren Rückstoßlader mit 7.92 Millimeter Gewehrmunition mit Gurtzuführung, und sie feuerten bis zu 1.000 Schuss pro Minute. Ihre Läufe konnten in Sekunden ausgewechselt werden, um dem Problem des Überhitzens zu begegnen.

Als Wellen von Panzern und Infanterie von Süden, Westen und Norden her näher rückten, feuerten die deutschen 88er Geschütze jetzt bei guter Sicht mit horizontal gestellten Läufen und beschossen die einzige Anhöhe, von der die französischen Artilleriebeobachter Sicht auf das Schlachtfeld hatten. Der Sturm wurde nur durch Angriffe der RAF aufgehalten, aber die waren kaum zum Stützpunkt zurückgekommen, als 60 Junker-Bomber erschienen und Bomben abwarfen, darunter Zeitzünder-Landminen, um den Abtransport der Verwundeten und die Reparaturen der Tagesschäden zu behindern.

Koenig war der Verzweiflung nah, nachdem in seine Verteidigungsanlagen große Lücken gerissen worden waren. Er befahl Messmers Kompanie, die seit 48 Stunden ohne Schlaf ständig im Einsatz gewesen war, als Sondereinsatzgruppe zu fungieren und die Löcher zu stopfen. Ein weiterer Angriff von 35 Junkers traf den Bunker, der das französische Hauptmunitionsdepot schützte. Dieser Verlust wurde teilweise durch kleine, schnelle Konvois wettgemacht, die bei Nacht durch die deutschen Stellungen schlüpften, Nachschub heranbrachten und Verwundete mitnahmen, von denen einige stundenlang im Freien gelegen hatten, weil es bei Tageslicht keine Hilfe gab.

Bis zum 8. Juni hatten die Franzosen viel länger standgehalten, als man es auf beiden Seiten hätte voraussehen können, und Rommel trieb seine Männer nun persönlich an. Er konnte es kaum erwarten, diese offene Wunde an seiner südlichen Flanke zu schließen. Obwohl an diesem Tag eine wichtige Stellung an den Feind fiel, hielten Koenigs Truppen immer noch stand, wobei sie sich wie Zombies bewegten, die im Stehen eingeschlafen waren. Die Wasserreserven waren auf eine Gallone pro Mann gesunken. Viele Männer hatten schon die Kühler der Lkws angebohrt und tranken die bittere, rostfarbene Flüssigkeit, nachdem sie sie durch die Filter der Gasmasken geleitetet hatten – und hofften, dass sie diese nicht für ihren eigentlichen Zweck benutzen mussten. Wasser zum Rasieren und Waschen wurde auf ähnliche Weise aufbereitet.[6] Und es war eine Qual zu sehen, wie gutes Essen und Trinkwasser bei einem erfolglosen Abwurf von Nachschub außerhalb des Drahtes landeten.

Am Morgen des 9. Juni kam bei der Morgendämmerung dichter Nebel auf. Als er verschwand, eröffneten vier 88er und sechs schwere Maschinengewehre das Feuer von der Stellung, die am vorigen Tag genommen worden war. Falls sich ein Verteidiger gefragt haben sollte, warum keine Infanterie nachfolgte, kam die Antwort, als 40 Stukas mit heulenden Sirenen hinunterstürzten und Bomben abwarfen. Am Nachmittag griffen 42 Junkers an, danach drohte die deutsche Infanterie, die französische Stellung zu überwältigen, bis sie in letzter Minute von den Halbkettenfahrzeugen gestoppt wurde, die im Nahkampf unter der energischen Führung eines bretonischen Veterans des Ersten Weltkrieges, Oberleutnant Jean Dève, der den Spitznamen »Dewey« hatte, standen.

Das deutsche Gegenfeuer war jetzt äußerst präzise. Eine Granate sprengte das Magazin einer französischen Geschützstellung, was eine gigantische zweite Explosion verursachte. Der Feldwebel, der wie durch ein Wunder unverletzt blieb, improvisierte auf den Stumpf eines Armes sofort einen Druckverband, damit der einzige weitere Überlebende nicht verblutet, und trug ihn in Sicherheit, kurz bevor die Stellung überwältigt wurde. Inzwischen gingen Männer unglaubliche Risiken ein, sei es im Glauben, sie seien unsterblich, weil sie schon so lange überlebt hatten, oder weil ihr Urteilsvermögen durch den Lärm und das Adrenalin des drei Wochen langen, nachhaltigen Beschusses beeinträchtigt worden war. Als Koenig einem Feldwebel vom 3. Bataillon, dessen Geschützmannschaft zwei Mörser Granatenwerfer und ein 77 Millimeter Geschütz erledigt hatte, eine Kiste Bier schickte, stieg der vergnügte

Feldwebel auf die Brustwehr aus Sandsäcken, um dem Feind die Stirn zu bieten und wurde prompt erschossen.

Das große Ereignis des Tages war der erfolgreiche Luftabwurf eines Behälters mit 170 Litern Wasser, das sofort an die Verwundeten verteilt wurde. An einen kleineren Kreis gerichtet war der Kern einer verschlüsselten Funkmitteilung von der 8. Armee, die besagte, dass Bir Hakeim seinen Zweck mehr als erfüllt habe und weiterer Widerstand unnötig sei. Koenig hatte nicht die Absicht zu kapitulieren und zu sehen, wie seine Männer abtransportiert wurden, um den Rest des Krieges als Kriegsgefangene zu verbringen. Noch, das muss zu seiner Ehre gesagt werden, war er bereit, seine Verwundeten zurückzulassen und nur mit den Tauglichen auszubrechen. Trotzdem war es keine Frage, bei Tageslicht einen Massenausbruch zu unternehmen. Er brauchte 24 Stunden, um den Einsatz zu planen und vorzubereiten, mit dem er hoffte, die größtmögliche Anzahl Männer in Sicherheit zu bringen.

Unter den wenigen, mit denen er über den Plan redete, war die treue Travers. Er hatte sie in den letzten drei Monaten nur ein paar Mal aufgesucht und dabei darauf geachtet, ihr wenig mitzuteilen, so dass sie wahrheitsgemäß antworten konnte, sie wisse über seine Pläne nichts, falls sie gefangen genommen und als seine Fahrerin identifiziert werden würde. Als Koenig, der kaum noch seine Augen offen halten konnte, sie über den in der folgenden Nacht geplanten Ausbruch informierte, war ihre einzige Vorbereitung, die sie traf, die Windschutzscheibe des Ford zu zertrümmern, so dass die nicht zerspringen und sie blind machen konnte, falls sie von einer Kugel der Achsenmächte getroffen werden würde.[7]

Am Morgen des 9. Juni konnte der erste Anflug feindlicher Flugzeuge seine Bomben nicht abwerfen, weil die deutschen und italienischen Stellungen zu dicht an den französischen lagen. Die Munition aller Kaliber ging zur Neige, und das 2. Bataillon schlug einen italienischen Angriff mit Handgranaten zurück. Um 13.00 Uhr verwüsteten 130 Flugzeuge der Luftwaffe das, was von der nördlichen Eingrenzung übrig geblieben war, und eine Bombe zerstörte das deutlich markierte Krankenhaus und tötete die Verwundeten und die meisten der Sanitäter. Im darauf folgenden Artilleriefeuer rückten zehn Panzer koordiniert so nah heran, dass die Schrapnells der Luftdetonationen ihre Rümpfe bespritzten. Wieder wurden die Bren Carriers eingesetzt, um den Angriff abzuwehren, der schließlich von den Kanonen einer Rotte von RAF Spitfires gebrochen wurde. Sie erschienen gerade noch rechtzeitig – das war gut so, weil nur wenige Geschütze immer noch funktionsfähig waren, nachdem sie während der Belagerung täglich durchschnittlich 700 Schuss und insgesamt 42.000 Granaten abgefeuert hatten.[8]

Nach der Ablenkung durch den Angriff der britischen 7. Panzerdivision auf die feindliche Nachhut waren bis zur Abenddämmerung alle wesentlichen Vorbereitungen für den Ausbruch getroffen – der nicht nach Osten in Richtung der britischen Nachhut stattfinden sollte, sondern nach Südwesten, wo die Truppen der Achsenmächte am schwächsten waren. Nach dem Umgehen der feindlichen Belagerer war vorgesehen, nach Südosten umzuschwenken und dann nach Norden zu gehen, um ein

Grenzmal und das britische Treibstoffdepot B837 zu erreichen. Das musste in der Dunkelheit durch das Erkennen von drei roten Lampen gefunden werden, die nach Süden leuchteten, damit der Feind sie nicht sehen konnte.

Die Nachricht verbreitete sich, als Legionäre sahen, wie ihre Offiziere saubere Uniformen anzogen und wertvolle letzte Tropfen des Trinkwassers benutzen, um ihre mehrere Tage alten Bärte abzurasieren. Dann kam der Befehl, zu zerstören, was zerstört werden konnte, und alles andere unbrauchbar zu machen. Dem 3. Bataillon wurde der schmutzige Job zugeteilt, zu bleiben, um die Flanken der Kolonne zu bewachen. Lkws und Krankenwagen wurden mit den 200 am schwersten verwundeten Männern beladen. Unter denen, die sich freiwillig zum Fußmarsch meldeten, war der deutsche Feldwebel des 3. Bataillons, dessen Arm nur Stunden zuvor amputiert worden war.

Um Mitternacht begann so leise wie möglich der Rückzug, um die Belagerer nicht zu alarmieren. Zur Navigation in der Wüste, besonders in einer solchen mondlosen Nacht, gehört immer ein bisschen Glück. Es schien zu fehlen, als Koenigs bester Navigator Oberleutnant Bellec die lange Kolonne Fahrzeuge direkt in ein Minenfeld führte. Als sein Bren Carrier in die Luft flog, kam als Antwort auf die Explosion das unverkennbare Geräusch der MG 34 und 42, die auf den Lichtblitz feuerten. Ein zweiter Carrier lief auf eine andere Mine. Travers und all die anderen hielten ihren Atem an. War das Geheimnis gelüftet oder dachten die Belagerer, sie hätten es mit einer kleinen Gruppe zu tun, die Nachschub bringen sollte?

Bellec kletterte an Bord eines dritten Carriers. Er begriff seinen Fehler. Der einzige Ausweg war umzudrehen. In gedämpftem Ton erhielten die gehfähigen Verwundeten den Befehl, aus den Lkws zu steigen, in der Hoffnung, sie würden dann leicht genug sein, um auf den Panzerminen, die ringsherum lagen, nicht in die Luft gesprengt zu werden. Sie fingen an zu gehen; dabei wussten sie, dass jeder Schritt sie zur Hölle schicken konnte. Genauso behutsam drehte Travers Koenigs Auto mit seinem engsten Wendekreis und folgte Amilakvaris Auto durch die Dunkelheit, die von Blitzen unterbrochen wurde, als Fahrzeuge von allen Seiten beschossen wurden. Amilakvaris war als nächster dran. Travers fuhr um ihn herum und hatte Angst, selbst eine Mine auszulösen. Sie nahm den etwas geschwärzten georgischen Prinzen an Bord, obwohl sie wusste, dass jeder zusätzliche Körper die Wahrscheinlichkeit vergrößerte, dass die Reifen ihres Autos eine Mine auslösen würden.

Als die Deutschen anfingen, Leuchtgeschosse zu feuern, war Geschwindigkeit die einzige Waffe. Ein besonders schweres Maschinengewehr in der Nähe wurde von Oberleutnant Dève erledigt, der mit seinem Halbkettenfahrzeug direkt über das Maschinengewehr und dessen Mannschaft fuhr. Nachdem er das bei einem zweiten Maschinengewehr wiederholt hatte, starb er, als er den gleichen Trick mit einem dritten versuchte. Es war unglaublich, aber Bellec oder sonst jemand hatte sich in der ganzen Konfusion aus Explosionen, Schreien und feindlichem Beschuss, wieder zurecht gefunden und die Kolonne fuhr langsam durch die Lücke in den feindlichen Linien voran. Travers, die neben sich auf dem Vordersitz Amilakvari hatte, der mit einer Maschinenpistole herumfuchtelte und auf jedes Ziel feuerte, das er sehen konnte, bis ihn Koenig aufforderte, damit aufzuhören, presste ihren Fuß auf das Gaspedal und ignorierte die Rillen und Schlaglöcher, über die sie krachte – und ebenso die Schreie des Generals auf dem Rücksitz, langsamer zu fahren, um nicht zu riskieren, die Radaufhängung zu demolieren, zu zerstören oder mit einem anderen Fahrzeug zusammenzustoßen.

Es hat bestimmt kein anderes Schlachtfeld gegeben, auf dem eine Frau zwei hochrangige Offiziere durch Minenfelder und feindliche Stellungen in Sicherheit fuhr, von denen beide ihre Liebhaber gewesen waren, und die ihr zu fahren erlaubt hatten, weil sie hinter dem Lenkrad die beste der drei war. Der ultimative Tribut an Travers Fahrkünste ist, dass die einzigen Schäden an dem Auto ein ruinierter Stoßdämpfer, eine Beule hinten, wo ein anderes Fahrzeug in ihren Wagen hineingefahren war – und elf Kugellöcher waren. Bis 02.00 Uhr hatten sie alle anderen verloren und waren in der Wüste allein; sie navigierten mit Vermutungen und einem Taschenkompass von Amilakvari, den er nur außerhalb des Autos benutzen konnte. Bei einer dieser Fahrtunterbrechungen hörten sie deutlich deutsche Stimmen in der Nähe und fuhren direkt weiter, egal was der Kompass zeigte!

In der Morgendämmerung war kein anderes Fahrzeug in Sicht. Das überzeugte Koenig, dass seine ganze Truppe entweder ausradiert oder gefangen genommen worden sein musste. Die Erschöpfung, die Schuld des Überlebenden und die Verantwortung für die Männer unter seiner Führung, das alles brach seinen Mut. Travers hörte am Lenkrad, dass er entschied, seine Pflicht sei, sie irgendwo in Sicherheit zu bringen und dann umzudrehen, um sich zu ergeben und bei seinen Männern zu sein. Glücklicherweise überzeugte Amilakvari ihn, dass er den Achsenmächten unmöglich einen solchen Propagandacoup gönnen dürfe.[9]

Als sie schließlich erst ostwärts und dann nordwärts drehten, waren sie einigermaßen sicher, dass sie alle drei Belagerungslinien durchbrochen hatten, aber sie verfehlten den Steinhaufen B837 völlig und kamen durch Zufall zu der Feldwerkstatt einer britischen Panzerkompanie, von wo sie zum Hauptquartier der 2. Freien Französischen Brigade geleitet wurden. De Larminat war nicht dort, er hatte es bei Morgengrauen mit zwei Lkws und sechs Krankenwagen verlassen, um die Ausgebrochenen bei dem Grenzmal zu treffen. Amilakvari und Koenig waren erstaunt, dass sie offensichtlich die einzigen Flüchtlinge waren, die Erfolg gehabt hatten. Travers brachte den Wagen zu der MT Sektion und ließ den Stoßdämpfer behelfsmäßig reparieren.

Nachdem ihr Job getan war, schlief sie im Schatten des Autos ein – und wachte auf, um zu sehen, wie ein Traum Wirklichkeit wurde. Krankenwagen und Fahrzeuge aller Art kamen getrennt und in Konvois an, mit ächzenden Radaufhängungen unter der Last der schmutzigen, hungrigen, durstigen Männer, die saßen, standen und überall an ihnen hingen. Die Gesamtverluste der Freien Französischen Truppen bei diesem Ausbruch voller Kämpfe betrugen 72 Tote, 21 Verwundete und 736 im Gefecht Vermisste, aber um 19.00 Uhr an dem Tag wusste Koenig, dass sich sein Wagnis gelohnt hatte und dass es ihm gelungen war, etwa 2.500 Männer der Freien Französischen Brigade sicher durch die Linien zu bringen. In den folgenden drei Tagen kamen vereinzelt weitere Männer an. Das 3. Bataillon war am schlimmsten getroffen. Es hatte den Auftrag, die Flanken des Ausbruchs zu sichern, aber nicht die geringste Chance, zu entkommen. Beide Majore des Bataillons wurden gefangen genommen, Major Puchois vom 3 BLE wurde von 20 Deutschen eingerahmt, deren Offizier ihn höflich einlud, seine leere Pistole nach einem beispiellosen Gefecht zu überreichen.

Koenig und seine Männer wurden zur Erholung nach Alexandria zurückbeordert und von der großen französisch sprechenden Bevölkerungsgruppe gefeiert. Einige Offiziere, die wegen ihrer heroischen Leistung bei Bir Hakeim high waren, kritisierten unklug die RAF, deren Unterstützung sie als unzureichend bezeichneten. Da aber die Desert Air Force viele andere Verpflichtungen hatte, sorgte das bei den Briten für weitere Verärgerung. Unter ihnen befand sich ein besonders wichtiger Besucher: Winston Churchill, der die hart bedrängten Commonwealth-Truppen auf einer Motivations-Tour in der libyschen Wüste besuchte, ignorierte die Franzosen daher völlig, was Koenig als persönliche Beleidigung empfand.[10]

Der neue Oberbefehlshaber General Bernard Montgomery, der im August ernannt worden war, um Auchinleck zu ersetzen, empfand für seine französischen Verbündeten auch keine besondere Zuneigung. Als er sich aber im Herbst 1942 darauf vorbereitete, Rommel ganz nach Tunesien zurückzutreiben, wurden Koenigs Männer, die in zwei Bataillonen mit insgesamt 1.274 Mann umgestellt und neu ausgerüstet waren, damit beauftragt, einen Ablenkungsüberfall auf El Himeimat auszuführen, einen stark befestigten Kamm, der die Qattara-Senke beherrscht. Die Senke, ein Becken aus Salzseen und Sümpfen unter dem Meeresspiegel, die sich über die ägyptisch-libysche Grenze erstreckte, war für Militärfahrzeuge nicht passierbar und bildete deshalb das südliche Ende von Rommels Linie, die sich von der Küste bei El Alamein aus erstreckte. Die Stellung wurde von 400 italienischen Fallschirmjägern gehalten, die gut eingegraben und von Minenfeldern geschützt waren.

Das war kein Job, den man seinem besten Freund geben würde, wie jemand damals bemerkte. Weil man sich El Himeimat nur über eine offene Ebene nähern konnte, war man der Artillerie der Verteidiger ausgesetzt. Nach der Entscheidung, um 19.30 Uhr am 23. Oktober bei Nacht anzugreifen, ging alles schief. Die Geheimdienstinformationen waren alles andere als aktuell. Als sie in den Funkschatten des Steilabhangs kamen, versagte das Führungsfunknetz und eine Koordination war unmöglich.[11] Die Pioniere räumten einen Weg durch die Minenfelder, aber als die ersten Halbkettenfahrzeuge der 1. Demi-Brigade im weichen Sand stecken blieben, fing die Artillerie der Achsenmächte an zu schießen und an den Flanken erschienen deutsche Panzer. Da er festsaß und eine leichte Beute war, brach Major Pâris de Bollardière den Angriff ab, aber weil der Funkverkehr nicht funktionierte konnte er Oberstleutnant Amilakvari seine Entscheidung nicht mitteilen, der weiterhin mit der 2. Halbbrigade angriff.

In der Morgendämmerung machten mehrere deutsche Panzer einen Gegenangriff, und die Luftwaffe tauchte auch auf, um die Franzosen im Tiefflug zu beschießen. Die

2. Halbbrigade geriet unter so großen Druck, dass Amilakvari sie in eine Defensivstellung auf einer kleinen Anhöhe zurückzog. Um 09.00 Uhr befahl Koenig den Rückzug. Auf den Safaris der Stoßstrupps war es für Legionäre normal, ihre weißen Käppis zu tragen,[12] die kühler als Stahlhelme waren, aber Amilakvari weigerte sich sogar in der Schlacht, sein schwarzes Obersten-Käppi mit goldener Borte durch einen Helm zu ersetzen. Irgendwann beim Rückzug bekam er einen 105 mm Schrapnellsplitter in den Kopf und wurde getötet. Seine Leiche wurde in den zerrissenen grünen Umhang gehüllt und von seinen Legionären weggetragen. Travers und alle Männer, die ihn gekannt und bewundert hatten, trauerten hemmungslos um ihn.

Von dem ganzen Rummel und aller PR-Verzerrung in den Medien zynisch geworden, zweifelt man eher an den Kriegsabenteuern von Susan Travers, dem Mädchen, das immer als Junge geboren werden wollte. Sie erscheinen unglaublich, ebenso wie ihre Militär-Karriere nach dem Krieg, als eine Geschlechtsumwandlung – wenn auch nur auf dem Papier – es der ausgesprochenen Männerwelt der Legion erlaubte, sie als *adjudant-chef* oder Oberfeldwebel aufzunehmen.

Unter den Orden, die ihr während des Krieges verliehen wurden, befand sich das Croix de Guerre. Anfang 1956 erhielt sie die Nachricht, dass sie auch die Médaille Militaire bekommen sollte. Im Hof des Invalidendoms, ein paar Schritte von Napoleons Grab entfernt, wurde ihr die Medaille von dem alternden General an das Revers ihres Mantels gesteckt, der vor langer Zeit im Libanon ihr Liebhaber gewesen war. Aus Respekt vor den Gefühlen anderer Menschen erzählte sie ihre Geschichte nicht bis lange nach seinem Tod 1970. 1996 wurde sie wie ihr Vater zum Chevalier de la Légion d'Honneur gemacht, und sie beide waren so das einzige Vater-Tochter-Gespann, dem eine solche Ehre zuteil wurde. Diese höchste französische Tapferkeitsauszeichnung gibt es eben nicht für das Erfinden von Märchen.

31

Die stürmische Wiedervermählung

NORDAFRIKA, 1942–43; EUROPA, 1944–45; VIETNAM, 1945–49

Obwohl El Himeimat nur ein Ablenkungsangriff gewesen war und die Offensive insgesamt erfolgreich war, bewertete Montgomery den Rückzug der Legion nach Verlusten von nur elf Getöteten und 69 Verwundeten als Zeichen des Mangels an Entschlossenheit. Als Antwort schob General De Larminat, ein unglücklicher Mann, der 1962 Selbstmord beging, alle Schuld an den Problemen auf schlechte Geheimdienstinformationen und die angeblich unzureichend britische Luft- und Artillerieunterstützung. Nicht er, sondern De Bollardière wurde von Koenig in einem fruchtlosen Versuch gefeuert, Montgomery zu beschwichtigen. Der schickte die Legion am 14. November in die Reserve, sechs Tage nach der Operation Torch mit den angloamerikanischen Landungen bei Casablanca in Marokko und Oran sowie Algier in Algerien, die Rommel den ultimativen Kopfschmerz eines Zweifrontenkrieges bescherten. Seine italienischen und deutschen Armeen waren nun zwischen den vorwiegend amerikanischen Truppen im Westen und der britischen 8. Armee im Osten eingekeilt.

Die Landungen der Operation Torch in Marokko trafen auf vergleichsweise geringen Widerstand, wobei einige pro-gaullistische Einheiten der Vichy-Truppen offensichtlich zwar Befehlen gehorchten, aber absichtlich weit daneben schossen. Das rettete sie nicht davor, von amerikanischen Piloten bombardiert und im Tiefflug attackiert zu werden, da die den Unterschied aus der Luft nicht erkennen konnten. Eine Schwadron Spanier mit dem 1 REG ging noch weiter und ergab sich, ohne einen Schuss abzugeben.[1] Um Casablanca herum regte sich der Widerstand unter dem Pétain treuen Generalresidenten Charles Noguès, als die einmarschierenden Truppen versuchten, ihre anfänglichen Landeköpfe zu vergrößern. Aber am 10. November ließen die Kämpfe nach und am nächsten Tag vereinbarten die französischen Behörden in Marokko einen Waffenstillstand mit den Amerikanern.

In Algerien war die Situation nicht so klar, denn einige französischen Truppen blieben Pétain treu, während andere den französischen Anti-Vichy-General unterstützten, den die Alliierten in Nordafrika sponserten. Der Ruf des langen aristokratischen

Henri Giraud war von Kollaborationsvorwürfen unbefleckt, weil er in einem deutschen Kriegsgefangenlager gewesen war, bis er 1942 entkommen und sich insgeheim nach Algerien durchschlagen konnte.

Zur Zeit der Invasion war der Vichy-Oberbefehlshaber Admiral Darlan in Algier, so dass der amerikanische Fahrplan am 9. November von einem französischen Gegenangriff auf den Landekopf Arzew nahe Oran aus dem Takt geriet. Am 11. November überrannten deutsche und italienische Kommandeure, die eine alliierte Invasion in Südfrankreich befürchteten, die Freie Zone, die souveränes französisches, von Vichy regiertes Gebiet gewesen war. Sie hätten kaum anders handeln können, aber dieser Verstoß gegen des Waffenstillstandsabkommen führte zu einem Umdenken der meisten Pétainanhänger in Nordafrika und veranlasste Noguès und andere, Darlans Vorschlag für ein Arbeitsabkommen mit den Alliierten zu akzeptieren. Von amerikanischen Diplomaten vermittelt erkannte es ihn als politischen Machthaber über das französische Nordafrika an und akzeptierte General Giraud als militärischen Oberbefehlshaber *aller* Freien Französischen Truppen. Am 13. November wurde dieses Arrangement gegen beträchtlichen Widerstand, aber mit Unterstützung von Präsident Roosevelt, von Eisenhower befürwortet.

De Gaulle war wütend, aber der Deal mit Darlan spiegelte seine geringe Popularität in der Armée d'Afrique wider: weniger als zehn Prozent davon erkannten seine Autorität an. Angesichts der Tatsache, dass das politisch kluge Manöver aus 120.000 Mann der Armée d'Afrique Alliierte machten, die sonst weiter für Rommel gekämpft hätten, kümmerten sich die Amerikaner auf jeden Fall wenig um seine Gefühle.

Obwohl der Schritt das gesamte französische Westafrika ebenfalls zu den Alliierten brachte, konnte Darlan Admiral Laborde in Toulon nicht überreden, nach Nordafrika zu schippern, als noch Zeit dazu war. Verständlicherweise weigerte sich der zutiefst anti-deutsch eingestellte Laborde, seine Besatzungen und Schiffe auf die Seite zu bringen, die seine Freunde und Kameraden bei Mers el-Kebir getötet hatte. Sein einziges Wort als Antwort auf Darlans Signal, das ihm befahl, genau das tun, war »*Merde!*« Insgesamt 171 Schiffe, die den Krieg hätten verkürzen können, standen den Alliierten wegen Churchills fürchterlicher Fehlkalkulation am 3. Juli 1940 nicht zur Verfügung.

Am 27. November 1942 verminte die deutsche Luftwaffe die Ausgänge des Hafens von Toulon, um zu verhindern, dass Laborde doch noch einmal nachdenken würde, und Darlans vorherigen ausdrücklichen Befehl vom August 1940 dann doch ausführte. Jedes Schiff im Hafen versenkte sich, um deutsche Pläne, sie zu übernehmen, zu vereiteln.[2]

Einen Monat lang verlief das alltägliche Leben in Darlans Nordafrika ziemlich gleichförmig weiter. Informanten informierten; Menschen wurden verhaftet; antisemitische Gesetzte blieben in Kraft. Deserteure, darunter Männer, die für de Gaulle gekämpft hatten, wurden in die mit Krankheiten verseuchten Wüstenstraflager geschickt. Und die Offiziere der Legion hatten weiterhin Porträts von Marschall Pétain in ihren Messen.

Am 24. Dezember wurde Darlan unter mysteriösen Umständen von dem 20-jährigen Fernand Bonnier ermordet, dem amerikanische oder britische Offiziere den Gebrauch von Faustfeuerwaffen beigebracht hatten. Der Sarg für Bonnier wurde schon *vor* seiner Kriegsgerichtsverhandlung bestellt, der zuversichtlich erwartete, dass seine Aufseher ihn befreien würden. Stattdessen wurde er der Einfachheit halber am 26. Dezember um 07.30 Uhr erschossen und in einem anonymen Grab begraben, nachdem er nur eine zweideutig gekritzelte Notiz auf der Rückseite einer Visitenkarte hinterließ, die den Namen eines prominenten Gaullisten trug.[3] Seine Hintermänner sind nie aufgedeckt worden; aber von diesem Augenblick an zeigte de Gaulle ein Gespür für die Politik, das sowohl seine vielen Feinde als auch seine wenigen Unterstützer im alliierten Lager erstaunte. Wiederholt manövrierte er seinen Gegner Giraud aus, um Führer aller Freien Franzosen zu werden.

Anfang 1943 wurde Rommel in dem Nussknacker zerquetscht, dessen östliche Backen die 8. Armee darstellte – die 13 DBLE war nicht darunter. Ihre Moral bröckelte wieder, als sie in Tripolitanien zur Ausbildung in Reserve gehalten wurde bis die letzten Stadien des Rückzugs des Afrika-Korps nach Tunesien im April/Mai 1943 erreicht waren. Sie wurde in der letzten Phase des deutschen Zusammenbruchs verspätet an die Front entsandt, weil sie die zweite Sprache des Landes sprach. Sie erkämpft sich ihren Weg nach Westen. Die andere Backe des Nussknackers bestand vorwiegend aus amerikanischen Truppen, die aus dem Westen kamen. Ihre südliche Flanke wurde von den sechs demoralisierten Legions-Bataillonen der Armée d'Afrique gesichert[4], denen der miserable Job zugeteilt wurde, sich bei schlimmem Winterwetter ihren Weg ostwärts durch das gebirgige Landesinnere zu erkämpfen.

Die ersten Kämpfe erlebte der Rest des l REC, der aus einer Panzerwagenschwadron und einer Infanterie-Kompanie gebildet wurde. Er griff bei Foum el-Gouafel am 11. Januar an und erbeutete 200 Gefangene und 30 47mm Geschütze.[5] Nachdem er General Jürgen von Arnim das Kommando übergeben hatte, wurde Rommel, mittlerweile ein kranker Mann, am 6. März nach Deutschland zurückgerufen. Am 23. März wurde das 1 REIM, das erste marschierende Regiment der Legion aus Truppen in bel Abbès gebildet, darunter Männer, die die Repatriierung gewählt hatten, anstatt 1941 den Freien Franzosen beizutreten, sowie die 4 DBLE, die von Senegal ankam.

Anfang Mai erlitt es bei Djebel Mansour gegen gepanzerte deutsche Einheiten schwere Verluste. Tunis wurde am 7. Mai und Bizerta fast gleichzeitig erobert. Da Hitler sich weigerte, die Evakuierung irgendwelcher deutschen Truppen aus Nordafrika zu erlauben, wurde von Arnim gezwungen, sich am 13. Mai zu ergeben. Aber an der Siegesparade in Tunis am 20. Mai mussten Koenig und seine Männer mit der britischen 8. Armee marschieren,[6] weil das 19. französische Armeekorps, zu dem die Legion organisatorisch »gehörte«, nicht nur Barre und seine Männer vom 6 REI aus Syrien umfasste, sondern, noch wichtiger, für Giraud und gegen de Gaulle war. Die Meinungsunterschiede innerhalb der Legion waren noch nicht vorbei, und die Partner in dieser unbehaglichen Wiedervermählung mussten Schritt für Schritt zum Altar geschleppt werden – auch nach der offiziellen Reintegration der 13 DBLE am 1. August 1943.

Eine Ehrengarde aus Offizieren und Männern der 13 DBLE, die von Tunesien entsandt worden war, um de Gaulle zu begleiten, wurde unter offenen Arrest gestellt, sobald sie innerhalb Algeriens war und von einer bewaffneten Wache wieder zurück zur Grenze begleitet. Gaullistische Offiziere betrieben eine Untergrundorganisation, um es Deserteuren aus Algerien zu ermöglichen, die 13 DBLE in Tunesien zu erreichen. Als Antwort schleuste der interne Geheimdienst der Legion, der als Bureau de Sécurité de la Légion Etrangère bekannt wurde, abgekürzt BSLE, Informanten unter die beteiligten Männer ein. Der erste offiziellen Transfer von 17 Offizieren, 20 Unteroffizieren und 180 Legionären erhielt bei seiner Ankunft bei der 13 DBLE einen sehr kühlen Empfang. Mehrere Offiziere, die den Krieg in Nordafrika erlebt hatten, entschieden sich zu gehen, anstatt die Feindseligkeit der aggressiveren Gaullisten in Kauf zu nehmen.[7]

Während der zehn Monate nach dem Ende der Feindseligkeiten in Nordafrika litt Moral in allen Formationen der Legion. Während sie mit modernem amerikanischen Material völlig neu ausgerüstet wurde, verlor sie so viele gut ausgebildete Soldaten an britische, amerikanische und andere alliierte Einheiten, dass Oberstleutnant Gaultier die Befürchtungen vom Ende des Ersten Weltkrieges wiederholte, dass die Legion sich in Nichts auflösen könnte.[8]

Obwohl sie als Nachzügler in dem langwierigen italienischen Feldzug im April 1944 als Teil von de Gaulles 1 DFL unter General Diégo Brosset angekommen war, kämpfte die 13 DBLE bei Pontecorvo und San Lorenzo unter neuem Namen als 1 und 2 BLE der 1. Freien Französischen Division. Sie zeichneten sich bei Radicofani im Val d'Orcia aus. Dort griffen die Maschinengewehre des Leutnants Marcel Guillot als Ablenkung drei Tiger-Panzer an, die die Auffahrt zur mittelalterlichen Burg auf einem hohen Felsvorsprung bewachten, während Oberleutnant Julian und fünf Freiwillige die nackte Felswand heraufkletterten und die Kompanie der deutschen Infanterie innerhalb der Mauern mit einer großzügigen Portion Handgranaten erledigten.

Die 13 DBLE wurde im August aus Italien für die Operation Anvil, die alliierte Invasion in Südfrankreich, abgezogen.[9] Sie tauschte ihr Lothringer Kreuz auf den Schultern endlich gegen den gallischen Hahn wie der Rest der Legion ein, obwohl sie weiterhin bis zur letzten Siegesparade in Paris im Mai 1945 das Beret im Stil der Kommandotruppe von Narvik dem traditionellen weißen Käppi vorzogen. Als sie am 16. August um 18.00 Uhr bei Cavalaire-sur-Mer landeten, wechselten sie von der amerikanischen Führung zum Kommando von General Jean-Marie De Lattre De Tassigny über, was de Gaulles Position als Leiter *aller* französischen Streitkräfte konsolidierte.

Seine Entschlossenheit, seine Truppen bei der Wiedereroberung Frankreichs nicht ausgrenzen zu lassen, stellte an die 13 DBLE schwere Anforderungen. Sie erreichte Lyon am 5. September und erlitt im Kampf um Autun schwere Verluste, bevor sie mit dem RMLE und dem 1 REC zusammengelegt wurde, nachdem amerikanische OSS-Offiziere im August 1944 eine unkonventionelle Antwort auf die Personalknappheit ausgehandelt hatten. Das betraf das Überlaufen einer SS-Einheit von 650 Ukrainern, die alle in die Legion eintraten, wo sie trotz der gewöhnlichen Praxis, nationale Gruppen aufzuteilen, unter ihren eigenen Offizieren weiter kämpften.

Der Wechsel der Loyalität tat den Ukrainer nicht gut. Sie mögen geglaubt haben, dass die Legion nun ihr Vaterland sei, aber im folgenden Sommer wurden sie von de Gaulle zwangsweise nach den Bestimmungen des Jalta-Abkommens nach Hause geschickt – und erschossen.[10] Knapp eine Million Kosaken und andere Osteuropäer, die nicht *für* Hitler sondern *gegen* die russische militärische Vorherrschaft in ihrer Heimat kämpften, wurde auf ähnliche Weise ihrer Rechte als Kriegsgefangene beraubt und von den USA und Großbritannien zusammen mit ihren Ehefrauen und Kindern übergeben, um hingerichtet oder in den Gulag geschickt zu werden.[11]

Als Beispiel für die schmutzigen Tricks einer schmutzigen Kampagne wurde während des strengen Winters 1944/45 eine Abteilung der Legion, die ihre Verwundeten auf Krankenbahren trug, 20 Kilometer südlich von Straßburg umzingelt. Es gelang ihr, zu den französischen Linien zurückzukehren, nachdem ein deutscher Legionär einen deutschen Wachposten überzeugt hatte, sie seien Verstärkungstruppen der Wehrmacht, die geschickt worden waren, um das Entkommen der umzingelten Franzosen zu verhindern! Nachdem er den Verbleib seiner Kameraden ausgeplaudert hatte, war der Wachposten der erste, der starb.

Sobald sie die deutsche Grenze überschritten hatten, gab sich einer der deutschen Unteroffiziere, der mit einem falschen Namen von der Waffenstillstandskommission geschützt worden war – der Name des Feldwebels Moulin war Porschmann – als höherer Offizier aus, der telefonisch Wehrmachts- und SS-Einheiten, die angegriffen werden sollten, nach ihre Stärke und ihren Stellungen befragte. In einer anderen Kompanie erlaubte der junge Hauptmann einem seiner halbjüdischen Legionäre, für eine halbe Stunde seinen eigenen privaten Krieg zu beenden. Er gestattete dem Legionär, in das Dorf zu gehen, in dem er geboren wurde und dessen Bewohner den Rest seine Familie an die Gestapo verraten hatten, und er kroch in die Dunkelheit mit zehn Handgranaten und einer Frist von 30 Minuten los. Die zivilen Bewohner hatten sich in ihren Kellern versteckt. Zehn gedämpfte Explosionen waren zu hören, bevor er innerhalb des Zeitlimits zurückkehrte, danach sagten beide Seiten nichts.[12]

Trotz aller schmutzigen Tricks waren die Verluste in dem, was von der 13 DBLE noch übrig war, hoch, aber nicht schlimmer als bei anderen französischen Truppen, die von De Lattre hart angetrieben wurden, um de Gaulles politische Ambitionen in der Nachkriegszeit zu rechtfertigen. Es lag deshalb vor allem an der Paranoia und der Ermüdung durch den Kampf, dass zwei Offiziere der 13 DBLE die »andere Legion« in Sidi bel Abbès beschuldigten, sie versuche absichtlich, sie auszuradieren, indem sie sicherstellten, dass die gaullistischen Einheiten die gefährlichsten Aufträge erhielten. Ob nun der Vorwurf wahr oder falsch ist, die 13 DBLE wurde im März 1945 von der deutschen Front zurückgezogen und in die Alpen versetzt.

Als der Krieg in Europa im Mai 1945 endete, war Frankreich ursprünglich keine Besatzungszone in Deutschland zugeteilt worden, so dass aus den britischen und amerikanischen Zonen eine herausgeschnitten werden musste. Dort schickte die Legion zwischen Oktober und dem Ende des Jahres Rekrutierungsteams in die Kriegsgefangenenlager, die den Gefangenen anboten, entweder an Ort und Stelle zu bleiben, bis sie entlassen wurden oder die Uniform der Legion anzuziehen. Die meisten Wehrmachtsoldaten hatten genug vom Krieg, aber Männer aus den russisch besetzten ostdeutschen Ländern, ehemalige SS-Männer und andere, die einen Grund hatten, die Strafverfolgung zu fürchten, falls sie in Europa bleiben würden, meldeten sich freiwillig. Es waren 12.000.

Einer von ihnen, dessen Krieg ein wenig komplizierter war als der vieler anderer, war der ehemalige Feldwebel Brückler oder Brockman, der 1942 den Überfall auf den Flugplatz von Darnah verraten hatte. Ein anderer, der sich verpflichtete und zum Rang eines *adjudant-chef medic* aufstieg, war Mussolinis persönlicher Arzt. Damals stellten die Rekrutierungsoffiziere der Legion nicht zu viele unangenehme Fragen, weil Frankreich so viele erfahrene Soldaten wie möglich für einen weiteren Krieg brauchte, der gerade begann.

Mehr oder weniger zur gleichen Zeit, als die 13 DBLE in die Alpen versetzt wurde, war der Zustand des vergessenen Regiments der Legion in Indochina prekär. Nachdem es den Befehlen von Vichy gehorcht hatte, der japanischen Invasion keinen Widerstand zu leisten, war das 5 REI[13] 1941 von zwei Phantomkolonnen »europäischer Arbeiter« verstärkt worden, aber die Aussetzung der normalen Rotation hatte das Durchschnittsalter seitdem beträchtlich erhöht. Ferner hatte die verblödende Langeweile des Garnisonslebens unter japanischer Besatzung die Kampfeffizienz auf einen Tiefstand reduziert. Fehlende Medikamente, Malaria, Ruhr und Geschlechtskrankheiten bedeuteten generell einen niedrigeren allgemeinen Gesundheitstand. Obwohl die französischen Truppen mit insgesamt 65.000 Mann auf dem Papier ihren japanischen Besatzern im Verhältnis zwei zu eins überlegen waren, handelte es sich meistens um Kolonialtruppen. Zweitens waren sie im Wesentlichen entwaffnet und knapp an Munition. Drittens waren die Japaner nach dem Verlust von Burma an die Briten und General Douglas MacArthurs Zurückeroberung der Philippinen und der Einnahme von Iwo Jima zunehmend nervös geworden.

Die französische Führung hatte Notfallpläne aufgestellt, um einem angeblichen japanischen Plan zu begegnen, während ihres eigenen Rückzugs alle Europäer in Indochina zu massakrieren. Nach wiederholtem falschem Alarm waren am Abend des 9. März 1945 viele französische Kasernen unbewacht und zahlreiche Soldaten lebten mit ihren vietnamesischen Ehefrauen und Familien zusammen. Die Offiziere und Männer wurden in ihren Wohnungen und in Bars und Restaurants gefasst. In Lang Son erlaubte General Lemonnier einigen seiner Offiziere, eine Einladung zu einem Bankett anzunehmen, auf dem ihre japanischen Gastgeber sie mit Musik einer Jazzband willkommen hießen – bis 20.00 Uhr, als die französischen Offiziere sich von bewaffneten Wachposten umzingelt sahen. Diejenigen, die Widerstand leisteten, wurden erschossen oder von Offiziersschwertern durchbohrt.[14]

Die Legionäre wurden mit Maschinengewehren getötet, während sie als letzte trotzige Geste die »Marseillaise« sangen. Einer von drei Überlebenden, der Legionär Hardouvalis,[15] schaffte es, zum Haus seiner vietnamesischen *congai* zu gelangen. Nachdem er von ihren Nachbarn verraten wurde, weigerte er sich, das Versteck einiger vor kurzem per Fallschirm abgeworfenen amerikanischen Waffen zu verraten. Er hatte die Ehre, ein senkrechtes Grab ausheben zu müssen, das kürzer als er selbst war, und sich so hineinzustellen, so dass sein Kopf abgehackt werden konnte, damit der Rumpf hineinpasste.[16]

Als sich Lemonnier und der französische Resident Camille Auphale weigerten, ein Kapitulationsdokument zu unterzeichen, wurde ihnen befohlen, ihre eigenen Gräber zu schaufeln. Als sie an deren Rand knieten, wurden sie enthauptet. In Hanoi kämpften Legionäre bis zur letzten Kugel und dann mit dem Bajonett, bevor sie überwältigt wurden, wobei die Überlebenden geschlagen, niedergestochen und mit dem Bajonett getötet wurden. Der Widerstand des Strafbataillons in Ha Giang wurde ebenfalls rasch gebrochen und mit Massenhinrichtungen geahndet.

Der junge Offizier, der die Phantomkolonnen nach Vietnam gebracht hatte, Oberleutnant Chenel, wurde in einem Hotelzimmer in Hanoi beinahe gefangen, aber er entkam nur mit seinem Dienstrevolver bewaffnet. Er entführte mit vorgehaltener Waffe einen Rikschafahrer, stahl ein Fahrrad, als der Mann erschöpft war, und ein weiteres, als das erste kaputt ging, ritt dann weiter auf einem Pferd und ging schließlich zu Fuß, um seine Männer bei Son La zu erreichen. Eine Reise von 200 Kilometern schaffte er in weniger als drei Tagen. Chenel begann dann seinen eigenen Krieg gegen die Japaner an, nachdem er am 20. März das Kommando über die 1. Kompanie des 1. Bataillons erhalten hatte.

Es war umsonst. Überraschung und Grausamkeit hatten ihre Arbeit geleistet. Der französische kommandierende General war auf der Flucht, nachdem er de Gaulle ein Signal geschickt hatte, um ihn der Absicht zu versichern, bis zum letzten Mann gegen die Japaner zu kämpfen. Er trug kein Rangabzeichen und gab sich als Kolonialverwalter aus. Als er die Start- und Landebahn bei Dien Bien Phu sechs Tage vor seinem eigenen Stab erreichte, begrüßte Brigadier Sabattier Oberst Passy, de Gaulles Geheimdienstchef und rechte Hand,[17] der von Kalkutta eingeflogen war. Er informierte ihn über seine Beförderung zum Generalmajor und machte ihn zum obersten Vertreter der Regierung in dem, was vom französischen Vietnam übrig geblieben war.[18] Später schrieb Sabattier ein Buch, um sein Verhalten zu rechtfertigen.[19]

In Nordostvietnam kämpften Soldaten wie Chenel weiter, aber sie wurden schließlich gezwungen, sich in fünf Kolonnen mit insgesamt 3.000 gemischten Truppen über die chinesische Grenze zurückzuziehen. Während eines epischen Marsches, der 52 Tage dauerte, wurden ihnen wiederholt aufgelauert. Obwohl sie ihre *congais* ihrem Schicksal überlassen hatten, folgte eine von ihnen der Kolonne 240 Kilometer lang aus Treue zu Feldwebel Leibner. Nachdem er in einem Scharmützel mit japanischen Verfolgern getötet worden war, starrte sie seine Leiche kurz an, bevor sie im Dschungel verschwand.

Knapp über 1.000 Mann der Kolonne überlebten und erreichten freundliches Gebiet in China. Sie litten an der Beriberi-Krankheit und allgemeiner Erschöpfung. Es war ihr Glück, dass der französische Botschafter bei Chiang Kai-Shek, Zinovi Pechkoff, ein ehemaliger Legionär und inzwischen General war. Für einige der Verwundeten konnte er die Rückführung nach Europa über Indien organisieren.[20] Nachdem das 5 REI formell am 1. Juli 1945 aufgelöst worden war, wurde aus den Tauglichsten ein *bataillon de marche* gebildet, das am 8. Februar den langen Treck nach Vietnam zurück begann. Es erkämpfte sich seinen Weg gegen lokale Warlords entlang einer Route, die später der Ho-Chi-Minh-Pfad werden würde.

Als die Pioniere den Fluss Lang Son absuchten, um die Verschlussstücke der 155mm Geschütze wieder zu finden, die dort versenkt worden waren, um sie vor den Japaner zu retten, bargen sie auch mehrere antike Kisten mit Messingbeschlägen. Als sie aufgebrochen wurden, konnte man feststellen, dass sie voller neuwertiger mexikanischer Münzen aus den Jahren 1884 und 1885 waren.[21] Gegen jede Wahrscheinlichkeit war der *caisse noire*, den Oberstleutnant Herbinger bei dem panikartigen Rückzug 1885 dort versenkte hatte, nach mehr als einem halben Jahrhundert von seinen rechtmäßigen Eignern wieder geborgen worden.

Tatsächlich war das 5 REI eine verlorene Legion, die de Gaulle für pétaintreue Kollaborateure hielt. In Washington war Präsident Roosevelt am 12. April gestorben. Er hatte gesagt, dass Frankreich Indochina 100 Jahre gemolken habe und dass das Volk von Vietnam »besseres als das verdient«.[22] Weder er noch sein Nachfolger, Harry Truman, hegten irgendeine Sympathie für die kolonialen Ambitionen ihrer europäischen Verbündeten. In London war Winston Churchill als Großbritanniens Führer nach dem Krieg abgelehnt worden und er konnte nichts tun, um Washington zu beeinflussen. Sein Nachfolger, der neu gewählte Ministerpräsident Clement Attlee, hegte weder für Frankreich noch für den Kolonialismus Sympathien.

Auf der Gipfelkonferenz in Potsdam im Juli-August 1945 raffte Stalin, der sein eigenes auf lange Sicht angelegtes Spiel spielte, alle Länder des Baltikums und des Balkans, die er bekommen konnte, um das einzige Imperium des zwanzigsten Jahrhunderts auszudehnen. Mit seiner Zustimmung akzeptierte Großbritannien die japanische Kapitulation auf dem asiatischen Festland einschließlich Vietnams südlich des 16. Breitengrades akzeptierte, wobei Chiang Kai-Sheks Kuomintang das gleiche nördlich dieser Linie tat. Der Vertreter Großbritanniens an der Kapitulationszeremonie war Admiral Louis Mountbatten, der alliierte Oberbefehlshaber in Südostasien. In einem geheimen Bericht an das Außenministerium warnte er davor, dass die Franzosen ihre Vorkriegskolonie Vietnam wegen des Wachstums der Unabhängigkeitsbewegung der Viet Minh unter Ho Chi Minh während der japanischen Besatzung nicht wieder so in Besitz nehmen dürften, als sei seit 1940 nichts geschehen.[23]

Vietnam war zweigeteilt. Die Chinesen zogen in die nördliche Hälfte des Landes ein und britische Truppen gingen im September in Saigon an Land. Dabei hatten die europäischen Überlebenden die entnervende Erfahrung gemacht, dass sie bewaffnete japanische Soldaten einsetzten, um die Ordnung aufrechtzuerhalten. Es mag angesichts seines nachhaltig erfolgreichen Feldzuges, mit dem er Franzosen aus seinen Land vertrieben hatte, seltsam erscheinen, dass damals der Hauptbefürworter der Rückkehr französischer Truppen Nguyen Hai Quoc war, dessen *nom de guerre* Ho Chi Minh war. Das bedeutet »Er [Der] Den Weg Beleuchtet«. Ho war vom Beruf Geschichtslehrer. Er sah deutlich, dass die europäischen Mächte, die von den Japanern gedemütigt und durch den Zweiten Weltkrieg finanziell ruiniert worden waren, nie wieder ihren Vorkriegsstatus in Asien erlangen würden. Die Kolonien, die sie zurückgewannen, würden bald an nationale Unabhängigkeitsbewegungen verloren gehen, wie es in Indien, Malaysia, Afrika und dem Niederländischen Ostindien geschah. Andererseits würde China nie loslassen.

Nachdem er im Mai 1941 die Viet Minh[24] während seines Exils in China gegründet hatte, hielt Ho es nach seinen eigenen Worten für seine Landsleute besser« für eine kurze Weile an einem französischen Arsch zu schnüffeln als für Jahrhunderte chinesische Scheiße zu essen«.[25] Einige seiner Unterstützer nahmen ihm die Einwilligung zur Stationierung von 15.000 französischen Soldaten nördlich des 16. Breitengrades übel, aber da das Quid pro quo der Abmarsch von 180.000 chinesischen Soldaten war, gewann Ho diese Runde.

Obwohl sie von Kommunisten geführt wurden – Ho war Gründungsmitglied der französischen kommunistischen Partei und Mitglied des Komintern –, behaupteten die Viet Minh, eine Organisation der nationalen Front zu sein, die für alle politischen Überzeugungen offen war. Nach der japanischen Kapitulation vor den Alliierten am 10. August 1945 übernahmen Einheiten der Viet Minh, die vom amerikanischen OSS-Personal bewaffnet worden waren, am 19. August die Kontrolle über die nördliche Hauptstadt Hanoi und verkündeten die unabhängige Demokratische Republik von Vietnam.

General Leclerc kehrte erst am 18. März 1946 mit einer symbolischen Truppe nach Hanoi zurück, um die Chinesen zu ersetzen, die es nicht eilig hatten zu gehen. Als er eine Ehrengarde inspizierte, stand ein kleiner Mann in westlichem Anzug und mit einem Schlapphut aus Filz an seiner Seite. Das war der Innenminister der DRV Vo Nguyen Giap, der die vietnamesischen Guerillakräfte kommandiert hatte, die seit 1943 die Japaner in Vietnam bekämpften.

Das französisch-vietnamesische Abkommen erkannte die DRV an, die im Gegenzug für den Status als Mitglied der französischen Union Zugeständnisse an die französischen Geschäftsinteressen, in erster Linie die des Kautschukunternehmens Michelin, machte. Aber de Gaulles Hochkommissar Admiral Georges Thierry D'Argenlieu verachtete das Abkommen von Anfang an. Er setzte damals auf die Wirksamkeit französischer Waffen – und hier spielte die Legion eine Rolle. D'Argenlieu war ein merkwürdiger Charakter, der in beiden Weltkriegen in der Marine gedient hatte und zwischendurch barfüßiger Karmelit war – was er auch wieder sein würde, nachdem er seine Rolle in dieser Tragödie gespielt hatte.

Leclercs französische und nordafrikanische Truppen begannen den langen Vorstoß von Saigon aus nach Norden – unter ihnen das 3 REI und die 13 DBLE, deren Kommandant Oberst de Sairigné das frühe Opfer eines Hinterhalts der Viet Minh wurde. Am 5. Oktober landeten das 1. und 2. Bataillon des 2 REI unter Oberst Lorrilot bei Nha Trang, um die Küste von Annam und damit Zentralvietnam zu sichern. Auf beiden Seiten waren schmutzige Tricks an der Tagesordnung. Die gemischten Gruppen aus Viet Minh, japanischen Soldaten und örtlichen Banditen hatten die unangenehme Angewohnheit, Dumdum-Geschosse zu verwenden und stellten damit sicher, dass wenige Gefangene genommen wurden. Das 2 REI nutzte verschiedene betrügerische Methoden wie die Verkleidung der kleineren Legionäre mit dunklerer Hautfarbe als *nah qué* Bauern in schwarzen Schlafanzügen und mit konischen Hüten, um den größten Überraschungseffekt zu erzielen.

In den von Hungersnot heimgesuchten nördlichen Provinzen wurden die Bauern, die nicht einmal für sich und ihre Kinder genug zum Essen hatten, von bewaffneten Banden aus einheimischen und chinesischen Irregulären geschändet und geplündert. Die Spannung stieg bis zum 19. November, als die Viet Minh den Fehdehandschuh hinwarfen, indem sie Hanois Wasser- und Stromversorgung abschnitten, bevor sie die französische Garnison mit Mörsern und Handfeuerwaffen angriffen. Sie entließen alle Gefangenen aus den Gefängnissen, bevor sie nach traditioneller Guerillamanier im Dschungel verschwanden. Ihrem Mord an 29 französischen Soldaten folgte eine brutale Antwort: Am 23. November wurden etwa 6.000 vietnamesische Zivilisten getötet,[26] als die Geschütze von D'Argenlieus Schiffen die wehrlose Hafenstadt Haiphong beschossen – was wiederum dazu führte, dass 600 europäische Zivilisten entführt oder getötet wurden.

Wie der Angriff auf Fort Sumter, mit dem der amerikanische Bürgerkrieg begann, war der Beschuss von Haiphong der erste Schlag in Vietnams Dreißigjährigen Krieg: In der ersten Runde kämpfte Frankreich gegen die Viet Minh; in der zweiten Runde die USA gegen die NVA und den Vietkong. De Gaulle trat zurück, nachdem er sein Bestes getan hatte, ein tief gespaltenes Land wieder zu vereinigen, und wenige in Frankreich interessierten sich für das, was in ihrem Namen auf der anderen Seite des Planeten geschah.

Am 7. Dezember landete das 2 REI bei Haiphong. Darunter waren zwei Leutnants, die sich in der Legion einen Namen machen würden: Bernard Cabiro und Roger Faulques. Der französische Hochkommissar Jean Sainteny versuchte, die Zivilbevölkerung zu beruhigen, aber die Hauptstadt wurde von einer unbekannten Anzahl von Feinden umzingelt. Das 2 REI wurde mit Landungsfahrzeugen der Marine-Angriffsdivision mit dem Spitznamen »Dinasau« [*Anm.: Divison Navale d'Assault*] stromaufwärts transportiert und sollte herausfinden, wie viele Feinde es gab und die Fernstraße Eins, die Hanoi und Saigon verband, wieder öffnen.

Es war ein trostloses Weihnachtsfest, an dem Junker-Bomber, die von der deutschen Luftwaffe geerbt worden waren, mit Fallschirmen Munition für französische Einheiten abwarfen, die sogar im Zentrum von Hanoi vom Nachschub abgeschnitten waren.[27] Die Verluste von Cabiros 1. Kompanie betrugen vier getötete Legionäre sowie zwei verwundete Offiziere, zwei verwundete Unteroffiziere und 18 verwundete

Männer. Die Franzosen gewannen stetig die Oberhand, so dass im wohltemperierten Hanoi mit seinen schattigen, von Villen gesäumten Alleen, die wie eine Provinzstadt in Südfrankreich angelegt waren, Offiziere und ihre europäischen Ehefrauen wieder Tennis spielten und am Cercle Sportif badeten oder Messen in der riesigen katholischen Kathedrale aus rotem Klinker und Konzerte im Opernhaus besuchten. Etwa 1.200 km südlich im drückend heißen Saigon war das Continental Palast Hotel am Place Garnier, jetzt Lam Son Square, ein Stück losgelöstes Europa mit kühlen Drinks auf der Terrasse und Räumen mit Klimaanlage und jedem erdenklichen Service. Umsichtige Europäer wagten nach Einbruch der Dunkelheit die Fahrt über den Fluss in die chinesische Stadt Cholon nur selten, aber das war eher wegen der *tong* Gangster als wegen der Kommunisten.

Außerhalb der bedeutenden Städte war es unmöglich, das gebirgige Terrain voller Dschungel zu »befrieden«, ohne die ganze Bevölkerung zu töten. Der Dschungel, in dem Giaps engagierte Truppen »wie Fische im Wasser« schwammen, zwang die Franzosen, einen trügerischen Fortschritt auf dem Papier zu erzielen, indem sie auf Landkarten strategisch verteilt »Igel«-Forts einzeichneten. Eines davon bei Hoc Monh außerhalb von Saigon wurde von Legionären als befestigter Palast mit Speisesaal, Sanitätszimmer, Gefängnis, Stromversorgung, modernen Klempnerinstallationen und sanitären Einrichtungen gebaut. Oberstabsfeldwebel Eugen Brause, der in einer wenigen luxuriösen »Igelstellung« diente, erinnerte sich daran, wie Wellen von Menschen mit gut positionierten Maschinengewehren von Betonstellungen aus massakriert wurden und an den überwältigenden Geruch von Treibstoff und geröstetem Schweinefleisch, als die *fougasses*, Napalmtanks, die unter dem Glacis begraben waren, bei einem Angriff elektrisch gesprengt wurden.[28]

Ohne eine eigene Start- und Landebahn war auch die bestgebaute »Igelstellung« verwundbar, wenn die Verstärkungen und Versorgungsgüter mit gepanzerten Konvois über das Netzwerk der *routes coloniales*, die immer noch die Hauptfernstraßen Vietnams darstellen, herangeschafft werden mussten. Die Fernstraßen Drei und Vier wurden für alle außer den am schwersten bewaffneten Konvois zu Todesfallen. Routinemäßig belagerten die Viet Minh einen Stützpunkt, warteten auf die Entsatzkolonne, griffen sie aus dem Hinterhalt an und verschwanden dann.

Wie bei allen Konfrontationen zwischen konventionellen Truppen und Guerillas kochte die Wut der Soldaten in gelegentlichen Blutorgien über. Etwa 60 Prozent der beteiligten Legionäre waren Deutsche und einige von ihnen, die immer noch am Leben sind, bezeugen das. Der ehemalige Gefreite Günther Woitzik beschrieb eine solche Ausschreitung, bei der kopflose männliche Leichen als Warnung auf einem Dorfplatz zurückgelassen wurden und Frauen und Kinder lebendig in ihren Häusern verbrannt wurden. Er behauptete, dass er so sehr erschrocken war, dass er bald danach desertierte. Ob das bevor oder danach war, als einige seiner Kameraden in einem Fluss, in dem sie gebadet hatten, mit ausgestochenen Augen und ihren Penissen und Hoden in ihren Mündern gefunden wurden, war nicht klar. »Ich behielt immer die letzten drei Kugeln für mich,« sagte er.[29]

Joachim Schriever desertierte nicht nur, sondern kämpfte auch als Rebell mit den Viet Minh, bevor er 1951 über China und Moskau in die russische Zone Deutschlands repatriiert wurde. »Die Chinesen waren offiziell freundlich, weil unsere Länder sozialistische Brüder waren«, erinnerte er sich. »Aber privat sagten sie: ›Langnasen nicht gut‹.« Der ostdeutsche Politiker Erich Honecker organisierte insgesamt sieben Transporte von Deserteuren der Legion auf der gleichen Route. Einige wie Schriever wurden auf Pressekonferenzen vorgestellt, um den imperialistischen Krieg in Vietnam zu denunzieren, aber sie mussten hinterher die lebenslange Überwachung durch die Stasi erdulden, weil sie während ihres Aufenthalts im Westen wahrscheinlich politisch korrumpiert worden waren.[30]

Der Deserteur Willy Deckers erinnerte sich, dass er, als sein Zug von Moskau nach Berlin den Grenzbahnhof Frankfurt/Oder erreichte, von einer Gruppe begrüßt wurde, die er für die Hitlerjugend hielt. Er hörte ihr zu, bis er darüber informierte wurde, dass dies die Freie Deutsche Jugend, das kommunistische Äquivalent, war. Danach wurden er und die anderen aus seinem Transport monatelang in einem »Quarantänelager« gehalten, angeblich sollten sie auf das Ergebnis ihrer Bluttests auf Malaria warten.

Dies war lange vor der Errichtung der Berliner Mauer, und so ergriff er nach seiner Entlassung die Chance und überquerte die Grenze zum Westen. Nachdem sein Mit-Deserteur und kommunistischer Aktivist Jackie Holsten eingesperrt worden war, schien es jedoch sicherer, als Spion im Osten behandelt zu werden, so dass Deckers zurückkehrte.[31] Zur gleichen Zeit trotzten Rekrutierungsteams der Legion in der französischen Zone des besetzten Deutschlands offen der deutschen Polizei und schmuggelten pro Tag bis zu 50 junge Männer über die Grenze nach Frankreich.[32]

Die Zeit, sagte Ho, ist auf unserer Seite, weil die Imperialisten nicht für jedes Kind, das geboren wird, einen von uns töten können, und so müssen wir letztendlich gewinnen. Damals unterstützten weniger als fünf Prozent der Vietnamesen die Kommunisten, aber je länger Frankreich und dann die USA den Konflikt weiterführten, desto stärker wurde die Partei.

Die Taktiken der Legion in Nordafrika waren für das Verfolgen eines Feindes offenkundig ungeeignet, der nur seine Waffe verstecken musste, um wie jeder andere Bauer auf den gefluteten Reisfeldern, in den Flussdeltas, im Dschungel und im Gebirge Vietnams auszusehen. Anfangs wurde das 1 REC mit den amphibischen Fahrzeugen US M29 »Crab« ausgerüstet. Als zu viele Männer in diesen offenen Todesfallen gestorben waren, wurde es durch ein modifiziertes Geländefahrzeug ersetzt, den geschlossenen Alligator, der zumindest Schutz vor Handgranaten gab, die von Selbstmordattentätern bei den Hinterhalten geworfen wurden.

Die disziplinierten Viet Minh nutzten geschickt die gleiche Technik, die die chinesischen Kommunisten gegen die Briten in Malaysia angewendet hatten: Man sprengte die Straße, nachdem die vorderen gepanzerten Fahrzeuge vorbeigefahren waren, isolierte sie so vom Rest und ließ dann Handgranaten und Beschuss von gut positionierten Maschinengewehren auf die gestoppte Kolonne ziviler und militärischer Fahrzeuge prasseln. Das Oberkommando entschied, dass der einzige Weg den

Krieg zum Feind zu tragen, der war, einige Junkers-Flugzeuge der ehemaligen Luftwaffe einzusetzen, um Männer dort abzuwerfen, wo sie gebraucht wurden, und zwar schnell. Die Legion stellte im April 1948 ihre ersten Fallschirmjägertruppen mit Freiwilligen aus der 3. Kompanie des 3 REI unter dem qualifizierten Piloten Hauptmann Morin auf. Nach der Ausbildung landete das 1. Bataillon Etranger de Parachutistes, bekannt als 1 BEP, im Herbst 1948 bei Haiphong. Oberleutnant Cabiro und andere Offiziere des 2 BEP wurden am 24. Januar 1949 bei Than Sohn Nhut abgeworfen, gefolgt von ihren Männern, die mit dem Transportschiff JOFFRE am 9. Februar bei Saigon landeten. Sechs Wochen später waren sie in der zentralen Region des Landes im Einsatz.

Die Ausrüstung beider Bataillone war so veraltet, dass ihre unhandlichen Lebel-Gewehre aus dem Ersten Weltkrieg separat abgeworfen werden mussten, um Verletzungen bei der Landung zu vermeiden. Wenn sie den Boden erreichten, waren die Fallschirmjäger daher nur mit einem Kampfmesser bewaffnet, bis sie die Bündel mit den Gewehren finden konnten. Da Fallschirme so knapp waren, dass sie nach jeder Landung zur Wiederverwendung eingesammelt werden mussten, legten die aufmerksamen Viets eine Priorität darauf, sie zu stehlen oder zu zerstören. Die erste Entscheidung eines Fallschirmjägers der Legion nach seiner Landung war deshalb, ob er zuerst die wogende und faltige Seide wieder verpacken sollte oder direkt zu seiner Waffe gehen sollte, die vielleicht ein paar hundert Meter entfernt war. Trotzdem glaubten zumindest die Generäle, dass *la guerre aeroportée*, der Krieg mit Luftlandetruppen, der Trumpf war, der den Krieg in Vietnam gewinnen würde, bis die Niederlage von Dien Bien Phu sie eines anderen belehrte.

TEIL III

Die nach-imperiale Periode

32

Wer braucht jetzt die Legion?

Als die Abkommen von Evian 1962 den Algerischen Krieg beendeten, war es Konsens in vielen französischen Offiziersmessen, dass die Legion für Frankreich nicht länger von Nutzen sei, da es jetzt keine Kolonialkriege mehr gab. De Gaulle löste verständlicherweise das 1 REP auf, was aber den Rest der Legion rettete und sie zu einer modernen Kampftruppe von Weltklasse umwandelte, waren nach der Überlieferung der Legion die Argumente eines ehemaligen Offiziers der Legion, Pierre Messmer, der zu der Zeit Premierminister war.

War Charles de Gaulle so wankelmütig oder spielte er ein höheres Spiel?

Die Welt, wie sie 1962 von den Ufern der Seine aus gesehen wurde, wurde ein zunehmend einsprachiger Planet, auf dem *alle* andere Kulturen durch eine Flut von Pepsi, Coke und Waschmitteln von Procter and Gamble überschwemmt oder weggefegt wurden. Sie führte Treibgut aus Hollywoodfilmen, Herrenunterhosen mit y-förmiger Vorderseite, Playtex-Büstenhaltern, Levi's-Jeans und Nabisco-Getreideprodukten mit sich.

Später würden der unaufhaltsame kulturelle Tsunami der transatlantischen Fernsehserien und die Implantation weltweiter multinationaler Unternehmen kommen, die durch geheime Vorstandsentscheidungen ganze Länder destabilisieren konnten. Aber 1962 glaubte de Gaulle, dass Frankreich und die französisch sprechenden Länder immer noch Zeit hätten, einen politischen Kofferdamm um sich herum zu bauen, um diese Bedrohung ihrer zukünftigen unabhängigen politischen, kulturellen und kommerziellen Identität fernzuhalten.

Francophonie ist ein Wort, das 1880 geprägt wurde. Es meinte die sprachliche Gemeinschaft von Frankreich, Quebec und der Teile Belgiens und der Schweiz, in denen Französisch die Hauptsprache war, sowie die Regionen, in denen sie die zweite Sprache war, die für den kommerziellen und kulturellen Austausch von einer französisch gebildeten Mittelklasse benutzt wurde, wie in der Levante und in Südostasien. De Gaulles Plan war, die über 50 frankophonen Länder zu einem Block zu vereinen, in dem die gemeinsamen kulturellen und wirtschaftlichen Interessen vor der, wie de

Gaulle es sah, angelsächsischen Verschwörung, die den ganzen Planeten beherrschen wollte, geschützt werden konnten. Der Zenit dieser Politik war seine Rede in Montreal im Sommer 1967, die endete mit: »*Vive le Québec libre!*«

Englischsprachler nehmen die bequeme Vorrangstellung ihrer Sprache als selbstverständlich hin, aber die arabische Schrift ist in der Welt die am zweitmeisten benutzte. Wenn sie jede englisch sprechende Führungskraft in Unternehmen für die routinemäßige internationale Korrespondenz beherrschen müsste, würde das unsere Weltanschauung ändern. Spanisch ist die erste Sprache von 250 Millionen Menschen. Einfaches Spanisch ist für Europäer leicht zu erlernen. Aber der Tourismus und das Geschäftsleben sähen sehr viel anders aus, wenn wir alle verpflichtet wären, es zu lernen, um ins Ausland zu reisen. Mandarin-Chinesisch hat 800 Millionen Muttersprachler und wird als zweite Sprache von noch mehr Millionen Menschen benutzt, aber wenn wir gezwungen wären, auch nur ein Minimum der 15.000 chinesischen Zeichen zu beherrschen, um unsere Computer zu benutzen, würden wir die Welt anders sehen.

Diese Beispiele geben einen Eindruck davon, wie benachteiligt Französischsprachige sind und warum de Gaulle wollte, dass die frühere Sprache der Diplomatie, die weltweit für ihre Präzision respektiert wird, wieder anerkannt werden sollte. Heutige frankophone Gipfeltreffen, die Staatschefs aus 55 Ländern – von Belgien und Benin bis Vanuatu und Vietnam – zusammenbringen, halten deshalb die französische Kultur in jenen Ländern lebendig und fördern den Handel und den Tourismus zu ihrem gegenseitigen Vorteil.

Ein weiterer Grund de Gaulles für die Schaffung des frankophonen Blocks war es, einige der Spannungen des gefährlich polarisierten Kalten Krieges zu entschärfen, dessen Hauptakteure in Washington und Moskau kleinere Länder wie Spielbälle in einem Spiel manipulierten, das möglicherweise in einem globalen Desaster enden konnte. Frankreich war Gründungsmitglied der NATO, aber die Feindseligkeit des Präsidenten gegen die amerikanische Kontrolle der Allianz führte im März 1966 zu seiner Ausweisung der NATO-Truppen. So durften Nuklearraketen nicht länger von französischem Gebiet gestartet werden, ohne dass die französische Regierung konsultiert wurde. Da jeder Abschuss auf die UdSSR die sofortige Vergeltung gegen die Quelle der einfliegenden Raketen ausgelöst hätte, stellte nur wenige Menschen in Frankreich seine Entscheidung in Frage.

1962 sah er die Einmischung des sowjetischen Blocks und der USA in die internen Angelegenheiten von Ländern der Dritten Welt als Schritte auf dem Weg in den globalen Konflikt.[1] Das sahen auch viele in Washington und Moskau, daher die Dominotheorie. Um die Möglichkeiten zu reduzieren, dass der Rückzug Frankreichs und Belgiens aus ihren afrikanischen Kolonien im Kalten Krieg ausgenutzt würde, glaubte de Gaulle, dass Frankreich eine Friedensmacht sein könnte, wenn es Ländern, die nicht Klienten eines der beiden Machtblöcke sein wollten, eine Alternative zur Intervention durch eine der beiden Seiten anbot.

Diese neue, Frieden sichernde Rolle konnte nur ausgeübt werden, wenn das Stigma »kolonialer Unterdrücker« beseitigt wurde, das mit Frankreichs bewaffneter Besetzung Algeriens verbunden war. Wäre das erledigt, könnte das Land wieder ein großer Spieler im geopolitischen Spiel werden, vorausgesetzt, dass es eine selbstständige schnelle Eingreiftruppe hatte, die effektive, friedenserhaltende Einsätze zu niedrigen Kosten, mit sehr wenig Unterstützung in Dschungeln, Wüsten, Sümpf und Gebirgen durchführen konnte, die in vielen Teilen der Dritten Welt vorherrschen.

Sogar 1831 hatte es viele Stimmen gegen die Dummheit der französischen Kolonial-Abenteuer gegeben. Nachdem der Krieg in Algerien fast jede Familie in Frankreich das Leben eines Verwandten oder engen Bekannten gekostet hatte, wusste de Gaulle 1962, dass nur wenige Wähler seinen Traum akzeptieren würden – es sei denn, die schnelle Eingreifstruppe bestand offiziell aus Ausländern, deren Tod bei französischen Wahlen keine Stimmen kosten würde. Danke, Marschall Soult. Das Problem für Charles de Gaulle und die künftigen Amtsinhaber des Elysée-Palastes nach seinem Rücktritt 1969 war, dass es viel zu gefährlich war, eine Armee von Ausländern, deren Unteroffiziere und Männer ihren Offizieren gegenüber so treu wie die Fallschirmjäger des 1 REP gewesen waren, auf französischem Boden zu stationieren, außer sie würde derart zerstückelt, dass die Männer der Präsidenten sie nur außerhalb Frankreichs wieder zusammensetzen konnten.

Um sicherzustellen, dass die Legion niemals einen neuen Aufstand anfangen oder das Werkzeug eines anderen Coups werden konnte, wurden ihre Regimentsdepots in Frankreich hunderte von Kilometern voneinander getrennt und lagen weit entfernt von der Hauptstadt. Das 1 RE[2] leitete das Hauptquartier in Aubagne nahe Marseille, etwa so weit weg von Paris, wie man es auf dem Festland nur sein kann. Das 4 RE, das mit der Ausbildung beauftragt war, war in Castelnaudary nahe Toulouse stationiert. Die Kavallerie lag in Orange, ebenfalls im Süden. Die gefährlichsten Legionäre, die des 2 REP, wurden auf die Insel Korsika beschränkt und hatten keine Möglichkeit, das Festland schneller zu erreichen als mit der Geschwindigkeit einer Nachtautofähre. Bei Gelegenheiten, an denen die Legionäre anderswo in größerer als die Abteilungsstärke eingesetzt wurden, konnte man einem Außenseiter vergeben, wenn er den Eindruck haben sollte, dass die französische Luftwaffe sich zurückhielt, Flugzeuge für die Männer zu finden.

Seit dieser massiven Umstrukturierung hat sich die Legion nicht mehr viel verändert. 2005 wurden ihre 394 Offiziere, 1.705 Unteroffiziere und 5.768 Legionäre in die Führungsstruktur der französischen Armee wie folgt integriert:

1 RE, Aubagne 4 RE, Castelnaudary	Führungskern der Fremdenlegion
2 REP	11. Fallschirmbrigade, Toulouse
1 REC 1 RE Pioniere 2 REI	6. Leichte Panzerbrigade, Nîmes
2 RE Pioniere	27. Gebirgsinfanterie Brigade, Grenoble
3 REI	Guayana Kommando
13 DBLE	Djibouti Kommando

Etwa zehn Prozent der Offiziere haben »ausländische« Patente, sie waren als Legionäre eingetreten; die anderen werden von der französischen Armee gestellt, nachdem sie eine der militärischen Fachschulen verlassen haben. Was den Ursprung der Legionäre betrifft: Würde zum Beispiel einer der Ausbilder einer neuen Bewerbergruppe von etwa 30 *engagés volontaires* auf Französisch befehlen, sich hinzusetzen, würde die Hälfte einschließlich eines Vietnamesen und eines Afrikaners das befolgen. Der zweite Ausbilder würde den gleichen Befehl auf Russisch geben und der Rest würde sich hinsetzen, wobei zwei einsprachige Angelsachsen stehen bleiben würden. Die Hälfte der Neulinge kam aus Osteuropa. Von den 30 würden fünf die Ausbildung schaffen und berechtigt sein, nach der Grundausbildung das weiße Käppi zu tragen und in ein Regiment versetzt zu werden. Die anderen würden irgendwann in den sechs Monaten auf der Strecke bleiben.

33

Die wiedergeborene Legion

Ende 1962 war das 1 RE bereits in seinem neuen Hauptquartier in Aubagne etabliert, wo das Mahnmal an einer Seite des Paradeplatzes errichtet wurde und die Fahnen und Ehrenzeichen im Museum und in der neuen Ehrenkapelle ausgestellt wurden. Zu dieser Zeit befand sich das 2 REP immer noch in Algerien, wo die Enklave Mers el Kebir entsprechend dem Abkommen von Evian bis 1968 französisch bleiben sollte – etwa so wie der US-Stützpunkt Guantánamo auf Kuba. Die Disziplin der ausgebildeten Fallschirmjäger, die Gräben um dem Militärflugplatz Bou Sfer gruben, wurde schlechter und die Moral war niedrig, als James Worden dort Simon Murray traf. Beide Männer waren überrascht, dass die Rekrutierung der Legion weiterging, wenn auch nicht in der Größenordnung, um alle Desertationen zu ersetzen: Murray registrierte 20 Neuankömmlinge gegen 136 Deserteure in drei Monaten.

Die Landebahn von Bou Sfer wurde 80 Meter kürzer als geplant, weil Gefreite nachlässigen Legionären befohlen hatten, nicht die Fußböden zu schrubben oder Liegestütze zu machen, sondern stattdessen ihre Nachtkampffähigkeiten zu üben, indem sie Zementsäcke von den schwer bewachten Baumateriallagern klauten. Sie fanden, dass man den für die Startbahn bestimmten Zement besser nutzen konnte, wenn man daraus Betonsockel für die Zelte machte, die die einzige Unterkuft des 2 REP in dem frostigen nassen Winter waren, bis sie durch vorgefertigte Hütten ersetzt wurden, die im folgenden Frühling errichtet wurden.

Am 10. Dezember 1962 wurde in Anwesenheit von General Lefort ein neuer Oberst für das 2 REP eingesetzt und General Lefort verkündete die neue Rolle des Regiments als Elite-Kampftruppe. Die Moral begann sich zu bessern. Neben dem Graben von Gräben und Abflusskanälen gehörte Murray zu der die Moral steigernden Schützenmannschaft des Regiments und war auch als Klavierspieler bei Tanzvergnügen in der Offiziermesse sehr gefragt. Der Einfassungszaun und die Minen waren aber noch nicht verlegt worden, so dass er, Worden und andere alte Hasen die Angewohnheit hatten, bei Nacht aus dem Stützpunkt zu schleichen, um sich in dem tadellos dekorierten Bordell zu amüsieren, das in dem kleinen Dorf Bou Sfer von zwei Damen namens Janine und Suzanne betrieben wurde.

Angelsachsen, die an das Konzept der Soldatenbordelle nicht gewöhnt sind, wissen vermutlich nicht, daß sie dort nicht unbedingt sexuell aktiv werden müssen. Viele Männer gehen einfach dorthin, um einen Drink in einer angenehmeren Atmosphäre zu nehmen, als in der Bar des *foyers*, des Legionärs-Clubs auf dem Stützpunkt. Für diejenigen, die sich über die gegenseitige Anziehung von Dirnen und Helden wundern, hat Worden die Erklärung, dass beide gut miteinander auskommen, nicht nur weil sie Angebot und Nachfrage im gleichen Markt repräsentieren, sondern weil es zwischen Mitgliedern der zwei ältesten Berufe der menschlichen Rasse eine instinktive Sympathie gibt, weil beide so lange verachtet werden, bis man sie braucht.

Der wichtigste Sport für die Zuschauer in Mers el Kebir war Rugby. Dabei erwarb sich die Regimentsmannschaft von 2 REP den Ruf, die Gastspieler anderer französischer Militärformationen ernsthaft zu verletzen. Das Fitnesstraining stand wieder auf dem täglichen Stundenplan und die Ausbildung umfasste das Rein- und Rausspringen aus Schlauchbooten bei jedem Wetter und das Aussetzen aus U-Booten auf Inseln ohne Wasser, um die Ausdauer und Initiative der Männer zu testen, die zum Stützpunkt zurückkehren mussten, bevor sie verdursteten.

Auf dem Stützpunkt des ehemaligen Strafbataillons Bechar in der Sahara bewachte das 2 RE das französische Atombombentestgebiet. Nach dem Abschluss der Tests ging das Regiment nach Mers el-Kebir, als Bechar an Algerien übergeben wurde. Inzwischen wurde das 3 RE direkt von Algerien nach Madagaskar zur Ausbildung in amphibischer Kriegsführung und in Tropeneinsätzen abkommandiert. Es wurde zur Ausbildung im Dschungelkrieg und zum Wachdienst am europäischen Weltraumbahnhof Kourou nach Französisch-Guyana geschickt und spielte beim Weltraumbahnhof der Ariane eine besondere Rolle.

Anfangs ging das 4 RE von Tébessa aus weit nach Süden in die Sahara, um die Ölquellen um Touggourt zu bewachen. Nach seinem anschließenden Umzug nach Frankreich wurde es zu einem Ausbildungsregiment, das nun in dem eindrucksvollen, extra gebauten Quartier Danjou außerhalb von Castelnaudary stationiert war. Im Sommer 1963 begann das 5 RE, Männer aus Bechar an das 5 Régiment Mixte du Pacifique zu entsenden, das für den Bau und die Sicherheit des Centre d'Expérimentation du Pacifique des Atombomben-Testgebietes geschaffen wurde. Zu seinen übrigen Jobs zählten die Instandhaltung von Fahrzeugen und das Betreiben von örtlichen Kraftwerken und Wasserdestillationsanlagen.

Verachtet bis sie gebraucht werden? Worden sollte es ja wissen. Legionäre, die von Algerien nach Frankreich zurückkehrten, empfanden den Empfang, den ihnen die Einwohner der nah an ihren Stützpunkten gelegenen Städte bereiteten, als gleichgültig bis geradezu feindlich. Auf ihrer ersten Reise nach Aix-en-Provence wurden ihm und seinen Freunden, die in ihren besten Sonntags-Uniformen tadellos auftraten, die Bedienung in Hotels und Restaurants verweigert, nur weil sie Legionäre waren.[1] Das ist allerdings kein spezifisch französisches Problem. Über britische Soldaten schrieb Rudyard Kipling:

> Oh, es heißt Tommy dies, und Tommy jenes, und »Tommy, geh weg«.
> Aber es heißt »Danke, Mister Atkins«, wenn die Kapelle zu spielen beginnt.

Wordens Kompanie wurde damit beauftragt, die Särge von Rollet, Aage und des Unbekannten Legionärs auf dem Legions-Friedhof bei Puyloubier zu begraben, einem Dorf, das für dienstuntaugliche und genesende Legionäre in Cézannes Gegend, der Provence, betrieben wird. Er meldete sich freiwillig, das Loch für den letzteren persönlich zu graben. Es ist typisch für das skurrile Ethos der Legion, dass jeder die Identität des Unbekannten Legionärs kennt. Sein Name war Zimmerman, und er starb im Bett, nachdem er zwanzig Jahre unauffällig Dienst getan hatte. Die posthume Ehre wurde seinen Gebeinen erwiesen, um zu verdeutlichen, dass jeder Legionär Ehre verdient, egal was sein Rang oder seine persönliche Leistung war.

Worden meldete sich im neuen Hauptquartier des 2 REP beim Lager Raffalli außerhalb des korsischen Hafens Calvi und stellte sich vor mit Namen, Nummer, Dienstlänge und Zeit im aktuellen Dienstgrad. Während des Zweiten Weltkrieges war er in der RAF geflogen und wusste, dass er längst kein junger Löwe mehr war. Trotzdem war er überrascht zu hören, wie der kommandierende Offizier, Oberstleutnant Caillaud, der selber in dem BEP in Vietnam gedient hatte, dem Lagerkommandant zumurmelte, »Woher graben Sie eigentlich alle diese alten Bastarde aus?«

Unter Caillauds energischer Führung wurde das 2 REP von einem konventionellen Fallschirmregiment in etwas viel Glamouröseres umgewandelt, wobei jede Kompanie wie in der britischen SAS eine Spezialität hatte. Damals galt Caillauds Idee in der französischen Armee als revolutionär. Er glaubte, dass jeder Mann im Regiment mehrere Fachbereiche gleich gut beherrschen musste. Daher wurde die 1. Kompanie in Panzerabwehr, Nachtkämpfen und Straßenkampf ausgebildet; die 2. Kompanie spezialisierte sich auf Gebirgs- und arktische Kriegsführung; die 3. Kompanie mit ihren Kampfschwimmern bekam bei amphibischen Operationen nasse Füße; in der 4. Kompanie befanden sich die Typen, denen man in einer dunklen Nacht nicht begegnen möchte, ausgebildet in weitreichender Penetration zur Beschaffung von Informationen, in Sabotage sowie als Heckenschützen. Darüber hinaus stellt die Nachschub-Kompanie dem Hauptquartier Signal-, medizinische, Reparatur- und andere Einrichtungen bereit. Die Erkundungs- und Unterstützungskompanie besitzt einen Aufklärungszug, zwei Panzerabwehrzüge, einen Flugabwehrzug, einen Mörserzug und den Pfadfinderzug. Einige Legionäre werden auch ausgebildet, HALO-Fallschirm-Landungen in feindlichem Gebiet zu machen, um Geiseln zu retten und andere Aufgaben zu erledigen, über die man vor seiner Freundin besser nicht prahlt.

Schon 1964 hatte Worden bemerkt, dass die Moral der Truppe langsam wieder besser wurde. Sie hatte unter dem politisch motivierten Rückzug aus Algerien, der den Tod aller Gefallenen zur Farce gemacht hatte, stark gelitten. Auch die Anzahl der britischen Legionäre stieg wieder an. Von gegen Ende des Algerien-Krieges geschätzten 50 in der ganzen Legion, stieg die Zahl im 2 REP nach dem Falklandkrieg 1982 auf etwa zwölf Prozent, lange nachdem sich Worden mit Murray und ihrem Landsmann Bob Wright als das erste Trio gleicher Nationalität ausgezeichnet hatten, das gleichzeitig als *caporaux-chefs* im gleichen Regiment diente.

Die Bedeutung der neuen von de Gaulle für die Legion vorgesehenen Rolle nahm nach seinem Tod im Jahr 1970 weiter zu. Im Laufe der Jahre haben Kontingente unterschiedlicher Stärke in Kambodscha, Ruanda, im Kongo, in Bosnien, Serbien, Kroatien, in der Zentralafrikanischen Republik, im Libanon und während des ersten Golfkriegs im Irak gedient. Sie waren auch an »anderen Orten«. Ein ehemaliger Unteroffizier der britischen SAS gab dem Autor gegenüber zu, dass er vor ein paar Jahren eine Abteilung des 2 REP in der umstrittenen West-Sahara traf. Auf die Frage, was die dort taten, erwiderte er, »Sozusagen das gleiche wie Ihr.« Als der Autor unschuldig fragte, was das war, grunzte der wortkarge Mann: »Seien Sie doch nicht so saublöd.«

Drei Beispiele von Interventionen der Legion zeigen ihre moderne Rolle. Die multiethnische Republik Tschad liegt im tiefen Herzen des afrikanischen Kontinents und ist vom Sudan, der Zentralafrikanischen Republik, Kamerun, Nigeria, Niger und Libyen umgeben. Angesichts solcher Nachbarn überraschte die Bitte des Präsidenten vom Tschad 1969 um militärische Unterstützung durch Frankreich niemanden. Die Antwort kam in Form eines taktischen Hauptquartiers und zwei Schützenkompanien der Legion, die von Major De Chastenet kommandiert wurden, sowie von drei Tripacer Beobachtungsflugzeugen, einem Alouette Führungs-Hubschrauber, einem Pirate-Kampfhubschrauber und sechs H34 Transportflugzeugen.

Nachdem er im Tschad angekommen war, beschaffte sich De Chastenet vor Ort Fahrzeuge, um seine Fallschirmjäger in motorisierte Einheiten und eine Gruppe Pferdekavallerie umzuwandeln, um in Gebieten, die für Motorfahrzeuge unzugänglich waren, auf Patroille gehen zu können. Innerhalb der ersten sechs Monate kämpfte die Eingreiftruppe dreimal gegen Rebellentruppen. Das dritte Gefecht was das spektakulärste. Als er in der Alouette von einem Höflichkeitsbesuch in Am Tinan im Süden des Landes zurückkehrte, bemerkte De Chastenet unter sich eine Gruppe Reiter der Rebellen und wies seinen Piloten an, Kurs zu halten und so zu tun, als ob alles in Ordnung wäre, und funkte nach vorne, um seine Truppen in Alarmbereitschaft zu setzen. Eine Gruppe Legionäre wurde per Hubschrauber an den Ort geschickt, aber die Rebellen suchten in einem Wald Zuflucht, wo der Pirate-Kampfhubschrauber ins Spiel kam. Am Ende der Operation waren 68 Rebellen erledigt.

Am 25. Oktober 1969 landete Oberst Jeannou Lacaze mit seinem Stab, den Regimentsfarben und Verstärkungen vom 2 REP sowie einer motorisierten Kompanie des 1 RE. Das erlaubte die schnelle Ausweitung der Operationen, die ihren Höhepunkt 1970 in der Hauptstadt Abéché[2] erreichten, nachdem Major Malaterre die Leitung übernommen hatte. Im Oktober wurde Hauptmann Wabinskis Erkundungs- und Unterstützungskompanie in die Region Aouzou im Nordwesten in der Nähe der

Grenze zu Libyen geflogen. Aufständische hatten die Grenze zum Tschad überschritten und die Armeegarnison von Aouzou umzingelt, die in der Kaserne bleiben musste und die Kontrolle über die Start- und Landebahn fünf Kilometer südlich der Stadt verloren hatte.

Französische Piloten gingen das Risiko ein, landeten auf der Bahn und erwischten die Aufständischen auf dem falschen Fuß, weil sie ihre Ladungen gefechtsbereiter Legionäre absetzten, *bevor* sie endgültig gelandet waren. Die Libyer wurden von der Geschwindigkeit des Einsatzes überrascht und leisteten wenig Widerstand. Das machte es Wabinskis Männern möglich, sich mit der Entsatzkolonne zu vereinen, die sich unter dem Schutz der Dunkelheit auf der Straße näherte. Die kombinierte Truppe, die von örtlichen Tschad-Soldaten geführt wurde, versuchte dann, den Rückzug der Aufständischen in Libyen über den Leclerc-Pass abzuschneiden und trieb die Libyer in entfernt gelegene Höhlen.

Am nächsten Tag wurde eine Kompanie tschadischer Fallschirmjäger eingeflogen. Zusammen mit den Legionären trieben sie die Rebellen aus den Höhlen heraus. Dabei töteten sie 41 und erbeuteten zwei Maschinengewehre, zwei Sturmgewehre und 19 Gewehre. Vor Ende der Operation wurden noch drei Maschinengewehre, sechs Gewehre und ein Stoß kompromittierender Papiere mitgenommen. Die eigenen Verluste betrugen einen toten und sechs verwundete Legionäre. In der Tschad-Intervention gab es die meisten »Verluste« durch Hämorrhoiden, an denen Männer litten, die in schlecht gefederten Militärfahrzeugen saßen, mit denen sie stundenlang über Bodenwellen aus betonharter Erde donnerten.

Im Herbst 1962 fand das langlebige Hybrid, die 13 DBLE, in der Republik Djibouti am Horn von Afrika ein neues Zuhause, wo Kompanien des 2 REP zur Unterstützung eingesetzt wurden. Das strategisch wichtige Gebiet hatte sich vier Jahre zuvor dafür entschieden, Mitglied der Französischen Union zu bleiben, anstatt von der benachbarten Demokratischen Republik Somalia einverleibt zu werden.

14 Jahre später im Juni 1977 gerieten die Vorbereitungen zur Unabhängigkeit Djiboutis, einem Staat von 23.000 Quadratkilometern mit einer Bevölkerung von etwa 600.000 Menschen, unter starken Druck des benachbarten Somalia. Vier bewaffnete somalische Terroristen hofften, die französische Militärpräsenz, die für die Unabhängigkeit des Gebiets maßgebend war, zu beenden und entführten am 3. Februar 1976 in Djibouti-Stadt einen Schulbus, der 27 Kinder des französischen Militärpersonals beförderte. Als er an dem Kontrollposten der Polizei an der Stadtgrenze ankam, raste der Terrorist am Steuer durch die Barriere und fuhr in Richtung somalischer Grenze. Als er den Grenzübergang von einem Fahrzeug der Gendarmerie blockiert vorfand, stellte sich der Fahrer in die Türöffnung, hielt seine Pistole an den Kopf eines Jungen, der als menschlicher Schild vor ihm stand, und befahl den bewaffneten Gendarmen, zu verschwinden. Der Junge wurde dann mit den Forderungen der Entführer zum kommandierenden Offizier geschickt. Nach diesen Forderungen sollten alle inhaftierten Terroristen entlassen werden, ihre Waffen zurückbekommen, dass Land sofort die Unabhängigkeit erhalten und alle französischen Truppen umgehend

evakuiert werden. Sollten diese Forderungen nicht samt und sonders erfüllt werden, müssten alle Kinder sterben.

Eine Einheit von Frankreichs Anti-Terror-Einheit GIGN wurde nach Djibouti geflogen. Ihr kommandierender Offizier bot sich als Geisel gegen die Freilassung der Kinder an. Der Deal wurde abgelehnt. Am Abend durfte Jehanne Bru, eine zivile Angestellte des Stützpunkts von Djibouti, Essen und Trinken für die Kinder zum Bus bringen.

Bis dahin hatte eine Kompanie des 2 REP unter Hauptmann Soubirou Stellung um den Bus bezogen. Die Terroristen bestanden darauf, dass die Straße nicht blockiert werden durfte, woraufhin der Fahrer bis an den Grenzenposten der Somali fuhr, so dass ein Schusswechsel die diensthabenden somalischen Soldaten in die Feuerlinie bringen und einen internationalen Vorfall auslösen würde.

Es gab eine weitere Drohung: Die Kinder würden hingerichtet, wenn die französische Regierung nicht alle Forderungen erfüllen sollte. Im Bus mit der mutigen Jehanne Bru und den Kindern befanden sich jetzt drei Terroristen. Ein weiterer war dahinter, zwei patrouillierten nahe bei und ein sechster stand auf dem Balkon des Grenzenpostens, als drei Gruppen der 2 REP Fallschirmjäger den Bus stürmten und zwei der patrouillierenden Entführer erschossen. Unter dem Deckungsfeuer von Heckenschützen der 13 DBLE gelang es dem Gefreiten Larking, ebenso wie dem Gefreiten Lemoine und Stabsfeldwebel Jorand an Bord des Busses zu springen. Alle drei Entführer im Bus waren innerhalb von Sekunden tot. Bei der Schießerei starb ein kleines Mädchen, das als menschlicher Schild auf dem Schoß des Fahrers saß, aber 21 unverletzte Kinder wurden durch die Busfenster sofort evakuiert. Fünf verletzte Kinder sowie Jehanne Bru und der zivile Fahrer wurden mit dem Hubschrauber ins Krankenhaus nach Djibouti-Stadt gebracht. Vier der Kinder erholten sich, aber ein zweites Mädchen, das seinen Wunden erlag, die es bei dem Angriff erhalten hatte, wurde bei Aubagne neben dem Grab seines Großvaters, eines ehemaligen Unteroffiziers der Legion, begraben.

Tschad und Djibouti sind Gebiete, die in den englischsprachigen Medien wenig beachtet werden, aber eine Operation der Legion machte weltweit Schlagzeilen. Das geschah im Jahr 1978 in einer afrikanischen Stadt: Kolwezi.

34

Die Taube, die ein Tiger war

12.–16. MAI 1978

Am 12. Mai 1978 hatte der Name Kolwezi für niemanden eine Bedeutung außer für ein paar tausend Menschen in der Bergbauindustrie. Am folgenden Tag aber sahen alle Weltmedien auf diese typische afrikanische Bergbaustadt in der Provinz Shaba in Zaire,[1] wo der riesige Gécamines-Komplex, neben seiner großen afrikanischen Belegschaft, mehrere hundert europäische Techniker beschäftigte. Zusammen mit ihren Angehörigen zählte die europäische Bevölkerung etwa 3.000 Menschen, die am Samstag, dem 13. Mai, aufwachten und sich im Mittelpunkt des Geschehens der Operation Chicapa wiederfanden.

»Chicapa«, was im kubanischen Spanisch »Taube« bedeutet, war von den kubanischen Beratern in Angola, die wiederum von sowjetischen Beratern kontrolliert wurden,[2] als Codename gewählt worden, weil damals Picassos weiße Taube ein universelles Friedenssymbol war, das von Organisationen der kommunistischen Front häufig genutzt wurde, obwohl sich die mehreren Tausend Rebellen der FNLC,[3] die meisten davon Teenager, »Tiger« nannten. In einem Gewaltmarsch waren sie über 300 Kilometer durch die Savanne von ihren Ausbildungslagern in Angola gekommen. Sie waren mit Kalaschnikow-Sturmgewehren, belgischen FAL Gewehren, israelischen Uzis und amerikanischen M 16 bewaffnet und in die abgelegten Uniformen von einem Dutzend oder mehr afrikanischer und europäischer Armeen gekleidet. Das einzige Erkennungsmerkmal war ein kleiner Aufnäher aus blauem Tuch mit einem silbernen Tiger, der irgendwo auf ihre Kleidung genäht war.

Das Ziel der Invasion war es, die Regierung des Präsidenten von Zaire, Mobutu, durch die Beschlagnahme der Kupfer- und Diamantminen zu destabilisieren. Sie wurden von der Gécamines Company betrieben, die die Ausbeutungsrechte der belgischen Union Minière du Haut Katanga übernommen hatte, als das Gebiet 1960 unabhängig wurde. Ein glaubhaftes Dementi war dadurch gewährleistet, dass die Sowjets in Sicherheit in Angola blieben, während sie die operative Kontrolle vor Ort in die Hände der kubanischen Untergebenen legten, die den langen Marsch über

Land nicht mitgemacht hatten, sondern Erster Klasse mit dem Flugzeug ankamen, nachdem die Stadt eingenommen worden war.[4]

Die Mütter schnappten sich alles Essbare aus ihren Küchenschränken und versteckten es unter den Fußböden und in Dachräumen, um zu verhindern, dass es von den Rebellen gestohlen werden konnte, die ohne eigenen Proviant angekommen waren. Die umsichtigeren füllten Badewannen und Spülen, bevor die Wasserversorgung abgeschnitten wurde. Zu diesem Zeitpunkt war ihre größte Sorge, zu verhindern, dass ihre Kinder nach draußen gingen, wo sie in die Feuergefechte zwischen zairischen FAZ-Truppen und den Rebellen, die keine Gefangenen nahmen, geraten konnten.

Die Nachricht über die Größenordnung der Invasion wurde über den Stützpunkt der Gécamines in Lumumbashi in die zairische Hauptstadt Kinshasa gefunkt, aber die Regierung von Präsident Mobutu tat nichts. Das Alibi für ihre Untätigkeit war eine Invasion der Katanga-Rebellen im Jahr zuvor, die etwa 100 Kilometer von Kolwezi entfernt von der Kamanyola Elite-Division der zairischen Armee,[5] die von einer marokkanischen Expeditionstruppe unterstützt wurde, gestoppt worden war. Aber diesmal zeigte die Regierung in Kinshasa angesichts einer offensichtlich viel größeren und entschlosseneren Invasion wenig Interesse, die FAZ-Truppen in Kolwezi zu verstärken.

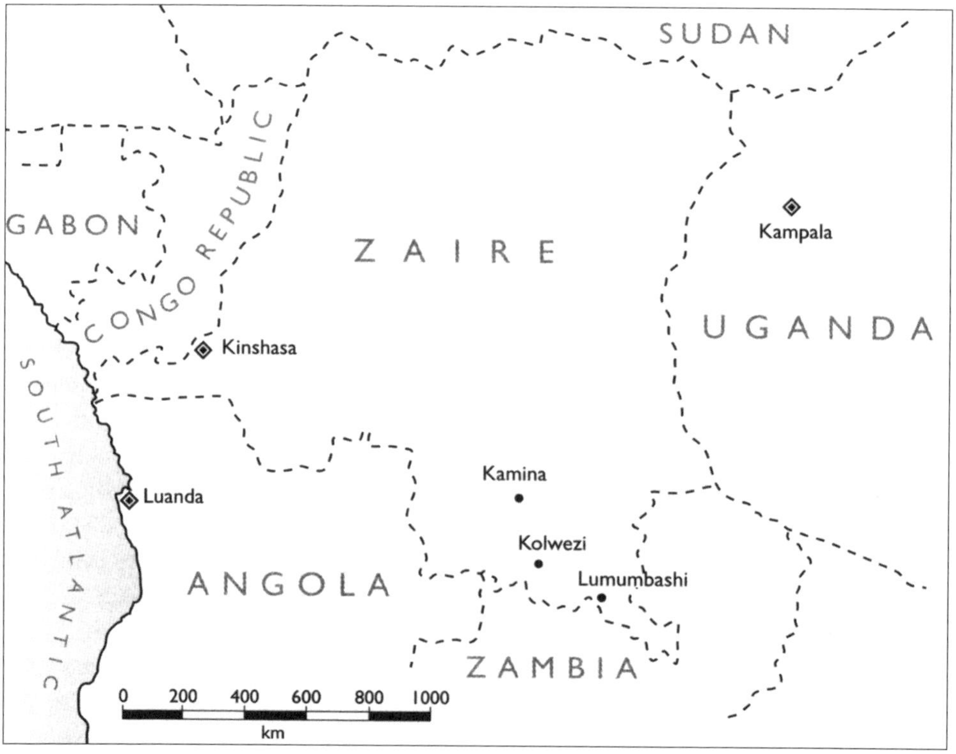

Zaire/Demokratische Republik Kongo

In der französischen Botschaft in Kinshasa wurde der ruhige und weltmännische Botschafter André Ross von seinem bretonischen Militärattaché Oberst Larzul auf dem Laufenden gehalten. Larzul, der kein Mann war, der Worte verschwendete, informierte ihn knapp über die Zerstörung jedes Flugzeuges auf der Start- und Landebahn von Kolwezi. Ross wurde in den Präsidentenpalast gerufen und erwartete alles andere als Mobutus schwache Versicherung, dass er den sowjetischen Botschafter aufgefordert habe, die Invasion zu stoppen, weil er dafür sonst verantwortlich gemacht werden würde. Vorerst konnte Ross nichts anderes tun, als diese Information nach Paris weiterzuleiten.

Am 14. Mai um 05.00 Uhr konnte er mit einem Direktor von Gécamines in Lumumbashi telefonieren. Er erfuhr, dass alle zairischen Truppen in Kolwezi entweder getötet worden oder nach Norden geflohen waren, mit Ausnahme von einigen, die sich in den Kasernen verkrochen hatten, die von den Rebellen umzingelt waren. All dies wurde an die belgische und die amerikanische Botschaft weitergeleitet.

In Kolwezi warf die FNLC allen ledigen europäischen Männern vor, sie seien Söldner der Armee von Zaire. Um Geld zu sparen, hatte der Ingenieur Pierre Vérot seine Familie nicht mit nach Afrika genommen. Er wurde an eine Wand geschleppt, die von Kugeln durchlöchert war, und musste dabei über mehrere Körper auf dem Boden steigen. Der Offizier, der das Erschießungskommando leitete, befahl ihm, das Gesicht zur Mauer zu drehen. Er weigerte er sich, weil er glaubte, dass das Erschießungskommando aus Teenagern einen Mann nicht töten könnte, dem sie in die Augen schauten. Jedes Mal, wenn er gewaltsam umgedreht wurde, drehte er sich wieder zurück und blickte seinen Möchtegern-Killern ins Gesicht – bis ihm abrupt mitgeteilt wurde, dass er nach Hause gehen könne.

Ein weiterer Zivilist, der 50-jährige Marc Fauroux, betrieb in zweiter Generation eine Tiefbaufirma, die der größte Arbeitgeber nach Gécamines war. Da Mobutu Europäern sechs Monate zuvor den Besitz *jeglicher* Feuerwaffen verboten hatte, war das einzige, was Fauroux tun konnte, ohnmächtig zuzusehen, wie die Invasionstruppen am Samstag in die Stadt marschierten; er schätzte ihre Anzahl auf etwa 4.000. Am Sonntagmorgen wurde er von einem kleinen Mann in Uniform aufgesucht, der einen Glockenhut trug, auf dem mit Kugelschreiber geschrieben »Kommandierender Offizier« stand. Der unwillkommene Besucher hielt in seiner Hand ein Notizbuch mit einer langen Liste von Namen und Adressen.

»Sind Sie Marc Fauroux?«

Es hatte keinen Zweck zu leugnen. Vier bewaffnete Soldaten packten Fauroux an den Armen und zogen ihn fort. »Wohin bringen Sie mich?« fragte er so ruhig wie möglich.

»Zu Ihrem Prozess.«

Als er einige bewaffnete Rebellen bemerkte, die die Geschäfte in der Haupteinkaufsstraße vor Plünderern bewachten, tröstete sich Fauroux mit diesem Zeichen von wenigstens einiger Disziplin unter den Invasoren. Dann sah er bei einem ausgebrannten französischen AML Panzerwagen die ersten Leichen, die bereits von wilden

Hunden zerfleddert worden waren. Der »Gerichtssaal«, in den er gebracht wurde und der mit von bis an die Zähne bewaffneten Rebellen voll war, die alle gleichzeitig schrieen, erinnerte ihn an den Mob, der bei dem Prozess gegen Louis XVI. heulend das Blut des Königs forderte.

Er wurde der »wirtschaftlichen Kollaboration beim Diebstahl der Mineralienressourcen des Volkes«[6] beschuldigt und versuchte mehrmals, die »Verhandlung« zu seiner eigenen Verteidigung zu unterbrechen, doch ihm wurde mitgeteilt, dass er bereits mit sofortiger Wirkung zum Tode verurteilt worden sei. Sprachlos vor Schock führte ihn das Erschießungskommando ab, als er sah, wie ein zitternder Rebell mit den »Richtern« einen heftigen Disput führte. Er erkannte einen Vorarbeiter, der einige Jahre zuvor für ihn gearbeitet hatte und ein ausgezeichneter Mitarbeiter gewesen war. Fauroux hörte, wie es im Saal ruhiger wurde, als sein unerwarteter Verteidiger um sein Leben bat. Schließlich lächelte der ältere »Richter« und grunzte eine kurze Anweisung.

Fauroux erwartete seine Entlassung und schickte für seinen Retter ein Gebet gen Himmel. Aber er wurde wieder gepackt, nach draußen geführt und an eine Mauer gestellt, die von Einschusslöchern zernarbt war und stand mit seinen Füßen in Lachen aus frischem Blut. Er war sogar zu geschockt, um noch seine Augen zu schließen. Er hörte die Entsicherungshebel der Kalaschnikows der Wachen klicken, sah, wie die Waffen gehoben wurden – und wurde dann von Brocken des Mauerwerks überschüttet, als sie ihre Magazine in die Wand über seinem Kopf leerten und wegen dieses Spaßes vor Lachen brüllten.

Außerhalb von Kolwezi und sogar in Kinshasa ging das Leben weiter seinen normalen Gang. Am Montagmorgen rief Botschafter Ross um 10.00 Uhr Oberst Larzul und Oberst Yves Gras – den 55-jährigen Leiter der Militärischen Hilfsmission in Zaire – in sein Büro. Er zeigte ihnen eine Kopie eines Telegramms, das die belgische Botschaft nach Brüssel gekabelt hatte: Die Auslandsbelgier in Zaire forderten nun ihre Regierung auf, aus der Luft einzugreifen, um ihre gefährdeten Staatsbürger in Kolwezi zu schützen. Vielleicht würde es doch noch ein glückliches Ende geben.

Am Abend besuchten Ross und Gras einen diplomatischen Empfang bei den Marokkanern. An der Oberfläche war alles normal, aber sie bemerkten, dass die zairischen Gäste sehr zurückhaltend waren und nervös auf ihre Uhren schauten. Entgegen dem diplomatischen Protokoll sprach Oberst Gras den belgischen Charge d'Affaires van Sina an und fragte ihn, was die belgische Regierung in dieser Situation tun wolle. Van Sina stotterte, das sei nicht seine Entscheidung.

«Es wird ein Massaker geben, wenn Sie Ihre Regierung nicht zum Handeln bewegen.« fauchte Gras ihn an, bevor der Belgier sich ihm entwinden konnte.

Am Morgen des Dienstags, am 16. Mai, wurde es wie immer am Äquator schnell hell. In Kolwezi hatte sich die Prognose von Gras schon als wahr erwiesen, nachdem die Disziplin der Rebellen zusammengebrochen war. Nachdem sie drei Tage damit verbracht hatten, sich auszuruhen und sich die Bäuche mit Lebensmitteln und Biervorräten vollzuschlagen, betrachteten sie Plünderung und Mord als das Vorrecht der

Sieger. In den europäischen Wohngebieten bauten Eltern die Räume ohne Außenfenster in behelfsmäßige Schutzräume um, indem sie Matratzen und sonst etwas hinein schleppten, was umherfliegende Kugeln oder Handgranatensplitter abhalten konnte, die die Mauern durchbohrten, wenn die Rebellen verwundete zairische Soldaten verfolgten oder einfach nur aus Spaß ihre Magazine auf die Häusern leerschossen.

Männer, Frauen und Kinder, Schwarze wie Europäer, starben, als die Rebellen in einer Orgie der Zerstörung plünderten und nach Belieben alles abschlachteten. Sie zerschlugen und verbrannten Möbel und schleiften Toiletteneinrichtungen in den Dreck, aus schierem Vergnügen, alles Nützliche zu zerstören. Europäer, die ein wichtiges Motorenteil aus ihrem Auto entfernt hatten, um eine Panne vorzutäuschen und zu verhindern, dass es weggefahren würde, wurden niedergeschossen; andere wurden erschossen, nachdem sie die Schlüssel übergeben hatten. Sie blieben liegen, wo sie fielen, bis die Meute halbwilder Hunde sich zu einem unerwarteten Festessen aufmachte.

Nach einem weiteren Treffen mit Mobutu, der sich immer noch weigerte zuzugeben, dass die Situation außer Kontrolle war, telegrafierte Ross nach Paris und teilte Präsident Valery Giscard d'Estaing mit, dass die 3.000 Europäer in Kolwezi nun Geiseln der Rebellen seien. Die Massenhinrichtungen und allgegenwärtigen Plünderungen gäben Anlass, ein allgemeines Massaker zu befürchten, und die Situation verschlechtere sich von Stunde zu Stunde. Kurz danach brachte ein französischer Bewohner von Lumumbashi die Nachricht, dass Kolwezi ohne Strom und Wasser war, und dass das Morden weiter zugenommen habe. Ross rief den belgischen Botschafter an, um diplomatisch auf eine französische und belgische Intervention hinzuweisen. Ihm wurde aber lediglich mitgeteilt, dass die »schwarzseherischen Gerüchte« alle übertrieben seien und dass der belgische Außenminister mit dem Sohn des Katanga-Sezessionisten Moïse Tshombe in Brüssel »verhandele«.

Larzuls Reaktion war nicht druckreif. »Wolkenkuckucksheim« wäre die höfliche Übersetzung gewesen. Während er Landkarten zusammenstellte, um eine Rettungsoperation zu planen, fand er die Unentschlossenheit der Politiker in Paris und Brüssel unglaublich. Gras verglich es mit einem brennenden Haus, bei dem sich alle darüber stritten, wer den Feuerlöscher halten und benutzen durfte.

Einige Feuerwehrleute waren unterwegs. Beim ersten Tageslicht sollte eine Kompanie zairischer Fallschirmjäger östlich der Neustadt nahe dem ehemaligen örtlichen Hauptquartier der zairischen Armee landen. Sie wurden noch in der Luft erschossen oder auf dem Boden angeschossen, bevor sie ihre Gurte abschnallen konnten; die meisten starben innerhalb von Minuten. Die wenigen Überlebenden flohen. Sie trafen unterwegs eine motorisierte Kolonne der FAZ aus Lumumbashi, die von Major Mahele kommandiert wurde und sich mit ihnen vereinigen sollte. In Brüssel waren die Sprecher der FNLC davon überzeugt, dass Mobutus Truppen ohne ausländische Unterstützung nie hätten landen können und sie erklärten, dass die Fallschirmjäger Europäer gewesen seien und hunderte von Opfern erlitten hätten. Die Nachricht wurde von den Nachrichtendiensten weltweit verbreitet. Schlimmer noch, die FNLC drohte nun, dass eine weitere bewaffnete Intervention zu »ernsten Vergeltungsmaßnahmen« gegen die europäische Geiseln sowie zum Fluten der Bergwerke führen würde, wo bereits Sprengladungen gelegt worden waren.[7]

Der misslungene Absprung war für die verbliebenen zairischen Soldaten, die in Kolwezi standhielten, der letzte Tropfen, der das Fass zum Überlaufen brachte. Sie kamen von einem anderen Stamm als die Katangeser und sprachen nicht einmal die gleiche Sprache. Sie versuchten in kleinen Gruppen zu entkommen und lösten damit unter den Rebellen einen gesteigerten Blutrausch aus, die von ihrem leichten Sieg berauscht waren. Sie wurden auch nicht länger von den Kubanern gezügelt, die den unmittelbaren Bereich von Kolwezi anscheinend verlassen hatten, nachdem sie im Eingeborenenviertel Manika eine Miliz bereitgestellt hatten.

Einige Europäer aus den Büros der Baron Levêque Company sahen lachende Teenager-Tiger kommen, die mit verschiedenen automatischen Waffen bewaffnet waren. Zwei Rohrverlegungsingenieure riefen, dass drinnen keine zairischen Soldaten seien und kamen mit erhobenen Händen heraus, um zu zeigen, dass sie unbewaffnet waren. Die Kids mähten sie nieder. Sie zielten mit ihren Waffen auf die Männer, Frauen und Kinder innerhalb des Gebäudes und feuerten weiter, bis jede Wand von Blutflecken bedeckt wurde und die Körper, die sich in der letzten Verzweiflung umeinander geschlungen hatten, einen Meter hoch lagen. Die einzigen Überlebenden waren zwei Männer, die sich bei den ersten Schüssen in einem engen Raum unter dem Dach verkrochen hatten und eine Frau mit vier ernsthaften Schusswunden, die unter einem Haufen Leichen überlebte.

Der Held des Tages war Major Mahele, dessen unerfahrene junge Fallschirmjäger beim ersten Hinterhalt gerade weglaufen wollten, als er aufstand und das Feuer eröffnete. Er erledigte einen Scharfschützen der Rebellen mit einer Granate und schrie sie an, das gleiche zu tun. Sein persönlicher Mut begeisterte sie und sie schrieen den Schlachtruf ihrer Vorfahren »*Kanga diablos!*«. Sie stießen durch mehrere weitere Hinterhalte vor, um den Flughafen zurückzuerobern, nachdem sie etwa einhundert Rebellen getötet hatten. Kurz nach 14.00 Uhr konnte der tapfere Major die gute Nachricht per Funk mitteilen. Ein einziger Gegenangriff um 18.00 Uhr, der von seinen jungen Truppen zurückgeschlagen wurde, war ihr letzter Test.

»Zum Glück«, bemerkte Mahele später. »Danach war unsere Munition alle.«

35

Gehen! Nicht gehen! Gehen!

OPERATION LEOPARD, 17.–19. MAI 1978

Während die Nachrichten aus Kolwezi durchsickerten, hatten ein paar Offiziere und Männer im Lager Raffalli auf Korsika und in der Zitadelle Calvi, die als Offiziersmesse diente, das Gefühl, dass dies eine Situation war, für deren Lösung nur das 2 REP ausgebildet war. Es war allerdings unwahrscheinlich, dass es den Job bekommen würde, weil Zaire als das ehemalige belgische Kongo enger mit Brüssel als mit Paris verbunden war und weil in Kolwezi viel mehr belgische als französische Bürger lebten.

Um 11.00 Uhr am Mittwoch, dem 17. Mai, erhielt Oberst Philippe Erulin einen Anruf aus dem Hauptquartier der 11. Fallschirmbrigade in Toulouse, der ihm mitteilte, dass das 2 REP in operative Bereitschaft gesetzt werde und in der Lage sein solle, binnen sechs Stunden mit kompletter Ausrüstung und den Fahrzeugen auszurücken. Ein Ziel wurde nicht genannt.

Er antwortete, »Ich brauche mindestens 20 Stunden.« Der energische und findige Führer, des seiner Ansicht nach besten Regiments von Berufssoldaten in der französischen Armee, war keineswegs negativ eingestellt.

»Nennen Sie mir die Probleme«, erwiderte General Liron am anderen Ende der Leitung.

Nur zwei Monate vor seiner Pensionierung hatte Erulin den Bereitschaftszustand des Regiments Tag und Nacht in seinem Kopf. Außer Offizieren und Männern, die im Urlaub waren, stapfte die 1. Kompanie unter Hauptmann Vergio hoch im korsischen Gebirge, weit entfernt von der nächsten Straße; ein Teil der 2. Kompanie befand sich in Bastia auf der anderen Seite der Insel; andere Abteilungen waren in Corte im Hochland Zentralkorsikas. Ein größeres Problem war, wie man die 66 Offiziere und Männer, die bei Lehrgängen zwischen Castelnaudary und dem Kampfschwimmlehrgang in Mountlouis-Collioure in den Pyrenäen verteilt waren, zurückbekommen sollte.

»Überlassen Sie es mir, vom Festland alle innerhalb des Zeitlimits zu Ihnen zurückzubringen«, sagte Liron. »Was die anderen betrifft, tun Sie Ihr Bestes.«

Bevor Erulin aufgelegt hatte, wurde jeder Mann auf dem Stützpunkt von der Alarmsirene betäubt, die der Adjutant, Oberstleutnant Bénézit, der zugehört hatte, auslöste. Zivilisten glauben, dass Unteroffiziere immer schreien, aber es gab wenige laute Stimmen, nachdem der Lärm abgeklungen war. Alle Offiziere, Unteroffiziere und Männer waren durch die kontinuierlichen Übungen vorbereitet, jeder kannte seinen Platz und wusste, was von ihm verlangt wurde.

Bis 17.00 Uhr war jeder Mann des Regiment mit einer Ausnahme aufgefunden. Oberarzt Hauptmann Jean-Noël Ferret meldete einen Mann als vermisst. Yannick Lallemand war mit einer Kompanie des 2 REI gegangen und befand sich irgendwo in dem Gebirge zwischen Porto Vecchio und Col de Bavella. Er war weit davon entfernt, sich ohne Erlaubnis von der Truppe entfernt zu haben; er war der Kriegsgeistliche für Korsika mit einer besonderen Verantwortung für das 2 REP, stand aber als Ober-Krankenträger auf der Regiments-Liste.

Der ruhigste, doch am meisten beschäftigte Mann im Lager war der flämische Hauptmann Stéphane Coevoet, der für die Logistik verantwortlich war. Es war seine Pflicht, die richtigen Männer mit ihrer leichten Ausrüstung auf die richtigen Flugzeuge zu bekommen und sicherzustellen, dass die Fahrzeuge und die schwere Ausrüstung, die sie brauchen würden, sie auf dem Boden rechtzeitig erreichen würden. Sein Büro war ein Haufen Papierkrieg, Ladelisten und Manifeste, die genau zeigten, was jede Flugzeugladung wog. Während er seine Kalkulationen machte, schliefen viele der Männer im Stützpunkt in ihren Kampfanzügen; sie hatten längst gelernt, zu essen und zu schlafen, wenn sie konnten.

Um 16.00 Uhr war das Regiment mit Ausnahme des fehlenden Geistlichen bereit. Die Frist verstrich ohne neue Meldungen aus Toulouse. Mehrere Offiziere waren von einem Dozenten der Universität Lüttich in Belgien, der durch Calvi reiste, auf Drinks eingeladen worden. Weil es keinen anders lautenden Befehl gab, genehmigte Erulin, dass sie wie geplant teilnehmen konnten. Ihr Gastgeber, ein ehemaliger Direktor der Agrarwissenschaft für das belgische Zentralafrika, kannte Zaire bestens, wusste aber nicht, dass seine Gäste in ein paar Stunden dort sein würden – ebenso wenig wie sie zu diesem Zeitpunkt selbst.

In Kinshasa las Botschafter Ross ein abgefangenes Telegramm des belgischen Generalkonsuls in Lumumbashi an seine Regierung in Brüssel. »Es ist zunehmend dringlicher einzugreifen, um weitere Massaker zu verhindern. ... ich bitte Sie, so bald wie möglich einzugreifen. ... jede Stunde Verspätung bedeutet den Verlust von mehr Menschenleben.«[1] Es ist gelinde gesagt schon sehr selten, dass ein Diplomat mit derartigen Fomulierungen an seine Regierung schreibt, so dass Ross das Telegramm sofort nach Paris weiterleitete. Dabei dachte er: »Dies muss Präsident Giscard zum Handeln bringen.«

Drei Etagen über ihm planten Oberst Gras und Larzul einen Absprung bei Kolwezi. Die naheliegende Abwurfzone war die Landepiste fünf Kilometer außerhalb der Stadt, die immer noch von den Männern von Mahele gehalten wurde, aber das würde bedeuten, dass die Fallschirmjäger sich ihren Weg durch die Wohngebiete langsam erkämpfen mussten, was den Rebellen genügend Zeit geben würde, jeden Europäer in der Stadt zu töten. Es musste einen besseren Weg geben.

Da er keine Luftaufnahmen als Hilfe besaß, hatte das Team von Gras von einer lokalen Karte des Gebietes von Kolwezi im Maßstab 1:10.000 Kopien gezogen. Die Konturlinien, Eisenbahnen und vagen Umrisse bebauter Gebiete waren kaum eine Hilfe, um Gefahren wie Bäume und Hochspannungsleitungen zu vermeiden. Wenn die Piloten der Abwurfflugzeuge zu viel Zeit damit verloren, den Boden unter sich zu studieren, würde auch das dazu führen, dass die Katangeser ihre Geiseln massakrieren würden. Die Handvoll Offiziere im Büro von Gras tat ihr Bestes, aber als immer mehr Zeit verging und keine Nachrichten aus Paris kamen, fiel ihre Stimmung – wie die des 2 REP auf Korsika, das immer noch auf das »Go!« wartete.

Mitternacht kam und ging vorbei. In seiner Residenz des Botschafters in Kinshasa konnte André Ross nicht schlafen. Die Bitte von Lumumbashi *Ich bitte Sie, möglichst schnell zu intervenieren* hallte in seinem Kopf wider. Als das Telefon in seinem Arbeitszimmer klingelte, sah er auf seine Uhr und stellte fest, dass es genau Mitternacht war. Mit dem Instinkt des Diplomaten ahnte er, dass gerade ein Termin zwischen Paris und Brüssel zu Ende gegangen war.

In kühlen, unpersönlichen Tönen sagte der mehr als 6.000 Kilometer entfernte *chef de cabinet*: »Der Präsident weist Sie an, sofort den zairischen Staatschef zu informieren, dass französische Fallschirmjäger über Kolwezi abspringen werden.«

Ross atmete durch und wählte die Nummer des Präsidentenpalastes von Mobutu. Er wurde von der Telefonzentrale zu einer Sekretärin, dann zu einem Diener und schließlich zu einem Leibwächter weitergeleitet. Er blieb dran, bis ihm mitgeteilt wurde, dass er ausnahmsweise zum Bürgerpräsidenten selbst durchgestellt werde. Mobutu klang enorm erleichtert, dass jemand anders die Verantwortung übernahm, und bat Ross, in seinem Namen Präsident Giscard zu danken.

Der nächste Telefonanruf des Botschafters ging an Gras, dem das Oberkommando der Armee in Paris 15 Minuten später in einem verschlüsselten Anruf persönlich die Führung der Operation übertrug. Er wurde darüber informiert, dass das 2 REP mit sofortiger Wirkung die Truppe war, die für die Operation entsandt wurde. Als die anonyme Stimme fragte, wie schnell der Absprung ausgeführt werden könnte, kalkulierte Gras rasch die Probleme ein und antwortete: »Samstag, den 20. Mai.« Enorm erleichtert legte er auf. Mit der BEP hatte er in Vietnam und mit dem 1 und 2 REP in Algerien gearbeitet. Nach all dem Warten konnte es für einen Auftrag wie diesen nichts besseres, als die Fallschirmjäger der Legion geben!

Es war 01.00 Uhr am Donnerstag, aber Gras und sein Team fühlten jetzt die Müdigkeit schwinden, als sie mit einer echten Planung anfangen konnten. Larzul fragte, ob die Flugzeuge für den Absprung von der zairischen Luftwaffe kommen würden. »Außer, die Amis und die Belgier sind mit von der Partie«, erwiderte Gras. »Aber Sie sollten sich nicht darauf verlassen.«

»In diesem Fall,« sagte Larzul, »haben die Zairer zwei Transall C-160 und fünf Hercules C-130.«

»Wie viele Männer können Sie transportieren?«

»Ich würde sagen 500 höchstens. Aber wir wissen nicht, wie viele Männer das 2 REP schicken wird.«

»Und was ist mit einem fliegendem Befehlsstand?«

Nach langen Telefonaten kam ein Referent von Gras mit dem Angebot einer zwemotorigen Turboprop De Havilland CC 115 Buffalo als fliegender Befehlsstand zurück, die momentan in Kaminav stand. Da es keine Hubschrauber gab, war dies die beste Alternative. Die Buffalo brauchte kurze Strecken zum Starten und Landen, konnte die Absprungzone langsam und dank ihrer hoch angesetzten Flügel mit guter Sicht nach unten überfliegen und außerdem 41 voll ausgerüstete Fallschirmjäger transportieren, die falls erforderlich durch die hintere Ladeluke aussteigen konnten. Um 02.20 Uhr war Oberst Erulin in seiner Dienstvilla in Calvi. Nach den Cocktails mit dem belgischen Dozenten trug er wieder seinen Kampfanzug und fragte sich, ob es sich lohne, ins Bett zu gehen. Fehlalarme und widerrufene Befehle waren der normaler Bestandteil des Lebens im 2 REP. Das Telefon klingelte und er hörte, wie Bénézit in seiner gewöhnlich ruhigen Stimme sagte: »Oberst, wir haben gerade eben den Befehl erhalten, zum Ausrücken um 03.00 Uhr bereit zu sein,.«

»Alles zur Parade! Rufen Sie alle Offiziere, die nicht am Stützpunkt sind, und alle Urlauber zurück.«

»Das ist schon erledigt worden, Sir.« Im Hintergrund konnte Erulin hören, wie die Alarmsirene heulte.

Kein Mann am Stützpunkt musste mehr tun, als seine Stiefeln zu schnüren. Erulin schwenkte in das Haupttor des Lagers ein und hielt diesmal nicht, um die Wache zu inspizieren, deren Hornist zu seinen Ehren »Le Caïd« erklingen ließ. Als er vorbeiraste, waren alle Gruppen mit ihren Aufgaben beschäftigt, sie luden Waffen, Munition, Rationen, persönliche Tornister – alles an seinen bestimmten Platz. Um 04.30 Uhr sauste der vordere Führungsjeep an der Spitze einer langen Schlange von Fahrzeugen aus dem Haupttor: Die 1. und 3. Kompanie, dann die wichtigsten Befehlsfahrzeuge, gefolgt von der 4. und 2. Kompanie. Zu diesem Zeitpunkt wusste keiner, wo sie in den nächsten Stunden sein würden. War es eine Übung? War es echt? Wenn ja, wo? Die Männer, die Wetten machten, setzten gleichermaßen auf Kolwezi und den Tschad.

Der Militärflughafen von Solenzara, von dem der Start geplant war, lag diagonal am anderen Ende der gebirgigen Insel. In der Luftlinie war es eine Fahrt von 160 Kilometern. Auf der Straße konnten es die schwer beladenen Lkws bei voller Geschwindigkeit in drei Stunden schaffen, wenn es keine Behinderung gab. Hauptmann Coevoet war der Mann der Stunde; er schlug sich mit einem großen Problem herum: In Solenzara waren bisher noch keine Flugzeuge angekommen. Erulin rief ihn über das Befehls-Funknetz an, um ihm zu sagen, dass Paris soeben die bevorstehende Ankunft von fünf DC 8 signalisiert hatte, die um 09.30 Uhr starten sollten. »Vielleicht«, erwiderte Coevoet phlegmatisch. »Aber vielleicht auch nicht.«

Er musste wegen der verfügbaren Flugzeuge alles noch einmal durchrechnen. Während der Konvoi immer noch unterwegs war, wurde die Mini-Flotte in drei DC 8s geändert, die von der UTA gechartert wurden, einer zivilen Luftfahrtgesellschaft mit langer Erfahrung auf afrikanischen Routen, eine DC 8 vom Transportkommando und eine Boeing 707 der Air France.

Als sie in Solenzara ankamen, erhielten die Offiziere und Männer den Befehl, die Namensschilder von ihren Kampfanzügen zu entfernen. Die Waffen sollten in den Laderäumen verstaut werden. Bis 08.15 Uhr war das Regiment bereit, die Männer standen ruhig in Gruppen zu acht hinter ihren Absprung-Tornistern, jeder mit aufgesetztem Stahlhelm. Es war schon wieder ein »Rin in die Kartoffeln – raus aus die Kartoffeln«. Bis 10.00 Uhr waren noch keine Flugzeuge gesichtet worden und der Kontrollturm wusste auch nichts Neues. Um 11.30 Uhr landete die erste DC 8, dicht gefolgt von einem viel kleineren Flugzeug mit General Jeannou Lacaze, dem ehemaligen kommandierenden Offizier des 2 REP, der nun die 11. Fallschirmbrigade kommandierte. Von ihm erfuhren Erulin und seine Offiziere endlich, dass ihr Ziel Kolwezi war, fast 8.000 Kilometer entfernt – nachdem sie zuerst in Kinshasa landen sollten, um an Bord der Absprungflugzeuge zu gehen.

Als die erste DC 8 um 13.45 Uhr mit genug Treibstoff startete, um direkt nach Kinshasa fliegen zu können, bremste ein mit Staub bedeckter Jeep vor den Hangars. Kaplan Lallemand hatte seine Schar eingeholt. Seine Ankunft wurde mit schallendem Gelächter begrüßt. Jemand sagte: »Darum sind die Flugzeuge so spät gekommen. Der Kaplan hat das mit Gott abgestimmt.«

In Kinshasa war Oberst Gras wütend, als Paris ihm befahl, den Absprung früher zu machen. Das Sparen an allen Ecken und Kanten konnte das Leben von Soldaten kosten. Samstag – so wurde er informiert – könnte zu spät sein, um die Geiseln zu retten. »Sie verschwenden vier Tage mit Reden«, brummte er, nachdem er aufgelegt hatte, »und erwarten dann das Unmögliche.«

Er hatte Botschafter Ross bereits gesagt, dass er sich weigere, die Belgier zu kontaktieren. Sein Gegenpart in der belgischen Botschaft, Oberst Bleus, hatte aus Brüssel keine Befehle bekommen, aber Brüssel bestand darauf, »jede Operation, die stattfinden könnte« zu kontrollieren.[2] Schlimmer noch, jemand in Brüssel hatte gegenüber den Nachrichtendiensten die Einzelheiten der geplanten Operation durchsickern lassen. Es hätte keinen besseren Weg geben können, die Rebellen zu veranlassen, alle ihre Geiseln zu massakrieren. Unter seinem höflichen Äußeren war Ross auch über die Dummheit verärgert, die so viele Leben kosten konnte. Um 18.00 Uhr wurde Gras in das Büro des zairischen Generals Ba Bia gerufen, der ihm auf einem blauen Nachrichten-Notizblock die Entschlüsselung eines abgefangenen Funkspruchs von Rebellenführer Nathanaël M'Bumba in Angola zeigte, der seinen Truppen in Kolwezi befahl, sich nach Angola zurückzuziehen, »nachdem sie alle Gefangene getötet und die Pumpenausrüstung gesprengt hatten, um die Bergwerke zu fluten«.[3]

Wenn es eine Wahl zwischen dem Leben von Zivilisten und dem von Soldaten gibt, ist die Entscheidung immer die gleiche. Gras eilte zur Botschaft zurück und überlegte schon, wo er Einsparungen vornehmen konnte, um seinen sorgfältig ausgearbeiteten Stundenplan vorzulegen. Dann telefonierte er mit Paris, um anzukündigen, dass er die Operation einen ganzen Tag vorverlegt hatte.

Zaire ist so riesig, dass die fünf C-130 Hercules und zwei C-160 Transalls für die letzte 1.500 Kilometer-Etappe der Odyssee des 2 REP – von Kinshasa nach Kolwezi, das sich in einer anderen Zeitzone befand – vier Stunden Flugzeit benötigen würden. Der Start war für 07.00 Uhr geplant, der Absprung sollte um 12.00 Uhr Ortszeit erfolgen. Als ob es einer weiteren schlechten Nachricht bedurft hätte, erfuhr Gras während eines Treffens um 19.00 Uhr, dass die zairische Luftwaffe keine Luftdeckung für den Absprung bereitstellen konnte, weil sie für ihre Mirage-Jets keine Munition mehr hatte und warten musste, bis aus Paris neue eintreffen würde.[4]

Erulins Flugzeuge landeten um 23.30 Uhr auf dem Flughafen N'Djili von Kinshasa. Die anderen vier Transportflugzeuge wurden auf die verschiedenen Routen verteilt, weil sie unterwegs landen und wieder auftanken mussten. Laut Kontrollturm würde das zweite Flugzeug am Freitag, 19. Mai, um 02.00 Uhr eintreffen. Für die anderen gab es keine voraussichtlichen Ankunftszeiten. Die Legionäre in Erulins DC 8 entluden die ganze Ausrüstung und warteten auf Befehle. Aber wo war Oberst Gras mit den Plänen für die Operation? Erulin organisierte für 03.00 Uhr ein Briefing in der Hoffnung, dass er bis dahin angekommen war, und dass zumindest eines der anderen drei Flugzeuge gelandet wäre.

Bis 03.00 Uhr war das zweite Flugzeug nicht nur gelandet, sondern auch schon von seinen Passagieren entladen worden. Aber es gab immer noch kein Zeichen von Gras und den Plänen. Nachdem der Kontrollturm die ETA der letzten zwei Flugzeuge für 08.38 Uhr meldete, entschieden sich Coevoet und Bénézit, dass das Regiment in zwei Wellen springen müsse. Die erste würde wie geplant um 07.00 Uhr von Kinshasa starten und direkt über Kolwezi abspringen. Die Abwurfflugzeuge würden dann zum Militärflugplatz in Kamina fliegen, wo sie die zweite Welle abholen würden, die dorthin von einer DC 10 der Air Zaire geflogen worden war. Die Entscheidung war alles andere als einfach. Um sicher zu gehen, dass jede Gruppe halbwegs geschlossen auf dem Boden ankam, mussten ihre Männer auf mehrere Flugzeuge verteilt werden, aber in jedem Flugzeug in der gleichen Reihenfolge einsteigen.

Angesichts der Verspätung der anderen Flugzeuge von Solenzara war es der beste Weg, die Sache zu beschleunigen, darum willigte Erulin in eine Änderung des Plans ein. Coevoet musste nun schnell eine Million neue Probleme lösen. Ein Telefonanruf in der Botschaft ergab, dass Gras längst bei ihnen hätte sein sollen. Keiner wusste, wo er war. Mangels eines Nagels ging das Königreich verloren – so lautet ein Sprichwort. Weil in diesem Fall ein Reifen fehlte, war die ganze komplizierte Operation jetzt in Gefahr.

Oberst Gras war wütend, als sein Jeep auf der schlecht gepflegten, wenig benutzten und unbeleuchteten Straße zum Flughafen N'Djili in ein Schlagloch fuhr, das tiefer als die gewöhnlichen war, und ein Reifen platzte. Der Schlag verbog die Bolzen, so dass es unmöglich war, das Rad zu wechseln. ER konnte nur ohnmächtig vor Wut schäumen, bis zwei Belgier, die zufällig vorbei kamen, anhielten und ihm halfen, das beschädigte Rad abzubekommen und den Ersatzreifen zu montieren.

Um 04.30 Uhr gab er sein Briefing für die »Operation Leopard«, wobei er nicht wusste, dass Paris den Absprung »Operation Bonite« getauft hatte. Keiner hatte ihn informiert. Erulin und seine Offiziere hörten aufmerksam zu, als Gras mit seiner trockenen Stimme die Einzelheiten losratterte. Die erste Welle von 450 Mann sollte in der Zone A, der Start- und Landebahn des Fliegerklubs, landen. Sie bestand aus dem Führungselement, zwei Kompanien und Mörsergruppen. Ihre Aufgabe war es, das Postamt, das Hotel Impala, das Gymnasium John XXIII., das Krankenhaus Gécamines und das Hauptquartier der Rebellen zu sichern. Die zweite Welle von Kamina würde in der Zone A und/oder der Zone B östlich der Neustadt landen. Sobald die Wohngebiete gesichert waren und keine weitere Gefahr für die europäischen Geiseln bestand, konnte sich das 2 REP mit den zairischen Fallschirmjägern vereinigen, die immer noch die Hauptstart- und Landebahn südlich von Kolwezi hielten.

Die Morgendämmerung am Freitag 19. Mai kam rasch. Erulin und seine Offiziere hatten seit 30 Stunden nicht geschlafen. Als sie zu ihren Kompanien gingen, gab es eine erschreckende Entdeckung. Die gewöhnlichen Fallschirme, die das 2 REP benutzte, waren auf Korsika gelassen worden, um Gewicht zu sparen. Diejenigen, die von zairischen Fallschirmjägern benutzt wurden, waren amerikanische T 10 Fallschirme, an die man keine Waffen und Ausrüstung befestigen konnte. Erulins Männer wollten nicht in einer heißen Abwurfzone landen, wenn ihre Waffen separat abgeworfen werden mussten. An dieser Krankheit waren ihre Vorgänger in Vietnam gestorben. Sie benutzten daher Leinen, gebogene Kleiderbügel und was sonst vorhanden war und versuchten, Waffen und Ausrüstung an den Gurten festzubinden.

Um 07.00 Uhr stieg vom Fluss Kongo dichter Nebel auf und verringerte die Sicht in N'Djili auf ein paar Meter. Erulin fragte sich, wie die letzten zwei Flugzeuge von Solenzara in einer solchen Waschküche landen konnten. An Bord eines von ihnen befand sich das medizinische Team. Während er hoffte, dass Lallemand öfter als Krankenträger denn als Geistlicher beschäftigt werden würde, war es ein weiteres Risiko, ohne Mediziner und Geistlichen zu springen, wenn es um Leben und Tod ging.

Die Fallschirmjäger, die sich in die schmalen, herunterklappbaren Sitze aus Maschengewebe setzten, die die Seiten einer der C-130s säumten, hörten, wie der Anlasser heulte und heulte und heulte. Alles raus! Sie hörten, dass die Mechaniker für die erforderliche Reparatur Tage brauchen würden. Coevoet schwitzte zum zehnten Mal über seinen Ladeplänen. Er musste ausrechnen, wie eine ganze Flugzeugladung von Männern in das andere Flugzeug passen würde. Inzwischen standen die Fallschirmjäger, die mit Waffen, Ausrüstung und Haupt- und Ersatz-Fallschirmen am Bauch beladen waren, wie unbeholfene Statuen im Nebel herum.

In der Botschaft nahm einer aus dem Team unter Gras den Hörer ab, um zu hören, wie ein Pariser Akzent im Armeeoberkommando fragte, ob das 2 REP schon gestartet sei. »Wenn nicht«, sagte die entfernte Stimme, »ist die Operation abgeblasen. Mit sofortiger Wirkung!«

Der Mitarbeiter von Gras murmelte, »Bestätigt!«, und legte auf, er konnte seinen Ohren nicht trauen. Die Rebellen mussten die Sendungen des zairischen Funks gehört haben, die den Abwurf als »unmittelbar bevorstehend« ankündigten. Was würde nun mit den Geiseln passieren?

Am Flughafen N'Djili war es Coevoet schließlich gelungen, die überzähligen Fallschirmjäger in die verbliebenen Flugzeuge zu stopfen. Stopfen war der passende Ausdruck. Anstatt ordentlich auf den Sitzen zu sitzen, damit die Absetzer den Gang hinunter gehen und alles überprüfen konnten, klemmten sie sich von einer Seite des Rumpfs bis zur anderen gegenseitig ein. Erulin, der weiter über den Beton watschelte und mit seinen zwei angeschnallten Fallschirmen bereit stand, wollte sich gerade in das erste Flugzeug hinaufhieven, als der Jeep von Gras unten an der Leiter mit kreischenden Bremsen zum Stehen kam und den Gegenbefehl aus Paris überbrachte.

Erulin nahm die Nachricht philosophisch. Er teilte die Meinung von Gras nicht, dass es das Beste sei, alle Fallschirmjäger und ihre Ausrüstung zu entladen. Trotz der Unbequemlichkeit und der Hitze, die kam, sobald der Nebel verschwunden war, entschied er, dass sie bis Mittag im Flugzeug bleiben sollten. Bis dahin hätte Paris die Absage rückgängig machen können.

Gras ging zur Botschaft, um Paris ganz gehörig Bescheid zu sagen. André Ross riet ihm, ruhig zu bleiben, nachdem er festgestellt hatte, dass der Grund für die Stornierung die Einmischung von Brüssel gewesen sein musste. Die Frage war: Was wusste Brüssel über die Einzelheiten der Operation? Die Antwort: Die naiven Zairer hatten die Belgier vor Ort über die Planung informiert, und die hatten ihre Vorgesetzten informiert.

Aber Ross gehörte nicht zu dem Schlag von Diplomaten, der die Dinge so ließ, wie sie waren. Dass ein einfacher Telefonanruf eine komplexe Operation abblassen konnte, die schon so weit fortgeschritten war, reichte ihm nicht. Er nutzte daher seine Chance und telefonierte direkt mit dem Büro von Präsident Giscard im Elysée-Palast. Sein Instinkt war richtig: Giscard hatte den Abwurf überhaupt nicht storniert und erwartete jede Minute, über dessen Ergebnis informiert zu werden. Die Operation Leopard war definitiv wieder sehr aktuell – und eine Telexbestätigung war unterwegs!

Gras sagte dem Luftwaffengeneral, der die Absage herausgegeben hatte, was er davon hielt, als eine dritte Stimme in der Leitung ihn mit den Worten unterbrach, »Starten Sie sofort! Der Gegenbefehl ist widerrufen worden.«

Um 08.55 Uhr, als der Zeitplan schon zwei Stunden im Rückstand war, empfing Erulin einen Funkspruch von Gras, der eigentlich nur ein Wort enthielt: »Gehen!«

In dem Moment hatte er nur ein Problem. Die zairischen Piloten waren gebeten worden, dicht bei ihren Flugzeugen zu bleiben, waren aber nirgendwo zu finden. Als sie zusammengetrommelt worden waren, hatte eine der Transalls Motorenprobleme bekommen und die zweite hatte eine Reifenpanne. Es gab eine weitere Transall, die Bürgerpräsident Mobutu gnädigerweise zur Verfügung gestellt hatte, aber sie war sein persönliches Flugzeug und komplett mit Bad, Kühlschrank für Drinks und Doppelbett eingerichtet. Die Fallschirmjäger fanden Schraubenzieher, um die Einrichtungen zu entfernen, bis sie von den zairischen Mechanikern gestoppt wurden. »Machen Sie sich nicht die Mühe«, sagten sie. »Diese hat auch Motorenprobleme.«

Coevoet glaubte, er sei in einem Alptraum. Einige Mirage-Mechaniker tauchten mit einem Sauerstofftank und einigen Gummischläuchen auf, die sie aufgetrieben hatten, um irgendwie genug Druck in den platten Reifen zu kriegen. Coevoet musste nun 80 voll ausgerüstete Fallschirmjäger in jedes flugtaugliche Flugzeug hineinkriegen, das für 64 Männer entworfen war. Das Unmögliche gelang und die erste Welle wurde in vier C-130s und die einzige C-160 gestopft. Die Abfertiger hatten keine Ahnung, wie die Männer, die vollkommen gebückt und übereinander gepfercht waren, sich an den festen Halteleinen einhaken könnten, geschweige denn wie sie überhaupt im normalen Tempo über der Absprungzone aus den Türen springen konnten. Der einzig positive Aspekt war, dass Ferret und seine Mediziner inzwischen angekommen waren. Sie wurden ebenfalls mit minimalen Vorräten wie die Sardinen hineingequetscht, damit die Verwundeten und die Sterbenden versorgt werden konnten. Es war 10:40 Uhr, als die ersten überladenen Flugzeuge starteten und große Mühe hatten, die Reiseflughöhe in der dünnen Luft zu erreichen. Drinnen lachten Offiziere und Männer erleichtert. Nach alle dem, was passiert war, konnte nichts mehr schief gehen. Wirklich nicht?

36

In Kolwezi töten oder getötet werden

19. MAI–6. JUNI 1978

Als erste Überraschung nach dem Start sahen die fröstelnden menschlichen Sardinen in den zwei Flugzeugen einen auf dem Kopf stehenden Wald aus eisigen Stalaktiten, die sich rasch an der Decke über ihren Köpfen bildeten. Die Crews hatten vergessen, die Klimaanlage abzuschalten. Als sie aufgefordert wurde, dies zu tun, taten sie es mit Gelächter. Die Temperatur stieg auf 25 Grad, wodurch die Eiszapfen schmolzen und die Männer darunter durchnässten. Zusammengepfercht konnten sie sich nicht bewegen, auch nicht, um die Toiletten zu erreichen und die stoischeren und erschöpfteren unter ihnen schafften es zu dösen.

Als sie sich der Absprungzone näherten, brachten sie sich mit Mühe in eine ungefähr stehende Position, um ihre verkrampften Glieder zu lockern. Die Abfertiger, die nicht normal durch die Reihen gehen konnten, schrieen jeden Mann an, zu prüfen, ob jeder vorne und hinten an der Halteleine eingehängt war. Die Männer und ihre Ausrüstung waren jetzt so eng zusammengepfercht, dass die klappbaren Sitze klemmten, was den benutzbaren Bodenplatz noch weiter reduzierte, so dass viele Männer nicht einmal gerade stehen konnten, sondern gebückt unter anderen hockten oder gezwungen waren, mit mehreren anderen Männer über ihnen auf dem Boden zu hocken. Sie wussten, dass die Absprungzone 800 Meter lang war. Bei der Geschwindigkeit der Flugzeuge blieben ihnen für den Ausstieg jeweils zwölf Sekunden. Wie um Gottes willen sollte sich eine Gruppe von acht Männern aus der Masse lösen und in dieser Zeit herauskommen können?

Um 15:12 Uhr wurden die roten Lichter eingeschaltet. Die Türen wurden entfernt und die Abfertiger hängten sich aus den Türöffnungen und prüften das Land, das unten vorüber glitt. Zu ihrem Erstaunen lag die Stadt Kolwezi unter ihnen. Die riesigen Tagebaubergwerke hatten enorme Wunden in eine Landschaft geschlagen, die von runden gelben Seen aus Schlamm vernarbt war. Das Licht blieb rot, als sie über die Absprungzone flogen, fast 90 Grad weg vom Kurs. Die Männer, die auf den Absprung warteten, stöhnten einstimmig auf. Es hätte keine bessere Methode geben können, den Rebellen, die sie unten erwarteten, ihre Ankunft anzukündigen.

Der zweite Überflug war kaum besser. Das Sprunglicht blieb rot, als die Piloten den Kurs wieder korrigierten. Und noch ein weiterer Überflug. Um 15.40 Uhr – nach einer halben Stunde mit Überflügen[1] – war das Licht grün und die Absetzer schrieen das Wort, worauf alle gewartet hatten: »Geh!«

Aus Angst vor der Flugabwehr weigerten sich die Piloten, die Geschwindigkeit auf unter 400 Kilometer pro Stunde zu reduzieren. Die Legionäre wurden waagerecht hin und her geworfen und herumgeschleudert und erwarteten, sich ihre Hälse durch den Schlag zu brechen, mit dem sich ihre Fallschirme öffneten. Männer, die vorher mit amerikanischen Fallschirmen gesprungen waren, hatten sie vor dieser Möglichkeit gewarnt. Der erste Glücksfall des Tages war, dass der Schlag, wenn überhaupt, geringer war als sie es gewöhnt waren, aber obwohl die Kappe über ihnen viel größer war als erwartet, war die Fallgeschwindigkeit in der dünnen Luft bei 1.500 Meter über dem Meeresspiegel enorm.

Unter ihnen feuerten automatische Waffen, ihr Befehl aber lautete, das Feuer nicht vor dem Landen zu erwidern, aus Angst die eigenen Kameraden zu treffen. Nach einer lauteren Explosion schauten sie nach oben – und verstanden nun, warum die zairischen Piloten in den ersten Flugzeugen die Geschwindigkeit oder Flughöhe nicht verringert hatten. Eine Flugabwehrgranate hatte das letzte Flugzeug in der Formation, das niedriger als die anderen flog, knapp verfehlt. Der französische Pilot am Steuer war wegen des Beinahetreffers weniger besorgt als wegen der Tatsache, dass die vorangeflogenen Flugzeuge die Abwurfhöhe von 250 Meter über dem Boden nicht eingehalten hatten. Um sich von der Artillerie am Boden fernzuhalten, hatten sie aus großer Höhe abgeworfen, was bedeutete, dass die großen Propeller seiner Turboprop geradeswegs einen Tunnel durch eine Wolke aus Männern und Fallschirmen bohren würden.[2] Ein Stoß auf das Steuerhorn brachte sein Flugzeug auf neuen Kurs und vermied einen Zusammenstoß nur äußerst knapp.

«Los!« Abfertiger Zingraff zählte die Männer der 3. Kompanie beim zweiten Ausstieg und zählte sie noch einmal. Ein Schirm fehlte. Er lehnte sich hinaus und sah, dass der fehlende Fallschirmjäger immer noch am Flugzeug festgebunden war, das mit 400 Kilometer pro Stunde dahinraste, und verzweifelt mit seinem Kampfmesser an der Halteleine werkelte. Mit Gesten machte Zingraff ihm klar, damit aufzuhören, um zu vermeiden, dass er weit entfernt von der Abwurfzone landen würde. Da die C-130 nicht mit einer Winde ausgerüstet war, um den unglücklichen Mann an Bord zurückzuholen, blieb der italienische Legionär Strata, ein Veteran von sieben militärischen und vielen Abwürfen im zivilen Leben, gehorsam bis zum nächsten Ausstieg im Luftstrom. Dann schnitt Zingraff ihn ab und beobachte, wie er seinen Bauch-Fallschirm benutzte und eine erfolgreiche Landung hinlegte.

Für die anderen Männer dauerte der Absprung maximal 20 Sekunden, aber keiner hatte mit dem starken Nordwind gerechnet, der sie von dem Flieger-Klub weg und in die Gebäude der Neustadt blies. Von unten stiegen Leuchtspurgeschosse in Bögen zu ihnen hinauf, schlitzen saubere Löcher in den Fallschirmkappen – und in einige Körper. Häuser, Bäume, Wände rasten auf sie zu, dazwischen gab es drei Meter hohe, betonharte Termitenhügel. Das einzige, was sie tun konnten, war dem Wind zu trotzen, die Fangleinen zu ziehen, um die Schirme so weit wie möglich zu leeren, ihre Beine zusammenstellen, die Schulter hochzuziehen, die Ellenbogen in die Bauch-Fallschirme zu klemmen und ihre Knien zu entspannen, um wie eine Gummipuppe *roulé-boulé* zu landen.

Wer in Bäumen landete, kannte das Procedere. Er löste seinen Bauchschirm und seilte sich an den Fangleinen ab. Erulin landete auf einem Termitenhügel, war außer Atem und hatte einen Schnitt an seiner Wange, war aber sonst unverletzt. Viele Männer landeten im Elefantengras, das über ihre Köpfe ragte. Sie hatten die Orientierung verloren, bis ein Pfiff ihnen die Richtung vorgab. Andere stießen zwischen den dichten Grashalmen auf einen Tiger-Kämpfer, dann galt es zu töten oder getötet zu werden, wobei der schnellere Finger entscheidend war.

Ein Rätsel für Erulin war, was mit den acht Männern seiner Panzergruppe geschehen war, die weit entfernt von der Abwurfzone abgeworfen wurde. Sieben schafften es in den nächsten 24 Stunden zurück; der achte war bereits tot, bevor er auf den Boden traf; er war der erste Verlust des 2 REP in der Operation. Seine Leiche wurde von Kaplan Lallemand in seinen Fallschirm gewickelt und zur Beerdigung nach Korsika zurückgeflogen.

Der Job eines Funkers ist es, wie ein Blutegel an seinem Kommandanten zu kleben, egal was passiert. Als er aus dem Elefantengras hinauskam, wischte Hauptmann Gausserès den Staub aus seinen Augen, er konnte seinen Funker nicht finden, der sofort nach

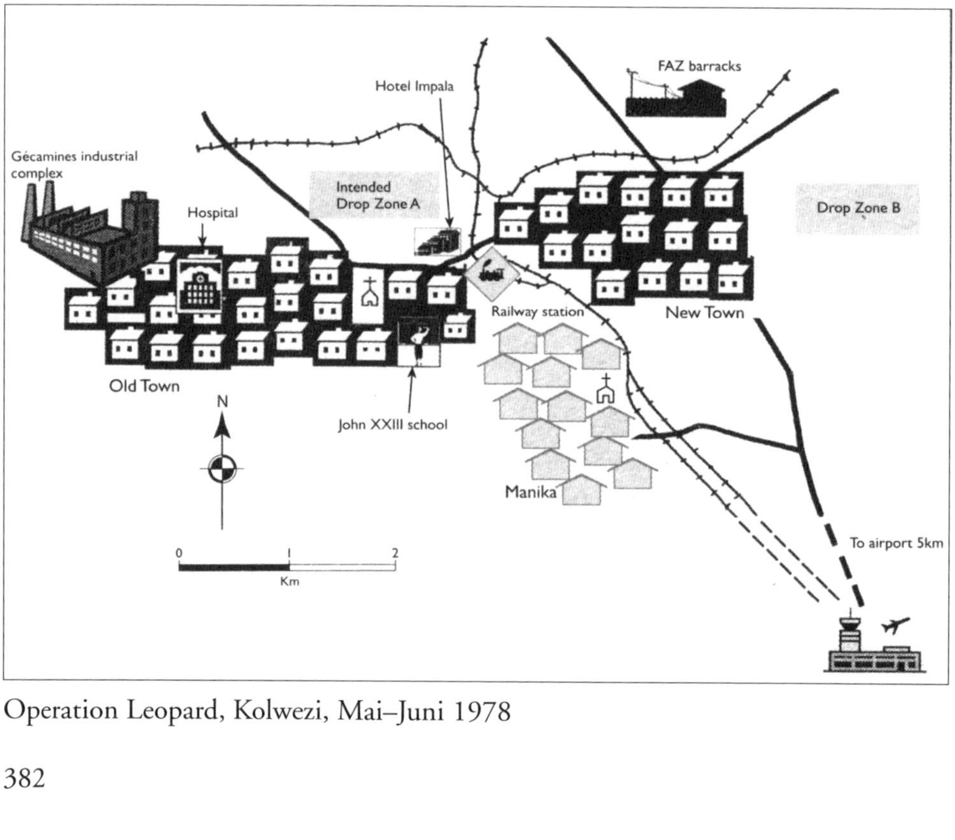

Operation Leopard, Kolwezi, Mai–Juni 1978

ihm gesprungen war und etwa das gleiche Gewicht hatte. Wo zum Teufel war er bloß? Er wollte nicht laut rufen und das Feuer der Rebellen auf sich ziehen. Aber er konnte sehen, dass der Legionär Lacan nicht weit entfernt war; er hing an seinem Schirm, der sich in den höchsten Ästen eines Riesenbaums verfangen hatte. Er seilte sich an den Fangleinen seines Bauch-Schirms ab, war aber immer noch etwa zwölf Meter über dem Boden, bis es ihm durch Schaukeln gelang, einen Ast zu greifen und den Rest des Weges zum Boden zu steigen und zu rutschen. Gausserès Offizier vom Dienst, Vittone, war vielleicht der glücklichste Mann in Kolwezi, da er in den Oberleitungen über den Eisenbahngleisen landete. Hätten die Rebelle nicht das Kraftwerk gesprengt, wäre er knusprig gegrillt worden.

Oberleutnant Bertrand Bourgain und seine Gruppe hatten den Auftrag, das Hauptquartier der Rebellen im Hotel Impala zu nehmen. Dank des Windes landete er direkt im Garten des Hotels, sammelte seine Männer und ging hinein. Der Gestank war unglaublich. Jedes Möbelstück und die gesamten Einrichtungen waren zertrümmert, als ob eine Herde Elefanten hier Amok gelaufen wäre. Und überall Blutflecken und offensichtlich Teile menschlicher Körper. Die Legionäre hielten den Atem an und versuchten, sich nicht zu erbrechen, als sie vorsichtig ihren Weg durch die Szenerie der Gewalt zum Keller wählten, wo der Gestank der Verwesung am Stärksten war. Drinnen lagen geschwollene Körper in einer von Fliegen bedeckten eitrigen Masse.

Bourgain rief Gausserès, und hörte die Antwort: »Schwarz zu Schwarz Eins. Over.«

»Habe etwa 20 Leichen entdeckt, aber das Hotel ist leer. Over.«

Die knappe emotionslose Funkmitteilung wurde an Erulin weitergeleitet, der fragte: »Schwarze oder weiße Leichen?« Er hoffte, Nachrichten, die er über Gras an Larzul weiterleiten konnte, über die sechs französischen Militärberater zu bekommen, die laut Gerüchten in dem Hotel gefangen gehalten worden waren.[3].

Bourgain erwiderte, »Nur Schwarze bislang. Suche weiter.«

Die Männer sahen überall Blut, sogar an den Decken und auf den Fenstersimsen, als ob verzweifelte, verwundete Menschen versucht hatten, sich hinauszustürzen und sie erbrachen sich inmitten der Zerstörung. Die unbenutzbaren Toiletten waren voller Blut, aber nirgendwo gab es ein Zeichen der sechs Berater, bis ein Legionär auf ein Notizbuch stieß, in dem einer von ihnen den Fortgang der Ereignisse dokumentiert hatte, Stunde um Stunde. Die letzte Notiz wurde um 08.00 Uhr geschrieben. An welchem Tag, würde nie jemand erfahren. Er las: »Schweres Maschinengewehr feuert auf das Hotel.«

Aber wo waren die Leichen?[4]

Gausserès war am Bahnhof, er überprüfte einen Munitionszug, der für die zairische Armee vorgesehen war. Er war nie entladen worden. Versiegelte Wagen enthielten 81mm Mörsergranaten, Handgranaten und Munition für Handwaffen. Das auf- und abschwellende Geräusch von Schüssen, als andere Einheiten Stützpunkte der Rebellen angriffen, wurde lauter und nachhaltiger: Mindestens zwei schwere Maschinengewehre feuerten und gelegentlich erklang der Donner eines Feldartilleriegeschützes.

Zum Glück hatte der Korporal der Panzerabwehr-Gruppe, die hinter Trümmern an der Brücke in die Neustadt Schutz gesucht hatte, sie eben gerade eingeholt. Ruhig ließ

Feldwebel Morin den ersten Panzerwagen der Rebellen am Mobutu-Boulevard herankommen: 150 Meter, 100 Meter, 50 Meter … Bei 30 Metern drückte Morin ab. Der Fahrer des brennenden Fahrzeugs wurde sofort getötet, aber zwei andere Rebellen konnten herauskommen und unter dem Schutz des Rauches fliehen. Ein zweiter Panzerwagen kam an, dessen Maschinengewehrschütze auf die Trümmer feuerte, hinter denen die Legionäre hockten.

Der Legionär Solatorenzo erwiderte mit disziplinierten kurzen Feuerstößen aus seinem leichten Maschinengewehr, um die Köpfe der Männer im Wagen unten zu halten und ihre Sicht einzuschränken. Mitten auf der Straße stand Feldwebel Laroche mit seinem Granatenwerfer auf der Schulter. Er zielte, als sei es Übung und wartete mit Nerven aus Drahtseilen, bis er das Ziel nicht mehr verfehlen konnte. Paff!

Als der zweite Panzerwagen außer Gefecht gesetzt war und brannte, sprangen noch zwei Rebelle heraus und entkamen in die Seitenstraßen. Ein Lkw der Rebellen, der durch den Rauch brach, wurde Solatorenzos nächste Ziel und schleuderte in eine Seitenstraße, als die Kugeln die Seiten der Plane durchbohrten.

In der ganzen Stadt hatten die Einheiten der Legion Feindberührung, aber Erulins professionelle Bewertung war, dass sich die Haupttruppe der Rebellen zurückgezogen und Abteilungen zurückgelassen hatte, um die Wiedereroberung der Stadt zu verlangsamen und so die Verfolgung zu behindern. Vielleicht waren sie aber auch Todeskommandos. Jedenfalls konnten seine Männer bei einem zufälligen Scharmützel genau so leicht wie in der Schlacht getötet werden. Wie um das zu unterstreichen, zwang ein Feuerstoß ihn und die Männer seines mobilen Kommandostandes sich zum Schutz in einen Graben zu werfen, als auf höherem Terrain eine Gruppe Rebellen in Sicht kam.

Bourgains Gruppe stieß von dem Massaker im Hotel weiter vor, bis sie auf eine stark verteidigte Straßenkreuzung traf. Der französische *caporal-chef* Lombard und der jugoslawische Legionär Golic waren beide qualifizierte Scharfschützen. Dies war die Situation, für die sie trainiert hatten. Innerhalb von Minuten hatten sie drei Katanger getötet. Die anderen flohen und ließen vier Waffen zurück: M 16 und Kalaschnikows. Dann feuerten Bourgains Männer eine Salve Gewehrgranaten auf den Stützpunkt in der technischen Schule. Die Rebellen darin flohen bevor sie von den Legionären überrannt werden konnten, und kamen leicht über die Brücke in das Eingeborenenviertel Manika. Das Gendarmeriegebäude, das als nächstes auf ihrer Liste stand, war ein schwierigeres Ziel. Der dänische Legionär Jansen erledigte mit seiner Maschinenpistole mehrere Rebellen aus kürzester Entfernung. Ein Katanger erschien hinter Feldwebel Touami aus dem Nichts und wollte gerade feuern. Bevor er abdrücken konnte, hatte ihn der Legionär Tavari – aus 15 Meter Entfernung und nur mit einer Pistole bewaffnet – mit seinem ersten Schuss erschossen.

Innerhalb der Gendarmerie war Bourgain der nächste, der beinahe die professionellen Dienste von Kaplan Lallemand gebraucht hätte. Er sah, wie ein Katanger den Splint einer Handgranate herauszog, bevor er sie in einen Raum voller Geiseln schleudern wollte. Er streckte den Rebell mit einem einzigen Feuerstoß nieder. Die scharf gemachte Handgranate rollte über den Boden zu ihm hinüber. »Alle raus!« schrie Bourgain und hechtete sich durch eine Türöffnung auf den Boden im Hinterhof, wo die Handgranate explodierte. Wie durch ein Wunder wurde niemand verletzt.

Im Gefängnis waren die Zellen mit Geiseln, sowohl schwarzen als auch europäischen, so voll gepackt, dass es keinen Platz gab, um sich hinzusetzen oder hinzulegen. Von Zeit zu Zeit waren in den vergangenen Tagen Männer nach draußen geschleppt und erschossen worden, was den physischen Druck gemindert, aber den mentalen Stress derjenigen, die immer noch drinnen waren, erhöht hatte. Einige Gefangene gingen auf die Straße, als sie Gefechtslärm näher kommen hörten und und ihre Wächter offensichtlich weg waren – sie wurden zur Zielscheibe eines Mobs der Miliz, die von den kubanischen Beratern der Katanger ausgebildet und der befohlen war, »sich zu befreien«, indem sie alle Weißen töteten. Dokumente, die später erobert wurden, bewiesen dies.[5] Die Männer, die mit Stöcken, Macheten und Messern bewaffnet waren, rasten auf die fassungslosen Geiseln zu.

Ein zairischer Offizier, der aus irgendeinem Grund nicht erschossen worden war, übersetzte den Europäern gerade noch rechtzeitig ihre verworrenen Schlachtrufe. Die liefen verzweifelt ins Gefängnis zurück und suchten Schutz in den stinkenden Zellen, die sie gerade eben verlassen hatten, aber wie in jedem Gefängnis war es unmöglich, die Türen von innen zu verriegeln. Männer rissen ihre dreckigen, blutbefleckten Hemden ab, knoteten sie zusammen zu einer Art Seil und verbanden die Türgitter mit den Fenstergittern. Als es sich zu dehnen begann, klammerten sich verzweifelte Männer an die Türgitter, um zu verhindern, dass sie aufgerissen wurden. Dabei hagelten die Schläge von den Waffen des Mobs auf ihre Hände und Unterarme.

Dann verschwanden die Amateur-Killer ohne Warnung so plötzlich wie sie gekommen waren. Von draußen hörten die erschöpften und verstörten Gefangenen, wie eine Stimmer rief: »*Armée francaise! Sortez, les mains en l'air!*«

»Kommen Sie mit erhobenen Händen raus!« das waren die schönsten Worte, die die Gefangenen je gehört hatten. Unrasierte Männer, Frauen und Kinder, die mit Blut und Exkrementen überdeckt waren, stolperten in den Hof, sie schrieen vor Erleichterung und Freude, als sie ihre Befreier sahen, die keine Minute zu spät gekommen waren. Sie weinten, sie konnten kaum stehen, sie wollten diese Männer berühren, die sie gerettet hatten. Einige, die nicht stehen konnten, hielten das Bein eines Legionärs fest oder berührten die Kappe seines Stiefels in Dankbarkeit für ihr Leben.

Unter den 26 Europäern und neun Schwarzen waren belgische und französische Bürger, Australier, Amerikaner – und der Feldwebel Catena, ein ehemaliger Fallschirmjäger der Legion. Einige der Kinder waren verwundet. Ein kleines Mädchen im Alter von fünf Jahren in einem Kleid, das mit dem Blut ihrer Mutter befleckt war, wiederholte ständig: »Sie haben meine Mutti getötet. Sie haben meine Mutti getötet.« Andere hatten gesehen, wie beide Eltern getötet wurden, bevor sie von fürsorglichen Erwachsenen »adoptiert« wurden, als sie in ihrer Not durch diesen Schlachthof der besetzten Stadt irrten.

Bourgains erste Sorge war, Medikamente für die Verletzten zu bekommen, und die anderen zu überzeugen, das Gefängnis nicht zu verlassen und zu riskieren, in die Feuergefechte zu geraten, die an allen Ecken tobten. »Wo sind die anderen Gefangenen?« fragte er. »Alle tot«, erwiderte jemand, der ruhiger als die Übrigen war.

Anderswo hörten Menschen, die sich in ihren verbarrikadierten Häusern versteckt hatten, wie Französisch sprechende Legionäre vorbeirannten. Ihnen wurde gesagt, sie sollten erst einmal bleiben, wo sie waren. Einige der Geiseln waren vor Kummer und Angst vollkommen durcheinander; andere waren völlig realistisch und boten den Legionären an, sie zu den nahe liegenden feindlichen Stützpunkten zu führen.

Die Aufgabe, das Krankenhaus wieder einzunehmen, war der 2. Kompanie zugeteilt worden, damit Chirurg Ferret und sein Ärzteteam Einrichtungen für mehr als nur erste Hilfe nutzen konnten. Was sie dort vorfanden, schloss dies vorübergehend aus. Alle medizinischen Vorräte waren gestohlen oder einfach zerstört worden. Sogar die Arzneischränke waren mit Gewehrkolben zertrümmert worden. Matratzen waren in Stücke gerissen worden und Betten, einige noch mit Insassen darauf, waren in die Aufzugschächte gestürzt worden.

In der Abenddämmerung fragten sich die Männer am Boden, wo die zweite Welle geblieben war. Die Männer in der zweiten Welle waren ebenfalls verblüfft. Oberst Gras hatte geplant, 200 Mann zu transportieren und abzuwerfen. Eigentlich musste er 50 mehr nach Kamina transportieren, einschließlich der sechs Unteroffiziere und 20 Legionäre unter Hauptmann Halber, den Super-Fallschirmjägern des 2 REP und Experten für HALO-Einsätze. Obwohl die Operation Leopard ihr besonderes Können nicht erforderte, wollten sie nicht in Kinshasa zurückgelassen werden, auch wenn das bedeutete, auf dem Mittelgang sitzend zu reisen. Der überraschendste Passagier in der DC 10, die sie nach Kamina brachte, war Oberst Larzul, der einen alten Kampfanzug mit nicht dazu passenden Teilen trug, den er unten in seinem Kleiderschrank gefunden hatte. Er sollte Oberst Gras' Verbindungsoffizier zum 2 REP sein, und hoffte immer noch verzweifelt auf Nachrichten von den sechs Männern, die in Kolwezi gewesen waren.

Die DC 10 landete kurz vor 16.00 Uhr in Kamina. Die Männer der zweiten Welle, die unbedingt an Bord des Abwurfflugzeugs kommen wollten, entdeckten, dass ihr erstes Hindernis der Mangel jeder Möglichkeit war, den Boden sechs Meter unter den offenen Ausgangstüren zu erreichen. In typischem Legions-Stil fanden sie eine einfache Lösung: Die Notrutschen benutzen. Die Crew aber schloss das aus, denn sie behauptete, dass ihre Stiefel und die Ausrüstung die Rutschen durchbohren würden. Als Oberst Larzul auf das Bodenpersonal hinunterschaute, das wegen der Ankunft eines so hohen Flugzeuges auf diesem militärischen Flugplatz fassungslos war, rief ihm ein Spaßvogel zu: »Los!«

Aber es war kein Platz für Späße. Wenn die zweite Welle nicht sehr bald startete, würde es an diesem Tag zu spät für einen Absprung sein, obwohl ihre Kameraden aus den anderen Kompanien im Gefecht waren, und die Geiseln, wegen deren Rettung sie diesen ganzen Weg unternommen hatten, mit jeder Stunde einem größeren Risiko ausgesetzt waren. Ein unternehmenslustiger belgischer Transportunternehmer brachte seinen Gabelstapler, um das Bodenpersonal in die Laderäumen zu heben und mit dem Entladen der Ausrüstung der Fallschirmjäger anzufangen, aber keiner hatte eine Ahnung, wie man die Männer aus der Hauptkabine herausbekommen sollte, bis eine Gangway »erweitert« wurde, indem eine Malerleiter darauf gestellt wurde. Alle 250 Männer benutzten sie, um endlich hinunter auf den Boden zu steigen.

Die Fallschirmjäger hatten aus den Erfahrungen der ersten Welle gelernt und hatten lange Leinen und Draht vorbereitet, mit denen sie ihre Ausrüstung an die amerikanischen Gurte binden konnten. Während sie dies taten, landeten die Abwurfflugzeuge nach ihrer Rückkehr von Kolwezi. Vielleicht aus Sorge, dass die Motoren ganz stehen bleiben würden, reduzierten die Piloten die Motorgeschwindigkeit nicht bis in den Leerlauf. In dem ungeheuren Lärm von 16 Turbopropeller-Motoren, die einige Männer zwei Tage lang taub werden ließ, kletterte die zweite Welle an Bord. Etwas mehr als eine Stunde, nachdem sie in Kamina gelandet waren, rollten sie die Startbahn mit Ziel Kolwezi entlang – das dachten sie.

Im Westen versank die Sonne hinter dem Horizont. In Kolwezi kamen sie bei wolkenlosem Himmel in einer Vollmondnacht an. Das rote Licht war an, die Fallschirmjäger seufzten auf. Das war es, wofür sie gekommen waren. Nachtabwürfe waren Teil ihrer Ausbildung.

«Kommt hoch! Anhaken!"

Die Abfertiger waren sich bewusst, dass die Flugzeuge immer noch viel zu hoch waren. Die Anführer der ersten Gruppen schauten in die Dunkelheit hinaus und sahen den Grund. Linien aus Leuchtspurgeschossen kamen ihnen entgegen. Andere Leuchtspurgeschosse umrissen die andauernden Gefechte auf dem Boden. Die Piloten hatten nicht die Absicht, tiefer zu gehen. Dann ging das rote Licht aus, und die Abfertiger schoben die ersten Männer von den Türen zurück. Oberst Erulin, 400 Meter unter ihnen, hatte sich entschieden, keinen Nachtabwurf zu riskieren. Er war zuversichtlich, dass die Haupttruppe der Katanger weit weg war, und war mehr als zufrieden mit dem Fortschritt, den die erste Welle erreicht hatte. So hatte er den Abwurf abgesagt, um unnötige Verluste zu ersparen, obwohl er wusste, wie frustriert die Männer über ihm sich fühlen würden.

Da sie in der Dunkelheit nicht in Kamina landen konnten, nahmen die C-130s nun Kurs auf Lumumbashi. In den Rümpfen mussten die Fallschirmjäger nun noch mehr Qualen erleiden. Sie waren eingepfercht, es war unmöglich, die Sitze wieder runterzukriegen. Mit verbogenen Beinen und den Köpfen unter der Decke verdreht, klammerten sie sich aneinander und an alles, was sonst in ihrer Reichweite war. Einige litten für den Rest des Fluges nach Lumumbashi an furchtbaren Krämpfen. Als sie um 19.30 Uhr landeten, taumelten sie auf den Boden, erleichterten sich und verbrachten die Nacht zusammengeknäult, um sich gegenseitig zu wärmen, auf dem Beton unter den Flügeln der Abwurfflugzeuge.

Die Abneigung der Katanger, nach Einbruch der Dunkelheit zu kämpfen, wenn sie es vermeiden konnten, machte es Bourgain und seinen Männern möglich, die befreiten Geiseln aus dem Gefängnis zur technischen Schule zu begleiten, wo es einfacher sein würde, sie zu schützen. Um 20.30 Uhr verlegte Erulin sein Hauptquartier in das Gymnasium Joahnnes XXIII. durch eine Menge von Zivilisten hindurch, die die Ausgangssperre der Legion, die in ihrem eigenen Interesse verordnet worden war, ignorierten. Sie waren nämlich gekommen, um Erulin, seinen Offizieren und Männern sowie Präsident Giscard dafür zu danken, dass sie sie gerettet hatten.

Oberstleutnant Bénézit sollte ihnen zuhören, sie beruhigen und versuchen, sie in Sicherheit zurückzuschicken, während Erulin mit Coevoet und Hauptmann Thomas, dem Nachrichtenoffizier, eine Tagesbilanz der Operation zog. Es war erstaunlich: Das 2 REP verzeichnete einen Toten, drei oder vier Verwundete und den größten Teil der Panzerabwehr-Gruppe immer noch vermisst, wohl aber nicht in Kampfhandlungen. Eine Überprüfung der eroberten Dokumente zeigte, dass die katangischen/angolanischen Truppen aus elf Bataillonen mit je 300 Mann bestanden, sechs weitere Bataillone sicherten die Achse des Vorstoßes. Die Bewaffnung bestanden unter anderem aus chinesischen 82 mm Mörsern, französischen 81mm Mörsern und 60 mm Mörsern.

Über die Menschen trafen jedoch immer noch schreckliche Berichte ein. Als er sich der Schlachthofszene in den Büros der Baron Levèque Company näherte, empfand Hauptmann Gausserès den Gestank von Leichen noch stärker als anderswo. Er und seine Männer wählten ihren Weg über den Boden sorgfältig, der mit Leichen buchstäblich übersät war. Die Verwesung war so weit fortgeschritten, dass Gausserès die Tatzeit auf Dienstag oder spätestens Mittwoch schätzte. Im Mondlicht lag hier das Bein eines Mannes, das von umherstreunenden Hunden bis auf die weißen Knochen abgenagt worden war, hier lag eine Frau mit aufgeschlitztem Unterleib. Und dort war ein kleines Mädchen, dem sie das Bein abgerissen hatten. Die Leichen der Kinder erschütterten die Legionäre am meisten, sie schwankten zwischen dem Impuls, sich zu erbrechen oder zu weinen.

Die Nacht hindurch gab es immer wieder Schießereien. Kurz bevor die zweite Welle um 05.00 Uhr am Samstagmorgen kommen sollte, gab Erulin den Bodenkompanien bereits neue Aufgaben. Die zweite Welle landete ohne Zwischenfall, sie wurde von hunderten Europäern beobachtet, die das Vergnügen genossen, zum ersten Mal seit einer Woche in ihre Gärten hinausgehen zu können.

Während die 3. Kompanie vorsichtig das Eingeborenenviertel betrat, wo das Militär untergetaucht war und immer noch hätte Geiseln töten könnte, erhielten sie die Vorwarnung, dass bald mehrere Flugzeuge mit belgischen Truppen auf dem normalen Flughafen fünf Kilometer außerhalb der Stadt landen würden. Wie immer, wenn »Freunde« aus einer anderen Richtung und ohne gemeinsame Funkfrequenz kommen, war Erulin bemüht, jede Konfrontation zwischen ihnen und der 3. Kompanie zu vermeiden.

Trotz der Nächte ohne Schlaf und aller unglücklichen Verspätungen begannen die Legionäre sich zu entspannen. Ein Witzbold mutmaßte, dass die Sonne hier, nämlich südlich des Äquators, an der falschen Stelle stand. Die Kompanie von Gausserès rannte direkt in die Belgier hinein, als sie die protestantische Kirche in Manika einnahm. Ein Feuergefecht konnte knapp vermieden werden, und Gausserès umarmte einen alten Kumpel. Der belgische Hauptmann de Wulf hatte mit ihm vor weniger als zwölf Monaten einen Luftlande-Lehrgang besucht. Die Differenzen der Regierungen waren vergessen, und die beiden Hauptleute tauschten Einzelheiten ihrer Einsätze aus.

Zur Überraschung von Gausserès – und zur Verblüffung von Erulin – waren die Belgier nicht gekommen, um die Legion zu unterstützen, sondern nur, um alle europäischen Zivilisten zu evakuieren. Obwohl der erste Kontakt ohne Verluste ablief, dauerte es nicht lange, bis von den Belgiern nachhaltiges Feuer kam. Sie feuerten weiter, bis Gausserès aufsprang, energisch seinen Stahlhelm aufsetzte und wenig höflich schrie, dass die Rebellen keine Helme trügen. Was für ein Tag, dachte er, gefangen zwischen der FNLC, die in Manika zurückgebliebenen war, und den Männern von König Baudouin, die frisch aus Brüssel angereist kamen!

Im Gegensatz zur Legion waren die Belgier an Bord der US C-130s stilvoll angekommen. Die Buffalo von Oberst Gras stand ebenfalls endlich am Boden. Als erstes erfuhr er, dass die Belgier den Befehl hatten, die Geiseln und sich selber innerhalb von 72 Stunden zu evakuieren. Gras war über die Idee erbost, Kolwezi als Geisterstadt und damit frei für die Plünderung dessen, was noch nicht geplündert worden war, zu hinterlassen. Aber die Belgier wollten nicht hören. Sie hatten ihre Befehle, so wie er seine hatte.

Die Befreiung von Kolwezi durch die Legion ging weiter. Die Geschäfte in der Avenue Burga, die noch vor Plünderern geschützt worden waren, als Marc Fauroux zu dem geschleppt worden war, was beinahe seine Hinrichtung gewesen wäre, waren nun hohle Hüllen, in denen alles zertrümmert worden war. Die gesamte Einrichtung war herausgerissen und auf der Straße zu Staub zermahlen worden. Das Schlimmste für die Legionäre und die Menschen, die sie befreit hatten, waren der Gestank und das Blut. Die hungrigen, durstigen, und um den Schlaf gebrachten Männer, traten mit jedem Schritt in das Blut ermordeter Menschen, als sie ihre Aufgabe weiter erfüllten: Kolwezi zu sichern, damit das normale Leben weitergehen konnte.

Die Katanger hatten wahllos Schwarze und Europäer getötet. Erschütternd in dieser albtraumhaften Szenerie waren die angeschwollenen Leichen der Europäer, denen die Vögel die Augen ausgehackt und die Hunde die Gliedmaßen halb abfressen hatten. Sie waren schwarz geworden, während die afrikanischen Leichen im Sonnenlicht eine graue Farbe angenommen hatten.

Für die verwundeten Überlebenden war Hilfe unterwegs. Nachdem er das Krankenhaus unbrauchbar vorgefunden hatte, entdeckte Hauptmann Ferret in der benachbarten Klinik zehn europäische Ärzte, die ihr Bestes taten, um die medizinischen Vorräte wieder aufzufüllen. Sie waren am Leben geblieben, weil sie verwundete Tiger-Kämpfer operiert hatten, bis der Rückzug begann und die Rebellen-Kommandanten ihren Männer befohlen hatten, zurück nach Angola zu marschieren. Diejenigen, die nicht gehen konnten, hatten ihre Kameraden erschossen.

Ferret ließ sie ihre gute Arbeit weiter machen und kehrte zur Bar des Hotels Impala zurück, wo er das Lazarett der Legion organisiert hatte. Feldwebel Jean Prudence, der in Brust und Niere geschossen worden war, wurde am Nachmittag von einem indischen Chirurgen operiert, dem von einem schwarzen Chirurgen und einem französischen Anästhesisten assistiert wurde. Am Nachmittag bat Ferret die Belgier am Flughafen dringend um medizinische Vorräte und war überrascht zu sehen, dass belgische Ärzte aus der Klinik an Bord der Evakuierungsflugzeuge gingen. Sie hatten den Befehl, zu gehen und ihre europäischen Patienten mitzunehmen, aber an Bord der Evakuierungsflugzeuge gab es

»keinen Platz für Schwarze« – nicht einmal für die Frau und die Kinder von Ingenieur Henri Jagodinski, für die die Legion Platz in einem anderen Flugzeug fand. Am Montag waren Ferret und zwei zairische Allgemeinärzte, die einzigen Mediziner, die in Kolwezi zurückgeblieben waren, bis Ferrets Nr. 2, Hauptmann Morcillo, aus Korsika eingeflogen wurde, um auszuhelfen.

In den benachbarten Städtchen Metal-Shaba, Luilu und Kapata gingen die Gefechte mehrere Tage weiter. Am Sonntag, den 21. Mai, flog Botschafter Ross ein, um mit Oberst Gras durch Kolwezi zu fahren und sich Notizen für einen nüchternen Bericht der Ereignisse zu machen, der nach Paris geschickt werden sollte. Am Abend erschien Präsident Mobutu mit seinem Flugzeug, um der Legion persönlich für eine tadellos ausgeführte Operation zu danken.

Aber die Legion hatte nicht aufgehört, ihr Blut zu vergießen. Als er zurück nach Lumumbashi beordert wurde, nachdem er Kolwezi an die FAZ übergeben hatte, erfuhr Morcillo von zivilen Kollegen, dass im Krankenhaus Menschen aus Mangel an Blutkonserven starben. Die zairischen Soldaten weigerten sich, Blut zu spenden, da sie glaubten, das würde ihre Leben verkürzen, so dass das 2 REP – jeder Offizier, Unteroffizier und Mann – sich freiwillig meldete.

Bevor es Zaire am 6. Juni verließ, dem 34. Jahrestag des D-Day, verwendete das Regiment so viel Energie darauf, die Ausrüstung zu polieren und die Uniformen zu reinigen, wie zum Bekämpfen der Katanger. Der Grund war eine Siegesparade durch die Straßen von Lumumbashi zur Freude der Einwohner – Schwarze und Europäer. Erulin marschierte an der Spitze seiner Männer. Das Regimentslied, das sie so unisono sangen als sie marschierten, ist nicht übersetzbar. Die Worte sind ziemlich furchtbar, sogar auf Französisch. Aber der Sinn ist schön, und die letzten Zeilen sind immer klar: »*Nous sommes fiers d'appartenir au 2e REP.*«

Wir sind stolz, dem 2 REP anzugehören, sangen sie, und sie hatten dazu jedes Recht. Um ein Zitat des Soldaten, Journalisten und Politikers Winston Spencer Churchill zu borgen: Das war ihre beste Stunde. Der Preis, den sie dafür bezahlt hatten, waren fünf tote Männer und 20 Verwundete.[6] Die Namen der Opfer geben einen Eindruck ihrer Herkunft, bevor die Legion ihre Heimat wurde: Allioui, Arnold, Becker, Clément, Harte, Jakovic, Marco, Muoz, Raymond, Seeger, Svoboda …

Das oben Beschriebene ist nur als ein Beispiel dessen, was Oberst Erulins Legionäre in einer ultimativen Bewährungsprobe der Ausbildung erreichten, die Offiziere und Männer aus so vielen verschiedenen Ländern zu einer hervorragend ausgebildeten Kampfmaschine zusammenschweißte. Man könnte ein ganzes Buch über das Leiden der Geiseln von Kolwezi schreiben und über das Heldentum der Legionäre, die ihr Leben riskierten, um die Überlebenden zu befreien und dabei ihren Sinn für Humor und Disziplin behielten, trotz aller unnötigen Hindernisse, mit denen sie in Form von Ignoranz und Inkompetenz konfrontiert worden waren.

Keine Armee auf der Welt hat unter solch widrigen Umstände je besseres oder mehr geleistet. Wenn die Legion weiterhin eine Rechtfertigung für ihre Existenz braucht, ist das Kolwezi.

ANHANG A

Dienstgrade im Vergleich

Französisch	**Britisch**	**Deutsch (Heer)**
engagé volontaire	recruit	Schütze
légionnaire 2ème classe	private	Gefreiter
légionnaire 1ère classe	lance-corporal	Obergefreiter
caporal	corporal	Hauptgefreiter
caporal-chef	–	Stabsgefreiter
sergent	sergeant	Unteroffizier
sergent-chef	staff sergeant	Stabsunteroffizier
adjudant	warrant officer class 2	Feldwebel
adjudant-chef	warrant officer class 1	Oberfeldwebel
aspirant	2nd lieutenant	Leutnant
lieutenant	lieutenant	Oberleutnant
capitaine	captain	Hauptmann
commandant	major	Major
lieutenant-colonel	lieutenant-colonel	Oberstleutnant
colonel	colonel	Oberst
général de brigade	brigadier	Brigadegeneral
général de division	major-general	Generalmajor
général de corps d'armée	lieutenant-general	Generalleutnant
général d'armée	general	General
maréchal de France	field marshal	Feldmarschall

ANHANG B

Glossar

ALE	Les Archives de la Légion Etrangère in Aubagne – Archiv der Fremdenlegion in Aubagne
ALN	Armée de Libération Nationale – der bewaffnete Flügel der FLN
Araber	locker benutzt, um Einwohner des Maghreb zu bezeichnen, darunter auch nicht arabisch Sprechende wie die Berber
bataillon de marche	zeitweise aufgestelltes Bataillon für eine spezifische Operation
BEP	Bataillon Etranger de Parachutistes – Fallschirmjäger-Bataillon der Legion
bey, or dey	gewählter türkischer Gouverneur
bled	Land, Wildnis, auch Dorf
BMC	*bordel mobile de campagne* – mobiles Soldatenbordell
bo-doi	Viet Minh Soldat
Boudin, Le	Berühmtestes Marschlied und Hornsignal – buchstäblich »Schwarzer Pudding«, verschiedentlich wird aber angenommen, dass es sich auf die eingerollte Decke, den Mantel oder das Zelt bezieht, das ursprünglich auf dem Tornister getragen wurde
BSLE	Bureau de Sécurité de la Légion Etrangère – Büro der Fremdenlegion für interne Sicherheit
cafard	Kakerlake
cafard (*avoir le*)	schwer deprimiert sein
caïd	örtliche arabische Beamte, auch Slang für »Chef«; auch das Trompetensignal für den Oberst des Regiments

Camerone (*faire*)	Gefecht bis zur letzten Kugel
can-bo	politischer Offizier der Viet Minh
colon	Europäischer Siedler
congai	Vietnamesische Frau oder Mätresse
convoyeuse	begleitende Krankenschwester
corvée	Arbeitsdienst
DBLE	Demi-Brigade de la Légion Etrangere – Halbbrigade der Legion
Deuxième Bureau	Französischer militärischer Nachrichtendienst
djebel	Berg
DZ	Abwurfzone einer Fallschirmoperation
ETA	Voraussichtliche Ankunftszeit
Evasan	Abtransport Verletzter aus »unsicheren Gebieten«
fellagha, Mehrzahl *fellouze*	ALN-Kämpfer (meistens abgekürzt als *fell*)
FLN	Front de Libération Nationale – die größte anti-französische Unabhängigkeitspartei in Algerien
GIGN	Groupe d'Intervention de la Gendarmerie Nationale – Frankreichs bekannteste Anti-Terror-Einheit
gnouf	Gefängnis der Legion
goum, or *goumier*	Nordafrikanische eingeborene Infanterie auf der französischen Seite
HALO	High Altitude Low Opening – Ein freier Fall aus großer Höhe, bei dem der Fallschirm spät geöffnet wird, benutzt bei Geheim-Einsätzen
harka	eine arabische Kriegspartei
harki	algerischer Soldat, der für die französische Armee arbeitet
katiba	Kompanie der ALN
képi	feste französische Militärmütze
ksar oder *ksour*	ein befestigtes Dorf
lazaret	Krankenhaus, besonders für ansteckende Krankheiten
LURP	(Mitglied einer) länger dauernden Aufklärungs-Patrouille
maghrebin	nordafrikanischer Araber
mechta	Nachbarschaft eines Dorfes
pied-noir	ursprünglich Synonym für *maghrebin*, später ein europäischer Siedler im französischen Nordafrika
razzia	Übergriff nach dem Prinzip der verbrannten Erde
RCP	Régiment Colonial de Parachutistes – Kolonial-Fallschirmjäger-Regiment der Legion
REC	Régiment Etranger de Cavalerie – Kavallerieregiment der Legion

régiment de marche	zeitweilig aufgestelltes Regiment für einen spezifischen Feldzug
REI	Régiment Etranger d'Infanterie –Infanterieregiment der Legion
REIM	Régiment Etranger d'Infanterie de Marche – temporäres Infanterieregiment der Legion
REMF	ein allgemeiner militärischer Begriff, den man höflich als »rückwärtige Streitkräfte« definieren könnte
REP	Régiment Etranger de Parachutistes –Fallschirm-regiment der Legion
Rif	Teil des Atlas-Gebirges in Marokko
Riffian	ein Berber – Bewohner der Rif-Region
RMLE	Régiment de Marche de la Légion Etrangère – ein zeitweilig aufgestelltes Regiment von Männern aus anderen Einheiten für eine spezifische Operation
RMVE	Régiment de Marche des Volontaires Etrangers – ein zeitweilig aufgestelltes Regiment von ausländischen Freiwilligen
SDECE	Service de Documentation Extérieur et de Contre-Espionage – französischer Geheimdienst
SHAT	Service Historique de l'Armée de Terre
Spahi	Nordafrikanischer Kavallerist auf französischer Seite – zuerst Araber, später Europäer
taule	Slang für Gefängnis
tirailleurs	leichte Infanterie
willaya	eines der fünf regionalen Kommandos der ALN
Zouave	algerischer Infanterist, später Franzose, der aber die gleiche maurische Uniform trug

Anmerkungen und Quellen

Wenn nicht anders ausgewiesen, wurden Übersetzungen vom Autor angefertigt. Viele Ortsnamen haben sich seit den beschriebenen Ereignissen geändert, z.B. Philippeville, nun Skikda. Wenn die ehemaligen Namen nicht bekannt sind, sind in dem Text moderne Namen benutzt worden, um den Bezug zu den Landkarten zu erleichtern.

SHAT – Dokument im Service Historique de l'Armée de Terre, Vincennes
ALE – Dokument im Archives de la Légion Etrangère, Aubagne

Einleitung

1. *»Il sentait bon le sable chaud.«*
2. *» … devenu fils de France, non par le sang reçu mais par le sang versé«* (Pascal Bonetti, 1920).
3. *»Vous autres légionnaires sont soldats pour mourir, et je vous enverrai là où on meurt«*

Kapitel 1

1. Die von den Franzosen gebauten Hauptstraßen, bekannt als *routes coloniales*, sind immer noch die Hauptrouten des vietnamesischen Straßennetzes. Da viele der *routes coloniales* später von den Amerikanern benutzt und in Highway One, Two, usw., umbenannt wurden, werden sie deshalb so in diesem Buch bezeichnet, und nicht nach französischem Gebrauch als RC 1, RC 2.
2. P. Bonnecarrère, *Par le sang versé*, Paris, Presses de la Cité, 1989, S. 388–390.
3. SHAT, 10 H 1142, 18. August 1950.
4. Bonnecarrère, *Sang versé*, S. 418.
5. Eine alternative Version ist, dass ein schriftlicher Befehl an Lepage von einem leichten Erkundungsflugzeug, das unter der niedrigen Wolkendecke flog, abgeworfen wurde, um den Mangel an Funkkommunikation aufgrund des Terrains und der meteorologischen Bedingungen auszugleichen.
6. Bonnecarrère, *Sang versé*, S. 431–432.

7. Bonnecarrère, *Sang versé*, S. 421. Der Vorfall ist interessant, da er Chartons Aussage bestätigt, dass die Einheimischen nicht gezwungen worden waren, mitzukommen oder als menschliche Schutzschilde benutzt zu werden.
8. Bonnecarrère, *Sang versé*, S. 422.
9. Bonnecarrère, *Sang versé*, S. 426–427.
10. B. Cabiro, *Sous le béret vert*, Paris, Plon, 1987, S. 252.
11. General R. Huréu und General H. de la Barre de Nanteuil, zitiert in T. Geraghty, *March or Die*, London, Grafton, 1986, S. 287.
12. Cabiro, *Béret vert*, S. 256.
13. Historiker Philippe Devillers in »Les Brûlures de l'Histoire«, ausgestrahlt in FR3 TV, 26. April 1994.
14. Damals Bône genannt.
15. Siehe S. 410–411 des Memorandums für den Verteidigungsminister vom Vorsitzenden der vereinigten Stabschefs, datiert vom 28. August 1953 mit dem Titel »Subject: The Navarre Concept for Operations in Indochina«, eine Zusammenfassung des Papiers *Principles for the Conduct of the War in Indochina*, eingereicht von Navarre an Lt Gen O'Daniel, Leiter der US-Militärmission in Vietnam. Zugänglich in *The Pentagon Papers*, Gravel Edition: www.mtholyoke.edu/acad/intrel/pentagon/doc17.htm
16. Siehe S. 8/18 der Doktorarbeit, 1991 verfasst von Major Harry D. Bloomer für das United States Marine Corps Command and Staff College, *An Analysis of the French Defeat at Dien Bien Phu*, zugänglich unter: www.globalsecurity.org/military/library/report/1991/BHD.htm.
17. Bloomer, *Dien Bien Phu*, S. 3/18 und 12/18.
18. Devillers Funkspruch.

Kapitel 2

1. C. Jacquemart, *Le Figaro*, 7. Mai 2004.
2. E. Bergot, *Les 170 jours de Diên Biên Phu*, Paris, Presses de la Cité, 1979, S. 45–48.
3. *Ibid.*, S. 52.
4. *Ibid.*, S. 53.
5. *Ibid.*, S. 57.
6. Devillers Funkspruch.
7. Bergot, *Les 170 jours*, S. 60–61.
8. Bloomer, *Dien Bien Phu*, S. 14/18.
9. P. Grauwin, *Doctor at Dienbienphu*, London, Hutchinson, 1955, S. 169 (gekürzt vom Autor).
10. Grauwin, *Doctor at Dienbienphu*, S. 278 (gekürzt vom Autor).
11. *Ibid.*, S. 156 (gekürzt vom Autor).
12. Geraghty, *March or Die*, S. 293.
13. *Ibid.*, S. 294.

14. Devillers Funkspruch.
15. L. Greisamer, *Le Monde*, 13. Juli 2004.
16. *Ibid.*
17. E. Bergot, *Convoi 42*, Paris, Presses de la Cité, 1986, S. 91.
18. In *Convoi 42*, Bergot beschreibt die Quälerei akkurat, aber in fiktiver Form, um die Benutzung der realen Namen zu vermeiden.

Kapitel 3

1. Das Ende des Zweiten Weltkrieges in Europa.
2. Begründeten Schätzungen zufolge betrug die Zahl 6.000. Radio Cairo behauptete, 50.000 seien gefallen.
3. B. Stora, *Histoire de la Guerre d'Algérie*, Paris, Editions La Découverte, 2004, S. 15.
4. *Ibid.*, S. 18.
5. Douglas Porch, *The French Foreign Legion*, London, HarperPerennial, 1992, S. 572–573.
6. Eine Abkürzung von *fellagha*, Mehrzahl *fellouze*.
7. Interview mit dem Autor.
8. Interview mit dem Autor.
9. In seiner Rede vor dem Unterhaus am 4. November 1956.
10. P. Sergent, *Ma Peau au bout de mes Idées*, Paris, La Table Ronde, 1967, S. 154–156, 242.
11. Gen P. Aussarès, *Pour la France*, Paris, Editions du Rocher, 2001, S. 265–267.
12. Stora, *Guerre d'Algérie*, S. 25.
13. *Ibid.*, S. 27.
14. S. Murray, *Legionnaire*, London, Sidgwick & Jackson, 1989, S. 172.
15. Interview mit dem Autor.
16. J.W. Worden, *Wayward Legionnaire*, London, Futura, 1989, S. 94–96.
17. *Ibid.*, S. 104–105.
18. *Ibid.*, S. 104.
19. *Ibid.*, S. 105.
20. *Ibid.*, S. 177.
21. Aussarès, *Pour la France*, S. 267.

Kapitel 4

1. *La guerre d'Algérie en photos*, Paris, EPA, 1989, S. 46.
2. *Ibid.*, S. 61.
3. Französische Handgranaten hatten längere Zünder als die amerikanischen. Als die letzteren an die Männer ausgeben wurden, die daran nicht gewöhnt waren, wurde die Sache »interessant«.
4. Französischer Name, Philippeville.
5. Cabiro, *Béret vert*, S. 330.

6. Murray, *Legionnaire*, S. 131–134.
7. Cabiro, *Béret vert*, S. 357–360.
8. *Ibid.*, S. 362.
9. Murray, *Legionnaire*, S. 135–138.
10. *La guerre d'Algérie en photos*, S. 111.
11. Worden, *Wayward Legionnaire*, S. 112.
12. Cabiro, *Béret vert*, S. 365–368.
13. *Ibid.*, S. 371–373.
14. Murray, *Legionnaire*, S. 172.
15. *Ibid.*, S. 169–181.
16. Stora, *Guerre d'Algérie*, S. 90.
17. *Ibid.*, S. 90 fügt noch 16.378 zu dieser Kategorie hinzu.
18. Zahlen aus offiziellen Berichten und zitiert in Stora, *Histoire de l'Algérie depuis l'Indépendence*, Paris, La Découverte, 2004, S. 15, 25, 32, 34.
19. Stora, *Guerre d'Algérie*, S. 90 zitiert die Zahlen der Renseignements Généraux mit 15.000 Opfern mörderischer Fehden und weiteren 2.000 ALN, die von den tunesischen und marokkanischen Streitkräften getötet wurden.
20. *La guerre d'Algérie en photos*, S. 90.
21. Er wurde *la guerre des sables* genannt – der Krieg der Sande.
22. Die *départements d'outre-mer* und *territoires d'outre-mer*, bekannt als DOM-TOMs.

Kapitel 5

1. P. Meyer (ed.), *L'Histoire de Guillaume le Maréchal*, Band III, Paris 1901, S. 171.
2. B. Stora, *Histoire de l'Algérie Coloniale*, Paris, La Découverte, 2004, S. 12.
3. *Chronique de France et des Français*, Paris, Larousse 1987, S. 837.
4. Col P. Azan, *L'Armée d'Afrique 1830–1852*, Paris, Plon, 1936, S. 124 (kursiv vom Autor).
5. SHAT, Xb 725, 16. Juli 1831.
6. Porch, *French Foreign Legion*, S. 6.
7. SHAT, Xb 726, 30. Juni 1831 (kursiv vom Autor).

Kapitel 6

1. Der vollständige Name *el djazaïr beni Mezghana* bedeutet »die Inseln der Söhne von Mezghana«. Die vier Inselchen wurden miteinander verbunden, um die frühen Hafenmauern zu bilden.
2. Zitiert in R.C. Anderson, *Devils, Not Men*, Newton Abbot, David & Charles, 1988, S. 30.
3. J. Wellard, *The French Foreign Legion*, London, André Deutsch, 1974, S. 23–24.
4. Bedeutet »Westen« auf arabisch.
5. Anderson, *Devils*, S. 31.

6. L'Aiglon.
7. Der gleiche Mann, der Napoleons Polizeiminister gewesen war.
8. Azan, *L'Armée d'Afrique*, S. 47.
9. SHAT, Xb 725, 1. Dezember 1832.
10. Azan, *L'Armée d'Afrique*, S. 80–81.
11. *Ibid.*, S. 50.
12. SHAT, 764, 1. Januar 1884.
13. General P.A. Grisot und Oberleutnant E. Coloumbon, *La Légion Etrangère de 1831–1987*, Paris, Berger-Levrault, 1888, S. 97.
14. C.-A. Julien, *Histoire de l'Algérie Contemporaine*, Paris, PUF, 1964, S. 272.
15. Wellard, *French Foreign Legion*, S. 12.

Kapitel 7

1. Porch, *French Foreign Legion*, S. 27.
2. Wellard, *French Foreign Legion*, S. 41.
3. Porch, *French Foreign Legion*, S. 34.
4. Wellard, *French Foreign Legion*, S. 45.
5. Anderson, *Devils*, S. 35.
6. Azan, *L'Armée d'Afrique*, S. 251.
7. *Ibid.*, S. 307.
8. Wilhelm von Rahden, *Wanderungen eines alten Soldaten*, Berlin, Alexander Duncker, 1851, Band III, S. 251 (verkürzte Übersetzung des Autors).
9. Azan, *L'Armée d'Afrique*, S. 523.
10. Germain Bapst, *Le Maréchal Canrobert*, Band I, Paris, Plon, 1913, S. 357.

Kapitel 8

1. A. St. Arnaud, *Lettres du Maréchal St. Arnaud*, Paris, Calmann-Levy, 1864, S. 139.
2. *Ibid.*, S. 131.
3. Porch, *French Foreign Legion*, S. 61 (gekürzt vom Autor).
4. *Ibid*, S. 64–65.

Kapitel 9

1. Col P. Azan, *Par l'épée et par la charrue. Ecrits et discours du Général Bugeaud*, Paris, Presses Universitaires de France, 1948, S. 112.
2. Lady Duff Gordon, *The French in Algeria*, London, John Murray, 1855, S. 26.
3. *Archives d'Outre-mer*, 18. Juni 1842, zitiert in Porch, *French Foreign Legion*, S. 76.
4. Bapst, *Canrobert*, Band I, S. 255.
5. J. de la Faye, *Souvenirs du Général Lacretelle*, Paris, Emile Paul, 1907, S. 1–2.
6. Formerly Mogador.

7. P. de Castellane, *Military Life in Algiers*, London, Hurst & Blackett, 1853, Band I, S. 237–238.
8. Wellard, *French Foreign Legion*, S. 14.
9. Porch, *French Foreign Legion*, S. 82.

Kapitel 10

1. *Chronique*, S. 893–897.
2. Es gibt einen ausgezeichneten Bericht mit Landkarten und Fotografien unter www.xenophongi.org/crimea/waralma/alma.htm.
3. In dem Werk bekannt als *rei militaris instituta.*
4. Siehe den Bericht unter www.xenophongi.org/crimea/war/balaklava/balabat.htm.
5. Siehe *inter alia* unter www.lourmel-algeriefrancaise.com/un%20peu%20d'histoire.htm.
6. Porch, *French Foreign Legion*, S. 126.

Kapitel 11

1. Count G. de Villebois-Mareuil, 'La Légion Etrangère', *La revue des deux mondes*, Band 134, 1896, S. 876.
2. Porch, *French Foreign Legion*, S. 133.
3. Porch, *French Foreign Legion*, S. 127.
4. Anderson, *Devils*, S. 40.
5. Grisot und Coloumbon, *La Légion Etrangère de 1831–1987*, S. 565–570.
6. SHAT, Xb 778.
7. Von irischer Abstammung, aber von Geburt französischer Bürger.
8. C.-J. Zédé, *Souvenirs*, no. 368, 45, zitiert in Porch, *French Foreign Legion*, S. 129.
9. *Ibid.*, no. 368, 46, zitiert in Porch, *French Foreign Legion*, S. 129–130.
10. Porch, *French Foreign Legion*, S. 130.

Kapitel 12

1. Porch, *French Foreign Legion*, S. 136.
2. Geraghty, *March or Die*, S. 82.
3. *Légion Etrangère, Historique Sommaire – avril 1864*, ALE.
4. G. Diesbach de Torny, »Notes et Souvenirs«, unveröffentlichtes MS im ALE, S. 50.
5. C.-J. Zédé, »Souvenirs« in *Carnets de la Sabretache*, Juli–August 1934.
6. Für einen vollen Bericht des Gefechts, sowohl von mexikanischer als auch von französischer Seite sowie für Angaben über die Lage von Camarón, siehe die Website in spanischer Sprache von Bernardo Massieu und Marco Couttolenc, www.prodigyweb.net.mx/bservin/batalla_camaron_veracruz.htm.

Kapitel 13

1. Das Museum der Fremdenlegion in Aubagne hat eine bemerkenswerte Sammlung. Es ist der Öffentlichkeit zugänglich und, wie der *Guide Michelin* sagt, eine Reise wert.
2. Gespräch mit Brig Hunter-Choat.
3. *Légion Etrangère, Historique Sommaire – avril 1864*, ALE.
4. J.A. Dabbs, *The French Army in Mexico 1861–67*, The Hague, Mouton, 1963, S. 230, 268.
5. Geraghty, *March or Die*, S. 91–92.

Kapitel 14

1. Jetzt Hradec Králové in der Tschechischen Republik.
2. Grisot und Coloumbon, *La Légion Etrangère de 1831–1987*, S. 317–26.
3. *Ibid.*.
4. *Chronique*, S. 933.
5. Ein *corps d'armée* zählte damals zwischen 25.000 und 30.000 Mann.
6. *Chronique*, S. 933.
7. Porch, *French Foreign Legion*, S. 165.
8. Zitiert in Geraghty, *March or Die*, S. 101.

Kapitel 15

1. Porch, *French Foreign Legion*, S. 165.
2. Grisot und Coloumbon, *La Légion Etrangère de 1831–1987*, S. 338.
3. Auch bezeichnet als *fédérés*.
4. Der französische Zorn wegen dieser harten Bedingungen führte im Juni 1919 zu dem rachsüchtigen Versailler Vertrag, der den Samen für den Zweiten Weltkrieg säte.
5. *1er Régiment Etranger 1867–72* bei ALE.
6. Sie unterstehen immer noch dem Militärgericht. In einem Internet-Forum riet kürzlich ein aktiver Legionär einem frustrierten Pariser Feuerwehrmann, seinen Vertrag zu erfüllen, bevor er versuche, in die Legion einzutreten, da sie ihn sonst als Deserteur behandeln würde!

Kapitel 16

1. Geraghty, *March or Die*, S. 111.
2. Porch, *French Foreign Legion*, S. 208.
3. M. Poulin, *L'Admiral Courbet, sa jeunesse, sa vie militaire et sa mort*, Limoges, Ardant, 1888, S. 67.
4. Bedeutet die schöne Insel.
5. H. MacAleavy, *Black Flags in Vietnam*, New York, Macmillan, 1968, S. 257–258.

6. Le Père Pralon, *Lionel Hart, engagé volontaire*, Paris, Retaux-Bray, 1888, S. 189.
7. Von den Franzosen »la Rivière Claire« genannt.
8. Pralon, *Lionel Hart*, S. 128.
9. Manchmal geschrieben als Li Xan-Phuc or Luu Vinh Phuoc.
10. C. Hubert, *Le Colonel Dominé*, Paris, Berger-Levrault, 1938, S. 66.
11. M.-E. Dominé, *Journal, 28 February* , zitiert in Porch, *French Foreign Legion*, S. 217.

Kapitel 17

1. Die vier Verse, die hier übersetzt waren, lauten im Original:
   Mes compagnons, c'est moi, mes bonnes gens de guerre./C'est votre Chef d'hier qui vient parler ici/de ce qu'on ne sait pas, ou que l'on ne sait guère./Mes Morts, je vous salue et je vous dis, Merci.
   Sans honneur? Ah, passons. Et sans foi? Qu'est-ce à dire?/Que fallait-il de plus et qu'aurait-on voulu? / N'avez-vous pas tenu, tenu jusqu'au martyre/la parole donnée et le marché conclu?
   Mercenaires? Sans doute. Il faut manger pour vivre./Déserteurs? Est à nous de faire ce procès?/Etrangers? Soit. Après? Selon quel mauvais livre/le Maréchal de Saxe était-il donc français?
   Jamais garde de roi, d'Empéreur, d'Autocrate,/de Pape ou de Sultan – jamais nul régiment/chamarré d'or, drapé d'azur ou d'écarlate/n'alla d'un air plus mâle et plus superbement.
2. Für den vollen Text siehe SHAT, 3H 10, Négrier Bericht, 22. April 1885 (gekürzte Übersetzung des Autors).
3. A.-P. Maury, *Mes campagnes au Tonkin*, Lyon, Vitte & Peyrusssel, 1888, S. 194–196.
4. Bôn-Mat, *Souvenirs d'un légionnaire*, Paris, Messein, 1914, S. 177–179.
5. J.P. Le Poer, *A Modern Legionary*, New York, Dutton, 1905, S. 145.
6. Bôn-Mat, *Souvenirs*, S. 181.
7. Maury, *Mes campagnes*, S. 199.
8. Col Tournyol du Clos, *La revue de l'Infanterie*, Band 89, no. 525, 1 May 1936, S. 859.
9. L. Huguet, *En colonne: souvenirs d'Extrême-Orient*, Paris, Flamarrion, undatiert, S. 109.
10. E. Bolis, *Mémoires d'un sous-officier*, Châlon-sur-Saône, Courrier de Saône et Loire, 1905, S. 61.
11. C. Meyer, *La vie quotidienne des Français en Indochine 1860–1910*, Paris, Hachette, 1985, S. 259.
12. A. Sylvère, *Le légionnaire Flutsch*, Paris, Plon, 1982, S. 64.

Kapitel 18

1. Porch, *French Foreign Legion*, S. 245–247.
2. F. Martyn, *Life in the Legion from a Soldier's Point of View*, New York, Scribner's, 1911, S. 184–185.
3. Sir R. Burton, *A Mission to Gelele, King of Dahome*, London, Routledge & Kegan Paul, 1966, S. 261–264.
4. Von Englischsprachlern auch »Whydah« buchstabiert.
5. Martyn, *Life in the Legion*, S. 195.
6. Capt Jacquot, »Mon journal de marche de Dahomey«, unveröffentlichtes MS zitiert in Porch, *French Foreign Legion*, S. 257.
7. Das Hotchkiss war ein gasdruckbetriebenes schweres Maschinengewehr, das 1892 in Frankreich eingeführt wurde. Möglicherweise hat die OPALE ihre Granaten sowohl mit ihrer Kanone als auch dem Hotchkiss abgefeuert.
8. Jacquot, zitiert in Porch, *French Foreign Legion*, S. 257.
9. Geraghty, *March or Die*, S. 129.
10. Martyn, *Life in the Legion*, S. 197.
11. H.P. Lelièvre, »Campagne du Dahomey«, unveröffentlichtes MS im ALE, S. 27.
12. J. Bern, *L'Expédition du Dahomey*, Sidi bel-Abbès, Lavenue, 1893, S. 60.

Kapitel 19

1. Nun Kodok genannt.
2. Siehe G. Drower, *Heligoland: the true story of German Bight*, Stroud, Sutton, 2002.
3. E.F. Knight, *Madagascar in Wartime*, London, Longmans Green, 1896, S. 162.
4. Damals Tamatave genannt.
5. Damals Tananarive genannt.
6. Damals Majunga genannt.
7. Porch, *French Foreign Legion*, S. 277.
8. Rollet Papiere, ALE, zitiert in Porch, *French Foreign Legion*, S. 303.
9. E. Reibell, *Le calvaire de Madagascar*, Paris, Berger-Levrault, 1935, S. 104.
10. Lt G.L. Langlois, *Souvenirs de Madagascar*, Paris, Charles Lavauzelle, 1897, S. 116.
11. *Ibid.*, S. 123–124 (gekürzte Übersetzung des Autors).
12. Reibell, *Le calvaire*, S. 119.
13. Porch, *French Foreign Legion*, S. 275.

Kapitel 20

1. Als *l'Affaire des Fiches* bekannt.
2. Geraghty, *March or Die*, S. 140.
3. F. Fleming, *The Sword and the Cross*, London, Granta, 2003, S. 169.
4. *Le Temps*, 2. May 1901.
5. *The Times*, 29. April 1901.
6. *The Times*, 29. April 1901
7. »La Colonne d'Igli 1900«, unveröffentlichtes MS im ALE.
8. J. Germain and S. Faye, *Le Général Laperrine*, Paris, Plon, 1922, S. 98.
9. Fleming, *The Sword and the Cross*, S. 171
10. »La Colonne d'Igli«.
11. Geraghty, *March or Die*, S. 145.

Kapitel 21

1. Geraghty, *March or Die*, S. 146.
2. *Al mamlakah al Maghribiyah*.
3. Lefèvre, *Les Mémoires du Sergent Lefèvre à la Légion Etrangère*, unveröffentlichtes MS im ALE.
4. *Ibid.*
5. Siehe Bilder unter www.ecpad.fr.
6. »Lefèvre« (gekürzte Übersetzung des Autors).
7. Porch, *French Foreign Legion*, S. 323–324.
8. Porch, *French Foreign Legion*, S. 293.
9. E. Rosen, *In the Foreign Legion*, London, Duckworth, 1910, S. 229.
10. *Ibid.*, S. 239–240.
11. SHAT, 1H 1015, Herson Bericht.
12. Die Folgen von Bülows Versehen führten am 26. Juni 1909 zu seinem Rücktritt.
13. Geraghty, *March or Die*, S. 151.
14. Sylvère, *Le légionnaire Flutsch*, S. 203.
15. Eine interessante Zusammenfassung von *The Handbook for the Diplomatic History of Europe, Asia and Africa 1870–1914*, veröffentlicht in Washington, DC, von der Government Printing Office in 1918, kann man finden unter www.mtholyoke.edu/acad/intrel/boshtml/bos135.htm.
16. Zahlen strittig in SHAT, 3H, 148, 12. März 1913.

Kapitel 22

1. *Du côté de chez Swann.*
2. Richtiger Name Frédéric Sauser.
3. M.-C. Poinsot, *Les volontaires étrangers en 1914–15*, Paris, Dorbon-Aine, 1915, S. 12–13.
4. Wellard, *French Foreign Legion*, S. 83–84.
5. Poinsot, *Les volontaires*, S. 31–32.
6. Darunter 6.500 Elsässer und Lothringer, 4.913 Italiener, 3.393 Russen, 2.396 aus Deutschland und aus Österreich-Ungarn, 1.867 Schweizer, 1.462 Belgier, 1.380 Griechen, 1.369 Tschechen/Slowaken, 979 Spanier, 600 Amerikaner sowohl aus der nördlichen als auch der südlichen Hemisphäre, 595 Türken, 591 Luxemburger und 379 Briten.
7. B. Cendrars, *La main coupée*, Paris, Folio, 1974, S. 141.
8. A. Seeger, *Letters and Diary of Alan Seeger*, New York, Scribner's, 1917, S. 154.
9. J. Reybaz, *Le 1er mystérieux: souvenirs de guerre d'un légionnaire suisse*, Paris, André Barry, 1932, S. 16–17.
10. K. Todorov, *Balkan Firebrand*, Chicago und New York, Ziff Davis, 1943, S. 50.
11. Seeger, *Letters and Diary*, S. 153.
12. Nicht nur aufgrund der Weite des Landes, des schlechten Eisenbahnnetzes und der Ineffizienz der Zivilverwaltung. Es gab auch individuelle Probleme innerhalb der russischen Führung. So wusste Oberbefehlshaber Großherzog Nikolai nichts von dem aufwändigen Plan 19 des Kriegsministers Sukhomnlinov für einen Präventivangriff in Ostpreußen, der die Franzosen an der Westfront entlasten würde. Auf jeden Fall redete der Großherzog nicht mit seinen Armeekommandeuren, auch war ihr Funkverkehr – der unverschlüsselt gesendet wurde, was eine große Hilfe für die lauschenden Deutsche war – nicht für einen Bewegungskrieg geeignet.
13. Gegen Truppen, darunter die BEF an der französischen linken Flanke.
14. Das heißt 4. Bataillon de Marche von 1 RE.
15. Am 2. Januar.
16. Im Mai 1915.

Kapitel 23

1. Cendrars, *La main coupée*, S. 31–32.
2. Ein Spitzname für die französischen Soldaten des Ersten Weltkrieges, er bedeutet wörtlich »Haarige«, und bezog sich auf ihr oft unrasiertes Erscheinungsbild in der Linie.
3. Seeger, *Letters and Diary*, S. 51.
4. Cendrars, *La Main Coupée*, S. 182–184.
5. *Ibid.*, S. 312–314.
6. A. Seeger, *Poems*, London, Constable, 1917, S. 173.

7. Viele, die sich als Russen bezeichneten, wurden zum Beispiel offiziell als polnisch, rumänisch oder anders klassifiziert, das hing davon ob, wie die Grenzen zur Zeit ihrer Geburt oder Einberufung verliefen.
8. L. Poliakoff, *Histoire de l'antisemitisme 1870–1933*, Paris, Calman-Lévy, 1977, S. 294.
9. *Le Crapouillot*, August 1934, nennt auch auf S. 49 216 Hinrichtungen im Jahr 1914, 315 im Jahr 1916 und 136 im Jahr 1918, aber es ist immer noch unmöglich, die Zahlen zu bestätigen, auch einem Historiker, wie dem Amerikaner Douglas Porch, wurde der Zugang zu dem entsprechenden Archiv verwehrt.
10. Einen stundenweisen Bericht kann man auf der Website von *Les Bulletins de l'ASMAC* unter der Überschrift *La Légion Etrangère sur le front de Champagne* finden.
11. E. Morlae, *A Soldier of the Legion*, Boston und New York, Houghton Mifflin, 1916, S. 51–54.
12. *Ibid.*, S. 32–33.
13. Anderson, *Devils*, S. 57–58.
14. Porch, *French Foreign Legion*, S. 334.

Kapitel 24

1. J. Mosier, *The Myth of the Great War*, London, Profile, 2002, S. 236, 241. Die deutschen Verluste wurden von den französischen und britischen Oberkommandos im gesamten Ersten Weltkrieg beständig und stark aufgebläht, um die enorm großen Verluste der Alliierten zu rechtfertigen.
2. Direkt zur westlichen Ausfahrt 13 auf der Autobahn A1; Belloy-en-Santerre liegt östlich der gleichen Abzweigung.
3. *Jeune legionnaire, enthousiaste et énergétique, aimant passionnément la France, engagé volontairement au début des hostilités et faisant preuve d'un courage et entrain admirables, glorieusement tombé le 11 juillet 1916 devant Belloy-en-Santerre.*
   A Bel-Abbès 24 juillet 1924, le colonel Boulet-Desbareau, commandant le 4ème Régiment Etranger.
4. Geraghty, *March or Die*, S. 186.
5. SHAT, 24N, 2912, RMLE, 23. April 1917, S. 12.
6. Der Kamm wurde nach der Straße benannt, die für die Töchter von Louis XV. gebaut worden war, damit sie in beiden Richtungen die herrliche Aussicht auf die Landschaft genießen konnten, als sie die Gräfin von Narbonne in ihrem Chateau in der Nähe besuchten. Es war natürlich der Ausblick, der den Kamm für beide Seiten so wichtig machte.
7. Bericht von Oberst Bouchez am 26. Juli 1918, in Rollet Papiere im ALE (gekürzte Übersetzung vom Autor).
8. Rollet Papiere im ALE, undatiert.
9. Porch, *French Foreign Legion*, S. 376.

10. Gegründet am 20. April 1916 war das Geschwader nicht normal, weil es mehr qualifizierte französische Piloten gab, als Flugzeuge. Dennoch wurden dem Escadrille Lafayette 199 »Abschüsse« zugeschrieben. Unter den ehemaligen Piloten der Legion war Kiffin Rockwell, der zwei deutsche Flugzeuge abschoss, bevor er 1916 im Gefecht getötet wurde, und Edward Genet, der im April 1917 von Flugabwehrfeuer getötet wurde. Der außergewöhnlichste dieser außergewöhnlichen Männer war der schwarze Berufsboxer Eugene Bullard, der nicht in dieses WASP Geschwader »passte« und zum 107. französischen Infanterieregiment versetzt wurde, um ihn loszuwerden. Er kam aus der Generation von schwarzen Musikern, die das französische Musikleben zwischen den Kriegen bereicherte und Jazz in Pariser Nachtclubs spielten. Er trat 1940 wieder ein und wurde im Sommer beim französischen Rückzug verwundet, bevor er in die US evakuiert wurde.
11. J. Green, *Memoirs of Happy Days*, New York und London, Harper and Brothers, 1942, S. 182–183.
12. Personalakte von Cole Porter im ALE.
13. *Quatre ans il a peiné, saigné, souffert./Et puis, un soir il est tombé dans cet enfer./Qui sait si cet inconnu qui dort sous l'arche immense/mêlant sa gloire épique aux orgueils du passé/n'est pas cet étranger devenu fils de France,/non par le sang reçu mais par le sang versé?*
14. »Liste nominative«, unveröffentlichte MS im ALE.

Kapitel 25

1. Porch, *French Foreign Legion*, S. 386.
2. Gen Mordacq, *Le Ministère Clemenceau. Journal d'un témoin*, Paris, Plon, 1931, Band III, S. 328.
3. SHAT, 3H, 93.
4. Eine abfällige Bezeichnung, wie »kraut«.
5. Befördert zum Oberleutnant und diente bis 1939
6. J. Weygand, *Légionnaire*, Paris, Flamarrion, 1951, S. 218–219.
7. SHAT, 34N, 310, *Historique du Régiment 1921 à 1934*.
8. Es funktionierte nicht, weil Männer, die ein ziviles Bordell bevorzugten, der Strafe für eine Geschlechtskrankheit, die sie sich dort geholt hatten, entgingen, indem sie nachher mit einem der Mädchen in das BMC gingen, um sicherzustellen, dass ihre Namen auf der Liste der Mädchen standen, wenn sie sich krank meldeten. Falls sie schon infiziert waren, übertrugen sie das Problem auf die Mädchen und ihre nachfolgenden Kunden.
9. B. Stuart, *Adventures in Algeria*, London, Herbert Jenkins, 1936, S. 18.
10. J. Martin, *Je suis un légionnaire*, Paris, Fayard, 1938, S. 177–178.
11. J. Brunon, *Le Livre d'Or*, Privatdruck, S. 454.
12. A.R. Cooper, *Born to Fight*, Edinburgh und London, Blackwood, 1969, S. 166.

Kapitel 26

1. Veröffentlicht in London von Sampson Low, Marston & Co. (kein Datum).
2. Wellard, *French Foreign Legion*, S. 95.
3. *Engagés volontaires* machen immer noch eine bemerkenswerte Odyssee, um ein Rekrutierungsbüro zu erreichen, wie der in der Einleitung erwähnte armenische Möchtegern-Rekrut, der den ganzen Weg von seiner Heimat, eine Strecke von etwa 4.000 Kilometer, zu Fuß gekommen war.
4. »Ex-Legionnaire 75,645«, *Slaves of Morocco*, London, Samson Low, Marston & Co., 1938, S. 144–146 (vom Autor gekürzt).
5. »La Tragédie de Médouina«, *Vert et Rouge*, Nr. 28, 1950, S. 40–45.
6. Porch, *French Foreign Legion*, S. 392.
7. *Epitoma rei militaris*, die Abhandlung über Kriegsführung von Flavius Vegetius Renatus (ausgehendes 4. Jahrhundert n. Chr.), wurde 1894, als Rollet dort Kadet war, immer noch studiert an St. Cyr.
8. Wellard, *French Foreign Legion*, S. 96.
9. *Ibid.*, S. 101.
10. J. Harvey, *With the Foreign Legion in Syria*, Fresno, Linden Publishing, 2003, S. 86–87 (ursprünglich veröffentlicht in London, Hutchinson, 1928).

Kapitel 27

1. Porch, *French Foreign Legion*, S. 454.
2. *Képi Blanc*, Nr. 490, Mai 1989.
3. Einschließlich des Absenders der Postkarte in Abb. 20. Die falsch geschriebene und grammatisch unkorrekte Mitteilung auf der Rückseite wird adressiert an Pierre Genty, c/o Madame Genty bei La Vigne St. René, in Côtes du Nord. Sie lautet: »Valbonne am 7. Mein liebes Kleines, ein, zwei Worte, um Dir zu sagen, dass ich bei guter Gesundheit bin und hoffe, dass meine Karte dich ebenfalls so findet. Ich werde am Dienstag oder Mittwoch gehen, aber Du kannst mir nach Hause schreiben. Es ist nur für sieben Tage – anschließend geht's an die Front. Aber mach dir keine Sorgen um mich, ich hoffe, ich werde Dich sehen, bevor ich an die Front gehe. [unleserlich] Ich verlasse Dich für einen Moment. [unterzeichnet] Er, der Dich liebt und an Dich denkt.«
4. *Képi Blanc*, No. 490, S. 47.
5. Z. Szajkowski, *Jews and the Foreign Legion*, New York, KATV, 1975, S. 74–5.
6. Porch, *French Foreign Legion*, S. 464.
7. P. Johnson, *A History of the Modern World*, London, Weidenfeld & Nicolson, 1983, zitiert in Geraghty, *March or Die*, S. 217.
8. Obwohl die Zahl 1.500 deutsche Matrosen einschließt, die von Schiffen der Kriegsmarine gerettet wurden, bleiben immer noch die Bodentruppen der Verteidiger, die die Anzahl der Angreifer im Verhältnis zwei zu eins übertraf.

9. P.-O. Lapie, *La Légion Etrangère à Narvik*, London, John Murray, 1941, S. 30–34.
10. Anderson, *Devils*, S. 70.
11. C. Favrel, *Ci-devant légionnaire*, Paris, Presses de la Cité, 1963, S. 164.

Kapitel 28

1. Anderson, *Devils*, S. 70.
2. *Ibid.*, S. 70.
3. Porch, *French Foreign Legion*, S. 471.
4. Französische Schiffe in britischen Häfen durften bis zum 28. Juni ungehindert auslaufen.
5. Siehe P. Carell, *Afrika Korps*, Paris, J'Ai Lu, 1963, S. 278. Zweitausend dieser Männer dienten in Rommels Afrika Korps, anfangs in Arbeits-Bataillonen bis sie seiner Infanterie zugeordnet wurden, einige davon kämpften gegen die 13 DBLE, die 1941 im Bir Harkem auf Seite der Freien Franzosen stand.
6. B. de Sairigné, *Les carnets de Lieutenant-Colonel Brunet de Sairigné*, Paris, Nouvelles Editions Latines, 1990, S. 37–39.
7. Anderson, *Devils*, S. 71.

Kapitel 29

1. Die *Knickebein* Technologie war eine einfache Dreiecksmethode, bei der die Bomber der Luftwaffe auf einem Funkleitstrahl bis zu dem Punkt flogen, an dem er sich mit einem anderen Strahl kreuzte und der direkt über dem Ziel lag.
2. De Sairigné, *Carnets*, S. 42.
3. Geraghty, *March or Die*, S. 269.
4. S. Travers, *Tomorrow to be Brave*, London, Corgi, 2001, S. 60–63.
5. *Ibid.*, S. 78.
6. *Ibid.*, S. 105.
7. Geraghty, *March or Die*, S. 222.
8. Unveröffentlichter Brief von Oberst Barre, datiert vom 1. Oktober 1981, bei ALE.
9. C. Buckley, *Five Ventures*, London, HMSO, 1954, S. 46–47.
10. *Ibid.*, S. 44.
11. A.-P. Comor, *L'épopée de la 13e demi-brigade de la Légion Etrangère 1940–45*, Paris, Nouvelles Editions Latines, 1989, S. 161–162.
12. Travers, *Tomorrow to be Brave*, S. 146–161.
13. Worden, *Wayward Legionnaire*, S. 49–50.

Kapitel 30

1. Travers, *Tomorrow to be Brave*, S. 189.
2. Geraghty, *March or Die*, S. 243.
3. Siehe das Foto in Travers, *Tomorrow to be Brave*, S. 208.
4. Geraghty, *March or Die*, S. 245.
5. Travers, *Tomorrow to be Brave*, S. 202–205.
6. *Ibid.*, S. 207.
7. *Ibid.*, S. 208–211.
8. Geraghty, *March or Die*, S. 259.
9. Travers, *Tomorrow to be Brave*, S. 218–228.
10. H. Amouroux, *La Grande Histoire de France sous l'Occupation*, Paris, Laffont, 1979, Band IV, S. 268–269.
11. Porch, *French Foreign Legion*, S. 484.
12. Siehe verschiedene Fotos in Travers, *Tomorrow to be Brave*.

Kapitel 31

1. A. Perrot-White, *French Legionnaire*, London, John Murray, 1953, S. 182–197.
2. C. Williams, *The Last Great Frenchman*, London, Little, Brown, 1993, S. 200.
3. *Ibid.*, S. 204.
4. Von 50.000 Mann 1940 war die Legionsstärke ohne die 13 DBLE auf 18.000 gefallen – siehe Porch, *French Foreign Legion*, S. 490.
5. Anderson, *Devils*, S. 79.
6. Porch, *French Foreign Legion*, S. 485.
7. *Ibid.*, S. 493.
8. SHAT, 12P, 83, vom 10. März 1945.
9. Wurde von vielen alliierten Führern für die Verlangsamung der Hauptinvasion im Norden gerügt, mit dem Ergebnis, dass Stalin den Hauptteil von Zentral- und Südosteuropa packen konnte.
10. Comor, *La 13e demi-brigade*, S. 285–287.
11. Siehe N. Tolstoy, *Victims of Yalta*, London, Hodder & Stoughton, 1977.
12. Persönliche Mitteilung an den Autor.
13. Ab 1930 waren alle Legionseinheiten in Vietnam unter dem 5 REI gruppiert worden, das deshalb das Indochina-Regiment wurde.
14. Anderson, *Devils*, S. 85.
15. Manchmal Tsakiropoulos genannt, möglicherweise eine Vermischung seines echten Namens mit dem Namen, unter dem er eingetreten war.
16. P. Sergent, *Les maréchaux de la Légion*, Paris, Fayard, 1987, S. 369.
17. Wirklicher Name Dewavrin.
18. Sergent, *Les maréchaux*, S. 363.
19. G. Sabattier, *Le Destin de l'Indochine*, Paris, Plon, 1952.
20. Anderson, *Devils*, S. 85.

21. Sergent, *Les maréchaux*, S. 194.
22. Zitiert in Geraghty, *March or Die*, S. 270.
23. Lord Mountbatten, *Report on Post Surrender Tasks*, London, HMSO, zitiert in M. Arnold-Foster, *The World at War*, London, Thames Methuen, 1983, S. 323.
24. Vollständiger Titel *Viet Nam Doc Lap Dong Minh Hoi*, was die Liga für die Unabhängigkeit Vietnams bedeutet.
25. J.P. Harrison, *The Endless War*, New York, Columbia University, 1989, S. 109.
26. Eine genaue Darstellung wurde nie veröffentlicht.
27. Cabiro, *Béret vert*, S. 130.
28. Interview vor der Kamera in *Les légionnaires allemands dans la Guerre d'Indochine*, produziert von Marc Eberle, ausgestrahlt auf Arte, 9. Februar 2005.
29. *Ibid.*
30. *Ibid.*
31. *Ibid.*
32. *Ibid.*

Kapitel 32

1. Daher die Annäherung an Frankreichs traditionellen Feind Deutschland und seinen traditionellen Verbündeten Russland.
2. Beim Ändern ihrer Aufgaben bei der Umorganisation des 1 REI und des 4 REI verschwand das »I« für »Infanterie«.

Kapitel 33

1. Worden, *Wayward Legionnaire*, S. 156.
2. Früher Fort Lamy.

Kapitel 34

1. Zaire heißt jetzt Demokratische Republik Kongo. Shaba war früher Katanga, bis 1960 eine Provinz von Belgisch-Kongo.
2. Unter der Ägide des sowjetisch–kubanischen Komitees, dem Castros Bruder Raoul vorsaß, und das von den sowjetischen Generälen Vassili I. Petrov und Sergey Sokolov koordiniert wurde, fanden kubanische Destabilisierungsoperationen in Algerien, Angola, Benin, Republik Kongo, Guinea, Äthiopien, Guinea, Libyen, Sierra Leone, Tansania und Sambia statt.
3. Front National de Libération du Congo, angeführt von Nathanaël M'Bumba.
4. P. Sergent, *La Légion saute sur Kolwezi*, Paris, Presses de la Cité, 1978, S. 86.
5. Ausgebildet von den Nordkoreanern.
6. Sergent, *Kolwezi*, S. 55.
7. *Ibid.*, S. 82–84.

Kapitel 35

1. Sergent, *Kolwezi*, S. 107.
2. *Ibid.*, S. 130.
3. *Ibid.*, S. 131.
4. *Ibid.*, S. 131.

Kapitel 36

1. Sergent, *Kolwezi*, S. 150.
2. *Ibid.*, S. 151.
3. *Ibid.*, S. 229.
4. Einige unzuverlässige Zeugen berichteten, dass sie getötet worden seien, aber Katanger behaupteten, dass sie als Geiseln nach Angola entführt wurden. Die Wahrheit kam nicht heraus.
5. Sergent, *Kolwezi*, S. 169.
6. *Ibid.*, S. 227.

Index

(Seitenanzahlen in kursiv kennzeichnen Landkarten; bei den Dienstgraden sind die höchsten, die erreicht wurden, angegeben)